***ACCESO GRATIS** a la Lectura en la Nube*

Para visualizar el libro electrónico en la nube de lectura envíe junto a su nombre y apellidos una fotografía del código de barras situado en la contraportada del libro y otra del ticket de compra a la dirección:

ebooktirant@tirant.com

En un máximo de 72 horas laborables le enviaremos el código de acceso con sus instrucciones.

Procedimiento de selección de originales, ver página web:

www.tirant.net/index.php/editorial/procedimiento-de-seleccion-de-originales

LA PROTECCIÓN DE LA BIODIVERSIDAD MARINA EN UN CONTEXTO DE CAMBIO GLOBAL

Aspectos biológicos, éticos y jurídicos

LA PROTECCIÓN DE LA BIODIVERSIDAD MARINA EN UN CONTEXTO DE CAMBIO GLOBAL

Aspectos biológicos, éticos y jurídicos

Marita Giménez-Candela
Alberto Olivares
(Coordinadores)

tirant lo blanch
Valencia, 2024

En caso de erratas y actualizaciones, la Editorial Tirant lo Blanch publicará la pertinente corrección en la página web www.tirant.com.

Directora de la Colección

MARITA GIMÉNEZ-CANDELA
Catedrática de Derecho
Senior Researcher Max Planck Institut for Comparative Public Law and International Law, Heidelberg. Deutschland

EDITA: TIRANT LO BLANCH
C/ Artes Gráficas, 14 - 46010 - Valencia
TELFS.: 96/361 00 48 - 50
FAX: 96/369 41 51
Email:tlb@tirant.com
www.tirant.com
Librería virtual: www.tirant.es
DEPÓSITO LEGAL: V-3417-2024
ISBN: 978-84-1169-088-1
MAQUETA: Tink Factoría de Color

Si tiene alguna queja o sugerencia, envíenos un mail a: *atencioncliente@tirant.com*. En caso de no ser atendida su sugerencia, por favor, lea en *www.tirant.net/index.php/empresa/politicas-de-empresa* nuestro procedimiento de quejas.

Responsabilidad Social Corporativa: http://www.tirant.net/Docs/RSCTirant.pdf

Autores

CLAUDIA ARANCIBIA CORTÉS
HELENA BAUER
ELENA-ISABEL CARA FUENTES
VERÓNICA PÍA DELGADO SCHNEIDER
JOSEP-MARIA GILI
MARITA GIMÉNEZ-CANDELA
LAURE GISIE
TAELI GÓMEZ FRANCISCO
ISRAEL GONZÁLEZ MARINO
PILAR LÓPEZ DE LA OSA ESCRIBANO
RENATO JULIÁN HORACIO MASSARI-NOLAN
ESTEBAN MORELLE-HUNGRÍA
MEGANNE NATALI
ALBERTO OLIVARES
FRANCESC PADRÓS
IZABEL RIGO PORTOCARRERO
JOAO L. SARAIVA
RAFAEL SARDÁ
SILVIA ZANINI

Índice

APRENDER(NOS) ENTRE ESPECIES COMO ACTIVIDAD TRANSFORMADORA DESDE LA RELACIÓN EDUCATIVA

Learning (us) between species as a transformative activity from the educational relationship

Taeli Gómez Francisco
Israel González Marino

LA (DES)PROTECCIÓN DE LA FAUNA MARINA DESDE UN ENFOQUE ECOCRIMINOLÓGICO, A LA LUZ DE LOS LÍMITES PLANETARIOS

The lack of protection of marine fauna from an ecocriminological approach, in light of planetary boundaries

Esteban Morelle-Hungría

LA PROTECCIÓN DE LA BIODIVERSIDAD MARINA COMO BARRERA LEGÍTIMA AL COMERCIO INTERNACIONAL

Protection of marine biodiversity as a legitimate barrier to international trade

Izabel Rigo Portocarrero

LA PROTECCIÓN JURÍDICA DE LOS PECES DE PISCIFACTORÍA EN EUROPA: ANÁLISIS DEL CONJUNTO DE LA LEGISLACIÓN DE LA UE Y DEL IMPACTO DE LAS NORMAS INTERNACIONALES DE BIENESTAR ANIMAL PARA LOS PECES DE LA ACUICULTURA EUROPEA

The legal protection of farmed fish in Europe: analysing the range of EU legislation and the impact of international animal welfare standards for the fishes in European aquaculture

Marita Giménez-Candela
Joao L. Saraiva
Helena Bauer

BIENESTAR Y DERECHO DE LOS CEFALÓPODOS EN LA ACUICULTURA INDUSTRIAL Y LA IRRELEVANCIA DE LOS PROYECTOS DE CRÍA DE PULPOS

Cephalopod Welfare and Laws in Industrial Aquaculture and the Irrelevance of Octopus Farming Projects

MEGANNE NATALI
LAURE GISIE

LOS CRUSTÁCEOS EN EL PANORAMA JURÍDICO EUROPEO: ¿ALIMENTOS O ANIMALES? ESTADO DEL ARTE Y PERSPECTIVAS FUTURAS

Crustaceans in the european legal landscape: food or animals? State of the art and future perspectives

SILVIA ZANINI

INTERVENCIÓN DE LA ADMINISTRACIÓN ESTATAL ESPAÑOLA EN LA CONSERVACIÓN DE RECURSOS PESQUEROS

Intervention of the spanish state Administration in the conservation of fishery resources

ELENA-ISABEL CARA FUENTES

LA CONSERVACIÓN DE LA BIODIVERSIDAD MARINA Y LA CORRECTA APLICACIÓN DEL ENFOQUE POR ECOSISTEMA: EL CASO DEL MAR DE L'EMPORDÀ Y LA EÓLICA MARINA FLOTANTE

Marine Biodiversity Conservation and the correct application of the Ecosystem Approach: the case of the Empordà Sea and the floating offshore wind

RAFAEL SARDÁ
ALBERTO OLIVARES

LA APLICACIÓN DE LA LEY DE PROTECCIÓN DE MAMÍFEROS MARINOS DE ESTADOS UNIDOS A LA INDUSTRIA CHILENA DEL SALMÓN: AVANCES Y DESAFÍOS NACIONALES EN MATERIA NORMATIVA Y FISCALIZACIÓN PÚBLICA

The application of the United States Marine Mammal Protection Law to the Chilean salmon industry: Advances and national challenges in normative regulation and public control

Claudia Arancibia Cortés

Índice de abreviaturas

AN:	Audiencia Nacional.
CDB:	Convenio sobre Diversidad Biológica.
CMNUCC:	Convenio Marco de Naciones Unidas sobre Cambio Climático.
CFC:	Gases clorofluorocarbonados.
COP:	Conferencia de las Partes.
DM:	Demarcación marítima.
EBMS:	Sistema de gestión basada en ecosistemas.
EIA:	Evaluación de Impacto Ambiental.
EMA:	Espacios marinos protegidos.
EMC:	*Estrategia Marítima de Catalunya* 2030.
EpE:	Enfoque por Ecosistemas.
GATT:	Acuerdo General sobre Aranceles Aduaneros y Comercio.
IEO:	Instituto Español de Oceanografía.
INDR:	Ilegales, no declaradas y no reglamentarias.
IPCC:	Panel Intergubernamental de expertos sobre el Cambio Climático.
LIC:	Lugares de importancia comunitaria.
MITERD:	Ministerio para la Transición Ecológica y el Reto Demográfico.
MMPA:	Ley de Protección de Mamíferos Marinos de Estados Unidos.
MN:	Millas náuticas.
NDC:	Contribuciones determinadas a nivel nacional.
ODS:	Objetivos de desarrollo sostenible.
OMC:	Organización Mundial del Comercio.
OWF:	Parque eólico marino.
POEM:	Plan de Ordenación del Espacio Marítimo.
PMI:	Política marítima integrada de la Unión Europea.
SCA:	Áreas de especial conservación.
SPAMI:	Aras de especial importancia para la protección en el Mediterráneo.
UNCLOS:	Convención de las Naciones Unidas sobre el Derecho del Mar.
UE:	Unión Europea.

ZEC:	Zonas especiales de conservación.
ZEPA:	Zonas de especial protección para las aves.

Introducción

El impacto de la contaminación del medio acuático, principalmente de los mares y océanos, se refleja directamente en la vida de las especies que la habitan. Tendemos a pensar y a expresarnos en estos términos y se suelen enumerar una serie de factores (uso de pesticidas, cambio climático, acidificación de las aguas, residuos plásticos, sobrepesca, entre otros) que inciden en cambios apreciables de la vida acuática, que se cuantifican en cifras cada vez más alarmantes y en cambios como la desaparición de especies acuáticas, que se convierten en datos irreversibles.

Precisamente, la preocupación por esta realidad y la carencia de publicaciones que dirigieran una mirada más allá de los datos conocidos, ha motivado este libro que el lector tiene entre sus manos. La mirada que aquí se proyecta es otra. No se trata sólo de evidenciar los daños a la vida acuática, que estos factores, sumariamente mencionados, han producido y siguen produciendo, sino que se trata de poner de relieve que, cuando hablamos de biodiversidad, vida acuática o fauna marina, no nos referimos a ideas abstractas, a conceptos acuñados en el lenguaje jurídico o biológico, nos referimos a la extinción, modificación y vulnerabilidad frente a los daños que se producen a los seres vivos y sintientes, a individuos, vertebrados e invertebrados, que habitan en el medio acuático. Nos referimos, con esas expresiones genéricas, a los peces, a los crustáceos, a los cefalópodos, tan desconocidos, tan ignorados. Nos referimos a individuos que atesoran una inmensa variedad y tipología y cuentan con una riqueza individual tan palmaria, que resulta un enigma que dicha individualidad no se ponga —como debería hacerse—, suficientemente de relieve, tanto en las publicaciones científicas como en la legislación existente. El mensaje que se lanza, desde esta publicación, es tan sencillo como que hay que poner límites claros a la sobreexplotación de la vida acuática. De eso se trata en este libro: de reflexionar sin prejuicios de cómo debemos tratar a los animales que habitan en el mar, en los océanos, en los ríos y en los lagos. La presente panorámica pretende, pues, recopilar la información disponible sobre los efectos del cambio climático y de la actuación de los seres humanos en los vertebrados e invertebrados acuáticos, para ofrecer un panorama general y sugerir futuros desarrollos hacia enfoques más completos y útiles, para la protección de los individuos que constituyen las llamadas especies acuáticas.

El libro se articula en torno a quince escritos (trece artículos, una introducción y un prólogo) que abarcan aspectos muy variados y de incisivo interés. Se han agrupado conforme a un criterio poco convencional, integrativo. Veamos. El artículo (1.) de Pilar de la Osa Escribano acerca de "Desarrollo sostenible y ecología integral en los recursos marinos" (p. 29), abre las puertas a una reflexión del aprovechamiento de los recursos marinos desde una perspectiva ética, en la que tengan cabida los aspectos —a veces contrapuestos— del desarrollo sostenible y la ecología integral, le sigue el artículo de (2.) Francesc Padrós," 'Lo peor que puedes hacer con un pez es tratarlo humanamente': algunas reflexiones sobre el contexto relacional entre los peces y los humanos con una especial mirada sobre el bienestar" (p. 55) que, en forma de contraposición provocadora, aborda el importante aspecto del entendimiento del Bienestar animal en el medio marino, en el que se detalla con precisión cómo tratar a la fauna acuática, sin caer en falsos hermanamientos, sino partiendo de un análisis científico. En el tercer lugar, aparece el artículo firmado por dos investigadores chilenos (3.) Taeli Gómez Francisco e Israel González Marino, "Aprender(nos) entre especies como actividad transformadora desde la relación educativa" (p. 67), que aborda, de forma consecuente con lo expuesto en los anteriores artículos, el papel que juega la educación —visionada de forma comprehensiva— para generar el necesario respeto por las necesidades individuales de las especies marinas, un aspecto éste —el de la educación integrada— que surge como planteamiento original de una mejora de la relación interespecies.

Un grupo de artículos refleja la preocupación por los problemas que afectan a la fauna marina, en el marco de los límites que establece la legislación, así como los postulados de la criminología verde o ecocriminología. En esta línea se posiciona el artículo (4.) de Esteban Morelle-Hungría, "La (des)protección de la fauna marina desde un enfoque ecocriminológico, a la luz de los límites planetarios" (p. 91). Así mismo, el artículo (5.) de Izabel Rigo Portocarrero, "La protección de la biodiversidad marina como barrera legítima al comercio internacional" (p. 127), adopta un enfoque especialmente original, pues señala los límites legítimos que la legislación internacional debe proveer como recursosbarrera para la protección de la biodiversidad. Desde una perspectiva europea, el artículo (6.) de Marita Giménez-Candela, Joao Saraiva y Helena Bauer "La protección jurídica de los peces de piscifactoría en Europa: análisis del conjunto de la legislación de la UE y del impacto de las normas internacionales de bienestar animal para los peces de la acuicultura europea" (p. 161), aborda, con meticulosidad y amplitud, la legislación europea destinada a la protección de los peces de piscifactoría, un enfoque novedoso y extremadamente útil, por la carencia de trabajos que lo traten con esta amplitud que lo hacen los autores.

Los problemas derivados de la acuicultura, con un particular enfoque a determinadas especies de la fauna marina, es la perspectiva adoptada por otro novedoso grupo de artículos. Me refiero al trabajo de (7.) Meganne Natali y Laure Gisie, "Bienestar y derecho de los cefalópodos en la acuicultura industrial y la irrelevancia de los proyectos de cría de pulpos" (p. 279). La referencia a los crustáceos que es el hilo conductor del trabajo de (8.) Silvia Zanini, "Los crustáceos en el panorama jurídico europeo: ¿alimentos o animales? Estado del arte y perspectivas futuras "(p. 321).

Tres artículos, se refieren a las medidas estatales abordadas por España y Chile en relación a la protección de los recursos pesqueros. Me refiero, respectivamente a la investigación (9.) de Elena Isabel Cara-Fuentes, "Intervención de la Administración estatal española en la conservación de recursos pesqueros" (p. 361), de (12.) Verónica Pía Delgado Schneider, "La Biodiversidad marina en la nueva Ley Marco de Cambio Climático en Chile (Ley N° 21.455 de 2022) (p. 473) y (13.) de Claudia Arancibia Cortés, "La aplicación de la Ley de Protección de Mamíferos Marinos de Estados Unidos a la industria chilena del salmón: Avances y desafíos nacionales en materia normativa y fiscalización pública" (p. 505).

Por último, se incluyen dos artículos, cuyo hilo conductor es la incidencia en la fauna marina de la instalación de los parques eólicos marinos. En concreto, los trabajos de (10.) Rafael Sardá y Alberto Olivares, "La Conservación de la Biodiversidad Marina y la correcta aplicación del Enfoque por Ecosistema: el caso del Mar de L'Empordà y la eólica marina flotante" (p. 385), así como el estudio de (11.) Renato Julian Horacio Massari-Nolan, Protección de la fauna marina frente a la contaminación acústica submarina generada por parques eólicos marinos" (p. 439). En suma, uma selección de investigaciones, que compendian y actualizan la investigación sobre la biodiversidad marina, tan frágil y tan ignorada. Poner de relieve esta realidad es lo que nos ha movido a publicar estas páginas.

La preocupación por la vida de los peces y la biodiversidad marina, si parece acuciante hoy en día, no es una novedad ni una preocupación sobrevenida hace pocos años. Al contrario, la indefensión, la sobrexplotación y la indiferencia ante la degradación de los recursos marinos forma parte de nuestra historia, vivida desde la Antigüedad Clásica, en particular la que se desarrolla en torno al Mediterráneo[1]. Los testimonios arqueológicos así lo ponen de manifiesto y así mismo deja constancia Plinio en su minuciosa descripción de la vida acuática, de las pesquerías, de la incidencia y proliferación de industria de las piscifactorías a lo largo de las costas del *Mare Nostrum*[2]. No por sabido, resulta menos atractivo explorar este reducto de indiferencia, frente a un dato incontrovertible: que la vida que palpita bajo el mar nos interpela a cada uno. No por callada, la degradación del medio marino resulta menos clamorosa y preocupante. Es tiempo de reflexionar y de preocuparnos de los "grandes olvidados": los peces.

Un agradecimiento especial merecen quienes han dedicado su tiempo y esfuerzo a la terminación de esta edición, de la que nos sentimos orgullosos. Mención obligada merece Alberto Olivares, por la escrupulosa labor de Coordinación de toda la obra, pero no menos agradecimiento merecen quienes han cuidado de que ésta apareciera con todos los elementos que la hacen útil y asequible a cada lector. Me refiero a la Dra. Pilar López de la Osa y a Daniel Navarro, que se han ocupado con profesionalidad de la composición de los índices del libro.

MARITA GIMÉNEZ-CANDELA
Senior Research Affiliate
Max-Planck-Institut für Ausländiches öffentliches Recht und Völkerrecht
Heidelberg (Deutschland)

---

1 FIORENTINI, M., Natura e Diritto nell'esperienza romana (Lecce 2022) esp.140ss.

2 Plin. *Nat.hist.* 14,143

Prólogo

La reciente pandemia del Covid 19 nos ha dado una serie de lecciones a la humanidad que, al parecer, no hemos sabido aprender. La primera es que estamos en un mundo global en todos los sentidos y no tan sólo desde el punto de vista económico. La enorme capacidad y rapidez de desplazamiento y transporte de nuestra especie ha hecho que eventos a nivel local acaben repercutiendo en zonas del Planeta mucho más mucho más alejadas. Otra lección ha sido demostrar la importancia de la naturaleza y su biodiversidad como refugio de muchos patógenos para que no llegasen al ser humano. Y en tercer lugar, y no por ello menos importante, es que no toda la vida del planeta ha de formar parte de la dieta de una sola especie, la humanidad. No todos los organismos del mundo son comestibles por una especie; es esencial preservar el equilibrio de las cadenas tróficas.

Estas lecciones, y otras más, han formado parte de la advertencia de los científicos desde hace décadas. Advertencias que han sido escasamente escuchadas y entendidas por las clases dirigentes y per poderes económicos, a pesar de que las conocían muy bien. Ahora toca más que nunca, actuar, pero realmente ¿somos conscientes de ello?, ¿tenemos la mentalidad y la convicción de que ya no podemos esperar? Cuando se habla del crecimiento sostenible uno sospecha que la respuesta a las dos preguntas es no. ¿Realmente es sostenible el crecimiento continuado? Si no nos planteamos reducir y redimensionar muchas de las actividades sobre el medio ambiente, difícilmente podremos promover la sostenibilidad en la explotación de unos recursos naturales cada vez más escasos.

Todo ello ha creado una emergencia ambiental que actualmente pierde protagonismo en los medios de comunicación y en la sociedad, porque ha surgido otra emergencia, la energética. La escasez cada día mayor de los combustibles fósiles ha despertado el dragón del consumismo y de la explotación medioambiental. Ahora lo prioritario es seguir produciendo energía al coste que sea. Es verdad que la reconversión a las energías renovables es una asignatura pendiente de hace años. Pero realmente se plantea la substitución de un tipo de energía por otro, hecho que es casi imposible a medio plazo, mucho menos si pretendemos sumar más energía a la que ya producimos, posiblemente en exceso.

Esta situación de emergencia energética, ligada o justificada por la emergencia climática está causando un nuevo impacto sobre el medio ambiente de dimensiones aún incalculables. El océano no se queda al lado, si no que ha adquirido un nuevo protagonismo. Al parecer, urge sacar del océano toda la energía posible, sea del viento, de las corrientes marinas o de las mareas. También está creciendo la minería marina y el incremento de contaminantes que conllevan estas actividades industriales y extractivas. No tenemos bastante con la sobreexplotación de los recursos naturales que ahora el océano ha adquirido un interés preocupante en las necesidades de la humanidad. El año pasado empezó la Década para el conocimiento del Océano de Naciones Unidas y desde hace pocos años se habla cada vez más de economía azul. ¿Estos movimientos globales realmente ayudarán a salvaguardar el océano o serán otras maneras de extraer recursos y generar nuevos servicios? La situación no es muy esperanzadora pero probablemente que aún podríamos estar a tiempo de revertir el nivel de presión antropogénica sobre el océano.

En base a la crisis energética, urge extraer o generar energía en un océano que apenas intenta recuperarse de las presiones antrópicas relacionadas con la sobrepesca o la contaminación. Las consecuencias sobre la biodiversidad marina de estas presiones son muy evidentes. A pesar de esta evidencia, algunos científicos están planteando que en unas pocas décadas la biodiversidad marina se recuperará. Esto será posible si se implementan medidas de protección y conservación a gran escala. Pero realmente ¿se llevaran a cabo estas acciones? En los años 70, un grupo de reconocidos científicos hacía el mismo tipo de propuestas pero raramente se les hizo caso, ¿se les hará ahora?

Se ha hecho un gran avance en la creación de áreas marinas protegidas, algunas de amplia superficie, sobre todo en lugares alejados de la costa. Estas áreas necesitan un esfuerzo social y económico para su vigilancia que no está claro que se puedan o quieran implementar. Estamos en un momento que el océano necesita nuestra ayuda pero

¿quién invierte en estas medidas de gestión y vigilancia? También en zonas costeras, las áreas marinas protegidas, los parques naturales, se implantan, pero realmente ¿somos conscientes que estas medidas requieren de recursos económicos y sobre todo de un cambio de concienciación social y de políticas de protección eficaces? Además, los planes y estrategias de gestión deben tener una aproximación global y transversal para que puedan funcionar y recuperar los servicios ecosistémicos.

En estos planes se ha de tener en cuenta tanto toda la biodiversidad natural como los hábitats en las áreas marinas protegidas. La recuperación de ambos hará posible recuperar las poblaciones naturales y, a más largo plazo, exportar biomasa hacia el océano cercano. La situación de degradación en muchas zonas lleva a que la recuperación necesite de proyectos de restauración activa, de nuevas técnicas para que sea positiva, pero sobre todo la conservación o restauración pasiva que es mucho más factible y económica.

Los objetivos esenciales para la recuperación y restauración de los hábitats marinos han de responder a una visión ecosistémica y sobre todo al conocimiento científico del océano. Como se comentaba al inicio, debemos avanzar hacia una visión global del océano. Esta visión se debería integrar en el movimiento "una única salud". Este movimiento reconoce la importancia que tienen la salud y la conservación de todas las partes para que la salud global realmente consiga sus objetivos. No tiene mucho sentido generar medidas de gestión de algunas especies emblemáticas que no tengan en cuenta también el resto de las especies, las comunidades y los ecosistemas. La interacción entre estos cuatro niveles, especies, poblaciones, comunidades y ecosistema es un reto para desarrollar medidas de gestión eficaces. Estas medidas deben ser tanto a nivel local como regional y global. Se ha de tener muy en cuenta los límites naturales de las especies y de los ecosistemas y tratar de adaptar las normas o propuestas de gestión a las leyes de la naturaleza. Un buen conocimiento de estas leyes naturales harán mucho más eficaz las medidas propuestas. Un buen ejemplo de lo comentado es considerar que muchas especies tienen ciclos de vida asociados a migraciones, que sus áreas de puesta son diferentes de las áreas de alimentación, que necesitan un tamaño mínimo de población para que puedan recuperarse de actividades de explotación, etc.

Recientemente estamos llenando el océano de todo tipo de estructuras y construcciones industriales fruto en gran parte, de la necesidad de seguir extrayendo recursos del medio marino. Tenemos experiencia desde hace años, del impacto de las plantas de extracción de petróleo y gas, de las plantas de acuicultura, y de las plantas desalinizadoras y térmicas. Esta avalancha de intrusiones el en el medio marino contribuye a una situación casi extrema y extensa de explotación del mar. El compromiso entre el buen uso y la necesidad de reducir el impacto de estas industrias es un nuevo reto para la conservación marina. Cómo gestionar grandes industrias en el mar compatibles con la necesidad de áreas marinas protegidas es uno de los mayores retos que tiene la humanidad actualmente con el océano. Estamos justo empezando, pero hay prisa, no debemos degradar mar el medio marino con la excusa de la crisis energética y medioambiental. La sostenibilidad no encaja con el crecimiento continuado, nos guste o no hay que parar y reorganizar las acciones sobre el Océano para que sean realmente sostenibles, pero, ante todo que sean respetuosas con la conservación de la vida marina. Tan sólo un océano sano nos ayudará a mitigar los efectos del cambio climático y por extensión a la supervivencia de la humanidad.

Uno de los grandes problemas que se encuentran las problemáticas actuales sobre el océano es que escasamente llegan a la sociedad, a no ser que vengan en forma de grandes titulares periodísticos. La información objetiva y rigurosa de la ciencia no llega fácilmente a la sociedad. Este hecho dificulta mucho la toma de consciencia de las personas sobre las problemáticas del medio marino, las propuestas de los científicos y sobre todo de la realidad, incluso en cifras, de la emergencia ambiental en el océano. El papel importantísimo del Océano global como sumidero de CO2, de termostato del planeta, de la biodiversidad como motor esencial de la función ecológica del océano, son, entre otros aspectos, poco conocidos, mal dimensionados y escasamente entendidos por la sociedad.

Sin esta cultura científica oceánica difícilmente la sociedad podrá responder con objetividad al bombardeo de propuestas dirigidas a seguir explotando por grandes corporaciones industriales siempre expuestas como necesidades urgentes de energía y recursos que no siempre está claro que sean necesarios o factibles. Las propuestas del mundo científico con rigor han de llegar a la sociedad de manera mucho más directa y fácil de lo que se ha hecho hasta ahora. Hay que reconocer que hay excelentes iniciativas actuales por parte de asociaciones y sociedades naturalistas, pero desafortunadamente no son suficientes ni constantes.

Este libro contiene información rigurosa, actual y objetiva sobre cómo abordar la importancia de la protección de la biodiversidad. Propuestas multidisciplinares, desde el punto del conocimiento científico, desde la ética y sobre todo del ámbito del derecho, que tanto encontramos a faltar en muchos foros de opinión públicos y privados. Una aportación novedosa, inteligente y rigurosa que hace de esta obra un texto de referencia en los ámbitos sacadémicos y sociales actuales sobre la problemática de la conservación de la biodiversidad marina y las propuestas para la implementación de medidas, acciones y normas para la conservación eficaz de la vida marina.

JOSEP-MARIA GILI
Profesor de Investigación del CSIC
Instituto de Ciencias del Mar de Barcelona

Desarrollo sostenible y ecología integral en los recursos marinos[1]

Sustainable development and integral ecology in marine resources

PILAR LÓPEZ DE LA OSA ESCRIBANO
Profesora Contratada Doctora de Derecho Administrativo
Universidad Pontificia de Comillas-ICADE
pldelaosa@comillas.edu

Resumen: La pérdida paulatina de los recursos que proporciona la Tierra es un hecho indiscutible. La intervención del hombre en su transformación ha hecho reflexionar no sólo a la sociedad, organismos nacionales e internacionales, sino también a la Iglesia. Es un hecho innegable, pero no instaurado de manera definitiva, que la ética ambiental forma parte de los programas centrados en conservar los recursos marinos y la biodiversidad, así como de los programas de acción de carácter institucional. De este modo, la llamada ecología integral se responsabiliza de proteger los aspectos ambientales, económicos y sociales de los países, y se hace presente en diferentes ámbitos de investigación. En este sentido, el estado de los recursos marinos es fundamental. El funcionamiento de sus ecosistemas resulta imprescindible para el buen desarrollo socioeconómico del planeta, y es parte indispensable de la ecología integral que, junto con el desarrollo sostenible, buscan lograr los objetivos definidos.

Palabras clave: ecología integral, ética ambiental, recursos marinos, desarrollo sostenible, ecosistema marino, políticas de actuación.

Abstract: *The gradual loss of the resources provided by planet Earth is an indisputable fact. Human intervention in its transformation has caused reflection not only in society, national and international organizations, but also in the Catholic Church. It is an undeniable fact, but not definitively established, that environmental ethics is part of programs focused on conserving marine resources and biodiversity, as well as institutional action programs.*

[1] El presente capítulo se ha realizado en el marco del Proyecto I+D+i de generación del conocimiento “Sostenibilidad ambiental, social y económica de la justicia. Retos de la Agenda 2030” (Referencia PID2021-126145OB-I00) financiado por el Ministerio de Ciencia e Innovación.

Thus, the so-called integral ecology, which is responsible for protecting the economic, social and environmental aspects of countries, is present in different research fields. Undoubtedly, in this sense, the state of marine resources is fundamental. The functioning of their ecosystems is essential for the good socioeconomic development of the planet, and is an indispensable part of integral ecology, which, together with sustainable development, seeks to achieve the defined objectives.

Keywords: *integral ecology, environmental ethics, marine resources, sustainable development, marine ecosystem, action policies.*

1. INTRODUCCIÓN

Son numerosos los estudios que a lo largo de la historia han analizado e investigado sobre la Tierra. En ellos no sólo se ha buscado siempre conocer sus características geológicas o su ubicación en el sistema solar, sino que lo que realmente ha motivado su elaboración y preocupa cada vez más al hombre, han sido los límites de los recursos que la Tierra podía proporcionarle.

Como ya se hiciera con los Objetivos de Desarrollo del Milenio en 2020, la Asamblea General de las Naciones Unidas determinó los 17 Objetivos de Desarrollo Sostenible en 2015. Bajo el marco de diversos planes de acción, busca mejorar la situación de paz, prosperidad y acceso a la justicia junto con la importancia de favorecer las realidades de las personas y el planeta. Supone un reto ambicioso porque los Estados deben convertir estos fines en políticas congruentes y adaptables a las realidades de cada país.

En este sentido conviene recordar que los elementos que forman parte de nuestro planeta y que acogen la vida que en él se encuentran, como afirma acertadamente Martínez de Anguita, *"no se detienen…sino que evolucionan y generan cada vez más vida"*[2]. En este caso, la regeneración de vida constante no debe dar lugar a una errónea concepción del uso que el hombre da a los recursos naturales, es decir, que no se detenga la generación de microorganismos, plantas y animales, no indica que pueda someterse al planeta a excesos en la

---

2 MARTÍNEZ DE ANGUITA, P., *La tierra prometida. Una respuesta a la cuestión ecológica* (Navarra, 2002), 22.

gestión de sus recursos y que, por tanto, no deba llevarse a cabo un cuidado de manera sostenible.

El abuso por parte del hombre, en ocasiones incontrolado, de los sistemas naturales como el agua, el aire, la tierra o la biodiversidad que albergan, ha dado lugar a lo que algunos expertos llaman enfermedad planetaria[3]. La excesiva intervención del hombre en el deterioro y, sobre todo, en la inadecuada gestión del uso de los recursos naturales han motivado la reacción de instituciones civiles y gubernamentales; e, incluso, ha llevado a la Iglesia a emitir una opinión respecto a la desigualdad que la citada intervención tiene como consecuencia.

Con todo ello, surge la necesidad de enfocar este problema de manera holística, donde la naturaleza se conciba como un todo, y se unifiquen los diferentes campos que tienen un rol en torno al problema creado, estos son: la economía, la sociedad y el medio ambiente. Surge así la llamada ecología integral, término acuñado desde 2015 en la Encíclica *Laudato Si'*. Ésta responde a la necesidad de integrar asuntos claramente relacionados con la conservación de la naturaleza y analizar su intervención con el fin de buscar posibles soluciones a los desequilibrios creados entre los Estados y la consecuente pérdida de los recursos naturales.

Para poder hacer frente a las consecuencias negativas que este abuso del hombre puede representar, concretamente en los recursos marinos, no sólo se requiere el estudio de la situación ambiental, sino también los avances socioeconómicos y culturales que se llevan a cabo en los Estados. Sobre este progreso es necesario realizar una evaluación del ritmo de crecimiento y desarrollo con el fin de controlarlo.

Como se desarrollará en líneas posteriores, la importancia adquirida por la biodiversidad desde principios de los años 90 surge por dos razones. En primer lugar, por la relevancia que implica el patrimonio natural compuesto por animales y plantas, así como la aportación que supone para el medio en el que se encuentran y, en segundo lugar, por la responsabilidad directa del hombre sobre el deterioro de los ecosistemas.

---

3 MARTÍNEZ DE ANGUITA, P., *La tierra prometida…*, *op. cit.*, 29.

2. REQUISITOS PARA UNA COMPLETA PROTECCIÓN AMBIENTAL: LA ÉTICA AMBIENTAL Y EL DESARROLLO SOSTENIBLE

2.1. La ética ambiental

La interacción del hombre y el planeta ha motivado, a lo largo de los siglos, la modificación de los espacios donde el ser humano ha establecido su relación de dependencia de la naturaleza y sus recursos. Esta idea indica la exigencia, incluso actitud de dominio, que el hombre ha ido estableciendo sobre los recursos naturales para alcanzar la satisfacción de sus objetivos[4]. La transformación derivada de esta exigencia se ha extralimitado, especialmente, en las últimas décadas, y ha dado lugar a una evidente preocupación a nivel global sobre la situación del planeta en diversos aspectos.

La idea descrita confirma la necesidad de educar al hombre para vivir y convivir con la naturaleza que le rodea; esta afirmación es lo que la doctrina sociológica denomina ecología humana. No es posible entender la defensa del medio ambiente si el sistema no protege la vida del hombre en el planeta, si éste no adquiere protagonismo en la cuestión ecológica[5]. La convivencia de ambos es imprescindible, especialmente si lo que se busca es conservar la naturaleza que nos rodea. No se pretende resolver un problema ambiental, sino socioambiental[6].

Aldo Leopold, uno de los autores de finales del siglo XIX y principios del XX que todavía en la actualidad sigue siendo objeto de referencia en materia de conservación de la naturaleza y ética ambiental, consideraba la ética desde un punto de vista ecológico, como un obstáculo a la libertad de quien quisiera luchar por la existencia

---

4 MARTÍNEZ DE ANGUITA, P., *La tierra prometida…, op. cit.*, 25.

5 GAMBOA-BERNAL, G., "Una perspectiva bioética de la ecología integral: reflexiones en torno al capítulo cuarto de la *Laudato Si*" en *Ecología Integral. Memorias del XXIX Curso Internacional de Actualización Teológica*, Universidad de La Sabana, Facultad de Filosofía y Ciencias Humanas, 2016, 23.

6 PAPA FRANCISCO, Encíclica *Laudato Si'*, (Madrid, 2015), nº 139, 128.

de algo[7]. Leopold defiende que la ética ha sido objeto de análisis siempre desde un punto de vista filosófico, cuando la realidad, añade, es que *"Sus pasos pueden describirse en términos tanto ecológicos como filosóficos"*[8].

De su interpretación de la ética recogida en su obra *Una Ética de la Tierra* subyace un razonamiento histórico. La religión comenzó como ética en las relaciones entre seres humanos, más adelante, el sistema político de la democracia supuso una relación de la ética del hombre con la sociedad y, finalmente, desde que la preocupación por la naturaleza forma parte de la sociedad de un Estado, nace la relación entre el hombre y la naturaleza[9]. Otro de los grandes filósofos previo a Leopold, el norteamericano Henry David Thoreau, ya expresaba en su conferencia "Caminar" (1851) la consideración del hombre como parte de la Naturaleza, *"...más que como miembro de la sociedad"*[10].

En el marco de las teorías ético-ambientales, Leopold cuestionaba enérgicamente la idea antropocéntrica que concede a la naturaleza no humana un valor instrumental, así el hombre forma parte integrante del ecosistema. Como afirma Martínez de Anguita, los ecosistemas son necesarios, el sistema ecológico o ecosistema es ver a la *"vida y a la tierra funcionando juntos"*[11], por ello, en la naturaleza y el ser humano, cada una de las partes tiene trascendencia en sí misma. Por esta razón, Leopold defendió el llamado *antropocentrismo moral excluyente,* donde la naturaleza no tiene ningún valor instrumental para el hombre[12].

---

7 *"...una ética consiste en cierta limitación de la libertad de acción en la lucha por la existencia"*, *vid.* LEOPOLD, A., "La Ética en la Tierra" en *Antología Aldo Leopold. Una ética de la Tierra,* (Madrid, 2017), 180.

8 LEOPOLD, A., "La Ética en la Tierra"...*op. cit.,* 180.

9 *"...un revolucionario sistema ético donde la naturaleza se integra a la vez que los seres humanos"*, *vid.* RIECHMANN, J., "Aldo Leopold. Los orígenes del ecologismo estadounidense y la ética de la Tierra" en *Antología Aldo Leopold. Una ética de la Tierra,* (Madrid, 2017), 27.

10 RIECHMANN, J., "Aldo Leopold. Los orígenes del ecologismo...", *op. cit.*, 13.

11 MARTÍNEZ DE ANGUITA, P., *La tierra prometida..., op. cit.*, 40.

12 RIECHMANN, J., "Aldo Leopold. Los orígenes del ecologismo...", *op. cit.*, 27.

Dentro de la teoría antropocéntrica, es posible encontrar una vertiente *fuerte* y una *débil* según el valor instrumental que adquieran las entidades no humanas. Por tanto, existen similitudes entre algunas especies de la naturaleza y el ser humano, aquéllas condicionan el enfoque ético-ambiental en la relación hombre-naturaleza. En este sentido, estas similitudes son el aspecto principal por el que la vertiente *fuerte* y *débil* de la teoría antropocéntrica se diferencian[13].

Por su parte, el biocentrismo se fundamenta en el valor intrínseco de la naturaleza y, por ello, el respeto moral debido; esta teoría se convierte así en una vía ética esencial hacia los valores humanos. En este punto también se hace referencia al llamado *biocentrismo fuerte* o ecología profunda (*deep ecology*) donde el valor absoluto que se concede a la naturaleza "se le niega al individuo"[14].

Esta última presentación de teorías requiere no solo un mayor desarrollo de la cultura ético-ambiental —entendida como una realidad entrelazada, no individual—, sino también un ahondamiento en los mecanismos legales y la innegable protección de la naturaleza como soporte de vida. En definitiva, una mayor presencia en los organismos e instituciones de la transversalidad del concepto de medio ambiente.

2.2. Desarrollo sostenible

Es indudable que el tan citado concepto de *desarrollo sostenible* ha motivado no solo publicaciones científicas respecto a su significado, sino también preocupaciones por cómo se está llevando a cabo la interpretación del término. Los avances propios del crecimiento y evolución de una sociedad son, no sólo esperados sino necesarios; si no tuvieran lugar, las diferencias dentro de la sociedad estarían mucho más acentuadas. No obstante, el modo de gestionar ese progreso exige el conocimiento previo de los recursos naturales con los que se cuenta, no es posible un crecimiento indefinido en un planeta

---

13 RIECHMANN, J., "Aldo Leopold. Los orígenes del ecologismo…", *op. cit.*, 30.

14 RIECHMANN, J., "Aldo Leopold. Los orígenes del ecologismo…", *op. cit.*, 31.

finito[15]. Se propone, por tanto, *"redefinir el progreso"*[16], es decir, evitar caer en el error de creer que el desarrollo tecnológico y económico de un Estado a costa de un desequilibrio entre países es equiparable a desarrollarse de manera sostenible. Tal vez una solución sea poner las nuevas tecnologías al servicio de la humanidad, de los países que lo necesitan.

Es el momento de plantearse si el desarrollo sostenible entendido como se presentó en el Informe Brundtland en 1987 está siendo eficiente o, quizá, debe ir acompañado de un cambio en el estilo de vida, producción y consumo mucho más drástico que el que se lleva a cabo en la actualidad.

Desde el instante en que se busca un equilibrio entre la conservación de la naturaleza y el desarrollo económico, no es factible una falta de armonía en el manejo de ambos conceptos, uno no puede evolucionar más rápido que el otro. Es necesario un reajuste en el desarrollo humano y combinarlo con la búsqueda del bien común no solo de la generación actual sino también de las futuras[17].

Para complementar lo expuesto y lograr ese reajuste en el desarrollo del hombre, es indispensable no sólo educarle con un contenido significativo, sino hacerle partícipe también de la toma de decisiones. Un aprendizaje social continuo, basado en la sensibilización de la condición humana, donde se interiorice el paso de una visión antropocéntrica a una de carácter ecocéntrico[18]. De esta manera, en un triángulo visual del desarrollo sostenible se incluirían en cada uno de los vértices los aspectos ambiental, económico y social. A pesar de esta combinación ideal, es importante no permitir que cada aspecto se gestione de manera individual. Para lograr con éxito los objetivos

---

15 ODUM, E.P. y SARMIENTO, F.O., *Ecología. El puente entre ciencia y sociedad* (Méjico, 1997), 307.

16 PAPA FRANCISCO, *Laudato…*, *op. cit.*, nº 194, 173.

17 MARISTAS MEDITERRÁNEA, https://www.maristasmediterranea.com/wp-content/uploads/2020/11/Ecolog%C3%ADa-integral.pdf Noviembre 2020, (última consulta: 29 de agosto de 2023).

18 CORTÉS, H.G. y PEÑA, I., "De la sostenibilidad a la sustentabilidad. Modelo de desarrollo sustentable para su implementación en políticas y proyectos" en *Revista Escuela de Administración de Negocios*, nº 78 (2015), 46.

marcados, no se deben concebir estos conceptos de manera excluyente, sino consiguiendo un equilibrio entre los tres[19].

No obstante, este enfoque sólo es viable si el hombre es capaz de conocer los ritmos biológicos de los recursos naturales. El aprendizaje debe seguir, por tanto, dos vías: por un lado, un conocimiento por parte del ser humano sobre la riqueza que alberga el medio natural que le rodea y, por otro, una sensibilización para saber cómo actuar tras adquirir esa preparación. Para que esto no quede reflejado en un mero *desiderátum*, el mundo socioeconómico ya está actuando al respecto. Es un hecho indiscutible la formación que las empresas están adquiriendo respecto a medidas ambientales, la responsabilidad social corporativa propia del mundo empresarial invita a implementar buenas prácticas adaptadas al conocimiento y sensibilización al que se ha hecho referencia.

Para poder abordar la situación de la manera más eficaz posible surgen, en su origen, a nivel internacional los principios generales del medio ambiente. Los principios de cooperación, prevención o precaución, entre otros, buscan, respectivamente, la implementación de políticas a largo plazo en lugar de iniciativas en corto espacio de tiempo o la toma de mediadas *a priori* con el fin de evitar el daño ambiental y, por tanto, unos costes económicos superiores. Una manera cada vez más instaurada de abordar la prevención de los daños ambientales es el abandono del sistema lineal de crecimiento y apostar por un modelo circular. Establecer un límite al uso de los recursos no renovables con el objetivo de reutilizar, reciclar y aprovechar y, de este modo, evitar la conocida como *cultura del descarte*[20]. Es el mensaje que trata de transmitir la Agenda 2030 a través de sus Objetivos de Desarrollo Sostenible. No es posible que el desarrollo de los Estados y sus habitantes esté supeditado a la merma descontrolada de los recursos naturales, que son los que, a su vez, mediante un círculo vital, nos sostienen.

La inquietud generada ha alcanzado a los gobiernos y, resultado de ello, son las medidas que se adoptan desde un punto de vista

---

19 CORTÉS, H.G. y PEÑA, I., "De la sostenibilidad a la sustentabilidad…", *op. cit.*, 49.

20 PAPA FRANCISCO, *Laudato…*, *op. cit.*, nº 22, 26.

ambiental, económico y social para equilibrar el uso de los recursos naturales y el desarrollo de la sociedad y sus Estados. El problema surge a menudo cuando los países con menos recursos económicos deciden implementar tecnologías industriales (*Best Available Technologies*). La inversión realizada por estos países no siempre cuenta con las técnicas necesarias para mantener avances tecnológicos de tales características. Tal vez sería más adecuado fomentar en los Estados con menos recursos la puesta en marcha de técnicas menos innovadoras y que alcancen métodos más modernos de manera individual, con el fin de obtener beneficios con su trabajo; o también incentivar con medidas económicas directas o indirectas —subvenciones o exención de impuestos— y así evitar que la situación de deterioro de los ecosistemas continue.

Posiblemente, el fomento de medidas que reduzcan la amenaza a los recursos naturales podría utilizarse con la naturaleza y la biodiversidad, es decir, ayudar a aquellos países que cuenten con grandes recursos naturales a gestionarlos de manera conveniente y proporcionada y, a su vez, prestar atención a la estabilidad de las civilizaciones que albergan. Para ello, podría ser oportuno preparar, por un lado, unos métodos apropiados para un uso ordenado y sostenible de los recursos y, por otro, un desarrollo estable de las personas que habitan ese lugar[21]. En este caso, el crecimiento económico, por ejemplo, deberá adaptarse a la organización a la vez que se adapta al ritmo de explotación de los recursos. De esta manera, la evolución del hombre y su entorno se realizaría sin pretender que sea al mismo ritmo que los organismos propios de la naturaleza, evitando así la pérdida y el deterioro acelerado de los recursos.

Sin embargo, una de las críticas en torno a las medidas adoptadas de lucha contra la pérdida acelerada de los recursos naturales, es la falta de políticas en las zonas que no se encuentran protegidas. Parece evidente, aunque solo sea por la categoría que le ha sido reconocida, que un área protegida reciba una mayor inversión en el control y protección del ecosistema que alberga, mientras que las que están exentas de dicha garantía son las que requieren una mayor

---

21 ODUM, E.P. y SARMIENTO, F.O., "Ecología. El puente entre ciencia…", *op. cit.*, 309.

supervisión, donde las políticas conservacionistas no actúan siempre con la misma eficacia[22].

Por su parte, la referencia a la biodiversidad es materia obligada cuando se habla de conservación de la naturaleza y sus ecosistemas. La diversidad biológica se ha convertido en el paradigma de lo que el planeta tiene y, a su vez, de lo que está perdiendo[23]. Sin duda, después del deterioro que ha sufrido el medio ambiente, es difícil concebir el desarrollo económico de un Estado sin que afecte de una u otra manera al medio natural, y, por ende, a la biodiversidad que allí se encuentre. Es el motivo por el que desde diferentes entes institucionales y civiles se buscan nuevos modelos que ayuden a gestionar de manera eficaz y sostenible la amenaza que sufren los seres vivos; uno de ellos es el concepto de ecología integral que se analizará a continuación.

Cuando se hace referencia a la diversidad biológica debe diferenciarse entre la abundancia de un tipo de especie, en cuyo caso habrá una menor biodiversidad en ese entorno, y entre los hábitats donde existe un mayor número de especies de diferente tipo, en la que se protegerá atendiendo a su "grado de rareza". Cuando se alude a "especies raras", existe un suficiente grado de amenaza en su supervivencia como para que exista peligro en su conservación. Es entonces cuando, desde un punto de vista biológico, se analiza su capacidad de resistir a los riesgos que le apremian. Por último, es interesante reseñar que, en estos casos, la resistencia a las acciones humanas o alteraciones ambientales es mayor en la biodiversidad marina que la de las especies terrestres[24].

---

22 MARTÍNEZ DE ANGUITA, P., *La tierra prometida…*, *op. cit.*, 91.

23 HALFFTER, G., "¿Qué es la biodiversidad?" en *Revista Institución Catalana de Historia Natural*, nº 62 (1994), 6.

24 HALFFTER, G., "¿Qué es la biodiversidad…", *op. cit.*, 8 https://publicacions.iec.cat/repository/pdf/00000120/00000009.pdf (última consulta: 30 de agosto de 2023).

3. APLICACIÓN DE LA ECOLOGÍA INTEGRAL A LOS RECURSOS MARINOS

3.1. Concepto de ecología integral

La palabra "ecología" tiene su origen en el griego *oikos* que significa casa, y "logos" que significa estudio, por tanto, "estudio del hogar", lo que etimológicamente se podría determinar como *ciencia del hábitat*[25]. Este término, como explica Odum, se desarrolló en sus inicios en el mundo científico como rama derivada de la biología; sin embargo, la importancia que su contenido ha ido adquiriendo lo ha convertido, con el paso de los años, en un estudio cada vez más independiente[26]. Esta independencia queda, a su vez, conectada con los diversos aspectos que en la propia disciplina se abordan. Resulta evidente en este punto la mención a la naturaleza, a los diferentes organismos que se encuentran en ella, a la situación del ambiente y hábitats en que viven la biodiversidad marina y terrestre; pero lo que parece integrarse de manera natural es el estudio de la sociedad humana respecto a su relación con el cuidado de este ambiente[27].

La autonomía adquirida por la ecología ha generado a su vez —en opinión de la autora de manera acertada— el impulso de áreas de investigación asociadas en torno a esta ciencia que completan y ramifican su estudio de manera considerable[28]. La creación de nuevos campos ha fortalecido la transversalidad, característica propia de la ecología, donde los diversos ámbitos de protección están inevitablemente interrelacionados entre sí. Por ello, cuando la diversidad ecológica se ve amenazada, no sólo debemos evitar la pérdida de un

---

25 Ernst Haeckel, biólogo alemán, definió el término ecología como "totalidad de la ciencia de las relaciones del organismo con su medio ambiente, que comprende en sentido amplio, todas las condiciones de existencia", *vid.* RIECHMANN, J., "Aldo Leopold. Los orígenes del ecologismo…", *op. cit.*, 17.

26 ODUM, E.P. y SARMIENTO, F.O., "Ecología. El puente entre ciencia…", *op. cit.*, Prefacio.

27 ODUM, E.P. y SARMIENTO, F.O., "Ecología. El puente entre ciencia…", *op. cit.*, Prefacio.

28 Destacan, entre otros, la ecología de la conservación, la ecofilosofia y la ecoagricultura. ODUM, E.P. y SARMIENTO, F.O., "Ecología. El puente entre ciencia…", *op. cit.,* Prefacio.

hábitat o especie determinada, sino también el daño sufrido por el ecosistema en su totalidad[29].

En su papel de protección del medio ambiente, el hombre busca soluciones para evitar la degradación y amenaza, entre otros, de los recursos naturales, poniendo en práctica de forma inmediata acciones que buscan resolver los problemas que derivan de su actuación. Sin embargo, para ello es necesario conocer y comprender primero los bienes que el medio natural proporciona, porque son los que, con una gestión adecuada, mantienen las vías de la actividad económica, social, cultural y humana[30].

Las medidas surgidas son las que ayudarán a trabajar en la relación entre los recursos marinos y la sociedad para gestionar el problema y sentar las bases de una adecuada actuación. En definitiva, se trata de evitar la visión antropocéntrica y trabajar sobre una de carácter holístico, donde se observe la naturaleza en su conjunto y no de manera individual. En esto consiste la ecología integral objeto de análisis en este trabajo, un nuevo paradigma de justicia que ubica al hombre en un lugar desde donde debe relacionarse con la realidad ambiental[31].

No es posible hacer referencia en el título del presente capítulo al concepto de ecología integral sin hacer alusión a la Carta Encíclica —citada en párrafos anteriores— que Su Santidad el Papa Francisco publicó en mayo de 2015. La Encíclica *Laudato Si'. Sobre el cuidado de la casa común* incluye en el enunciado de su capítulo cuarto, precisamente, "Una Ecología Integral ".

Si bien el principal daño al ecosistema marino se justifica en actuaciones antropogénicas, de la misma manera que el hombre es responsable de aquéllas, está también capacitado para abordar los problemas surgidos en el sistema ecológico y buscar soluciones. Esto demuestra que la ecología siempre ha estado en manos de la sociedad y de sus mecanismos de regulación limitantes. La propuesta de

---

29 MARTÍNEZ DE ANGUITA, P., *La tierra prometida…, op. cit.*, 86.

30 ODUM, E.P. y SARMIENTO, F.O., "Ecología. El puente entre ciencia…", *op. cit.*, 7.

31 OLANO, H.A., "La "casa común", algunas reflexiones sobre la Encíclica *Laudato Si*" en *Ecología Integral. Memorias del XXIX Curso Internacional de Actualización Teológica*, Universidad de La Sabana, Facultad de Filosofía y Ciencias Humanas, 2016, 8.

iniciativas que resuelvan o, por los menos, mitiguen las amenazas a la naturaleza no deben buscar como objetivo único los daños ambientales, sino integrar de manera completa los daños que generan también la falta de civismo y solidaridad[32]. Esto implica una visión más holística donde se concibe la realidad ecológica como un todo, en la que es necesaria la intervención de las instituciones y la sociedad en los asuntos que condicionan el medio ambiente.

La ecología integral invita a un cambio del ser humano[33]. Al igual que Leopold reclamaba en su obra que hubiera una ética que se ocupara de la relación del hombre con la tierra, los animales y las plantas, pero evitando que la relación se centrara solo en el aspecto económico, en la actualidad se reclama una simbiosis entre la economía, el medio ambiente, la sociedad y la ética. Este modo de cooperación se resume en una ética de la Tierra[34].

La idea errónea del hombre de disponer de los bienes que el planeta proporciona de manera ilimitada con el fin de crecer más que de desarrollarse —relevante diferencia que se expondrá más adelante— tiene como consecuencia un enfoque irreal de los recursos que la naturaleza provee. El uso excesivo y desigual de los bienes naturales provoca un empobrecimiento de los países donde los recursos son grandes, pero los medios económicos son pocos para desarrollarlos. Esta situación genera un desequilibrio en la gestión de materias primas y en el reparto de los beneficios obtenidos tras la producción.

Parece curioso a la vez que contradictorio, que la industrialización, que en siglos pasados motivó el progreso de muchos países y a la vez un desarrollo económico notorio de los mismos, sea ahora la causa, en muchos Estados, de un daño irreversible en diversos ecosistemas. Actualmente, ante una sociedad cada vez más longeva en la que conviven diferentes generaciones, no se trata únicamente de educar de manera intergeneracional en el cuidado del medio ambiente, sino de transmitir el mensaje a la generación actual para que

---

32 MANOS UNIDAS, https://www.manosunidas.org/observatorio/cambio-climatico/laudato-si-capitulo-4-ecologia-integral (última consulta: 28 de agosto de 2023).

33 PAPA FRANCISCO, *Laudato…*, *op. cit.*, nº 9, 14.

34 LEOPOLD, A., "La Ética en la Tierra", *op. cit.*, 180-181.

entre ellos sean capaces de actuar, no sólo de manera individual, sino de manera integrada y cooperativa.

Cuando el Informe Brundtland, bajo el título *Nuestro futuro común,* se presentó en la Comisión Mundial sobre Medio Ambiente y Desarrollo en 1987, se abrió un camino lleno de oportunidades para presentar potenciales acciones que frenaran la falta de sostenibilidad. Ya recogía entonces el Informe que el desarrollo económico, acompañado por la industrialización, habían provocado el deterioro ambiental que seguimos sufriendo en la actualidad; aunque afortunadamente mitigado por medidas que los Estados están implementando. La mayoría de las acciones que se han efectuado tiene un carácter multilateral, lo que ha supuesto un compromiso de los países por encaminar sus iniciativas en una misma dirección, con un carácter de cooperación como se ha recogido en párrafos anteriores, aludiendo al conocido principio general en materia ambiental internacional.

3.2. Aplicación de la ecología integral a los recursos marinos

El objetivo de este apartado, una vez analizado el concepto de ecología integral, consiste en determinar qué aplicación puede tener ésta sobre los recursos marinos en cada uno de los aspectos sobre los que tiene influencia y, especialmente, qué medidas puede aportar a los problemas que le afectan.

3.2.1. Aspecto ambiental

Desde finales de los años 60 del pasado siglo XX, la presencia significativa del hombre en el medio ambiente ha causado diferentes escenarios a los que la sociedad se ha acostumbrado. Sin embargo, esta costumbre no debe ser objeto de rutina en nuestra forma de vivir, debemos conjugar nuestra forma de vida con una adecuada gestión de los recursos naturales a los que, afortunadamente de momento, tenemos acceso. Martínez de Anguita hace referencia a tres zonas donde la impronta humana tiene mayor o menor presencia: aquellos bosques tropicales o zonas marítimas donde la presencia humana es, en ocasiones, nula; las denominadas zonas rurales, donde existe presencia humana porque son territorios en los que se ha vivido una gran modificación del paisaje; y, por último, las urbes, donde sin lugar a dudas, los intensos y constantes cambios debido a la construcción de edificios, carreteras y espacios, han sufrido una intervención humana innegable[35]. El crecimiento de estas últimas es lo que ha generado, en su esencia, la desaparición de especies. *A priori*, esto podía parecer un hecho que "únicamente" mermaba el número de ejemplares de la biodiversidad; sin embargo, la relevancia de estas pérdidas radica en las consecuencias en el propio ecosistema y, por ende, el efecto que esto produce en los hombres, el planeta y el equilibrio entre ambos.

Por otro lado, también hay que tener en cuenta el papel que cada especie juega en su ecosistema. Es imprescindible conocer cuál es el rol de cada una porque en ocasiones la desaparición de aquélla desencadena una amenaza para las demás funciones ecológicas en ese ecosistema o, incluso, en otros por estar a su vez relacionados[36].

En numerosas ocasiones se ha afirmado, de manera determinante, que la principal causa de desaparición o extinción de especies marinas es la pérdida del hábitat natural en el que se encuentran. Así mismo, la pesca comercial, la contaminación de las aguas a través de residuos plásticos, en su mayoría no biodegradables[37], la acidificación de los océanos y el cambio climático adquieren protagonismo por ser elementos determinantes en el deterioro de los hábitats marinos.

El agua de los océanos tiene componentes que la diferencian en gran medida de las aguas continentales o subterráneas. El 70% de la superficie que cubre los océanos en la Tierra, además de variar considerablemente su temperatura dependiendo del área geográfica en la que se encuentre, contiene una serie de gases necesarios para la vida en el agua[38]. No sólo la contaminación de productos procedentes de naves y embarcaciones provoca la contaminación directa que las zonas marinas sufren todavía en la actualidad; muchos de los deshe-

---

35 MARTÍNEZ DE ANGUITA, P., *La tierra prometida…, op. cit.*, 23.

36 HALFFTER, G., "¿Qué es la biodiversidad…", *op. cit.*, 12.

37 PAPA FRANCISCO, *Laudato…, op. cit.*, nº 21, 25.

38 "*…tales como el oxígeno, o el dióxido de carbono además de otros menos importantes tales como el metano, el monóxido de carbono, o el óxido de nitrógeno*", *vid.* MARTÍNEZ DE ANGUITA, P., *La tierra prometida…, op. cit.*, 101.

chos que llegan a las aguas continentales, terminan en las aguas que lindan con zonas costeras[39]. Todas las sustancias tóxicas que se han vertido previamente o que al tratarse de zonas industriales o urbanas desembocan directamente al mar, son las responsables del deterioro de las aguas y, en consecuencia, del hábitat de las especies, provocando finalmente la amenaza o desaparición de aquéllas.

Conviene destacar en este punto el problema que amenaza la fauna marina con la eutrofización. El exceso de nutrientes en el agua provocado por sustancias como el nitrógeno y el fósforo genera el crecimiento acelerado de plantas y otros organismos que consumen gran parte del oxígeno, ocasionando una mala calidad de las aguas y, por tanto, un deterioro significativo del ecosistema marino de la zona. Estas sustancias son los principales componentes de fertilizantes utilizados en la ganadería o agricultura; así mismo, la emisión de estas sustancias a la atmósfera provoca lluvia ácida afectando no sólo a las masas de agua sino a zonas terrestres.

Por otra parte, los vertidos de petróleo, plásticos y residuos pesqueros, especialmente provenientes de la pesca a gran escala, provocan el deterioro de las aguas y la muerte de mamíferos y aves. No sucede lo mismo con la materia orgánica de deshechos producida por las especies en los ecosistemas acuáticos, cuya descomposición tiene lugar en el fondo de las aguas. De esta manera pasa a formar parte de los nutrientes en las plantas del fondo marino.

El apartado 40 de *Laudato Si'* centra su contenido en valorar la variedad de especies que alberga el fondo de los océanos en materia de biodiversidad y, por ende, el daño que la sobrepesca y la destrucción de organismos marinos, necesarios para la cadena alimentaria del mar, provocan en estas especies, muchas de ellas parte de la alimentación del hombre[40].

Los primeros cien metros desde la superficie del océano albergan el mayor número de biodiversidad marina, incluido el plancton que supone un alimento para muchas especies y, además, un suministro

---

[39] Este problema tiene como principal protagonista a los países en vías de desarrollo.

[40] PAPA FRANCISCO, *Laudato…*, *op. cit.*, nº 40, 41.

esencial de oxígeno[41]. Diversos estudios han demostrado que el uso de combustibles fósiles como el petróleo, sus vertidos e, incluso, los incendios contaminan también la superficie de los océanos[42], y es esta biodiversidad la que hace frente a estas amenazas. Precisamente, los bruscos cambios de temperatura debido al calentamiento global son motivo también de amenaza, y afectan especialmente a la cantidad de oxígeno que llega a los océanos. Para poder paliar este desafío que se presenta para las aguas marinas es necesario descubrir no sólo como afecta a éstas, sino en qué medida la biodiversidad marina utiliza ese oxígeno[43].

Esta amenaza se encuentra directamente ligada con el problema de acidificación de los océanos. La reacción que provocan los óxidos de azufre y nitrógeno con los gases de la atmósfera, se precipitan sobre las aguas en forma de ácido sulfúrico y nítrico, agravando la acidificación del agua. Esta lluvia ácida sobre zonas de agricultura y lugares de cultivo destruye plantaciones, del mismo modo que las sequías o inundaciones debido al cambio climático reducen e, incluso, eliminan las posibilidades de supervivencia de los habitantes en la zona. Tanto el transporte de sustancias contaminantes a través del aire que termina en las aguas superficiales de los océanos, como la falta de oxígeno debido a las altas temperaturas, ya están teniendo consecuencias negativas sobre la biodiversidad marina.

---

41 SECRETARÍA DEL CONVENIO SOBRE DIVERSIDAD BIOLÓGICA, *Áreas Marinas de Importancia Ecológica o Biológica (AIEB). Lugares especiales en los océanos del mundo,* https://www.cbd.int/marine/ebsa/booklet-05-ettp-es.pdf (última consulta: 31 de agosto de 2023), 6.

42 SINC Agencia de Noticias Científicas, https://www.scientificamerican.com/espanol/noticias/cada-mes-90-000-toneladas-de-combustibles-fosiles-llegan-a-los-oceanos/ (última consulta: 28 de agosto de 2023).

43 El aumento de las temperaturas de las aguas superficiales impide la llegada de oxígeno al fondo del mar. El agua caliente es más ligera que el agua fría, lo que impide que el oxígeno llegue a las profundidades. WELCH, C., "La extinción masiva de los océanos puede evitarse frenando el consumo de combustibles fósiles", *National Geographic*, 29/04/2022 https://www.nationalgeographic.es/medio-ambiente/2022/04/la-extincion-masiva-de-los-oceanos-puede-evitarse-frenando-el-consumo-de-combustibles-fosiles (última consulta: 31 de agosto de 2023).

Diversos seres vivos han buscado su adaptación en diferentes rincones del océano, desde la costa, los arrecifes de coral, los bosques de algas marinas hasta el mar abierto. El pez vela desciende a menos profundidad para buscar nutrientes, y el atún y el bacalao se quedan agrupados más cerca de la superficie porque es donde encuentran más oxígeno, con el riesgo que conlleva ser capturados por los pesqueros[44]. Finalmente, este problema deriva en los denominados *refugiados climáticos*; India y África son los más afectados en este sentido (sorprende este dato porque África no es el continente que tiene mayor emisión de dióxido de carbono, pero sí el que más sufre las lluvias torrenciales y las sequías[45]).

Según los estudios realizados, las especies presentes en los mares tropicales debido a su capacidad de adaptación a regiones más cálidas, en caso de verse amenazadas por el calentamiento global, encuentran refugio en otras aguas con características parecidas. Sin embargo, las especies del Pacífico Norte, cuya biología exige aguas más frías y requieren un alto nivel de oxígeno, no tienen alternativa de búsqueda y, por tanto, tienen menos posibilidades de sobrevivir[46].

Desde la Secretaría del Convenio sobre la Diversidad Biológica se ha estado trabajando en los últimos años en descubrir y analizar las zonas con una rica y especial biodiversidad marina. La necesidad de conocer a fondo estas áreas, por sus características específicas, es imprescindible para saber en qué debe priorizarse cuando se toman las medidas oportunas. Bien sea por su exclusividad o "rareza", por tratarse de un hábitat amenazado, por el ciclo vital que tiene una especie concreta o su vulnerabilidad o lenta recuperación, son datos elementales para que los ecosistemas marinos funcionen de manera

---

44 WELCH, C., "La extinción masiva de los océanos...", *op. cit.*, https://www.nationalgeographic.es/medio-ambiente/2022/04/la-extincion-masiva-de-los-oceanos-puede-evitarse-frenando-el-consumo-de-combustibles-fosiles (última consulta: 31 de agosto de 2023).

45 MANOS UNIDAS, https://www.manosunidas.org/observatorio/cambio-climatico/refugiados-climaticos (última consulta: 29 de agosto de 2023).

46 WELCH, C., "La extinción masiva de los océanos...", *op. cit.*, https://www.nationalgeographic.es/medio-ambiente/2022/04/la-extincion-masiva-de-los-oceanos-puede-evitarse-frenando-el-consumo-de-combustibles-fosiles (última consulta: 31 de agosto de 2023).

adecuada. Finalmente, la Secretaría publicó el documento *Áreas Marinas de Importancia Ecológica o Biológica (AIEB). Lugares especiales en los océanos del mundo* (2020), con la finalidad de ayudar a los gobiernos a emprender planes de acción adecuados a la gestión que, debido a sus tipologías, cada zona requiera[47]. Se entiende que el documento no es vinculante, se trata de una guía con el fin de orientar a los Estados en su manera de actuar respecto a la conservación de océanos y mares y su biodiversidad.

No se debe olvidar que uno de los obstáculos habituales que existen en el momento de proponer medidas de actuación en materia de protección ambiental es la diferencia temporal entre la actividad humana y la regeneración biológica del ecosistema, en este caso, el marino. El mal uso de los recursos marinos y su deterioro es más rápido que el tiempo que tarda el hábitat de una especie marina en recuperarse para volver a ser útil. Esto supone un especial peligro para los ecosistemas marinos y costeros que son los que ayudan al desarrollo económico sostenible de un Estado y al bienestar de sus ciudadanos. Sin embargo, no todos los hábitats y áreas afectadas logran recuperarse, muchos de los entornos que se han deteriorado no logran salir adelante y acaban desapareciendo; es el caso de las barreras de coral de determinadas zonas del Océano Pacífico[48].

3.2.2. Aspecto económico

El aspecto económico de la ecología integral supone uno de los más controvertidos en los presupuestos de un Estado, porque abordan no sólo su rentabilidad, sino la correcta administración de los ingresos y el uso sostenible de los mismos.

Cuando se hace referencia a la evolución económica de un Estado, a menudo se mezclan los conceptos de *crecimiento* y *desarrollo* económico. Es importante, en este caso, al aludir a la ecología integral y al aspecto económico que aborda, diferenciar el *crecimiento* como idea

47 SECRETARÍA DEL CONVENIO SOBRE DIVERSIDAD BIOLÓGICA, *Áreas Marinas de Importancia Ecológica o Biológica…, op. cit.*, 4.

48 SECRETARÍA DEL CONVENIO SOBRE DIVERSIDAD BIOLÓGICA, *Áreas Marinas de Importancia Ecológica o Biológica…, op. cit.*, 5.

de "ser más grande" del *desarrollo* como concepto de "convertirse en algo mejor". El enfoque diferenciador quedó recogido en el informe *Desarrollo económico ambientalmente sostenible: construyendo sobre Brundtland* (1991). Es imprescindible no olvidar la distinción, pues en materia ambiental se demuestra que la protección de los recursos marinos puede centrar sus esfuerzos en mejorar con la ayuda de medidas y acciones adaptadas a la realidad actual. Esto significa, esencialmente, gestionar una distribución más equitativa, cambiar la forma de suministrar energía, evitando los combustibles fósiles y apostando por la energía solar, eólica, hidráulica o las energías renovables.

Por otra parte, en el ámbito de la sostenibilidad y el crecimiento económico asociado a la misma, hay una tendencia, errónea en opinión de quien escribe, a creer que la implementación de las tecnologías soluciona las carencias de las que adolece la falta de sostenibilidad ambiental. Por supuesto, parte del cumplimiento de los objetivos marcados para conservar los recursos naturales radica en las mejores técnicas disponibles y la modernización que las industrias efectúan en los métodos de fabricación para reducir la huella de carbono; sin embargo, no por invertir en nuevas tecnologías se va a encontrar una solución definitiva al problema ambiental. La sensibilización y ética en el comportamiento humano son, del mismo modo, imprescindibles.

La reducción del consumo de energía en el desempeño de las diversas actividades en océanos o el uso de energías limpias que no destruyan el ecosistema marino, son medidas que invitan a un desarrollo económico adecuado y comprometido con el medio ambiente. Si, por el contrario, el único objetivo que se marcan los Estados es el crecimiento en el sentido de aumento de los beneficios, sin centrar la mirada y los actos en encontrar un equilibrio combinado con el cuidado de los fondos marinos, será innegable la situación de pérdida masiva de estos recursos y las consecuencias de deterioro mundial a la que se verán abocados los Estados.

La conclusión a estas impresiones es lo que da pie al concepto de *desarrollo sostenible* —abordado en el primer epígrafe de este capítulo— sobre el que tanto se ha escrito y que, sin ir más lejos, ha dado nombre a los objetivos que plantea la Organización de las Naciones Unidas en su Agenda 2030.

3.2.3. Aspecto social

Al hilo de este argumento, y adentrándonos en el concepto social referente a la ecología integral, debe recordarse la alarma despertada en la sociedad en los años 90 del pasado siglo, cuando la Conferencia de las Naciones Unidas en materia de medio ambiente incluyó en su declaración el conocido como principio de desarrollo sostenible. El origen de este principio buscaba, como es sabido, permitir a las generaciones futuras disfrutar de los mismos recursos naturales que la civilización actual, de manera que quedaba conectado el aspecto ambiental con el social. A partir de este momento, la aparente situación de dominio que marcaba la manifestación del hombre en la naturaleza pasó a disminuir su presencia, de forma que el ser humano, como afirmaba Leopold, ha pasado de ser *"conquistador de la comunidad terrestre a simple miembro y ciudadano de ella"*.

Es probable que el concepto de *"Cuidado de la casa común"* al que hace referencia el título de la citada Encíclica aluda, entre otros aspectos, a la responsabilidad del ser humano de proteger la belleza natural marina que le rodea. Si el hombre es capaz de sentirse parte de la Tierra a la que pertenece, no tendrá dificultad en protegerla y cuidarla como su propia casa. Del mismo modo, los puntos 156 y siguientes del texto de la Encíclica hacen mención al bien común como elemento en el que todos tiene derecho a participar. Si bien todos pueden hacerlo, no todos deciden formar parte de ese mismo bien; pueden optar por tomar otro camino y, por ende, no compartir los mismos objetivos. Así mismo, la existencia del bien común no anula la existencia de los bienes particulares, al contrario, éstos quedan subordinados a aquél. Esta situación se justifica por la necesidad de equilibrio entre el bienestar, la paz y los valores culturales, características propias del bien común[49].

En este caso concreto, sirvió para manifestar que la biodiversidad marina, entre otras, es parte del valor inherente de la naturaleza, y es imprescindible para que el ciclo del ecosistema marino cumpla con un

---

[49] GAMBOA-BERNAL, G., "Una perspectiva bioética de la ecología integral...", *op. cit.*, 29.

ritmo adecuado[50]. Se ha de manifestar en este punto una diferencia conceptual, a la que se presta poca atención, entre *preservacionismo* y *conservacionismo.* El primero de los conceptos demuestra la importancia de proteger la naturaleza por el valor intrínseco que posee en sí misma. Por su parte, el conservacionismo se refiere al valor que la naturaleza adquiere como instrumento útil para el hombre[51]. Para proteger los recursos marinos ha sido necesario defender la diversidad biológica y explicar a la sociedad el daño que se le provoca de manera constante a través de la actividad humana. Resultado de esta defensa es el Convenio sobre Diversidad Biológica de Naciones Unidas (1992).

La relación de diferentes especies creando una unidad y la armonía que adecuadamente representan es lo que da lugar, por tanto, a un ecosistema. Como apunta el Papa Francisco, éstos poseen un valor intrínseco independiente del uso que se les vaya a dar, todos ellos son previos a nuestra propia existencia y eso, precisamente, invita al hombre a cuidar el medio ambiente marino consciente de la capacidad de regeneración del ecosistema[52].

En este punto es donde las políticas ambientales sobre protección de los recursos marinos juegan un importante papel. Al igual que la Secretaría del Convenio sobre Diversidad Biológica publicó el documento al que ya se ha hecho referencia, las medidas de gerencia ambiental junto con la evaluación de impacto ambiental, especialmente en procesos de intervención humana como la industria pesquera, abren un horizonte de mejora en la situación actual de los recursos marinos.

---

50 En 1854 el Jefe indio Seattle escribió *Carta del Gran Jefe Seattle, de la tribu de los Suwamish, a Franklin Pierce Presidente de Estados Unidos.* En ella dejó claro la histórica vinculación que la tribu tenía con la naturaleza, hasta el punto de considerarla parte de su familia y lo ofendidos que se sentirían si fuera "despreciada". Tenía una consideración "sacra" y ya entonces manifestaban la mutua necesidad entre el ser humano y la naturaleza.
"*Si todos los animales fuesen exterminados, el hombre también perecería de una gran soledad de espíritu, pues lo que ocurra a los animales pronto habrá de ocurrirle también al hombre. Todas las cosas están relacionadas entre sí*" http://herzog.economia.unam.mx/profesores/blopez/valoracion-swamish.pdf (última consulta: 26 de agosto de 2023).

51 RIECHMANN, J., "Aldo Leopold. Los orígenes del ecologismo…", *op. cit.*, 20.

52 PAPA FRANCISCO, *Laudato…, op. cit.,* n°140, 129.

4. CONCLUSIONES

A lo largo del presente trabajo se ha tratado, por un lado, de relacionar conceptos presentes en los textos que buscan la preservación de la naturaleza y la conservación de los recursos marinos y, por otro lado, sensibilizar sobre la cuestión ética que parece no terminar de asentarse en las políticas ambientales de Estado. Tanto los gobiernos como los ciudadanos de la sociedad actual deben encontrar un claro equilibrio entre el crecimiento económico que pretenden alcanzar y el desarrollo que deben seguir para lograrlo. Odum resume estas ideas aludiendo a la necesaria reunión de las tres E: Ecología, Economía y Ética. Se busca que el criterio económico y de consumo que parece seguirse en la actualidad no afecte a las generaciones futuras.

Es imprescindible aprender a gestionar este crecimiento, administrar de manera adecuada, entre las partes interesadas que participan en el desarrollo político y económico de un Estado, la comunicación de las acciones que se van a llevar a cabo y, proteger así, la salud del planeta y el bienestar de las personas. Con esta base se crean políticas y medidas de actuación efectivas. Sin embargo, es imposible cumplir este objetivo de manera completa sin prestar atención a la ética, al rigor en las acciones que se efectúen y las conductas económico-ambientales adecuadas en la ejecución de las medidas que se decidan abordar.

Por su parte, desde un punto de vista ético-ambiental, es indiscutible que la Tierra no es propiedad del hombre, sino que éste es parte de la Tierra. El hombre debe ser consciente de la realidad que le rodea como recuerda en el punto 15 la Encíclica *Laudato Si'*, porque se le reconoce un papel en sí mismo y en su relación con la naturaleza. La teoría antropocéntrica adquiere, afortunadamente, cada vez menos relevancia en este aspecto.

La ecología integral, concepto cada vez más instaurado en el ámbito investigador en materia de sostenibilidad y medio ambiente, recoge, como se ha expuesto a lo largo del trabajo, enfoques referentes a la economía, la sociedad y el medio ambiente. El estudio de estos aspectos y su enfoque sobre los recursos marinos demuestra que es necesario, por parte del hombre, una transformación de su estilo de vida; por parte de las industrias marítimas, una revisión del patrón energético que utilizan, y por parte de la explotación pesquera, una revisión de las técnicas utilizadas en los medios de producción.

Se espera, naturalmente, una reacción por parte de los ciudadanos, especialmente los que pertenecen a las nuevas generaciones. No sólo un cambio educativo y cultural sobre el sistema ecológico y los excesos que se están cometiendo con él, sino, sobre todo, una conversión ecológica que permita restituir los comportamientos insostenibles que conlleva la celeridad de crecimiento por parte de los Estados. Evidentemente, el cambio desde un punto de vista organizativo debe surgir del hombre, pero éste debe actuar siendo consciente de su dependencia de las especies de la biosfera y no debe actuar de manera individual. La responsabilidad tiene que estar liderada por el hombre, pero la idea motriz es la interdependencia con la naturaleza. Esta vía se convierte así en una interesante posibilidad de velar por el bien común, y consensuar medidas de actuación con organismos e instituciones.

El desarrollo económico de la sociedad del siglo XXI exige una adaptación debido a la constante modificación de la digitalización y sus avances. Sin embargo, este crecimiento no puede llevarse a cabo incurriendo en la pérdida acelerada de los recursos marinos que son, debido a sus componentes y su papel respecto al hombre, fuente de su supervivencia. Es inviable un crecimiento ilimitado cuando se lleva a cabo con los recursos naturales de todos, porque es insostenible abordar el desarrollo de un Estado sin administrar los medios que tiene para ello.

La Agenda 2030 aporta esa toma de medidas de manera global siguiendo los principios de cooperación entre Estados y atendiendo a los diferentes ámbitos en los que interviene el medio ambiente. No obstante, una mala administración en la implementación de estas medidas en la economía de un país, desarrollado o en vías de desarrollo, condiciona no solo los recursos marinos sino toda la naturaleza y su biodiversidad.

5. BIBLIOGRAFÍA

CORTÉS, H.G. y PEÑA, I., "De la sostenibilidad a la sustentabilidad. Modelo de desarrollo sustentable para su implementación en políticas y proyectos" en *Revista Escuela de Administración de Negocios,* nº 78 (2015).

GAMBOA-BERNAL, G., "Una perspectiva bioética de la ecología integral: reflexiones en torno al capítulo cuarto de la *Laudato Si*" en *Ecología Integral. Memorias del XXIX Curso Internacional de Actualización Teológica,* Universidad de La Sabana, Facultad de Filosofía y Ciencias Humanas (2016).

HALFFTER, G., "¿Qué es la biodiversidad?" en *Revista Institución Catalana de Historia Natural,* nº 62 (1994).

LEOPOLD, A., "La Ética en la Tierra" en *Antología Aldo Leopold. Una ética de la Tierra,* (Madrid, 2017).

MARTÍNEZ DE ANGUITA, P., *La tierra prometida. Una respuesta a la cuestión ecológica,* (Navarra, 2002).

ODUM, E.P. y SARMIENTO, F.O., *Ecología. El puente entre ciencia y sociedad,* (Méjico, 1998).

OLANO, H.A., "La "casa común", algunas reflexiones sobre la Encíclica *Laudato Si*" en *Ecología Integral. Memorias del XXIX Curso Internacional de Actualización Teológica,* Universidad de La Sabana, Facultad de Filosofía y Ciencias Humanas (2016).

PAPA FRANCISCO, Encíclica *Laudato Si',* (Madrid, 2015).

RIECHMANN, J., "Aldo Leopold. Los orígenes del ecologismo estadounidense y la ética de la Tierra" en *Antología Aldo Leopold. Una ética de la Tierra,* (Madrid, 2017).

WELCH, C., "La extinción masiva de los océanos puede evitarse frenando el consumo de combustibles fósiles", *National Geographic,* 29/04/2022 https://www.nationalgeographic.es/medio-ambiente/2022/04/la-extincion-masiva-de-los-oceanos-puede-evitarse-frenando-el-consumo-de-combustibles-fosiles

Otras fuentes

Carta del Gran Jefe Seattle, de la tribu de los Swamish, a Franklin Pierce Presidente de los Estados Unidos de América, 1854, http://herzog.economia.unam.mx/profesores/blopez/valoracion-swamish.pdf

MANOS UNIDAS, https://www.manosunidas.org/observatorio/cambio-climatico/laudato-si-capitulo-4-ecologia-integral

MANOS UNIDAS, https://www.manosunidas.org/observatorio/cambio-climatico/refugiados-climaticos

MARISTAS MEDITERRÁNEA, https://www.maristasmediterranea.com/wp-content/uploads/2020/11/Ecolog%C3%ADa-integral.pdf (Noviembre, 2020).

SECRETARÍA DEL CONVENIO SOBRE DIVERSIDAD BIOLÓGICA, *Áreas Marinas de Importancia Ecológica o Biológica (AIEB). Lugares especiales en los océanos del mundo,* https://www.cbd.int/marine/ebsa/booklet-05-ettp-es.pdf

SINC Agencia de Noticias Científicas, https://www.scientificamerican.com/espanol/noticias/cada-mes-90-000-toneladas-de-combustibles-fosiles-llegan-a-los-oceanos/

"Lo peor que puedes hacer con un pez es tratarlo humanamente": algunas reflexiones sobre el contexto relacional entre los peces y los humanos con una especial mirada sobre el bienestar

"The worst thing you can do with a fish is to treat it in a humane way": some reflections on the relational context between fish and humans with a special focus on fish welfare

FRANCESC PADRÓS

Biologia Animal. Facultat de Veterinària. Departament de Biologia Animal, de Biologia Vegetal i Ecología. Universitat Autònoma de Barcelona.

Francesc.padros@uab.cat

ORCID: 0000-0002-8610-5692

Resumen: Si bien las interrelaciones entre unas determinadas de especies animales terrestres, especialmente las domésticas, y los seres humanos están siendo foco de intenso estudio en los últimos años, las interrelaciones entre los peces y la especie humana son mucho menos conocidas y por diversos factores, son muy diferentes a la de los vertebrados terrestres. En este artículo se intentan abordar estas relaciones desde distintas visiones, incluyendo las perspectivas de la ética y la moral, pasando por perspectivas sociológicas y finalmente desde una perspectiva empírica y científica, en la que el ser humano aparece como el responsable final de en las diversas relaciones de interacción biológicas que se establecen con los peces, sea en la gestión de los peces como recursos pesqueros, en su cría en el ámbito de la acuicultura, como animales de convivencia en el ámbito doméstico, acuarios de exhibición o en la sostenibilidad de los ecosistemas acuáticos. En esta perspectiva científica, es muy importante el conocer lo más exactamente posible como son, como viven y como se relacionan con el medio acuático, un medio que generalmente, nos es poco conocido para los humanos.

Palabras clave: Peces, humanos, relaciones, moral, sociología, ciencia.

Abstract: Although the relationships between humans and certain terrestrial animal species, especially domestic ones, have been intense studied in recent years, the relationships between fish and the human species are scarcely addressed. Due to different factors, fish-human relationships are very different from those on terrestrial vertebrates and humans. This paper addresses these relationships from different perspectives, including the perspective of ethics and morality, through sociological perspectives and finally from an empirical and scientific perspective. In this scientific perspective, the human being appears as the final responsible for in the various biological interaction relationships that are established with fish, for example in fisheries, as farmed species in aquaculture, as domestic pets, exhibition aquaria and in the role of humans in the sustainability of aquatic ecosystems. Under this scientific perspective, it is very important to have an accurate view and knowledge on what fish are, how are their life— styles and the complexity of their life in the aquatic environment, generally poorly known and understood by humans.

Keywords: *Fish, humans, relationships, moral, sociology, science.*

Los diálogos entre ciencia y filosofía aparecen a veces en los lugares más insospechados. Muchas veces pensamos que solo pueden ser invocados en sacrosantos foros académicos, pero en este caso, aparecen simplemente en conversaciones entre amigos, como en este caso entre mi entrañable amiga Isabel Márquez, hablando de lo humano (de esas "personas humanas" que siempre dice ella) y de lo no tan humano. Con Isabel nos unen muchas cosas, principalmente esa amistad de hace años y el trabajar con esos mismos bichos que tienen la manía de vivir debajo del agua. Isabel, siempre perspicaz, hablando de nuestro trabajo con peces, crustáceos y "oricios" varios, me hizo esta reflexión clarividente, que anoté y que sigo usando como referencia de cabecera: "Lo peor que puedes hacer a un pez es tratarlo humanamente". La frase, con un equilibrio casi perfecto entre la racionalidad y la ironía asturiana estimulante y provocadora, me llevó a pensar que efectivamente, muchas veces la perspectiva antrópica (que no el pensamiento humano) nos lleva a una mirada particularmente estrábica de las cosas.

La relación hombre-animal presenta muchísimas facetas en las que no vamos a entrar a analizar. Sin embargo, y en tanto que los humanos somos animales eminentemente terrestres, en la mayoría de casos estas relaciones se han centrado entre humanos y animales terrestres o bien, en el caso de animales acuáticos, fundamentalmente en grupos animales que la especie humana ha considerado más cercanos, como el caso de los cetáceos. Sin embargo, no ha sido hasta hace unos años (muy pocos, comparativamente con los miles de años de la convivencia con los animales terrestres con el hombre) que la mirada del ser humano se ha vuelto hacia el mundo que vive bajo el agua. Este "descubrimiento" tan reciente es el mismo que ha tenido lo que se ha venido a llamar "agricultura azul", más conocida como acuicultura, que aunque algunos ejemplos se remontan a muchos años atrás, en la cultura china, como actividad de relevancia en la generación de recursos alimentarios no tiene más de unos 50 años desde su despegue. Es por ello, que algunas aproximaciones, y especialmente las que tienen relación con el bienestar animal, son bastante recientes. Tal vez ha sido este rápido crecimiento lo que ha hecho que. para facilitar las cosas, aparentemente, se haya echado mano del "copiar y pegar" y se hayan copiado casi literalmente algunos clichés derivados del ámbito terrestre que pueden ser válidos en algunos contextos, pero no siempre.

El debate sobre el contexto relacional humano-animal, como he comentado anteriormente puede ser de muchos tipos, pero uno de los más frecuentados es el de la cadena trófica, o más llanamente, el de comernos animales o no. En el caso de los peces como alimento, mejor dicho, de los pescados (ya que en lengua Española existe una muy interesante dicotomía entre pez y pescado que no existe en otras lenguas), existen las opciones intermedias entre el veganismo, vegetarianismo, solo comer huevos y pescado, no comer carne, etc. Cada opción puede argumentarse desde sus "pros" y sus "contras", pero al final pasa por una decisión moral humana, sea personal o colectiva, en muchos casos difícilmente consensuable. De la misma manera, este mismo debate, trasladado a un ámbito más científico sobre recursos alimentarios no tiene un consenso claro. Pero, ¿es posible utilizar el mismo tipo de argumentaciones en un debate científico, en un debate ético o en un debate moral?

La respuesta es compleja, pero en todo caso debe tenerse siempre en cuenta que los conceptos científicos, morales y éticos tienen un origen y esencia distintos. Desde la moral, nos referimos a aquellos principios individuales sobre lo que está bien y lo que está mal. Estos principios son propios de cada persona. En ética, nos referimos a conceptos y reglas, también sobre lo que está bien y está mal, pero proporcionados por fuentes externas, generalmente por códigos de conducta sociales o religiosos. A diferencia con los dos anteriores, en los conceptos científicos se considera que nunca deberían plantear o definir directamente conceptos o valores humanos como "bien" o "mal", aunque algunos autores defiendan el concepto de "la ciencia de la moralidad" como alternativa a esta visión de separación de conceptos. Por lo tanto, intentar realizar valoraciones científicas utilizando argumentaciones éticas o morales o morales y éticas desde la perspectiva científica nos puede conllevar a errores importantes de apreciación.

En este sentido, es importante recordar que, si se quiere utilizar una argumentación moral, es importante tener en cuenta que los peces, como cualquier otro animal, no son **sujetos** morales en sí, ya que, por definición, solamente los seres humanos lo pueden ser. En todo caso, los peces si que son **objetos** morales y por lo tanto, causa afectada por la moral humana. Aunque son pocos los trabajos en los que los peces han sido tratados por la moral, cabe destacar un interesante trabajo de Bernice Bobenkerk y Frank Meijboom (1), en el que introducen el concepto de "estado moral" de los peces, especialmente aplicado al concepto de objeto moral en lo que es el ámbito de la acuicultura/piscicultura y especialmente en el área del bienestar. En este trabajo, los autores hacen un ejercicio de aproximación interesante entre las referencias entre el diálogo permanente y necesario entre moral, ética y ciencia respecto al concepto de bienestar en peces, aunque cada una debe atenerse a sus propias reglas y funciones.

Particularmente interesante es, en el apartado de la ética, la influencia de las grandes religiones en el concepto relacional entre peces y humanos. En el ámbito religioso judeocristiano, por ejemplo, existen numerosas referencias que pueden ayudar a entender ciertas formas y tratamientos ético-sociales-religiosos de lo que serían los peces con respecto al ser humano. Por ejemplo, en la Biblia, sea cual sea la versión, existen múltiples referencias a peces, desde el concepto de "creación" en el génesis, como en muchos casos asociados a pesca, tanto en el antiguo como en el nuevo testamento cristiano, con aspectos como el de "donación divina" en el antiguo testamento o en otros casos como objeto de "milagro" como en la multiplicación de los panes y los peces en el nuevo testamento (y permitiéndome una cierta licencia humorística, creando la primera referencia al concepto de piscicultura). Incluso hay descripciones de elementos ecológico, como la descripción de una marea roja. Por lo tanto, todos estos elementos recogidos en estos libros sagrados son objeto de interpretación a nivel de reglas éticas religiosas que van a ser adoptadas moralmente por los individuos. Estas interpretaciones pueden ser de todo tipo y van desde las interpretaciones sobre lo que está permitido comer y lo no permitido durante la cuaresma católica, a interpretaciones mucho más detalladas, como por ejemplo, en el concepto de alimento *kosher* en el Judaismo aplicado a los peces. Más concretamente, en el concepto *kosher* se refiere a los alimentos que pueden ser o no deben ser consumidos o incluso manipulados por un practicante del Judaismo. Este concepto se basa en principios Bíblicos, especialmente recogidos en los libros Deuteronomio y Levítico. En el caso concreto de los peces, se deriva del versículo del Deuteronomio 14:9-10, que indica lo siguiente "*...de entre los que viven en el agua, estos podréis comer: todo lo que tiene aletas y escamas, pero no comeréis lo que no tiene aletas y escama; os será inmundo.*". Eso lleva a interpretaciones rabínicas más o menos estrictas sobre qué especies aptas para el consumo basadas en la presencia de escamas y aletas y en algunos casos, en aspectos curiosos como si esas escamas recubren total o solo parcialmente el cuerpo, si son fácilmente desprendibles o si son suficientemente visibles. Este versículo, tal vez, estaría eliminando el consumo de serpientes acuáticas que, aunque tienen escamas, no son fácilmente desprendibles y no tienen aletas y que podrían ser potencialmente peligrosas por sus mordeduras. Estas diferenciaciones, por tanto, llevan a una cierta segregación entre peces "buenos" y "malos" para comer, lo que nos recuerda que, de nuevo, la ética asociada a sociedades y religiones es la que toma esa decisión sobre lo que está bien y lo que no está bien. En este ejemplo está claro que esa no estaría basada en criterios científicos, aunque si que es posible que estuviera inspirado por observaciones empíricas, de la misma manera que la consideración del cerdo como animal impuro podría estar vinculado a la existencia e impacto en el pasado, de ciertas enfermedades como la triquinosis, asociadas principalmente al consumo de este animal. En la otra de las religiones Abrahámicas, el Islam, existen también elementos éticos también derivados de las enseñanzas presentes en los libros sagrados. En concreto, se asocia al concepto islámico de *haram* y *halal*. En el Islam y en la propia lengua árabe, el concepto de *haram* indica "prohibido" o en algunas acepciones también a lo "sagrado", mientras que *halal* significa "permitido" o "legítimo". Como "prohibido" se aplica, entre otros ámbitos a lo que es pecaminoso o no está aceptado dentro del ámbito religioso y en referencia a los peces y al igual que en otras especies de consumo humano, entra en aspectos curiosamente muy cercanos a ciertos conceptos de bienestar animal. En este caso, se considera que la pesca es una actividad *halal* o legítima siempre y cuando sea para alimentarse o como medio de subsistencia económica, siempre y cuando la muerte del animal sea fuera del agua y que en este sacrificio se le infrinja el mínimo posible de dolor. De esta manera, por ejemplo, la pesca deportiva que no tiene el objetivo de alimentarse, para el Islam y la cultura musulmana es vista como algo poco admisible o directamente no admisible o prohibido, ya que la captura le puede infringir dolor para un fin no justificable. Este enfoque del Islam es particularmente cercano a los criterios actuales sobre bienestar animal y en peces, aunque muchas veces se visibilice especialmente conflicto en el aspecto concreto de las formas de sacrificio y que también en este caso, existe en peces, ya que según la norma islámica, debe ser siempre fuera del agua.

Hasta ahora hemos hablado de las religiones como elemento relevante en los enfoques éticos de la relación entre los humanos y los peces, pero existen otros elementos culturales y sociales que tienen una influencia muy importante. Los elementos culturales pueden ser muy extensos y diversos, como culturas humanas existen o han existido y por ello no vamos a entrar en detalle, pero si lo haremos de una forma más particularizada en un elemento cultural global y contemporáneo como son la literatura y de forma más particularizada, la prensa, el cine y otros *media* sociales. Para entender una sociedad es muy importante entender cuales son las percepciones que esa sociedad tiene sobre las realidades. En la actualidad, las percepciones de las sociedades en la globalización están extremadamente influenciadas por como estos *media* tratan determinados temas. Es paradigmático, por ejemplo, observar el cambio de percepción que puede tener por ejemplo el cine respecto a la visión humana sobre los peces.

Dos ejemplos pueden ayudar a visualizar mejor estos cambios en las percepciones. El primer ejemplo es la influencia que tuvo la película "Tiburón" (*Jaws*), dirigida por Steven Spielberg en 1975 (y sus secuelas posteriores) en la percepción humana sobre los tiburones en general como algo peligroso para las personas. No ha sido hasta el inicio del siglo XXI que ha empezado a cambiar la percepción humana sobre los tiburones desde ese concepto de "asesino de los mares" a un concepto de "víctima de los humanos", también gracias a la aparición de documentales de amplia difusión, que están basados en argumentos mucho más científicos (muy baja peligrosidad, importancia para los ecosistemas marinos, especies en peligro por sobreexplotación y malas praxis pesqueras). Otro ejemplo estaría enmarcado en lo que podría ser definido como la "*disneyzación*" animal, es decir, como la sociedad, especialmente los niños, perciben el mundo animal desde la perspectiva de los personajes animales parcial o totalmente humanizados en las películas de Disney. Este proceso se inició con personajes iniciales como Bambi, en el que la humanización era relativa, llegando a los personajes actuales, que tienen un grado muy alto de humanización. Los primeros eran personajes más o menos cercanos basados en perros, gatos, hasta elefantes de circo (Dumbo) y posteriormente han ido apareciendo otros tipos de animales salvajes, casi siempre mamíferos o aves. Los peces aparecían en estas películas de forma casi anecdótica y con bajo grado de humanización, y no fue hasta películas como "La Sirenita" (*The Little Mermaid*) (1989) y sus secuelas, en las que aparecían personajes protagonistas que eran peces o crustáceos y fundamentalmente no fue hasta "Buscando a Nemo" (*Finding Nemo*) (2003) producida por Pixar y comercializada por Disney además de sus secuelas posteriores, en que la gran mayoría de protagonistas eran diferentes de especies de peces. Además, estos peces presentaban unas características totalmente humanas (recordemos el entrañable personaje de Doris, "una" pez cirujano azul que representaba el falso paradigma de la escasa memoria en los peces). Con los personajes de la Sirenita, Buscando a Nemo y otras películas similares, niños y familias completas han crecido con una percepción diferente, posiblemente sesgada por esa "humanización forzada" de los personajes, pero que a la vez han puesto sobre la mesa a los peces como seres sentientes, algo que hasta el momento estaba casi exclusivamente relegado a la especie humana y algunos grupos de vertebrados. Por lo tanto, es un ejemplo que creemos como mínimo interesante para poder entender como la sociedad actual percibe a los peces y por tanto, puede tender a aceptar unas normas éticas y sociales concretas sobre estos animales.

Todas estas consideraciones indicadas previamente sobre conceptos relacionados con la ética y la sociedad nos llevan a afirmar que podemos analizar el bienestar en peces desde dos perspectivas diferentes, **una perspectiva ética o moral,** que necesariamente pasa por una visión antropocéntrica, con el "ego" humano o el "nosotros" social, y una **perspectiva científica** que, aunque desarrollada por humanos, pasa por una visión "holística" y "ecológica". Las dos visiones pueden y deben dialogar y retroalimentarse, pero por pertenecer a metodologías de conocimiento diferentes, sus consideraciones deben ser siempre valoradas desde su propio ámbito. De nuevo, la ciencia puede hacer un trabajo excelente de evaluación de pros y contras, pero no debe entrar en los terrenos del "mejor o peor" o del "bien y el mal", propios de la ética y la moral. Es por ello por lo que, cuando hablemos en bienestar en peces de conceptos como "crueldad" o "humanitario", hemos de ser conscientes que lo hacemos desde el aspecto moral y ético.

Una de las formas que pueden ser especialmente útiles para entender el enfoque científico en el bienestar en peces es a través de los conceptos de las interacciones biológicas entre organismos. Seguramente todos habremos leído o escuchado términos como "predación" o "simbiosis", aunque existen muchas más, clasificados como interacciones a corto plazo (como la predación, pero también la polinización y la dispersión de semillas) e interacciones a largo plazo (mutualismo, comensalismo, parasitismo, neutralismo, amensalismo/antagonismo y competición). Estas interacciones están basadas en los efectos (positivo, neutro o negativo) de esa interrelación en cada uno de los dos tipos de organismos que se interrelacionan. Por lo tanto, del análisis de cada tipo de interrelación se pueden analizar fácilmente esos valores de "pros y contras" de cada relación. Para cada una de estas interacciones biológicas no es posible establecer criterios morales o éticos de "peor" o "mejor": todas y cada una de ellas son necesarias para que los ecosistemas existan y persistan. Por ello, cuando analicemos el bienestar de los peces desde esta perspectiva ecológica, podemos analizarlo asépticamente desde este punto de vista.

De forma más particular, si analizamos los contenidos de cada una de estas interrelaciones entre especies, podremos fijarnos que la interacción denominada como **amensalismo** o antagonismo es un tipo de relación que define en muy buena manera gran parte de las interacciones de los humanos con el resto de las especies. El amensalismo se produce cuando un organismo se ve perjudicado en la relación y el otro no experimenta ninguna alteración, es decir, la relación le resulta neutra. En ecología, los ejemplos clásicos de amensalismo serian por ejemplo organismos como hongos y bacterias que segregan sustancias (que los humanos aprovechamos como antibióticos) que inhiben el crecimiento de otros organismos. En un análisis más detallado, veremos que muchas de las relaciones establecidas por el hombre son básicamente la depredación (con beneficio aparente para la especie humana) o más específicamente amensalismo, en el que muchas actividades humanas (por ejemplo, la contaminación derivada de la industrialización) de las que para el ser humano "ensuciar el medio ambiente" hasta hace pocos años algo considerado como "neutro o asumible" al ser inherente a la actividad humana, causando sin embargo un impacto negativo muy alto sobre otras muchas especies y ecosistemas.

En un enfoque más detallado de las posibles interacciones de la especie humana con los peces (pesca industrial, acuicultura, pesca deportiva, como peces ornamentales o mascotas o hasta como animales de investigación) todas y cada una de estas actividades pueden ser analizadas bajo un prisma similar al de las interacciones biológicas. Es posible analizar esas positividades, neutralidades y negatividades sobre todo si se tiene en cuenta a que la especie humana no está en lo alto de una pirámide, sino que forma parte de un ecosistema global y que la intensidad de interacciones con los peces y con cualquier otra especie deben estar perfectamente equilibradas, de la misma manera que las interrelaciones biológicas con los ecosistemas. Es por ello que si consideramos la interacción biológica que tiene un beneficio para las dos partes, la más escogida será el mutualismo y por lo tanto, esta es la que podemos extrapolar más fácilmente al concepto social de *win-win* (ganamos todos) y que puede el que inspire mejor a las visiones sobre bienestar animal en general y bienestar en peces en particular.

Una forma concreta de enfoque sobre el bienestar basado en este mismo concepto de científico de mutualismo o social de *win-win* puede ser fácilmente transpuesto o convertido a criterios éticos o morales si es canalizado a través de la óptica de la **sostenibilidad y responsabilidad**, dos conceptos que tienen una buena base científica, pero que a la vez son fácilmente comprensibles desde la moral o la ética. Un concepto a priori conflictivo en ética o moral como la justificación de si es lícito o no matar o sacrificar peces para el consumo humano puede ser mucho más entendible si se tiene en cuenta que la predación es una interacción biológica. Por lo tanto, la ciencia nos recuerda que debate no debe ser si eso está "bien" o "mal" sino en el "cómo" y "en qué condiciones".

Otro enfoque científico útil para el análisis del bienestar en peces en base a beneficio/perjuicio, tomado desde la vertiente de la salud de los organismos y especies y si se quiere, también englobable dentro del concepto de "**One Health**", sería el concepto de cambio respecto a la **homeostasis**, como equilibrio fisiológico y funcional en los peces. Si incluimos en la evaluación de los "pros" y los contras" el criterio científico el del "mínimo impacto posible" sobre la homeostasis de los peces, podemos analizar si cada una de las actuaciones humanas con posible efecto sobre los peces pueden alterar esa homeostasis (tanto fisiológica como psicológica) en los peces o si son fácilmente compensables y recuperables. Estos últimos hacen referencia a lo que se conoce como mecanismos **alostáticos** de los animales (mecanismos compensatorios que normalmente tienen lugar en el organismo para adaptarse a cambios habituales en su entorno). Si por el contrario, llevan a producir cambios no compensables y en algunos casos irreversibles que lleven a estados de estrés crónico, pérdida grave de condición de salud o enfermedad, estaríamos pues en escenarios totalmente no deseables.

Finalmente, cuando hablamos de bienestar en peces, uno de los puntos de conflicto más habituales es la muerte de los peces y de nuevo, si sacrificar peces (aunque sea para generar alimento) es aceptable o no. De nuevo, nos enfrentamos a ámbitos morales y éticos, no científicos. Desde el punto de vista científico, la muerte de un organismo es parte fundamental de la vida por lo que es incuestionable que forma parte de esos mismos procesos vitales. En el medio natural, son las propias reglas de los ecosistemas los que rigen los tempos y las formas de la vida y la muerte. En estos casos, los humanos no tenemos ninguna responsabilidad. Sin embargo, cuando en las interrelaciones de la especie humana con otras especies y en este caso, con los peces, son voluntarias (nosotros decidimos criar, pescar, tenerlos en un acuario o sacrificarlos) entonces el concepto de responsabilidad cobra mucho más sentido, tanto desde el ámbito moral (de nuevo, los humanos como objetos morales) como científico. Por lo tanto, desde la perspectiva científica debemos volver a la visión del "como" o "en qué condiciones". Desde este punto de vista, podemos abordar el proceso de sacrificio de los peces como el proceso que va desde el organismo (pez) que mantiene perfectas sus condiciones de homeostasis hasta un organismo ya muerto por la pérdida irreversible de todas sus funciones vitales (pescado). En el enfoque de bienestar, indicamos que el objetivo sería mantener lo máximo posible la homeostasis o que los cambios inducidos pudieran ser de tipo alostático, pero en el sacrifico se debe realizar inevitablemente el cambio desde esa homeostasis hasta la muerte. Por lo tanto, no hay duda en que el sacrificio ideal es aquel en el que se realiza la transición de un estado a otro de forma inmediata y con el menor impacto posible en la sentiencia del animal. Se trata pues, de una aproximación en la que usamos de nuevo el concepto de responsabilidad.

Como conclusión, mi recomendación es que cuando se quiera abordar el bienestar en peces, si se hace desde el enfoque **de la responsabilidad y la sostenibilidad**, el equilibrio entre lo moral y lo científico sea más ajustado que no utilizar enfoques de "humanidad", que probablemente lo hagan decantar excesivamente a la vertiente de lo ético.

BIBLIOGRAFÍA

BOVENKERK, B., MEIJBOOM, F.L.B. The Moral Status of Fish. The Importance and Limitations of a Fundamental Discussion for Practical Ethical Questions in Fish Farming. J Agric Environ Ethics 25, 843-860 (2012). https://doi.org/10.1007/s10806-011-9365-8

Agradecimientos:

Este artículo se ha configurado a partir de la presentación: "The worst thing you can do to a fish is to treat it in a humane manner: sociological, ethic, moral and religious perspectives from a fish vet", presentado en el IV Summer Shoal in Fish Ethology and Welfare 2022 (28 June-1 July 2022, Pedras d'el Rei, Algarve, Portugal). Agradezco a los organizadores de las jornadas, a todos los participantes en ellas, en especial al Dr. Joao L. Saraiva por los comentarios a esa presentación, los cuales me han ayudado mucho a focalizarla mejor.

Aprender(nos) entre especies como actividad transformadora desde la relación educativa

Learning (us) between species as a transformative activity from the educational relationship

TAELI GÓMEZ FRANCISCO

Doctora en Ciencias Filosóficas por la Universidad de la Habana, Cuba. Abogada, Licenciada en Ciencias Jurídicas por la Universidad Andrés Bello, Chile. Académica Titular de la Facultad de Ciencias Sociales y Jurídicas de la Universidad de Atacama y Coordinadora General de la Red de Derecho América Latina y el Caribe REDALC. ORCID: https://orcid.org/0000-0001-8081-1417 correo electrónico: taeli.gomez@uda.cl

ISRAEL GONZÁLEZ MARINO

Máster en Derecho Animal y Sociedad por la Universidad Autónoma de Barcelona, España. Magíster en Desarrollo Curricular y Proyectos Educativos por la Universidad Andrés Bello, Chile. Abogado, Licenciado en Ciencias Jurídicas de la Universidad Católica del Norte, Chile. Académico de la Facultad de Derecho y Humanidades de la Universidad Central de Chile, Región de Coquimbo. ORCID: https://orcid.org/0000-0002-8769-4425 correo electrónico: israel.gonzalez@ucentral.cl

Resumen: Este trabajo tiene como propósito reflexionar sobre el modo en que se concibe la educación, cuando de lo que se trata es de una relación educativa ya no simplemente sobre animales, sino con animales. Para ello, se diferencia entre una relación educativa tradicional con contenido "pro animal", o relación educativa entre humanos-humanos, donde su contenido es la relación con otras especies que, en contexto cultural humano, ha transitado al interior de la ciencia desde paradigmas clásicos y simplificadores a unos complejos; y una segunda alternativa, a modo de propuesta, de relación educativa "inter sujetos-especies", a partir de aprendizajes dialécticos, en contextos de conocimientos plurales. Con ello se pretende contribuir a abrir ámbitos de reflexiones a las consecuencias de concebir a estos seres vivos como sujetos y, por ende, a proyectarnos una *co-vida* en cultura común. En particular, respecto de los animales acuáticos, se afirma que son sujetos vivos y que el vivir bajo el agua es un estadio biológico-social-histórico, es una cultura, y, como tal, tiene su soberanía, cuestión que implica reconocer que aprender también tiene sus tiempos.

Palabras clave: animales, educación interespecie, relación educativa, sujetos.

Abstract: *The purpose of this work is to reflect on the way in which education is conceived, when what it is about is an educational relationship, not simply about animals, but with animals. To do this, a difference is made between a traditional educational relationship with "pro-animal" content, or an educational relationship between humans-humans, where its content is the relationship with other species that, in the human cultural context, has traveled within science from classic and simplifying paradigms to complex ones; and a second alternative, as a proposal, for an "inter-subject-species" educational relationship, based on dialectical learning, in contexts of plural knowledge. This is intended to contribute to opening areas of reflection to the consequences of conceiving these living beings as subjects and, therefore, to project a co-life in a common culture. In particular, regarding aquatic animals, it is stated that they are living subjects and that living underwater is a biological-social-historical stage, it is a culture, and, as such, it has its sovereignty, an issue that implies recognizing that learning also has its times.*

Keywords: *animals, interspecies education, educational relationship, subjects*

1. INTRODUCCIÓN

La forma de relacionarnos y de concebir la relación con los demás animales —los no humanos—, ha sufrido cambios. Esto deriva de nuevas emociones, valoraciones, así como el surgimiento de una sensibilidad social hacia ellos; entre otras razones, gracias a la evidencia científica y las reflexiones éticas relativas a la sintiencia animal, esto es, la capacidad que tenemos muchos animales de tener experiencias subjetivas[1]. A pesar del cambio en la consideración hacia estos seres vivos, tal fenómeno se ha concentrado en especies con las que tenemos mayor cercanía o familiaridad[2], en desmedro de otros animales que también son sintientes, pero con los cuales nos relacionamos de manera más distante y/o instrumental. En el ámbito jurídico

---

1 HORTA, O. Un paso adelante en defensa de los animales (Madrid 2017).

2 Como el caso de aquellos individuos con los que convivimos —usualmente perros o gatos—, a través de leyes de tenencia responsable o la protección de las llamadas familias multiespecie; del mismo modo, aunque menos intensamente, respecto de animales utilizados por diversas industrias —como la ganadera, peletera, de experimentación, etc.— a través de leyes de Bienestar Animal. Véase: GONZÁLEZ MARINO, I. El fenómeno de las familias multiespecie y los desafíos que supone para el Derecho, en Personalidad jurídica de los animales no humanos y nuevas tendencias en Derecho animal (Santiago 2019).

europeo, por ejemplo, se ha dicho que los denominados animales "de compañía" se protegen intensamente y, en menor medida, los animales "de producción", mientras que los animales silvestres quedan relegados a protecciones de carácter ambiental que atienden a la conservación de la biodiversidad y no a los individuos como tales[3]. Este tipo de distinciones ocurre, especialmente, respecto de los insectos, los animales catalogados como plaga y los animales acuáticos[4].

La evidencia científica muestra que la sintiencia se encuentra presente en un gran número de animales que habitan mares, ríos y lagos —entre ellos peces, anfibios, reptiles, cefalópodos y crustáceos[5]—. A pesar de ello, por ejemplo, los peces rara vez reciben el mismo nivel de compasión o bienestar que los vertebrados de sangre caliente; parte de este problema es la gran brecha que se da entre la percepción que tiene la gente acerca de las capacidades de los peces y la realidad científica[6]. En efecto, una reciente revisión de la literatura científica que va desde 1990 a 2020 da cuenta de abundante evidencia acerca de la sintiencia en peces y su capacidad para experimentar un rango de estados emocionales que incluyen el dolor, la depresión y la ansiedad[7].

El problema descrito no es meramente teórico, sino que tiene importantes implicancias prácticas. Esto es así, pues muchos de los animales acuáticos son considerados como fuentes saludables de proteína animal, de manera que su consumo sigue siendo recomendado[8]. Así, la explotación de estos seres vivos adopta diversas formas;

---

3 GIMÉNEZ-CANDELA, M. & CERSOSIMO, R. La enseñanza del derecho animal (Valencia 2021) 48.

4 En este sentido, véase: JOY, M. Por qué amamos a los perros, nos comemos a los cerdos y nos vestimos con las vacas: Una introducción al carnismo (Madrid 2013); *Op. cit.* HORTA (2017).

5 BROOM, D. M. Sentience and Animal Welfare (2014) 122.

6 BROWN, C. Fish intelligence, sentience and ethics, en Animal Cognition 18 (2015). https://doi.org/10.1007/s10071-014-0761-0

7 LAMBERT, H., CORNISH, A., ELWIN, A. & D'CRUZE, N. A Kettle of Fish: A Review of the Scientific Literature for Evidence of Fish Sentience, en Animals 12/9 (2022). https://doi-org.ucentral.idm.oclc.org/10.3390/ani12091182

8 U.S. FOOD & DRUG ADMINISTRATION. Advice about eating fish (2022). https://www.fda.gov/food/consumers/advice-about-eating-fish#:~:text=The%20Dietary%20Guidelines%20for%20Americans%20recommends%3A,that%20are%20lower%20in%20mercury

desde la pesca industrial, la pesca artesanal, las granjas acuáticas, e incluso la captura para fines de experimentación, exhibición y entretención[9]. La extensión e intensidad de las actividades de explotación de los animales acuáticos afecta, indudable y principalmente, a los billones de individuos que la padecen, pero además, es causa directa de la extinción de especies[10], la destrucción de hábitats[11], la contaminación[12], la pérdida de la biodiversidad[13], incluso afectando la capacidad de los océanos para absorber CO2[14], cuestión que adquiere especial relevancia en un escenario de cambio climático.

Distinciones entre especies de animales como las señaladas pueden ser catalogadas como arbitrarias y, por tanto, especistas[15], si es que la diferencia de trato tiene como fundamento la sola pertenencia a una determinada especie, en desmedro de la sintiencia de los individuos en cuestión. Por tanto, resulta pertinente —y necesario— diseñar fórmulas y estrategias para abordar y superar esta problemática. Frente a ello, han venido surgiendo distintas disciplinas científicas dispuestas a destinar esfuerzos para repensar la forma de relacionarnos con los demás animales. En tal sentido, el Derecho Animal, y en particular su enseñanza[16], se piensa como una opor-

---

9 ROONEY, D. 'All Fishing Is Wildlife Poaching': Nonhuman Animal Imagery and Mutual Avowal in Racing Extinction and Seaspiracy, en Journalism and Media 3/2 (2022). https://doi.org/10.3390/journalmedia3020020

10 EUROPEAN PARLIAMENTARY RESEARCH SERVICE. Towards a more resilient Europe post-coronavirus: An initial mapping of structural risks facing the EU (2020) 51. https://www.europarl.europa.eu/thinktank/es/document/EPRS_STU(2020)653208

11 KIM, G-U., SEO, K-H. & CHEN, D. Climate change over the Mediterranean and current destruction of marine ecosystem, en Scientific Reports 9 (2019). https://doi.org/10.1038/s41598-019-55303-7

12 LLANOS MANSILLA, H. El Derecho Internacional y el Cambio Climático (Santiago 2018).

13 TRISOS, C. H., MEROW, C. & PIGOT, A. L. The projected timing of abrupt ecological disruption from climate change, en Nature 580/7804 (2020). https://doi.org/10.1038/s41586-020-2189-9

14 UNESCO. Integrated ocean carbon research: a summary of ocean carbon research, and vision of coordinated ocean carbon research and observations for the next decade (París 2021). https://unesdoc.unesco.org/ark:/48223/pf0000376708

15 *Op. cit.* HORTA (2017).

16 *Op. cit.* GIMÉNEZ-CANDELA & CERSOSIMO (2021).

tunidad para adquirir un rol fundamental en la formación de profesionales y académicos capaces de denunciar el especismo del que son objeto los animales, aportando a la generación de conocimiento jurídico, normas, interpretaciones y jurisprudencia, que cambien de manera sustancial la consideración ética y jurídica que actualmente se le atribuye a estos seres vivos y a sus ecosistemas.

No obstante, este trabajo pretende ir un poco más allá, la idea central de la propuesta es resignificar la relación con los animales —en especial los acuáticos— desde la concepción de una relación educativa. Ello más allá del paso, inclusive, de reconocer el avance de la profundización del rol de la educación en general y, en especial, de la enseñanza del Derecho Animal, como una actividad transformadora que se hace cargo de la situación de todos los animales sintientes, especialmente de aquellos que, en general, suelen estar ausentes en las discusiones y desarrollos de la disciplina, como ocurre muchas veces con los animales acuáticos. Esto último, si bien representa múltiples desafíos para los académicos dedicados al estudio del Derecho Animal, como el de incluir y visibilizar la situación de los animales acuáticos en los programas de estudio y los cursos que se dictan, así como el de realizar investigaciones en la materia, proporcionando herramientas útiles para el abordaje de esta problemática, requiere un salto cualitativo en la noción de una relación educativa interespecie.

De acuerdo con lo anterior, los objetivos que se propone este trabajo son, primero, caracterizar de modo sintético la importancia de la relación entre educación y epistemología, para evidenciar la relevancia que conlleva la diferenciación de la noción de una educación vista desde un paradigma tanto clásico como complejo; segundo, demostrar los límites de una educación mediada por el conocimiento científico; y, tercero, hacer una propuesta transgresora de los márgenes tradicionales, para aventurar nuevas relaciones educativas entre humanos y otros animales en contextos de conocimientos plurales.

Si bien este trabajo aborda un enfoque de educación como ámbitos generales en relación a los animales, para contribuir a reflexionar sobre estos temas tímidamente desarrollados por las áreas del conocimiento que contemplan educación-animales, se puede advertir que respecto de los acuáticos se da la particularidad de encontrarse en una posición especialmente desmejorada, derivada de un menor contacto cotidiano, cuestión que también se transforma en una posibilidad de aprender desaprendiendo posibilidades de una relación educativa de relación como no intervención.

2. ANTECEDENTES SOBRE EDUCACIÓN Y EPISTEMOLOGÍA: DE LO CLÁSICO A LO COMPLEJO

MALDONADO[17] sostiene que las Ciencias Sociales se han desarrollado de acuerdo a la imagen que se tiene de la naturaleza, según las ciencias exactas o naturales. El autor plantea que en occidente han existido tres ideas dominantes sobre la naturaleza: la naturaleza como creación divina, que obedece al equilibrio y armonía; la naturaleza como entidad orgánica; y la naturaleza como máquina. Bajo esta última, que se ajusta a la modernidad, se da la posibilidad de hacer separaciones y reemplazo en partes, a partir de principios físico-matemáticos de equilibrio, a través de ciclos periódicos regulares.

Lo señalado es doblemente limitante al momento de pensar la educación y, más aún, si se aspira a fortalecer una ciencia que esté a la altura de los tiempos, que logre superar el especismo. En primer lugar, porque al interior de las sociedades humanas, en su tránsito histórico moderno, se ha validado a la ciencia como la forma jerárquicamente superior de conocimiento[18], que media a través de paradigmas que, por siglos, fueron reduccionistas[19], lo que significó una forma de concebir a los objetos de estudios de modo atomizado y partes de la máquina[20], a través de un dualismo cartesiano que no contribuyó a responsabilizar al sujeto cognoscente; pero además, sobre la base de fortalecer una razón instrumental que ya en el siglo XX comenzara a ser cuestionada como plan ilustrador por la Escuela

---

17 MALDONADO, C. E. Las Ciencias de la Complejidad son Ciencias de la Vida (Santiago 2021).

18 DELGADO DÍAZ, C. J. Límites socioculturales de la educación ambiental (acercamiento desde la experiencia cubana) (México D. F. 2002) 26.

19 MORIN, E. Introducción al pensamiento complejo (Barcelona 1990).

20 GÓMEZ FRANCISCO, T. La complejidad: un paradigma para la educación. Su aporte con una mirada histórica y reflexiva (Santiago 2018a).

de Frankfurt[21]. Así, en definitiva, la educación quedó entregada en todas sus consideraciones a este modo de comprenderla, tanto en su institucionalización, a través de sus currículos, sus estrategias educativas, en la forma de enseñar-aprender y en los contenidos que se estila transmitir.

A partir del siglo XX, y ya en este, se puede advertir un gran cambio que afecta los presupuestos señalados, comenzando por las Ciencias de la Complejidad[22], las nuevas racionalidades[23], las nuevas lógicas[24], la Bioética[25] y la Transdisciplinariedad[26]. En efecto, nuevos pensamientos, como los complejos[27], comienzan a abrir paso a formas distintas de conocer e interactuar; de comprender posicionamientos no rígidos, realidades interconectadas, sistemas y ecosistemas; de concebir relaciones epistemológicas que superan las dualidades, como las epistemologías de segundo orden[28]; además de reconfigurar los objetos de estudio en áreas y problemas[29] acerca del modo de concebir realidades emergentes y creativas, y a los propios humanos formando parte de la trama de la vida, como lo describe CAPRA[30]. Así, los paradigmas complejos han comenzado a incorporar esto a la educación, contribuyendo a transformaciones

---

21 HORKHEIMER, M. Crítica de la razón instrumental (Madrid 2002).

22 *Op. cit.* MORIN (1990).

23 SOTOLONGO CODINA, P. L. & DELGADO DÍAZ, C. J. La revolución contemporánea del saber y la complejidad social: Hacia unas ciencias sociales de nuevo tipo (Buenos Aires 2006).

24 MALDONADO, C. E. Pensar: lógicas no clásicas (Bogotá 2020).

25 Véase: JAHR, F. Bio-Ethik: Eine Umschau über die ethischen Beziehungen des Menschen zu Tier und Pflanze, en Kosmos. Handweise für Naturfreunde 24 (1927); POTTER, V. R. Bridge to the Future: The Concept of Human Progress, en Land Economics 28/1 (1962). https://www.jstor.org/stable/3144718; POTTER, V. R. Bioethics, the science of survival, en Perspectives in Biology and Medicine 14/1 (1970). https://doi.org/10.1353/pbm.1970.0015

26 NICOLESCU, B. La transdisciplinarité manifeste (Mónaco 1996).

27 *Op. cit.* MORIN (1990).

28 VON FOERSTER, H. Las semillas de la cibernética. Obras escogidas (Barcelona 1991).

29 *Op. cit.* MALDONADO (2021).

30 CAPRA, F. La trama de la vida: Una nueva perspectiva de los sistemas vivos (Barcelona 2002).

interesantes, con autores como MORIN, quien plantea *Los siete saberes necesarios para la educación del futuro*[31], un clásico en el área.

Sobre esta base, a modo de ampliar la perspectiva a ámbitos relacionales, a interconexiones y tramas, a nuevas racionalidades y plurales formas de conocimientos y pluralismos epistemológicos, con procesos educativos multidireccionales, superadores de lógicas lineales y asimétricas, en aquellas que no solo atiendan a mejorar estratégias didácticas o enfoques inclusivos, la pregunta que tiene cabida es cómo sería darse una educación en contextos interespecies. De ahí entonces, ¿es viable una propuesta educativa nueva para fundamentar una relación educativa interespecie? O ¿hay una relación entre especies de animales que pueda darse en contextos de relación educativa en contextos de conocimientos plurales? De acuerdo con ello, podemos sostener dos relaciones educativas posibles: la primera, de humanos-humanos, o relación educativa tradicional con contenido "pro animal"; y la segunda, de "humanos-otras especies-otras especies-humanos" en contextos de conocimientos plurales. No obstante, se tiene en consideración que ambas circunstancias representan una proyección que resignifica la relación entre los humanos y los demás animales, en particular, con los acuáticos.

3. PRIMERA ETAPA: RELACIÓN EDUCATIVA TRADICIONAL CON CONTENIDO "PRO ANIMAL" O RELACIÓN EDUCATIVA ENTRE HUMANOS-HUMANOS (EL CONTENIDO: LA RELACIÓN CON OTRAS ESPECIES)

La educación, desde la época moderna y en términos amplios, ha sido concebida como un proceso a través del cual unos humanos enseñan y otros aprenden, lo que se produce en contextos institucionales y sometido a las ciencias, principalmente, de la Pedagogía. Así, se sostiene que educar es desarrollar en estudiantes una concepción científica del mundo, acerca de la sociedad, la naturaleza,

---

31 MORIN, E. Los siete saberes necesarios para la educación del futuro (París 1999).

el pensamiento y sobre sí mismos[32]. En general, esta orientación se desenvuelve en definiciones que profundizan en uno u otro aspecto; de ahí se puede diferenciar en dos fases paradigmáticas: la educación supeditada a un paradigma clásico simplificador, y la educación en proceso de incorporación de paradigmas complejos.

3.1. Educación supeditada a un paradigma clásico simplificador

El reconocimiento de una interacción de dos elementos que ocupan lugares rígidos y que, dependiendo de las épocas, van activándose de modo más o menos unidireccional, adquiere sentido en la modernidad, donde hay un sujeto-aprendiz, el cual debe ser instruido, siguiendo la lógica productiva. COMENIO, uno de los precursores de la pedagogía moderna, señala que se debe igualar la disciplina escolar —la que debe conseguir hombres verdaderamente eruditos, morales y piadosos—, con lo que viven los artesanos que enseñan a sus aprendices durante un tiempo, para que aquel que ya está instruido pase de aprendiz a candidato, u oficial, y después a maestro en su oficio[33]. En ese sentido se da la relación entre los sujetos aprendiz y maestro, la misma lógica que plantea LOCKE con la *tabula rasa,* en que la relación es de trasvase de conocimiento.

De ahí entonces, se construye una relación educativa tradicional, vertical, asimétrica —docente-estudiante—, basada en supuestos lineales, objetuales, simplificadores, es decir, desde un paradigma clásico. Al respecto, se pueden visualizar algunas consideraciones acerca de qué se está enseñando y qué se aprende. GÓMEZ FRANCISCO[34] lo plantea —con algunas interpretaciones de los autores— en los siguientes términos: a) se da una relación de autoridad, a concebir lo que se aprende como un objeto, cuestión que reproduce lo que hay;

---

32 ABREU-VALDIVIA, O., PLA-LÓPEZ, R., NARANJO-TORO, M. & RHEA-GONZÁLEZ, S. La pedagogía como ciencia: su objeto de estudio, categorías, leyes y principios, en Información Tecnológica 32/3 (2021). https://dx.doi.org/10.4067/S0718-07642021000300131

33 COMENIO, J. A. Didáctica Magna, 8va ed. (México 1998) 109.

34 GÓMEZ FRANCISCO, T. Los límites de una enseñanza tradicional del Derecho, para formar abogados que se dediquen a la defensa de los no humanos, en Discusiones y desafíos en torno al Derecho Animal (Santiago 2018b).

b) creer en la existencia de un conocimiento previo e incuestionado, lo que representa el dato, la ley y la norma, limitando aprendizajes orientados a la creatividad y propuestas creativas, eliminando la concepción de realidad como emergente; c) no crea y, por lo tanto, no se forma como un sujeto responsable; d) encasilla realidades a las certidumbres; e) los contenidos son objetuales y organizables a través de la ciencia; e) a identificar un modo de producir conocimiento. La idea, en síntesis, se resume en la figura 1.

Figura 1. Relación educativa tradicional con contenido pro animal a partir del paradigma clásico

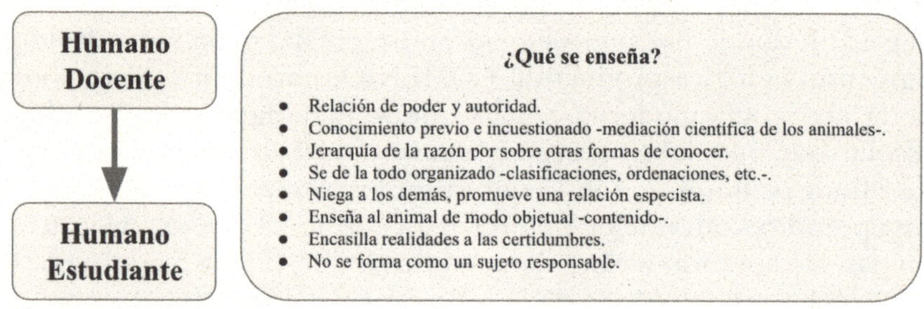

Fuente: elaboración propia

3.2. Educación en proceso de incorporación de paradigmas complejos

Para la segunda fase, se puede sostener que hay una apertura hacia un aula creativa en sus múltiples direcciones; sea de interacción múltiple, de superación de lo lineal, con formación para abordar las incertidumbres y las realidades emergentes; con mayor identidad cognición-valoración-estética, con un mayor momento de democratización de los objetos de estudio como interrelaciones creativas, y dinámicas[35]. La idea de esta fase se resume en la figura 2.

[35] *Op. cit.* GÓMEZ FRANCISCO (2018b) 97-98.

Figura 2. Relación educativa tradicional con contenido pro animal a partir de un paradigma complejo

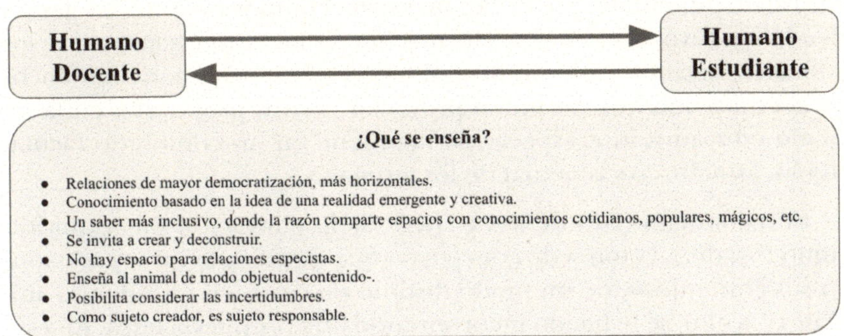

Fuente: elaboración propia

Como se aprecia, de acuerdo a ambos escenarios descritos de paradigmas científicos que han producido cambios a niveles de la educación, estos no han apuntado a generar transformaciones profundas para concebir la educación en relación a los demás animales. Por una parte, si bien la relación educativa entre humanos —docente-estudiante—, ha evolucionado hacia una nueva dinámica relacional, más abierta, más inclusiva, más democrática, con cambios epistemológicos —y a pesar que hay un avance en la relación con los demás animales—, en ambos casos, estos se mantienen encapsulados al contenido: se transforman, finalmente, y de modo objetual, en una narrativa científica; lo que sucede a pesar de reforzar un fortalecimiento en la ética que aborda la relación con otras especies. Si bien la complejidad permite avanzar más —y acompañar la próxima etapa que se propone—, hay una limitación que permanece en estos términos.

Las observaciones permiten afirmar que, tanto en el currículo formal que se ha ido incorporando en las escuelas[36], como en activida-

[36] Véase, por ejemplo, el caso de Chile en: MINISTERIO DEL MEDIO AMBIENTE. Guía de Educación Parvularia: valorando y cuidando el medio ambiente desde la primera infancia (Santiago 2018). https://mma.gob.cl/wp-content/uploads/2018/08/GUIA_Ed.-Parvularia_web.pdf

des que involucran a los niños y niñas —tales como la participación en campañas de limpieza por el Día Mundial del Océano[37]—, o inclusive documentales como "Mi maestro el pulpo" del director James Reed, han favorecido la transformación de las visiones acerca de los animales marinos. En definitiva, si bien hay cambios paradigmáticos en la educación que permiten proyectar nuevas propuestas en la relación educativa interespecie, se mantiene en un contenido factual rígido, asimétrico y objetual de los animales.

El reconocimiento de los avances de la educación ha adquirido como fortaleza la toma de conciencia que significa la incorporación, en sus contenidos, de un modo distinto de conocer a los demás animales y, a ello, se le ha ido incorporando una propuesta ética. En esta orientación, los currículos que admitían una relación instrumental para el beneficio humano, como sostienen libros educativos que presentan a la vaca como aquella que da la leche y la carne, hoy los han ido transformando, al menos, en los debates legislativos que incluyen nuevas consideraciones sobre la forma de relacionarnos con otros seres vivos, como por ejemplo en España[38] o Argentina[39], entre otros.

La enseñanza del Derecho Animal, o de cualquier disciplina relacionada con los demás animales, por más que incorpore contenido sobre ellos, resaltando valores, nuevas sensibilidades, empatías u otras consideraciones en favor de estos individuos, se mantiene condicionada por un paradigma clásico, sujeto a transmitir —los— en

---

[37] Véase, por ejemplo: https://inversionenlainfancia.net/?blog/entrada/noticia/3224/0 y https://www.heraldo.es/noticias/aragon/zaragoza/2022/01/31/una-campana-para-implicar-a-los-mas-jovenes-en-el-cuidado-del-planeta-sin-que-se-sientan-culpables-1549695.html

[38] El Real Decreto 95/2022, de 1 de febrero, "por el que se establece la ordenación y las enseñanzas mínimas de la Educación Infantil" dispone que "se fomenta un compromiso activo con los valores y las prácticas de la sostenibilidad y del cuidado y protección de los animales". Véase: https://www.boe.es/eli/es/rd/2022/02/01/95

[39] La Ley 3291 de 20 de julio de 2021, de la Legislatura de la Provincia de Neuquén, creó un programa que "tiene como finalidad generar acciones en el ámbito educativo vinculadas a la sensibilización sobre la condición de sujetos de derecho de los animales no humanos, orientando las estrategias hacia el cuidado responsable de ellos y a la prevención del abandono, la explotación, uso, maltrato, crueldad y enfermedades zoonóticas". Véase: https://infoleg.neuquen.gob.ar/Leyes/Ley_3291.pdf

tanto *corpus* científicos, jurídicos, biológicos, químicos, etc.; por lo tanto, a formar relaciones objetuales, desde un currículo oculto, entendido como prácticas y rutinas que pasan desapercibidas[40].

En definitiva, como se aprecia en la figura 3, cualquiera sean las fases paradigmáticas, clásicas o complejas, inclusive en sus versiones declaradas u ocultas, mantienen una relación objetual con los animales.

Figura 3. Relación educativa tradicional con contenido "pro animal" a partir de un paradigma clásico-complejo

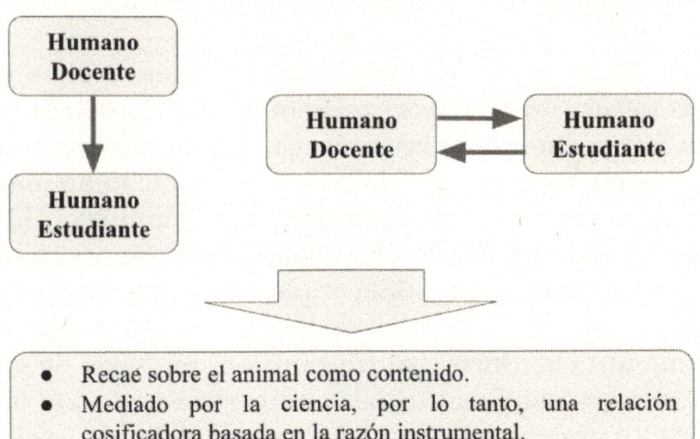

Fuente: elaboración propia

4. SEGUNDA ETAPA: LA PROPUESTA. RELACIÓN EDUCATIVA "INTER SUJETOS-ESPECIES": APRENDIZAJES DIALÉCTICOS EN CONTEXTOS DE CONOCIMIENTOS PLURALES

La cultura moderna trajo consigo una forma histórica de educación, desarrollada a partir de las propuestas de pensadores como COMENIO[41], LOCKE[42] o ROUSSEAU[43], entre otros; lo que derivó en el

40 TORRES, J. El currículo oculto (Madrid 1996) 63.
41 *Op. cit.* COMENIO (1998).
42 LOCKE, J. Ensayo sobre el entendimiento humano (México D. F. 1956).
43 ROUSSEAU, J. J. Emilio, o de la educación (Madrid 2005).

vínculo de Educación y Ciencia como la forma histórica moderna del conocer. Dicha forma trae consigo un modo particular de configurar el cómo se concibe a los demás animales, también de estructurar el proceso educativo moderno a través de las Ciencias Pedagógicas y, además, de la mano del ideal de dominación de la naturaleza. Vistos así, los demás animales, supeditados a un cuadro científico de mundo clásico o a la imagen de él, se cosifican en un relato que los planteó como máquinas, organizables en grupos, partes, reducibles a consideraciones de hábitat, de anatomía, entre otras, y esto es lo que se enseña y aprende.

El currículo oculto ha ayudado a visibilizar, en los contextos educativos, las formas de establecer relaciones con los demás animales. Así lo han ido evidenciando las investigaciones y propuestas que han demostrado que los procesos educativos representan ámbitos de enseñanza y aprendizajes mucho más complejos y multi-considerativos, que el solo abordar contenidos. En efecto, aparecen relaciones sociales, valores e ideologías; así, por ejemplo, en la práctica de disección de animales se advierte un énfasis en la atención a sobredimensionar el conocimiento científico y su transmisión, en lugar de atender a la ética y la responsabilidad social[44]; esto está acorde con lo que recuerda CAPRA acerca de DESCARTES, quien defendía la vivisección en la lógica de identificarlos a una máquina-reloj, donde sus gritos no significaban nada más que el crujido de una rueda, y que esta inhumana práctica de tortura sistemática sigue dándose en pos de la Biología. De igual modo, la presencia de posturas antropocéntricas traen frases que parecen inofensivas y que enseñan a valorar a los demás animales por su rentabilidad económica; por ejemplo, al afirmar: "*En la actualidad, el agotamiento de los bancos de peces… están poniendo en peligro el sector* —de la pesca—"[45]. Todo esto subyace a una

44 RAMÍREZ BARRETO, A. C. Currículum oculto en la disección de animales ¿Qué se aprende?, en Cambio de Michoacán, Sección La chispa y el fuego (8 de junio de 2015) 34. https://www.academia.edu/12932484/_Curr%C3%ADculum_oculto_en_la_disecci%C3%B3n_de_animales_Qu%C3%A9_se_aprende_

45 COMISIÓN DE EDUCACIÓN ECOLÓGICA-ECOLOGISTAS EN ACCIÓN. Estudio del currículum oculto antiecológico de los libros de texto (Madrid 2006) 124. https://www.ecologistasenaccion.org/wp-content/uploads/adjuntos-spip/pdf/Informe_curriculum.pdf

cultura que plantea una cierta relación con los demás animales, cuestión que demuestra que no es suficiente intencionar declaraciones formales si no hay transformaciones profundas en las prácticas, pues lo naturalizado está más arraigado de lo que se advierte.

La ciencia, de modo histórico, ve a la naturaleza y a los demás animales bajo el prisma de la dominación, para servirse de ellos. En efecto, en una primera etapa, la idea era controlar a la naturaleza[46]; luego ello se aplicó a los demás animales para, finalmente, con la noción de la "ingeniería conductista", extenderla a los propios seres humanos[47]. Así, lo que se ha aprendido como un modo de pensar el mundo, que a la vez es vivirlo, es mirar a las vidas —particularmente de los demás animales— a través del ideal científico de dominación. Al respecto, MATURANA sostiene que "el niño o la niña en la escuela no aprende matemáticas, sino que aprende a convivir con un profesor de matemáticas"[48]; en algún sentido, el autor plantea que el aprendizaje tiene que ver con un hacer, más que con un informar, es decir, tiene que ver con un *flujo de haceres*[49].

La idea central de este trabajo no viene a proponer una negación de la ciencia —aunque parafraseando a PÉREZ, criticar la razón científica es un modo de criticar el mundo bajo el cual es producida y tiene sentido[50]—, sino de lo que se trata, es de advertir que en su relación con la educación, forma parte de una actividad de los humanos en el contexto de su historia, la que le permite su autorregulación como especie en un tránsito evolutivo que contiene su cuerpo natural y su modo espiritual —ideas, culturas, lenguajes, aprendizajes, etc.—. En definitiva, esto representa, en última instancia, que son los humanos los únicos que pueden enseñar y aprender, en tanto actividad humana social-científica.

---

46 BACON, F. Novum Organum (Barcelona 1984).

47 CAPRA, F. El punto crucial: Ciencia, sociedad y cultura naciente (Buenos Aires 1992).

48 MATURANA ROMESÍN, H. & PÖRKSEN, B. Del Ser al Hacer: los orígenes de la biología del conocer (Santiago 2004).

49 Ibíd.

50 PÉREZ SOTO, C. Hacia un concepto histórico de ciencia: de la epistemología actual a la dialéctica (Santiago 1998).

Ahora bien, la problematización que se pretende resaltar es ¿puede la educación ser un acto de relación intra y entre especies? además de revisar ¿qué *nos* enseñamos? y ¿Qué *nos* aprendemos? En efecto, es posible concebir la relación interespecie como una relación educativa y, por ende, distinta a la relación humano-humano en contexto formal-educación-ciencia. Desde esta perspectiva, es posible plantearse una cultura que reconozca relaciones con otras especies a las que se les puede —debe— considerar sujetos de una historia más compleja y, de ese modo, reconocer de modo integral su connotación de sujetos —y superar la relación objetual de reducir a los demás animales a una narrativa científica—. Visto así, ¿qué obsta para que se pueda abarcar la noción de una relación educativa entre sujetos —relación entre especies-? —ver figura 4—.

Figura 4. Relación educativa entre sujetos —interespecies—: aprendizajes dialécticos

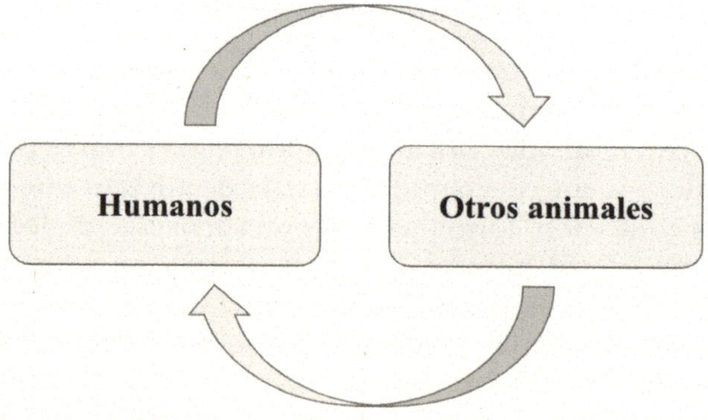

Fuente: elaboración propia

4.1. Consideraciones para una relación educativa intersujetos interespecies: aprendizajes dialécticos en contextos de conocimientos plurales

Afirmaciones de la propuesta, a modo de tesis, para contribuir a las posibilidades de nuevas reflexiones en la premura de un futuro común, serían:

- La consideración de los demás animales como sujetos debe comprenderse en proyección y en múltiples ámbitos, y no solo en una dimensión jurídica de protección. Visto así, también se transforman en visibles, en tanto relaciones educativas inter-intra especies.

- Una relación educativa entre sujetos —de distintas especies— constituye procesos válidos de aprendizajes que nos sitúan como humanos, en dimensiones de convivencia y en procesos de un vivir o *co-vivir*.

- Las relaciones educativas entre humanos es una forma de ser especie humana en proceso de fortalecerse que deviene sociedad humana. En ese ámbito, se comprende que parte de su proceso civilizatorio es superar la idea que el único modo de relacionarnos con los otros animales es a través de una relación de poder, sea de eliminación física o bien simbólica, en tanto negación o delimitación, lo que en el plano educativo se traduce en la configuración de una relación educativa objetual o factual, donde los demás animales pasan a estar del lado del objeto de estudio; son *aquello* sobre lo que recae el conocimiento, a veces sin miramientos, como se han formado los niños en la temprana edad disectado ratones, reptiles y otros seres vivos, o cualquier otro ejercicio de poder. Sin embargo, en su propio avance, se ha reconocido a los animales de las otras especies como sujetos y, en consecuencia, de lo que se trata, es de validar la complejidad de relaciones interespecies.

- La educación es una relación que se da entre sujetos, donde esta mirada es fundamental para plantearse la relación entre sujetos animales y, en especial para este trabajo, los animales acuáticos; en avizorar aprendizajes mutuos. Pero no debe ser vista como una mera experiencia metafísica ni objetual, no de aquellas que se memorizan, sino una forma de vivenciar, con sentido y significado, en tanto una experiencia relevante, como relación educativa interespecie.

- Las formas pasan por reconocer a sujetos interactuantes diversos y que la educación debe ser vista en tanto relaciones —*haceres*— donde los demás animales han demostrado que crean sus culturas y aprenden desde tradiciones de sus padres, incluidos los animales acuáticos[51]; sobre esa base se podría avanzar, ya no solo sostener la idea de ciudadanos planetarios, sino en proceso de desarrollar una cultura de aprendizajes mutuos.

– Para reconocer una relación educativa entre sujetos de distintas especies, debe haber un enseñar y un aprender y, en consecuencia, hay que advertir algunas consideraciones de índole más bien metodológicas, a partir de las cuales es necesario: a) reconocer la existencia de conocimientos plurales y, de ese modo, los animales siempre tenemos algo que enseñar y aprender; b) revisar y cuestionar la superioridad de la razón como única forma de conocimiento y abrirnos a consideraciones emocionales, estéticas, valorativas y a todo tipo de sensibilidades; c) advertir que las realidades tienen de atributo las emergencias, las incertidumbres, las contradicciones, cierto orden y caos, complejidades y, por lo tanto, reconocer la existencia de distintos procesos recursivos acabados e inacabados y multi relacionales —sin seguir la linealidad de enseñar-aprender algo, al contrario, una relación entre sujetos interespecies debe ser libre en ello, descentrada—; d) asumir que la expectativa humana de sobrevivir requiere unificarse en la indivisibilidad naturaleza-animales, en un ser cultural de aprendizajes mutuos, lo que incluso consiste en no conocer, no intervenir y dejar hacer-ser; e) en definitiva, una educación interespecie debe tener como base, principios coherentes, partiendo por el pluralismo, el respeto, la libertad, descentralizada, con autonomías poli dialogantes, entre otros.

A partir de lo señalado, toca aprender como humanidad:

---

51 BRAKES, P., DALL, S.R.X., APLIN, L.M., BEARHOP, S., CARROLL, E.L., CIUCCI, P., FISHLOCK, V., FORD, J.K.B., GARLAND, E.C., KEITH, S.A., MCGREGOR, P.K., MESNICK, S.L., NOAD, M.J., DI SCIARA, G.N., ROBBINS, M.M., SIMMONDS, M.P., SPINA, F., THORNTON, A., WADE, P.R., WHITING, M.J., WILLIAMS, J., RENDELL, L., WHITEHEAD, H., WHITEN, A. & RUTZ, C. Animal cultures matter for conservation, en Science 363/6431 (2019). 10.1126/science.aaw3557

- La consideración del otro como legítimo —con niveles de tramas y niveles de autonomía—.
- Los animales acuáticos representan una zoopolis, lo que implica aprender a convivir; pero, en tanto reconocer la comunidad; visibilizar no es sinónimo de intervenir, es preciso desaprender el aprender.
- La relación entre humanos con otras especies es también una relación intraespecie y tenemos que aprender —nos— a *co-vivir*; en este sentido, por ejemplo, el mundo acuático representa, para la vida, un ecosistema del que no tenemos información, pero ello es un aprenderla. El vivir bajo el agua es un estadio biológico-social-histórico, es una cultura, es también un sujeto vivo y, como tal, tiene su soberanía[52]. Y, por lo tanto, aprenderlo, explicarlo, verlo, escucharlo, pensarlo, no siempre significa atraparlo, pues hoy, tal vez, no sea el momento ideal para que ello se dé; no por lo menos mientras nuestra historia se encuentra entrampada en la relación del capital y del arsenal de mercancías. Aprender también tiene sus tiempos.
- Hay una unidad cultura-naturaleza que se desarrollará a partir de su organización como proceso de comunicación para agenciamiento y pertenencia[53], hay una *co-vida*, sin un adentro y afuera.
- La relación educativa es un vivir, de modo tal que se pueda seguir viviendo.

5. CONCLUSIONES

Los demás animales, en nuestra cultura humana, constituyen el objeto que se enseña, el que está en el libro de biología, de zoología o de cualquier ciencia y que, por cierto, ha evolucionado hacia pro-

---

52 DONALDSON, S. & KYMLICKA, W. Zoopolis: A Political Theory of Animal Rights (New York 2011).

53 LAVANDEROS, L. & MALPARTIDA, A. Teoría relacional de la comunicación como proceso eco_semio_auto poiético, en Complexus Revista de Complejidad, Ciencia y Estética 1/2 (2005). https://www.sintesys.cl/assets/complexus2.pdf

yecciones de mayor consideración, con aportes de paradigmas científicos complejos y de la ética. Sin embargo, la reflexión, a modo de propuesta, es reconocerlos como sujetos y, por lo tanto, de advertir posibilidades de relaciones educativas inter-intra sujetos-especies, en contextos de conocimientos plurales, en proyección a una cultura de la vida, para lograr aprendizajes y tradiciones comunes. En particular, respecto de los animales acuáticos, cabe asumir que vivir bajo el agua es un estadio biológico-social-histórico, es una cultura, y, como tal, tiene su soberanía, cuestión que implica reconocer que aprender también tiene sus tiempos.

6. BIBLIOGRAFÍA

ABREU-VALDIVIA, O., PLA-LÓPEZ, R., NARANJO-TORO, M. & RHEA-GONZÁLEZ, S. La pedagogía como ciencia: su objeto de estudio, categorías, leyes y principios, en Información Tecnológica 32/3 (2021). https://dx.doi.org/10.4067/S0718-07642021000300131

BACON, F. Novum Organum (Barcelona 1984).

BRAKES, P., DALL, S.R.X., APLIN, L.M., BEARHOP, S., CARROLL, E.L., CIUCCI, P., FISHLOCK, V., FORD, J.K.B., GARLAND, E.C., KEITH, S.A., MCGREGOR, P.K., MESNICK, S.L., NOAD, M.J., DI SCIARA, G.N., ROBBINS, M.M., SIMMONDS, M.P., SPINA, F., THORNTON, A., WADE, P.R., WHITING, M.J., WILLIAMS, J., RENDELL, L., WHITEHEAD, H., WHITEN, A. & RUTZ, C. Animal cultures matter for conservation, en Science 363/6431 (2019). 10.1126/science.aaw3557

BROOM, D. M. Sentience and Animal Welfare (2014).

BROWN, C. Fish intelligence, sentience and ethics, en Animal Cognition 18 (2015). https://doi.org/10.1007/s10071-014-0761-0

CAPRA, F. El punto crucial: Ciencia, sociedad y cultura naciente (Buenos Aires 1992).

CAPRA, F. La trama de la vida: Una nueva perspectiva de los sistemas vivos (Barcelona 2002).

COMENIO, J. A. Didáctica Magna, 8va ed. (México 1998).

COMISIÓN DE EDUCACIÓN ECOLÓGICA-ECOLOGISTAS EN ACCIÓN. Estudio del currículum oculto antiecológico de los libros de texto (Madrid 2006). https://www.ecologistasenaccion.org/wp-content/uploads/adjuntos-spip/pdf/Informe_curriculum.pdf

DELGADO DÍAZ, C. J. Límites socioculturales de la educación ambiental (acercamiento desde la experiencia cubana) (México D. F. 2002).

DONALDSON, S. & KYMLICKA, W. Zoopolis: A Political Theory of Animal Rights (New York 2011).

EUROPEAN PARLIAMENTARY RESEARCH SERVICE. Towards a more resilient Europe post-coronavirus: An initial mapping of structural risks facing the EU (2020). https://www.europarl.europa.eu/thinktank/es/document/EPRS_STU(2020)653208

GIMÉNEZ-CANDELA, M. & CERSOSIMO, R. La enseñanza del derecho animal (Valencia 2021).

GÓMEZ FRANCISCO, T. La complejidad: un paradigma para la educación. Su aporte con una mirada histórica y reflexiva (Santiago 2018a).

GÓMEZ FRANCISCO, T. Los límites de una enseñanza tradicional del Derecho, para formar abogados que se dediquen a la defensa de los no humanos, en Discusiones y desafíos en torno al Derecho Animal (Santiago 2018b).

GONZÁLEZ MARINO, I. El fenómeno de las familias multiespecie y los desafíos que supone para el Derecho, en Personalidad jurídica de los animales no humanos y nuevas tendencias en Derecho animal (Santiago 2019).

HORKHEIMER, M. Crítica de la razón instrumental (Madrid 2002).

HORTA, O. Un paso adelante en defensa de los animales (Madrid 2017).

JAHR, F. Bio-Ethik: Eine Umschau über die ethischen Beziehungen des Menschen zu Tier und Pflanze, en Kosmos. Handweise für Naturfreunde 24 (1927).

JOY, M. Por qué amamos a los perros, nos comemos a los cerdos y nos vestimos con las vacas: Una introducción al carnismo (Madrid 2013).

KIM, G-U., SEO, K-H. & CHEN, D. Climate change over the Mediterranean and current destruction of marine ecosystem, en Scientific Reports 9 (2019). https://doi.org/10.1038/s41598-019-55303-7

LAMBERT, H., CORNISH, A., ELWIN, A. & D'CRUZE, N. A Kettle of Fish: A Review of the Scientific Literature for Evidence of Fish Sentience, en Animals 12/9 (2022). https://doi-org.ucentral.idm.oclc.org/10.3390/ani12091182

LAVANDEROS, L. & MALPARTIDA, A. Teoría relacional de la comunicación como proceso eco_semio_auto poiético, en Complexus Revista de Complejidad, Ciencia y Estética 1/2 (2005). https://www.sintesys.cl/assets/complexus2.pdf

LLANOS MANSILLA, H. El Derecho Internacional y el Cambio Climático (Santiago 2018).

LOCKE, J. Ensayo sobre el entendimiento humano (México D. F. 1956).

MALDONADO, C. E. Pensar: lógicas no clásicas (Bogotá 2020).

MALDONADO, C. E. Las Ciencias de la Complejidad son Ciencias de la Vida (Santiago 2021).

MATURANA ROMESÍN, H. & PÖRKSEN, B. Del Ser al Hacer: los orígenes de la biología del conocer (Santiago 2004).

MINISTERIO DEL MEDIO AMBIENTE. Guía de Educación Parvularia: valorando y cuidando el medio ambiente desde la primera infancia (Santiago 2018). https://mma.gob.cl/wp-content/uploads/2018/08/GUIA_Ed.-Parvularia_web.pdf

MORIN, E. Introducción al pensamiento complejo (Barcelona 1990).

MORIN, E. Los siete saberes necesarios para la educación del futuro (París 1999).

NICOLESCU, B. La transdisciplinarité manifeste (Mónaco 1996).

PÉREZ SOTO, C. Hacia un concepto histórico de ciencia: de la epistemología actual a la dialéctica (Santiago 1998).

POTTER, V. R. Bridge to the Future: The Concept of Human Progress, en Land Economics 28/1 (1962). https://www.jstor.org/stable/3144718

POTTER, V. R. Bioethics, the science of survival, en Perspectives in Biology and Medicine 14/1 (1970). https://doi.org/10.1353/pbm.1970.0015

RAMÍREZ BARRETO, C. Currículum oculto en la disección de animales ¿Qué se aprende?, en Cambio de Michoacán, Sección La chispa y el fuego (8 de junio de 2015). https://www.academia.edu/12932484/_Curr%C3%ADculum_oculto_en_la_disecci%C3%B3n_de_animales_Qu%C3%A9_se_aprende_

ROONEY, D. 'All Fishing Is Wildlife Poaching': Nonhuman Animal Imagery and Mutual Avowal in Racing Extinction and Seaspiracy, en Journalism and Media 3/2 (2022). https://doi.org/10.3390/journalmedia3020020

ROUSSEAU, J. J. Emilio, o de la educación (Madrid 2005).

SOTOLONGO CODINA, P. L. & DELGADO DÍAZ, C. J. La revolución contemporánea del saber y la complejidad social: Hacia unas ciencias sociales de nuevo tipo (Buenos Aires 2006).

TORRES, J. El currículo oculto (Madrid 1996).

TRISOS, C. H., MEROW, C. & PIGOT, A. L. The projected timing of abrupt ecological disruption from climate change, en Nature 580/7804 (2020). https://doi.org/10.1038/s41586-020-2189-9

UNESCO. Integrated ocean carbon research: a summary of ocean carbon research, and vision of coordinated ocean carbon research and observations for the next decade (París 2021). https://unesdoc.unesco.org/ark:/48223/pf0000376708

U.S. FOOD & DRUG ADMINISTRATION. Advice about eating fish (2022). https://www.fda.gov/food/consumers/advice-about-eating-fish#:~:text=The%20Dietary%20Guidelines%20for%20Americans%20recommends%3A,that%20are%20lower%20in%20mercury

VON FOERSTER, H. Las semillas de la cibernética. Obras escogidas (Barcelona 1991).

La (des)protección de la fauna marina desde un enfoque ecocriminológico, a la luz de los límites planetarios[1]

The lack of protection of marine fauna from an ecocriminological approach, in light of planetary boundaries

ESTEBAN MORELLE-HUNGRÍA
Profesor Permanente Laboral en Derecho penal y Criminología
Universitat Jaume I
ORCID: 0000-0001-5149-1792
morelle@uji.es

Resumen: El presente artículo expone, en primer lugar, los límites planetarios como sistema de detección de riesgos y análisis de daño ecológico en los ecosistemas acuáticos; en segundo término, se evidencian aquellos límites que afectan tanto directa como indirectamente a aquellas especies animales que se encuentran en lo más alto de las cadenas tróficas de los ecosistemas acuáticos, al tomar como hipótesis que la afectación a estas especies tendrá repercusión sobre el resto del sistema. Este planteamiento se adopta desde la teoría de sistemas utilizado en áreas de conocimiento científicas como puede ser, la Ecología. Este enfoque ha sido utilizado en otras áreas de conocimiento y, el Derecho ambiental no puede estar al margen de este planteamiento. Con ello pretendemos abordar la interconexión entre las metodologías utilizadas en áreas científicas con las ciencias jurídicas y la importancia de este planteamiento para incrementar la eficacia en la protección sobre la fauna acuática al situarse en una posición de relevancia en los ecosistemas.

Palabras clave: Ecocriminología, límites planetarios, justicia ecológica, daño ecológico

Abstract: *This paper exposes, in the first place, the planetary limits as a risk detection system and analysis of ecological damage in aquatic ecosystems; Secondly, those limits*

---

1 Trabajo realizado dentro del proyecto UJI B2021-41, “Respuestas legales de carácter sancionador frente al cambio climático como riesgo a la seguridad nacional”, Universitat Jaume I.

that affect both directly and indirectly those animal species that are at the top of the food chains of aquatic ecosystems are evidenced, taking as a hypothesis that the impact on these species will have repercussions on the rest of the environment. system. This approach is adopted from the systems theory used in scientific areas of knowledge such as Ecology. This approach has been used in other areas of knowledge and environmental law cannot be excluded from this approach. With this we intend to address the interconnection between the methodologies used in scientific areas with legal sciences and the importance of this approach to increase the effectiveness in the protection of aquatic fauna by placing itself in a position of relevance in ecosystems.

Keywords: *Ecocriminology, planetary boundaries, ecological justice, ecological harm.*

1. INTRODUCCIÓN

El planeta azul, también conocido por tener unas condiciones idóneas para albergar vida, se encuentra en serio peligro a la luz de las evidencias científicas que, desde diferentes áreas de conocimiento se han puesto de manifiesto. De las miles de especies animales y vegetales que existen en la Tierra, parece que una única especie está llamada a ser la culpable de las consecuencias que estamos presenciando en las últimas décadas, y no es otra que la especie humana.

Sumidas las especies en el conocido como Antropoceno (2002), somos testigos preferentes de cómo el sistema capitalista impulsado por nuestra especie está causando consecuencias no sólo para otras especies sino para toda la naturaleza en su conjunto. Estas consecuencias se ciernen sobre diferentes esferas que abarcan el uso de los recursos naturales, pero en especial sobre aquellos que se encuentran sumergidos en el componente mayoritario del planeta, el agua. Los hábitats y ecosistemas acuáticos están siendo presionados de tal manera que los impactos directos e indirectos que se deriven puedan perdurar durante años. Los mares y océanos son esenciales para la supervivencia del planeta y sobre todo para la especie humana, sin embargo, la mayor parte se encuentran en zonas internacionales donde la legislación aplicable se encuentra bajo este marco regulador y, complica una protección efectiva y eficiente. Como ejemplo del nivel al que sometemos al gran manto azul, podemos observar como las prácticas pesqueras conocidas INDNR (Ilegales, no declaradas y no reglamentadas), las cuales generan un impacto ecológico[2] de gran significación pero, además, propician la aparición de otras prácticas socioeconómicas[3] o inclusive, criminales, que pueden afectar a diferente nivel a la especie humana[4]. Pero existen más ejemplos que serán analizados en el presente estudio, algunos de gran importancia por el daño ambiental que pueden generar, pues no podemos obviar cómo nos encontramos ante un gran reservorio de servicios que nuestra especie viene utilizando y, siguiendo al ritmo actual, podemos alterar la capacidad de regeneración de los mismos.

Sin embargo, otras actividades antrópicas también vienen incrementando esa presión descrita: minería submarina, tráfico marítimo comercial (en especial en zonas de mayor vulnerabilidad como el Ártico) e incluso, las consecuencias derivadas del cambio climático que están generando riesgos que serán descritos en el presente trabajo, pero debemos resaltar por la temática central, la fauna acuática y cómo algunas especies y organismos (corales, plancton y crustáceos, por ejemplo) serán más vulnerables a algunos de estos riesgos que se han identificado como límites planetarios, como puede ser la acidificación de mares y océanos. Tal como han puesto de manifiesto estudios realizados por organizaciones no gubernamentales de protección am-

---

2 "En 2017, se extrajeron del océano unos 92,5 millones de toneladas de pescado, dos tercios de los cuales fueron capturados por quince países (con China, Indonesia y la India a la cabeza), y las proporciones de la pesca insostenible también han crecido sobremanera: del 10% en 1974 se ha pasado al 33% en 2015" tal como sostiene ACOSTA (2022), véase informe para National Geographic disponible en https://www.nationalgeographic.com.es/naturaleza/principales-amenazas-que-acechan-a-oceanos_15586

3 Recientes estudios han puesto de manifiesto una relación entre las prácticas INDNR con abuso laboral o delitos contra la seguridad en el trabajo. SELIG, E.R.; NAKAYAMA, S.; WABNITZ, C.C.C.; ÖSTERBLOM, H.; SPIJKERS, J.; MILLER, N.A.; BEBBINGTON, J.; DECKER SPARKS, J.L. Revealing global risks of labor abuse and illegal, unreported, and unregulated fishing. *Nat Commun* 13, 1612, 2022. https://doi.org/10.1038/s41467-022-28916-2

4 MORELLE-HUNGRÍA, E. La pesca ilegal como actividad delictiva: una aproximación a la problemática española. *Actualidad Jurídica Ambiental*, 2017, 74: 7-32. OANTA, G.A. The application of administrative sanctions in the fight against IUU fishing: An assessment of Spanish practice. *Marine Policy*, 2022, 144: 105211. VALEIJE-ÁLVAREZ, I. The prosecution of fisheries crime in Spanish criminal law: The impact of European Union regulations. *Marine Policy*, 2023, 147: 105327.

biental, la sobreexplotación pesquera ha conllevado que en algunas zonas, como el Mediterráneo casi el 90% de poblaciones de peces están en esta situación, alcanzando más de la mitad de las poblaciones a nivel mundial[5]. Urgen medidas que protección de alcance global pero con aplicación desde entornos locales y para ello, el enfoque ecosistémico debe ser tenido en cuenta para poder configurar instrumentos normativos holísticos y que tengan al daño ambiental como elemento nuclear para poder alcanzar la mayor efectividad.

El presente trabajo analizará, en primer lugar, la denominada ecocriminología como punto de partida en la protección ambiental de entornos acuáticos atendiendo a una visión ecosistémica. En segundo lugar, se introduce la situación actual de los conocidos como límites planetarios a través de la doctrina especializada sobre los límites del planeta, establecidos por un equipo de investigadores liderado por ROCKSTRÖM (2009) y que posteriormente, gracias al avance del conocimiento científico se ha ido desarrollando hasta el presente por diferentes equipos de investigación que se han encargado de ir analizando la situación específica de cada uno de estos. Una vez tengamos este primer análisis, estudiaremos cómo estos límites están causando mayor impacto sobre los ecosistemas marinos, en especial, sobre las especies que están en lo más alto de las cadenas tróficas en medios acuáticos. Por último, analizaremos cómo el sistema de protección ambiental establecido hasta la fecha utiliza este conocimiento que la ciencia ha ido exponiendo para comprender y comprobar la eficacia de estos mecanismos, tanto a nivel internacional, nacional como regional. Este estudio se llevará a cabo a través de una perspectiva ecocriminológica y desde una visión holística al ser necesario abordar esta cuestión desde un prisma multidisciplinar pero, a su vez, interconectado de forma constante. Se realiza a través de un estudio de la protección de un hábitat prioritario en el mar Mediterráneo, la *Posidonia oceanica*, donde se expondrán a la luz de los conocidos ya como límites planetarios y la afectación sobre las especies que residen en las praderas de esta fanerógama marina de vital importancia para la supervivencia del planeta.

---

5 Greenpeace, 2022, véase diversos informes de esta organización referente en protección ambiental en https://es.greenpeace.org/es/trabajamos-en/oceanos/

Para llevar a cabo esta investigación se realiza un análisis sobre los diferentes estudios que, desde 2015 se han realizado sobre los límites del planeta, utilizando diferentes bases de datos, principalmente Google Scholar y Dialnet. Una vez realizada esta primera aproximación analizaremos cada una de estas limitaciones para comprender la magnitud de la situación generada por la especie humana sobre los ecosistemas acuáticos, sobre un elemento que desde la ecocriminología consideramos esencial, el daño ambiental. Posteriormente, nos enfocaremos en la visión ecosistémica de la protección del medio marino para valorar la importancia de uno de los elementos nucleares, la fauna en estos entornos. Por último, analizaremos uno de los casos más llamativos y que pone de relevancia la importancia de esta cuestión, la protección integral de los ecosistemas acuáticos desde la perspectiva del daño ambiental.

2. LA ECOCRIMINOLOGÍA: EL DAÑO AMBIENTAL COMO ELEMENTO NUCLEAR EN LA PROTECCIÓN DE LOS ECOSISTEMAS ACUÁTICOS

La Criminología, como indica el maestro GARCÍA-PABLOS es definida como "ciencia empírica e interdisciplinaria que se ocupa del crimen, del delincuente, la víctima y del control social del comportamiento desviado"[6]; pero siguiendo al maestro también debemos sostener que ni se trata de una ciencia exacta ni tampoco estamos ante una disciplina que pueda quedar al margen del conocimiento social. Por la metodología empleada nos permite sostener que estamos ante una disciplina interdisciplinaria que debe de contener y articular diversas metodologías para alcanzar el mayor grado de verosimilitud[7].

Esta afirmación es una de las más utilizadas y de las que creemos que puede ser un claro ejemplo de la evolución, o mejor dicho, adaptación a los nuevos paradigmas que han surgido en torno a los retos

---

6 GARCÍA-PABLOS, A. La aportación de la Criminología. Eguzkilore, núm. 3, pp. 79-94, 1989.

7 GARCÍA-PABLOS, A. Manual de Criminología, Madrid: Espasa Calpe, p. 50, 1989.

globales en pleno siglo XXI. En primer lugar, la alusión al crimen, ¿qué entendemos cómo crimen? Esa será la primera cuestión a resolver y, para ello, adentrándonos en un posicionamiento ecocéntrico atendemos a una visión amplia de esa concepción. En el estudio criminológico verde, el crimen no debe ser —en exclusiva— aquella infracción penal que, atendiendo a los elementos de la teoría jurídica del delito, se pueda articular pues estaríamos ante una definición clásica derivada del estudio del Derecho penal[8]. Desde un posicionamiento más crítico y enmarcado dentro de una perspectiva definida como verde[9], la ecocriminología, consideramos que es precisa una valoración del daño ambiental generado.

Con relación a la definición del daño ambiental, la literatura criminológica dispone de una amplia cobertura sobre esta cuestión[10], sin embargo, sostenemos que el daño ambiental podría definirse como "los impactos antropocéntricos que interfieren en el desarrollo natural de los ecosistemas causando una desestabilización de la estructura ecosistémica inmersa en el mismo"[11]. Esta definición no puede concebirse de forma estática pues atendiendo a la interrelación existente entre los componentes bióticos y abióticos se trata de una cuestión en continuo cambio y con múltiples relaciones entre los individuos y entornos que se configuran. No podemos obviar que en los ecosistemas acuáticos el medio (el agua) también será

---

8 El artículo 10 del Código penal español, establece que son delitos las acciones u omisiones dolosas o imprudentes penadas por la ley. Estableciendo un marco definitorio de elementos básicos en la configuración de una actividad delictiva.

9 Es en esta disciplina donde se enmarca la denominada Criminología verde.

10 A modo de ejemplo podemos citar los trabajos de POTTER (2017), donde desde la perspectiva criminológica aborda que aquellas actividades que puedan generar daños ambientales y su derivación en daños sociales puede ser concebida como una actividad criminal, incluso que, los daños ambientales pueden encontrarse conectados con actividades criminales. POTTER, G. "Criminología verde como ecocriminología: El desarrollo de una ciencia social criminológicamente informada". En BRISMAN, A., GOYES, D.R., SOUTH, N., & MOL, H. (Eds.), *Introducción a la Criminología Verde: Conceptos para nuevos horizontes y diálogos socioambientales*, pp. 31-55. 2017. Bogota: Universidad Antonio Nariño y Temis.

11 MORELLE-HUNGRÍA, E. Introducción a los límites planetarios desde la ecocriminología: análisis de la seguridad integral frente al cambio climático. *Boletín Criminológico*, 2022, (28). Recuperado a partir de https://revistas.uma.es/index.php/boletin-criminologico/article/view/16054

determinante para el análisis del daño de determinadas actividades, por ejemplo, existen diferentes tipos de contaminantes que pueden tener un efecto acumulativo con afectación de diferente nivel a las especies, como la contaminación acústica.

Si tratamos de definir la ecocriminología, nos resultará difícil encontrar una única e inequívoca definición. No podemos olvidar que esta perspectiva subyace y se encuentra incorporada dentro de la denominada Criminología verde, han sido algunos autores que han estudiado y analizado de forma extensa sobre esta cuestión, sin embargo, nos centraremos en una definición que de forma muy esquemática nos ayude a comprender la esencia de este concepto. Cómo ya hemos introducido estamos ante conductas que pueden conllevar un resultado, o no, pues dependerá de diferentes factores, como hemos apuntado anteriormente el efecto acumulativo será uno de ellos a tener en cuenta. Siguiendo esta línea podemos definir a la ecocriminología, como la perspectiva de la criminología verde, que se ocupa de analizar los daños ecológicos de origen antrópico y aquellas consecuencias sociales que se deriven de éstas, todo ello atendiendo a las diferentes metodologías de las ciencias sociales con una premisa fundamental, la necesidad de incorporar a la ecología en el ámbito de actuación de estos estudios, teniendo en cuenta las múltiples interacciones entre los sistemas bióticos y abióticos junto con el uso que se realiza por parte de la especie humana[12].

Una cuestión que desde la ecocriminología se prioriza es el enfoque desde la justicia ecológica, al separarnos de un sesgo totalmente antropocéntrico al realizar un análisis con un enfoque holístico de la totalidad de los ecosistemas. Desde esta perspectiva las diferentes especies que se encuentran en un ecosistema tienen el mismo valor y, por lo tanto, el ser humano es una especie más dentro del mismo donde lo importante es el conjunto del planeta. Con todo ello se observa que la prioridad debe estar en analizar las interrelaciones de

---

12 SOUTH, N. A Green Field for Criminology?: A proposal for a perspective. *Theoretical Criminology*, 1998, 2 (2), pp. 211-233. WHITE, R. *Environmental harm: an eco-justice perspective.* 2013. Bristol: Policy Press. MORELLE-HUNGRIA, E. Crimen y cambio climático: una mirada desde la criminología verde. *Quorum: revista de artes, letras e ciencias sociais e xurídicas*, 2, pp. 11-25, 2019.

todas las especies por el bien común del planeta donde cohabitan las mismas. Pese a esta visión, debemos reconocer la dificultad que contempla este posicionamiento, atendiendo a la realidad de un modelo de gestión y generación de recursos donde prima el interés de la propia especie humana, sin embargo, compartimos argumentos como los de MUÑOZ DE MORALES ROMERO de implementar mecanismos de responsabilidad diferenciada en los bienes comunes[13]. Para conseguir configurar instrumentos de protección con una clara dirección a la búsqueda de la justicia ecológica precisamos, como indica SANZ MULAS, que estos postulados se inserten en el Derecho positivo[14].

No podemos obviar como el modelo capitalista instaurado ha evolucionado hasta llegar a un punto de inflexión, donde la dualidad entre progreso y capitalismo se ha puesto en entredicho. La situación de crisis global a diferente nivel, sanitaria, energética, social junto con problemas derivados de éste, como el cambio climático y la presión antrópica sobre los recursos ecológicos están interrelacionados. Se han priorizado los mecanismos para hacer frente al cambio climático pero no se realiza de forma holística pues como hemos indicado se tratan de cuestiones derivadas de las interacciones entre las especies y el uso de los recursos, por ello, será necesario abordar un tema que resulta trascendental para esta situación de crisis, tal como apunta DEL MORAL ITUARTE será necesario que "...para frenar el deterioro ecológico no se puede frenar sin limitar el crecimiento cuantitativo de los países sobredesarrollados..."[15]. De ello se deriva otro gran problema, la desigualdad existente entre el Norte y el Sur Global, tanto a nivel de la utilización y extracción de recursos naturales como de ser víctimas de este proceso.

---

13 MUÑOZ DE MORALES ROMERO, M. Hacia un derecho penal internacional del medio ambiente. *Propuesta de una Convención Internacional sobre Ecocidio y Ecocrímenes*, 2019.

14 SANZ MULAS, N. Suicidio ecológico e impunidad. La urgencia de una justicia penal efectiva frente al desastre. *Revista electrónica de ciencia penal y criminología*, 2022, 24: 15.

15 MORAL ITUARTE, Leandro del, et al. Crisis del capitalismo global, desarrollo y medio ambiente. *Documents d'Anàlisi Geogràfica, 59 (1), p. 99*, 2013.

3. LOS LÍMITES DEL PLANETA: LA NECESIDAD DE ESTABLECER VALORES UMBRAL

Que los recursos naturales disponen de límites para poder regenerarse no es algo novedoso, sin embargo, cuando se habla de que el planeta tiene ciertos límites que, en caso de sobrepasarlos, las consecuencias pueden ser catastróficas todavía existen algunas personas que pueden no creer en la evidencia científica. La teoría de los límites planetarios la estableció un grupo de científicos, liderados por ROCKSTRÖM hace doce años[16], se publicó el primer artículo sobre la existencia de nueve límites, incluso alguno se llegó a cuantificar y determinar su estado en aquella primera publicación.

Como se ha indicado, nuestra especie ha sido capaz de alterar el equilibrio que ha venido imperando en una era geológica conocida como Holoceno, sin embargo, los niveles de presión antrópica generados sobre los ecosistemas han dado paso al conocido como Antropoceno. Se trata de una modificación sustancial de las condiciones por las que existía un equilibrio que hacía posible un uso sostenible de los recursos que venían siendo utilizados por nuestra especie. El ser humano ha configurado un nuevo estatus en el abuso de los recursos, se ha llegado a transformar la mitad de la superficie terrestre para convertirlo, por ejemplo, en campos de cultivo; también el gran manto azul ha sido uno de los damnificados, sus ecosistemas y especies se enfrentan a grandes impactos, por ejemplo, la pesca ha llegado a un punto en algunas zonas que incluso se tuvieron que adoptar medidas urgentes para evitar la desaparición de especies de gran valor ecológico y por ende, también un valor económico —desde un punto de vista antropocéntrico—, lo que unido a un ritmo acelerado de sobrepoblación humana configura un escenario propicio a una situación que puede ser insostenible ecológicamente[17].

---

16 ROCKSTRÖM, J., STEFFEN, W., NOONE, K., et al. A safe operating space for humanity. *Nature*. 461, 2009, pp. 472-475.

17 FOLKE, C. Respetar los límites del planeta y recuperar la conexión con la biosfera. *Worldwatch Institute, The State of the World*. 2013.

Con esta panorámica nos hacemos una breve pero impactante idea de las consecuencias que pueden conllevar esas actividades, por eso, el grupo de ROCKSTRÖM estableció nueve límites de los cuales en 2009, ya se cuantificaron siete de ellos, es decir, se establecieron valores umbral para estos. La aparición de estos valores umbral, resultan de especial importancia, pues nos permiten conocer los puntos en los cuales se puede identificar las zonas de no retorno y, en esos casos, las consecuencias de los daños generados estarían en un estado de posible irreversibilidad por lo que, llegados a ese punto, las medidas introducidas para mitigar e intentar revertir esta situación serían ineficaces. Tal como sugiere ROCKSTRÖM, si los impactos y daños son de tal magnitud que se alcanzan esos puntos de no retorno el equilibrio del planeta se vería afectado considerablemente, llegando a afectar a la totalidad de especies que en él residen[18]. Los nueve límites establecidos a nivel científico, están todos interconectados de tal forma que traspasar uno de ellos configura un nuevo escenario con un aumento de la vulnerabilidad. En la última década se ha avanzado mucho en el conocimiento de esos límites y, en la actualidad, se han traspasado seis de los nueve límites[19].

3.1. El cambio climático

Es el primero de estos límites y que la sociedad conoce generalmente con mayor profundidad, se trata de una situación vinculada de forma directa con el desarrollo antrópico. El incremento de la actividad industrial está vinculado con el incremento de las temperaturas, derivadas de los abusos sobre los combustibles fósiles y el incremento de las emisiones de los gases contaminantes a nivel industrial, como puede ser el dióxido de carbono. Asimismo, este límite está relacionado con la situación existente en mares y océanos, zonas que al no disponer de limitaciones físicas los impactos traspa-

---

18 ROCKSTRÖM, J. et al. Breaking boundaries. Documental de NETFLIX, Director: CLAY, J. visualizado el 1 de agosto de 2022.

19 RICHARDSON *et al.* ,Earth beyond six of nine planetary boundaries. *Sci. Adv.* 9, eadh2458(2023).DOI:10.1126/sciadv.adh2458

san a diferentes ecosistemas y los daños serán de alcance global. No podemos obviar que, por ejemplo, los océanos contienen más del 95% de toda el agua del planeta y es ahí donde se produce gran parte del oxígeno necesario para la supervivencia humana[20], por ese motivo debería priorizarse la protección de mares y océanos. La regulación del clima es otra de las características y funciones realizadas por el componente mayoritario, el impacto de las emisiones de gases de efecto invernadero tienen una gran significación sobre los océanos, al incrementar la temperatura hace que las características que existían se modifiquen, por ejemplo, el derretimiento de los polos como una de las consecuencias derivadas de esa modificación de la temperatura de mares y océanos. Esto tiene un impacto indirecto sobre otro de los límites que se estudiarán a continuación, la acidificación, pues puede suponer la afectación a las especies desde una perspectiva ecosistémica. Las zonas de mayor vulnerabilidad se encuentran en una situación extrema pues en ellas los impactos y cambios se originan con mayor intensidad, a modo de ejemplo, en el Ártico como consecuencia de los efectos del cambio climático, existe un riesgo mayor de sobrepasar los límites estudiados generando una situación de colapso. Este límite se encuentra cuantificado por ROCKSTRÖM y otros, establecieron 350 ppm como valor umbral, en la actualidad podemos observar como las estaciones de monitorización de las emisiones de CO_2, nos permiten establecer que en el último año se han sobrepasado las 400 ppm en cada uno de los meses (véase figura 1).

[20] Mares y océanos son una de las fuentes de recursos naturales más explotados, en el último siglo, a nivel socioeconómico generan trabajo y fuente de ingresos a la vez que nos proporcionan comida, en especial, para algunas zonas de mayor vulnerabilidad climática que se nutren de estas actividades como principal motor de subsistencia. LEVITUS, S., et al. World Ocean heat content and thermosteric sea level change (0-2000m), 1955-2010. *Geophysical Research Letters,* vol. 39, n. 10. 2012.

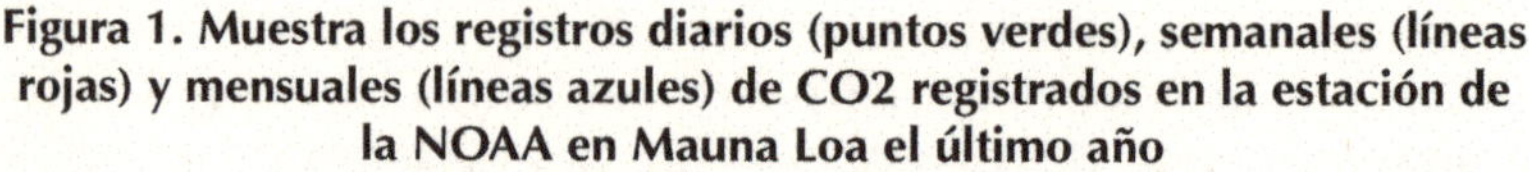

Figura 1. Muestra los registros diarios (puntos verdes), semanales (líneas rojas) y mensuales (líneas azules) de CO2 registrados en la estación de la NOAA en Mauna Loa el último año

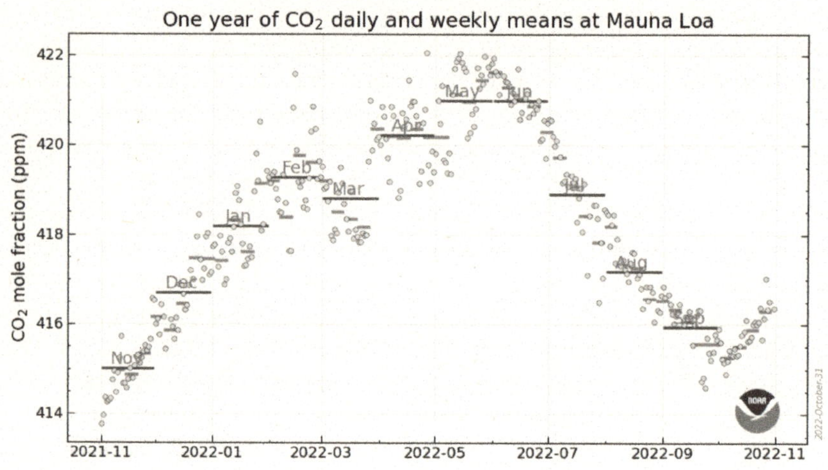

Fuente: Administración Nacional Oceánica y Atmosférica (NOAA, EEUU)

También existen otros gases de efecto invernadero que propician un incremento de las temperaturas el metano (CH_4), el óxido nitroso (N_2O) o el hexafluoruro de azufre (SF_6) son algunos de los mismos destinados o vinculados a actividades antrópicas. Como se ha indicado el desarrollo industrial vino de la mano de estos componentes que debido a un crecimiento exponencial de la actividad antrópica también se registró ese incremento en la presencia de estos gases en la atmósfera y por consiguiente, con la afectación sobre mares y océanos.

3.2. Acidificación de los océanos y mares

Una de las consecuencias derivadas de los impactos del CO2 sobre mares y océanos es el cambio en las características físico-químicas de los mismos derivados por las actividades antrópicas. De las emisiones de gases de efecto invernadero una parte se acaba depositando sobre mares y océanos, llegando a alcanzar el 50% del total[21] con lo

---

21 LAFFOLEY, D., BAXTER, J.M. Ocean connections. An introduction to rising risks from a warming, changing ocean. Gland, Switzerland: IUCN. 2018.

que se alteran las condiciones químicas establecidas, incrementando la acidez como consecuencia del incremento de la presencia del ácido carbónico, en determinadas zonas[22]. Pese a que nos encontramos dentro de los límites considerados seguros, el valor empleado como indicador es el carbonato a superficie marina, si consideramos la evolución desde la época preindustrial, 3.44 hasta el actual 2.8 se desprende que existe una mayor acidez, pues a menor índice mayor acidez marina[23]. Esta alteración afecta a otros límites como la biodiversidad pues se ven afectados componentes necesarios para el correcto desarrollo de algunas especies, como los moluscos[24] o los corales, incluso se puede hablar de extinción masiva de especies al sobrepasar este límite que se encuentra ya en una fase de superación de los valores preindustriales[25]. Otra de las vinculaciones con otros límites pueden ser sobre los usos del suelo establecidos, pues la utilización de ciertos fertilizantes contribuye de manera indirecta sobre la acidificación de mares y océanos[26]. Tal como sostienen las Naciones Unidas este límite se puede considerar como una crisis global al mismo nivel que el cambio climático, al afectar a la supervivencia de las especies que residen y al resto que dependen de los recursos extraídos de estos ecosistemas[27].

---

22 Con el incremento de las actividades industriales la acidificación se ha incrementado casi un 30% poniendo en serio peligro a especies necesarias para el mantenimiento del equilibrio y la lucha contra el cambio climático, como los arrecifes de coral necesarios para el mantenimiento de otras especies. FEELY, R.A., DONEY, S.C., COOLEY, S.R. Ocean acidification: present conditions and future changes in a high-CO2 world. *Oceanography*, vol. 22, núm. 4, pp. 36-47. 2009.

23 RICHARDSON *et al.* Earth beyond six of nine planetary boundaries. *Sci. Adv.* 9, eadh2458(2023). DOI:10.1126/sciadv.adh2458

24 COGOLLOS BLANCO, M.F. Efectos de la acidificación marina en conchas de bivalvos. TFG. Pontificá Universidad Javeriana. 2020. http://hdl.handle.net/10554/52417

25 Véase nota 15.

26 BERNAT-GUTIÉRREZ, P. Criminología verde y límites planetarios: el impacto del cambio climático en la criminología. *TFG. Universitat Jaume I.* 2022. http://hdl.handle.net/10234/198232

27 NACIONES UNIDAS. LOVIN, I. El cambio climático amenaza a nuestros océanos. Consulado en https://www.un.org/es/chronicle/article/el-cambio-climatico-amenaza-nuestros-oceanos El 27 de septiembre de 2022.

3.3. Ozono estratosférico

Se trata del primer contaminante que pudo ser revertida la situación generada por la humanidad[28]. El uso de determinados gases clorofluorocarbonados (CFCs) generó una situación de gran vulnerabilidad para el planeta, pues su deterioro aumentó los niveles de radiación ultravioleta sobre la superficie terrestre.

En los años 70 el uso de estos CFCs en la generación de refrigerantes y otros agentes industriales junto con las investigaciones científicas de la época generaron esa corriente mayoritaria sobre la principal causa de agotamiento del ozono estratosférico, conocida entonces como agujero de la capa de ozono. Sin embargo, este fundamento ha sido rebatido en la actualidad por algunos científicos que han presentado resultados sobre esta cuestión, argumentando que las partículas de cenizas volantes de carbón aerosolizadas pueden quedar atrapadas en la estratosfera, concentrándose y al evaporarse esas partículas se liberan y reaccionan con el ozono estratosférico que acaba siendo consumido. Tal como se ha demostrado estas partículas no son únicamente responsables de la destrucción de este componente necesario para el mantenimiento de la barrera que impide la entrada de radiación ultravioleta solar. También pueden derivarse de esa reacción generada por el consumo del ozono impactos sobre los ecosistemas y sobre la propia especie humana, con la aparición de ciertas enfermedades. Los instrumentos normativos elaborados para hacer frente a las tesis mayoritarias en la década de los 70 dieron lu-

---

28 Tal como establece el Portal Temático de Contaminación Atmosférica: "a mayor parte del ozono presente en la atmósfera, en torno a un 90%, se encuentra en la estratosfera. Cuando se forma en la baja troposfera (capa más baja de la atmósfera) se denomina ozono troposférico y se considera un contaminante secundario de origen fotoquímico, pudiendo originar problemas en la salud, sobre todo en ciertos sectores sensibles, causando irritación en los ojos, nariz y garganta. Así, se han establecido relaciones entre la frecuencia de crisis de asma y los días de concentraciones elevadas de ozono y otros oxidantes fotoquímicos pues, al parecer, provoca una disminución de las funciones pulmonares. Los daños que provoca son extensibles también a la vegetación y a los materiales." consultado en https://www.troposfera.org/conceptos/contaminantes-quimicos-de-la-atmosfera/Ozono/

gar a ciertas normas de carácter internacional[29] que frenaron el uso de los CFCs, sin embargo, en la actualidad, la tendencia no sigue esa disminución[30] pese a las fluctuaciones de los últimos años[31].

Pese a esas diferencias a nivel doctrinal, comprensibles atendiendo a los avances científicos, si existe una relación evidenciada también por la comunidad científica, la vinculación entre los usos de los CFCs y la alteración de las características organolépticas del medio marino. De esta forma algunos estudios demuestran posibles cambios químicos por la presencia de concentraciones de CFCs en aguas superficiales, de ahí que, por ejemplo, se relacione una mayor presencia de vientos a mayor velocidad en aguas oceánicas conforme la denominada capa de ozono es más fina[32]. Otro estudio sigue en esta dinámica y aportaron evidencias de que los gases contaminantes de efecto invernadero guardan una vinculación con la climatología en general y, en especial, sobre las corrientes de chorro[33].

3.4. Pérdida de la biodiversidad o integridad de la biosfera

Tal como hemos indicado la Revolución industrial supuso un punto de inflexión en algunos de los límites ya analizados, sin embargo, no podemos obviar que mucho antes, ya en el Neolítico (10000 años a.c.) se detectan los primeros cambios en los usos de los recursos naturales. De esta forma el cambio de usos de ecosistemas como bosques para su transformación en campos de pastizales para

---

29 El Protocolo de Montreal, véase https://www.boe.es/eli/es/ai/1999/05/28/(1); y el Protocolo de Kyoto, véase https://www.boe.es/eli/es/ai/1997/12/11/(1).

30 HERNDON, J.M., R.D. HOISINGTON, AND M. WHITESIDE, Deadly ultraviolet UV-C and UV-B penetration to Earth's surface: Human and environmental health implications. J. Geog. Environ. *Earth Sci. Intn.*, 2018. 14(2): p. 1-11.

31 CRESPO GARAY, C. Así evoluciona la capa de ozono tras 35 años de protección internacional. National Geophrapic, 2020, consultado en https://www.nationalgeographic.es/medio-ambiente/2020/09/asi-evoluciona-el-agujero-de-la-capa-de-ozono-tras-35-anos-de-proteccion-internacional

32 SON, S.W., et al. The impact of stratospheric ozone recovery on the Southern Hemisphere westerly jet. *Science*, 320.5882: 1486-1489. 2008.

33 LEE, S, FELDSTEIN, S.B. Detecting ozone-and greenhouse gas-driven wind trends with observational data. *Science*, 339.6119: 563-567. 2013.

ser utilizados para la ganadería supuso el inicio de un cambio hacía un uso antropogénico de los ecosistemas. El principal problema de esas prácticas es que todavía se siguen realizando y observamos la desaparición de bosques tropicales con pérdida de millones de hectáreas para su transformación en zonas de cultivo y derivado de la sobrepoblación a la que anteriormente nos hemos referido[34].

Tal como sostiene BERNAT GUTIÉRREZ[35], "El umbral propuesto por Rockström y su equipo de trabajo se encuentra en diez especies por millón por año mientras que, actualmente, estamos sobrepasando las cien especies por millón por año." Sin embargo, es necesario matizar varios aspectos. La complejidad del análisis de los diferentes ecosistemas y sus componentes determinará, por ejemplo, que la pérdida de una especie en un determinado hábitat puede ser una situación adaptable para el entorno, de tal manera que la desaparición de la misma no tenga efectos significativos de forma inmediata.

Subrayando lo expuesto por TELLERÍA[36], desde una posición especista y antropogénica se ha visto como determinadas especies se han erigido como las prioritarias en cuanto a su protección. Otras por el contrario, se han visto relegadas a un segundo plano siendo algunas de estas esenciales para algunos de los procesos ecológicos, pero también puede pasar que aquellas que en un principio pueden ser prescindibles y su desaparición no sea significativa, en un futuro sí pueda ser una especie de importancia atendiendo a la adaptación del ecosistema al entorno y las características.

Es necesario recordar que en mares y océanos se encuentran un gran número de especies, incluso otras muchas por descubrir[37]. La importancia de esta diversidad biológica azul resulta fundamental para el equi-

---

34 LAURENCE, W.F. Have we overstated the tropical biodiversity crisis? T*rends in Ecology and Evolution*. Vol. 22, pp. 62-70. 2006.

35 Véase nota 21.

36 TELLERÍA, J.L. Pérdida de biodiversidad. Causas y consecuencias de la desaparición de las especies. Memorias de la Real Sociedad Española de Historia Natural, 2013, 10: 13-25. GUNDERSON, L.H. Ecological Resilience. In theory and application. *Ecology Systematics*, 23, pp. 167-172. 2000.

37 Algunas investigaciones sostienen que existen más de un millón de especies, véase APPELTANS, W., et al. The magnitude of global marine species diversity. Current biology, 2012, 22.23: 2189-2202.

librio ecológico del planeta y, además, desde un plano antropogénico también para el desarrollo sostenible[38]. Pero este equilibrio que el gran manto azul proporciona, permite que los océanos generen la mitad del oxígeno necesario para la supervivencia de la especie humana, o bien que sirvan como instrumento natural en la lucha contra las emisiones de CO_2, al absorber más del 25% del emitido por nuestra especie[39].

La biodiversidad oceánica y marina puede verse afectada por diversos factores, entre los que podemos encontrar algunos de los ya mencionados. El calentamiento global también se detecta en el agua de mares y océanos generando situaciones que incluso se registran migraciones de algunas especies, lo que puede generar cambios en las dinámicas de poblaciones existentes en los ecosistemas afectados. Este hecho podría verse autorregulado si atendemos a algunas teorías sobre la homeostasis del planeta siguiendo a LOVELOCK y MARGULIS[40], sin embargo, también puede derivar a que existan zonas donde se disminuya de forma significativa el registro de especies, sería en aguas más cálidas, por el contrario también tendríamos registros de sobrepoblación en determinadas zonas de aguas más frías, lo que podría generar no solo problemas ecológicos sino que también de índole socioeconómica, pues la pesca se vería afectada. Todo ello afectaría, en especial, a la fauna marina que principalmente es explotada para el consumo humano, lo que traería consecuencias drásticas para la seguridad alimentaria entre otras.

La vinculación entre estos límites planetarios es evidente, con el cambio climático se afecta, como se ha indicado, a la biodiversidad oceánica y marina de tal manera que resulta necesario analizar con mayor detenimiento algunas de las consecuencias sobre la fauna marina. Las alteraciones derivadas del calentamiento global y el cambio climático, producen efectos directos sobre determinadas especies y a

---

38 PAŞCA PALMER, C. La biodiversidad y los ecosistemas marinos mantienen la salud del planeta y sostienen el bienestar social. Naciones Unidas. consultado en https://www.un.org/es/chronicle/article/la-biodiversidad-y-los-ecosistemas-marinos-mantienen-la-salud-del-planeta-y-sostienen-el-bienestar

39 LE QUERE, C. y otros. Global carbon budget 2015. *Earth System Science Data*, vol. 7, núm. 2 (diciembre de 2015), págs. 349 a 396 (371).

40 LOVELOCK, James E.; MARGULIS, Lynn. Atmospheric homeostasis by and for the biosphere: the Gaia hypothesis. *Tellus*, 1974, 26.1-2: 2-10.

lo largo de la evolución de las mismas. De esta forma los impactos recibidos se dan en todas las fases del desarrollo de una especie desde su concepción hasta la edad adulta. En la figura 2 podemos observar los efectos derivados a nivel fisiológico y de desarrollo durante las diferentes fases de una especie ocasionadas por el calentamiento del océano y la acidificación del mismo.

Figura 2

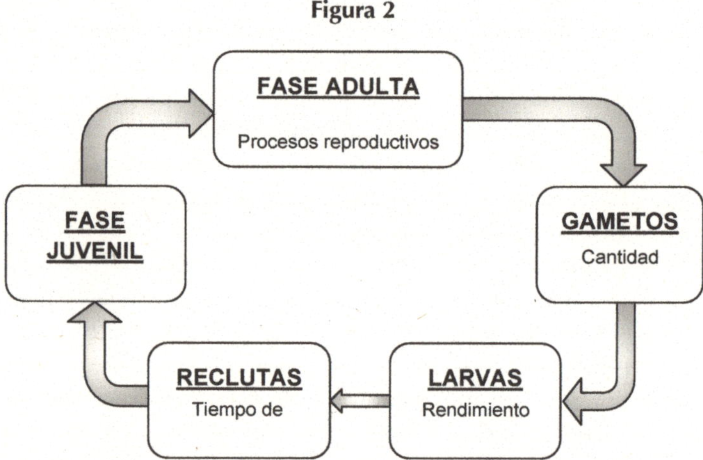

Adaptación a castellano del gráfico de Booth et al. 2018, sobre los efectos del cambio climático sobre el desarrollo de la fauna marina, en Climate Change Impacts on Fisheries and Aquaculture: A Global Analysis, Vol. I, First Edition.

Este límite se integra por la diversidad genética y la diversidad funcional, dos parámetros de especial importancia para analizar la salud planetaria. En relación con el primero, se tienen en cuenta las extinciones por millones de especies al año, según los datos más recientes estaríamos en la actualidad superando los 100, cuando el máximo sería 10, por lo que estamos superando con creces el valor seguro establecido. Por diversidad funcional se tiene en cuenta la energía y material biológico que a nivel ecosistemico se dispone una vez se elimina el porcentaje considerado antropogénico[41].

---

41 RICHARDSON *et al.*, Earth beyond six of nine planetary boundaries. *Sci. Adv.* 9, eadh2458(2023). DOI:10.1126/sciadv.adh2458

3.5. Ciclos biogeoquímicos del Nitrógeno (N) y Fósforo (P)

El planeta tiene unas condiciones óptimas para el desarrollo de vida, en parte, gracias a la composición química existente. Con cerca de 40 elementos esenciales se desarrollan reacciones esenciales para la existencia de los seres vivos. Estas reacciones que originan, entre otras, lo que conocemos como metabolismo, provocan la transformación de los componentes químicos hacía las diferentes partes del planeta. Al pasar estos elementos por varias fases y compuestos, por ejemplo, ciertas transformaciones provienen de componentes inorgánicos, como minerales, y se transforman en otros compuestos orgánicos o bien en otros inorgánicos que pueden volver a incorporarse en la biota, de esta forma se observa como se trata de un proceso cíclico: transformación de componentes químicos inorgánicos a orgánicos o bien al contrario. Estos procesos son básicos y esenciales para el desarrollo y mantenimiento de la vida en el planeta.

Son dos de estos elementos químicos esenciales para la vida en los ecosistemas sobre los que vamos a centrar nuestro análisis, pues teniendo en cuenta la evidencia científica estos serán los que son imprescindibles. El Nitrógeno (N), forma parte de las moléculas orgánicas denominadas aminoácidos que sirven para la conformación de las proteínas, en ellas se incluye el código genético de cada individuo, especie, y se constituye como componente esencial para otras, como las enzimas. Desde la revolución industrial se ha venido alterando significativamente la presencia de este compuesto debido al incremento de los combustibles fósiles que unido a la agricultura intensiva implementada en nuestro modelo productivo a nivel global, se ha originado un desequilibrio que ha derivado en una alta concentración de CO2, llegando a cifras que superan las 400 ppm, como hemos señalado. Vemos como este límite planteado se encuentra vinculado con otros ya analizados como el cambio climático[42].

El Fósforo (P) también es esencial para la existencia de los seres vivos, y es uno de los elementos químicos más comunes y existen-

42 ENRICH PRAST, A., et al. Cambios Globales e ciclos biogeoquímicos. 2018, p. 117. Consultado el 6 de octubre de 2022 en https://www.diva-portal.org/smash/get/diva2:1368257/FULLTEXT01.pdf

tes en la Tierra. Las funciones que tiene este componente en los seres vivos es esencial, pues se involucra en reacciones químicas prioritarias, por ejemplo, para la obtención de energía celular, también para la construcción de los ácidos nucleicos, etc. A diferencia del N, el P, no está presente en la atmósfera y se encuentra en la corteza terrestre, por ese motivo los procesos únicamente se dan a escala geológica e identifican al P como no renovable. La actividad antropogénica supuso también una alteración pues en la agricultura intensiva se utilizan fertilizantes que han transformado la dinámica natural de los componentes geológicos para la producción de P. Esta alteración hace que los ecosistemas se vean afectados y, en especial los ecosistemas acuáticos, favoreciendo la aparición de fenómenos de contaminación como puede ser la eutrofización de las aguas lo que se encuentra vinculado con otro límite, la biodiversidad de mares y océanos, pues se produce una pérdida de la misma[43].[44,]

Los estudios de ROCKSTRÖM, indican que los límites de estos ciclos biogeoquímicos se concentran en 62 tg/año para el N y, 6,2 tg/año para el P, los cuales han sido superados desde hace años, al registrarse datos de 150 tg/año y 14 tg/año, respectivamente. En la actualidad, estos valores se han visto actualizados al registrar 190 tg/año, el triple de ese valor inicial detectado para el N y superando los 17 tg/año para el P[45]. Esta alteración de los ciclos esenciales ha supuesto que ecosistemas acuáticos de gran importancia, como el Mar Báltico han sido afectados en gran parte por la contaminación existente[46].

3.6. *Alteración de los usos del suelo*

Vinculado a otros de los límites ya explicados, la revolución industrial supuso también una alteración de los usos del suelo con el au-

---

[43] Véase nota 36, p. 120.

[44] BENNETT, E.M.; CARPENTER, S.R.; CARACO, N.F. Human impact on erodable phosphorus and eutrophication: a global perspective: increasing accumulation of phosphorus in soil threatens rivers, lakes, and coastal oceans with eutrophication. *BioScience*, 2001, 51.3: 227-234.

[45] Véase nota 21, p. 26.

[46] Véase nota 21, p. 26.

mento y la intensificación de la agricultura. Según algunos estudios casi el 50% de la superficie terrestre se ha modificado con un componente antropogénico, al ser transformados en campos de cultivo[47]. En el estudio presentado por ROCKSTRÖM, indica como valor límite el 15% de la superficie terrestre no helada[48], sin embargo, ésta cifra está ya superada pues atendiendo a los cambios producidos, en especial sobre algunas de las zonas con mayor superficie forestal del planeta, como la selva amazónica, ya está sobrepasado[49]. Se está transformando la superficie terrestre de tal manera que estamos cambiando la dinámica habitual y natural de los ecosistemas existentes, de selvas hemos pasado a sabanas y matorrales que hacen que las tierras sean menos productivas. En estos ecosistemas amazónicos existen interacciones entre peces y plantas, al ser frugívoros, lo que establece un proceso cíclico de preservación de las especies mediante la dispersión de semillas. Con la deforestación, además, se propicia una nueva vulnerabilidad al eliminar las barreras de protección naturales de las riberas amazónicas que en caso de inundaciones podrá afectar negativamente a la especie humana a la vez que incide directamente sobre la calidad de las aguas y la biodiversidad existente[50].

3.7. Alteración del agua dulce

El planeta está cubierto por casi tres cuartas partes de agua, pese a que la mayor proporción corresponde a los océanos y mares, fuera de estos también podemos encontrar agua en otras superficies como pueden ser ríos, arroyos y torrentes, que van a parar, en la mayoría

---

47 FOLKE, C.; WORLDWATCH INSTITUTE. Respetar los límites del planeta y recuperar la conexión con la biosfera. *Worldwatch Institute, The State of the World*, 2013.

48 Véase nota 13.

49 CASSEMIRO, F.AS. Volviendo al futuro: estimando los efectos del cambio climático y la deforestación en ecosistemas acuáticos de la Amazonía. Revista Bioika, ed. 6. Consultado en https://revistabioika.org/assets/multimedia/docs/es/revisiones/opelaez@revistabioika.org/20201005100412-es-lector-escribe-fernanda-cassemiro-revedch-algc.pdf

50 DALA-CORTE, R.B., et al. Thresholds of freshwater biodiversity in response to riparian vegetation loss in the Neotropical region. *Journal of Applied Ecology*, 2020, 57.7: 1391-1402.

de las ocasiones a acuíferos o bien lagos naturales, conocida como agua azul. La acción del ser humano sobre este recurso también se ha visto desde hace cientos de años, la creación de embalses artificiales ha sido una de estas construcciones. No podemos olvidar que en la atmósfera también se encuentra un aparte minoritaria del agua en forma gaseosa cuya proporción es menor a ciertos gases que también están presentes en la atmósfera.

La mayor parte del agua presente en la superficie terrestre, tal como hemos avanzado, se centra sobre mares y océanos en concentraciones saladas pero casi el 3 % del agua de esa superficie es dulce y está en circulación a través de la hidrosfera mediante el conocido como ciclo del agua que permite, entre otras cuestiones, un cambio de estado físico del componente mayoritario, el agua, permitiendo ciertas características que posibilitan ciertos fenómenos climatológicos y favoreciendo las relaciones entre los seres vivos en el planeta. Hasta hace apenas unos meses el sistema de cuantificación del agua dulce se realizaba sobre el conjunto de ese 3 % mencionado, sin embargo, se ha distinguido y conseguido cuantificar el denominado agua verde, es aquel disponible en la superficie terrestre para las plantas, la cual es evaporada hacía la atmósfera y se condensa nuevamente, lo que recientemente ha llamado la atención de los investigadores[51]. Este reciente estudio pone de manifiesto cómo la situación generada y alcanzada en otros límites, como el cambio climático y los cambios del uso del suelo, han propiciado que del análisis presentado un gran porcentaje de la superficie terrestre tenga un contenido de humedad con alguna alteración de su rango normal. Este descubrimiento tiene consecuencias e impactos directos pues la cantidad de humedad a la que se encuentran acostumbradas las especies vegetales ha variado significativamente lo que pone en riesgo su supervivencia y la de los ecosistemas donde están ubicadas. Los efectos indirectos de esta situación afectan en gran medida a nuestra propia especie, habida cuenta del sistema económico implantado en general y, en especial, sobre el modelo de alimentación y su producción a nivel mundial por la vinculación con las aguas verdes. Ello puede sugerir que la capacidad del

---

51 WANG-ERLANDSSON, L., TOBIAN, A., VAN DER ENT, R.J. et al. A planetary boundary for green water. *Nat Rev Earth Environ* 3, 380-392 (2022). https://doi.org/10.1038/s43017-022-00287-8

planeta de absorción de agua ha variado como consecuencia de la acción antrópica y, en consecuencia, se produce un cambio sobre el ciclo del agua cuyas implicaciones pueden ser de gran intensidad. Cómo apuntan los científicos en este valioso artículo las consecuencias del cambio climático están afectando a gran escala al resto de límites, la densa capa de permafrost está viéndose afectada y viendo reducida su densidad lo que produce una repercusión sobre la superficie ártica[52].

Hasta la fecha según este gran avance únicamente se centraban sobre el papel del agua azul, dejando en un plano secundario la importancia del agua emitida por la humedad del suelo y su relación existente con los sumideros de carbono de origen natural y así interferir en la regulación atmosférica, lo que puede suponer una amenaza para los sistemas existentes en el planeta. Teniendo en cuenta los datos más recientes en ambas, agua azul como verde (únicamente para las plantas) se superan los valores, se detecta un 18% superior que a principios del SXX para el agua azul y un 16% en la verde, cuando los valores límites se sitúan en 10% y 11% respectivamente[53].

3.8. Nuevas entidades químicas de origen antropogénico

En el año 2022 se ha avanzado mucho en el desarrollo científico que ha permitido incrementar el conocimiento existente sobre algunos de estos límites, como es el caso de las nuevas entidades de contaminación química derivadas de las actividades antrópicas[54]. En 2015, con la actualización realizada por STEFFEN y otros[55], no podían establecer niveles de este límite ni tampoco abordar un paso necesario previo como eran las variables de control por desconocimiento de los impactos de estos contaminantes. Faltaba información para disponer

---

52 Véase nota 46.

53 RICHARDSON *et al.*, Earth beyond six of nine planetary boundaries. *Sci. Adv.* 9, eadh2458(2023). DOI:10.1126/sciadv.adh2458

54 PERSSON, L, et al. Outside the safe operating space of the planetary boundary for novel entities. *Environmental science & technology*, 2022, 56.3: 1510-1521.

55 STEFFEN W, RICHARDSON K, ROCKSTRÖM J, CORNELL SE, FETZER I, BENNETT EM, BIGGS R, CARPENTER SR, DE VRIES W, DE WIT CA, FOLKE C. Planetary boundaries: Guiding human development on a changing planet. science. 2015 Feb 13;347(6223):1259855.

de un marco de referencia comparativo, en este caso se partía de cero y tal como establece esta nueva investigación se realizó un marco distinto al que se estaba aplicando al incorporar datos de producción y la diversidad de productos químicos existentes junto a los efectos y el conocimiento que hasta la fecha se tenía en cuanto a los riesgos y seguridad establecidos, llegando a la conclusión de que los mecanismos para establecer un control efectivo y real resultan casi inexistentes. La gran cantidad de productos generados por la actividad humana ha supuesto un problema para los investigadores pues en quince años se ha aumentado casi un 80 % la producción de plásticos con lo que la capacidad real para el análisis efectivo de los mecanismos de control resultan irrelevantes al no ser significativos y ante ello tal como se sostiene este límite planetario se ha basado en el principio de precaución y, en especial, habida cuenta de la desinformación existente sobre los efectos de ciertos contaminantes químicos.

3.9. Contaminantes por partículas de aerosoles

Los aerosoles se definen como "…una mezcla heterogénea de partículas sólidas y líquidas en un medio gaseoso, cuyo tamaño puede oscilar entre 0.002 µm y 100 µm"[56]. Los efectos e impactos de este tipo de contaminación afecta significativamente a las especies y a los ecosistemas donde están ubicados, al ocasionar graves daños ambientales generadores de incrementar el calentamiento del planeta[57]. Existe, además, un hecho diferenciador y de interés, la diferente afectación a los distintos ecosistemas afectados situados en entornos urbanos de los rurales, pues en zonas de mayor influencia antropogénica existe una mayor probabilidad de generar gases.

Principalmente, la incidencia sería el ciclo hidrogeológico, ya que pueden ser transportados a diferentes lugares de donde han sido producidos al entrar en la atmósfera[58]. Como sostiene ROCKSTRÖM

---

56 HINDS, W. C. *Aerosol technology: properties, behavior, and measurement of airborne particles.* John Wiley & Sons. 1999.

57 BOND, T. C., DOHERTY, et al. Bounding the role of black carbon in the climate system: a scientific assessment. *Journal of Geophysical Research: Atmospheres. 2013.* 118(11):5380-5552.

58 OLMEDA, C. T. Los aerosoles atmosféricos y su influencia en la península ibérica. *Manual formativo de ACTA*, 2008, (48), 9-20.

y otros[59], "la contaminación del aire mata a más de siete millones de personas al año y reduce en tres años la esperanza de vida de todos los humanos" por lo que se trata de un tema que es necesario abordar por cuestiones de salud planetaria[60]. Según los últimos estudios el valor umbral se sitúa en 0.25 y actualmente estamos en 0.14, por lo que estaríamos operando dentro del espacio de seguridad[61].

4. LA PROTECCIÓN DE LA *POSIDONIA OCEANICA* COMO HÁBITAT PRIORITARIO DE ESPECIES

Llegados a este punto, nos centramos en la protección de la biodiversidad marina y, en especial, sobre uno de los hábitats de mayor importancia en el Mediterráneo, la *Posidonia oceanica*. Cómo ya se ha planteado las características de esta fanerógama marina posibilitan que sea una de las mejores aliadas para hacer frente a la situación de emergencia climática que hemos generado. Sin embargo, parece que los instrumentos normativos no han sido tan eficaces como deberían o bien, el alcance a través de la técnica normativa utilizada no ha sido efectiva.

4.1. Un hábitat necesario para el Mediterráneo

En este hábitat podemos encontrar una gran diversidad de comunidades animales marinos, los cuales residen en las mismas por la gran cantidad de alimento que pueden encontrar en estas praderas. En su mayoría especies herbívoras, como el *Paracentrolus lividus*, conocido como el erizo de mar, cuya especie se alimenta de las hojas de esta fanerógama marina o bien *Felimare Villaranca*, una especie de nudibranquios conocidas como babosas marinas. Como hemos mencionado se configura como un ecosistema con una alta biodiversidad, dentro de las cuales podemos encontrar algunas que viven de forma permanente u

---

59 Véase nota 17.

60 BOLAÑO ORTIZ, T.R., PULIAFITO, S.E., ALLENDE, D.G. Evaluación de los aerosoles absorbentes en la reducción del albedo en nieve en la primavera austral de los andes centrales; 27-3-2019.

61 RICHARDSON *et al.*, Earth beyond six of nine planetary boundaries. *Sci. Adv.* 9, eadh2458(2023). DOI:10.1126/sciadv.adh2458

otras que utilizan estas praderas para reproducirse. Otra de las especies que se han encontrado y, en especial debemos atender a la misma por al ser una especie protegida es la Pinna nobilis, conocida como nacra, se trata de una especie de molusco bivalvo que puede alcanzar más de un metro de longitud y que durante los últimos años ha tenido que resistir a diferentes presiones que han estado al borde de extinguir a la especie.

Otras especies situadas en otro nivel trófico también se han detectado, como Syngnathus typhle, conocidos como peces pipa, los cuales presentan una morfología característica: alargados y filiformes que permiten esconderse y pasar inadvertidos con las hojas de la Posidonia frente a otras especies predadoras. Como se ha indicado, se han detectado un gran número de especies migratorias, llegando a alcanzar el 70 % de la fauna de peces detectadas en época estival en las praderas del Mediterráneo. Hay otras especies animales que residen en las hojas de la Posidonia y permiten relaciones ecológicas de gran importancia, como pueden ser Electra posidoniae, un briozoo que forma unas tiras que se pueden detectar sobre las hojas de esta especies y que se asemeja a un color blanquecino (Imagen 1).

Imagen 1. Briozoo Electra posidoniae (Foto: Jordi Regàs, CIB)

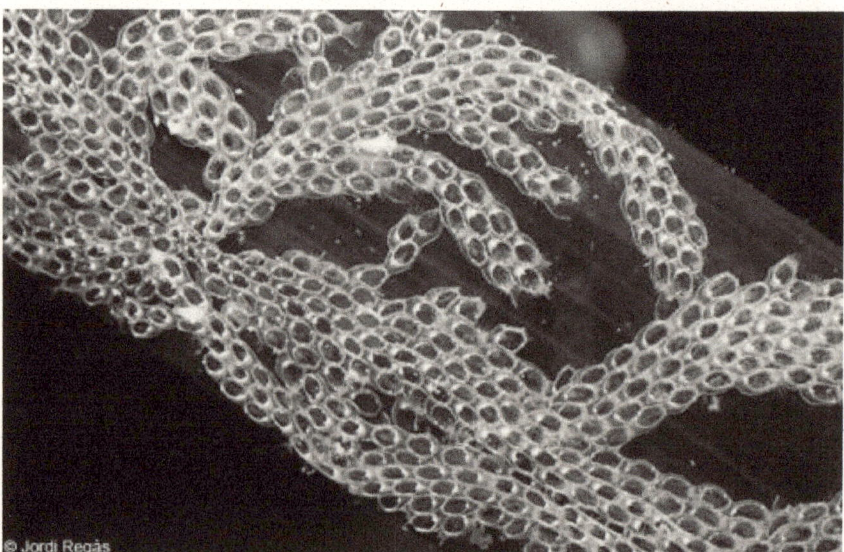

Extraída de https://www.cibsub.cat/bioespecie_es-electra_posidoniae-32898

La complejidad de las especies que habitan en este rico ecosistema propiciado por la *Posidonia oceanica* nos permite evidenciar la necesidad de priorizar su protección con un alcance global y una perspectiva ecosistémica. Las características de las praderas de posidonia posibilitan que sea la gran aliada de la humanidad para hacer frente a la situación de emergencia climática que hemos generado. Permiten liberar hasta 20 litros de oxígeno al día que posibilita realizar una filtración y que permite que se dispongan de la calidad de las aguas cristalinas que podemos encontrar en algunas zonas del Mediterráneo. Asimismo, se erige como mecanismo de protección de la erosión marina de las playas.

Aplicando lo analizado anteriormente desde los límites planetarios, observamos cómo determinados impactos asociados a prácticas detectadas en zonas de ocio y turismo marítimo han puesto de manifiesto que pueden suponer un peligro de deforestación de las praderas de posidonia. A su vez somos testigos de cómo la contaminación del mar producida por diversas fuentes propias produce un exceso de nutrientes que, en algunas ocasiones, si proceden de fertilizantes pueden derivar en procesos de eutrofización. Todo ello ha llevado a la desaparición de casi el 40 % de las praderas marinas de esta fanerógama, desde los años 90.

4.2. La protección y regulación jurídica de un hábitat necesario para la fauna del Mediterráneo

El marco regulado de protección ha variado desde los años noventa, de esta forma, en primer lugar, se observa como fue incluida en el Anexo I de la Convención de Berna[62] como una especie vegetal estrictamente protegida. A su vez encontramos como según la Directiva 92/43/CEE del Consejo, de 21 de mayo de 1992, relativa a la conservación de los hábitats naturales y de la fauna y flora silvestres, conocida como Directiva Hábitats, también incluye a la *Posidonia oceanica* como hábitat prioritario (1120-Posidonion oceanicae), esta-

62 Instrumento de ratificación del Convenio relativo a la conservación de la vida silvestre y del medio natural en Europa, hecho en Berna el 19 de septiembre de 1979. BOE-A-1986-25961 https://www.boe.es/eli/es/ai/1979/09/19/(1)

bleciendo la necesidad y prioridad de protección dentro de la Unión Europea. Siguiendo con esta línea de protección holística, la Unión Europea en el Reglamento CE núm. 1626/94, de Pesca de la Unión Europea para el Mediterráneo, establece la prohibición expresa de las prácticas de pesca de arrastre con un impacto directo sobre las praderas marinas de esta fanerógama.

El ordenamiento jurídico español tras la normativa comunitaria incorpora a través del Real Decreto de 7 de diciembre de 1995[63], la adaptación a la Directiva Hábitat, introduciendo esa importancia y prioridad de conservación mediante ciertas medidas que posibilitan una mejora en la protección del medio marino. El mandato constitucional establece la legislación básica de protección ambiental corresponde en exclusiva al Estado[64], no obstante, las comunidades autónomas pueden dictar y elaborar normas de protección complementarias a las dictadas y en aras de incrementar la eficacia de estos mecanismos. Siguiendo con esa indicación, el Estado reguló mediante la Ley 42/2007, de 13 de diciembre, del Patrimonio Natural y de la Biodiversidad[65] la norma de protección ambiental básica, donde se establece un sistema sancionador para determinadas infracciones relativas a especies protegidas, cómo pueden ser: recoger, cortar, arrancar o destruir intencionadamente plantas, hongos o algas; poseer, vender, comerciar o intercambiar o inclusive con un claro fin de venta o intercambio, importar o exportar ejemplares vivos o muertos, incluyendo propágulos o restos, salvo aquellas controladas por las administraciones y son reguladas reglamentariamente, por los efectos positivos que pueden conllevar[66]. Mediante el Real Decreto 139/2011, de 4 de febrero, para el desarrollo del Listado de Especies Silvestres en Régimen de Protección Especial y del Catálogo

---

63 Real Decreto 1997/1995, de 7 de diciembre, por el que se establecen medidas para contribuir a garantizar la biodiversidad mediante la conservación de los hábitats naturales y de la fauna y flora silvestres. BOE-A-1995-27761 https://www.boe.es/eli/es/rd/1995/12/07/1997

64 Artículo 149.1 23º de la Constitución Española

65 BOE-A-2007-21490 https://www.boe.es/eli/es/l/2007/12/13/42/con

66 MORELLE-HUNGRÍA, E. Análisis jurídico y viabilidad de la protección autonómica de la posidonia oceanica, a través del Decreto 25/2018, de 27 de julio, en las Illes Balears. Medio Ambiente & Derecho: Revista electrónica de derecho ambiental, ISSN-e 1576-3196, Nº. 34, 2019.

Español de Especies Amenazadas, se establece la protección a esta fanerógama marina. Pese a estas normas de protección se observa que el enfoque no se situaba sobre una cuestión trascendental, el carácter holístico que el medio marino precisa en los mecanismos de protección.

El legislador español, consciente de la necesidad de mejorar la protección sobre los ecosistemas marinos mediante instrumentos ecosistémicos que desde la normativa comunitaria[67] se exige, se establece mediante la Ley 41/2010, de 29 de diciembre, de protección del medio marino[68], el primer mecanismo de protección integral de estos ecosistemas. Tal como se mencionó "Con esta norma se dotó de un marco regulador coherente para garantizar el buen estado ambiental del medio marino, aún existiendo en la fecha de su entrada en vigor de normativa sectorial (navegación, puertos, pesca, hidrocarburos, contaminación, biodiversidad, etc), con la implantación del carácter holístico de las estrategias marinas se reforzará la aplicación sectorial en aras de establecer un marco de protección coherente y coordinado para evitar que las actividades antrópicas continúen generando un impacto sobre el medio marino."[69]

Con este panorama normativo y legislativo, algunas comunidades autónomas del arco mediterráneo, como las Illes Balears, articularon otros mecanismos haciendo uso de las competencias atribuidas de protección ambiental y espacios naturales protegidos, siguiendo lo establecido por la propia legislación de protección del medio marino que permite incorporar mecanismos adicionales de incremento de la protección marina (artículo 3). De este modo y siguiendo la trayectoria de una comunidad que ya veinte años atrás había dado protección a esta especie marina de vital importancia para los ecosistemas de los archipiélagos baleares, mediante la Ley 5/2005, de 26 de mayo, para la Conservación de los Espacios de Relevancia Ambiental (LECO), por ejemplo. Las presiones antrópicas, desde el año 2005, han seguido una

---

67 La Directiva 2008/56/CE, estableció el marco de acción comunitaria para la política del medio marino, introduciendo, entre otras, la obligación de los estados de lograr el denominado buen estado ambiental de las aguas marinas europeas, para ello se configuraron las estrategias marinas.

68 BOE-A-2010-20050 https://www.boe.es/eli/es/l/2010/12/29/41

69 Véase nota 48, apartado 2.2.

tendencia al alza de tal forma que la propia comunidad autónoma incrementó el nivel de protección, o al menos esa fue la argumentación, ante la falta de instrumentos como planes de ordenación o planes rectores de uso y gestión que deben incorporarse con una correcta planificación espacial marítima y uso de los recursos marinos, previstos en la normativa comunitaria y ahora en la legislación estatal, elaborando el Decreto 25/2018, de 27 de julio, sobre conservación de la *Posidonia oceanica* en las Illes Balears, que se encarga de abordar, de forma sectorial, algunas actividades que producen un impacto directos sobre la especie, como pueden ser los fondeos de embarcaciones.

4.3. Críticas al modelo de protección implantado

Pese a las buenas intenciones del legislador y del ejecutivo, se observa cómo a raíz de lo analizado en el presente, no se detecta un enfoque en el que se predomine un enfoque holístico. Cómo se ha indicado, la Ley de protección del medio marino vino a plantear este enfoque ecosistémico necesario y que desde las esferas comunitarias venían sugiriendo como esencial en las medidas de protección marina a configurar. Sin embargo, pese a los diferentes órganos de coordinación que existen en la actualidad, se detecta cómo se priorizan mecanismos e instrumentos sectoriales cuya efectividad real puede ser menor a mecanismos de mayor amplitud y de mayor ambición, como podría ser una Ley de protección de la Posidonia a nivel autonómico. Con los límites del planeta donde algunos de ellos ya están superados cuantitativamente, es necesario que las medidas que se elaboren e implementen en el medio marino cuenten con un riguroso análisis empírico a través de estos postulados. Dejar fuera determinados ámbitos de protección de una normativa autonómica carece de sentido cuando el clamor y la evidencia empírica, por ejemplo, nos indica que los vertidos suponen un problema aún mayor que los fondeos de embarcaciones.

5. CONCLUSIONES Y DISCUSIÓN

La evidencia científica debe ser el núcleo central de las medidas de protección que se establezcan pues solo de esta forma se pueden conseguir objetivos eficaces. El conocimiento de los límites planetarios así como los valores umbral y zonas de seguridad definidas por la comunidad científica debe ser tenido en cuenta por parte del legislador y en las políticas públicas de protección medioambiental.

El presente estudio ha pretendido arrojar luz sobre una problemática esencial y detectada en las técnicas legislativas y normativas empleadas al establecer mecanismos e instrumentos jurídicos de protección marina. La desconexión entre la más que demostrada evidencia sobre el daño ecológico generado sobre un hábitat esencial para el Mediterráneo, las praderas de posidonia, y la eficacia de un modelo de protección sectorial que parecía haber quedado en un segundo plano tras la aprobación de la Ley de protección del medio marino hace catorce años. La situación de emergencia climática a la que se enfrenta el planeta ha puesto de manifiesto la necesidad de abordar de forma ambiciosa la protección de los ecosistemas y, en especial, aquellos de gran vulnerabilidad y que a día de hoy se encuentran sometidos a niveles de presión antrópica de gran intensidad, como son los archipiélagos del Mediterráneo.

Los ecosistemas propiciados por la *Posidonia oceanica* poseen un gran valor ecológico y desde una perspectiva ecosistémica se ha reflejado cómo están bajo un nivel de presión que ha puesto en serio y grave peligro a algunas de las especies que residen en el mismo, como pueden ser las nacras y otras especies de fauna marina que se ven amenazadas por el impacto directo hacía el hábitat donde residen. Las administraciones públicas han adoptado mecanismos para hacer frente a esta situación pero, se ha detectado cómo se realiza de forma sectorial y abordando únicamente algunas de las presiones que afectan a estos ecosistemas dejando a un lado otras amenazas y riesgos derivados de otras actividades humanas y que los estudios científicos han manifestado que pueden ser de mayor peligrosidad para la propia especie afectada.

Las amenazas sobre esta especie, que se trata de un bioindicador del estado de la calidad de las aguas del Mediterráneo, deben ser tratadas con ese enfoque holístico y necesario. A la luz de la afección y su conexión con los límites planetarios analizados se observa como cualquier instrumento de mitigación o adaptación debe ser implementado con ese planteamiento ecosistémico pues de lo contrario no será eficaz. El desconocimiento de algunos valores umbral será una cuestión a tener en cuenta en un futuro próximo ya que podrá alterar el ritmo actual de los mecanismos de protección.

6. REFERENCIAS

ACOSTA, S.A. Las principales amenazas que acechan a los océanos. National Geographic España (2022). Consultado el 10 de septiembre de 2022, disponible en https://www.nationalgeographic.com.es/naturaleza/principales-amenazas-que-acechan-a-oceanos_15586

APPELTANS, W., et al. The magnitude of global marine species diversity. *Current biology,* 22.23, (2012) 2189-2202. https://doi.org/10.1016/j.cub.2012.09.036

BENNETT, E.M.; CARPENTER, S.R.; CARACO, N.F. Human impact on erodable phosphorus and eutrophication: a global perspective: increasing accumulation of phosphorus in soil threatens rivers, lakes, and coastal oceans with eutrophication. *BioScience,* 51.3, (2001) 227-234.

BERNAT-GUTIÉRREZ, P. Criminología verde y límites planetarios: el impacto del cambio climático en la criminología. *TFG. Universitat Jaume I.* (2022). http://hdl.handle.net/10234/198232

BOLAÑO ORTIZ, T.R., PULIAFITO, S.E., ALLENDE, D.G. Evaluación de los aerosoles absorbentes en la reducción del albedo en nieve en la primavera austral de los andes centrales; 27-3-2019.

BOND, T. C., DOHERTY, et al. Bounding the role of black carbon in the climate system: a scientific assessment. *Journal of Geophysical Research: Atmospheres.* 118(11), (2013) 5380-5552.

CASSEMIRO, F.AS. Volviendo al futuro: estimando los efectos del cambio climático y la deforestación en ecosistemas acuáticos de la Amazonía. Revista Bioika, ed. 6. Consultado en https://revistabioika.org/assets/multimedia/docs/es/revisiones/opelaez@revistabioika.org/20201005100412-es-lector-escribe-fernanda-cassemiro-revedch-algc.pdf

COGOLLOS BLANCO, M.F. Efectos de la acidificación marina en conchas de bivalvos. *TFG. Pontificá Universidad Javeriana* (2020). http://hdl.handle.net/10554/52417

CRESPO GARAY, C. Así evoluciona la capa de ozono tras 35 años de protección internacional. National Geophrapic, (2020) consultado en https://

www.nationalgeographic.es/medio-ambiente/2020/09/asi-evoluciona-el-agujero-de-la-capa-de-ozono-tras-35-anos-de-proteccion-internacional

DALA-CORTE, R.B., et al. Thresholds of freshwater biodiversity in response to riparian vegetation loss in the Neotropical region. *Journal of Applied Ecology*, 57.7, (2020) 1391-1402.

ENRICH PRAST, A., et al. Cambios Globales e ciclos biogeoquímicos (2018), p. 117. Consultado el 6 de octubre de 2022 en https://www.diva-portal.org/smash/get/diva2:1368257/FULLTEXT01.pdf

FEELY, R.A., DONEY, S.C., COOLEY, S.R. Ocean acidification: present conditions and future changes in a high-CO2 world. *Oceanography*, 22(4), (2009) 36-47.

FOLKE, C. Respetar los límites del planeta y recuperar la conexión con la biosfera. *Worldwatch Institute, The State of the World* (2013).

FOLKE, C.; WORLDWATCH INSTITUTE. Respetar los límites del planeta y recuperar la conexión con la biosfera. *Worldwatch Institute, The State of the World* (2013).

GARCÍA-PABLOS, A. La aportación de la Criminología. *Eguzkilore*, 3, (1989) 79-94.

GARCÍA-PABLOS, A. Manual de Criminología (1989). Madrid: Espasa Calpe.

GUNDERSON, L.H. Ecological Resilience. In theory and application. *Ecology Systematics*, 23, (2000) 167-172. https://doi.org/10.1146/annurev.ecolsys.31.1.425

HERNDON, J.M., R.D. HOISINGTON, AND M. WHITESIDE, Deadly ultraviolet UV-C and UV-B penetration to Earth's surface: Human and environmental health implications. J. Geog. Environ. *Earth Sci. Intn.*, 14(2), (2018) 1-11.

HINDS, W. C. *Aerosol technology: properties, behavior, and measurement of airborne particles.* (John Wiley & Sons, 1999).

LAFFOLEY, D., BAXTER, J.M. Ocean connections. An introduction to rising risks from a warming, changing ocean (Gland, 2018).

LAURENCE, W.F. Have we overstated the tropical biodiversity crisis? T*rends in Ecology and Evolution*, 22, (2006) pp. 62-70. https://doi.org/10.1016/j.tree.2006.09.014

LEE, S, FELDSTEIN, S.B. Detecting ozone-and greenhouse gas-driven wind trends with observational data. *Science*, 339.6119, (2013)563-567. DOI: 10.1126/science.1225154

LEVITUS, S., et al. World Ocean heat content and thermosteric sea level change (0-2000m), 1955-2010. *Geophysical Research Letters*, 39 (10), 2012.

LE QUERE, C. et al. Global carbon budget 2015. *Earth System Science Data,* 7(2), (diciembre de 2015), págs. 349 a 396. https://doi.org/10.5194/essd-7-349-2015

LOVELOCK, J.E.; MARGULIS, L. Atmospheric homeostasis by and for the biosphere: the Gaia hypothesis. *Tellus,* 26(1-2), (1974) 2-10.

MORAL ITUARTE, Leandro del, et al. Crisis del capitalismo global, desarrollo y medio ambiente. *Documents d'Anàlisi Geogràfica,* 59 (1), (2013).

MORELLE-HUNGRÍA, E. La pesca ilegal como actividad delictiva: una aproximación a la problemática española. *Actualidad Jurídica Ambiental,* 74, (2017) 7-32.

MORELLE-HUNGRÍA, E. Análisis jurídico y viabilidad de la protección autonómica de la posidonia oceanica, a través del Decreto 25/2018, de 27 de julio, en las Illes Balears. Medio Ambiente & Derecho: Revista electrónica de derecho ambiental, 34 (2019). ISSN-e 1576-3196.

MORELLE-HUNGRÍA, E. Crimen y cambio climático: una mirada desde la criminología verde. *Quorum: revista de artes, letras e ciencias sociais e xurídicas,* 2, (2019) 11-25.

MORELLE-HUNGRÍA, E. Introducción a los límites planetarios desde la ecocriminología: análisis de la seguridad integral frente al cambio climático. *Boletín Criminológico,* 28, (2022). Recuperado a partir de https://revistas.uma.es/index.php/boletin-criminologico/article/view/16054

MUÑOZ DE MORALES ROMERO, M. Hacia un derecho penal internacional del medio ambiente. Propuesta de una Convención Internacional sobre Ecocidio y Ecocrímenes (2019).

NACIONES UNIDAS. LOVIN, I. El cambio climático amenaza a nuestros océanos. Consultado en https://www.un.org/es/chronicle/article/el-cambio-climatico-amenaza-nuestros-oceanos El 27 de septiembre de 2022.

OANTA, G.A. The application of administrative sanctions in the fight against IUU fishing: An assessment of Spanish practice. *Marine Policy,* 144 (2022) 105211. https://doi.org/10.1016/j.marpol.2022.105211

OLMEDA, C. T. Los aerosoles atmosféricos y su influencia en la península ibérica. *Manual formativo de ACTA,* 48, (2008) 9-20.

PAŞCA PALMER, C. La biodiversidad y los ecosistemas marinos mantienen la salud del planeta y sostienen el bienestar social. Naciones Unidas. consultado en https://www.un.org/es/chronicle/article/la-biodiversidad-y-los-ecosistemas-marinos-mantienen-la-salud-del-planeta-y-sostienen-el-bienestar

PERSSON, L, et al. Outside the safe operating space of the planetary boundary for novel entities. *Environmental science & technology*, 56(3), (2022) 1510-1521.

POTTER, G. "Criminología verde como ecocriminología: El desarrollo de una ciencia social criminológicamente informada". En BRISMAN, A., GOYES, D.R., SOUTH, N., & MOL, H. (Eds.), Introducción a la Criminología Verde: Conceptos para nuevos horizontes y diálogos socioambientales, (Bogota, 2017) 31-55.

ROCKSTRÖM, J., STEFFEN, W., NOONE, K., PERSSON, Å., CHAPIN, F. S., LAMBIN, E. F.,… & FOLEY, J. A. A safe operating space for humanity. *nature, 461*(7263), (2009) 472-475.

SANZ MULAS, N. Suicidio ecológico e impunidad. La urgencia de una justicia penal efectiva frente al desastre. Revista electrónica de ciencia penal y criminología, 24(15), (2022).

SELIG, E.R.; NAKAYAMA, S.; WABNITZ, C.C.C.; ÖSTERBLOM, H.; SPIJKERS, J.; MILLER, N.A.; BEBBINGTON, J.; DECKER SPARKS, J.L. Revealing global risks of labor abuse and illegal, unreported, and unregulated fishing. *Nat Commun* 13, (2022) 1612. https://doi.org/10.1038/s41467-022-28916-2

STEFFEN W, RICHARDSON K, ROCKSTRÖM J, CORNELL SE, FETZER I, BENNETT EM, BIGGS R, CARPENTER SR, DE VRIES W, DE WIT CA, FOLKE C. Planetary boundaries: Guiding human development on a changing planet. science. Feb 13; 347(6223), 2016)1259855.

SON, S.W., et al. The impact of stratospheric ozone recovery on the Southern Hemisphere westerly jet. *Science,* 320(588), (2008)1486-1489. DOI: 10.1126/science.1155939

SOUTH, N. A Green Field for Criminology?: A proposal for a perspective. *Theoretical Criminology,* 2 (2), (1998) 211-233.

TELLERÍA, J.L. Pérdida de biodiversidad. Causas y consecuencias de la desaparición de las especies. Memorias de la Real Sociedad Española de Historia Natural, 10, (2013) 13-25.

VALEIJE-ÁLVAREZ, I. The prosecution of fisheries crime in Spanish criminal law: The impact of European Union regulations. *Marine Policy,*147, (2023) 105327. https://doi.org/10.1016/j.marpol.2022.105327

WANG-ERLANDSSON, L., TOBIAN, A., VAN DER ENT, R.J. et al. A planetary boundary for green water. *Nat Rev Earth Environ* 3, (2022) 380-392. https://doi.org/10.1038/s43017-022-00287-8

WHITE, R. *Environmental harm: an eco-justice perspective* (Bristol, 2013).

La protección de la biodiversidad marina como barrera legítima al comercio internacional

Protection of marine biodiversity as a legitimate barrier to international trade

IZABEL RIGO PORTOCARRERO
Universidad Internacional de la Rioja (UNIR)
Derecho, Facultad de Ciencias Sociales y Humanidades
izabel.portocarrero@unir.net
ORCID: 0000-0002-2267-9902
Doctora en Derecho por la Universidad de Salamanca
Coordinadora del Máster Universitario en Derecho Ambiental y docente en UNIR

Resumen: La Organización Mundial del Comercio sentó una sólida base jurídica para el sistema multilateral de comercio, con la suscripción obligatoria de acuerdos internacionales y el establecimiento de un mecanismo vinculante de resolución de controversias. Las diferencias relacionadas con los impactos negativos generados por el comercio internacional al medioambiente han sido decididas con base en la interpretación de las restricciones comerciales previstas en el artículo XX, apartados b) y g) del Acuerdo General sobre Aranceles Aduaneros y Comercio de 1994, que reconocen el necesario equilibrio entre el libre comercio y la potestad de los países miembros de proteger su ecosistema. Estas disposiciones invitan al Órgano de Solución de Controversias a deliberar acerca del alcance de los términos que abarcan. A partir del método analítico-sintético, se analizará la evolución de las decisiones adoptadas por esta institución a lo largo de los últimos años para permitir la inclusión de la protección de la biodiversidad marina como barrera legítima al libre comercio internacional.

Descriptores: Organización Mundial Del Comercio; Acuerdo General sobre Aranceles Aduaneros y Comercio; Órgano de Solución de Controversias; barreras legítimas al libre comercio internacional; protección de la biodiversidad marina.

Summary: The World Trade Organization laid down a solid legal foundation for the multilateral trading system, with the mandatory signing of international agreements and the establishment of a binding dispute resolution mechanism. The disputes related to the negative impacts from international trade on the environment have been decided based on the interpretation of the trade restrictions provided in Article XX, sections b) and g) of the General Agreement on Tariffs and Trade of 1994, which recognize the necessary balance between free trade and the power of member countries to protect their ecosystem. These provisions invite the Dispute Settlement Body to deliberate on the scope of the terms they cover. Based on the analytical-synthetic method, the evolution of the decisions adopted by this institution over the last years to allow the inclusion of the protection of marine biodiversity as a legitimate barrier to international free trade will be analyzed.

Descriptors: World Trade Organization; General Agreement on Tariffs and Trade; Dispute Settlement Body; legitimate barriers to free international trade; protection of marine biodiversity.

1. INTRODUCCIÓN

La Organización Mundial del Comercio (OMC) es un organismo multilateral que tiene como base acuerdos multilaterales orientados a reducir barreras y aumentar la previsibilidad y estabilidad del sistema mundial de comercio[1]. Su origen remonta a la evolución del Acuerdo General sobre Aranceles Aduaneros y Comercio de 1947, más conocido por sus siglas en inglés como GATT de 1947 (General Agreement on Tariffs and Trade), que en 1994 incorporó las modificaciones introducidas por el Acuerdo de Marrakech, pasando a llamarse GATT de 1994[2] (en adelante GATT).

Es importante señalar que las funciones de la OMC no se limitan a facilitar el comercio internacional, ya que existen sectores que, aunque no se encuentren directamente relacionados con el intercambio de bienes y servicios, se vinculan a este de manera significativa, como es el caso del desarrollo sostenible. Esta relación es aún más evidente en un contexto de emergencia climática y ambiental. Por ello, el conjunto de normas de la OMC busca ajustarse a las políticas y medidas de sus miembros destinadas a reconciliar el bienestar económico, la

---

1 DE SOUZA, R. R., SCHAEFFER, R., y MEIRA, I. (2011). Can new legislation in importing countries represent new barriers to the development of an international ethanol market? Energy Policy, 39(6), 3154-3162.

2 PORTOCARRERO, I. R. (2021). Medioambiente y comercio internacional: los biocarburantes en la Unión Europea. Confluências: Revista Interdisciplinar de Sociologia e Direito, 23 (2), 246-267.

naturaleza y la sociedad, evitando comprometer el equilibrio de los ecosistemas[3].

En la práctica, el ámbito de aplicación de los acuerdos se basa en la interpretación que se hace de los conflictos comerciales en el ámbito del Sistema de Solución de Controversias (SSD), que cumple con el Entendimiento sobre Solución de Diferencias previsto en el anexo II del Acuerdo de Marrakech. Según Burgos Silva (2011, p. 159-160), los objetivos fundamentales de este sistema son tres: i) ofrecer seguridad y previsibilidad al sistema multilateral de comercio; ii) preservar los derechos y obligaciones de los países miembros; y iii) aclarar las disposiciones vigentes de los acuerdos de conformidad con las normas del Derecho Internacional Público.

Los conflictos se traducen en "diferencias", que se inician a partir de una solicitud de celebración de consultas donde el Estado requirente presenta el caso y expone sus objeciones a las medidas comerciales adoptadas por el demandado. Las consultas se mantienen durante sesenta días, para que las partes puedan negociar una solución mutuamente satisfactoria frente al asunto. En el caso de que no se pueda alcanzar un acuerdo, el reclamante puede solicitar un procedimiento contencioso formal, que se inicia con el establecimiento de un panel de expertos en la materia[4].

Esta etapa contenciosa formal se lleva a cabo dentro del Órgano de Solución de Diferencias, que tiene la potestad de constituir el referido panel de expertos para el examen de la diferencia, denominado Grupo Especial. Los dictámenes del panel se estructuran a partir de la interpretación de los compromisos contraídos en los acuerdos de la OMC por cada país, y se publican en un informe.

Cabe la posibilidad de solicitar una revisión del dictamen del panel de expertos a un Órgano de Apelación, fundamentada en cuestiones de derecho, que puede resultar en la confirmación, modificación o revocación de las constataciones del Grupo Especial. El referido

---

3 GÓMEZ, L. H. B. (2009). Armonizar entre libre comercio y protección al medio ambiente. Contexto: Revista de Derecho y Economía, 27 (1), 75-82.

4 GUIÑAZÚ, M. P. (2015). Solución de diferencias en el marco de la OMC. Canadá y Australia y la controversia del salmón. Ratio Iuris. Revista de Derecho Privado, 3(1), 161-177.

órgano es una entidad permanente de juristas creada para garantizar que las decisiones tengan una mayor congruencia. Por una parte, cuando estas decisiones benefician al demandado, el asunto llega a su fin. Por otra, en el caso de que beneficien al reclamante, la diferencia puede avanzar a la etapa de aplicación.

Las decisiones del Órgano de Solución de Diferencias son fundamentales para definir la relación entre el desarrollo sostenible y el comercio internacional. En el presente capítulo, se analizarán las excepciones al libre comercio previstas en el artículo XX del GATT potencialmente relacionadas con la protección de la biodiversidad marina, y los precedentes jurisprudenciales producidos a partir de las mismas. El objetivo es descubrir si esta disposición ofrece, de modo efectivo, un marco para ventilar el conflicto entre la protección de la vida no humana y el libre comercio.

2. EXCEPCIONES GENERALES AL LIBRE COMERCIO

Para entender las implicaciones del artículo XX del GATT, es importante conocer su interpretación en diferentes momentos de la OMC. El Acuerdo General se concibió como una herramienta para facilitar el comercio, de modo que las preocupaciones ambientales no formaban parte de la génesis del texto actual. Conceptos como medio ambiente, naturaleza, desarrollo sostenible o peligro de extinción estaban muy lejos de las aspiraciones de los negociadores del GATT de 1947. Por el contrario, estas se concentraban en la liberalización de los mercados para superar la crisis generada por la Segunda Guerra Mundial[5].

Sin embargo, a partir de 1994, con el Acuerdo de Marrakech, se incluyeron importantes cambios en el GATT de 1947, dejando entrever al desarrollo sostenible como uno de los objetivos de la OMC[6].

---

5 Organización Mundial del Comercio. Historia del sistema multilateral de comercio. Página web: https://www.wto.org/spanish/thewto_s/history_s/history_s.htm

6 CHARNOVITZ, S. (2007). The WTO's environmental progress. Journal of International Economic Law, 10 (3), 685-706.

Los referidos cambios se relacionan sobre todo con las excepciones a la libre circulación de servicios y mercancías previstas en los apartados del artículo XX. En concreto, las excepciones que posibilitan la protección de la biodiversidad marina están presentes en los apartados b) y g), que incluyen las siguientes medidas:

> Artículo XX: Excepciones generales
> A reserva de que no se apliquen las medidas enumeradas a continuación en forma que constituya un medio de discriminación arbitrario o injustificable entre los países en que prevalezcan las mismas condiciones, o una restricción encubierta al comercio internacional, ninguna disposición del presente Acuerdo será interpretada en el sentido de impedir que toda parte contratante adopte o aplique las medidas:
> b) necesarias para proteger la salud y la vida de las personas y de los animales o para preservar los vegetales;
> g) relativas a la conservación de los recursos naturales agotables, a condición de que tales medidas se apliquen conjuntamente con restricciones a la producción o al consumo nacionales.

Cómo se puede observar, por medio de esta disposición normativa se autoriza los miembros de la OMC a adoptar medidas de protección de la biodiversidad como una excepción a otras obligaciones sustantivas relacionadas con el libre comercio. Sin embargo, los interesados deben probar los distintos elementos previstos en la redacción de los apartados, lo que incluye demostrar que una medida es "necesaria" para proteger la salud y la vida de los animales y preservar a los vegetales, o es "relativa a" la conservación de los recursos naturales agotables[7]. Además, la medida debe satisfacer los requisitos del preámbulo del artículo XX, es decir, no aplicarse "en forma que constituya un medio de discriminación arbitrario o injustificable entre los países en que prevalezcan las mismas condiciones, o una restricción encubierta al comercio internacional".

Como resultado, el equilibrio entre el desarrollo sostenible y el libre comercio se vincula a la interpretación de estos términos por parte del OSD. Pese a que, como acontece en otras jurisdicciones

---

7 BERNASCONI-OSTERWALDER, N. (2006). Democratizing international dispute settlement: the case of trade and investment disputes. Center for International Environmental Law. Documento presentado en la sexta Conferencia Internacional de las Democracias Nuevas o Restauradas, Doha.

internacionales, el efecto del "stare decisis" no opera en el sistema de la OMC —de modo que los informes adoptados no son jurídicamente vinculantes excepto para las partes en el litigio concreto—, sus resoluciones proporcionan orientaciones interpretativas que deben tenerse en cuenta cuando sean pertinentes para una controversia.

En el referido contexto, en algunas ocasiones se han analizado asuntos relacionados con la protección de la biodiversidad marina, en las que se observa que el enfoque aplicado ha ido evolucionando con el tiempo. El orden cronológico de las diferencias en las que se ha profundizado esta temática es el que se muestra en la tabla.

Tabla. Historial de las diferencias relacionadas con la sostenibilidad en el medio marino

Año	Diferencia	Título abreviado
1982	Estados Unidos-prohibición de las importaciones de atún y productos de atún procedentes del Canadá	Estados Unidos-Atún Canadá
1988	Canadá-Medidas que afectan a las exportaciones de arenque y salmón sin elaborar	Canadá-Arenque y Salmón
1991	Estados Unidos-Restricciones a la importación de atún	Estados Unidos-Atún/Delfines México
1994	Estados Unidos-Restricciones a la importación de atún	Estados Unidos-Atún/Delfines CEE
1998	Estados Unidos-Prohibición de importar ciertos camarones y sus productos	Estados Unidos-Camarones
2008	Estados Unidos-Medidas relativas a la importación, comercialización y venta de atún y productos de atún	Estados Unidos-Atún II
2009	Comunidades Europeas-Medidas que prohíben la importación y comercialización de productos derivados de las focas	CE-Productos derivados de las focas

Fuente: Elaboración propia

Según lo que vamos a exponer en los siguientes apartados, los precedentes del OSD evolucionaron para permitir una inclusión progresiva de los temas relacionados con la protección de la biodiversidad marina como excepción al libre comercio. A tal efecto, en las diferencias anteriores al establecimiento de la OMC, como "Canadá-Arenque y Salmón" (1988), "Estados Unidos-Atún/Delfines México" y "Estados Unidos-Atún CEE" (1991 y 1994), se adoptó una postura más conservadora y poco efectiva en términos de permitir a los Estados imponer medidas que limitan el libre comercio. Sin embargo, esta posición se modificó sustancialmente tras el establecimiento de la OMC en 1994, con la vigencia del Acuerdo de Marrakech.

3. PROTECCIÓN DE LA BIODIVERSIDAD MARINA

La excepción prevista en el artículo XX, b) del GATT autoriza a los países miembros a adoptar medidas necesarias para proteger la salud y la vida de los animales y vegetales. De acuerdo con la redacción de este apartado, para satisfacer los requisitos establecidos es esencial que estas medidas no sólo se "destinen" a proteger la vida y la salud, sino que también sean "necesarias" para llevar a cabo el objetivo propuesto. En este acápite analizaremos las diferencias que tienen especial relevancia en la interpretación de este precepto.

3.1. Estados Unidos-Atún/Delfines México

En el asunto Estados Unidos-Atún/Delfines México[8], la cuestión central se relaciona con la posibilidad de que los miembros puedan imponer el cumplimiento de las medidas de protección al medio ambiente que promulguen. El caso trata de la protección de mamíferos marinos de las aguas orientales de la zona tropical del Océano Pacífico, en la que es frecuente que, por debajo de los grupos de delfines que nadan en la superficie del mar, se desplacen bancos de atún aleta amarilla. Ocurre que, cuando el atún se pesca con redes de cerco, los delfines quedan atrapados y pueden morir si no son liberados.

A tal efecto, la Ley estadounidense de Protección de los Mamíferos Marinos establece medidas de protección de los delfines que se deben cumplir tanto por su flota como por los demás barcos que pesquen en esa parte del Océano Pacífico. De este modo, los Esta-

---

8 Diferencia 4. México y otros países contra los Estados Unidos: "atún-delfines". Página web: https://www.wto.org/spanish/tratop_s/envir_s/edis04_s.htm (Última consulta: 2 de noviembre de 2022).

dos que exportan atún a los Estados Unidos deben demostrar a las autoridades de este país que han cumplido las referidas normas de protección, para que la importación no sufra un embargo. En esta diferencia, México era el país exportador en cuestión y, tras tener sus exportaciones prohibidas, recurrió en 1991 al SSD.

En esta ocasión, el Grupo Especial estableció que para aplicar una medida invocando la excepción del apartado b) del artículo XX, se deben tener en cuenta, en primer lugar, los requisitos del preámbulo del artículo XX, en el sentido de que: "primero, la medida no debe discriminar arbitraria o injustificadamente entre países donde las mismas condiciones prevalecen. Segundo, la medida no debe ser una restricción disfrazada del comercio"[9]. Se trata de la aplicación del Principio de no discriminación, elemento esencial del sistema multilateral de comercio destinado a eliminar imposiciones unilaterales en las relaciones comerciales.

Este principio se refleja en dos importantes obligaciones, que son la obligación de Trato de la Nación más Favorecida y la obligación de Trato Nacional, presentes en los artículos I y III del GATT, respectivamente. Por una parte, la obligación de Trato de la Nación Más Favorecida, expresada en el artículo I.1[10], impide que los miembros discriminen entre sus interlocutores comerciales. Por lo tanto, al otorgase una ventaja especial a un país, esta se debe otorgar también, de manera inmediata e incondicional, a los demás miembros de la

---

9 NISSEN, J. L. (1996). Achieving a balance between trade and the environment: the need to amend the WTO/GATT to include multilateral environmental agreements. Law & Pol'y Int'l Bus., 28(1), 901.

10 GATT. Artículo I. Trato general de la nación más favorecida. 1.Con respecto a los derechos de aduana y cargas de cualquier clase impuestos a las importaciones o a las exportaciones, o en relación con ellas, o que graven las transferencias internacionales de fondos efectuadas en concepto de pago de importaciones o exportaciones, con respecto a los métodos de exacción de tales derechos y cargas, con respecto a todos los reglamentos y formalidades relativos a las importaciones y exportaciones, y con respecto a todas las cuestiones a que se refieren los párrafo 2 y 4 del artículo III, cualquier ventaja, favor, privilegio o inmunidad concedido por una parte contratante a un producto originario de otro país o destinado a él, será concedido inmediata e incondicionalmente a todo producto similar originario de los territorios de todas las demás partes contratantes o a ellos destinado.

OMC[11]. La finalidad es evitar las distorsiones al comercio provocadas por políticas basadas en el poder económico o político de los países miembros[12].

Por otra parte, la obligación de Trato Nacional se relaciona con el tratamiento que se debe otorgar a los productos una vez dentro del territorio del Miembro. Es decir, esta obligación prohíbe privilegiar a los productos nacionales respecto de los importados. Su propósito es cohibir el proteccionismo del mercado interno y encuentra previsión en los apartados 1 y 4 del artículo III del GATT[13]. En esencia, la obligación compele a los miembros a conceder a los productos extranjeros el mismo tratamiento concedido a los productos nacionales similares. En tal contexto, según la interpretación del Grupo Especial en Estados Unidos-Atún/Delfines México (párrafo 1.1):

> El artículo III invita a una comparación del tratamiento del atún importado como producto con el tratamiento del atún domestico como producto. Las regulaciones que gobiernan la captura incidental de delfines no podrían afectar el atún como producto, por lo tanto, el artículo III obliga a los Estados Unidos a dar al atún mexicano un tratamiento no menos favorable que aquel dado al atún de los Estados

---

11 PORTOCARRERO, I. R. (2017). La política europea de biocarburantes y la industria brasileña de etanol. 2017. Tesis Doctoral. Repositório documental Gredos. Universidad de Salamanca.

12 LEE, D. (2019). Understanding the WTO dispute settlement process. Trade politics. Routledge, 2019. p. 120-132.

13 GATT. Artículo III. Trato nacional en materia de tributación y de reglamentación interiores. 1. Las partes contratantes reconocen que los impuestos y otras cargas interiores, así como las leyes, reglamentos y prescripciones que afecten a la venta, la oferta para la venta, la compra, el transporte, la distribución o el uso de productos en el mercado interior y las reglamentaciones cuantitativas interiores que prescriban la mezcla, la transformación o el uso de ciertos productos en cantidades o en proporciones determinadas, no deberían aplicarse a los productos importados o nacionales de manera que se proteja la producción nacional; 4. Los productos del territorio de toda parte contratante importados en el territorio de cualquier otra parte contratante no deberán recibir un trato menos favorable que el concedido a los productos similares de origen nacional, en lo concerniente a cualquier ley, reglamento o prescripción que afecte a la venta, la oferta para la venta, la compra, el transporte, la distribución y el uso de estos productos en el mercado interior. Las disposiciones de este párrafo no impedirán la aplicación de tarifas diferentes en los transportes interiores, basadas exclusivamente en la utilización económica de los medios de transporte y no en el origen del producto.

Unidos, aun a pesar de que la captura incidental de delfines por parte de las redes mexicanas no corresponda a aquella llevada a cabo por las redes estadounidenses.

De acuerdo con GÓMEZ[14], la decisión en este asunto reforzó la idea de que no se debe discriminar los productos finales con base en la forma como han sido producidos, siempre que los productos sean idénticos o similares. Ello implica que los miembros interesados en proteger la biodiversidad deben evitar el camino de las prohibiciones unilaterales, porque esta conducta representaría una violación al principio de no discriminación.

En 1994, las entonces Comunidades Europeas iniciaron una diferencia contra la misma medida, alegando que se estaba produciendo un embargo en los países que compraban atún o productos derivados del atún a México, así como a otros países que no cumplían con los requerimientos estadounidenses. Esta queja dio lugar a la diferencia Estados Unidos-Atún/Delfines CEE[15], en la que un segundo panel de expertos llegó a la misma conclusión del primero, en el sentido de que la aplicación del embargo al atún mexicano o a sus productos derivados incumplía el artículo III del GATT y no se ajustaba al preámbulo del artículo XX.

Es importante señalar que el informe de ambos asuntos ha sido duramente criticado, debido a haber dejado la cuestión de las muertes de los delfines sin respuesta, porque no se analizó la adecuación de la medida al apartado b) del artículo XX, obviándose el necesario equilibrio entre el comercio y el desarrollo sostenible. Se observa, por lo tanto, que el análisis practicado al artículo XX del GATT antes del establecimiento de la OMC "no proveía una forma simple y clara para resolver los conflictos entre la protección al medio ambiente y el libre comercio"[16].

Como respuesta a las decisiones de Estados Unidos-Atún/Delfines CEE, los Estados Unidos se dispusieron a adaptar las medidas con el es-

---

14 GÓMEZ, L. H. B. *Op. Cit.*

15 Diferencia 5. La Unión Europea contra los Estados Unidos: por segunda vez el caso "atún-delfines".

16 BIRNIE, P., BOYLE, A., y REDGWELL, C. (2004). International law and the Environment. Oxford University Press, New Delhi, 798.

tablecimiento de condiciones para el uso de una etiqueta, denominada "dolphin safe", en los productos de atún. Los miembros interesados deberían presentar pruebas documentales, que podrían variar según la zona y el método de pesca por el que se capturase el atún, para obtener la etiqueta. En 2008, en la diferencia Estados Unidos-Atún II[17], México volvió a alegar que estas medidas eran discriminatorias e innecesarias. No obstante, teniendo en cuenta que la diferencia se interpretó, en esta ocasión, con base en la excepción del apartado g) del artículo XX, la analizaremos en el siguiente acápite.

De todos modos, si volvemos a los asuntos Estados Unidos-Atún/Delfines México y Estados Unidos-Atún/Delfines CEE, es importante recordar que el SSD entonces carecía del soporte institucional ofrecido tras creación de la OMC. El análisis del historial de decisiones del OSD refleja que el apartado b) ha dado cabida a políticas orientadas tanto a proteger la salud de las personas como la de los animales. Este es el caso de la diferencia "Brasil-Neumáticos recauchutados", de 2005, en la que se analizan cuestiones relacionadas tanto con impactos negativos sobre la salud y la vida de las personas como de los animales y vegetales. Pese a que no tenga relación directa con la protección de la biodiversidad marina, debido a la relevancia del caso para entender la evolución de la interpretación de la excepción del artículo XX, b) del GATT, la abordaremos de manera breve en el siguiente apartado.

3.2. Brasil-Neumáticos recauchutados

En Brasil-Neumáticos recauchutados[18], en 2005 la Unión Europea solicitó la celebración de consultas con Brasil respecto de la imposición de medidas que afectaban a las exportaciones de neumáticos recauchutados procedentes de sus Estados. La Portaria n.º 14 de la Secretaría de Comercio Exterior del Ministerio de Desarrollo, Industria y Comercio Exterior del Brasil, de fecha 17 de noviembre de 2004,

---

17 WT/DS381/R. Estados Unidos-medidas relativas a la importación, comercialización y venta de atún y productos de atún. Informe del Grupo Especial. 15 de septiembre de 2011.

18 DS332: Brasil-Medidas que afectan a las importaciones de neumáticos recauchutados.

prohibía la importación de estas llantas de segunda mano, excepto para neumáticos procedentes de los países del MERCOSUR.

El Grupo Especial constató que el objetivo de la prohibición consistía en la reducción de la exposición a los riesgos para la salud derivados de la acumulación de neumáticos de desecho. En esta ocasión, reconoció la prohibición de las importaciones de neumáticos recauchutados en interés de la protección de la biodiversidad en un sentido amplio, incluidos los seres humanos, animales y vegetales. Sin embargo, entendió que discriminaba entre países en que prevalecían las mismas condiciones, debido a la excepción abierta a los miembros del MERCOSUR, por lo que no cumplía con lo que determina el Preámbulo del artículo XX (párrafo 7.356)[19].

De todos modos, pese a que la diferencia no resultase favorable a Brasil, en la coyuntura el panel de expertos reconoció que "pocos intereses son más 'vitales' e 'importantes' que la protección de los seres humanos frente a riesgos sanitarios" (párrafo 7.108)[20]. Para llegar a esta conclusión, el panel de expertos observó que el término "necesarias" había sido interpretado en otras ocasiones por el Órgano de Apelación que, aunque no involucrasen el apartado b), se vinculaban al apartado d) del GATT. La referida interpretación indicaba que la "necesidad" de una medida debe determinarse mediante un proceso en el que se sopesan y confrontan tres factores: i) la importancia relativa de los intereses o valores que la medida impugnada tiene por objeto proteger; ii) la contribución de la medida a la realización de los fines por ella perseguidos; y iii) los efectos restrictivos de la medida en el comercio internacional (párrafo 7.104).

De manera complementaria, una vez analizados estos factores, se estableció que también se debería realizar una comparación entre la medida en litigio y posibles alternativas a la misma. Es decir, es necesario determinar si el Miembro interesado tendría razonablemente a su alcance otra medida posible que fuera compatible con los acuerdos de la OMC. Ello implica que la necesidad de la medida tiene que

---

19 WT/DS332/R. BRASIL-MEDIDAS QUE AFECTAN A LAS IMPORTACIONES DE NEUMÁTICOS RECAUCHUTADOS. Informe del Grupo Especial. 12 de junio de 2007.

20 WT/DS332/R. *Op. Cit.*

“confirmarse” comparando la medida con otras alternativas, a la luz de la importancia de los intereses o valores en juego (párrafo 7.104).

Es interesante observar que, al analizar esta diferencia, el Grupo Especial reconoce que, además de la vida y salud de los seres humanos, el objetivo perseguido por la medida brasileña “es también la protección de la vida y la salud de los animales y la preservación de los vegetales”, con base en riesgos cómo la exposición de animales y vegetales a emisiones tóxicas causadas por incendios de neumáticos, y la transmisión a animales de una enfermedad transmitida por mosquitos, como el dengue (par. 7.112). Se realiza, por lo tanto, una extensión de la interpretación de los potenciales impactos que la medida intenta evitar también a formas de vida no humanas.

La gran innovación de esta diferencia en relación con las analizadas en el acápite anterior consiste en que, en sede de apelación, el Órgano de Apelación determinó que “el análisis de una medida en el marco del artículo XX del GATT es doble. En primer lugar, el grupo especial debe examinar si la medida corresponde al menos a una de las 10 excepciones enunciadas en el artículo XX. En segundo lugar, debe analizarse la cuestión de si la medida en litigio cumple los requisitos del preámbulo del artículo XX” (párrafo 139)[21]. Este nuevo orden implica un necesario análisis en el OSD de la justificación, aunque provisional, de la medida impuesta como excepción al libre comercio.

El fallo del Órgano de Apelación representa una gran conquista para los promotores de políticas públicas que buscan proteger valores relacionados con la biodiversidad, siempre que las medidas sean aplicadas de una manera menos restrictiva al comercio[22]. Se transmitió un claro mensaje de que los miembros pueden crear medidas generales, de conformidad con el artículo XX, apartado b) del GATT, que legítimamente protejan valores ambientales.

---

21 WT/DS332/AB/R. Brasil-Medidas que afectan a las importaciones de neumáticos recauchutados (Brasil-Neumáticos recauchutados). Informe del Órgano de Apelación. 3 de diciembre de 2007.

22 ACOSTA, Y. (2011). Comentario sobre Brasil—Neumáticos Recauchutados, Informe del Órgano de Apelación. Revista de Derecho Económico Internacional, 1(2), 57-68.

3.3. CE-Productos derivados de las focas

La diferencia CE-Productos derivados de las focas[23] concierne al Reglamento (CE) N.° 1007/2009 del Parlamento Europeo y del Consejo de las CE, de 16 de septiembre de 2009, que prohíbe con carácter general la importación y comercialización de productos derivados de las focas, con el objetivo de cohibir la matanza por métodos crueles. El régimen prevé excepciones a la prohibición cuando determinadas condiciones se satisfacen, entre las que se encuentran las aplicadas a los productos derivados de las focas procedentes de la caza practicada por comunidades indígenas y la efectuada con fines de gestión de los recursos marinos.

Para justificar esta prohibición, la Unión Europea afirma que:

> Debido a la naturaleza "intrínsecamente" cruel de la caza, especialmente la caza con fines comerciales, la presencia en el mercado de productos derivados de las focas repele ética y moralmente a los ciudadanos europeos, de modo que la única forma efectiva de atender a las preocupaciones de moral pública es mediante una prohibición general, como la diseñada en la actual medida (párrafo 7.4[24]).

En este caso, la medida se justificaría por la excepción prevista en el apartado a) del artículo XX del GATT, según el cual los miembros pueden aplicar medidas "necesarias para proteger la moral pública". La referida excepción autoriza los países a definir y aplicar políticas orientadas a proteger la moral pública, además de poder determinar el nivel de protección que consideran adecuado conforme a sus propios sistemas y escalas de valores.

De modo adicional, la Unión Europea argumenta que su régimen de protección, en la medida en que también reduce el número de focas a que se mata, estaría igualmente comprendido en el ámbito del apartado b) del artículo XX. Sin embargo, el Grupo Especial entendió que la Unión Europea no había logrado demostrar "que la

---

23 DS400: Comunidades Europeas-Medidas que prohíben la importación y comercialización de productos derivados de las focas.

24 WT/DS400/R. Comunidades Europeas-medidas que prohíben la importación y comercialización de productos derivados de las focas. Informes del Grupo Especial. 25 de noviembre de 2013.

protección del bienestar de las focas en sí misma fuera el objetivo de su régimen para las focas". De acuerdo con el informe:

> Sobre la base del examen de la medida en litigio, así como de otras pruebas que nos han sido sometidas, hemos determinado que el objetivo de dicho régimen es atender a las preocupaciones de moral pública de la UE relativas al bienestar de las focas. También hemos constatado que este objetivo está comprendido en el ámbito del objetivo de política que se rige por el apartado a) del artículo XX. En estas circunstancias, y teniendo en cuenta el alcance limitado de los argumentos formulados por la Unión Europea en el marco del apartado b) del artículo XX, consideramos que la Unión Europea no ha acreditado prima facie su alegación al amparo de dicha disposición (párrafo 7.640[25]).

En relación con la protección de la moral pública, el panel considera demostrado que "la prohibición contribuye al objetivo de la Unión Europea al reducir, en cierta medida, la demanda mundial de productos derivados de las focas y al ayudar a los ciudadanos de la UE a evitar la exposición a los productos derivados de las focas" (párrafo 7.637[26]), por lo que podría considerarse necesaria en el sentido del apartado a). No obstante, debido a la falta de imparcialidad en el diseño y la aplicación de las excepciones al régimen, los expertos consideran que la medida no satisface las prescripciones del preámbulo del artículo XX, al tratarse de la imposición de una prescripción única, rígida e inflexible[27].

La Unión Europea apela de esta decisión, y el Órgano de Apelación, al confirmar la constatación del Grupo Especial de que el régimen de la Unión Europea para las focas se considera provisionalmente necesario en el sentido del apartado a) del artículo XX del GATT, entiende que no sería necesario abordar la apelación con respecto al apartado b) del artículo XX. De este modo, en la misma línea de lo decidido por el panel de expertos, concluye que la Unión Europea no había demostrado que el régimen para las focas cumpliera las prescripciones de la cláusula introductoria del referido artículo.

---

25 WT/DS400/R. *Op. Cit.*

26 WT/DS400/R. *Op. Cit.*

27 PÉREZ, J. M. (2012). Restricciones comerciales por razones éticas: la prohibición de la Unión Europea a la importación de productos derivados de las focas. Revista Española de Derecho Europeo, (42), 25-48.

Al analizar esta diferencia, RIERA[28] advierte que esta diferencia es importante porque, por primera vez, se ha reconocido en la OMC que una medida que trata de salvaguardar la vida animal a partir de consideraciones morales es "necesaria", y podría justificar provisionalmente una restricción comercial en base a la preocupación de los seres humanos con la protección de la biodiversidad.

Las decisiones de esta diferencia han sido objeto de muchas críticas, centradas, en primer lugar, en la visión estrictamente antropocéntrica de la protección del medioambiente, en la que su valor se mide en tanto su utilidad para los seres humanos. Teniendo en cuenta que existen en el artículo XX del GATT excepciones expresamente destinadas a la protección de la biodiversidad, la interpretación del Órgano de Apelación que considera que la aplicación del apartado a) del artículo XX excluye la del apartado b) relega a un segundo plano la protección de los animales marinos.

En segundo lugar, RIERA advierte que no se han tenido en cuenta factores biológicos, como el que "la propia fisionomía de las focas les permite aguantar elevados umbrales de dolor sin perder la conciencia", de modo que "matar a una foca de una forma que no conlleve dolor, angustia, miedo u otras formas de sufrimiento sea prácticamente imposible".

A tal efecto, señala el autor que, en el caso de que se pudieran matar las focas con métodos no crueles, "la zona geográfica donde se cazan es tan grande que no se podría vigilar eficazmente si los cazadores la practican". De modo que "si a la UE le importase realmente el bienestar de las focas o la preocupación moral que de ahí deriva, la única solución coherente sería prohibir totalmente la importación de productos de foca, sin excepciones de ninguna clase".

4. LA BIODIVERSIDAD MARINA COMO RECURSO NATURAL NO RENOVABLE

El artículo XX, g) del GATT contiene la excepción al libre comercio fundamentada en las medidas relativas a la conservación de los

---

28 RIERA DÍAZ, S. (2014). Medio ambiente y comercio internacional: el caso de los productos derivados de las focas. Revista Jurídica Universidad Autónoma de Madrid, 30(II), 179-200.

recursos naturales no renovables. Los requisitos para que una medida se pueda justificar con base en este apartado se han establecido en la jurisprudencia del SSD en el sentido de que las medidas respecto de las que se alega la excepción se deben: i) vincular a políticas relativas a la "conservación de los recursos naturales agotables"; ii) relacionar con la conservación de los recursos naturales agotables; y iii) aplicar juntamente con restricciones a la producción o al consumo nacionales (Estados Unidos-Gasolina[29]).

Dentro de la visión antropocéntrica predominante en los ordenamientos jurídicos de los miembros de la OMC, los "recursos naturales" serían los recursos que el hombre va encontrando en el medio físico y biológico natural, o modificando en función del avance de sus conocimientos científicos-tecnológicos, y que permiten satisfacer necesidades humanas. Estos recursos se relacionan con "la riqueza en flora, fauna, suelos, minerales y paisajes de una región, es decir, con los diferentes elementos generados por la naturaleza sin intervención humana"[30].

En tal sentido, el artículo XX, g) se refiere a las medidas "relacionadas" con la conservación de los recursos naturales "agotables". Este término ya ha sido examinado por el SSD en algunas diferencias relacionadas con recursos biológicos marinos, como las poblaciones de peces o tortugas en peligro de extinción. Analizaremos estos casos a continuación.

4.1. Canadá-Arenque y salmón

La disputa Canadá-Arenque y salmón[31], de 1988, se basa en las prohibiciones impuestas por la Ley de Pesca de 1976 de Canadá, relacionadas con la exportación de salmón rojo y rosado y de arenque sin elaborar. Los Estados Unidos expresan que estas medidas son incompatibles con los compromisos del GATT, pero Canadá alega que se tratan de restricciones que forman parte de un sistema de gestión

---

[29] DS2: Estados Unidos-Pautas para la gasolina reformulada y convencional.

[30] PORTOCARRERO, I. (2017). *Op. Cit.*

[31] Diferencia 2. Los Estados Unidos contra el Canadá: prohibición de las exportaciones de pescado.

de los recursos pesqueros con la finalidad de proteger a las especies marinas en cuestión y que, por consiguiente, estaban justificadas por el apartado g) del artículo XX.

A tal fin, Canadá expone que las medidas de conservación habían estado determinadas por tres condiciones derivadas de la compleja biología de estas especies:

> i) la vulnerabilidad de estas especies al agotamiento de los recursos que obligaba a la puesta en práctica de un sistema elaborado y detallado de información sobre las capturas; ii) el carácter profundamente cíclico de la pesca de estas especies que creaba complejos problemas de ordenación y hacía necesario garantizar a las plantas de elaboración canadienses un abastecimiento constante de pescado, materia prima de la que siempre había habido escasez; iii) la sensibilidad de estas especies particulares a los problemas de control de calidad, antes y durante la elaboración (párrafo 3.6[32]).

Al examinar la cuestión, el panel de expertos considera a las poblaciones de salmón y arenque como "recursos naturales agotables" y entiende que las limitaciones a las capturas consisten en "restricciones a la producción nacional" en el sentido del artículo XX g) (párrafo 3.24[33]). Por otra parte, en cuanto a si estas prohibiciones son "relativas a" la conservación de las poblaciones de estas especies marinas, el Grupo Especial señala que el propósito perseguido al incluir el artículo XX g) es el de garantizar que los compromisos asumidos en virtud del GATT no obstaculizan la puesta en práctica de políticas destinadas a la conservación de recursos naturales agotables, pero la medida comercial debe estar destinada principalmente a la conservación de un recurso natural agotable para que se pueda considerar "relativa a" la conservación de los recursos en el sentido del artículo XX g) (párrafo 4.6[34]).

En esta línea, respecto de si la medida se aplica "conjuntamente con" las restricciones a las capturas de salmón y arenque, el panel considera que el término "conjuntamente" se debería interpretar de

---

32 L/6268-35S/109. Canadá-medidas que afectan a las exportaciones de arenque y salmón sin elaborar. Informe del Grupo Especial, adoptado el 22 de marzo de 1988.

33 L/6268-35S/109. *Op. Cit.*

34 L/6268-35S/109. *Op. Cit.*

forma a garantizar que el alcance de las medidas adoptadas en virtud de esa disposición estuviese en armonía con el propósito que había determinado su inclusión en el GATT. De este modo, para los expertos, sólo se puede considerar que una medida comercial se aplicaba "conjuntamente" con restricciones a la producción si está destinada primordialmente a hacer efectivas esas restricciones (párrafo 4.6[35]).

Finalmente, tras haber reconocido la adecuación de la medida al apartado g) del artículo XX, el Grupo Especial concluyó que la medida es discriminatoria, porque Canadá solamente limitaba las compras de estos pescados cuando las realizaban empresas extranjeras (párrafo 4.7[36]). De esta manera, se decide que las prohibiciones a la exportación no estaban justificadas por el preámbulo del artículo XX del GATT.

Cabe resaltar, respecto de esta diferencia que, pese a que se trate de un asunto previo al establecimiento de la OMC, en cuanto a la excepción del GATT relacionada con la conservación de los recursos naturales "agotables" se han establecido, desde el primer momento, los criterios para analizar la compatibilidad de la medida con el sistema multilateral de comercio. La manifestación del Grupo Especial en este sentido aporta, por lo tanto, mayor transparencia, seguridad y previsibilidad a los miembros que decidan imponer medidas restrictivas al comercio destinadas a la conservación de especies.

4.2. Estados Unidos-Camarones

En Estados Unidos-Camarones[37], los Estados Unidos, en cumplimiento de la Ley de Especies en Peligro de Extinción de 1973, expidió una regulación en la que determinaba que los barcos utilizasen artefactos que excluyeran a las tortugas marinas durante la pesca de camarón dentro del territorio estadounidense. La finalidad de esta norma era proteger a las tortugas marinas, que están clasificadas como especies en peligro de extinción de acuerdo con la Con-

---

35 L/6268-35S/109. *Op. Cit.*

36 L/6268-35S/109. *Op. Cit.*

37 DS58: Estados Unidos-Prohibición de importar ciertos camarones y sus productos.

vención sobre Comercio Internacional de Especies de Fauna y Flora Salvaje en Peligro. En consecuencia, se prohibió la importación de camarones atrapados sin el uso del referido artefacto. Para demostrar la "pesca segura", se exigía la certificación de los camarones importados como "Seguro para las Tortugas".

En 1997, India, Malasia, Pakistán y Tailandia presentaron una reclamación conjunta contra esta prohibición, en la que alegaban que la expresión recursos naturales agotables se refería a unos recursos finitos, y no a los recursos biológicos o renovables. Igualmente, defendían que, si todos los recursos naturales se considerasen "agotables", el referido término se convertiría en superfluo.

Al analizar el asunto, el Grupo Especial consideró que la medida de los Estados Unidos era discriminatoria y no estaba cubierta en las excepciones del artículo XX. En sede de apelación, pese a haber llegado a la misma conclusión al final del análisis, el entendimiento presentando por el Órgano de Apelación en este caso ha sido innovador, porque manifestó que los recursos vivos son tan finitos como el petróleo, el mineral de hierro y otros recursos inertes, de modo que:

> Una lección que nos enseñan las modernas ciencias biológicas es que las especies vivientes, aunque en principio sean capaces de reproducirse y en tal sentido sean 'renovables', de hecho, en ciertas coyunturas pueden estar expuestas a la disminución, el agotamiento y la extinción, como resultado a menudo de las actividades humanas (párrafo 129[38]).

Dentro de esta interpretación, el Órgano de Apelación señala que los términos del apartado g) deben ser leídos "a la luz de las preocupaciones contemporáneas de la comunidad de naciones por la protección y conservación del medio humano", de modo que se debe considerar que la excepción "hace referencia no solo a la conservación de los recursos naturales minerales u otros recursos inertes agotables, sino también a los recursos naturales vivos, como las tortugas marinas" (párrafo 131[39]).

---

38 WT/DS58/AB/R. Estados Unidos-prohibición de las importaciones de determinados camarones y productos del camarón. Informe del Órgano de Apelación. 12 de octubre de 1998.

39 WT/DS58/AB/R. *Op. cit.*

Partiendo de este razonamiento, con base en acuerdos internacionales como la Convención sobre el Comercio Internacional de Especies Amenazadas de Fauna y Flora Silvestres, el Convenio sobre la Diversidad Biológica y la Convención de las Naciones Unidas sobre el Derecho del Mar, así como a las opiniones de expertos en medioambiente, el Órgano de Apelación declaró que las tortugas se deben considerar "recursos agotables" (párrafo 132-134[40]).

Pese a este entendimiento favorable a la biodiversidad marina, el Órgano de Apelación, aplicando la que se considera la "secuencia adecuada de las fases del análisis de dicha disposición" —acerca de la cual hablaremos con más detalle a continuación— afirmó que la prohibición de las importaciones impuestas por los Estados Unidos, si bien se relacionaba con la conservación de recursos naturales agotables y, por lo tanto, se podría considerar abarcada por la excepción del apartado g), no podría justificarse al amparo de este artículo porque constituía una discriminación "arbitraria e injustificable" en el sentido del preámbulo del artículo XX.

Según el Órgano de Apelación, los Estados Unidos discriminaron porque otorgaban a otros países algunos métodos, términos y facilidades para adoptar medidas de protección a las tortugas marinas, a la vez que aplicaban, de modo unilateral, sus regulaciones a los países demandantes sin haberles permitido la oportunidad de adaptarse de manera razonable a la medida (párrafo 11[41]). A partir de esta interpretación, se sentó un precedente muy relevante para el futuro de la aplicación de las excepciones favorables a la protección de los animales en la OMC.

En primer lugar, porque se favoreció el multilateralismo en la aplicación de medidas de protección a la biodiversidad, en oposición al unilateralismo. En segundo lugar, el Órgano de Apelación finalmente aclara que la lectura correcta del artículo XX consistía en identificar si una medida puede estar justificada provisionalmente por una de las categorías enumeradas en los apartados y, solo posteriormente, evaluar la misma con arreglo a lo establecido en el

---

40 WT/DS58/AB/R. *Op. cit.*

41 WT/DS58/AB/R. *Op. cit.*

preámbulo del artículo XX. Esta interpretación dificultaría el uso indebido del artículo XX con el fin de encubrir medidas proteccionistas.

Cabe señalar que los Estados Unidos perdieron el caso no porque pretendieran proteger el medio ambiente sino porque discriminaban a algunos miembros de la OMC. Destaca, por lo tanto, la importancia de la resolución del OSD sobre este caso, porque se reconoció que los gobiernos pueden, al amparo de los compromisos asumidos en los acuerdos, preservar su biodiversidad, en el sentido de adoptar medidas de conservación de los recursos agotables.

4.3. Estados Unidos-Atún II (México)

Según ya nos hemos referido en el acápite anterior, como respuesta a las decisiones desfavorables del OSD respecto de la Ley de Protección de los Mamíferos Marinos, los Estados Unidos adaptaron algunos criterios para la certificación de la pesca de atún, reconocidos por medio de la etiqueta "dolphin safe", del Departamento de Comercio de los Estados Unidos. En consecuencia, en 2008, en la diferencia Estados Unidos-Atún II[42], México alegó que esta medida era discriminatoria e innecesaria.

En esta diferencia, el Grupo Especial considera que la prohibición de que el atún capturado mediante lances sobre delfines tuviese acceso a la etiqueta estaba justificada en virtud del apartado g) del artículo XX, porque las prescripciones en materia de certificación eran "relativas a" la conservación de estos animales marinos. Sin embargo, entiende que esas prescripciones se aplicaban en forma arbitraria y discriminatoria, infringiendo lo dispuesto en el preámbulo del artículo XX.

La conclusión del panel de expertos se basó en la constatación de que México había presentado una alternativa menos restrictiva del comercio, que permitía alcanzar el mismo nivel de protección del objetivo que perseguían las disposiciones estadounidenses sobre

---

42 DS381: Estados Unidos-Medidas relativas a la importación, comercialización y venta de atún y productos de atún.

el etiquetado 'dolphin safe' (párrafo 4.5[43]). En cuanto a este tema, el Órgano de Apelación corroboró la decisión del Grupo Especial en el sentido de que la medida modificada no se aplicaba en forma compatible con el preámbulo del artículo XX[44].

Llegados a este punto del análisis de las excepciones del artículo XX del GATT vinculadas a la protección de la biodiversidad marina, salta a la vista que todas las diferencias analizadas se han considerado un "medio de discriminación arbitrario o injustificable entre los países en que prevalezcan las mismas condiciones" por los organismos del OSD. No obstante, se observa un importante reconocimiento en el sentido de que se acepta la justificación de las medidas bajo las excepciones del apartado b) y g) del artículo XX del GATT. Este reconocimiento es importante porque se faculta a los Estados a corregir los fallos identificados en la aplicación de la medida —que tienen relación, en gran parte, con la unilateralidad en su aplicación— en la etapa de cumplimiento de las determinaciones impuestas por las decisiones del Grupo Especial o el Órgano de Apelación.

Tal y como nos hemos referido en la introducción, cuando se dicta un pronunciamiento contrario a los intereses del demandado, el OSD recomienda que las medidas se adecuen a las obligaciones contraídas en el marco de los acuerdos de la OMC. En esta ocasión, se solicita un Grupo Especial "sobre el cumplimiento", que establecerá si los esfuerzos del demandado han llevado a la corrección de las medidas. De no ser así, se adoptan medidas de sanción contra el demandado, como la imposición de aranceles aduaneros a las exportaciones[45].

---

43 WT/DS381/R. Estados Unidos-medidas relativas a la importación, comercialización y venta de atún y productos de atún. Informe del Grupo Especial. 15 de septiembre de 2011.

44 WT/DS381/AB/R. Estados Unidos-medidas relativas a la importación, comercialización y venta de atún y productos de atún. Informe del Órgano de Apelación. 16 de mayo de 2012.

45 GUIÑAZÚ, M.P. *Op. Cit.*

5. PREVENCIÓN DE LA DISCRIMINACIÓN ARBITRARIA O INJUSTIFICABLE Y LA RESTRICCIÓN ENCUBIERTA AL COMERCIO INTERNACIONAL

El preámbulo del artículo XX del GATT prohíbe que una medida se aplique "en forma que constituya un medio de discriminación arbitrario o injustificable entre los países en que prevalezcan las mismas condiciones, o una restricción encubierta al comercio internacional". Tal y como hemos visto en los acápites anteriores, estos requisitos se consideran independientes y adicionales a los previstos en las excepciones b) y g) del artículo XX. De acuerdo con el entendimiento ya consolidado en el SSD, el preámbulo regula solamente el empleo de las medidas, y no el contenido de las mismas.

A tal efecto, en la diferencia CE-Productos derivados de las focas[46], el Grupo Especial expone que el Órgano de Apelación, al analizar en el marco del preámbulo si la discriminación es "arbitraria o injustificable", vincula el análisis a la "causa" o los "fundamentos" de la discriminación "expuestos por un Miembro que reglamenta para explicar su existencia" (párrafo 7.258[47]). A ese respecto, refiere a que el Órgano de Apelación afirma que:

> La tarea de interpretar el preámbulo del artículo XX del GATT equivale esencialmente, por lo tanto, a la delicada tarea de ubicar y trazar una línea de equilibrio entre el derecho de un Miembro de invocar una excepción al amparo del artículo XX y los derechos de los demás miembros en virtud de diversas disposiciones sustantivas del GATT… La ubicación de la línea de equilibrio… no es fija ni inalterable; la línea se mueve "según varían el tipo y la configuración de las medidas involucradas y se diferencien los hechos que constituyen los casos concretos" (párrafo 7.291[48]).

La referida orientación sugiere que la legitimidad de una distinción en el GATT debe determinarse examinando los siguientes criterios: i) si la distinción está racionalmente conectada con el objetivo del régimen político; ii) si no lo está, si hay alguna causa o fundamento que puedan

---

46 DS400: Comunidades Europeas-Medidas que prohíben la importación y comercialización de productos derivados de las focas. *Op. Cit.*

47 WT/DS400/R. *Op. Cit.*

48 WT/DS400/R. *Op. Cit.*

justificar la distinción a pesar de la falta de conexión con el objetivo del régimen, teniendo en cuenta las circunstancias particulares de la diferencia; y iii) si la distinción de que se trata, tal como se refleja en la medida, está diseñada o aplicada en una forma que constituye una discriminación arbitraria o injustificable, de modo que no es imparcial (párrafo 7.259[49]).

Identificar este tercer criterio es una tarea difícil, porque es un aspecto común de las medidas previstas en los apartados del artículo XX condicionar la exportación de un producto al cumplimiento de una medida establecida por el Miembro importador. El Órgano de Apelación ha constatado que el análisis de si la discriminación es arbitraria o injustificable "debe centrarse en la causa de la discriminación, o los fundamentos expuestos para explicar su existencia (Brasil-Neumáticos recauchutados, párrafo 226[50]). Dicho análisis "debe hacerse a la luz del objetivo de la medida, y la discriminación será arbitraria o injustificable cuando las razones dadas para esa discriminación no tienen ninguna conexión racional con el objetivo o irían en contra del objetivo"(Grupo especial. Estados Unidos-Atún II, párrafo 7.316[51]).

Además, es relevante que la elaboración y aplicación de estas medidas se lleven a cabo de modo abierto y transparente, con la debida publicación y notificación de los países miembros (Órgano de Apelación, Estados Unidos-Camarones, párrafo 121[52]). Por esta razón, las decisiones recientes del OSD enfatizan la importancia de que los países miembros participen de negociaciones previas a la promulgación de cualquier medida que pueda limitar el comercio internacional. Según el Órgano de Apelación en Estados Unidos-Camarones (párrafo 149[53]), "las medidas deben estar diseñadas de tal modo que exista un grado suficiente de flexibilidad para poder tener en cuenta las condiciones específicas que preva-

---

49 WT/DS400/R. *Op. Cit.*

50 WT/DS332/AB/R. Brasil-medidas que afectan a las importaciones de neumáticos recauchutados. Informe del órgano de apelación. 3 de diciembre de 2007.

51 WT/DS381/R. *Op. Cit.*

52 WT/DS58/AB/R. *Op. cit.*

53 WT/DS58/AB/R. *Op. cit.*

lezcan en cualquier miembro exportador", con el fin de evitar la discriminación.

Al analizar esta flexibilidad, el Órgano de Apelación estableció que existe una importante diferencia entre condicionar el acceso al mercado a la adopción de una medida específica, y condicionarlo a la adopción de una medida de eficacia comparable (Estados Unidos-Camarones, párrafo 144[54]). En tal sentido, el hecho de autorizar a un miembro importador a condicionar el acceso al mercado a que los exportadores pongan en vigor programas reguladores comparables en eficacia al del miembro importador deja al exportador un grado de discrecionalidad suficiente en lo que respecta al programa que puede adoptar para conseguir el grado de eficacia necesaria, y le permite adoptar un programa regulador que sea adecuado a las condiciones específicas que prevalecen en su territorio[55].

Como ya nos hemos referido en el apartado anterior, en la diferencia "Estados Unidos-Camarones", el Órgano de Apelación (párrafo 161-164[56]) constató que la medida "establecía una norma rígida e inflexible, que no tenía en cuenta otras políticas y medidas concretas que podrían haber sido adoptadas por un país exportador para la protección y la conservación de las tortugas marinas". De este modo, determinó que, para evitar una discriminación arbitraria o injustificable, no sería "aceptable exigir que otros países miembros adoptaran esencialmente el mismo programa reglamentario integral".

Con base en estas consideraciones, se determinó que, aunque la medida adoptada por los Estados Unidos reuniera las condiciones para acogerse a las disposiciones del apartado g), no cumplía los requisitos del Preámbulo, porque discriminaba de forma injustificable y arbitraria entre países en los que prevalecían las mismas condiciones. A tal fin, se recomendó que los Estados Unidos proporcionaran a todos los países exportadores oportunidades similares a las exigidas en la medida (Estados Unidos-Camarones, párrafo 2)[57].

---

54 WT/DS58/AB/R. *Op. cit.*
55 PORTOCARRERO, I. (2021). *Op. Cit.*
56 WT/DS58/AB/R. *Op. cit.*
57 WT/DS58/AB/R. *Op. cit.*

Por otra parte, en "Estados Unidos-Atún Canadá", el Grupo Especial consideró que la discriminación contra Canadá "podía no ser necesariamente arbitraria ni injustificada", porque "la prohibición estadounidense de las importaciones de atún y productos de atún procedentes de Canadá se había tomado en tanto que medida comercial y se había anunciado públicamente como tal" (párrafo 4.8)[58].

A este respecto, para evitar que la medida represente una discriminación arbitraria o injustificable, o una restricción encubierta al comercio internacional, es relevante hacer partícipe a todos los países miembros en la formulación de medidas con potenciales impactos sobre el comercio internacional, en el sentido de permitir la cooperación en negociaciones relacionadas con su desarrollo y aplicación. Teniendo en cuenta los efectos extraterritoriales de estas medidas, la apertura a una participación activa facilitaría el proceso de análisis e incorporación de las particularidades de los potenciales interesados, posibilitando que los futuros fallos del Grupo Especial y del Órgano de Apelación permitan, finalmente, la protección de la biodiversidad.

6. CONCLUSIONES

Los miembros de la OMC, dentro de su soberanía, tienen plena autonomía respecto a terceros países para decidir sobre su política en materia de protección de la biodiversidad, siempre que no se vulneren los acuerdos internacionales recogidos en el sistema multilateral del comercio, toda vez que las medidas comerciales unilaterales chocan con algunos de sus principios y reglas básicas. Sin embargo, pueden quedar justificadas en última instancia al amparo de alguna de las limitadas y condicionales excepciones del artículo XX, que permiten incumplir las obligaciones sustantivas establecidas en el GATT para lograr determinados objetivos de política pública. Aun-

---

58 L/5198-29S/97. Estados Unidos-Prohibición de las Importaciones de Atún y Productos de Atún Procedentes del Canadá. Informe del Grupo especial. 22 de febrero de 1982.

que ninguna hace referencia específicamente a la protección de la biodiversidad, algunas de ellas podrían amparar medidas relacionadas con la protección de la vida marina.

De todos modos, el análisis de estas medidas sería doble: primero se debe evaluar si está comprendida en algunos de los apartados del artículo XX y, luego, si cumplen las exigencias del preámbulo de este precepto. Esto es, que no se apliquen "en forma que constituya un medio de discriminación arbitrario o injustificable entre los países en que prevalezcan las mismas condiciones, o una restricción encubierta al comercio internacional".

El artículo XX del GATT podría dar cobertura a las medidas destinadas a proteger a la biodiversidad marina si son consideradas "necesarias para proteger la salud y la vida de las personas y de los animales o para preservar los vegetales" —apartado b)—, o "relativas a la conservación de los recursos naturales agotables" —apartado g)—. No existe, sin embargo, una clara distinción entre ambas excepciones. El análisis de casos realizado en este capítulo apunta a que la protección de la biodiversidad marina se viene justificando, en gran medida, bajo el aparto g) del artículo XX.

En tal sentido, como señaló el Órgano de Apelación en el asunto Estados Unidos-Camarones[59], adoptando una interpretación dinámica de los términos empleados en el Acuerdo General a la luz de la evolución de los nuevos instrumentos jurídicos internacionales ambientales, tanto los recursos vivos como los no vivos pueden estar expuestos a la disminución, el agotamiento y la extinción, y en consecuencia quedar amparados por esta disposición. Ahora bien, el hecho de que una determinada especie no se encuentre en peligro de extinción no es óbice para que se aplique esta excepción. Basta con demostrar que los recursos podrían agotarse en algún momento. No obstante, la situación crítica de una especie es un elemento que podría reforzar la legitimidad de cualquier restricción comercial.

Se ha observado que, durante la vigencia del GATT de 1947, los paneles de expertos han sido bastante reacios a admitir medidas con efectos más allá de la jurisdicción de cada país. Consideraban que,

---

[59] WT/DS58/AB/R. *Op. Cit.*

si se permitía a las partes contratantes adoptar medidas comerciales para obligar a otras a modificar sus políticas de conservación, se vería gravemente menoscabado el equilibrio de los derechos y obligaciones entre las partes contratantes, en particular el derecho de acceso a los mercados.

Con la entrada en vigor del Acuerdo de Marrakech en 1994 —y la creación de la OMC— hubo un cambio en la línea interpretativa mantenida hasta el momento. No fueron los Grupos Especiales, sino el Órgano de Apelación, el que avalaría por primera vez la legitimidad de medidas con incidencia extraterritoriales. Este aval tuvo lugar en el asunto Estados Unidos-Camarones, al comprobar que existía un "vínculo suficiente" entre las poblaciones migratorias marinas amenazadas y el Estado que tomaba las medidas comerciales.

En todas las diferencias analizadas, se contempla la prevalencia de una interpretación que da relevancia al preámbulo del artículo XX, en detrimento de haber reconocido que las medidas se adaptan a los términos de los apartados b) y g). Como resultado, la totalidad de las decisiones objeto de este estudio ha sido contraria a las medidas aplicadas por los miembros demandados. Los referidos fallos las consideran arbitrarias e injustificadas, sobre todo debido a su unilateralidad, lo que podría llevar a la conclusión de que la actual interpretación del artículo XX del GATT restringe la armonización entre el libre comercio y la protección a la biodiversidad.

En este contexto, destaca la importante solución ofrecida por el Órgano de Apelación en Estados Unidos-Camarones, en el sentido de que la mejor opción para regular las amenazas contra el medio ambiente es adoptar medidas multilaterales. A tal fin, la actual tendencia de políticas vinculadas a la protección del ambiente, siguiendo la dinámica establecida a partir del "Convenio sobre acceso a la información, participación del público en la toma de decisiones y acceso a la justicia en materia de medio ambiente", conocido como Convenio de Aarhus (1998), y del reciente Acuerdo de Escazú (2021), podría resultar en que las medidas se diseñen de una manera cada vez más abierta y transparente.

De todos modos, es necesario que los órganos de solución de diferencias de la OMC se arriesguen a recoger una interpretación amplia de la excepción relacionada con la conservación de la vida marina, para que medidas comerciales con un componente de protección de los delfines, las tortugas, los camarones y las focas, por ejemplo, reciban un baño de legitimidad jurídica y sean así impulsadas por las autoridades nacionales. Ello porque, en cada caso, las recomendaciones a las que pueda llegar el Grupo Especial, o más tarde el Órgano de Apelación, tienen gran repercusión en futuras diferencias, ya que sus resoluciones proporcionan orientaciones interpretativas que deben tenerse en cuenta cuando sean pertinentes para una controversia.

7. REFERENCIAS BIBLIOGRÁFICAS

ACOSTA, Y. Comentario sobre Brasil—Neumáticos Recauchutados, Informe del Órgano de Apelación. Revista de Derecho Económico Internacional, 1(2), (2011) 57-68.

BERNASCONI-OSTERWALDER, N. Democratizing international dispute settlement: the case of trade and investment disputes. Center for International Environmental Law. Documento presentado en la sexta Conferencia Internacional de las Democracias Nuevas o Restauradas, Doha (2006).

BIRNIE, P., BOYLE, A., y REDGWELL, C. International law and the Environment (New Delhi, 2004).

CHARNOVITZ, S. The WTO's environmental progress. Journal of International Economic Law, 10 (3), (2007) 685-706. DOI https://doi.org/10.1093/jiel/jgm027.

DE SOUZA, R. R., SCHAEFFER, R., y MEIRA, I. Can new legislation in importing countries represent new barriers to the development of an international ethanol market? Energy Policy, 39(6), (2011) 3154-3162. DOI https://doi.org/10.1016/j.enpol.2011.02.066.

GÓMEZ, L. H. B. Armonizar entre libre comercio y protección al medio ambiente. Contexto: Revista de Derecho y Economía, 27 (1), (2009) 75-82.

GUIÑAZÚ, M. P. Solución de diferencias en el marco de la OMC. Canadá y Australia y la controversia del salmón. Ratio Iuris: Revista de Derecho Privado, 3(1), (2015) 161-177. ISSN: 2347-0151

LEE, D. Understanding the WTO dispute settlement process. Trade politics. (London, 2019). p. 120-132. EBook ISBN 9780429486722.

NISSEN, J. L. (1996). Achieving a balance between trade and the environment: the need to amend the WTO/GATT to include multilateral environmental agreements. Law & Policy in International Bususiness, 28(1), 901, (1996). ISSN 0023-9208.

ORGANIZACIÓN MUNDIAL DEL COMERCIO. Historia del sistema multilateral de comercio. Página web: https://www.wto.org/spanish/thewto_s/history_s/history_s.htm (Última consulta: 2 de noviembre de 2023)

PÉREZ, E. J. M. Restricciones comerciales por razones éticas: la prohibición de la Unión Europea a la importación de productos derivados de las focas. Revista Española de Derecho Europeo, (42), (2012) 25-48. ISSN 1579-6302.

PORTOCARRERO, I. R. La política europea de biocarburantes y la industria brasileña de etanol. 2017. Tesis Doctoral. Repositório documental Gredos. Universidad de Salamanca, (2017) DOI 10.14201/gredos.137339.

PORTOCARRERO, I. R. Medioambiente y comercio internacional: los biocarburantes en la Unión Europea. Confluências: Revista Interdisciplinar de Sociologia e Direito, 23 (2), (202) 246-267. DOI https://doi.org/10.22409/conflu.v23i2.50409.

RIERA DÍAZ, S. Medio ambiente y comercio internacional: el caso de los productos derivados de las focas. Revista Jurídica Universidad Autónoma de Madrid, 30(II), (2014) 179-200. ISSN 1575-720-X.

Diferencias de la OMC

DIFERENCIA 2. LoS Estados Unidos contra el Canadá: prohibición de las exportaciones de pescado. Página web: https://www.wto.org/spanish/tratop_s/envir_s/edis02_s.htm. (Última consulta: 2 de noviembre de 2023).

DIFERENCIA 4. México y otros países contra los Estados Unidos: "atún-delfines". Página web: https://www.wto.org/spanish/tratop_s/envir_s/edis04_s.htm (Última consulta: 2 de noviembre de 2023).

DIFERENCIA 5. La Unión Europea contra los Estados Unidos: por segunda vez el caso "atún-delfines". Página web: https://www.wto.org/spanish/tratop_s/envir_s/edis05_s.htm (Última consulta: 2 de noviembre de 2023).

DS2: Estados Unidos-Pautas para la gasolina reformulada y convencional. Página web: https://www.wto.org/spanish/tratop_s/dispu_s/cases_s/ds2_s.htm (Última consulta: 2 de noviembre de 2023).

DS332: Brasil-Medidas que afectan a las importaciones de neumáticos recauchutados. Página web: https://www.wto.org/spanish/tratop_s/dispu_s/cases_s/ds332_s.htm (Última consulta: 2 de noviembre de 2023).

DS381: Estados Unidos-Medidas relativas a la importación, comercialización y venta de atún y productos de atún. Página web: https://www.wto.org/spanish/tratop_s/dispu_s/cases_s/ds381_s.htm (Última consulta: 2 de noviembre de 2023).

DS400: Comunidades Europeas-Medidas que prohíben la importación y comercialización de productos derivados de las focas. Página web: https://www.wto.org/spanish/tratop_s/dispu_s/cases_s/ds400_s.htm (Última consulta: 2 de noviembre de 2023).

DS58: Estados Unidos-Prohibición de importar ciertos camarones y sus productos. Página web: https://www.wto.org/spanish/tratop_s/dispu_s/cases_s/ds58_s.htm (Última consulta: 2 de noviembre de 2023).

L/5198-29S/97. Estados Unidos-Prohibición de las Importaciones de Atún y Productos de Atún Procedentes del Canadá. Informe del Grupo especial. 22 de febrero de 1982. Página web: http://www.sice.oas.org/dispute/gatt/spanish/80tuna.asp (Última consulta: 2 de noviembre de 2023)

L/6268-35S/109. Canadá-medidas que afectan a las exportaciones de arenque y salmón sin elaborar. Informe del Grupo Especial, adoptado el 22 de marzo de 1988. Página web: https://www.wto.org/spanish/tratop_s/dispu_s/87hersal.pdf. (Última consulta: 2 de noviembre de 2023).

Understanding the WTO dispute settlement process. Trade politics. Routledge, 2019. p. 120-132.

WT/DS332/AB/R. Brasil-medidas que afectan a las importaciones de neumáticos recauchutados. Informe del órgano de apelación. 3 de diciembre de 2007. Página web: https://docs.wto.org/dol2fe/Pages/SS/directdoc.aspx?filename=S:/WT/DS/332ABR.pdf&Open=True (Última consulta: 2 de noviembre de 2023).

WT/DS332/AB/R. Brasil-Medidas que afectan a las importaciones de neumáticos recauchutados (Brasil-Neumáticos recauchutados). Informe del Órgano de Apelación. 3 de diciembre de 2007. Página web: https://docs.wto.org/dol2fe/Pages/SS/directdoc.aspx?filename=S:/WT/DS/332ABR.pdf&Open=True (Última consulta: 2 de noviembre de 2023)

WT/DS332/R. Brasil-medidas que afectan a las importaciones de neumáticos recauchutados. Informe del Grupo Especial. 12 de junio de 2007. Página web: https://docs.wto.org/dol2fe/Pages/SS/directdoc.aspx?filename=S:/WT/DS/332R-00.pdf&Open=True (Última consulta: 2 de noviembre de 2023).

WT/DS381/AB/R. Estados Unidos-medidas relativas a la importación, comercialización y venta de atún y productos de atún. Informe del Órgano de Apelación. 16 de mayo de 2012. Página web: https://docs.wto.org/dol2fe/Pages/SS/directdoc.aspx?filename=S:/WT/DS/381-12.pdf&Open=True (Última consulta: 2 de noviembre de 2023).

WT/DS381/R. Estados Unidos-medidas relativas a la importación, comercialización y venta de atún y productos de atún. Informe del Grupo Especial. 15 de septiembre de 2011. Página web: https://docs.wto.org/dol2fe/Pages/SS/directdoc.aspx?filename=S:/WT/DS/381R.pdf&Open=True (Última consulta: 2 de noviembre de 2023).

WT/DS381/R. Estados Unidos-medidas relativas a la importación, comercialización y venta de atún y productos de atún. Informe del Grupo Especial. 15 de septiembre de 2011. Página web: https://docs.wto.org/dol2fe/Pages/SS/directdoc.aspx?filename=S:/WT/DS/381R.pdf&Open=True (Última consulta: 2 de noviembre de 2023)

WT/DS400/R. Comunidades Europeas-medidas que prohíben la importación y comercialización de productos derivados de las focas. Informes del Grupo Especial. 25 de noviembre de 2013. Página web: https://docs.wto.org/dol2fe/Pages/SS/directdoc.aspx?filename=s:/WT/DS/400RA1.pdf&Open=True (Última consulta: 2 de noviembre de 2023).

WT/DS58/AB/R. Estados Unidos-prohibición de las importaciones de determinados camarones y productos del camarón. Informe del Órgano de Apelación. 12 de octubre de 1998. Página web: https://docs.wto.org/dol2fe/Pages/SS/directdoc.aspx?filename=S:/WT/DS/58-14.pdf&Open=True (Última consulta: 2 de noviembre de 2023).

La protección jurídica de los peces de piscifactoría en Europa: análisis del conjunto de la legislación de la UE y del impacto de las normas internacionales de bienestar animal para los peces de la acuicultura europea[1]

The legal protection of farmed fish in Europe: analysing the range of EU legislation and the impact of international animal welfare standards for the fishes in European aquaculture

MARITA GIMÉNEZ-CANDELA
Catedrática
Senior Researcher Max-Planck-Institut for Comparative Law and International Public Law. ORCID: https://orcid.org/0000-0002-0755-5928.
JOAO L. SARAIVA
CCMAR, Fish Ethology & Welfare group, Universidad do Algarve, Portugal, ORCID: https://orcid.org/0000-0002-8891-8881.
HELENA BAUER
Máster en Derecho Animal (UAB). Asistente de Proyectos, Animals'Angels, Alemania.

1 Este texto es la versión adaptada y actualizada a día de hoy del publicado en inglés, GIMÉNEZ-CANDELA, M., M., SARAIVA, J.L., BAUER, H., The legal protection of farmed fish in Europe-analysing the range of EU legislation and the impact of international animal welfare standards for the fishes in European aquaculture, dA. Derecho Animal (Forum of Animal Law Studies) 11/1 (2020). DOI https://doi.org/10.5565/rev/da.460

Resumen: A día de hoy los peces son algunos de los animales de "granja" más explotados. Se crían en granjas acuícolas marinas y de agua dulce, las cuales figuran entre las industrias de producción de alimentos que han experimentado un crecimiento más rápido en todo el mundo. El número de peces que se cultivan, transportan y sacrifican cada año es enorme y se estima que, sólo en las industrias acuícolas, se sacrifican más de 100.000 millones de peces al año. Se mantienen en altas concentraciones, se engordan para un crecimiento rápido y se sacrifican, al igual que se hace en la cría industrial de animales de "granja" terrestres. Los peces "de granja", a tenor de la época de su desarrollo, se manipulan y transportan regularmente mediante diferentes sistemas de cultivo y diferentes tipos de jaulas.

En algunos casos, los peces permanecen privados de alimento incluso hasta 14 días antes de su sacrificio y, habitualmente, tal sacrificio se realiza sin aturdimiento previo o utilizando métodos de aturdimiento, como el realizado con CO2, que causa dolor y sufrimiento. A pesar del hecho de estar involucrados un gran número de peces —individualmente considerados— y de que muchas de las prácticas de cría imponen dolor, estrés y sufrimiento a los peces, en la conciencia pública el bienestar de los peces solo interesa de forma secundaria.

Los peces son seres sentientes y, como tales, están reconocidos por la UE en el artículo 13 del Tratado de Funcionamiento de la Unión Europea (TFUE). Ello ha de tenerse especialmente en cuenta, ya que la UE ha implementado una Política Pesquera Común (PPC), que ha sido reformada recientemente y que además está haciendo grandes esfuerzos para aumentar la producción acuícola. El presente estudio, aborda la cuestión de hasta qué punto un pez "de piscifactoría" en Europa está actualmente protegido por la legislación de la UE y si se cumplen realmente las normas internacionales de bienestar animal establecidas por la Organización Mundial de Sanidad Animal (OIE).

Palabras clave: peces; acuicultura; animales de granja; peces de cultivo; seres sentientes; Art. 13 TFUE; Política Pesquera Común; PPC; OIE.

Abstract: *Nowadays, fishes are one of the most exploited 'farm' animals. They are reared in marine and freshwater aquaculture farms, which represent one of the fastest growing food-producing industries worldwide. The numbers of fishes farmed, transported and slaughtered every year are enormous, with more than 100 billion fishes estimated to be killed per year, solely in aquaculture industries. They are kept in high densities, fattened for fast growth and slaughtered, just like in factory farming of terrestrial 'farm' animals. 'Farmed' fishes are regularly handled and transported according to their life stages between different farming systems and cages. In some cases, fishes are deprived of food up to 14 days prior to their slaughter, and commonly their killing is done either without prior stunning or using stunning methods, like* CO_2*-stunning, causing pain and suffering. Despite the fact that a huge number of individuals is involved and that many farming practices impose pain, stress and suffering on the fishes, fish welfare only takes a back seat in public awareness. Fishes are sentient beings, and as such recognised by the EU in Article 13 of the Treaty on the Functioning of the European Union (TFEU). Especially taking into account that the EU has implemented a newly reformed Common Fisheries Policy (CFP) and is making great efforts to increase its aquaculture production within the next years, the present study deals with* *the question to what extent a 'farmed' fish in Europe is currently protected by EU law and if the international animal welfare standards set out by the World Organisation of Animal Health (OIE) are actually met.*

***Keywords**: fishes; aquaculture; farm animals; farmed fishes; sentient beings; art. 13 TFUE; Common Fisheries Policy; CFP; OIE.*

1. INTRODUCCIÓN

Los peces "de piscifactoría" son los animales "de granja" más explotados. Se crían en granjas acuícolas marinas y de agua dulce en cantidades que superan con creces a cualquier animal de "granja" terrestre[2]. Sólo en 2010, se estimó que se mataron hasta 120.000 millones de individuos de peces, únicamente en las industrias acuícolas[3].

El mayor importador mundial de estos productos es la Unión Europea (UE), con el 65% de los 'mariscos' importados en el mercado de la UE en 2010[4]. Dado que la política de la UE sigue promoviendo el consumo de carne de pescado como "una parte importante de nuestra dieta, que nos mantiene sanos"[5], como demuestra la reciente campaña de la Comisión Europea "Cultivado en la UE"[6], se han bus-

---

2 BERGQVIST, J., GUNNARSSON, S., Finfish Aquaculture: Animal Welfare, the Environment, and Ethical Implications. Journal of Agricultural and Environmental Ethics 26 (2013) 76s.

3 http://fishcount.org.uk/published/std/fishcountstudy2.pdf, (25.05.2018) N.B.: Fishes are still counted in 'tonnes live weight', instead of numbers of individuals. Obviously due to the enormous numbers of fishes caught, it would be very difficult to count them on board a trawler, for example. However, I find it noteworthy that also for aquaculture only statistics on 'tonnes live weight' exist, without considering the single animal (e.g. https://ec.europa.eu/fisheries/facts_figures_en?qt-facts_and_figures=4, 12.06.2018).

4 EU Commission (2013) Strategic guidelines for sustainable development of EU aquaculture. COM (2013) 229 final. 2.

5 https://ec.europa.eu/fisheries/inseparable/en/know (25.05.2018).

6 "The campaign 'Farmed in the EU' is a project by the European Union promoting fish farmed in European aquaculture as "a healthy, fresh and local alternative". It is embedded in the European Commission's Inseparable initiative on sustainable fisheries". Ver: https://ec.europa.eu/fisheries/inseparable/en/farmed-eu.

cado y se buscan urgentemente nuevas estrategias para compensar el agotamiento de los océanos.

Como afirma la Organización Mundial de la Agricultura y la Alimentación (FAO), "la producción de alimentos de origen acuático ha pasado de basarse principalmente en la captura de peces silvestres al cultivo de un número cada vez mayor de especies de piscifactoría"[7]. De hecho, la acuicultura es una de las industrias de más rápido crecimiento en todo el mundo. Sólo entre 2005 y 2014, las industrias acuícolas han aumentado alrededor de un 6%, siendo la producción de peces de aleta la que ha experimentado con diferencia el mayor incremento, con un aumento parcial de hasta el 65%[8]. En comparación con el resto del mundo, la UE sale relativamente mal parada en cuanto a su aportación de productos acuícolas. Actualmente, "sólo" el 20% de la producción pesquera total de la UE procede de la acuicultura comunitaria[9]. Para cambiar esta situación y participar en la llamada "Revolución Azul", en 2013 se introdujo una nueva Política Pesquera Común (PPC) con el Reglamento (UE) nº 1380/2013, aparentemente con resultados positivos para el sector. Como se ha anunciado recientemente, la PPC ha logrado sus primeros éxitos, ya que "tras más de una década de estancamiento, la acuicultura de la UE muestra por fin signos de recuperación" en términos de crecimiento (+4%) y valor (+8%) entre 2014 y 2015. El desarrollo del sector acuícola se ve impulsado por la política de la UE, pero ¿qué papel desempeñan realmente los peces y su bienestar dentro de esta política acuícola?

Siguiendo la definición de la Organización Mundial de Sanidad Animal (OIE), "[e]ntendemos por bienestar animal el modo en que un animal se desenvuelve en las condiciones en las que vive. Un animal se encuentra en un buen estado de bienestar si (según indican las pruebas científicas) está sano, cómodo, bien alimentado, seguro, es capaz de expresar su comportamiento innato y no sufre estados

---

7 6 FAO (2016) The State of World Fisheries and Aquaculture 2016. Contributing to food security and nutrition for all. Rome.

8 FAO, cit., 22.

9 EU Commission (2017c) Welfare of farmed fish: Common practices during transport and at slaughter. Final report. 21.

desagradables como dolor, miedo y angustia. Un buen bienestar animal requiere la prevención de enfermedades y el tratamiento veterinario, un refugio adecuado, gestión, nutrición, manejo humanitario y sacrificio/matanza humanitaria"[10].

Sin embargo, el enfoque de la OIE sobre el aspecto sanitario del bienestar puede considerarse incompleto. De hecho, el marco conceptual subyacente al bienestar animal está bien establecido y debería abarcar un enfoque basado tanto en las funciones como en los sentimientos[11].

Estas dos perspectivas deberían combinarse con un enfoque basado en la naturaleza y, por tanto, las preocupaciones éticas relativas a la calidad de vida de los animales deberían reflejar: 1) que los animales están sanos y son fisiológicamente normales; 2) que los animales se sienten bien y están libres de dolor, miedo y otros estados emocionales negativos crónicos y; 3) que los animales pueden expresar su comportamiento y adaptaciones naturales[12].

La combinación resultante debería definir el bienestar a largo plazo, como un equilibrio entre experiencias subjetivas positivas y negativas[13]. Esta combinación es obviamente difícil, porque el enfoque basado en las funciones es claramente insuficiente para evaluar los estados mentales (miedo, ansiedad, etc.-véase la sección 5 de este manuscrito) y el enfoque basado en los sentimientos es claramente demasiado amplio para ser fácilmente medible. Además, existen graves lagunas de conocimiento sobre la biología de los peces de

---

10 Articulo 7.1.1 del Código Sanitario para los Animales Terrestres.

11 DUNCAN, I.J., Science-based assessment of animal welfare: Farm animals. Revue scientifique et technique (International Office of Epizootics) 24/2 (2005) 483; DUNCAN, I., DAWKINS, M., The problem of assessing "well being" and "suffering" in farm animals. In Indicators Relevant to Farm Animal Welfare (Dordrecht 1983) 13-24.

12 FRASER, D., WEARY, D.M., PAJOR, E.A., MILLIGAN, B.N., A scientific conception of animal welfare that reflects ethical concerns. Animal welfare, 6 (1997) 187-205.

13 SPRUIJT, B.M., VAN DER BOS, R., PIJLMAN, F.T., A concept of welfare based on reward evaluating mechanisms in the brain: Anticipatory behaviour as an indicator for the state of reward system. Applied Animal Behaviour Science 72/2 (2001)145-171.

piscifactoría[14]. La información que existe se centra principalmente en los rasgos de producción más que en el bienestar. De hecho, la investigación ha llevado al límite fisiológico de muchas especies de peces en cuanto a crecimiento, fertilidad y tamaño, como consecuencia (o resultado) de unas condiciones altamente artificiales[15]. Esto crea un problema obvio en relación con el bienestar: los peces son seres sensibles[16] y cada especie ha evolucionado durante milenios en contextos naturales, desarrollando adaptaciones, comportamientos y mecanismos de supervivencia que son relevantes para esos contextos[17].

Las condiciones artificiales del cautiverio, sobre todo en la acuicultura industrial, plantean toda una nueva categoría de estímulos, para los que los animales rara vez están preparados: restricciones de espacio, agregaciones antinaturales, entornos estériles, manipulación y otros estresores artificiales frecuentes, etc.[18]. La selección artificial puede no ser necesariamente una respuesta a la cuestión, porque (1) la domesticación de los peces es muy reciente y; (2) las cepas seleccionadas o "domesticadas" pueden estar lejos de su óptimo de bienestar como consecuencia de sus procesos de domesticación[19].

---

14 SARAIVA, J. L., ARECHAVALA-LOPEZ, P., CASTANHEIRA, M. F., VOLSTORF, J., HEINZPETER STUDER, B., A Global Assessment of Welfare in Farmed Fishes: The FishEthoBase. Fishes 4/2 (2019) 30. MDPI AG. Retrieved from http://dx.doi.org/10.3390/fishes4020030

15 HUNTINGFORD, F.A. Implications of domestication and rearing conditions for the behaviour of cultivated fishes. J. Fish Biol. 65 (2004) 122-142. [Google Scholar] [CrossRef]

16 BROWN, C., Fish intelligence, sentience and ethics. Anim. Cogn. 18 (2014) 1-17.; SNEDDON, L.U., The bold and the shy: Individual differences in rainbow trout. J. Fish Biol. 62 (2003) 971-975; YUE, S., MOCCIA, R.D., DUNCAN, I.J.H., Investigating fear in domestic rainbow trout, Oncorhynchus mykiss, using an avoidance learning task. Appl. Anim. Behav. Sci. 87 (2004) 343-354.

17 HELFMAN, G., COLLETTE, B.B., FACEY, D.E., BOWEN, B.W., The Diversity of Fishes: Biology, Evolution, and Ecology (Hoboken, NJ 2009).

18 ASHLEY, P.J. Fish welfare: Current issues in aquaculture. Appl. Anim. Behav. Sci. 104 (2007) 199-235.

19 SARAIVA, J.L., CASTANHEIRA, M.F., ARECHAVALA-LÓPEZ, P., VOLSTORF, J., STUDER, B.H., Domestication and Welfare in Farmed Fish. In Animal Domestication. IntechOpen (London 2018).

La evaluación del bienestar de los peces de piscifactoría está a disposición del público en la FishEthoBase (www.fishethobase.net), una base de datos de libre acceso que pretende ofrecer información sobre el bienestar de todas las especies de peces que se crían actualmente en el mundo. La base de datos se basa en protocolos comunes de evaluación de riesgos y ofrece una puntuación sobre la Probabilidad de que la especie se críe con buen bienestar, el Potencial de que se críe con buen bienestar y la Certeza de los resultados para la puntuación. Esta base de datos, que en la actualidad se aproxima a las 45 especies principales, está dirigida a todas las partes interesadas del sector y tiene como objetivo no sólo salvar las distancias entre ellas, sino también proporcionar información científica para mejorar el bienestar de los peces. Analizando la información disponible en la FishEthoBase, queda claro que (i) el estado general de bienestar de los peces de piscifactoría es pobre, (ii) existe cierto potencial de mejora y (iii) este potencial está relacionado con la investigación sobre las necesidades de las especies, pero (iv) quedan muchas lagunas de conocimiento y (v) las tecnologías actuales de piscicultura no parecen abordar plenamente las cuestiones de bienestar[20].

Desde 2009, los peces también son reconocidos como seres sensibles por la UE en el artículo 13 del Tratado de Funcionamiento de la Unión Europea (TFUE). Así, no sólo en la agricultura terrestre, sino también en la pesca, la UE y sus Estados miembros están obligados a "tener plenamente en cuenta los requisitos de bienestar de los animales"[21]. Sobre todo teniendo en cuenta que la UE está realizando grandes esfuerzos para aumentar su producción acuícola en los

---

20 SARAIVA, J. L., ARECHAVALA-LOPEZ, P., CASTANHEIRA, M. F., VOLSTORF, J., & HEINZPETER STUDER, B., A Global Assessment of Welfare in Farmed Fishes: The FishEthoBase. Fishes, 4/2 (2019) 30. MDPI AG. DOI: http://dx.doi.org/10.3390/fishes4020030

21 Articulo 13 TFEU; GIMÉNEZ-CANDELA, M., Tratamiento jurídico de los peces en la UE y en España, dA. Derecho Animal (Forum of Animal Law Studies) 10/4 (2019) 43-59. DOI: https://doi.org/10.5565/rev/da.475; BAUER, H., Fishes-The Forgotten Sentient Beings, dA. Derecho Animal (Forum of Animal Law Studies 10/2 (2019) 72-77. DOI https://doi.org/10.5565/rev/da.427 27 EU Commission Aquaculture High Level Event Report "Tapping into blue growth: the way forward for European aquaculture", 24 May 2016, Square Brussels meeting centre. 1-17.

próximos años[22], y a la luz de la creciente evidencia sobre la capacidad de sentir de los peces, se plantea la cuestión de hasta qué punto un pez "de piscifactoría" en Europa está actualmente protegido por la legislación de la UE sobre bienestar animal. Por ello, el presente estudio pretende demostrar si la protección de los peces "de piscifactoría" convencionales está suficientemente reconocida en la legislación de la UE, considerando las diferentes etapas de la vida de los peces y teniendo en cuenta las normas internacionales de bienestar animal establecidas por la Organización Mundial de Sanidad Animal (OIE).

2. LA ACUICULTURA EN LA UNIÓN EUROPEA

2.1. La producción acuícola de la UE

Los peces más comunes que se crían en sistemas de agua dulce en la UE son la trucha arcoiris, la carpa, el esturión, la tilapia, pero también el lucio, el siluro, la lucioperca o el pescado blanco. Los peces "de piscifactoría" más destacados de la acuicultura marina son el salmón atlántico, la dorada, la lubina europea, pero también el atún rojo atlántico, el magre, el bacalao, la perca marina, así como especies de peces planos como el rodaballo, el lenguado común y el lenguado senegalés. Asimismo, en la UE se crían especies diádromas como la anguila europea, "dado que los intentos de reproducir la anguila en cautividad han sido infructuosos hasta la fecha, la producción acuícola se basa en capturas de peces [salvajes] inmaduros que se crían en instalaciones de cría intensiva mediante sistemas de recirculación, principalmente en los Países Bajos, Dinamarca e Italia"[23].

En la actualidad, la Unión Europea fomenta la expansión de la industria piscícola comunitaria y por ello financia proyectos como DIVERSIFY para "explor[ar] el potencial biológico y socioeconómico de especies de peces candidatas nuevas/emergentes"[24], como la serviola mayor, el mero, el cherne o el fletán. Estas especies tienen en común que pueden alcanzar un elevado peso corporal, una cualidad que obviamente interesa especialmente a la industria productora de pescado.

Del mismo modo, PERFORMFISH es un proyecto de 7 millones de euros financiado por la UE que pretende impulsar el sector de la acuicultura en los países mediterráneos. Su consorcio está formado por 28 socios de toda la cadena de valor y el objetivo final es "garantizar un crecimiento sostenible de la industria acuícola mediterránea, basado en las percepciones de los consumidores y en las necesidades reales del mercado". Pretende apoyar a las piscifactorías que operan no sólo en condiciones económicas y medioambientales ideales, sino también de forma social y culturalmente responsable" (http://performfish.eu/). Sin embargo, e incluso en un proyecto de tal envergadura, una vez más el bienestar de las especies de piscifactoría no se separa claramente de la salud ni se considera sólo desde el punto de vista de la producción (http://performfish.eu/work-packages/). Aunque hay 7 menciones al término "bienestar" a lo largo del esquema de tareas, sólo se menciona de forma asertiva en el punto 4 del paquete de trabajo 3. Todas las menciones restantes en la presentación pública del proyecto se refieren a rasgos de la producción (crecimiento y bienestar, salud y bienestar, alimentación y bienestar). Aunque es positivo que se aborde la cuestión, debería ir acompañada de un marco conceptual sólido y sólido, con el fin de evitar el "lavado de cara" (es decir, el uso del "bienestar" únicamente como herramienta de marketing para ensalzar la percepción pública). No obstante, debe quedar claro que existe una fuerte correlación entre el bienestar de los animales de piscifactoría y la calidad de los productos pesqueros comercializados, un caso poco frecuente en el que el interés de la industria y las normas éticas que subyacen a su actividad caminan estrechamente unidas[25].

No sólo en términos de diversidad de especies, sino también en lo que respecta a los métodos de cría, "la acuicultura europea adopta una gran variedad de formas: extensiva o intensiva, en entornos naturales o en tanques, en agua dulce o en agua de mar, en sistemas de flujo continuo o de recirculación, tradicional o moderna, clásica u

---

25 SARAIVA, J.L., ARECHAVALA-LOPEZ, P., Welfare of Fish—No Longer the Elephant in the Room. Fishes 4 (2019) 39.

orgánica, protegida o expuesta, etc."[26]. El tipo de método de cultivo depende de la especie de peces criada y del grado de intensificación.

La producción acuícola extensiva se realiza en sistemas de agua dulce o salobre y representa un método de cría tradicional que aún se encuentra en toda Europa. Los peces se crían en un entorno más natural, en estanques abiertos de agua dulce o en lagunas de agua salobre en las que se fomenta la vegetación natural mediante una fertilización adicional. Los peces comparten su entorno con otras especies, como pequeños moluscos o crustáceos u otras especies de peces, y buscan alimento de forma natural, proporcionándoseles en parte alimento adicional. Desde el punto de vista de la conservación, estos sistemas de cría extensiva se consideran importantes para preservar la biodiversidad[27].

Por el contrario, los sistemas de piscicultura intensiva se han enfrentado a fuertes críticas por su impacto negativo en el medio ambiente debido a la contaminación y al riesgo de transmisión de enfermedades a las poblaciones de peces salvajes[28]. El ejemplo más destacado de acuicultura intensiva es la cría de peces en jaulas marinas. Estas jaulas son esencialmente redes que se sujetan al fondo marino con un armazón flotante especial para mantenerlas en la superficie. Las jaulas marinas se ubican sobre todo "en zonas protegidas de la acción excesiva de las olas, con aguas suficientemente profundas y velocidades de corriente relativamente bajas"[29]. También en tierra, los sistemas de cría intensiva pueden encontrarse como sistemas abiertos, de flujo continuo, principalmente para peces trucha, o como sistemas cerrados de recirculación, que se han utilizado sobre todo en criaderos —simplemente debido al hecho de que es mucho más fácil en un sistema cerrado controlar factores como la calidad del agua o la temperatura, que son esenciales para la cría—. Sólo recientemente, estos sistemas cerrados de recirculación se han vuelto

---

[26] https://ec.europa.eu/fisheries/cfp/aquaculture/aquaculture_methods_en#marine

[27] Ibid.

[28] Greenpeace, Challenging the Aquaculture Industry on Sustainability (2008) 1-24

[29] https://ec.europa.eu/fisheries/cfp/aquaculture/aquaculture_methods_en#marine

cada vez más atractivos para la cría de peces en criadero y actualmente se utilizan, entre otros, para la trucha, la anguila o el rodaballo[30]. En estos sistemas cerrados de recirculación, los peces viven en tanques opacos y aislados, sin ningún contacto con su entorno natural.

En Europa, se estima que se crían ~1000 millones de truchas y ~440 millones de individuos de salmón atlántico para la producción de carne[31]. No se dispone de más cifras oficiales de individuos de otras especies de peces, ya que los peces "de piscifactoría" sólo se registran en peso total [toneladas] y no se contabilizan como individuos[32].

2.2. La Política Pesquera Común de la UE y el bienestar de los peces "de piscifactoría"

Como se ha descrito anteriormente, en la actualidad la UE genera "sólo" el 20% de su producción pesquera total a partir de la acuicultura comunitaria[33]. Para aumentar este porcentaje y formar parte de la llamada "Revolución Azul", con el Reglamento (UE) nº 1380/2013 se promulgó en 2013 una nueva Política Pesquera Común (PPC). Con ella, "[l]a Comisión pretende impulsar el sector de la acuicultura", presentando así unas 'Directrices estratégicas para el desarrollo sostenible de la acuicultura de la UE'. Entre otras cosas, deben facilitarse los procedimientos administrativos para los acuicultores de "productos del mar"; la planificación espacial coordinada de las plantas acuícolas debe garantizar el desarrollo y el crecimiento sostenibles dentro de la UE; la organización común de mercados reformada y la estructuración de la acuicultura deben contribuir a aumentar la competitividad de la acuicultura de la UE, especialmente debido a sus elevadas normas de

---

30 Ibid.

31 EU Commission (2017b) Animal Welfare in the European Union (Study PE 583.114) 49.

32 "[This] might be considered as an indication of the status fish[es] have in today's society" (véase: BERGQVIST, J., GUNNARSON, S., cit. 77).

33 EU Commission (2017c) Welfare of farmed fish: Common practices during transport and at slaughter. Final report. 21.

calidad, sanitarias y medioambientales, e incluso se ha creado un Consejo Consultivo de Acuicultura para apoyar estos objetivos[34].

La Política Pesquera Común reformada pretende convertir la acuicultura de la UE en un sector sostenible y de alta calidad pidiendo a sus Estados miembros planes estratégicos nacionales plurianuales y elaborando directrices que respeten estrictamente las cuestiones medioambientales[35].

Sin embargo, el bienestar de los peces no parece ser una de las prioridades dentro de la PPC reformada. De hecho, sólo el considerando 16 del preámbulo del Reglamento (UE) nº 1380/2013 sobre la Política Pesquera Común afirma que ésta debe tener plenamente en cuenta, entre otros, el bienestar de los animales, pero nada más en detalle. Según la respuesta de la Comisión a una pregunta parlamentaria escrita (E-012243/2011) en 2012, "el bienestar de los animales no forma parte de los objetivos de la PPC", ya que "los peces de piscifactoría están incluidos en el ámbito de aplicación de la siguiente legislación sobre bienestar animal"[36], a saber: Directiva 98/58/CE del Consejo relativa a la protección de los animales en las explotaciones ganaderas; Reglamento (CE) nº 1/2005 del Consejo relativo a la protección de los animales durante el transporte; y Reglamento (CE) nº 1099/2009 del Consejo relativo a la protección de los animales en el momento de la matanza.

3. LEGISLACIÓN SOBRE BIENESTAR ANIMAL EN LA UNIÓN EUROPEA

Hasta el día de hoy, la UE ha producido una amplia gama de normas de bienestar animal y "(...) es ampliamente respetada en el mundo, no principalmente por ser una gran unidad comercial, sino porque ha adoptado muchas políticas y mucha legislación por ra-

---

[34] EU Commission (2013) Strategic guidelines for sustainable development of EU aquaculture, cit. 2-9.

[35] Ibid.

[36] EU Commission's Answer to the Written Parliamentary Question E-012243/2011, 1 March 2012: http://www.europarl.europa.eu/sides/getAllAnswers.do?reference=E-2011-012243&language=EN

zones morales"[37] —también en relación con el bienestar animal—. Esto queda especialmente claro con la introducción del artículo 13 del Tratado de Funcionamiento de la Unión Europea (TFUE) en 2009. En él, la UE reconoce a los animales como seres sensibles y se compromete a sí misma y a sus Estados miembros a tener plenamente en cuenta su bienestar a la hora de formular y aplicar las políticas de la Unión en determinados ámbitos clave, como la agricultura o la pesca. Si nos fijamos en la legislación secundaria de la UE, la mayoría de estas disposiciones legislativas se establecen para los animales terrestres "de granja".

Desde hace más de 40 años, la UE ha elaborado numerosas disposiciones legislativas para regular la tenencia, el transporte y el sacrificio de los animales de "granja" y, no menos importante, para mejorar sus condiciones de bienestar, empezando por la promulgación de la primera normativa comunitaria sobre la protección de los animales en los mataderos en 1974. A ésta le siguieron, entre otras, otras legislaciones de la UE sobre la protección de los animales durante el transporte (1977) y, por último, en 1998, la Directiva 98/58/CE del Consejo relativa a la protección de los animales en las explotaciones ganaderas[38]. Hoy en día, muchas de estas primeras leyes de la UE ya no son válidas debido a los nuevos conocimientos científicos adquiridos, sino que son revisadas o sustituidas por la nueva legislación de la UE. Aunque los animales acuáticos de "granja" han ocupado un segundo plano en el debate sobre el bienestar durante mucho tiempo, poco a poco "varios ciudadanos han expresado su preocupación por el bienestar animal en la piscicultura [y por ello] la Comisión Europea desea aclarar que la salud y el bienestar de los peces de piscifactoría son importantes para la acuicultura de la UE"[39]. Es positivo considerar el informe recientemente publicado por la Comisión

---

37 EU Commission (2017b) Animal Welfare in the European Union, cit., 30.

38 Por ejemplo, Council Regulation (EC) No 1/2005 on the protection of animals during transport, replacing Council directive 91/628/EEC of 19 November 1991/Council Regulation (EC) 1099/2009 on the protection of animals at the time of killing, replacing Council Directive 93/119/EC of 22 December 1993/N.B.: Council Directive 98/58/EC on the protection of animals kept for farming purposes has not been revised or adapted to newly gained scientific knowledge since its entry into force in 1998.

39 https://ec.europa.eu/fisheries/animal-welfare-eu-aquaculture_en

Europea sobre el bienestar de los peces durante el transporte y el sacrificio, que ya se había formalizado para su elaboración dentro de la estrategia de bienestar animal 2012-2015, lo que indica que el bienestar de los peces ha encontrado por fin su lugar en la agenda de la política de la UE. Sin embargo, queda por ver lo que esto significa realmente en la práctica para los peces "de piscifactoría", especialmente si se tiene en cuenta la recién reformada Política Pesquera Común (PPC) de la Unión Europea, en la que se buscan en vano disposiciones detalladas sobre el bienestar de los peces.

4. NORMAS INTERNACIONALES DE BIENESTAR ANIMAL-LA ORGANIZACIÓN MUNDIAL DE SANIDAD ANIMAL (OIE)

En 2001, los Países Miembros de la OIE reconocieron por primera vez la necesidad de mejorar el bienestar animal internacional al identificarlo como una prioridad en el Plan Estratégico de la OIE 2001-2005. Dado que la OIE ha sido líder en el establecimiento de normas mundiales de sanidad animal durante más de 70 años, y debido al estrecho vínculo existente entre la sanidad y el bienestar animal, la comunidad internacional otorgó a la OIE el mandato de "tomar la iniciativa en la elaboración de normas y directrices mundiales sobre prácticas de bienestar animal"[40]. Desde entonces, la OIE ha elaborado una serie de normas y recomendaciones sobre bienestar animal, la primera de las cuales se adoptó en el Código Sanitario para los Animales Terrestres de la OIE en 2005. A continuación, en 2008, la Asamblea Mundial de Delegados de la OIE adoptó también normas sobre el bienestar de los peces "de piscifactoría" en el Código Sanitario para los Animales Acuáticos de la OIE. Contiene, entre otros, principios generales así como recomendaciones especiales sobre el bienestar de los peces "de piscifactoría" durante el transporte y el sacrificio.

---

40 KAHN, S., VARAS, M., OIE animal welfare standards and the multilateral trade policy framework. OIE discussion paper (2014) 1. Véase: www.oie.int/fileadmin/Home/eng/Animal_Welfare/docs/pdf/Others/Animal_welfare_and_Trade/A_WTO_Paper.pdf

Al no ser un organismo de ejecución, la OIE "se basa en un sistema de conducta basado en el honor por parte de las autoridades oficiales responsables de la sanidad animal"[41]. En esencia, los códigos y normas de la OIE son recomendaciones sin carácter jurídico vinculante pero "basadas en el cumplimiento voluntario por parte de sus Miembros"[42]. Por consiguiente, al aceptar y adoptar los códigos de la OIE sobre sanidad y bienestar animal, cada miembro de la OIE se ha comprometido a cumplir estos principios y normas.

5. ETOLOGÍA, COGNICIÓN Y SENSIBILIDAD DE LOS PECES

Victoria Braithwaite y Lynne Sneddon han sido las principales defensoras de la notable sensibilidad y capacidad cognitiva de los peces[43], y fueron de las primeras en demostrar que los peces no reaccionan simplemente a los estímulos aversivos con reflejos, sino que de hecho experimentan dolor y miedo[44]. Con sus trabajos hicieron, entre otras, una importante contribución a una mejor comprensión de la vida interior de los peces, como se verá a continuación.

El dolor, que se define como "sensación y sentimiento aversivos asociados a un daño tisular real o potencial"[45], puede distinguirse en dos fases diferentes: la fase inconsciente, denominada nocicepción, y la fase consciente[46]. Mientras que la nocicepción describe simplemente la respuesta refleja automática del sistema nervioso a un estímulo negativo y nocivo (como la temperatura, la presión mecánica

---

41 http://www.fao.org/docrep/003/x7354e/X7354e06.htm

42 Ibid.

43 BRAITHWAITE, V.A. & DROEGE, P., Why human pain can't tell us whether fish feel pain. Animal Sentience 3/3 (2016) 1-2; SNEDDON, L.U., LEACH, M.C., Anthropomorphic denial of fish pain. Commentary on Key on Fish Pain. Animal Sentience 3/28 (2016) 1-4.

44 SNEDDON, L.U., BRAITHWAITE, V., GENTLE, M.J., Novel object test: examining nociception and fear in the rainbow trout. The Journal of Pain 4/8 (2003a) 431-440.

45 EFSA (2009) Scientific Opinion on general approach to fish welfare and to the concept of sentience in fish. The EFSA Journal 954, 12.

46 BRAITHWAITE, V., Do fish feel pain? (New York 2010) 44.

o los productos químicos), la segunda fase implica que la señal de dolor se transmite posteriormente a través de la médula espinal hasta el cerebro, donde se transpone a la sensación emocional y la experiencia del dolor[47].

En esencia, el individuo afectado adquiere conciencia cognitiva del dolor, lo que evidentemente puede desembocar en sufrimiento. Los peces no sólo poseen numerosos nociceptores que son necesarios para detectar estímulos negativos y están distribuidos por todo su cuerpo (especialmente alrededor de partes críticas como los ojos, la boca o las aletas), sino que también tienen las vías funcionales que transmiten la señal de dolor desde el nociceptor hasta el cerebro. Al igual que nosotros, los peces tienen fibras nerviosas A-delta y C-delta para la importante transferencia de estímulos dolorosos al cerebro[48].

Con este descubrimiento, finalmente la pregunta de si los peces tienen las características anatómicas para la detección del dolor fue respondida con un sí, entre otros, por Victoria Braithwaite y Lynne Sneddon en 2003[49]. También demostraron en experimentos con truchas arcoiris, a las que se trató con estímulos nocivos aversivos como vinagre ácido o veneno de abeja inyectado en los labios, que estos peces mostraban (1) reacciones fisiológicas como una aceleración de la frecuencia respiratoria y pérdida de apetito, que también son reacciones típicas al dolor en mamíferos (incluidos los humanos) y aves; (2) Los peces mostraron cambios en su comportamiento debido a la estimulación dolorosa, por ejemplo, los peces tratados con las sustancias químicas se frotaron la región labial inflamada contra el suelo del tanque, lo que indicaba que intentaban deshacerse de este estímulo doloroso, igual que hacemos nosotros cuando empezamos a rascarnos en picaduras de abeja; (3) Los experimentos mostraron un "deterioro de la capacidad cognitiva [de los peces] causado por la

---

47 Ibid, 44-45.

48 Ibid, 51-52.

49 SNEDDON, L.U., BRAITHWAITE, V., GENTLE, M.J., Do fishes have nociceptors? Evidence for the evolution of a vertebrate sensory system. Proceedings of the Royal Society of London Series B-Biological Sciences 270/1520 (2003b) 1115-1121.

estimulación nociva"[50], es decir, los peces tratados con las sustancias químicas estaban tan distraídos por el dolor que no eran capaces de mostrar un comportamiento normal de evitación de depredadores y de miedo cuando se exponían a objetos novedosos[51]. Además, sabemos por experiencia propia que bajo un fuerte dolor no somos capaces de concentrarnos en nada más y, por tanto, mostramos capacidades cognitivas mermadas, al igual que les ocurría a estos peces con dolor. Curiosamente, cuando los "peces de prueba" recibieron analgésicos volvieron a mostrar el mismo comportamiento normal de evitación que sus compañeros "no tratados" del grupo de control[52]. En otras palabras, al aliviarse del dolor debido a los analgésicos los peces ya no estaban "cegados por el dolor" sino que podían concentrarse de nuevo en el objeto novedoso y reaccionar en consecuencia[53]. Esto llevó a la conclusión de que los peces efectivamente perciben y sienten dolor.

Debido a sus diferentes respuestas conductuales —dependiendo de si los peces sentían dolor o recibían analgésicos— "deben ser cognitivamente conscientes y experimentar las experiencias negativas asociadas al dolor". Por lo tanto, los peces cumplen los criterios que —según la EFSA (2009)— son generalmente aceptados para conceder la capacidad de sentir dolor a los animales[54].

Según Lynne Sneddon, los peces que sienten dolor están —al igual que los mamíferos o las aves— incluso "dispuestos a pagar un coste para acceder a [un] alivio del dolor"[55]. Es decir, cuando

---

50 SNEDDON, L.U., Do painful sensations and fear exist in fish? Animal Suffering: From Science to Law. International Symposium (2013) 97; BRAITHWAITE, V., Do fish feel pain? cit., 46-74.

51 Como describe Lynne Sneddon (2013), inter alia, "fear stimuli are psychological threats to the survival of the whole animal and fear motivates the animal to make an appropriate defensive response such as freezing, hiding or fleeing." In so-called predator tests, animals are exposed to 'predator-like' shapes or other 'predator-like' stimuli such as odour in order to analyse their "fight or flight response" and measure the animals' fear. See: SNEDDON, L.U., Do painful sensations and fear exist in fish? cit., 100.

52 SNEDDON, L.U., Do painful sensations and fear exist in fish? cit., 69.

53 BRAITHWAITE, Do fish feel pain? cit., 69.

54 EFSA (2009), cit. 2-13.

55 SNEDDON, L.U., Do painful sensations and fear exist in fish? cit., 99.

se preguntaba a los peces dónde pasar preferentemente su tiempo, en circunstancias normales elegían una cámara más acogedora con enriquecimiento ambiental y posibilidad de interacción social. Pero cuando los mismos peces fueron sometidos a un estímulo nocivo y doloroso (como ácido acético inyectado subcutáneamente) han cambiado sus preferencias, permaneciendo en una cámara luminosa y estéril que contenía analgésicos en el agua pero ningún enriquecimiento ambiental o social. Los peces con dolor renunciaron a la cámara enriquecida más favorable para recibir un analgésico. Como dice Sneddon, "[e]sta es una prueba convincente de un componente afectivo negativo cuando los peces experimentan un acontecimiento doloroso", por lo que puede entenderse como otra prueba de la experiencia consciente y subjetiva del dolor en los peces[56]. En consecuencia, cuando sienten dolor de forma consciente, ¿no deberían ser capaces de sufrir también?

El sufrimiento, así como cualquier otro sentimiento, es siempre una experiencia subjetiva y personal y "ningún animal puede comunicarnos directamente su experiencia"[57]. Sin duda, no sólo para los peces sino para cualquier otra persona, es difícil describir científicamente cómo se siente el sufrimiento, el placer o cualquier otra emoción-lo mismo para definir la sintiencia o la consciencia. Sin embargo, cada vez hay más pruebas científicas de que los peces también tienen estas capacidades, y el hecho de que "a las experiencias mentales sólo puedan acceder realmente sus propietarios [sean animales humanos o no humanos] no las hace menos reales (...)"[58]. Aunque los peces carecen de un neocórtex similar al humano, aparentemente otras partes del cerebro de los peces parecen ser responsables del procesamiento de las emociones y la conciencia[59].

El 7 de julio de 2012, numerosos expertos internacionales en neurociencia firmaron la "Declaración de Cambridge sobre la conciencia", en la que afirman que "[l]a ausencia de un neocórtex no parece

---

56 Ibid. 99-100.

57 SNEDDON, L.U., LEACH, M.C., Anthropomorphic denial of fish pain, cit. 1

58 YUE COTTEE, S., Are fish the victims of 'speciesism'? A discussion about fear, pain and animal consciousness. Fish Physiology and Biochemistry (2012) 10.

59 EFSA (2009), cit., 18-19; BRAITHWAITE, Do fish feel pain? cit. 99 —102; YUE COTTEE, S., Are fish the victims of 'speciesism'? cit. 12-13.

impedir que un organismo experimente estados afectivos [sino que] las pruebas convergentes indican que los animales no humanos tienen los sustratos neuroanatómicos, neuroquímicos y neurofisiológicos de los estados conscientes junto con la capacidad de exhibir comportamientos intencionales"[60]. Por ejemplo, las aves también carecen de neocórtex, pero (por suerte) les permitimos ser seres sintientes. De hecho, "parecen ofrecer, en su comportamiento, neurofisiología y neuroanatomía, un caso sorprendente de evolución paralela de la consciencia"[61]; entonces, ¿por qué seguimos negando que los peces sean seres conscientes y sintientes?

Es probable que las experiencias subjetivas de los peces que forman su mundo interior (*Umvelt*)[62] sean muy diferentes de las nuestras, debido a una vía evolutiva divergente. Además de los cinco sistemas sensoriales que los humanos compartimos con los peces, estos animales también presentan sentidos que nos son completamente ajenos, por ejemplo, la detección hidrodinámica, eléctrica o magnética[63]. La integración central de tales estímulos combinada con la vida en el medio acuático, muy diferente de la vida en tierra, da como resultado mundos sensoriales extremadamente ricos para los peces, que no sólo difieren de una especie a otra, sino que también representan un reto para la percepción humana. Además, esta distancia entre la *Umvelt* de los humanos y la de los peces crea una barrera que dificulta el establecimiento de la empatía, un requisito esencial para la compasión.

---

60 The Cambridge Declaration on Consciousness. Publicly proclaimed Philip Low, David Edelman and Christof Koch at the Francis Crick Memorial Conference on Consciousness in Human and non-Human Animals, at Churchill College, University of Cambridge, UK on 7 July 2012 (2012) Online accessible: http://fcmconference.org/img/CambridgeDeclarationOnConsciousness.pdf

61 Ibid.

62 BETHOZ, A., Neurobiology of "Umwelt": How Living Beings Perceive the World. Springer Science & Business Media (2008) 161.

63 Véase: SARAIVA, J.L., CASTANHEIRA, M.F., ARECHAVALA-LÓPEZ, P., VOLSTORF, J., STUDER, B.H., Domestication and Welfare in Farmed Fish. In Animal Domestication. IntechOpen (London 2018); BROWN, C., Fish intelligence, sentience and ethics. Anim Cogn 18 (2015) 1-17. https://doi.org/10.1007/s10071-014-0761-0

Al mismo tiempo, puede parecer paradójico para la percepción pública que animales tan diferentes puedan depender de los mismos mecanismos básicos que regulan el dolor, la cognición y la sensibilidad. Sin embargo, la abrumadora evidencia hacia la existencia de capacidades mentales avanzadas en los peces debería bastar para otorgarles la misma protección ética y legal que a cualquier otro vertebrado[64].

Se han realizado notables observaciones de peces tanto en el laboratorio como en su entorno natural, que demuestran sus grandes capacidades cognitivas:

a) Memoria y aprendizaje

La imagen popular de los peces y su "memoria de tres segundos" se está desvaneciendo, afortunadamente, debido a la abrumadora cantidad de investigaciones y divulgación sobre su excelente uso de la memoria. De hecho, muchos peces tienen una memoria social extraordinaria y son capaces de reconocer a individuos coespecíficos y heteroespecíficos, y hacer un uso estratégico de esa información. Muchas especies de peces también son excelentes en la navegación, con una memoria espacial muy desarrollada[65].

b) Cooperación

---

64 SARAIVA, J.L., CASTANHEIRA, M.F., ARECHAVALA-LÓPEZ, P., VOLSTORF, J., STUDER, B.H., Domestication and Welfare in Farmed Fish. In Animal Domestication. IntechOpen (London 2018).También, BROWN, C. Fish intelligence, sentience and ethics. Anim. Cogn. 18 (2015) 1-17. https://doi.org/10.1007/s10071-014-0761-0

65 GRIFFITHS, S.W., Learned recognition of conspecifics by fishes. Fish and Fisheries 4/3 (2003) 256-268; TEBBICH, S., BSHARY, R., GRUTTER, A., Cleaner fish Labroides dimidiatus recognise familiar clients. Animal Cognition 5/3 (2002) 139-145; AIRES, R. F., OLIVEIRA, G. A., OLIVEIRA, T. F., ROS, A. F., OLIVEIRA, R. F., Dear enemies elicit lower androgen responses to territorial challenges than unfamiliar intruders in a cichlid fish. PloS one 10/9 (2015); BSHARY, R., Machiavellian intelligence in fishes. Fish cognition and behavior (2011) 277-297; BROWN, C., Familiarity with the test environment improves escape responses in the crimson spotted rainbowfish, Melanotaenia duboulayi. Animal Cognition 4/2 (2001) 109-113.

Se ha demostrado que varios peces tienen estrategias de cooperación, tanto con congéneres como con otras especies: el caso más famoso de cooperación interespecífica es probablemente el de los meros y las morenas que depredan juntos y coordinados en los arrecifes de coral del Mar Rojo[66].

c) Autoconciencia

La conciencia es un concepto muy amplio e incluye la sensibilidad, la inteligencia y el conocimiento. Puede definirse como la conciencia de los estímulos internos y externos al tiempo que se tiene cierto sentido del yo y de la autocontextualización. Aunque se han demostrado algunas formas de autoconciencia en peces que pueden no requerir una conciencia de alto orden, un estudio reciente ha planteado la posibilidad de que algunos peces puedan incluso ser autoconscientes, una capacidad de la que sólo se había informado anteriormente para los mamíferos y unas pocas especies de aves[67].

d) Los peces tienen estados emocionales

Se ha demostrado que los peces tienen estados similares a los emocionales. Por ejemplo, un experimento con doradas, una de las especies de peces más cultivadas en la acuicultura de la

---

66 TABORSKY, M., Sneakers, satellites, and helpers: parasitic and cooperative behavior in fish reproduction. Advances in the Study of Behavior 23/1 (1994) e100; BSHARY, R., HOHNER, A., AIT-EL-DJOUDI, K., FRICKE, H., Interspecific communicative and coordinated hunting between groupers and giant moray eels in the Red Sea. PLoS biology 4/12 (2006).

67 BROWN, C. Fish intelligence, sentience and ethics. Anim. Cogn. 18 (2015) 1-17. https://doi.org/10.1007/s10071-014-0761-0; CHANDROO, K.P., YUE, S., MOCCIA, R.D., An evaluation of current perspectives on consciousness and pain in fishes. Fish Fish 5 (2004) 281-295; OLIVEIRA, R. F., MCGREGOR, P. K., LATRUFFE, C., Know thine enemy: fighting fish gather information from observing conspecific interactions. Proceedings of the Royal Society of London. Series B: Biological Sciences, 265/1401 (1998) 1045-1049; SARAIVA, J.L., KELLER-COSTA, T., HUBBARD, P.C., RATO, A., CANÁRIO, A.V., Chemical diplomacy in male tilapia: urinary signal increases sex hormone and decreases aggression. Scientific reports 7/1 (2017) 1-9; KOHDA, M., HOTTA, T., TAKEYAMA, T., AWATA, S., TANAKA, H., ASAI, J.Y., JORDAN, A.L., If a fish can pass the mark test, what are the implications for consciousness and self-awareness testing in animals? PLoS biology, 17/2 (2019).

UE, integró datos conductuales, endocrinos y neurofisiológicos para concluir que en esta especie se dan estados mentales correspondientes a ansiedad/miedo, depresión/tristeza, excitación/felicidad y calma/relajación, de forma similar a los vertebrados superiores. Estos estados emocionales en los peces son funcionales, ya que proporcionan mecanismos correctos de valoración, flexibilidad y respuesta que, en última instancia, mejoran su aptitud. Además, y a pesar de que la investigación se ha centrado en los estados negativos, también existen pruebas de la provocación de estados mentales positivos en los peces, lo que abre el camino a normas de bienestar y estrategias de evaluación positivas para estos animales[68].

En conclusión, todas estas observaciones descritas anteriormente aportan claramente pruebas contundentes de que los peces son seres sintientes cognitivamente desarrollados. Aunque la mayoría de estos ejemplos muestran otras especies distintas de las que suelen criarse en piscifactorías, demuestran de forma impresionante la gran capacidad de los peces, por ejemplo, para resolver problemas, comunicarse entre sí y expresar sus intenciones y, por último, pero no por ello menos importante, para experimentar dolor, como se demostró en los primeros experimentos de Braithwaite y Sneddon. De hecho, estos experimentos se examinaron con individuos de trucha arcoiris, que es una de las especies de peces más comúnmente "cultivadas" en la UE[69]. A pesar de que la ciencia sigue sin poder explicar plenamente todos los procesos implicados en la experiencia emocional de los peces, "el principio de precaución dicta que debemos conceder el

---

68 CERQUEIRA, M., MILLOT, S., CASTANHEIRA, M.F. et al. Cognitive appraisal of environmental stimuli induces emotion-like states in fish. Sci Rep 7 (2017) 13181. https://doi.org/10.1038/s41598-017-13173-x; BRAITHWAITE, V.A., HUNTINGFORD, F., VAN DEN BOS, R. Variation in Emotion and Cognition Among Fishes. J. Agric. Environ. Ethics 26 (2013) 7-23. https://doi.org/10.1007/s10806-011-9355-x; FIFE-COOK, I., FRANKS, B., Positive Welfare for Fishes: Rationale and Areas for Future Study. Fishes 4/2 (2019) 31. MDPI AG. Retrieved from http://dx.doi.org/10.3390/fishes4020031

69 De acuerdo a las estimaciones de la Comisión Europea "~1000 million of rainbow trout individuals are farmed only in the EU". EU Commission (2017b). Animal Welfare in the European Union, cit., 49).

beneficio de la duda a los peces"[70]. Por lo tanto, ya es hora de superar "la opinión errónea de que los [p]eces tienen poca conciencia o capacidad cognitiva"[71] y concederles por fin la protección que merecen como "seres sintientes", como tales también los reconoce la UE en el artículo 13 del TFUE desde 2009.

Pero, ¿cómo se manifiesta este reconocimiento en la legislación secundaria de la UE y en su aplicación práctica? Si nos fijamos en los peces "de piscifactoría" y su enorme número de individuos implicados en la producción acuícola, ¿qué estatus de protección legal se les concede de hecho y cómo se respetan en las leyes de protección animal de la UE durante sus diferentes etapas de "producción"? La siguiente sección sexta tratará de arrojar luz al respecto, también con referencia a las normas internacionales de la OIE sobre el bienestar de los peces.

6. COMPARACIÓN DE LA LEGISLACIÓN DE LA UE CON EL CÓDIGO SANITARIO PARA LOS ANIMALES ACUÁTICOS DE LA OIE EN RELACIÓN CON EL BIENESTAR DE LOS PECES

6.1. Cría de peces "de piscifactoría

6.1.1. Preocupaciones específicas sobre el bienestar animal y opinión científica

Al igual que los animales "de granja" terrestres, también los peces se crían, reproducen y engordan bajo una gran variedad de sistemas de cría y "producción" en todo el mundo, y también en la Unión Europea. De este modo, los peces "de piscifactoría" constituyen el grupo más explotado y diverso entre los animales "de granja", incluyendo numerosas especies de peces de aleta e innumerables individuos de peces. Por ejemplo, sólo en la UE se crían actualmente ~1000 millones de individuos de trucha y ~440 millones de individuos de salmón atlántico[72].

---

72 EU Commission (2017b) Animal Welfare in the European Union, cit., 49.

Como se describe en la sección segunda de este manuscrito, el tipo de cría no sólo depende de la especie de pez (marino frente a agua dulce), la edad y la fase de vida respectivamente, sino también de si se crían en régimen de producción intensiva o extensiva en sistemas de aguas cerradas, recirculadas o abiertas. Por consiguiente, es plausible que para las diferentes especies de peces "[d]iferentes sistemas de producción requieran diferentes medidas para controlar los riesgos para el bienestar (...)"[73] con el fin de garantizar un buen estado de bienestar para los peces. Es muy importante tener esto en cuenta, ya que los peces "de piscifactoría" están expuestos a numerosos riesgos durante el proceso de cría, algunos de los cuales se ilustrarán a continuación:

a) Enfermedades en los peces "de piscifactoría". Uno de los principales y probablemente más "populares" problemas de bienestar en la acuicultura de peces de aleta es la amplia y frecuente aparición de enfermedades (infecciosas), que han aumentado debido a la intensificación de los sistemas de cría de peces, al igual que había sucedido con los animales terrestres en la cría intensiva. Es decir, las razones de los brotes de enfermedades son múltiples, pero a menudo pueden estar relacionadas con unas condiciones medioambientales y una gestión deficientes, así como con el aumento del estrés en los peces[74]. Existe una gran diversidad de enfermedades infecciosas y no infecciosas que van desde las fúngicas, bacterianas y víricas hasta las parasitarias[75], y que pueden provocar fácilmente "un aumento del nivel de mortalidad en una población"[76]. Un ejemplo famoso son

---

[73] EFSA (2008a) Scientific Opinion of the Panel on Animal Health and Welfare on a request from the European Commission on Animal welfare aspects of husbandry systems for farmed Atlantic salmon. The EFSA Journal 736, 31.

[74] EFSA (2008b) Scientific Opinion of the Panel on Animal Health and Welfare on a request from the European Commission on animal welfare aspects of husbandry systems for farmed fish: carp. The EFSA Journal 843, 15.

[75] EFSA (2008a), cit., 21-23; EFSA (2008b), cit., Annex I, 43-9; EFSA (2008c) Scientific Opinion of the Panel on Animal Health and Welfare on a request from the European Commission on animal welfare aspects of husbandry systems for farmed European seabass and Gilthead seabream. The EFSA Journal 844, 14-16; Chapter 1.3. article 1.3.1. of OIE Aquatic Animal Health Code for diseases listed for fishes by OIE.

[76] WALL, T., Disease and Medicines-the Welfare Implications. In BRANSON, E.J. (Ed.) Fish Welfare (Oxford 2008) 195.

los brotes de piojos de mar en los salmones "criados en el mar". Esos copépodos ectoparásitos (llamados piojos de mar) pueden dañar gravemente el tejido superficial de los salmones infectados, lo que obviamente se traduce en un sufrimiento y, consecuentemente, una disminución de bienestar para cada pez[77]. Pero también otras especies como la trucha o la carpa pueden ver seriamente mermado su bienestar debido a numerosas enfermedades por lo que "aquellas enfermedades con efectos crónicos, a menudo subclínicos, son a menudo las de mayor importancia para el bienestar"[78], simplemente debido al curso prolongado y no detectado de la enfermedad. A pesar de los "importantes riesgos para el bienestar"[79] debidos a la enfermedad en sí, en este contexto surge otro factor de riesgo para el bienestar de los peces, a saber, la "grave falta de medicamentos veterinarios disponibles autorizados para su uso en peces de piscifactoría"[80]. Es decir, el tratamiento adecuado de los peces enfermos es a menudo limitado, lo que a su vez aumenta los efectos de un bienestar deficiente para ellos[81].

---

77 EFSA (2008a), cit., 22; N.B.: Not least due to increased drug resistance issues, new methods have been developed to combat parasites in 'farmed' fishes, e.g. by using cleaner fishes like lumpfish and wrasses. However, these fishes also have specific animal welfare needs, which are apparently not met to a satisfying extent according to reports of high mortality. Followingly, these cleaner fishes used in aquaculture also must be protected to a sufficient level by EU legislation. There are no figures available on EU level regarding the numbers of cleaner fish individuals used but, for example, for Norway as main salmon producer in Europe ~32 million cleaner fishes were put in sea cages, in 2016 alone. See: 3rd EU Platform Meeting on 21 June 2018, Presentation by Bente Bergensen Norwegian Food Safety Authority, https://webcast.ec.europa.eu/3rd-meeting-of-the-platform-on-animal-welfare, 22.06.2018 (from 04:28:00),

78 EFSA (2008b), cit. 14.

79 Ibid, 15.

80 EFSA (2009h) Statement of EFSA prepared by the AHAW Panel on: knowledge gaps and research needs for the welfare of farmed fish. The EFSA Journal 1145, 4.; N.B.: "Over the last years there has been a significant reduction in the numbers of medicines available for use in aquaculture. (...) The reasons for the low numbers of medicines available are many and complicated. The cost of maintaining a licence, consumer safety issues and environmental considerations are some of the entirely valid reasons for loss of fish medicines." (see WALL, T., Disease and Medicines-the Welfare Implications, cit., 196-197).

81 BERGQVIST, J., GUNNARSSON, S., Finfish Aquaculture, cit., 79.

b) Condiciones ambientales (abióticas). Los peces están en estrecho contacto fisiológico con el medio que les rodea, especialmente a través de sus branquias y su piel. Por ello, la calidad del agua, incluido, por ejemplo, el contenido de oxígeno, la temperatura y otros factores abióticos, desempeña un papel vital no sólo para satisfacer las necesidades fisiológicas de los peces, sino también para contribuir a su bienestar. Como afirma la EFSA, la calidad del agua es esencial para el bienestar de los peces y se han reconocido varios efectos perjudiciales de la mala calidad del agua en la salud de los peces. Sin embargo, las condiciones ambientales óptimas varían significativamente entre las distintas especies. Por ejemplo, unos niveles elevados de oxígeno disuelto son esenciales para el bienestar (y la supervivencia) de la trucha, así como para el salmón del Atlántico, mientras que las carpas soportan mucho mejor unos niveles bajos de oxígeno, tanto más sorprendente cuanto que en las carpas el bajo nivel de oxígeno es la causa más importante de mortalidad (...) en todas las etapas de la vida[82].

Aunque el oxígeno es uno de los factores más críticos, hay muchos más que influyen en el bienestar de los peces, como la concentración de amoníaco, dióxido de carbono, nitrito o metales pesados en el agua, que pueden resultar tóxicos para ellos. Por ejemplo, las concentraciones subletales de amoníaco pueden dañar las branquias y también deteriorar la función inmunitaria, lo que aumenta la susceptibilidad a las enfermedades infecciosas. Asimismo, el desarrollo de las larvas y los peces jóvenes puede verse afectado negativamente, provocando trastornos del desarrollo, deformidades e incluso la muerte. En este contexto, la temperatura del agua desempeña otro papel importante, así como el periodo y la intensidad de la luz a la que están expuestos los peces jóvenes. Además, el caudal de agua y las tasas de intercambio, respectivamente, así como las densidades

---

82 EFSA (2008c), cit., 14. 108 EFSA (2008a), cit. 10; EFSA (2008d) Scientific Opinion of the Panel on Animal Health and Animal Welfare on a request from the European Commission on the Animal welfare aspects of husbandry systems for farmed trout. The EFSA Journal 796, 11; EFSA (2008a), cit., 12. 111 EFSA (2008b), Scientific Opinion of the Panel on Animal Health and Welfare on a request from the European Commission on animal welfare aspects of husbandry systems for farmed fish: carp, cit. 11.

de población afectan a la calidad del agua y, por tanto, al bienestar de los peces. También se ha informado de que factores ambientales como el ruido y las vibraciones en el agua afectan negativamente a algunas especies de peces[83].

c) Densidad de repoblación. La densidad de población tiene una influencia crucial en el bienestar de los peces "de piscifactoría". Pero debido a la gran variedad de peces 'utilizados' en los distintos sistemas de acuicultura, depende mucho de las necesidades específicas de cada especie. Por ejemplo, algunas especies de peces que viven de forma natural en grandes grupos sociales y bancos pueden preferir vivir con más compañeros, mientras que "los peces que viven en solitario pueden estresarse y volverse agresivos en altas densidades (...)"[84]. Además, el espacio disponible y las condiciones ambientales, como la capacidad de carga del agua, también deben tenerse en cuenta a la hora de evaluar la densidad de población óptima. Al igual que en el caso de los animales terrestres de "granja", también en los peces de "piscifactoría" se han registrado agresiones intraespecíficas que "(...) pueden causar un bienestar deficiente, provocando por ejemplo daños en las aletas y un acceso reducido a los alimentos"[85]. Especialmente en el caso del salmón y la trucha, se ha informado de que la masticación de aletas es principalmente el resultado de una alta densidad de población. Las aletas no sólo son esenciales para el movimiento, sino que los daños en las aletas pueden provocar infecciones bacterianas secundarias [que en ocasiones] llegan a ser tan graves que es necesario sacrificar cohortes enteras de peces. Aparte

---

83 EFSA (2008a), cit., 10-14; BRANSON, E.J., TURNBULL, T., Welfare and Deformities in Fish. In BRANSON, E.J. (Ed.) Fish Welfare (Oxford 2008) 202-216; EFSA (2008d), Scientific Opinion of the Panel on Animal Health and Animal Welfare on a request from the European Commission on the Animal welfare aspects of husbandry systems for farmed trout., cit., Annex I, 39; EFSA (2008b), cit., 11; EFSA (2008e) Scientific Opinion of the Panel on Animal Health and Welfare on a request from the European Commission on Animal Welfare Aspects of Husbandry Systems for Farmed European Eel. The EFSA Journal 809, 8.

84 EFSA (2008e) Scientific Opinion of the Panel on Animal Health and Welfare on a request from the European Commission on Animal Welfare Aspects of Husbandry Systems for Farmed European Eel. The EFSA Journal 809, 8.

85 2 EFSA (2008d), cit., 3.

de eso, las aletas masticadas causan dolor a los respectivos peces, ya que las aletas son un tejido sensible[86].

d) Alimentación de los peces. Un suministro suficiente de alimento adecuado es un pilar importante no sólo para alcanzar tasas de crecimiento óptimas, sino ante todo para garantizar el bienestar de los peces "de piscifactoría", y esto ya desde el principio, ya que "una formulación inadecuada del alimento y problemas de calidad pueden inducir deformidades larvarias y un crecimiento deficiente"[87], causando así, obviamente, un bienestar deficiente. Como se informó en el caso de la dorada, por ejemplo, hay dificultades para encontrar piensos adecuados, en consecuencia, la EFSA evaluó "la formulación inadecuada de los piensos [como] un peligro altamente puntuado para una serie de etapas de la vida y en todos los sistemas de producción"[88].

Además, los métodos de alimentación adecuados son importantes para garantizar que todos los individuos puedan obtener una cantidad suficiente de alimento y para reducir el comportamiento agresivo entre los individuos. Pero también debe evitarse sobrealimentar a los peces, ya que de nuevo podría resultar en un bienestar deficiente, puesto que los restos de comida podrían determinar la calidad del agua, y podrían producirse impactos negativos en la salud de los peces "debido a la sobrecarga de lípidos en órganos como el hígado"[89]. Además de estos aspectos "técnicos", es esencial para el bienestar de los peces tener en cuenta su comportamiento alimentario específico para cada especie, que se tratará con más detalle en el aspecto de las "necesidades de comportamiento", más adelante en esta sección.

e) Cría y selección genética. La cría de peces es un campo muy complejo que contiene muchos factores de riesgo y que fácilmente da lugar a un bienestar deficiente de los peces. Por ejemplo, ya en la fase de incubación de los huevos de los peces se produce un pro-

---

86 EU Commission (2017b) Animal Welfare in the European Union, cit., 50; BRAITHWAITE, V., Do fish feel pain? cit., 160; EU Commission (2017b) Animal Welfare in the European Union, cit., 50.

87 EFSA (2008c), cit., 12.

88 Ibid, 21.

89 EFSA (2008d), cit., 14.

blema común debido a una temperatura de incubación inadecuada, con el resultado de deformidades y otras anomalías fisiológicas en las larvas de los peces[90]. Si los programas de cría no están bien estructurados, también puede producirse endogamia, lo que de nuevo aumenta el riesgo de trastornos del desarrollo y deformidades en los peces jóvenes. Sin embargo, como en cualquier otro sector de los animales de "granja", también en la acuicultura los peces se crían selectivamente centrándose principalmente en "(…) el crecimiento rápido, la maduración sexual tardía, la mejora de la calidad de la cosecha y la resistencia a las enfermedades"[91]. Para reducir las agresiones intraespecíficas y evitar los cruces entre las poblaciones de peces "de piscifactoría" y salvajes, se intenta conseguir "poblaciones exclusivamente femeninas"[92], es decir, que sólo se críen peces hembra para la producción de carne, por ejemplo, utilizando "peces triploides" que son funcionalmente estériles. Pero, como se ha informado en el caso de los salmones triploides, éstos "(…) son más propensos a desarrollar trastornos de la producción, como cataratas lenticulares y deformidades de la columna vertebral, y son más sensibles a los ambientes extremos en comparación con los salmones diploides normales"[93].

En algunas especies de peces "de piscifactoría", la cría "con éxito" aún no es posible en cautividad y con fines comerciales, como es el caso del atún y la anguila. Es decir, los atunes y las anguilas que viven originalmente en libertad se capturan en la naturaleza para engordarlos y sacrificarlos en granjas acuícolas de la UE. Se sabe poco sobre el impacto en el bienestar, pero es probable que resulte negativo, ya que estos peces salvajes no domesticados "pueden no estar adapta-

---

90 BRANSON, E.J., TURNBULL, T., Welfare and Deformities in Fish, cit., 202-216; NOBLE, C., CANON JONES, H.A., DAMSGARD, B., FLOOD, M.J., MIDLING, K., ROQUE, A., SAETHER, B., YUE, S. (2012) Injuries and deformities in fish: their potential impacts upon aquacultural production and welfare. In VAN DE VIS, H., KIESSLING, A., FLIK, G., MACKENZIE, S. (Eds.) Welfare of Farmed Fish in Present and Future Production Systems. Springer Science+Business Media (Dordrecht. 1st ed. 2012) 67-89.

91 EFSA (2008a), cit., 21; EFSA (2008d), cit., 4; BERGQVIST, J., GUNNARSSON, S., Finfish Aquaculture, cit., 78.

92 EFSA (2008a), cit., Annex I, 56.

93 Ibid. También, NOBLE, et al., Injuries and deformities in fish, cit. 72-73).

dos a las condiciones de cría"[94], por no mencionar el impacto en las poblaciones de peces salvajes cuando se capturan regularmente crías y juveniles sin darles la posibilidad de reproducirse[95].

f) Prácticas de manipulación. En la piscicultura, hay muchas prácticas y procedimientos de manipulación infligidos a los peces de forma rutinaria que "pueden provocar lesiones, estrés y una mayor incidencia de enfermedades (…)"[96]. Entre otras cosas, los peces "de piscifactoría" se manipulan para clasificarlos por tamaños entre sus diferentes etapas de vida. Es decir, en determinados intervalos se separan según su tamaño, sexo o estado de madurez en diferentes grupos. La clasificación se considera importante en la gestión de la cría, especialmente durante las etapas de vida de los juveniles "ya que impide el desarrollo de la agresividad y el canibalismo (…)"[97], pero también impone un estrés extremo y riesgo de lesiones (de piel, escamas u otros tejidos) a los peces cuando son capturados, manipulados y sacados del agua. Por lo tanto, "[l]os sistemas de manipulación deben configurarse para reducir al mínimo el tiempo que los peces están fuera de los tanques o jaulas, para garantizar que se mantiene una calidad suficiente del agua y para minimizar el estrés"[98]. La manipulación posterior implica programas de vacunación, transporte en la granja y transferencia de los peces a diferentes tanques o jaulas.

En el caso de los peces "reproductores", se manipulan adicionalmente para la extracción de huevos y esperma, que a menudo se realiza manualmente. Es decir, presionando manualmente sobre su abdomen, los peces 'reproductores' liberan sus huevos y esperma respectivamente. Obviamente, este "desove" artificial fuera del agua provoca un estrés extremo de manipulación y riesgo de daños físicos para los peces[99]. Por ello, la EFSA afirma que "los reproductores deben manipularse con el máximo cuidado y bajo anestesia para minimizar los daños físicos y el estrés" y recomienda, por ejemplo para

---

94 EFSA (2009h), cit. 7.

95 EFSA (2008e), cit., 7.

96 EFSA (2008a), cit., 19.

97 EFSA (2008c), cit., 13.

98 EFSA (2008a), cit., 2.

99 EFSA (2008c), cit., Annex I p. 46; EFSA (2008b), cit., 41, 80.

los machos de salmón, "un único stripping seguido del sacrificio" debido a la grave intervención en la integridad de los peces[100].

g) Necesidades de comportamiento. Probablemente, el comportamiento de los peces y las necesidades conductuales que tiene cada uno de ellos son todavía lo menos estudiado y comprendido en piscicultura, pero, sin embargo, "el comportamiento (...) es un elemento clave del bienestar de los peces"[101]. Hasta la fecha, la investigación se ha centrado principalmente en cómo evitar condiciones negativas y un bienestar deficiente, pero la pregunta sobre el bienestar y lo que realmente necesita un pez para prosperar en su entorno aún está por responder.

Al igual que los animales terrestres de "granja", los peces muestran una gran variedad de comportamientos que pueden verse fácilmente perjudicados por el sistema de cría respectivo. Y al igual que los animales de "granja" terrestres, los peces "de piscifactoría" también muestran comportamientos anómalos y estereotipias, que están relacionados con un bienestar deficiente ya que claramente "(...) el desarrollo de estereotipias surge como respuesta a la frustración, la incomodidad o un conflicto de motivación"[102]. Por ejemplo, algunas especies de peces llevan a cabo una natación anormal y estereotipada como se identificó, entre otros, en el caso del salmón atlántico que formaba bancos circulares atípicos en jaulas, o el fletán atlántico que mostraba bucles estereotipados en la natación vertical en altas densidades de población y debido a una alimentación inadecuada. El fletán es un pez plano que se alimenta normalmente en el fondo, pero si sólo se le proporcionan gránulos de comida flotantes en condiciones de cría, se le impide expresar su comportamiento normal

---

100 EFSA (2008a), cit., 19.

101 MARTINS, C.I.M., GALHARDO, L., NOBLE, C., DAMSGARD, B., SPEDICATO, M.T., ZUPA, W., BEAUCHAUD, M., KULCZYKOWSKA, E., MASSABUAU, J.-C., CARTER, T., PLANELLAS, S.R., KRISTIANSEN, T., Behavioural indicators of welfare in farmed fish. In: VAN DE VIS, H., KIESSLING, A., FLIK, G. & MACKENZIE, S. (Eds.) Welfare of Farmed Fish in Present and Future Production Systems. Springer Science+Business Media (Dordrecht. 1st ed. 2012) 21.

102 MARTINS et al., Behavioural indicators of welfare in farmed fish, cit., 24.

de búsqueda de alimento y, por tanto, puede llegar a sufrir estrés crónico que, a su vez, se refleja en un nado estereotipado[103].

Dado que "los peces de cría intensiva se mantienen en condiciones muy estandarizadas, lo que a menudo significa una falta total de enriquecimiento"[104], su libertad para expresar un comportamiento exploratorio está obviamente restringida, si no es que es completamente imposible. Por ejemplo, se ha observado que los bacalaos "de piscifactoría" muerden y mastican las redes de las jaulas cuando están confinados sin ningún material de enriquecimiento. Asimismo, teniendo en consideración que "el bacalao pasa de forma natural gran parte de su tiempo cerca del fondo marino manipulando algas y otras cosas con la boca", este "comportamiento de manipulación de las redes"[105] es probablemente el resultado de su motivación insatisfecha por explorar un entorno rico. Debido a la falta de enriquecimiento ambiental, los peces "de piscifactoría" también ven comprometida la expresión de otras necesidades conductuales, como la construcción de nidos o el comportamiento normal de desove. En este contexto, se ha informado de que los machos de tilapia de Mozambique "de piscifactoría" construyen nidos de desove al vacío cuando se les mantiene sin el sustrato adecuado para que puedan cumplir su comportamiento natural.

El comportamiento social, así como la interacción intra e interespecífica entre los peces, depende de los sistemas de cría y, a menudo, la composición de los individuos de un grupo se modifica debido a prácticas de gestión como la clasificación por tamaños o la selección. Esto puede aumentar la tensión social dentro de los nuevos grupos, ya que las jerarquías deben combatirse en consecuencia. Especialmente en condiciones de cría en las que otros factores como el espacio, la alimentación o la calidad del agua no satisfacen las necesidades de los peces, comportamientos agresivos como la mordedura de aletas entre los individuos pueden convertirse en un grave problema de bienestar[106].

Debido al confinamiento, los peces "de piscifactoría" se ven obligados a adaptar su comportamiento natatorio, entre otras cosas, al

[103] Ibid. 32-36.
[104] Ibid., 36.
[105] BRAITHWAITE, V., Do fish feel pain? 158.
[106] MARTINS et al., Behavioural indicators of welfare in farmed fish, cit., 27-36.

diseño y tamaño de la jaula y a la densidad de población[107]. Por ello, en los sistemas de cría actuales, a menudo no pueden expresar su comportamiento natatorio normal, a pesar de que éste desempeña un papel esencial para los peces, ya que "está íntimamente ligado a su capacidad para desarrollarse, sobrevivir, crecer y reproducirse con éxito"[108]. Por consiguiente, debe tenerse muy en cuenta en los sistemas de cría para garantizar que los peces puedan satisfacer sus necesidades de comportamiento. Desde este punto de vista, también debe plantearse la cuestión de cómo las especies migratorias como el salmón, la anguila o el atún, que de forma natural realizan largos viajes a lo largo de su ciclo vital, se ven afectadas en su bienestar y estado mental al ser confinadas. Aún no se ha obtenido una respuesta clara, pero sin embargo hasta el día de hoy se capturan atunes o anguilas salvajes para su posterior engorde en granjas[109].

h) Conclusión. La correcta gestión de las piscifactorías es más que un reto, ya que múltiples factores afectan a los distintos individuos y especies de peces de diferentes maneras. Además, debido al gran número de peces criados es prácticamente imposible reconocer y controlar a cada individuo para garantizar su bienestar individual. Muchas de las prácticas de cría que se llevan a cabo de forma rutinaria entrañan un alto riesgo de imponer estrés, lesiones y sufrimiento a cada uno de los peces. Por lo tanto, es esencial que sólo personal experimentado y altamente capacitado sea responsable de los peces y de su bienestar.

6.1.2. Recomendaciones de la OIE relativas a la protección de los peces "de piscifactoría" durante la cría

El Código Sanitario para los Animales Acuáticos de la OIE no ofrece ninguna recomendación sobre la protección de los peces "de piscifactoría" durante su cría. El capítulo 7 sobre el bienestar de los

---

107 EFSA (2008a), cit., 9.

108 PALSTRA, A.P., PLANAS, J.V., TAKLE, H., THORARENSEN, H., The Implementation of Swimming Exercise in Aquaculture to Optimise Production. Aquaculture Europe 40/1 (2015) 20.

109 HUNTINGFORD, F.A., KADRI, S., Welfare and Fish. In: BRANSON, E.J. (Ed.) Fish Welfare (Oxford 2008) 20.

peces "de piscifactoría" sólo contiene consejos detallados sobre el transporte, el aturdimiento y la matanza de peces para el consumo humano y con fines de control de enfermedades. Sin embargo, en su sección introductoria 7.1. se afirma, entre otras cosas, que "[l] os requisitos básicos para el bienestar de los peces de piscifactoría incluyen métodos de manipulación adecuados a las características biológicas de los peces y un entorno adecuado para satisfacer sus necesidades".

6.1.3. Legislación de la UE sobre la protección de los peces "de piscifactoría" durante la cría

a) Directiva 98/58/CE del Consejo, de 20 de julio de 1998, relativa a la protección de los animales en las explotaciones ganaderas

La Directiva 98/58/CE establece las normas sobre las condiciones de bienestar de los animales "de granja" en la Unión Europea. Dichas normas representan los estándares mínimos bajo los cuales se permite criar y mantener a los animales de "granja" en las explotaciones, tal y como establece claramente el artículo 1 de la Directiva. Según la definición del artículo 2, los peces "de piscifactoría" deben incluirse en la Directiva. Sin embargo, sólo debe aplicárseles el artículo 3, en el que se obliga a los Estados miembros de la UE a "garantizar que los propietarios o criadores tomen todas las medidas razonables para asegurar el bienestar de los animales bajo su cuidado y para garantizar que no se cause a dichos animales ningún dolor, sufrimiento o lesión innecesarios" (art. 4). Explícitamente, los peces quedan excluidos del artículo 4 y del anexo en el que se establecen más requisitos sobre las condiciones de cría de los animales.

En cuanto al cumplimiento de la Directiva 98/58/CE, el artículo 6 exige que los controles oficiales sean realizados por las autoridades competentes de cada Estado miembro. Además, "siempre que la aplicación uniforme de los requisitos de la presente Directiva lo haga necesario (…)", la Comisión de la UE puede tomar medidas adicionales para "comprobar que los Estados miembros cumplen dichos requisitos" y "realizar controles sobre el terreno para asegurarse de que los controles se llevan a cabo de conformidad con la presente Directiva" Tal y como establece el artículo 10, los Estados miembros debían incorporar la Directiva 98/58/CE a su legislación nacional a más tardar el 31 de diciembre de 1999.

b) Convenio Europeo para la protección de los animales en las explotaciones ganaderas

Este Convenio fue adoptado por el Consejo de Europa en 1976. No especifica las especies animales a las que se aplicará este convenio, sino que sólo se refiere, entre otros, a los "animales criados o mantenidos para la producción de alimentos (...)"[110], y por tanto también a los peces "de piscifactoría".

Con el Convenio sobre cría, el Consejo de Europa (CE) estableció los principios generales del bienestar animal, que deberán ser aplicados por cada parte contratante según el artículo 2. El capítulo II contiene detalles sobre las disposiciones de aplicación del Convenio de cría.

c) Recomendación del Consejo de Europa relativa a los peces "de piscifactoría"

La Recomendación del CE contiene diversas disposiciones sobre la propiedad y las responsabilidades del personal, las instalaciones de cría, el equipamiento y la gestión, pero también sobre la modificación de los genotipos y la mutilación en los peces, la matanza de emergencia y la investigación.

Disposiciones generales. Como principio general y rector, el artículo 2 de la Recomendación del CE establece que las características biológicas y las diferentes necesidades específicas de las especies de peces deben tenerse en cuenta en las prácticas de cría, especialmente "con respecto a los requisitos de las condiciones del agua, el comportamiento social y las estructuras ambientales"[111]. Para evitar "efectos perjudiciales para su bienestar, incluida la salud, [no sólo deben tenerse] en cuenta sus características biológicas [sino también] las

---

110 Articulo 1 del Convenio Europeo sobre Protección de los Animales en las Granjas.

111 Artículo 2 de la Recomendación del CE.

pruebas científicas y la experiencia práctica disponible, así como el sistema de cría utilizado"[112].

Responsabilidades del propietario y del personal. En cuanto a las responsabilidades, el propietario y la persona a cargo tienen que tomar "todas las medidas razonables (...) para salvaguardar el bienestar, incluida la salud, de ese[esos] pez[ces]". Para lograrlo, no sólo se considera esencial un periodo de formación exhaustivo para el personal responsable, sino también la formación continua. En este contexto, se sugiere un certificado de competencia "al menos para el encargado de los peces"[113].

Además, se requiere que el propietario emplee suficiente personal formado y experimentado que también sea competente en el sistema de cría respectivo, así como en las prácticas de manipulación. El personal debe ser capaz de reconocer el estado de salud de los peces y su comportamiento, así como "apreciar la idoneidad del entorno total para el bienestar de los peces, incluida su salud"[114].

Por otra parte, el artículo 3.4 establece que "el número de pez[ces] y de unidades de cría (...) deberá ser tal que, en circunstancias normales, el cuidador pueda garantizar que los animales reciben los cuidados adecuados para salvaguardar su bienestar, incluida su salud".

El artículo 4 prohíbe el uso de peces en espectáculos públicos o demostraciones que puedan tener un impacto negativo en su bienestar y su salud. Como exige el artículo 5, los peces deben ser controlados como mínimo una vez al día, "centrándose [las inspecciones] en los factores que afecten negativamente al bienestar de los peces y en los signos de comportamiento anormal, lesiones, mala salud o aumento de la mortalidad". En caso de sospecha, se requiere una acción inmediata y, cuando sea necesario, debe consultarse a un veterinario. Asimismo, "cualquier pez muerto o moribundo deberá retirarse lo antes posible de forma que no afecte negativamente al bienestar de los que queden".

---

112 Ibid.

113 Artículo 3, apartados 1 a 3 de la Recomendación del CE.

114 Artículo 4, letra c de la Recomendación del CE.

Para evitar un bienestar deficiente, deben realizarse controles de la calidad del agua según las necesidades específicas de la especie, mientras que los parámetros de calidad del agua se refieren a la turbidez del agua, el contenido de oxígeno y salinidad, la temperatura y el pH del agua[115].

Instalaciones y equipos de cría. En cuanto a las instalaciones y equipos de cría, el artículo 6 exige que se tenga en cuenta el bienestar de los peces, entre otros, a la hora de planificar o modificar las explotaciones. En este contexto, los nuevos sistemas o diseños de cría "deben someterse a pruebas exhaustivas y objetivas desde el punto de vista del bienestar de los peces"[116] y sólo deben introducirse en el mercado cuando se apruebe que son satisfactorios a este respecto. Deben existir sistemas de alarma eficaces, especialmente cuando el bienestar de los peces dependa de sistemas automáticos de cría[117].

En lo relativo a la selección y construcción del lugar de cría, se requiere un flujo suficiente de agua limpia en relación con las necesidades específicas de la especie y el sistema de cría en uso, y en el caso de la cría en jaulas marinas es "para evitar daños excesivos a los peces en condiciones marítimas adversas"[118].

En cuanto al diseño, construcción y mantenimiento de las instalaciones y equipos de cría, el artículo 8.1 estipula que se realizará de forma que debe:

- permitir a los peces satisfacer sus necesidades biológicas y garantizarles un buen bienestar y salud;
- facilitar la gestión de los peces;
- reducir el riesgo de lesiones y estrés de los peces;
- evitar esquinas afiladas, salientes o cualquier material que pueda causar daño a los peces;
- permitir controles minuciosos de los peces (según el artículo 5.1);

115 Artículo 5.5 de la Recomendación del CE.
116 Artículo 6.2 de la Recomendación del CE.
117 Artículo 7.1 de la Recomendación del CE.
118 Artículo 7 apartados 2 y 3 de la Recomendación del CE.

– soportar las condiciones meteorológicas y ambientales;
– minimizar el riesgo de escape de los peces "de piscifactoría";
– permitir la limpieza y la desinfección para prevenir o tratar enfermedades en caso necesario;
– mantener unas buenas condiciones higiénicas, así como una buena calidad del agua (incluida la eliminación de residuos).

Por otra parte, de acuerdo con el artículo 8.4, el diseño, la construcción, la colocación y el mantenimiento de los equipos de alimentación deben realizarse de forma que:

– mantener la contaminación del agua lo más baja posible;
– garantizar que todos los peces alcancen una cantidad suficiente de alimento sin que se produzca una competencia indebida entre los individuos;
– funcionar también en condiciones meteorológicas extremas
– permitir el control de la cantidad de alimento suministrada a los peces.

Además, el artículo 8.5 de la Recomendación del CE exige que "el equipo utilizado para la clasificación por tamaños, el enmallado y el traslado mecánico de los peces a la piscifactoría esté diseñado de forma que los peces no sufran lesiones durante su funcionamiento".

Gestión. A continuación se ofrecen algunos ejemplos sobre las prácticas de gestión que exige la Recomendación del CE. Por ejemplo, el artículo 9.1 de la Recomendación del CE establece que el estrés, la agresividad y el canibalismo deben reducirse al mínimo gracias a las medidas de gestión. En el caso de la clasificación por tamaños, se exige "un mínimo de manipulación y (...) estrés".

En cuanto a la gestión de la densidad de población, deben cumplirse varios criterios[119]:

– densidad de peces según sus necesidades biológicas y condiciones medioambientales (condiciones locales de cría);

119 Artículo 9.2 de la Recomendación del CE.

- densidad de peces de acuerdo con el sistema de cría utilizado, en particular centrándose en la calidad del agua y la tecnología de alimentación;
- densidad de peces según los indicadores de bienestar animal como el comportamiento, el nivel de estrés, las lesiones, el apetito, el crecimiento, la mortalidad y las enfermedades.

Entre otras cosas, se prohíbe tratar rutinariamente a los peces con medicamentos "(...) como parte de un sistema de gestión para compensar malas condiciones higiénicas, malas prácticas de gestión, o para enmascarar signos de mal bienestar como el dolor y la angustia (...)"[120].

Además de las disposiciones sobre la gestión de la alimentación, la Recomendación del CE también establece explicaciones y requisitos sobre la calidad del agua y otros parámetros físicos. En este sentido, el artículo 12 establece que "[l]os parámetros de calidad del agua deberán estar en todo momento dentro de la gama aceptable que sustente la actividad y la fisiología normales de una especie determinada [y] tener en cuenta el hecho de que los requisitos de las especies individuales pueden variar entre las diferentes etapas de la vida, por ejemplo, larvas, juveniles, adultos o según el estado fisiológico, por ejemplo, metamorfosis o desove". Cabe destacar la referencia a los apéndices que proporcionan parámetros de calidad del agua específicos para cada especie.

En cuanto a la concentración de oxígeno, el artículo 12.3 de la Recomendación del CE también exige un nivel adecuado según la especie, las condiciones de cría y las prácticas. Para evitar la acumulación tóxica de amoníaco y nitrito en el agua, se recomiendan diferentes medidas, como "aumentar el caudal, reducir la alimentación, la biofiltración, reducir la densidad o la temperatura"[121]. En lo relativo a la acumulación nociva de dióxido de carbono, se exige evitarla, por ejemplo, "utilizando sistemas de aireación o por medios químicos, según el sistema de cría utilizado"[122]. Además, "[s]i es posible, el pH

---

120 Artículo 9.5 de la Recomendación del CE.

121 Artículo 12.4 de la Recomendación del CE.

122 Artículo 12.5 de la Recomendación del CE.

deberá mantenerse estable, ya que todo cambio en el pH inicia cambios complejos en la calidad del agua que pueden causar daños a los peces"[123].

El artículo 13 establece algunas normas relativas a la cría de peces. Entre otras cosas, sólo el personal formado y competente está autorizado a llevar a cabo el proceso de extracción (apartado 1). En este contexto, el Comité Permanente del CE estipula que se utilice anestesia o sedación cuando sea necesario antes del stripping (apartado 3), pero "[e]l número de veces que se manipule un pez y se le exponga a la sedación deberá reducirse al mínimo para limitar las lesiones y el estrés". Además, el artículo 17 prohíbe llevar a cabo prácticas de cría (naturales o artificiales) que induzcan o puedan inducir sufrimiento o lesiones a los peces afectados, pero, por el contrario, fomenta "[l]a conservación o el desarrollo de razas o cepas de peces, [que] limiten o reduzcan los problemas de bienestar animal (...)" (apartado 2).

El artículo 14 establece disposiciones para la manipulación de los peces, que sólo debe llevarse a cabo cuando sea necesario —y entonces lo más breve posible y con el menor estrés para el pez manipulado, y también para los demás peces de alrededor (apartado 1). Además de la disposición sobre el equipo de manipulación adecuado, se estipula que "[l]a forma más preferible es manipular a los peces sin sacarlos del agua (por ejemplo, la clasificación por tamaños mediante máquinas que transportan agua a lo largo del recorrido)" (apartado 2). Cuando no sea posible, la Recomendación del CE exige que la manipulación fuera del agua "se realice en el menor tiempo posible y se humedezca todo el equipo que esté en contacto directo con el pez[es]" (apartado 2).

En cualquier caso, la Recomendación del CE prohíbe levantar al pez por partes individuales del cuerpo como las cubiertas branquiales, mutilar a un pez o poner peces vivos en hielo cuando se haga como práctica de manipulación en la granja[124].

Según el artículo 17.1, "no se criará ningún animal con fines ganaderos a menos que pueda preverse razonablemente, sobre la base

---

123 Artículo 12.6 de la Recomendación del CE.

124 Artículo 14.6 de la Recomendación del CE.

de su fenotipo o genotipo, que puede mantenerse sin efectos perjudiciales para su salud o bienestar". Otros requisitos se establecen en el artículo 19 sobre el sacrificio de emergencia y en el artículo 20 sobre la investigación que deben promover las partes contratantes de la Recomendación del CE.

El artículo 2 de la disposición suplementaria exige, entre otras cosas, que la Recomendación CE "(...) se complete con apéndices específicos para cada especie, tan pronto como se disponga de conocimientos científicos o experiencia práctica adecuados, en particular sobre los requisitos de calidad del agua, densidad de población, alimentación, comportamiento social y estructuras medioambientales"[125].

6.1.4. Evaluación crítica y posibles recomendaciones para una mejor protección de los peces "de piscifactoría" durante su cría

A nivel internacional, los peces "de piscifactoría" carecen de toda protección o consideración seria durante la cría y las prácticas en la granja. Es decir, el Código Sanitario para los Animales Acuáticos de la OIE sólo menciona en su capítulo introductorio la necesidad de tener en cuenta las necesidades biológicas y medioambientales de los peces durante su manipulación, pero no da más orientaciones. Sin embargo, en la Unión Europea, están protegidos durante su reproducción y cría por la legislación secundaria de la UE, concretamente por la Directiva 98/58/CE del Consejo. Según su artículo 2, los peces "criados y mantenidos para la producción de alimentos"[126], están incluidos por definición, aunque sólo se consideran a un nivel muy básico en el artículo 3, que establece que: "Los Estados miembros adoptarán las disposiciones necesarias para que los propietarios o criadores tomen todas las medidas razonables para garantizar el bienestar de los animales que estén bajo su cuidado y velar por que no se cause a dichos animales ningún dolor, sufrimiento o lesión innecesarios".

---

125 Artículo 21 de la Recomendación del CE.

126 Artículo 2.1 de la Directiva 98/58/CE.

El artículo 3 sólo puede entenderse como un principio rector, ya que faltan disposiciones específicas sobre la protección de los peces durante la cría. Sin embargo, el artículo 3 establece claramente que deben tomarse "todas las medidas razonables" para salvaguardar el bienestar de los animales de "granja", incluidos los peces, y evitarles "cualquier dolor, sufrimiento o lesión innecesarios". Estas disposiciones no sólo se exigen a los propietarios y cuidadores, sino que, ante todo, cada Estado miembro de la UE está obligado a garantizar su aplicación. El artículo 3 se dirige directamente a los Estados miembros, reflejando así el principio legislativo de una Directiva. No obstante, siguiendo la redacción de dicho artículo, los objetivos principales, a saber, "tomar todas las medidas razonables" para garantizar el bienestar de los animales y evitar "cualquier dolor, sufrimiento o lesión innecesarios", dejan margen a la interpretación y pueden leerse de varias maneras, según la consideración y la voluntad de quienes promulgan, aplican y hacen cumplir las leyes nacionales.

La EFSA recomienda claramente que "[l]as medidas para mejorar el bienestar se adapten a los distintos sistemas de producción y tengan en cuenta los requisitos específicos de cada fase de vida"[127], así como que durante la manipulación, "(...) se procure mantener a los peces en agua con un contenido de oxígeno suficiente, ya sea retirándolos lo antes posible o introduciendo agua fresca y oxigenada en la fosa de captura"[128].

Asimismo, en los dictámenes científicos de la EFSA se incluyen algunas recomendaciones detalladas, especialmente en relación con la cría de carpas. Por ejemplo, la EFSA definió claramente, entre otros, los niveles óptimos de oxígeno para las larvas de carpa y dio consejos específicos sobre la incubación de los huevos de carpa[129]. Sin embargo, hasta la fecha, los dictámenes científicos de la EFSA no se han tenido en cuenta en la legislación de la UE —ni incluyéndolas en el artículo 4, ni ampliando el anexo de la Directiva 98/58/CE, ni elaborando disposiciones específicas para cada especie— a pesar de que estos dictámenes científicos tienen como objetivo "servir de base

---

127 EFSA (2008a), cit. 31; EFSA (2008d), cit., 22.

128 EFSA (2008b), cit., 27.

129 Ibid., 26-27.

científica para la elaboración y adopción de medidas comunitarias (...)"[130]. Además, ignorar las recomendaciones de la EFSA contradice claramente el preámbulo de la Directiva agrícola, que establece que: "(...) esos principios incluyen el suministro de alojamiento, alimentos, agua y cuidados adecuados a las necesidades fisiológicas y etológicas de los animales, de conformidad con la experiencia adquirida y los conocimientos científicos".

Debido a la falta de una consideración exhaustiva de los peces "de piscifactoría" en la legislación secundaria de la UE, la Recomendación del CE relativa a los peces "de piscifactoría" adquiere mayor importancia para la interpretación del artículo 3 de la Directiva 98/58/CE. El 5 de diciembre de 2005, el Comité Permanente del Convenio Europeo sobre Protección de los Animales en las Granjas adoptó esta recomendación "que contiene disposiciones detalladas para la aplicación de los principios establecidos en el capítulo I del Convenio [de la UE sobre cría] basados en conocimientos científicos (...)"[131]. Curiosamente, las recomendaciones del CE deben ser aceptadas por unanimidad por el Comité Permanente del Convenio sobre la Agricultura. Esto significa, por un lado, que la Recomendación del CE sólo puede considerarse como el nivel mínimo de protección para los peces "de piscifactoría", ya que todas las partes implicadas del CE tuvieron que estar de acuerdo con las disposiciones establecidas en la Recomendación[132]. Por otro lado, esta aprobación unánime indica que no sólo "(...) todos los Estados miembros han ratificado el Convenio europeo sobre protección de los animales en las explotaciones (...)"[133], que también ha sido aprobado por la Unión Europea, sino también que cada Estado miembro de la UE ha acordado la aplicación de esta Recomendación del CE relativa a los peces "de piscifactoría". En referencia al punto 3 del artículo 9 del Convenio de piscicultura, "[a]partir de la fecha en que una recomendación entre en vigor, cada Parte Contratante deberá aplicarla o informar al Comité Permanente mediante notificación (...) de por qué ha decidido que

---

130 Reglamento 178/2003, artículo 22.6.

131 Preámbulo de la Recomendación del CE, parágrafo 2.

132 HIRT, A., MAISACK, C., MORITZ, J., Tierschutzgesetz-Kommentar. Verlag Franz Vahlen, 3. Edition (München 2016) 19/rec.

133 Preámbulo de la Directiva 98/58/CE, parágrafo primero.

no puede aplicar la recomendación o que ya no puede aplicarla". Esto indica el carácter vinculante de la Recomendación CE para todos los Estados miembros en virtud del derecho internacional, lo que se pone de relieve además en la siguiente declaración del preámbulo de la Directiva 98/58/CE: "(...) también es necesario que la Comunidad adopte disposiciones adicionales para la aplicación uniforme del Convenio y de sus recomendaciones, así como normas específicas relativas a la aplicación de la presente Directiva"[134].

Evidentemente, el legislador de la UE concede así la misma importancia a las recomendaciones que al propio Convenio y reafirma su carácter jurídicamente vinculante al solicitar su aplicación uniforme en la UE. Por consiguiente, con el fin de "tomar todas las medidas razonables" para garantizar el bienestar de los peces y cumplir el artículo 3 de la Directiva 98/58/CE, todos los Estados miembros de la UE deberían haber transpuesto al menos la Recomendación del CE a su legislación nacional.

Si nos fijamos en el cuarto párrafo del preámbulo de la Directiva 98/58/CE, se plantea otra cuestión importante, a saber, la necesidad de normas específicas para aplicar esta Directiva de manera uniforme. Sin embargo, en el caso de los peces "de piscifactoría", es evidente que la Directiva no alcanza su objetivo, ya que no se han establecido más disposiciones detalladas sobre las condiciones de cría de los peces. Para garantizar eficazmente el bienestar de los peces en la producción acuícola, sería necesario considerarlas a nivel específico de cada especie: "Es importante reconocer que un pez no es sólo un pez. Tenemos unas 30.000 especies de pece[es] en el mundo, y probablemente hay una diferencia mucho mayor entre las distintas especies de peces que entre un murciélago y un elefante. Comparar el salmón y la lubina es como comparar un tigre y un perro, o un cerdo y un caballo (...)"[135].

Al menos, el artículo 2 de la Recomendación del CE reconoce la gran variedad de peces "de piscifactoría" al afirmar que "(...) en los

---

134

135 Entrevista con el Dr. Tore Kristiansen, project co-coordinator of the EU-funded COPEWELL project. See: https://cordis.europa.eu/news/rcn/125441_en.html, 30.05.2018.

peces existen diferencias pronunciadas entre especies en cuanto a los requisitos de las condiciones del agua, el comportamiento social y las estructuras medioambientales". Por lo tanto, como disposición complementaria, la Recomendación CE exige en su artículo 21 que: "(...) se completará con apéndices específicos para cada especie, tan pronto como se disponga de conocimientos científicos o experiencia práctica adecuados, en particular sobre los requisitos en materia de calidad del agua, densidad de población, alimentación, comportamiento social y estructuras medioambientales (...)".

Aunque "[e]l Consejo de Europa ha empezado a abordar esta cuestión dirigiéndose a los especialistas en peces e invitándoles a preparar [estas] fichas de información específicas para cada especie"[136], hasta la fecha no se ha publicado ni un solo apéndice específico sobre el bienestar de los peces.

El legislador de la UE está obligado por la Directiva 98/58/CE y su preámbulo a establecer otras disposiciones y normas específicas relativas a su aplicación. Para ayudar a los Estados miembros en la interpretación del artículo 3 de la Directiva 98/58/CE, son absolutamente necesarias normas específicas para cada especie con el fin de proteger a los peces criados con fines de piscicultura. En este contexto, el argumento tantas veces escuchado de que la ciencia aún carece de información detallada sobre el bienestar de los peces pierde fuerza cuando se tiene en cuenta el Reglamento (CE) nº 710/2009 de la Comisión relativo a la producción acuícola ecológica. Es decir, el preámbulo del Reglamento (CE) nº 710/2009 establece: "La producción ecológica de animales de acuicultura debe garantizar que se satisfacen las necesidades específicas de cada especie animal. A este respecto, las prácticas de cría, los sistemas de gestión y los sistemas de confinamiento deben satisfacer las necesidades de bienestar de los animales. (...) en aras de un elevado bienestar y salud de los animales, deben establecerse densidades de población máximas. Teniendo en cuenta la amplia variación de especies con necesidades particulares, deberían establecerse disposiciones específicas" (parágrafo 10).

---

136 BRAITHWAITE, V., Do fish feel pain? cit., 163.

Y, de hecho, en su anexo XIII se estipulan requisitos específicos para cada especie sobre las densidades máximas de población (aunque se indiquen en kg/m3 y no a nivel de pez individual) para numerosas especies de peces[137]. Inevitablemente, surge la pregunta de cómo es posible que el legislador de la UE elabore disposiciones a nivel de especie para los peces de "piscifactoría ecológica", pero no para los de piscifactoría convencional, aunque sean de la misma especie.

Si miramos a nivel de los Estados miembros, el panorama no parece ser muy diferente. En 2015, la Comisión Europea atestiguó en su informe general sobre la "Aplicación de las normas sobre la acuicultura de peces de aleta" que "(...) en los principales países productores, existen muy pocas normas sobre el bienestar de los animales de piscifactoría en los EM visitados, con el resultado de que rara vez se incluye en el ámbito de los controles oficiales"[138]. Esta afirmación describe una situación alarmante para los peces afectados: no sólo las leyes existentes son insuficientes y superficiales, sino que estas pocas leyes ni siquiera se aplican correctamente, y todo ello con el telón de fondo de que los peces son los animales de "granja" más comunes en la UE.

En este contexto, resulta difícil creer que la UE y sus Estados miembros realmente "toman todas las medidas razonables" para garantizar el bienestar de los peces, tal y como exige la Directiva 98/58/CE. Por ejemplo, se podría pensar que Alemania, reconocida internacionalmente como un país con uno de los niveles de bienestar animal más elevados del mundo, habría aplicado la Directiva 98/58/CE en toda su extensión, también en lo que respecta al bienestar de los peces. Pero desgraciadamente, y como se ha confirmado recientemente en una respuesta del gobierno alemán a una pregunta parlamentaria sobre "bienestar animal y acuicultura", no existe una legislación específica sobre el bienestar de los peces durante la cría, ya que las disposiciones generales establecidas en el artículo 2 de la Ley alemana sobre bienestar animal se consideran adecuadas en

137 Annex XIIIa of Commission Regulation (EC) 710/2009, Sections 1-6 and 9.
138 Ibid, 25.

combinación con la Recomendación del CE[139]. De hecho, el Ministerio Federal alemán de Alimentación, Agricultura y Protección de los Consumidores anunció las Recomendaciones del CE como jurídicamente vinculantes en el Boletín Oficial Federal nº 161 de 26 de agosto de 2006[140] pero sin embargo no incluyó ninguna otra disposición en el "Tierschutz-Nutztierhaltungsverordnung" nacional que sirve de transposición para la Directiva 98/58/CE. Los peces están completamente excluidos de este ordenamiento nacional ya que, por definición, sólo entran en su ámbito de aplicación los animales de "granja" de sangre caliente[141].

Las prácticas extremadamente estresantes y (probablemente) dolorosas de desnudar a los peces "reproductores" siguen estando permitidas sin anestesiarlos, incluso en la producción acuícola ecológica[142]. Como informó la Comisión de la UE (2015), "la disponibilidad limitada de medicamentos veterinarios ha llevado a un tratamiento subóptimo de ciertas enfermedades y tiene potencial para aumentar la resistencia a los antimicrobianos"[143], con la consecuencia de que los peces 'de piscifactoría' están expuestos al riesgo de sufrir más dolor y sufrimiento cuando no es posible tratarlos adecuadamente y curar sus enfermedades. Además, faltan expertos en peces y especialistas que trabajen como veterinarios oficiales, con "[l]a consecuencia (...) de que a muchos inspectores les resultaba difícil reconocer los signos de enfermedad de los peces"[144], por no hablar de las dificultades para reconocer los signos de bienestar de los peces. En otras palabras, se podría resumir: "Si no hay una nueva legislación de la UE sobre bienestar animal, dada la débil forma en que se interpreta la Directiva 98/58, animales como (...) las principales especies de

---

139 Antwort der Bundesregierung auf die Kleine Anfrage der Fraktion BÜNDNIS 90/DIE GRÜNEN. Drucksache 18/12194 (02.05.2017).

140 Vierte Bekanntmachung der deutschen Übersetzung von Empfehlungen des Ständigen Ausschusses des Europäischen Übereinkommens zum Schutz von Tieren in landwirtschaftlichen Tierhaltungen, veröffentlicht im Bundesanzeiger Nr. 161 vom 26. August 2006 (S. 5932).

141 Artículo 2.1 de TierSchNutztV.

142 Artículo 25, letra l, Reglamento (CE) 710/2009.

143 EU Commission (2015) Overview Report: Implementation of the Rules on Finfish Aquaculture. p. I.

144 Ibid., 6

peces de piscifactoría (...) no estarán protegidos durante la mayor parte de su vida en gran parte de la UE"[145].

Los peces son seres sintientes, hoy en día, esta postura no sólo es ampliamente aceptada por los científicos (con pocas excepciones), sino que "[l]a Comisión reconoce que ahora hay suficientes pruebas científicas que indican que los peces son seres sintientes y que están sujetos al dolor y al sufrimiento (...)"[146]. De hecho, desde 2009 la UE los reconoce como tales en el artículo 13 del TFUE, que exige que se tenga plenamente en cuenta su bienestar al formular y aplicar las políticas comunitarias. Sin embargo, como se ha visto anteriormente, la realidad pinta un cuadro diferente, y el estatus de protección legal de un pez "de piscifactoría" dista mucho de las ambiciones y valores éticos reflejados por el artículo 13 del TFUE. Aunque "[e]l concepto de bienestar se aplica a todos los animales (...) a veces se tiende a considerar menos el bienestar del individuo cuando los animales son numerosos"[147], como en el caso de los peces. Por todo ello, y tras veinte años de vigencia de la Directiva 98/58/CE, ya es hora de incluir por fin a los peces de forma efectiva en la legislación secundaria de la UE, en particular mediante el desarrollo de disposiciones a nivel de especie para considerar a fondo las diferentes necesidades específicas de los innumerables peces implicados.

6.2. Transporte de peces "de piscifactoría

6.2.1. Preocupaciones específicas sobre el bienestar animal y opinión científica

No sólo los animales terrestres "de granja" son objeto de transporte de animales vivos, sino también los peces "de piscifactoría". Según Eurostat, sólo en 2017 se exportaron alrededor de 27.230 toneladas de peces vivos desde la UE a terceros países y se transportaron 526.000

---

145 EU Commission (2017b) Animal Welfare in the European Union, cit., 56.

146 6 EU Commission's Answer to the Written Parliamentary Question E-1140/2009, 3 April 2009.

147 EU Commission (2017b) Animal Welfare in the European Union, cit., 49.

toneladas de peces vivos dentro de la UE[148]. En cuanto a las distancias de transporte, se indica para el año 2017 que las truchas vivas, por ejemplo, se transportaron de España a Italia (~27.000 toneladas) y Alemania (~2.350 toneladas) respectivamente. En 2005, incluso se informó de que se transportaron peces vivos de España a Rumanía (128 toneladas de atún vivo), así como a Turquía (4.300 toneladas de peces vivos de diferentes especies), exponiendo a estos animales a transportes extremadamente largos de varios miles de kilómetros[149].

Además, los peces "de piscifactoría" se transportan habitualmente entre distintos sistemas de cría y según su etapa vital actual. Por ejemplo, los alevines y los peces jóvenes se trasladan de los criaderos en tierra a las jaulas para su cría, situadas en tierra (por ejemplo, en el caso de las especies de agua dulce) o en el mar (en el caso de las especies marinas), mientras que los peces reproductores pueden transportarse a los criaderos para desovar allí[150]. Los peces capturados en el medio natural, como el atún o las anguilas que se crían posteriormente en la producción acuícola, se transportan desde su lugar de captura hasta el lugar de cría[151]. En algunos Estados miembros de la UE los peces vivos se siguen vendiendo en los mercados, lo que implica que los peces tienen que ser transportados previamente a estos lugares. Por último, los peces que han alcanzado el peso y el tamaño de sacrificio son transportados a los mataderos y a las instalaciones de procesamiento.

Al igual que los animales terrestres, los peces se transportan por carretera, mar e incluso por aire. En este sentido, "el transporte por carretera de los peces de piscifactoría suele realizarse en múltiples tanques [de agua] construidos a tal efecto en un vehículo de transporte por carretera"[152], mientras que durante el transporte debe

---

148 Eurostat (http://ec.europa.eu/eurostat/data/database).

149 Ibid.

150 Bocek, A. (undated) Water Harvesting and Aquaculture for Rural Development-Transporting Fish. International Center for Aquaculture and Aquatic Environments. Auburn University. p. 2

151 EFSA (2004b), Scientific Report of the Scientific Panel on Animal Health and Welfare on a request from the Commission related to the welfare of animals during transport. The EFSA Journal 44, 115-116.

152 SOUTHGATE, P.J., Welfare of Fish During Transport, cit., 185.

proporcionarse oxígeno adicional, así como aire comprimido, en el interior de los tanques[153]. Esto es importante especialmente en los transportes por carretera, ya que los animales se transportan en sistemas cerrados sin ningún intercambio de agua a bordo. Además, el transporte de peces juveniles también puede realizarse introduciéndolos en bolsas de plástico selladas enriquecidas con oxígeno (parcialmente llenas de agua y oxígeno atmosférico), que a su vez se almacenan en contenedores aislados[154].

En cuanto a la duración de los transportes por carretera, se ha informado de que, por ejemplo, los juveniles de dorada y lubina se transportan dentro de España hasta 12 horas, mientras que cuando se transportan de España y Francia a Italia, pueden tardar incluso hasta 36 horas, en las que los alevines están sin parar dentro de los contenedores de transporte cerrados[155]. Pero no sólo los peces jóvenes se transportan por carretera, los peces "en edad de sacrificio" también se transportan por carretera, incluyendo largos tiempos de transporte. Por ejemplo, en Alemania las carpas comunes 'para sacrificio' se transportan más de ocho horas en algunos casos, y en Polonia los transportes para sacrificio pueden llegar a superar las 12 horas para las carpas comunes y la trucha arcoiris[156].

El transporte por mar se realiza en los llamados *wellboats* que se utilizan habitualmente en la acuicultura marina, "tanto para transportar peces a los lugares de cría como para trasladar peces de tamaño de cosecha a las estaciones centrales de sacrificio"[157]. Estos

---

[153] DALLA VILLA, P., MAHAHRENS, M., VELARDE CALVO, A., DI NARDO, A., KLEINSCHMIDT, N., FUENTES ALVAREZ, C., TRUAR, A., DI FEDE, E., OTERO, J.L., MÜLLER-GRAF, C. (2009) Project to develop animal welfare risk assessment guidelines on transport. Technical Report submitted to EFSA-project developed on the proposal CFP/EFSA/AHAW/2008/02., p. 58.

[154] EFSA (2004b), cit., 115-116; GAYER, R., RABITSCH, A. & EBERHARDT, U., Tiertransporte. Rechtliche Grundlagen, Transportpraxis, mit Prüfungswissen für den Befähigungsnachweis Tiertransport. Ulmer Verlag (2016) 132; DALLA VILLA et al., Project to develop animal welfare risk assessment guidelines on transport, cit., 61.

[155] EU Commission (2017c) Welfare of farmed fish: Common practices during transport and at slaughter. Final report, 94.

[156] Ibid., 105-107.

[157] SOUTHGATE, P.J., Welfare of Fish During Transport, cit., 186.

barcos-pozo contienen tanques o cámaras empotradas en el casco de la embarcación, que se llenan bien con agua de mar recirculada (en un sistema cerrado) o con agua de mar que se bombea a través de las cámaras (en un sistema abierto de flujo continuo)[158]. La duración de estos transportes marítimos puede superar fácilmente las 24 horas en el Reino Unido e Irlanda, tal y como se ha informado en el caso de los esguines de salmón del Atlántico que son llevados en barcos-pozo a jaulas marítimas para su cría y engorde. En cuanto a los transportes para sacrificio a través de *wellboats*, su duración puede variar ampliamente, como se observa por ejemplo en Irlanda, donde estos transportes pueden durar entre 3 y 30 horas para el salmón del Atlántico "para sacrificio". En el caso del Reino Unido, se ha informado de que los salmones del Atlántico son transportados una media de 24-28 horas antes de ser sacrificados[159]. Otro método de transporte marítimo consiste en remolcar las jaulas en las que se han capturado los peces salvajes para transportarlos a jaulas para su posterior engorde. Por ejemplo, en el caso del atún, estos transportes pueden durar varias semanas desde su lugar de captura hasta que los peces llegan a las "granjas de engorde"[160].

El transporte aéreo no es muy común, pero a veces se utiliza para los salmones jóvenes que se transportan en distancias cortas desde los criaderos en tierra hasta las jaulas de cría en el mar. Aquí, los peces se introducen en tanques de agua o cubos que se cuelgan debajo del helicóptero, a menudo en condiciones de gran hacinamiento[161]. En cualquier caso, "el transporte induce estrés fisiológico"[162], y "puede tener un efecto perjudicial en el bienestar de los peces"[163]. En casos de condiciones de transporte muy malas esto podría incluso provocar una mortalidad del 100% de los peces tras el transporte[164]. Como

158 SOUTHGATE, P.J., Welfare of Fish During Transport, cit., 186; DALLA VILLA et al., Project to develop animal welfare risk assessment guidelines on transport, cit., 60.

159 EU Commission (2017c) Welfare of farmed fish: Common practices during transport and at slaughter. Final report, 91.

160 EFSA (2004b), cit., 116.

161 Ibid., 116.

162 HUNTINGFORD, F.A., KADRI, S., Welfare and Fish, cit., 356.

163 SOUTHGATE, P.J., Welfare of Fish During Transport, cit., 185.

164 EFSA (2004b), cit., 15.

en cualquier otro sector de la cría, en la industria acuícola los transportes se realizan de la forma más eficiente y rentable posible, lo que implica que los peces se transportan a menudo a altas densidades, con miles de individuos afectados en un solo transporte[165].

Durante el transporte, los impactos sobre el bienestar de los peces no sólo son provocados por el transporte en sí, sino también por las operaciones relacionadas que incluyen "la captura, la carga, (...) la descarga y la repoblación"[166]. Por ello, deben tenerse especialmente en cuenta los siguientes aspectos para evitar que los peces se vean expuestos a dolor, angustia y sufrimiento adicionales durante el transporte:

a) Estrés por manipulación durante la carga y descarga

Siguiendo la opinión de la EFSA, "la carga inicial de los peces en el contenedor [de transporte] es el componente más estresante del transporte"[167], ya que los peces son recogidos y capturados fuera de su entorno familiar, hacinados, y luego transferidos a los tanques de transporte, a menudo en altas densidades. Estos "múltiples factores de estrés en una corta duración"[168] provocan estrés agudo, que podría incluso implicar la muerte inmediata, así como estrés crónico y supresión inmunológica, lo que aumenta su riesgo de enfermedad y mayor sufrimiento. Se ha informado de que, a menudo, los peces necesitan un período prolongado de recuperación tras el transporte después de haber sufrido un estrés grave durante el mismo[169].

---

165 TANG, S., THORARENSEN, H., BRAUNER, C.J., WOOD, C.M., FARRELL, A.P., Modelling the accumulation of CO2 during high density, re-circulation transport of adult Atlantic salmon, Salmo salar, from observations aboard a sea-going commercial live-haul vessel. Aquaculture 296 (2009) 102.

166 ASHLEY, P.J., Fish welfare: Current issues in aquaculture. Applied Animal Behaviour Science 104 (2007) 208; DALLA VILLA et al., Project to develop animal welfare risk assessment guidelines on transport, cit., 61.

167 EFSA (2004b), cit., 117.

168 DALLA VILLA et al., Project to develop animal welfare risk assessment guidelines on transport, cit., 62.

169 EU Commission (2017c) Welfare of farmed fish: Common practices during transport and at slaughter. Final report, 83.

Dependiendo de la manipulación y la gestión, los peces pueden sufrir lesiones durante los procedimientos de transporte, por ejemplo por exceder las densidades de carga, por el movimiento del vehículo de transporte o simplemente por prácticas de carga descuidadas, "lo que provoca descamación, erosión de las aletas, abrasión del hocico y daños oculares"[170]. Se trata de regiones especialmente sensibles que contienen numerosos nociceptores para detectar el dolor. Además, la agresividad entre los individuos de los peces puede aumentar en condiciones de estrés[171], por ejemplo, cuando se mezclan nuevos grupos de peces a altas densidades y con espacio insuficiente dentro de los tanques de transporte.

Se carece de investigaciones sobre el efecto psicológico en el bienestar de los peces durante el transporte, pero como afirma la EFSA, "la respuesta conductual a ser capturado y transportado suele ser de miedo pasivo"[172]. Por ejemplo, los peces sometidos a estrés extremo reaccionan con la mayor respuesta de estrés adreno-cortical posible en su fisiología, están sufriendo seriamente estrés y miedo y, al mismo tiempo, pueden no mostrar ninguna reacción activa de comportamiento. Así, las "personas que los manipulan pueden no ser conscientes"[173] del enorme sufrimiento que conllevan.

b) Deterioro de la calidad del agua durante el transporte

Durante el transporte, los peces son confinados en una pequeña zona dentro del contenedor de transporte y, a menudo, con densidades de carga muy elevadas por motivos económicos. Esto implica que para un gran grupo de peces sólo se suministra una cantidad relativamente pequeña de agua, en la que "es probable que aumenten los productos de desecho de los peces, como el amoníaco y el dióxido de carbono, así como la presencia de materia orgánica y sólidos en suspensión procedentes de las heces"[174].

170 SOUTHGATE, P.J., Welfare of Fish During Transport, cit., 191.

171 3 EU Commission (2017c) Welfare of farmed fish: Common practices during transport and at slaughter. Final report, 82.

172 EFSA (2004b), cit., 10-11.

173 EFSA (2004b), cit., 10-11.

174 SOUTHGATE, P.J., Welfare of Fish During Transport, cit., 191.

Como consecuencia, la calidad del agua cambia fácilmente a peor, sobre todo porque "el transporte de peces[es] se realiza con frecuencia en agua 'estática' con muy pocas posibilidades de intercambio de agua"[175]. Como para cualquier otro vertebrado, esos productos excretores pueden llegar a ser tóxicos para los peces en concentraciones elevadas[176]. Teniendo en cuenta que los peces están en contacto muy estrecho y directo con el medio que les rodea a través de las branquias y la piel, la mala calidad del agua puede provocarles un bienestar deficiente e incluso la muerte[177]. Debido al aumento de la agitación y el estrés durante la carga y el transporte, los peces muestran una mayor actividad metabólica que, a su vez, "dará lugar a una mayor acumulación de amoníaco y dióxido de carbono que inducen un mayor deterioro de la calidad del agua"[178].

Para contrarrestar el agotamiento del oxígeno, durante el transporte y las operaciones relacionadas, el agua "estática" suele oxigenarse mediante una fuente externa de O2. Sin embargo, una oxigenación excesiva del agua puede incluso aumentar el efecto tóxico de las altas concentraciones de dióxido de carbono para los peces, ya que un exceso de oxígeno en el agua puede reducir la capacidad de los peces para liberar su dióxido de carbono interno de la sangre al agua, lo que puede provocar hipercapnia y, posteriormente, acidosis metabólica en los peces[179]. Además, debido al estrés de la manipulación y la carga, los peces no sólo muestran una actividad metabólica acelerada, sino que también "desprenden mucosidad (...), lo que [además] compromete la calidad del agua"[180].

Especialmente durante el transporte por carretera y aéreo, así como durante los transportes marítimos con pozos cerrados, y con

---

175 Ibid. 191.

176 EFSA (2004b), cit., 118.

177 MACINTYRE, C.M., ELLIS, T., NORTH, B.P. and TURNBULL, J.F., The Influences of Water Quality on the Welfare of Farmed Rainbow Trout: a Review. In: Branson, E.J. (Ed.) Fish Welfare (Oxford 2008) 150.

178 EFSA (2004b), cit., 118.

179 MACINTYRE, C.M., et al., The Influences of Water Quality on the Welfare of Farmed Rainbow Trout, cit., 163; EFSA (2004b), cit., 117-118.

180 4 EU Commission (2017c) Welfare of farmed fish: Common practices during transport and at slaughter. Final report, 82.

el aumento del tiempo de transporte, el deterioro de la calidad del agua representa un grave problema de bienestar, ya que los peces son transportados en sistemas de agua cerrados con poco o ningún intercambio de agua. Por ejemplo, Robb (2008) menciona casos extremos en los que "se han asociado mortalidades con transportes en barcos con pozos [y sistemas de agua cerrados] —[donde] incluso se han perdido cargamentos enteros debido a un control deficiente de la calidad del agua"[181].

c) Ayuno e inanición antes y durante el transporte

Además de la oxigenación, otra estrategia utilizada para evitar, entre otras cosas, los efectos tóxicos anteriormente descritos para los peces transportados es reducir su actividad metabólica y, por tanto, su consumo de oxígeno, así como la contaminación fecal en el agua de transporte. Por lo tanto, los peces 'de piscifactoría' son sometidos a inanición antes y durante el transporte con el fin de "permitir que el intestino se limpie y disminuir así la carga bacteriana y fecal colocada en cualquier (...) sistema de transporte"[182]. A menudo, en la acuicultura comercial, los periodos de ayuno e inanición superan con creces lo que realmente se necesita sólo para vaciar el intestino de los peces[183]. Como afirma la EFSA, así como en el informe de la Comisión de la UE publicado recientemente (2017), la retirada de alimentos puede alcanzar hasta siete días y más, exponiendo a los peces a un ayuno e inanición prolongados innecesarios[184]. Teniendo en cuenta que "la privación de alimento puede dar lugar a la utilización

---

181 ROBB, D.H.F., Welfare of Fish at Harvest. In: BRANSON, E.J. (Ed.) Fish Welfare (Oxford 2008) 229.

182 EFSA (2004b), cit., 116.

183 8 LINES, J.A. & SPENCE, J., Safeguarding the welfare of farmed fish at harvest. In: van de Vis, H. et al. (Eds.) Welfare of Farmed Fish in Present and Future Production Systems. Springer Science+Business Media (Dordrecht, 1st ed. 2012) 165.

184 EFSA (2009d) Scientific Opinion of the Panel on Animal Health and Welfare on a request from the European Commission on welfare aspect of the main systems of stunning and killing of farmed seabass and seabream. The EFSA Journal 1010, 10; EU Commission (2017c) Welfare of farmed fish: Common practices during transport and at slaughter. Final report, 86-111.

de las reservas de grasa corporal e incluso de tejido funcional"[185], es probable que esto se traduzca en un bienestar deficiente.

Además de estos aspectos descritos, otros factores ambientales como la temperatura, la intensidad de la luz, el flujo de agua, los ruidos y las vibraciones durante el transporte pueden tener graves efectos en el bienestar de los peces. Por ello, deben tenerse siempre en cuenta para los peces en cuestión en función de las necesidades de las distintas especies, el número de individuos transportados y la duración del viaje[186].

d) Conclusión

Es necesario un profundo conocimiento y experiencia en las personas que manipulan y transportan los peces para evitar dolor y sufrimiento innecesarios a los animales y "proporcionar un entorno seguro y minimizar el estrés o las molestias innecesarias a los peces antes, durante y después del transporte"[187].

6.2.2. Recomendaciones de la OIE relativas a la protección de los peces "de piscifactoría" durante el transporte

En el Código Sanitario para los Animales Acuáticos de la OIE, el capítulo 7.2. está dedicado al bienestar de los peces "de piscifactoría" durante el transporte, con el objetivo de reducir el efecto del transporte sobre su bienestar. Las disposiciones establecidas se refieren al transporte nacional e internacional de peces por vía aérea, marítima o terrestre[188].

El artículo 7.2.2. define las responsabilidades de las distintas partes implicadas en el transporte de peces vivos, pero pone claramente en manos de "todo el personal que manipule peces a lo largo del

---

185 EFSA (2009c) Scientific Opinion of the Panel on Animal Health and Welfare on a request from the European Commission on welfare aspect of the main systems of stunning and killing of farmed Atlantic salmon. The EFSA Journal 2012, 36.

186 EU Commission (2017c) Welfare of farmed fish: Common practices during transport and at slaughter. Final report, 82.

187 Ibid.

188 Art. 7.2.1 del Código Sanitario para los Animales Acuáticos.

proceso de transporte" la salvaguarda de que se tenga en cuenta "el impacto potencial sobre el bienestar de los peces".

En primer lugar, la autoridad competente tanto del país exportador como del importador es responsable de establecer unas normas mínimas sobre el bienestar de los peces "de piscifactoría", que deben incluir controles previos y posteriores, así como controles durante el transporte, un sistema adecuado de certificación y registro, y la formación del personal. Además, las autoridades competentes son responsables del cumplimiento de estas normas.

En segundo lugar, los "piscicultores" (propietarios y gestores en el lugar de salida y de destino) asumen la responsabilidad del estado de salud de los peces, incluida su aptitud para el transporte al inicio del viaje. También se encargan "del bienestar general de los peces durante el transporte, independientemente de que estas tareas se subcontraten a otras partes"[189]. En este contexto, deben asegurarse de que sólo personal formado y competente lleve a cabo las actividades de carga y descarga para evitar lesiones o estrés adicional a los peces. La preparación de un plan de contingencia, que también debe incluir la posibilidad de una "matanza humanitaria", es responsabilidad de los propietarios y gestores de las piscifactorías, así como la garantía de que el bienestar de los peces está asegurado en su lugar de destino.

En tercer lugar, junto con los propietarios y gestores, los transportistas son los encargados de planificar correctamente el viaje para cumplir las normas de salud y bienestar de los peces, eligiendo un vehículo adecuado y en buen estado, empleando a personas formadas y competentes, disponiendo de un plan de contingencia en caso de emergencia y utilizando equipos adecuados para la carga y descarga.

En cuarto lugar, "la persona encargada de supervisar el transporte"[190], es decir, el conductor, debe garantizar toda la documentación del transporte, así como la aplicación práctica de las normas de bienestar para el transporte de peces.

Por otra parte, el artículo 7.2.3. define la competencia que debe tener cada una de las partes. Todas las personas implicadas en el

---

189 Artículo 7.2.2. del Código Sanitario para los Animales Acuáticos.

190 Ibid.

transporte de peces deben haber obtenido "un conocimiento y una comprensión adecuados para garantizar que el bienestar de los peces se mantiene durante todo el proceso", por lo que se puede considerar competente "a través de la formación oficial y/o la experiencia práctica". Este artículo también establece que todas las partes implicadas en el transporte de peces vivos —autoridades competentes, "piscicultores" y empresas de transporte— son responsables de proporcionar formación a su personal y al personal que trabaja en este campo. En este sentido, deben abordarse los conocimientos específicos de cada especie, así como la experiencia práctica, sobre los siguientes temas[191]:

- Comportamiento de los peces, fisiología, indicadores de enfermedad y bienestar deficiente;
- Funcionamiento y mantenimiento del equipo (en relación con el bienestar y la salud de los peces);
- Calidad e intercambio del agua;
- Manipulación (específica de cada especie) de peces vivos durante el transporte, la carga y la descarga;
- Inspección de peces vivos durante el transporte y gestión de situaciones críticas, como cambios en la calidad del agua, condiciones meteorológicas adversas y emergencias;
- Matanza humanitaria;
- Bitácora y mantenimiento de registros.

El artículo 7.2.4. establece las normas para la planificación del transporte de peces vivos, en las que deben tenerse en cuenta los preparativos previos al transporte, la ruta y el tiempo del viaje, así como el propósito del transporte (por ejemplo, por razones de bioseguridad/granja y procesamiento/matanza por control de enfermedades). En consecuencia, la planificación previa a los transportes debe incluir:

- Tipo de vehículo y equipo de transporte;

[191] Artículo 7.2.3. del Código Sanitario para los Animales Acuáticos.

- Plan de ruta teniendo en cuenta la distancia, la previsión meteorológica y/o las condiciones del mar;
- Naturaleza y duración del transporte;
- Evaluación de si los peces necesitan aclimatarse previamente a la calidad del agua;
- Necesidad de cuidados durante el transporte;
- Plan de emergencia relativo al bienestar de los peces;
- Evaluación de las cuestiones de bioseguridad (consulte el capítulo 5.5. del Código Acuático).

A continuación, se dan recomendaciones específicas sobre:

a) Vehículo y equipo de manipulación

Los medios de transporte deben diseñarse y utilizarse en función de la especie, el tamaño, el peso y el número de peces transportados, y mantenerse en buen estado de funcionamiento. Asimismo, debe garantizarse una circulación adecuada del agua, así como un sistema de oxigenación. Debe garantizarse el acceso a los peces y su inspección durante el transporte, y debe llevarse un diario de transporte durante el trayecto que incluya, entre otras cosas, información sobre los peces transportados, información de contacto y mortalidades. El equipo de manipulación (por ejemplo, redes, dispositivos de bombeo y salabardos) debe estar construido de forma que permita manipular los peces sin causarles lesiones físicas adicionales[192].

b) Calidad del agua

La calidad del agua (incluido el nivel de oxígeno, dióxido de carbono y amoníaco, pH, temperatura y salinidad) durante el transporte debe ajustarse a las necesidades específicas de la especie de los peces transportados. En este contexto, y dependiendo de la duración del viaje, puede ser necesario un equipo para medir y mantener la calidad del agua durante el transporte.

---

192 Artículo 7.2.4. del Código Sanitario para los Animales Acuáticos.

c) Preparación de los peces para el transporte

Se recomienda retirar los alimentos antes del transporte y de acuerdo con la especie específica y la fase de vida de los peces transportados. Además, debe comprobarse la capacidad de los peces para hacer frente al estrés antes del transporte teniendo en cuenta su estado de salud, la manipulación anterior y el historial reciente de transporte de los respectivos peces.

Se establece claramente que sólo deben cargarse los peces que sean aptos para el transporte. Los indicadores de no aptitud incluyen en consecuencia[193]:

- Signos clínicos de enfermedad;
- Lesiones físicas significativas o comportamiento anormal, como ventilación rápida o natación anormal;
- Exposición reciente a factores de estrés que afecten negativamente al comportamiento o al estado fisiológico, como temperaturas extremas o agentes químicos;
- Duración insuficiente o excesiva del ayuno.

d) Recomendaciones específicas para cada especie

Durante el transporte deben tenerse en cuenta los diferentes comportamientos específicos de cada especie y las necesidades de los peces transportados. Antes de trasladar a los peces a un nuevo entorno, puede ser necesaria una preparación fisiológica, como la privación de alimento o la aclimatación osmótica, para algunas especies de peces y algunas etapas de su vida[194].

e) Planes de contingencia

Deben prepararse planes de contingencia para cada transporte teniendo en cuenta los importantes acontecimientos adversos para el bienestar de los peces durante el transporte. No sólo deben definirse las medidas a tomar en tales casos, sino también las responsabilida-

193 Ibid.

194 Artículo 7.2.4. del Código Sanitario para los Animales Acuáticos.

des de todas las partes implicadas, incluidas las comunicaciones y el mantenimiento de registros[195].

En el artículo 7.2.5. del Código Acuático se dan más explicaciones sobre la documentación, ya que en él se establece que la carga de los peces no debe realizarse antes de haber completado la documentación requerida. Los documentos de acompañamiento (diario de transporte) deben incluir detalles sobre el envío, es decir, la fecha, la hora y el lugar de carga, las especies transportadas y el peso, así como un plan de transporte que incluya la ruta y la duración prevista del viaje, los intercambios de agua, la fecha y el lugar de llegada y la información de contacto del receptor. El cuaderno de transporte deberá estar a disposición del expedidor y del receptor, así como del Servicio de Sanidad de los Animales Acuáticos competente cuando éste lo solicite.

El artículo 7.2.6 establece los requisitos para la carga de los peces con el fin de evitar lesiones y estrés innecesario para los peces. Por lo tanto, debe prestarse especial atención a la aglomeración previa a la carga, así como al equipo utilizado. Las redes, las bombas y los sistemas de tuberías deben estar correctamente construidos, sin curvas cerradas ni salientes. Debe prestarse atención al funcionamiento inadecuado del equipo, como la sobrecarga con peces de tamaño o número de individuos incorrectos, así como a la calidad del agua durante el transporte. Se recomienda aclimatar algunas especies de peces antes del transporte, especialmente si se prevén temperaturas u otros parámetros del agua significativamente diferentes durante el transporte. En cuanto a la densidad de carga, deben tenerse en cuenta los datos científicos, y "no debe exceder de lo generalmente aceptado para una especie y una situación determinadas".

El artículo 7.2.7. se refiere al transporte propiamente dicho de los peces. En general, se requieren inspecciones periódicas durante el transporte para garantizar que los peces se encuentran en un estado de bienestar aceptable. Asimismo, la calidad del agua debe controlarse y ajustarse para evitar condiciones extremas para los peces a bordo. Dado que los movimientos incontrolados del medio de transpor-

---

[195] Ibid.

te pueden causar estrés y lesiones a los peces, el viaje debe realizarse de forma que se reduzcan al mínimo. En caso de peces enfermos o heridos, el operador del vehículo (conductor) debe cumplir con el plan de contingencia y, si es necesario, la matanza de emergencia debe llevarse a cabo de forma humanitaria de acuerdo con el capítulo 7.4. del Código Acuático.

Con respecto a la descarga, el artículo 7.2.8. hace referencia a los "principios de buena manipulación de los peces durante la carga", que deben aplicarse igualmente al procedimiento de descarga. Además, este artículo establece que la descarga debe realizarse lo antes posible tras la llegada, pero con tiempo suficiente para evitar daños mayores a los peces durante el procedimiento de descarga. De nuevo, para algunas especies se recomienda darles tiempo para su aclimatación, en caso de cambios significativos en la calidad del agua, como la temperatura, la salinidad o el pH. Los peces moribundos o gravemente heridos deben ser retirados y sacrificados de forma compasiva según las disposiciones del capítulo 7.4. del Código Acuático.

De acuerdo con el artículo 7.2.9. se requieren observaciones de los peces después de su descarga por parte de la persona encargada en el lugar de destino. Si se observan peces con signos clínicos anormales, deben ser aislados y examinados por un veterinario o personal cualificado, o sacrificados de forma compasiva de acuerdo con el capítulo 7.4. del Código Acuático. Además, es necesario evaluar los problemas importantes relacionados con el transporte para evitar que vuelvan a producirse.

6.2.3. Legislación de la UE sobre la protección de los peces durante el transporte

a) Reglamento (CE) nº 1/2005 del Consejo, de 22 de diciembre de 2004, relativo a la protección de los animales durante el transporte y las operaciones conexas

El transporte de animales vertebrados con fines económicos está regulado por el Reglamento (CE) nº 1/2005 del Consejo, de 22 de diciembre de 2004, sobre la protección de los animales durante el transporte y las operaciones conexas. Cabe destacar que los peces no se mencionan en el Reglamento CE 1/2005. Sin embargo, dado que pertenecen al grupo de los vertebrados, el transporte de peces vivos debe realizarse de conformidad con este Reglamento[196]. Pero, debido a la falta de requisitos específicos para el transporte de peces, sólo se aplican a éstos las normas generales, que se describirán a continuación.

El artículo 3 del Reglamento CE 1/2005 establece las condiciones generales para el transporte de animales vivos, incluidos los peces. Aquí, como norma principal debe entenderse que "ninguna persona transportará animales o hará que se transporten animales de una forma que pueda causarles lesiones o sufrimientos indebidos". Entre otras cosas, exige que se tomen todas las medidas necesarias antes del transporte para reducir al mínimo la duración del viaje y satisfacer las necesidades de los animales afectados. Debe garantizarse la aptitud de los animales para el transporte, así como su seguridad durante el mismo. Esto último debe lograrse utilizando "medios de transporte [que] estén diseñados, construidos, mantenidos y operados de forma que [también] eviten lesiones y sufrimiento (...) de los animales". Con el mismo propósito, las instalaciones de carga y descarga deben estar diseñadas, construidas, mantenidas y operadas adecuadamente. Todo el personal asignado a la manipulación de los peces debe estar formado y ser competente para cumplir esta tarea "sin utilizar la violencia ni ningún otro método que pueda causar miedo, lesiones o sufrimientos innecesarios". En cuanto al viaje en sí, se exige que el transporte se realice sin demora, al tiempo que se comprueban de forma regular y se mantienen adecuadamente las condiciones de bienestar de los animales.

El artículo 4 del Reglamento CE 1/2005 establece que los documentos de transporte deben llevarse a bordo del medio de transporte y presentarse a la autoridad competente, si ésta lo solicita. En cuanto al contenido de estos documentos, debe facilitarse la siguiente información

- el origen de los animales y su propiedad
- fecha, hora y lugar de salida

---

196 Ver artículo 1.1 del Reglamento CE 1/2005.

- lugar de destino; y
- duración prevista del viaje.

El artículo 5 del Reglamento CE 1/2005 exige, entre otras cosas, que una persona física sea responsable del transporte. Además, los organizadores deben garantizar en cada transporte que, entre otras cosas, "el bienestar de los animales no se vea comprometido por una coordinación insuficiente de las diferentes partes del viaje; y [que] se tengan en cuenta las condiciones meteorológicas".

El artículo 6 establece las normas para los transportistas de animales vertebrados, incluyendo por tanto a los transportistas de peces. En los casos de transporte de los animales de más de 65 km, el transportista (empresa de transporte) debe estar autorizado oficialmente de acuerdo con el apartado 1 del artículo 10, y el apartado 1 del artículo 11 para los viajes largos. Para los transportes de menos de 65 km no se requiere autorización. Independientemente de la longitud del transporte, se estipula que "los transportistas transportarán a los animales de acuerdo con las normas técnicas establecidas en el anexo I"[197]. Sin embargo, no se exige un certificado oficial de competencia para la persona encargada de los peces durante el transporte, sino sólo formación sobre las disposiciones pertinentes de los anexos I y II, en caso de que los transportes superen los 65 km[198].

Además, de acuerco con el artículo 8.1 del Reglamento (CE) 1/2005, en el caso del transporte de peces, los "poseedores de animales en el lugar de salida, traslado o destino deberán garantizar que se cumplen las normas técnicas establecidas en los capítulos I y III, sección 1, del anexo I en relación con los animales transportados".

A diferencia de otros animales "de granja", no se exige ningún cuaderno de a bordo para el transporte a larga distancia de peces "de piscifactoría"[199]. El organizador no está obligado a presentar una planificación adecuada de los transportes de larga distancia de peces a las autoridades competentes, y la autoridad competente no está obligada a verificar si la planificación de dichos transportes de larga

197 Artículo 6.3 del Reglamento CE 1/2005.
198 Artículo 6 apartados 4, 5 y 7 del Reglamento CE 1/2005.
199 Artículo 5.4 del Reglamento CE 1/2005.

distancia es realista y conforme al Reglamento CE 1/2005. Pero, en efecto, "la autoridad competente efectuará en cualquier fase del viaje largo los controles apropiados, de forma aleatoria o específica, para comprobar que la duración declarada del viaje es realista y que el viaje se ajusta a lo dispuesto en el presente Reglamento (...)".

En cuanto a las inspecciones oficiales, el artículo 27 establece, entre otras cosas, que "(...) las inspecciones [sobre el cumplimiento del Reglamento CE 1/2005] deberán efectuarse en una proporción adecuada de los animales transportados cada año dentro de cada Estado miembro (...)" y los resultados de estas inspecciones deberán presentarse anualmente a la Comisión Europea.

Especificando las normas principales del artículo 3 y en relación con el punto 3 del artículo 6, el anexo I ofrece una serie de normas técnicas en virtud de las cuales se permite o no el transporte de animales. Como el anexo I no da especificaciones exhaustivas sobre las especies incluidas, en teoría las disposiciones deberían aplicarse también a los peces.

En el capítulo II del anexo I se establecen más requisitos sobre los medios de transporte. Los siguientes ejemplos pueden considerarse relevantes, entre otros, para el transporte de peces: el diseño, la construcción, el mantenimiento y las operaciones de los vehículos de transporte deben realizarse de forma que "se eviten lesiones y sufrimiento y se garantice la seguridad de los animales"[200], así como para "proteger a los animales de las inclemencias del tiempo, las temperaturas extremas y los cambios adversos en las condiciones climáticas"[201]. Asimismo, el medio de transporte deberá "evitar que los animales se escapen o se caigan y ser capaz de soportar las tensiones de los movimientos", y ser accesible durante el transporte "para permitir que [los animales] sean inspeccionados y atendidos"[202]. Se

---

200 Anexo I, capítulo II, sección 1, apartado 1.1 letra (a) del Reglamento (CE) 1/2005.

201 Anexo I, capítulo II, sección 1, apartado 1.1 letra (b) del Reglamento (CE) 1/2005.

202 Anexo I, capítulo II, sección 1, apartado 1.1 letra (d) del Reglamento (CE) 1/2005.

exige un espacio adecuado dentro de su compartimento, así como medidas de seguridad cuando haya transporte en contenedores.

En cuanto a las prácticas de transporte, algunos requisitos del capítulo III del anexo I deben aplicarse también a los peces. Por ejemplo, "ciertas categorías de animales, como los salvajes, [deberían] aclimatarse al modo de transporte antes del viaje propuesto"[203]. Esto podría interpretarse a favor de los peces, ya que no suelen estar acostumbrados al contacto estrecho con los humanos. También se indica que en caso de operaciones de carga y descarga de larga duración, más de cuatro horas, un veterinario autorizado deberá supervisar estas operaciones, y "se tomarán precauciones particulares para garantizar que el bienestar de los animales se mantiene adecuadamente durante estas operaciones"[204].

En cuanto a las instalaciones de carga y descarga, deben construirse y utilizarse de forma que "se eviten las lesiones y el sufrimiento y se reduzcan al mínimo la excitación y la angustia durante el desplazamiento de los animales, así como para garantizar su seguridad"[205]. El capítulo III del anexo I prohíbe golpear a los animales, incluidos los peces, y manipularlos de forma que se les inflija dolor o sufrimiento innecesarios, especialmente ejerciendo presión sobre partes del cuerpo muy sensibles. También debe aplicarse a los peces que no se permite transportar juntas especies de peces diferentes ni individuos con variaciones significativas de tamaño y edad.

No hay más requisitos sobre el espacio disponible ni sobre las condiciones durante el transporte de peces vivos. Sólo el punto 2.3. del capítulo V establece que "[l]as demás especies [incluidos los peces] se transportarán de acuerdo con las instrucciones escritas sobre alimentación y abrevado y teniendo en cuenta cualquier cuidado especial que requieran", pero no se explica con más detalle quién debe emitir estas instrucciones escritas.

---

203 Anexo I, capítulo III, sección 1, apartado 1.1 del Reglamento (CE) 1/2005.

204 Anexo I, capítulo III, sección 1, apartado 1.2 letra (b) del Reglamento (CE) 1/2005.

205 Anexo I, capítulo III, sección 1, apartado 1.8 letras (a), (b) y (c) del Reglamento (CE) 1/2005.

Además, también cabe destacar que sólo deben cumplirse los artículos 3 y 27 para "el transporte[s] realizado[s] por los ganaderos, de sus propios animales [incluidos los peces], en sus propios medios de transporte para una distancia inferior a 50 km desde su explotación"[206].

b) Recomendación del Consejo de Europa relativa a los peces "de piscifactoría

La Recomendación del CE sólo contiene algunas consideraciones sobre el transporte de pescado. El artículo 11 exige que "el periodo durante el cual los peces pueden verse privados de alimento antes de determinados procedimientos de gestión [incluido el transporte] (...) deberá ser lo más breve posible". El artículo 15 establece los requisitos para el transporte de peces dentro de una piscifactoría. En este sentido, los peces deben ser examinados antes de su transporte, mientras que "los peces no aptos o no sanos no serán transportados, salvo por razones terapéuticas". En este contexto, el artículo 19 establece que si "el tratamiento [de los peces enfermos o heridos] ya no es factible y el transporte les causaría un sufrimiento adicional, [entonces] deberán ser sacrificados in situ y sin demora por una persona debidamente formada y experimentada (...)". Asimismo, el artículo 15 exige controles regulares de los peces, con especial atención a las condiciones ambientales. Los niveles de oxígeno deben mantenerse por encima del valor crítico específico de la especie, el nivel de dióxido de carbono debe mantenerse bajo y deben evitarse los cambios excesivos de la temperatura del agua y del pH.

c) Convenio europeo para la protección de los animales durante el transporte internacional

El Convenio Europeo para la protección de los animales durante el transporte internacional se aplica a todos los vertebrados y, por tanto, también a los peces[207]. Establece los principios fundamentales y, entre otras, disposiciones relativas a la autorización de los transportistas, el diseño y la construcción del vehículo de transporte y sobre

---

206 Artículo 2.1 del Reglamento (CE) 1/2005.

207 Artículo 2.1 del Convenio.

la fase de transporte propiamente dicha, incluidas la preparación, la planificación y las prácticas de transporte. Este Convenio no se aplica a los transportes dentro del territorio comunitario de la UE.

6.2.4. Evaluación crítica y posibles recomendaciones para una mejor protección de los peces "de piscifactoría" durante el transporte

Con el Reglamento (CE) nº 1/2005 del Consejo, la UE ha promulgado un amplio texto de legislación secundaria sobre la protección de los animales, que contiene numerosas y complejas normas. Sin embargo, en lo que respecta a los peces, se intenta infructuosamente encontrar en él alguna disposición específica. Cabe destacar que los peces ni siquiera se mencionan con una sola palabra, ni en el preámbulo, ni en el propio reglamento, ni en los anexos, a pesar de que se supone que los peces están protegidos por este reglamento, ya que abarca a todos los animales vertebrados[208]. Sólo de su clasificación biológica como vertebrados y de la definición de "animales" del artículo 2 se desprende que los peces deben incluirse en el Reglamento CE 1/2005.

Debido a la falta de requisitos precisos, sólo los principios básicos y generales son aplicables para el transporte de peces, por lo que "algunos (...) no son apropiados ni se aplican necesariamente de forma adecuada porque se han desarrollado sobre la base de planteamientos adoptados para los animales terrestres"[209]. Esto se hace evidente en el artículo 3 del Reglamento CE 1/2005, que establece las condiciones generales para el transporte de animales. Entre otras cosas, exige que "se proporcione a los animales una superficie de suelo y una altura suficientes", y que "se ofrezca a los animales agua, alimento y descanso a intervalos adecuados (...)"[210]. Ambos ejemplos muestran la discrepancia entre lo que exige la ley y lo que protegería eficazmente a los peces durante el transporte.

---

208 Artículo 2 del Reglamento (CE) 1/2005.

209 EU Commission (2009a) Regulatory and legal constraints for European Aquaculture. Study report IP/B/PECH/NT/2008_176, p. 32.

210 Reglamento (CE) 1/2005, artículo 3, letras g y h.

La superficie del suelo y el espacio para la cabeza son irrelevantes para los peces, ya que necesitan ser transportados en el agua, mientras que la densidad de peces cargados dentro de la masa de agua y la buena calidad del agua son mucho más importantes para ellos. Como muestra el ejemplo sobre la alimentación y el suministro de agua, algunas disposiciones son incluso contradictorias con su bienestar, ya que "alimentar a los peces antes o durante el transporte conduce rápidamente a un bienestar deficiente y a la muerte de los animales transportados, principalmente debido a los cambios en la calidad del agua de los tanques de transporte"[211]. En consecuencia, la correcta aplicación y cumplimiento de este apartado podría muy probablemente perjudicar a los peces, causándoles un sufrimiento innecesario en lugar de protegerlos.

El Reglamento CE 1/2005 establece que "los transportistas transportarán a los animales de conformidad con las normas técnicas establecidas en el anexo I"[212], que contiene instrucciones más específicas sobre las condiciones y prácticas de transporte. Sin embargo, en lo que respecta al transporte de peces, el anexo I carece de cualquier especificación. Al contrario, se vuelve a encontrar una redacción confusa e imprecisa. Por ejemplo, los animales (y, por tanto, los peces incluidos) deben considerarse no aptos para el transporte si "son incapaces de moverse de forma independiente sin dolor o de caminar sin ayuda"[213]. Mientras que la primera parte podría trasladarse a los peces —aunque su aplicación práctica pueda parecer difícil—, con la segunda parte de la disposición no es difícil ver que esta disposición estaba pensada para los animales terrestres. Lo mismo ocurre con el capítulo II del anexo I, que exige que la calidad del aire en el interior de todos los medios de transporte sea adecuada para las especies pertinentes a bordo.

Tal y como afirma la EFSA, "[l]a falta de oxígeno, que rara vez es un problema durante el transporte de animales terrestres, es el mayor problema durante el transporte de peces, ya que los peces

---

211 EU Commission (2009a) Regulatory and legal constraints for European Aquaculture. Study report IP/B/PECH/NT/2008_176, cit., 32.

212 Artículo 6.3 del Reglamento (CE) 1/2005.

213 Reglamento (CE) 1/2005, Anexo I capítulo I apartado 2.a).

alterados eliminan rápidamente el oxígeno disuelto del agua dentro de los contenedores de transporte”[214]. La calidad del agua (incluida la concentración de oxígeno) sería el factor crítico para el transporte de peces en lugar de la calidad del aire.

Los peces viven en un entorno completamente distinto al de los animales terrestres, por lo que sus necesidades durante el transporte varían significativamente. Sin embargo, el reglamento no tiene en cuenta este importante hecho, ni da ninguna especificación sobre los tiempos de transporte o las densidades de carga para los peces, a pesar de la opinión de la EFSA de que “[l]a duración del transporte, las densidades de carga y las condiciones ambientales durante el proceso pueden provocar un deterioro del bienestar, incluida la salud, de las especies de peces concretas”[215]. En cuanto a los tiempos de transporte, el considerando 5 del preámbulo del Reglamento CE 1/2005 reconoce que: “[p]or razones de bienestar animal, el transporte de animales en viajes largos [es decir, de más de 8 horas], incluidos los animales de abasto, debe limitarse en la medida de lo posible”.

A pesar de ello, y como se ha descrito anteriormente, los transportes de peces —incluidos los destinados al sacrificio— pueden alcanzar fácilmente más de ocho horas, en algunos casos incluso hasta 30 horas. Sin embargo, el Reglamento CE 1/2005 no da ninguna explicación sobre cómo deben organizarse transportes tan largos para salvaguardar el bienestar de los peces durante el transporte[216]. Al contrario, ni siquiera exige una planificación adecuada de esos transportes largos de peces, lo que de nuevo podría entenderse como contradictorio con el considerando 18 del Reglamento CE 1/2005: “Es probable que los viajes largos tengan efectos más perjudiciales para el bienestar de los animales que los cortos. De ahí que deban diseñarse procedimientos específicos para garantizar un mejor cumplimiento de las normas, en particular aumentando la trazabilidad de esas operaciones de transporte”.

---

214 5 EFSA (2004b), cit., 14.

215 EFSA (2004a) Opinion of the Scientific Panel on Animal Health and Welfare on a request from the Commission related to the welfare of animals during transport. The EFSA Journal 44, 32.

216 De acuerdo al artículo 5.4 del Reglamento (CE) 1/2005.

Implícitamente, se plantea la cuestión de cómo se considera este considerando para los transportes de peces cuando éstos quedan excluidos de tantas disposiciones y, de hecho, sólo se les aplican las normas generales del artículo 3.

Como demuestran todos estos ejemplos, el legislador de la UE no respetó a los peces ni sus requisitos específicos de bienestar durante el transporte al adoptar el Reglamento CE 1/2005. Sin embargo, al comienzo mismo de su preámbulo, el primer párrafo reza: "El Protocolo sobre la protección y el bienestar de los animales anejo al Tratado exige que, al formular y aplicar las políticas agrícola y de transportes, la Comunidad y los Estados miembros tengan plenamente en cuenta las exigencias en materia de bienestar de los animales".

Con ello, se reafirma claramente el deber de la Unión Europea y de sus miembros hacia los animales de tener plenamente en cuenta su bienestar como una seria preocupación a la hora de equilibrar los diferentes intereses y decidir sobre las políticas de la UE. Dado que los peces están incluidos por definición en el Reglamento CE 1/2005, este principio rector debería aplicarse también a ellos. Pero, como se ha descrito anteriormente, no encontró su lugar en el texto legislativo.

En cuanto a la formación del personal que manipula y transporta los peces, el informe final sobre el bienestar de los peces "de piscifactoría" durante el transporte y el sacrificio publicado por la Comisión de la UE en 2017 indica que en los Estados miembros evaluados sólo se emplea personal formado en el bienestar de los peces[217]. Sin embargo, no se especifica más el contenido y el alcance de la formación. En este contexto, en un estudio del Parlamento Europeo sobre "Restricciones reglamentarias y jurídicas para la acuicultura europea" de 2009 se expuso otro problema de aplicación del Reglamento CE 1/2005, a saber, que "algunos cursos de formación sobre bienestar animal, como los que se exigen a los conductores, no abordan las necesidades específicas del transporte de pescado[s]"[218].

---

217 EU Commission (2017c) Welfare of farmed fish: Common practices during transport and at slaughter. Final report, 86-111.

218 EU Commission (2009a) Regulatory and legal constraints for European Aquaculture. Study report IP/B/PECH/NT/2008_176, cit. 33.

Según el artículo 6, punto 4, del Reglamento CE 1/2005, el personal responsable de los animales sólo necesita recibir formación sobre los aspectos pertinentes de los anexos I y II del reglamento de transporte. Dado que los peces y sus necesidades específicas no están explícitamente representados en el anexo I, y que el anexo II no se aplica en absoluto a los transportes de peces, la redacción del artículo 6 punto 4 podría entenderse en el sentido de que no se requiere ninguna formación específica sobre el bienestar de los peces. Pero esto, obviamente, no cumpliría el objetivo del considerando 1, así como el del considerando 14, que expresa: "Un bienestar deficiente se debe a menudo a la falta de formación. Por lo tanto, la formación debe ser un requisito previo para cualquier persona que manipule animales durante el transporte[219] y la formación debe ser impartida únicamente por organizaciones aprobadas por las autoridades competentes".

Dado que los peces están incluidos en el Reglamento CE 1/2005, se ofrecerán cursos específicos de formación obligatoria en toda la UE para las personas que participen en su manipulación y transporte. Las autoridades competentes de cada Estado miembro también tienen que garantizar su correcta aplicación y cumplimiento. Esta afirmación también está respaldada por el apartado 10 del preámbulo, en el que se da la razón para cambiar la antigua directiva de la UE sobre la protección de los animales durante el transporte por el Reglamento CE 1/2005: "A la luz de la experiencia adquirida con la Directiva 91/628/CEE en la armonización de la legislación comunitaria sobre el transporte de animales, y de las dificultades encontradas debido a las diferencias en el transporte de dicha Directiva a nivel nacional, resulta más apropiado establecer las normas comunitarias en este ámbito en un reglamento"[220].

Se sabe que una aplicación y cumplimiento uniformes del Reglamento CE 1/2005 en toda la UE es un gran problema en otros sectores del transporte de animales vivos[221], y es de esperar que también lo sea en el caso del transporte de peces. Incluso un estudio de la

---

219 Directiva 91/628/CE.

220 Ibid.

221 Ver Directiva 91/628/CE.

Comisión de la UE de 2011 concluyó que, en lo que respecta a los transportes de pescado, "el Reglamento (CE) 1/2005 todavía no se aplica plenamente en todos los EM"[222]. No sólo la gran variedad de especies de peces que se crían y, por tanto, se transportan en la acuicultura, sino también los diferentes métodos de transporte y escalas de las empresas, combinados con los diferentes "niveles de motivación" de las personas responsables, pueden conducir fácilmente a una comprensión diferente de la legislación de la UE, sobre todo teniendo en cuenta que sólo existen unas pocas normas, muy básicas, sobre la protección de los peces durante el transporte. Esto deja mucho margen a la interpretación y, a su vez, dificulta la armonización de la protección animal en toda la UE.

Las recomendaciones del Código Acuático de la OIE sobre el bienestar de los peces "de piscifactoría" durante el transporte podrían servir de modelo. A diferencia de la legislación de la UE, el Código de la OIE contiene numerosas disposiciones exhaustivas. Es cierto que se mantienen con carácter general, pero al menos son relevantes para los animales acuáticos y podrían entenderse como principios rectores para la posterior aplicación de una legislación más específica. Teniendo en cuenta que esas recomendaciones no fueron adoptadas por los miembros de la OIE hasta 2008, es decir, un año después de la entrada en vigor del Reglamento CE 1/20005, todos los Estados miembros de la UE (y, por tanto, la UE) se comprometieron a cumplir esas normas, ya que todos son miembros de la OIE. Sin embargo, hasta el día de hoy no ha habido ningún movimiento para transponer estas recomendaciones de derecho indicativo a la legislación jurídicamente vinculante de la UE.

El párrafo 6 del preámbulo del Reglamento CE 1/2005 afirma que ya en 2001: "[e]l Consejo invitó a la Comisión (...) a presentar propuestas para garantizar la aplicación efectiva y el cumplimiento estricto de la legislación comunitaria vigente, mejorar la protección y el bienestar de los animales, así como prevenir la aparición y propagación de enfermedades animales infecciosas, y establecer requisitos

---

222 EU Commission (2011) Study on the impact of Regulation (EC) No 1/2005 on the protection of animals during transport. Draft Final Report. SANCO/2010/D5/S12.574298.

más estrictos para evitar el dolor y el sufrimiento con el fin de salvaguardar el bienestar y la salud de los animales durante y después del transporte".

En lo que respecta a los peces, estos requisitos no encontraron su lugar en la redacción legal del "nuevo" reglamento de transporte. Aunque cabe suponer que el Consejo no tenía en mente a los peces cuando se dirigió a la Comisión de la UE, esta declaración del considerando 6 subraya la necesidad de una legislación exhaustiva y revisada para todos los animales, incluidos los peces, en 2001, y todavía hoy.

6.3. Sacrificio de peces "de piscifactoría

6.3.1. Preocupaciones específicas sobre el bienestar animal y opinión científica

En lo que se refiere al acto del sacrificio, los peces 'de piscifactoría' "están sometidos a un periodo único de frecuentes e intensas operaciones de manipulación"[223], en el que su bienestar "se ve fácilmente comprometido por una mala elección de los métodos de manipulación y sacrificio, por la falta de atención a los detalles y por una adhesión innecesaria a las tradiciones de la piscicultura"[224], teniendo en cuenta "que matar realmente al animal es el mayor insulto a su bienestar". En la actualidad, los peces se consideran seres sensibles con capacidad para sentir dolor y experimentar sufrimiento, y durante las últimas décadas se han llevado a cabo en la UE investigaciones razonables sobre el bienestar de los peces durante el sacrificio. Sin embargo, Lines y Spence atestiguan que "hay pocas pruebas de mejora en los métodos de sacrificio en la mayoría de las piscifactorías de todo el mundo"[225].

---

[223] LINES, J.A., SPENCE, J., Safeguarding the welfare of farmed fish at harvest, cit., 163.

[224] Ibid.

[225] LINES, J.A., SPENCE, J., Humane harvesting and slaughter of farmed fish. Scientific and Technical Review of the Office International des Epizooties 33/1 (2014) 255-264.

6.3.1.1. Operaciones previas al sacrificio

En la UE, los peces deben pasar comúnmente por una serie de operaciones estresantes antes de su sacrificio propiamente dicho, incluidos los periodos de ayuno, el hacinamiento, los procedimientos de extracción y manipulación, así como el transporte a las instalaciones de sacrificio o procesamiento.

a) Ayuno

Antes de su sacrificio, los peces "de piscifactoría" son privados rutinariamente de alimento durante varios días. El objetivo es vaciar sus intestinos para evitar la contaminación fecal en el posterior procesamiento de los peces muertos, por lo que respecta a la seguridad y la calidad de los alimentos[226]. Además, debido a la retirada de alimento los peces disminuyen su actividad metabólica y producen así menos amoníaco y dióxido de carbono que se liberarían en el agua. Especialmente en las operaciones posteriores previas al sacrificio, como el hacinamiento, la calidad del agua puede deteriorarse significativamente debido a la alta densidad de peces, que consumen más oxígeno del disuelto en la limitada columna de agua, pero al mismo tiempo excretan amoníaco y dióxido de carbono. Esto puede provocar posibles efectos tóxicos para los peces[227].

Debido a la gran diversidad del grupo de los "peces", la duración para vaciar el intestino difiere entre las especies y también depende de la temperatura del agua. Por ejemplo, según la opinión científica, los salmones vacían completamente sus intestinos en 72 horas, por lo que no se les debe privar de alimento más de ese tiempo[228]. Sin embargo, en el caso de los salmones del Atlántico "comercializables" (es decir, salmones "de matadero") se informa de que se les hace pasar hambre incluso hasta 14 días (336 horas)[229]. Las doradas y las

---

226 LINES, J.A., SPENCE, J., Safeguarding the welfare of farmed fish at harvest, cit., 165.

227 EFSA (2009d), cit., 10

228 EFSA (2009c), cit.; ROBB, D.H.F., Welfare of Fish at Harvest.; LINES, J.A., SPENCE, J., Safeguarding the welfare of farmed fish at harvest, cit.

229 EU Commission (2017c) Welfare of farmed fish: Common practices during transport and at slaughter. Final report, 98.

lubinas suelen privarse de alimento entre 24 y 72 horas en la práctica comercial, pero el periodo de inanición "puede prolongarse hasta siete días [168 horas] en función del periodo de recolección"[230]. Las carpas comunes suelen estar privadas de alimento entre cinco y siete días (120-168 horas)[231]. En la naturaleza, los peces experimentan periodos en los que la comida escasea o falta, pero tienen la opción de moverse y buscar otras opciones alimentarias; los peces "de piscifactoría" no. Están confinados y dependen estrictamente del suministro humano de alimentos. En particular, teniendo en cuenta que los peces "de piscifactoría" se crían con fines de engorde, no suelen estar acostumbrados a la retirada de alimentos[232], sino, por el contrario, condicionados a ser alimentados de forma regular.

Como señalan Lines y Spence (2012), "la motivación para comer es claramente fuerte y tan necesaria para los peces como para cualquier otro animal" y "los periodos excesivos de ayuno infringen claramente los principios de las cinco libertades del bienestar animal"[233]. Desde un punto de vista científico, se recomienda restringir el periodo de ayuno únicamente al tiempo necesario para vaciar el intestino de la especie en cuestión. A pesar de ello, "en la práctica comercial, se puede encontrar una serie de periodos de retirada de alimentos, a menudo mucho más largos de lo necesario para simplemente vaciar el intestino"[234], por ejemplo por razones prácticas y técnicas en los sistemas de acuicultura a gran escala, donde las operaciones de captura y sacrificio llevan más tiempo debido al mayor número de peces implicados[235].

---

230 EFSA (2009d), cit.

231 EU Commission (2017c) Welfare of farmed fish: Common practices during transport and at slaughter. Final report.

232 EFSA (2009d), cit.; LINES, J.A., SPENCE, J., Safeguarding the welfare of farmed fish at harvest, cit.

233 LINES, J.A., SPENCE, J., Safeguarding the welfare of farmed fish at harvest, cit., 166.

234

235 WAAGBO, R., JORGENSEN, S.M., TIMMERHAUS, G. BRECK, O., OLSVIK, P.A., Short-term starvation at low temperature prior to harvest does not impact the health and accurate stress response of adult Atlantic salmon. PeerJ 5 (2017) e3273.

b) Hacinamiento

El hacinamiento describe la práctica previa al sacrificio de concentrar a los peces en las jaulas donde han sido criados con el fin de aumentar la densidad de peces para facilitar su captura y traslado a las posteriores operaciones de sacrificio. Dependiendo del método de cría, los peces se hacinan levantando la red de la jaula o utilizando redes adicionales para conducirlos a una sección determinada. Como señala claramente la EFSA, el hacinamiento es un procedimiento estresante que provoca respuestas de estrés en los peces, por lo que "es bien sabido por quienes trabajan en el sector que cuando los peces se hacinan demasiado densa y rápidamente, muestran comportamientos de huida, salpicaduras y jadeos"[236]. Como respuestas fisiológicas al estrés, se ha informado de un aumento de los niveles plasmáticos de cortisol, glucosa y lactato en diferentes especies de peces como consecuencia de eventos de hacinamiento[237].

Según Lines y Spence (2012) los efectos sobre la fisiología de los peces pueden durar días después de dicho hacinamiento, lo que demuestra el alto impacto de este procedimiento sobre los peces. Aunque es obvio que la mayoría de estos peces "sacrificados" no sobrevivirán a los días siguientes debido al posterior sacrificio tras el hacinamiento y la captura, la EFSA mencionó que "en los tanques de flujo intensivo y en los sistemas de jaulas, la captura de los peces puede durar varios días o incluso semanas"[238], lo que expone a estos peces a un periodo de estrés muy prolongado. Además del aumento del estrés debido a las altas densidades y a la duración, "el problema más común asociado al hacinamiento es la escasez de oxígeno"[239]. Los peces no sólo están confinados en una cantidad restringida de agua, sino que también están más activos y estresados durante el hacinamiento, lo que provoca un consumo mayor y más rápido del oxígeno disuelto en el agua. Además, "la concentración de amoníaco y

---

236 EFSA (2009d), cit., 13.

237 Ibid.

238 EFSA (2009d), cit.

239 LINES, J.A., SPENCE, J., Safeguarding the welfare of farmed fish at harvest, cit., 166.

otros productos de desecho también aumenta al haber menos agua disponible por biomasa de peces"[240].

Como ya se ha mencionado, las distintas especies de peces responden con distinta intensidad a los diferentes métodos de hacinamiento. Por ejemplo, los atunes rojos del Atlántico "de piscifactoría" son muy sensibles al hacinamiento intenso y rápido. Entran fácilmente en pánico y muestran fuertes intentos de escapar, lo que puede conducir a un bienestar deficiente. Los atunes son la única especie de pez endotérmico y, por tanto, "debido a su capacidad para conservar el calor metabólico producido por los músculos, su temperatura corporal puede aumentar enormemente durante la lucha"[241], lo que significa que pueden sufrir fácilmente hipertermia y agotamiento. Los bacalaos, por ejemplo, corren el riesgo de que se les infle la vejiga natatoria si se agolpan demasiado rápido para adaptarse adecuadamente a los cambios de presión entre las aguas más profundas y la superficie[242]. Los salmones y las especies bentónicas como el fletán evitan la luz solar excesiva, pero durante la aglomeración quedan expuestos a ella al subir a la superficie. Los peces intentan escapar, lo que aumenta su nivel de estrés[243]. Como muestran los distintos ejemplos, es muy recomendable que el apiñamiento, si no puede evitarse, se realice siempre de forma específica para cada especie con el fin de minimizar el daño causado a los peces implicados.

En general, durante y después de los procedimientos de apiñamiento, "los peces deben ser observados para detectar signos de comportamiento anormal, como moribundidad, saltos fuera del agua, signos de asfixia o inversión"[244].

---

240 4 EFSA (2009d), cit., 13.

241 EFSA (2009e) Scientific Opinion of the Panel on Animal Health and Welfare on a request from the European Commission on Species-specific welfare aspects of the main systems of stunning and killing of farmed tuna. The EFSA Journal 1072, 8.

242 LINES, J.A., SPENCE, J., Safeguarding the welfare of farmed fish at harvest, cit., 166.

243 ROBB, D.H.F., Welfare of Fish at Harvest, cit., 9; LINES, J.A., SPENCE, J., Safeguarding the welfare of farmed fish at harvest, cit., 166.

244 Ibid.

c) Extracción

Otra operación previa al sacrificio es la extracción de los peces con el fin de dislocarlos para procedimientos posteriores. Lo más habitual es hacerlo mediante sistemas de bombeo o con redes. En las explotaciones de pequeña escala y extensivas se suelen utilizar redes manuales, mientras que el salabardeo mecánico es habitual en los sistemas de cría intensiva. Algunas redes de salabardeo pueden mantener cierta cantidad de agua, lo que se denomina salabardeo húmedo, mientras que en el salabardeo seco los peces se extraen sin agua. Aunque el riesgo de lesiones es menor en el salabardeo húmedo, al izar los peces con cualquier tipo de red fuera del agua, "existen peligros particulares para los peces de magulladuras, aplastamiento, pinchazos y lesiones por abrasión por contacto con otros peces, contacto con la red y contacto a través de la red con otras superficies duras"[245].

Con frecuencia, las redes de salabardo están sobrecargadas, con densidades muy elevadas de peces en su interior, lo que aumenta los efectos adversos, como abrasiones, lesiones por aplastamiento u otros daños, debido al exceso de peso que soportan los peces solos. Liberar a los peces de una red salabardo a menudo significa que se abre el extremo salabardo, de modo que los peces simplemente se dejan caer sobre el suelo duro, unos sobre otros, o en el agua desde una gran altura causando más problemas de bienestar. Sacar a los peces del agua al aire, como se hace en el salabardeo en seco, por ejemplo, provoca hipoxia y, por tanto, sufrimiento a los peces. Según el dictamen de la EFSA, "se ha sugerido que los peces no permanezcan fuera del agua más de 10 segundos, ya que después mostrarán un comportamiento aversivo a la falta de oxígeno"[246], sobre todo en el caso de la trucha, la dorada y la lubina. Sin embargo, el salabardeo en seco se utiliza comúnmente por conveniencia operativa y tradicional, como afirman Lines et al (2012).

---

245 LINES, J.A., SPENCE, J., Safeguarding the welfare of farmed fish at harvest, cit., 166.

246 EFSA (2009d), cit., 14; EFSA (2009a) Scientific Opinion of the Panel on Animal Health and Welfare on a request from the European Commission on Species-specific welfare aspects of the main systems of stunning and killing of farmed rainbow trout. The EFSA Journal 1013, 11.

El bombeo de peces es otro método para extraer los peces de la unidad de hacinamiento hasta el punto de sacrificio y se utiliza principalmente en los sistemas de cría intensiva. Existen diferentes tipos de sistemas de bombeo, por ejemplo, bombas de elevación por aire, venturi y de vacío. El bombeo por elevador de aire funciona con un compresor que insufla aire comprimido en una tubería submarina conectada a la zona donde se hacinan los peces. El ascensor de aire emergente arrastra agua al interior con los peces al mismo tiempo. El bombeo Venturi requiere grandes volúmenes de agua que se bombean a gran velocidad por una tubería que aspira los peces a través de una segunda tubería desde la zona de aglomeración. El tercer sistema es el bombeo por vacío, en el que se crea una fuerte succión mediante una cámara de vacío que arrastra el agua y los peces a través de la tubería. Las bombas de vacío no pueden generar un flujo de agua uniforme y continuo, por lo que los peces luchan con el flujo turbulento dentro de la tubería, lo que les lleva al agotamiento y a un mayor riesgo de agotamiento del oxígeno[247].

Debido a un equipo de bombeo inadecuado y a una construcción incorrecta, como curvas cerradas, los peces pueden quedar atrapados dentro del sistema de tuberías, chocar a gran velocidad con las paredes de la tubería y/o sufrir lesiones, como una pérdida excesiva de escamas[248]. Por ello, se recomienda comprobar si los peces han sufrido lesiones recientes tras el bombeo, mantener las distancias de bombeo lo más cortas posible y revisar y mantener periódicamente los sistemas de bombeo[249]. No obstante, en algunos sistemas los peces son bombeados más de un kilómetro y permanecen dentro del sistema más de diez minutos[250]. Según la EFSA (2009a), es probable que la trucha arcoiris, por ejemplo, esté expuesta a un bienestar deficiente durante los procedimientos de bombeo, lo que debería evitarse.

6.3.1.2. Métodos de aturdimiento y matanza

La EFSA declaró en su dictamen científico de 2004 sobre los aspectos de bienestar de los principales sistemas de aturdimiento y matanza de las principales especies comerciales de animales que "para muchas especies [de peces], no existe un método comercialmente aceptable que pueda matar a los peces de forma humanitaria. Los peces se matan comercialmente de muchas formas, algunas de las cuales pueden incluir el aturdimiento previo, otras no, pero sólo "pocos de [estos métodos] se considerarían aceptables para otros vertebrados"[251].

a) Asfixia en el aire o en el hielo

La mayoría de los peces sacrificados para el consumo humano, incluidos los de "piscifactoría", se matan sin aturdimiento previo. Simplemente se les saca del agua y se les deja morir por asfixia en el aire o en hielo. Como afirma claramente la EFSA, "la exposición al aire debe reducirse al mínimo tiempo posible y debe investigarse para desarrollar métodos previos al sacrificio y de sacrificio que eviten la exposición al aire"[252].

A pesar de ello, este método se utiliza ampliamente en la UE, por ejemplo para la trucha arcoiris, la dorada y la lubina, ya que la asfixia es muy eficaz en términos de esfuerzos y costes. La asfixia en hielo, el enfriamiento en vivo, es también "proceso-conveniente" porque los peces se enfrían y se conservan en el hielo al mismo tiempo. Se ha demostrado que la matanza en hielo tarda 14 minutos en el caso de la trucha arcoiris[253], unos 30 minutos en el de las doradas y lubinas[254], y hasta 50 minutos en el de las carpas comunes[255]. En el caso de la asfixia en el aire, se ha informado de que las lubinas se asfixian en el aire hasta dos horas antes de morir definitivamente, y en el caso de las carpas comunes se ha comprobado que algunos individuos "dejados para asfixiarse en el aire tardaron casi cinco horas en cesar los movimientos de la opércula (cubierta de las branquias)"[256].

El enfriamiento en vivo se describe a menudo como un método de aturdimiento en el que los peces se introducen desde el agua en hielo sólido o en agua helada de 0-2°C. Debido a la extrema diferen-

---

251 Ibid., 23.

252 EFSA (2009d), cit., 32/see also: EFSA (2009a), cit., 30.

253 ASHLEY, P.J., Fish welfare: Current issues in aquaculture, cit., 210.

254 : EFSA (2009d), cit., 18.

255 LINES, J.A., SPENCE, J., Humane harvesting and slaughter of farmed fish, cit., 258

256 LINES, J.A., SPENCE, J., Humane harvesting and slaughter of farmed fish, cit., 258; EFSA (2009b).

cia de temperatura de al menos 10°C, los peces experimentan un choque térmico. Como animales poiquilotérmicos (excepto el atún), los peces quedan casi paralizados por el repentino choque frío debido a la rápida reducción de su temperatura corporal que, a su vez, reduce significativamente su tasa metabólica[257].

Como sugieren Lines y Spence, la capacidad de los peces para mostrar reacciones físicas puede disminuir rápidamente tras el baño de hielo, pero "la actividad cerebral indica la posibilidad de que continúe la consciencia durante un periodo sustancial"[258], lo que indica que siguen sintiendo dolor y sufrimiento durante un cierto periodo de tiempo sin poder demostrar o mostrar estos sentimientos negativos.

Según la EFSA, los lodos de agua helada pueden provocar la muerte de especies de peces mediterráneos como la dorada y la lubina, ya que normalmente están acostumbrados a vivir a temperaturas mucho más altas, por encima de los 12°C, pero al mismo tiempo la EFSA atestigua que "la muerte en hielo no provoca la inconsciencia inmediata"[259]. Los experimentos con carpas comunes, bacalaos, salmones del Atlántico y otras especies mostraron respuestas de estrés a los choques de frío, como revisa la EFSA (2009). Asimismo, los individuos de lubina y dorada muestran un forcejeo evidente y una natación activa cuando se sumergen en baños de hielo hasta que alcanzan el punto de inmovilización después de varios minutos[260]. Según la EFSA (2009f), "la refrigeración en vivo es un método de inmovilización y no de aturdimiento, ya que no induce a la inconsciencia"[261].

b) Exanguinación o decapitación sin aturdimiento previo

---

257 ROBB, D.H.F., Welfare of Fish at Harvest, cit., 233; LINES, J.A., SPENCE, J., Humane harvesting and slaughter of farmed fish, cit., 258.

258 LINES, J.A., SPENCE, J., Humane harvesting and slaughter of farmed fish, cit., 258.

259 EFSA (2009d), cit., 17.

260 Ibid.

261 EFSA (2009f) Scientific Opinion of the Panel on Animal Health and Welfare on a request from the European Commission on welfare aspect of the main systems of stunning and killing of farmed turbot. The EFSA Journal 1073, 20.

En algunas especies de peces "de piscifactoría", es práctica común sacrificarlos por desangrado o decapitación sin aturdimiento previo. Los peces están en plena consciencia mientras se les mata. Por ejemplo, a menudo las especies de peces planos como el rodaballo se matan cortándoles los arcos branquiales seguido de un desangrado. Tras el corte, los peces se dejan más de dos horas, a menudo en agua helada para que se desangren por completo. Dependiendo de la temperatura, entre 60 y 90 minutos después del corte, se han registrado respuestas en el comportamiento e incluso conductas de huida[262]. En consecuencia, la EFSA afirma que "los métodos existentes de sacrificio del rodaballo, es decir, el desangrado y la asfixia en hielo, implican periodos prolongados de consciencia durante los cuales se han observado respuestas de estrés"[263].

Como método de sacrificio utilizado en el sector minorista, las anguilas se matan, entre otras cosas, por decapitación que provoca la muerte por anoxia debido a la pérdida de sangre. Se ha demostrado experimentalmente que en algunas anguilas decapitadas su cerebro sigue funcionando hasta 13 minutos después de la decapitación[264]. Según el dictamen de la EFSA (2009g), esto "parece exponer a las anguilas a periodos considerables de sufrimiento"[265].

c) Aturdimiento por percusión

El aturdimiento por percusión es un método utilizado para provocar una conmoción cerebral y, por tanto, la pérdida de conciencia, mediante la inducción de un golpe en la cabeza del animal. Para provocar la inconsciencia y la insensibilidad inmediatas, el golpe debe

---

262 Ibid., 13.

263 Ibid., 20.

264 VAN DE VIS, H., KESTIN, S., ROBB, D., OEHLENSCHLÄGER, J., LAMBOOIJ, B., MÜNKNER, W. KUHLMANN, H., KLOOSTERBOER, K., TEJADA, M., HUIDOBRO, A., OTTERA, H., ROTH, B., SORENSEN, N.K., AKSE, L., BYRNE, H. & NESVADBA, P., Is humane slaughter of fish possible for industry? Aquaculture Research 34 (2003) 215.

265 EFSA (2009g) Scientific Opinion of the Panel on Animal Health and Welfare on a request from the European Commission on welfare aspect of the main systems of stunning and killing of farmed eel (Anguilla anguilla). The EFSA Journal 1014, 15.

ser rápido y lo suficientemente fuerte, así como estar correctamente localizado en la cabeza[266].

En la UE, el aturdimiento por percusión se realiza mediante equipos automatizados o manualmente. Ambas actuaciones entrañan riesgos para el bienestar de los animales. En los casos de aturdimiento manual, la eficacia del aturdimiento depende mucho del operario y de sus habilidades para realizar el golpe. Además, el aturdimiento manual puede provocar asfixia a los peces que están expuestos al aire durante el procedimiento de manipulación previo al aturdimiento. Según la EFSA, éste es "el peligro que causa el mayor riesgo de malestar" en el aturdimiento manual[267]. En los sistemas automatizados de aturdimiento por percusión, el principal problema se debe a los diferentes tamaños entre los peces individuales "que causan un aturdimiento erróneo en algunos peces, por ejemplo, golpear [sólo] el hocico en peces más grandes"[268], en lugar de golpear el lugar exacto de aturdimiento en la cabeza.

El método de aturdimiento por percusión automatizado se utiliza, entre otros, para los salmones, mientras que las carpas comunes suelen aturdirse manualmente por percusión[269]. En el caso de las carpas comunes y otras especies como el bagre, el pangasius y la tilapia, se ha comprobado que muestran una mayor resistencia al aturdimiento por percusión debido a la forma de la cabeza y al cráneo bien protegido, lo que aumenta el riesgo de aturdimiento erróneo[270].

Tras el aturdimiento por percusión, se recomienda controlar su eficacia comprobando si los peces presentan signos de consciencia, como movimiento rítmico de los opérculos, reflejo de giro ocular, forcejeo u otras actividades físicas[271].

d) Narcosis con dióxido de carbono

---

[266] EFSA (2004b), cit., 162; EFSA (2009a), cit., 14.

[267] EFSA (2009c), cit., 2.

[268] Ibid.

[269] Ibid. 21; EFSA (2009b), cit., 20-21; LINES, J.A., SPENCE, J., Safeguarding the welfare of farmed fish at harvest, cit., 164-165.

[270] LINES, J.A., SPENCE, J., Safeguarding the welfare of farmed fish at harvest, cit., 167.

[271] Ibid., 259.

La narcosis por dióxido de carbono es un método que se ha desarrollado en el sacrificio comercial de animales "de granja", incluidos los peces (principalmente el salmón del Atlántico y la trucha arcoiris, con la ventaja para la industria de poder aturdir un número relativamente grande de animales en poco tiempo y con poco esfuerzo laboral y económico.

En acuicultura, el aturdimiento con CO2 se lleva a cabo introduciendo a los peces en agua infundida con dióxido de carbono, lo que crea una mezcla ácida y provoca un efecto narcótico en los peces. Según el dictamen científico de la EFSA (2009c), el dióxido de carbono es uno de los métodos de aturdimiento responsables del menor bienestar, ya que "no sólo se juzgó que la exposición al gas provoca una fuerte reacción adversa [de los peces], sino que no produce de forma fiable la inconsciencia"[272]. En primer lugar, los peces de diferentes especies muestran un comportamiento de natación y huida muy adverso inmediatamente después de ser expuestos al agua enriquecida con CO2, lo que indica una gran angustia para ellos. En segundo lugar, los peces no están inmediatamente inconscientes sino sólo narcotizados por el CO2. A menudo, se les considera falsamente inconscientes, cuando en realidad sólo están inmovilizados debido a la narcosis por CO2. En la práctica, pueden seguir estando conscientes mientras se les desangra o eviscera[273].

Siguiendo a la EFSA (2009a), el dióxido de carbono "(...) no debe utilizarse en general para ninguna especie, ya que existen métodos alternativos"[274]. En la UE, la narcosis con dióxido de carbono se sigue utilizando comercialmente como método de aturdimiento para salmones y truchas arcoiris[275].

---

272 EFSA (2009c), cit., 3.

273 EFSA (2009c), cit., 3; EFSA (2009a), cit., 3

274 EFSA (2009a), cit., 30.

275 EU Commission (2018) Report from the Commission to the European Parliament and the Council on the possibility of introducing certain requirements regarding the protection of fish at the time of killing, p. 4; EFSA (2009c), cit., 20/ EFSA (2009a), cit., 16-17; ROBB, D.H.F., Welfare of Fish at Harvest, cit., 15/ LINES, J.A., SPENCE, J., Humane harvesting and slaughter of farmed fish, cit., 259.

e) Aturdimiento eléctrico

Otro método de aturdimiento es el uso de la electricidad. Dependiendo de la aplicación correcta para cada especie, el aturdimiento eléctrico puede causar inconsciencia e insensibilidad inmediatas. Los parámetros eléctricos, como el voltaje o la corriente eléctrica, deben adaptarse a cada especie para interrumpir eficazmente la actividad neuronal normal[276]. Si no se aplica correctamente, es posible que los peces sólo queden paralizados por el aturdimiento eléctrico pero continúen conscientes mientras se les mata.

En la práctica comercial se utilizan sistemas de aturdimiento eléctrico húmedo o seco. El aturdimiento húmedo permite que los peces no estén expuestos al aire, por lo que les causa menos estrés[277]. Para ello es esencial que el campo eléctrico en el agua sea homogéneo y acorde con la conductividad del agua, así como adecuado para la especie de peces y el número de individuos. Además del factor de estrés adicional que supone exponer a los peces al aire, "la dificultad más común con el aturdimiento en seco es asegurarse de que los peces no estén expuestos a choques previos al aturdimiento provocados, por ejemplo, por entrar primero con la cola en la máquina o porque los espasmos del pez le hagan perder el contacto con los electrodos"[278]. Por lo tanto, es esencial asegurar la orientación adecuada de cada pez que entra en el campo eléctrico, con la cabeza primero para evitar que "primero sientan conscientemente la electricidad durante unos segundos antes de llegar a la cabeza"[279], causándoles un dolor adicional. Para evitar que los peces vuelvan de nuevo a la consciencia, el aturdimiento eléctrico debe ser de larga duración, lo que, de nuevo, debe definirse de forma específica para cada especie[280].

---

276 LINES, J.A., SPENCE, J., Humane harvesting and slaughter of farmed fish, cit., 259.

277 ASHLEY, P.J., Fish welfare: Current issues in aquaculture, cit., 260.

278 EFSA (2009c), cit., 22.

279 Ibid., 37.

280 LINES, J.A., SPENCE, J., Safeguarding the welfare of farmed fish at harvest, cit., 168.

En la actualidad, el aturdimiento eléctrico en la UE se utiliza comercialmente, por ejemplo, para el salmón del Atlántico, la trucha arcoiris y la carpa común[281].

f) Otros métodos de sacrificio

En la práctica de la acuicultura, se han desarrollado varios métodos de sacrificio relacionados con las especies para los peces "de piscifactoría", como los atunes o las anguilas. En el caso de los atunes "de piscifactoría", existen tres prácticas de sacrificio en la UE que dependen principalmente del tamaño de los peces y del destino comercial del "producto final": el disparo bajo el agua, también llamado lupara, el disparo en la superficie y el clavado o coring[282]. El lupara, el disparo en la cabeza del pez bajo el agua, es el método más común en la UE para matar grandes atunes (70-80%). Si se realiza correctamente, se considera que este método causa menos sufrimiento al animal en comparación con otros métodos, ya que el cerebro se destruye inmediatamente y el pez no se manipula previamente en el aire. Según la EFSA, el único peligro es un disparo fallido que puede (...) dar en la cabeza pero no en el cerebro, causando obviamente dolor y sufrimiento al pez herido. Además, los disparos erróneos de lupara no son infrecuentes (1-5%) en las granjas de atún de la UE[283].

El segundo método, el disparo en superficie con escopeta, se utiliza para el 20-30% de los grandes atunes de la acuicultura europea. Según la EFSA (2009e), se tarda aproximadamente 10-15 minutos en matar a un grupo de 30-70 atunes disparándoles en la cabeza desde fuera del agua. Para acercar a los atunes a la superficie, se les hacina en una especie de jaula de sacrificio o red de cerco, lo que provoca un estrés extremo a los peces. Además, debido al disparo se libera sangre de atún en el agua, lo que provoca más estrés y un comportamiento de huida en los individuos restantes[284]. Como afirma la EFSA

281 EU Commission (2018) Report from the Commission to the European Parliament and the Council on the possibility of introducing certain requirements regarding the protection of fish at the time of killing, 4.

282 EFSA (2009e), cit., 2-10.

283 Ibid, 2-10, 12, 22.

284 EFSA (2009e), cit., 19-20.

(2009e), los peces también están expuestos a un alto índice de disparos erróneos[285].

El tercer método de sacrificio se denomina spiking o coring y se utiliza para atunes pequeños de menos de 50 kg. Se les mata clavándoles un pincho en la cabeza y destruyendo así el cerebro. Esto provoca la pérdida del conocimiento en un minuto si se aplica con precisión. Sin embargo, los peces están expuestos a un gran dolor y angustia, ya que se les apiña durante mucho tiempo (de 10 minutos a varias horas) y luego se les iza uno a uno y se les clava el pincho fuera del agua. Esto provoca dolorosos daños en los tejidos, así como asfixia[286]. Otro problema grave es el clavado erróneo, que causa dolor y lesiones adicionales debido al daño tisular, incluyendo "laceraciones superficiales a profundas de la piel y la capa ósea con hemorragia, fisura o fractura del cráneo, contusión cerebral y hemorragia, dependiendo de la fuerza y el ángulo del clavado"[287].

En el caso de las anguilas, se utilizan, entre otros, dos métodos especiales de muerte conocidos como "baño" de sal o de amoníaco. Las anguilas están protegidas por una capa de moco (baba) en su piel. Para eliminarla, tradicionalmente se vierte sal sobre las anguilas vivas que se han colocado fuera del agua. La sal provoca la desnaturalización de las proteínas del moco y, por tanto, la destrucción de la capa de baba de la piel de la anguila. Además, pueden observarse daños o desprendimiento de partes de la piel. Se ha informado de que las anguilas intentan desesperadamente escapar de la sal, tardando mucho tiempo, posiblemente hasta 25 minutos, en quedar inconscientes. Las anguilas mueren como consecuencia del baño de sal o son evisceradas mientras aún están vivas. También con baños de amoníaco, las anguilas son desespinadas introduciéndolas en una solución de amoníaco al 25%. Se observa el mismo fuerte comportamiento de huida que con la sal e implica un dolor y una angustia graves para los animales, como confirma la EFSA (2009g). Además, "inmediatamente después de la exposición al amoníaco, las anguilas

285 Ibid., 12-13, 19.

286 2 EFSA (2009e), cit., 14.

287 Ibid., 15.

empiezan a sangrar por las aberturas branquiales y tardan hasta 15 minutos en morir"[288].

g) Conclusión

En resumen, en cada uno de los ocho dictámenes científicos elaborados por la EFSA se describen graves riesgos para el bienestar y el sufrimiento durante el sacrificio de peces "de piscifactoría" en la UE, lo que subraya la opinión general de la EFSA de que "muchos métodos de sacrificio comercial existentes exponen a los peces a un sufrimiento sustancial durante un periodo prolongado"[289]. Se calcula que en 2011 se sacrificaron hasta 128.000 millones de peces criados en acuicultura, de los cuales miles de millones fueron sacrificados en la UE en el plazo de un año.

6.3.2. Recomendaciones de la OIE relativas a la protección de los peces "de piscifactoría" durante el sacrificio

El capítulo 7.3 del Código Sanitario para los Animales Acuáticos de la OIE establece los requisitos que deben aplicarse durante el sacrificio de los peces "de piscifactoría" para salvaguardar los aspectos mínimos de bienestar. Como se describe en el capítulo introductorio 7.1 relativo al bienestar de los peces "de piscifactoría", "estas recomendaciones de la OIE (...) abordan el bienestar de los peces de piscifactoría a nivel general", debido a la gran variedad de especies de peces que se crían, por lo que "no es factible elaborar recomendaciones específicas para cada una de esas especies". En consecuencia, las recomendaciones de la OIE relativas al bienestar de los peces durante el sacrificio deben considerarse como las normas básicas de bienestar que deben cumplirse en la acuicultura. En este contexto, cabe destacar que el primer artículo establece claramente "como principio general [que] los peces de piscifactoría deben ser aturdidos antes de la matanza, y [que] el método de aturdimiento debe garantizar la pérdida inmediata e irreversible de conciencia"[290]. También exige,

---

288 EFSA (2009a-h).

289 EFSA (2004a), cit., 22.

290 Artículo 7.3.1 del Código Sanitario para los Animales Acuáticos.

en caso de aturdimiento reversible, que los peces sean sacrificados antes de recuperar la consciencia.

Se dan recomendaciones no sólo para la matanza propiamente dicha, sino también para actividades previas como el transporte y la sujeción de los peces directamente antes del sacrificio. Cuando sea necesario transportar a los peces antes de su sacrificio, deberán hacerlo de conformidad con las normas de la OIE sobre el transporte de peces[291].

El artículo 7.3.2 del capítulo 7.3 plantea la importancia de que personal cualificado esté a cargo de los peces durante su manipulación, aturdimiento y sacrificio. Para garantizar el bienestar de los peces, no sólo se requiere experiencia y competencia por parte de los operarios, sino también una comprensión de las características de comportamiento de los animales. Por razones de seguridad, además "la formación [del personal] debe abarcar las implicaciones para la salud y la seguridad en el trabajo de cualquier método [de aturdimiento y matanza] utilizado"[292].

En cuanto a los requisitos técnicos relacionados con el sacrificio de peces, el Código Acuático establece normas generales en el artículo 7.3.4 para las instalaciones en las que se mantienen los peces antes de su matanza. Deben estar diseñadas para la especie o grupo de peces específico, así como ser adecuadas en tamaño para el número de peces que se mantengan en ellas durante cierto tiempo sin comprometer su bienestar. Además, este artículo establece que "las operaciones deben realizarse con un mínimo de lesiones y estrés para los peces"[293].

Para lograrlo, las siguientes consideraciones pueden ayudar según el artículo 7.3.4 punto 4:

- diseño y mantenimiento de redes y tanques que minimicen las lesiones físicas;

---

291 Véase artículo 7.3.3 del Capítulo 7.2 del Código Sanitario para los Animales Acuáticos.

292 Artículo 7.3.2 del Código Sanitario para los Animales Acuáticos.

293 Artículo 7.3.4, apartado 3 del Código Sanitario para los Animales Acuáticos.

- calidad adecuada del agua en función de la especie y la densidad de los peces;
- diseño y mantenimiento de los equipos para el traslado de los peces (por ejemplo, bombas, tuberías) que minimicen las lesiones.

El artículo 7.3.5 considera las condiciones en las que deben descargarse, transferirse y cargarse los peces para reducir al mínimo las lesiones y el estrés que puedan sufrir:

- Calidad adecuada del agua (por ejemplo, temperatura, niveles de oxígeno y CO2, pH y salinidad);
- separación y sacrificio humanitario de los peces heridos o moribundos (cuando sea posible);
- evitación de condiciones estresantes para los peces mediante periodos cortos y poco frecuentes de hacinamiento;
- manipulación mínima de los peces durante los traslados, preferiblemente sin manipularlos fuera del agua;
- evitación del estrés de manipulación permitiendo que los peces naden directamente en un dispositivo de aturdimiento sin manipularlos (cuando sea factible y aplicable);
- para manipular a los peces: utilización de equipos (por ejemplo, redes, dispositivos de bombeo y salabardos) diseñados, construidos y manejados para reducir al mínimo las lesiones físicas (la altura, la presión y la velocidad de bombeo son factores importantes que deben tenerse en cuenta);
- antes de la matanza, no privar a los peces de alimento más tiempo del necesario (por ejemplo, para limpiar el intestino o reducir propiedades organolépticas indeseables);
- planes de contingencia para hacer frente a las emergencias y minimizar el estrés durante la descarga, la transferencia y la carga de los peces.

En cuanto a los métodos de aturdimiento y matanza, el artículo 7.3.6 contiene varias consideraciones sobre las diferentes prácticas. En general, debe tenerse en cuenta la información específica de cada especie para el método elegido (cuando esté disponible). Deben tenerse en cuenta el mantenimiento y el funcionamiento apropiados del equipo utilizado para la manipulación, el aturdimiento y la matanza de los peces, así como su rendimiento adecuado, que debe comprobarse periódicamente.

Además, el punto 1 del artículo 7.3.6 establece que "el aturdimiento efectivo debe verificarse por la ausencia de consciencia", y que cuando "sea necesario un sistema de aturdimiento de reserva" debe repetirse el aturdimiento lo antes posible. En caso de cualquier retraso en el proceso de sacrificio, los peces no deben ser aturdidos para evitar que recobren la consciencia durante la matanza.

Según el Código Acuático de la OIE, los signos de un aturdimiento correcto incluyen:

- pérdida de movimiento corporal y respiratorio (pérdida de actividad opercular);
- pérdida de la respuesta visual evocada (RVE);
- pérdida del reflejo vestíbulo-ocular (RVO, giro de los ojos).

En el artículo 7.3.6 se dan recomendaciones específicas para los siguientes métodos de sacrificio:

- Métodos de aturdimiento y matanza mecánicos (artículo 7.3.6 punto 2), incluidos el aturdimiento por percusión, la clavada, el descabello o el disparo;
- Métodos de aturdimiento y matanza eléctricos (artículo 7.3.6 punto 3);
- Otros métodos de matanza (artículo 7.3.6 punto 4), entre ellos, enfriamiento con hielo en agua de espera, dióxido de carbono en agua de mantenimiento, enfriamiento con hielo y CO2 en agua de mantenimiento, baños de sal o amoníaco, asfixia por extracción del agua, o desangrado sin aturdimiento.

Se considera que estos otros métodos de sacrificio producen un bienestar deficiente y, por lo tanto, no deben utilizarse (si es factible) según las recomendaciones de la OIE del Código Acuático. En cuanto al aturdimiento mecánico, el aturdimiento por percusión requiere un golpe en la cabeza "de fuerza suficiente y propinado por encima o inmediatamente adyacente al cerebro con el fin de provocar la consciencia inmediata", pudiendo realizarse de forma manual o mediante equipos automatizados. También se requiere que el pez sea sacado rápidamente del agua, sujetado y aturdido rápidamente, tras comprobar la eficacia del aturdimiento.

Según el Código Acuático de la OIE, el aturdimiento por percusión puede utilizarse con peces de tamaño mediano a grande, como las carpas y los salmónidos. Como desventajas del aturdimiento por percusión, se enumeran los siguientes aspectos en el artículo 7.3.7:

- el equipo manual puede verse obstaculizado por el movimiento incontrolado de los peces;
- puede producirse un aturdimiento incorrecto por un golpe demasiado fuerte;
- pueden producirse lesiones;
- el aturdimiento manual por percusión sólo es practicable para la matanza de un número limitado de peces de un tamaño similar.

El clavado o sacabocados se describe como un método mecánico irreversible de aturdimiento/muerte, en el que "el clavado debe dirigirse sobre el cráneo en posición de penetrar en el cerebro del pez", provocando así la inconsciencia inmediata. Al igual que en el aturdimiento por percusión, se requiere que el pez sea sacado rápidamente del agua, inmovilizado, y que el pincho se introduzca inmediatamente en el cerebro. También se menciona que el pinchado bajo el agua evita que los peces, como los atunes más pequeños, queden expuestos al aire.

Como desventajas se enumeran los siguientes aspectos:

- una aplicación imprecisa puede causar lesiones;
- es difícil de aplicar si los peces están agitados;
- sólo es practicable para matar un número limitado de peces.

Este método de aturdimiento/matanza mecánica se recomienda para peces de tamaño mediano a grande, como el atún. Para la matanza de peces de gran tamaño, el Código Acuático recomienda el método de aturdimiento/matanza con bala libre. Por lo tanto, los animales "pueden ser apiñados en una red y disparados en la cabeza desde la superficie, o puede matarse a un pez individual disparándole en la cabeza desde debajo del agua (comúnmente llamado lupara)"[294], colocando al animal correctamente, apuntando cuidadosamente al cerebro y eligiendo la distancia de disparo más corta posible.

En este sentido, los inconvenientes enumerados en el artículo 7.3.7 son los siguientes:

- decisión sobre la distancia de disparo correcta;
- es necesario adaptar el calibre;
- la aglomeración excesiva y el ruido de las armas pueden provocar reacciones de estrés;
- la contaminación de la zona de trabajo debido a la liberación de fluidos corporales puede suponer un riesgo para la bioseguridad;
- también puede ser peligroso para los operarios.

En cuanto al aturdimiento eléctrico, su aplicación requiere "una corriente eléctrica de fuerza y duración suficientes y de frecuencia adecuada para provocar la pérdida inmediata de conciencia y la insensibilidad de los peces"[295]. Además, se requiere que el dispositivo de aturdimiento eléctrico se construya y utilice específicamente para la especie de pez en cuestión y su entorno. Según las recomendaciones de la OIE, los peces deben mantenerse bajo la superficie del agua y la corriente eléctrica debe distribuirse uniformemente dentro del tanque de aturdimiento. En el caso de los sistemas de aturdimiento eléctrico semisecos, el Código Acuático de la OIE exige que los peces "entren de cabeza en el dispositivo para garantizar un aturdimiento

---

294 Artículo 7.3.6, apartado 2.c del capítulo 7.3 del Código Sanitario para los Animales Acuáticos.

295 Artículo 7.3.6, apartado 3.a del capítulo 7.3 del Código Sanitario para los Animales Acuáticos.

rápido y eficaz"[296]. En cuanto al bienestar de los peces, también se exige que la corriente eléctrica sea de suficiente fuerza, frecuencia y duración para provocar la inconsciencia inmediata.

Según el Código Acuático de la OIE, el método de aturdimiento eléctrico puede aplicarse a peces de tamaño pequeño a mediano, como carpas, anguilas o salmónidos. En cuanto al aturdimiento eléctrico, deben tenerse en cuenta las siguientes desventajas:

- es difícil de estandarizar para todas las especies;
- se desconocen los parámetros de control óptimos para algunas especies
- también puede ser peligroso para los operarios.

Con respecto al aturdimiento semiseco, en el Código Acuático de la OIE se mencionan preocupaciones adicionales en materia de bienestar:

- la colocación incorrecta de los peces puede provocar un aturdimiento inadecuado;
- no es adecuado para peces de tamaños mixtos.

6.3.3. Legislación de la UE sobre la protección de los peces "de piscifactoría" durante el sacrificio

a) Reglamento (CE) nº 1099/2009 del Consejo, de 24 de septiembre de 2009, relativo a la protección de los animales en el momento de la matanza

El Reglamento (CE) nº 1099/2009 es la legislación pertinente de la UE en materia de protección de los peces "de piscifactoría" durante el sacrificio. Dentro de este reglamento sólo debe cumplirse el apartado 1 del artículo 3 para los peces "de piscifactoría", ya que se establece claramente en el apartado 1 del artículo 1 que "no obs-

296 Artículo 7.3.6, apartado 3.e del capítulo 7.3 del Código Sanitario para los Animales Acuáticos.

tante, por lo que respecta a los peces, sólo se aplicarán los requisitos establecidos en el apartado 1 del artículo 3".

En consecuencia, el único requisito para los peces "de piscifactoría" es que "se les evitará todo dolor, angustia o sufrimiento evitable durante su sacrificio y las operaciones conexas"[297].

b) Recomendación del Consejo de Europa relativa a los peces "de piscifactoría

La Recomendación del Consejo de Europa adoptada en 2005 por el Comité Permanente del Convenio Europeo para la protección de los animales en las explotaciones no contiene ninguna disposición detallada sobre el sacrificio y la matanza comercial de peces "de piscifactoría". En el artículo 19 sólo se establecen recomendaciones sobre la matanza de emergencia de peces.

El artículo 11 exige, entre otras cosas, que los peces sean privados de alimento lo menos posible antes de su sacrificio.

6.3.4. Evaluación crítica y posibles recomendaciones para una mejor protección de los peces "de piscifactoría" durante el sacrificio

Las normas del Código Sanitario para los Animales Acuáticos de la OIE establecen recomendaciones generales que deben cumplirse para garantizar, entre otras cosas, un nivel mínimo de protección de los peces "de piscifactoría" durante el sacrificio y las operaciones relacionadas. Asimismo, el apartado (7) del preámbulo del Reglamento (CE) nº 1099/2009 del Consejo establece claramente que "dichas normas internacionales deben tenerse en cuenta en el presente Reglamento", a pesar de que sólo se menciona el Código Sanitario para los Animales Terrestres de la OIE. No obstante, como todos los Estados miembros de la UE son miembros de la OIE, no sólo han aceptado el Código Terrestre, sino también el Código Acuático, incluidas las recomendaciones sobre

---

[297] Artículo 3.1 del Reglamento (CE) 1099/2009.

el bienestar de los peces durante el sacrificio adoptadas en 2008. El Reglamento (CE) nº 1099/2009 del Consejo se adoptó en 2009, sólo un año después de la adopción del Código Acuático sobre el bienestar de los peces.

Sin embargo, no tiene en cuenta en absoluto las recomendaciones del Código Acuático:

a) El aturdimiento efectivo e inmediato de los peces de "granja" se recomienda en el Código Acuático de la OIE, pero no se considera en el Reglamento CE 1099/2009.

b) El personal cualificado para las operaciones previas al sacrificio y la matanza se recomienda en el Código Acuático de la OIE, pero no se considera en el Reglamento CE 1099/2009.

c) Los requisitos técnicos según las necesidades específicas de cada especie se recomiendan en el Código Acuático de la OIE, pero no se consideran en el Reglamento CE 1099/2009.

d) Las condiciones previas al sacrificio que minimizan las lesiones y el estrés de los peces se recomiendan en el Código Acuático de la OIE, pero no se consideran en el Reglamento CE 1099/2009.

e) En el Código Acuático de la OIE se recomiendan los métodos de aturdimiento y matanza en relación con el equipo adecuado y el aturdimiento eficaz, pero no se consideran en el Reglamento CE 1099/2009.

f) El fin de los métodos de sacrificio específicos se recomienda en el Código Acuático de la OIE, pero no se considera en el Reglamento CE 1099/2009.

Incluso sin un carácter jurídicamente vinculante para las normas de la OIE, al adoptarlas la UE y sus Estados miembros se han comprometido a cumplirlas. Como estas normas de la OIE representan el mínimo común denominador sobre el bienestar de los peces durante el sacrificio entre un grupo diverso y grande de miembros de la OIE (actualmente 181 países), y debido a la gran variación de las especies de peces y sus diferentes necesidades, las recomendaciones se mantienen en un nivel básico. No obstante, podrían ser útiles para los responsables políticos[298], como los de la UE que adoptaron el Reglamento CE 1099/2009, pero perdieron la oportunidad de aplicar las normas de la OIE sobre el bienestar de los peces durante el sacrificio como principios básicos dentro del "Reglamento sobre el sacrificio".

Por el contrario, el Reglamento CE 1099/2009 sólo establece un requisito en relación con el sacrificio de peces "de piscifactoría", concretamente en el artículo 3(1): "Se evitará a los animales [incluidos los peces] todo dolor, angustia o sufrimiento evitables durante su sacrificio y las operaciones conexas".

Como se ha demostrado anteriormente, la práctica actual de sacrificio de peces expone a los peces a una angustia, dolor y sufrimiento extremos, a menudo durante un largo periodo de tiempo. De ahí que haya que preguntarse cómo debe entenderse el apartado 1 del artículo 3 y qué significa jurídicamente "todo dolor, angustia o sufrimiento evitable"[299]. El considerando (2) del Reglamento CE 1099/2099 podría ayudar a interpretarlo mejor:

> "(...) Los explotadores de empresas o cualquier persona que participe en la matanza de animales [incluidos los peces] deben tomar las medidas necesarias para evitar el dolor y reducir al mínimo la angustia y el sufrimiento [incluido el miedo] de los animales durante el proceso de sacrificio o matanza, teniendo en cuenta las mejores prácticas en la materia y los métodos permitidos en virtud del presente Reglamento. Por lo tanto, el dolor, la angustia o el sufrimiento deben considerarse evitables cuando los explotadores de empresas o cualquier persona implicada en la matanza de animales incumplan alguno de los requisitos del presente Reglamento o utilicen prácticas permitidas sin reflejar el estado de la técnica, induciendo así, por negligencia o intencionadamente, dolor, angustia o sufrimiento a los animales".

Dado que el Reglamento CE 1099/2009 no exige ninguna norma específica para el sacrificio de peces "de piscifactoría", teóricamente cualquier tipo de práctica de sacrificio está actualmente permitida por la legislación de la UE, siempre que se evite a los peces cualquier dolor, angustia o sufrimiento evitables y teniendo en cuenta

---

298 FAVRE, D., An International Treaty for Animal Welfare. Animal Law Review 18 (2012) 252

299 Reglamento (CE) 1099/2009.

las mejores prácticas en la materia[300]. En consecuencia, las prácticas de sacrificio actuales, como la asfixia en el aire, la refrigeración en vivo en hielo, la narcosis con dióxido de carbono, los baños de sal o amoníaco, o el desangrado y la decapitación sin aturdimiento previo, deberían estar prohibidas por el apartado 1 del artículo 3, ya que está científicamente demostrado que son extremadamente perjudiciales para los peces y podrían evitarse con métodos alternativos, también descritos en los informes de la EFSA específicos para cada especie[301].

Especialmente en el caso de la asfixia y la narcosis por dióxido de carbono, la EFSA recomienda claramente su prohibición para cualquier especie debido al escaso bienestar infligido a los animales y a la disponibilidad de alternativas[302]. A pesar de ello, "la asfixia en hielo sigue siendo el método de sacrificio más común para la lubina europea y la dorada"[303], por ejemplo. Asimismo, los otros métodos de sacrificio mencionados anteriormente se consideran inhumanos, pero todavía se encuentran en cierta medida en la UE. En referencia a las recomendaciones de la OIE, el artículo 7.3.6 del Código Acuático establece que estos métodos de matanza no deben aplicarse y, en consecuencia, las normas de la OIE son ampliamente ignoradas en la práctica dentro de la UE, especialmente en el caso de la dorada y la lubina.

---

300 De acuerdo con el artículo 3.1 del Reglamento (CE) 1099/2009.

301 VAN DE VIS et al., Is humane slaughter of fish possible for industry? Cit., 211-220.

302 Véase EFSA (2009a) Scientific Opinion of the Panel on Animal Health and Welfare on a request from the European Commission on Species-specific welfare aspects of the main systems of stunning and killing of farmed rainbow trout. The EFSA Journal 1013, 30; EFSA (2009b), EFSA (2009b) Scientific Opinion of the Panel on Animal Health and Welfare on a request from the European Commission on Species-specific welfare aspects of the main systems of stunning and killing of farmed carp. The EFSA Journal 1013, 23; EFSA (2009c), cit., 38/ EFSA (2009e), EFSA (2009e) Scientific Opinion of the Panel on Animal Health and Welfare on a request from the European Commission on Species-specific welfare aspects of the main systems of stunning and killing of farmed tuna. The EFSA Journal 1072, 23.

303 5 EU Commission (2018) Report from the Commission to the European Parliament and the Council on the possibility of introducing certain requirements regarding the protection of fish at the time of killing, 7.

Además, el apartado 1 del artículo 3 del Reglamento CE 1099/2009 no sólo se refiere a la matanza propiamente dicha, sino que también incluye las operaciones relacionadas. Por lo tanto, las prácticas previas al sacrificio, como el ayuno prolongado o el hacinamiento durante varios días e incluso semanas, que causan angustia y sufrimiento evitables a los peces, deben prohibirse implícitamente. Asimismo, el artículo 7.3.5 del Código Acuático exige claramente que las condiciones estresantes, como el hacinamiento, sean lo más breves posible para los peces y que no se les prive de alimento más tiempo del necesario para limpiar el intestino. Sin embargo, debido a la conveniencia tradicional y técnica, "en la práctica comercial se encuentran diversos periodos de retirada de alimento, a menudo mucho más largos de lo necesario para simplemente vaciar el intestino"[304], y "la captura de peces [en condiciones estresantes de hacinamiento] puede durar varios días o incluso semanas"[305]. Por consiguiente, es evidente que en estos casos no se cumplen las normas de la OIE.

La asfixia, el ayuno prolongado y los periodos de hacinamiento, así como todos los demás métodos descritos anteriormente, se justifican por el coste y la eficiencia económica, mientras que las cuestiones relativas a la protección de los animales se descuidan ampliamente. En el Reglamento CE 1099/2009 esto se hace evidente en el párrafo (6) del preámbulo, en el que se explican las razones para ignorar los dictámenes científicos de la EFSA sobre el sacrificio de pescado: "(...) Las recomendaciones [de la EFSA] sobre el pescado de piscifactoría no se incluyen en el presente Reglamento porque se necesitan más dictámenes científicos y evaluaciones económicas en este ámbito".

En este contexto, cabe destacar que "[las] recomendaciones [de la EFSA de eliminar progresivamente el uso de dióxido de carbono para los cerdos y el uso de aturdidores de baño de agua para las aves de corral no se incluyen en el presente Reglamento [tampoco] porque la evaluación de impacto reveló que dichas recomendaciones no eran económicamente viables en la actualidad en la UE"[306]. En otras palabras, el legislador de la UE acepta que los intereses económicos son más impor-

---

304 LINES, J.A., SPENCE, J., Humane harvesting and slaughter of farmed fish, 256.

305 EFSA (2009d), cit., 11.

306 Reglamento CE 1099/2009, considerando 11.

tantes que la protección de los animales contra el dolor, la angustia o el sufrimiento, incluso cuando podrían evitarse técnicamente[307]. Teniendo en cuenta esta afirmación, la interpretación del apartado 1 del artículo 3 llevaría probablemente a otro resultado para los peces: a saber, que los métodos inhumanos pero evitables, como la asfixia, el desangrado sin aturdimiento previo o los periodos de ayuno y hacinamiento prolongados, son aceptables debido a la necesidad económica de la industria, por lo que aparentemente no violan la legislación de la UE. Pero hay dos argumentos que refutan esta interpretación.

En primer lugar, desde un punto de vista técnico y como se ha afirmado recientemente en el informe de la Comisión de la UE sobre la posibilidad de introducir determinados requisitos relativos a la protección de los peces en el momento de la matanza[308], el análisis socioeconómico demostró que "es probable que la mejora de las prácticas de bienestar [durante el sacrificio y las operaciones relacionadas] sólo tenga un pequeño impacto en el precio de coste"[309], especialmente en economías de escala, y "en el caso concreto de las granjas más grandes de salmón atlántico y trucha arcoirisse [incluso] constató que la inversión en la mejora del bienestar podría suponer un ahorro de mano de obra, y podría compensar el coste de la inversión"[310], lo que implica que el impacto económico debería ser aceptable para la industria acuícola.

En segundo lugar, desde un punto de vista jurídico, el artículo 13 del Tratado de Funcionamiento de la Unión Europea (TFUE) estipula que:

> "Al formular y aplicar las políticas de la Unión en materia de agricultura, pesca, transportes, mercado interior, investigación y desarrollo tecnológico y espacio, la Unión y los Estados miembros, dado que los animales son seres sensibles, tendrán plenamente en cuenta las exigencias en materia de bienestar de los animales, respetando al mismo

---

307 HIRT, A., et al., Tierschutzgesetz-Kommentar, cit., 1066/rec. 3.

308 EU Commission (2018) Report from the Commission to the European Parliament and the Council on the possibility of introducing certain requirements regarding the protection of fish at the time of killing, 8-14.

309 Ibid., 13.

310 EU Commission (2018) Report from the Commission to the European Parliament and the Council on the possibility of introducing certain requirements regarding the protection of fish at the time of killing, 14.

> tiempo las disposiciones legales o administrativas y las costumbres de los Estados miembros relativas, en particular, a ritos religiosos, tradiciones culturales y patrimonio regional."

El artículo 13 del TFUE es una cláusula transversal y, por tanto, debe entenderse como una norma jurídica vinculante que debe respetarse en ámbitos políticos de la UE en conflicto[311]. En la política pesquera, deben tenerse plenamente en cuenta los requisitos de bienestar animal[312]. Para cumplir plenamente esta disposición, los intereses económicos por sí solos no pueden ser una justificación para causar dolor, angustia o sufrimiento evitables a los animales. En consecuencia, la decisión de no incluir las recomendaciones de la EFSA sobre el sacrificio del pescado supone una clara falta de respeto al principio del artículo 13 del TFUE. Teniendo en cuenta que ya existen métodos menos dolorosos y económicamente moderados, la decisión es aún más cuestionable.

Se necesita urgentemente más investigación científica sobre la gestión previa al sacrificio y las prácticas de matanza, y la EFSA lo ha exigido en repetidas ocasiones, con el fin de aplicar nuevos métodos a escala de la UE que garanticen al menos un nivel mínimo de protección para los peces. Especialmente con el rápido crecimiento de la industria acuícola, se están introduciendo nuevas especies de peces en los sistemas de cría. Esto inflige más problemas de bienestar animal en las prácticas actuales de sacrificio de peces "de piscifactoría", ya que se conocen menos sus necesidades fisiológicas y de comportamiento[313].

Como se explica en el considerando (11) del Reglamento CE 1099/2009, debido a la falta de investigación sobre el aturdimiento de los peces, sólo debe aplicárseles el principio clave, es decir, evitar a los peces "de piscifactoría" el dolor, la angustia y el sufrimiento evitables. Antes de establecer normas independientes sobre la protección de los peces en el momento de la matanza, la EFSA debería realizar más estudios de evaluación de riesgos y tener en cuenta las implica-

---

311 HIRT, A., et al., Tierschutzgesetz-Kommentar, cit., 21/rec. 39.

312 Ibid. 22/rec. 41.

313 Ibid. 210/rec. 194

ciones socioeconómicas y administrativas[314]. Hasta la fecha, y nueve años después de la adopción del Reglamento CE 1099/2009, la EFSA no ha publicado ningún otro dictamen científico sobre la protección de los peces durante el sacrificio o la matanza.

Aunque con más de tres años de retraso, en febrero de 2018 se publicó finalmente un informe de la Comisión de la UE sobre la posibilidad de introducir determinados requisitos relativos a la protección de los peces en el momento de la matanza, teniendo en cuenta los aspectos de bienestar animal, así como los impactos socioeconómicos, tal y como se establece en el considerando (11) y exige el artículo 27, apartado 1, del Reglamento CE 1099/2009. A pesar de admitir graves problemas de bienestar animal en las actuales prácticas de sacrificio de peces y de confirmar el incumplimiento parcial de las normas de la OIE, el informe concluye que “no es apropiado proponer requisitos específicos sobre la protección de los peces en el momento de la matanza”[315], sino que sugiere confiar en las iniciativas voluntarias de bienestar animal de la industria acuícola de la UE.

7. CONCLUSIÓN

debemos señalar que la Unión Europea ofrece un amplio abanico de normas sobre bienestar animal, especialmente en lo que respecta a los animales “de granja”. Sin embargo, en el caso del mayor grupo de ellos, los peces “de piscifactoría”, su estatus de protección legal está muy por detrás de las ambiciones de la UE. Es decir, actualmente los peces “de piscifactoría” sólo están protegidos por los principios muy básicos y generales establecidos en la legislación secundaria de la UE, que dejan margen a la interpretación y en parte no son aplicables o incluso son contradictorios con el bienestar de los peces. La sencilla razón de ello es que las leyes de protección animal de la UE están diseñadas, sobre todo, para los animales terrestres de “granja”.

El sector de la acuicultura es una industria relativamente nueva, en comparación con la agricultura terrestre, y está creciendo rápida-

314 Reglamento CE 1099/2009, considerando 11.

315 De acuerdo con el artículo 27.1 del Reglamento 1099/2009.

mente. A nivel mundial, "la producción de alimentos de origen acuático ha pasado de basarse principalmente en el pescado[s] salvaje[s] al cultivo de un número cada vez mayor de especies de piscifactoría"[316], alcanzando su punto de inflexión "en 2014, cuando la contribución del sector de la acuicultura al suministro de pescado[s] para consumo humano superó por primera vez a la del pescado[s] capturado[s] en estado salvaje"[317]. En la UE, sin embargo, este sector llevaba más de una década estancado. La UE está intentando invertir esta evolución y volver a formar parte de la "revolución azul".

Con la recién reformada Política Pesquera Común y las campañas de promoción de los productos acuícolas sostenibles "criados en la UE", ya se han visto los primeros éxitos: no en vano, "(...) gracias a la sólida cooperación de los últimos años entre la Comisión Europea y las autoridades nacionales para eliminar las barreras al crecimiento"[318], la acuicultura de la UE está creciendo de nuevo, como declaró recientemente el comisario Karmenu Vella en un discurso sobre la situación actual de la acuicultura de la UE[319]. Mientras que el "[m]omento se ha construido con cambios en las legislaciones nacionales"[320], aparentemente los principales protagonistas, es decir, los peces 'de piscifactoría', y sus necesidades de bienestar no se tienen suficientemente en cuenta dentro de este proceso, ni a nivel de la UE ni a nivel nacional o internacional.

A día de hoy, los peces "de piscifactoría" y los animales terrestres "de granja" están cubiertos por la misma legislación de la UE, a saber, la Directiva 98/58/CE del Consejo relativa a la protección de los animales en las explotaciones ganaderas, el Reglamento (CE) nº 1/2005 del Consejo relativo a la protección de los animales durante el transporte y el Reglamento (CE) nº 1099/2009 del Consejo relativo a la protección de los animales en el momento de la matanza. Aunque los peces "de piscifactoría" también están protegidos por la

---

316 FAO, The State of World Fisheries and Aquaculture 2016. cit., 2.

317 Ibid.

318 https://ec.europa.eu/fisheries/recovering-industry-and-valuable-source-healthy-food-%E2%80%93-european-commission-calls-regions-embrace_el

319 https://ec.europa.eu/commission/commissioners/2014-2019/vella/announcements/eu-aquaculture-farmed-eu-regions_en

320 Ibid.

"Recomendación del CE", adoptada por el Consejo de Europa en 2005, así como por el Código Acuático de la OIE, estos textos legislativos sólo contienen normas mínimas de protección. No consideran a los peces a nivel de especie y no cubren de forma satisfactoria todos los ámbitos en los que los peces "de piscifactoría" están sometidos a riesgos potenciales para su bienestar.

Además, estos textos legislativos parecen demasiado débiles para ser aplicados adecuadamente en la práctica, entre otras cosas debido a su carácter de ley blanda, al menos en el caso del Código de la OIE. De hecho, tal y como se desprende del reciente estudio de la Comisión Europea sobre el bienestar de los peces "de piscifactoría" durante su transporte y sacrificio, varios Estados miembros de la UE han incumplido los requisitos establecidos en el Código Acuático de la OIE. A la luz del rápido crecimiento de la industria de la acuicultura y teniendo en cuenta el enorme número de individuos implicados, es urgente elaborar leyes adecuadas y eficaces que tengan en cuenta las necesidades específicas de cada especie de las decenas de miles de millones de animales "de granja" que se mantienen bajo el agua. Pero, como se ha afirmado recientemente, ni siquiera para el sacrificio de peces la Comisión de la UE considerará una revisión de la legislación comunitaria actual, ya que en su opinión "(...) las pruebas sugieren que no es apropiado proponer requisitos específicos sobre la protección de los pece[s]"[321], a pesar de que la ciencia ha demostrado el gran impacto negativo de muchas prácticas de cría en el bienestar de los peces, y a pesar de que la UE también ha encargado varios proyectos de investigación sobre los problemas de bienestar de la piscicultura[322].

Los peces son seres sensibles, y como tales han sido reconocidos por la UE desde la introducción del artículo 13 del TFUE en 2009, que exige que se tenga plenamente en cuenta su bienestar al formular y aplicar las políticas de la UE. Aunque no sepamos lo que se

---

321 EU Commission (2018) Report from the Commission to the European Parliament and the Council on the possibility of introducing certain requirements regarding the protection of fish at the time of killing, cit., 13.

322 EFSA (2008a-e), EFSA (2009a-h); BENEFISH (https://cordis.europa.eu/project/rcn/84046_en.html, (12.06.2018); COPEWELL (https://cordis.europa.eu/result/rcn/186911_en.html, (12.06.2018).

siente al ser un pez, "sus experiencias mentales (sean cuales sean) son importantes desde su perspectiva". Por consiguiente, al ser sus cuidadores, también deberían ser importantes desde nuestra perspectiva de cuidadores humanos"[323]. Por lo tanto, ya es hora de actuar de una vez y tomar partido por los peces, entre otras cosas, mediante:

a) Revisando la legislación actual de la UE para respetar y reconocer plenamente las diferentes necesidades de los animales acuáticos de "granja";

b) Elaborando normas y directrices específicas para cada especie sobre el bienestar de los peces, incluyendo las diferentes etapas de su vida, como la reproducción, la cría, la manipulación, el transporte y el sacrificio;

c) Invertir en proyectos de investigación que se centren claramente en las buenas prácticas de bienestar y tengan en cuenta los estados mentales positivos de los peces (por ejemplo, enriquecimiento del hábitat, interacción social, comportamiento de búsqueda de comida, comportamiento natatorio; impacto del confinamiento de los peces salvajes en la producción acuícola);

d) Implantar en toda la UE una certificación uniforme y obligatoria y cursos de formación sobre el bienestar y el comportamiento de los peces para las distintas partes implicadas en la piscicultura, es decir, para los acuicultores y su personal, los transportistas y conductores, el personal de los mataderos y las autoridades veterinarias competentes;

e) Aumentar los controles oficiales mediante la creación de grupos de expertos dentro de las autoridades veterinarias competentes, al menos en las zonas con un número considerable de piscifactorías;

f) Prohibición de determinadas prácticas, como la venta de peces vivos a particulares o a personas sin formación;

---

323 YUE COTTEE, S., Are fish the victims of 'speciesism'? A discussion about fear, pain and animal consciousness. Fish Physiology and Biochemistry (2012) 14.

g) Prohibición inmediata de prácticas de sacrificio especialmente crueles, como la asfixia, la narcosis por CO2, los baños de sal/ amoniaco, el desangrado y la decapitación sin aturdimiento previo;

h) Promoción del bienestar de los peces y sensibilización de las diferentes partes interesadas (es decir, la industria acuícola, los consumidores, las autoridades competentes) en toda la UE y a nivel internacional;

i) Por último, incluyendo también a los peces salvajes sobreexplotados en las pesquerías de captura salvaje en consideraciones exhaustivas de bienestar.

Reconociendo que la UE parece estar a la vanguardia —en comparación con otras regiones en las que el bienestar de los peces ni siquiera ha entrado aún en el debate político— sería aún más esencial dar finalmente el siguiente paso concediendo a los peces un estatus de protección legal adecuado a sus necesidades y efectivo en la práctica. Esto no sólo reforzaría la imagen de la UE como pionera en materia de legislación sobre bienestar animal y daría un importante ejemplo a la comunidad internacional, sino que, ante todo, ayudaría a los peces, los animales de "granja" más comunes pero olvidados de la UE.

AGRADECIMIENTOS: Este artículo fue, en su primera versión, la adaptación de la tesis de máster defendida por la Sra. Helena Bauer (Máster en Derecho y Sociedad Animal, UAB, 6ª ed.), y supervisada por la Dra. Anne Peters (Instituto Max-Planck de Derecho Público Comparado y Derecho Internacional, Heidelberg). La Sra. Helena Bauer y la Dra. Anne Peters merecen un reconocimiento por haber proporcionado una base excelente para esta publicación.

BIBLIOGRAFÍA

AIRES, R. F., OLIVEIRA, G. A., OLIVEIRA, T. F., ROS, A. F., OLIVEIRA, R. F., Dear enemies elicit lower androgen responses to territorial challenges than unfamiliar intruders in a cichlid fish. PloS one 10/9 (2015).

ASHLEY, P.J., Fish welfare: Current issues in aquaculture. Applied Animal Behaviour Science 104 (2007) 199-204

BALCOMBE, J., Cognitive evidence of fish sentience. Animal Sentience 3/2 (2016a) 3 pp.

BAUER, H., Fishes-The Forgotten Sentient Beings, dA. Derecho Animal (Forum of Animal Law Studies 10/2 (2019)-DOI https://doi.org/10.5565/rev/da.427

BERGQVIST, J., GUNNARSSON, S., Finfish Aquaculture: Animal Welfare, the Environment, and Ethical Implications. Journal of Agricultural and Environmental Ethics 26. (2013) 75-99.

BETHOZ, A., Neurobiology of "Umwelt": How Living Beings Perceive the World. Springer Science & Business Media (2008) 161.

BRAITHWAITE, V., Do fish feel pain? Oxford (2010).

BRAITHWAITE, V.A., HUNTINGFORD, F., VAN DEN BOS, R. Variation in Emotion and Cognition Among Fishes. J. Agric. Environ. Ethics 26 (2013) 7-23. https://doi.org/10.1007/s10806-011-9355-x

BRAITHWAITE, V. & DROEGE, P. (2016) Why human pain can't tell us whether fish feel pain. Commentary on Key on Fish Pain. Animal Sentience 3 (3). 2 pp.

BRANSON, E.J., TURNBULL, T., Welfare and Deformities in Fish. In BRANSON, E.J. (Ed.) Fish Welfare (Oxford 2008) 202-216.

BROOM, D.M., Indicators of poor welfare. The British Veterinary Journal 142/6 (1986) 524-526.

BROWN, C., Fish intelligence, sentience and ethics. Anim Cogn 18 (2015) 1-17. https://doi.org/10.1007/s10071-014-0761-0

BROWN, C., Familiarity with the test environment improves escape responses in the crimson spotted rainbowfish, Melanotaenia duboulayi. Animal Cognition 4/2 (2001) 109-113.

BSHARY, R., Machiavellian intelligence in fishes. Fish cognition and behavior (2011) 277-297.

BSHARY, R., HOHNER, A., AIT-EL-DJOUDI, K., FRICKE, H., Interspecific communicative and coordinated hunting between groupers and giant moray eels in the Red Sea. PLoS biology 4/12 (2006).

CERQUEIRA, M., MILLOT, S., CASTANHEIRA, M.F. et al. Cognitive appraisal of environmental stimuli induces emotion-like states in fish. Sci Rep 7 (2017) 13181. https://doi.org/10.1038/s41598-017-13173-x

CHANDROO, K.P., YUE, S., MOCCIA, R.D., An evaluation of current perspectives on consciousness and pain in fishes. Fish Fish 5 (2004) 281-295.

DALLA VILLA, P., MAHAHRENS, M., VELARDE CALVO, A., DI NARDO, A., KLEINSCHMIDT, N., FUENTES ALVAREZ, C., TRUAR, A., DI

FEDE, E., OTERO, J.L., MÜLLER-GRAF, C. (2009) Project to develop animal welfare risk assessment guidelines on transport. Technical Report submitted to EFSA-project developed on the proposal CFP/EFSA/AHAW/2008/02. 143 pp.

DUNCAN, I.J., Science-based assessment of animal welfare: Farm animals. Revue scientifique et technique (International Office of Epizootics) 24/2 (2005) 483.

DUNCAN, I., DAWKINS, M., The problem of assessing "well being" and "suffering" in farm animals. In Indicators Relevant to Farm Animal Welfare (Dordrecht 1983) 13-24.

FAVRE, D., An International Treaty for Animal Welfare. Animal Law Review 18 (2012) 237-280.

FIFE-COOK, I., FRANKS, B., Positive Welfare for Fishes: Rationale and Areas for Future Study. Fishes 4/2 (2019) 31. MDPI AG. Retrieved from http://dx.doi.org/10.3390/fishes4020031

FRANKS, B., GRAHAM, C., VON KEYSERLINGK, M.A.G., Is Heightened-Shoaling a Good Candidate for Positive Emotional Behavior in Zebrafish? Animals 8 (2018) 152.

FRASER, D., WEARY, D.M., PAJOR, E.A., MILLIGAN, B.N., A scientific conception of animal welfare that reflects ethical concerns. Animal welfare, 6 (1997) 187-205.

GAYER, R., RABITSCH, A. & EBERHARDT, U., Tiertransporte. Rechtliche Grundlagen, Transportpraxis, mit Prüfungswissen für den Befähigungsnachweis Tiertransport. Ulmer Verlag (2016) 312 pp.

GIMÉNEZ-CANDELA, M., Tratamiento jurídico de los peces en la UE y en España, dA. Derecho Animal (Forum of Animal Law Studies) 10/4 (2019). DOI: https://doi.org/10.5565/rev/da.475

GRIFFITHS, S.W., Learned recognition of conspecifics by fishes. Fish and Fisheries 4/3 (2003) 256-268.

HELFMAN, G., COLLETTE, B.B., FACEY, D.E., BOWEN, B.W., The Diversity of Fishes: Biology, Evolution, and Ecology (Hoboken, NJ 2009).

HIRT, A., MAISACK, C., MORITZ, J., Tierschutzgesetz-Kommentar. Verlag Franz Vahlen, 3. Edition (München 2016).

HUNTINGFORD, F.A. Implications of domestication and rearing conditions for the behavior of cultivated fishes. J. Fish Biol. 65 (2004) 122-142.

HUNTINGFORD, F.A., KADRI, S., Welfare and Fish. In: Branson, E.J. (Ed.) Fish Welfare (Oxford 2008) 19-31.

HUNTINGFORD, F.A., KADRI, S., Defining, assessing and promoting the welfare of farmed fish. Scientific and Technical Review of the Office International des Epizooties 33/1 (2014) 233-244.

KAHN, S. & VARAS, M. (2014) OIE animal welfare standards and the multilateral trade policy framework. OIE discussion paper. 10 pp.

KOHDA, M., HOTTA, T., TAKEYAMA, T., AWATA, S., TANAKA, H., ASAI, J.Y., JORDAN, A.L., If a fish can pass the mark test, what are the implications for consciousness and self-awareness testing in animals? PLoS biology, 17/2 (2019).

LINES, J.A., SPENCE, J., Safeguarding the welfare of farmed fish at harvest. In: van de Vis, H. et al. (Eds.) Welfare of Farmed Fish in Present and Future Production Systems. Springer Science+Business Media (Dordrecht, 1st ed. 2012) 163-172.

LINES, J.A., SPENCE, J., Humane harvesting and slaughter of farmed fish. Scientific and Technical Review of the Office International des Epizooties 33/1 (2014) 255-264.

MACINTYRE, C.M., ELLIS, T., NORTH, B.P. and TURNBULL, J.F. (2008) The Influences of Water Quality on the Welfare of Farmed Rainbow Trout: a Review. In: Branson, E.J. (Ed.) Fish Welfare (Oxford 2008) 150-184.

MARTINS, C.I.M., GALHARDO, L., NOBLE, C., DAMSGARD, B., SPEDICATO, M.T., ZUPA, W., BEAUCHAUD, M., KULCZYKOWSKA, E., MASSABUAU, J.-C., CARTER, T., PLANELLAS, S.R., KRISTIANSEN, T., Behavioural indicators of welfare in farmed fish. In: van de Vis, H., Kiessling, A., Flik, G. & Mackenzie, S. (Eds.) Welfare of Farmed Fish in Present and Future Production Systems. Springer Science+Business Media (Dordrecht. 1st ed. 2012) 21-45.

NOBLE, C., CANON JONES, H.A., DAMSGARD, B., FLOOD, M.J., MIDLING, K., ROQUE, A., SAETHER, B., YUE, S. (2012) Injuries and deformities in fish: their potential impacts upon aquacultural production and welfare. In van de Vis, H., Kiessling, A., Flik, G. & Mackenzie, S. (Eds.) Welfare of Farmed Fish in Present and Future Production Systems. Springer Science+Business Media (Dordrecht. 1st ed. 2012) 67-89.

OLIVEIRA, R. F., MCGREGOR, P. K., LATRUFFE, C., Know thine enemy: fighting fish gather information from observing conspecific interactions. Proceedings of the Royal Society of London. Series B: Biological Sciences, 265/1401 (1998) 1045-1049.

PALSTRA, A.P., PLANAS, J.V., TAKLE, H., THORARENSEN, H., The Implementation of Swimming Exercise in Aquaculture to Optimise Production. Aquaculture Europe 40/1 (2015) 20-22.

ROBB, D.H.F., Welfare of Fish at Harvest. In: Branson, E.J. (Ed.) Fish Welfare (Oxford 2008) 217-242.

SARAIVA, J.L., ARECHAVALA-LOPEZ, P., Welfare of Fish—No Longer the Elephant in the Room. Fishes 4 (2019) 39.

SARAIVA, J. L., ARECHAVALA-LOPEZ, P., CASTANHEIRA, M. F., VOLSTORF, J., HEINZPETER STUDER, B., A Global Assessment of Welfare in Farmed Fishes: The FishEthoBase. Fishes, 4/2 (2019) 30. MDPI AG. Retrieved from http://dx.doi.org/10.3390/fishes4020030.

SARAIVA, J.L., CASTANHEIRA, M.F., ARECHAVALA-LÓPEZ, P., VOLSTORF, J., STUDER, B.H., Domestication and Welfare in Farmed Fish. In Animal Domestication. IntechOpen (London 2018).

SARAIVA, J.L., KELLER-COSTA, T., HUBBARD, P.C., RATO, A., CANÁRIO, A.V., Chemical diplomacy in male tilapia: urinary signal increases sex hormone and decreases aggression. Scientific reports 7/1 (2017) 1-9.

SNEDDON, L.U., The bold and the shy: Individual differences in rainbow trout. J. Fish Biol. 62 (2003) 971-975.

SNEDDON, L.U., Pain in aquatic animals. Journal of Experimental Biology 218 (2015) 967-976.

SNEDDON, L.U., BRAITHWAITE, V. and GENTLE, M.J., Novel object test: examining nociception and fear in the rainbow trout. The Journal of Pain 4/8 (2003a) 431-440.

SNEDDON, L.U., BRAITHWAITE, V., GENTLE, M.J., Do fishes have nociceptors? Evidence for the evolution of a vertebrate sensory system. Proceedings of the Royal Society of London Series B-Biological Sciences 270/1520 (2003b) 1115-1121.

SNEDDON, L.U., LEACH, M.C., Anthropomorphic denial of fish pain. Commentary on Key on Fish Pain. Animal Sentience 3/28 (2016) 1-4.

SPRUIJT, B.M., VAN DER BOS, R., PIJLMAN, F.T., A concept of welfare based on reward evaluating mechanisms in the brain: Anticipatory behaviour as an indicator for the state of reward system. Applied Animal Behaviour Science 72/2 (2001)145-171.

SOUTHGATE, P.J., Welfare of Fish During Transport. In: Branson, E.J. (Ed.) Fish Welfare (Oxford 2008) 185-194.

TABORSKY, M., Sneakers, satellites, and helpers: parasitic and cooperative behavior in fish reproduction. Advances in the Study of Behavior 23/1 (1994) e100.

TANG, S., THORARENSEN, H., BRAUNER, C.J., WOOD, C.M., FARRELL, A.P., Modelling the accumulation of CO_2 during high density, re-circulation transport of adult Atlantic salmon, Salmo salar, from observations aboard a sea-going commercial live-haul vessel. Aquaculture 296 (2009) 102-109.

TEBBICH, S., BSHARY, R., GRUTTER, A., Cleaner fish Labroides dimidiatus recognise familiar clients. Animal Cognition 5/3 (2002) 139-145.

VAN DE VIS, H., KESTIN, S., ROBB, D., OEHLENSCHLÄGER, J., LAMBOOIJ, B., MÜNKNER, W. KUHLMANN, H., KLOOSTERBOER, K., TEJADA, M., HUIDOBRO, A., OTTERA, H., ROTH, B., SORENSEN, N.K., AKSE, L., BYRNE, H. & NESVADBA, P., Is humane slaughter of fish possible for industry? Aquaculture Research 34 (2003) 211-220.

WAAGBO, R., JORGENSEN, S.M., TIMMERHAUS, G. BRECK, O., OLSVIK, P.A., Short-term starvation at low temperature prior to harvest does not impact the health and accurate stress response of adult Atlantic salmon. PeerJ 5 (2017) e3273.

WALL, T., Disease and Medicines-the Welfare Implications. In BRANSON, E.J. (Ed.) Fish Welfare (Oxford 2008) 195-201.

WALSTER, C., The Welfare of Ornamental Fish. In: Branson, E.J. (Ed.) Fish Welfare. (Oxford 2008) 271-290.

YUE COTTEE, S., Are fish the victims of 'speciesism'? A discussion about fear, pain and animal consciousness. Fish Physiology and Biochemistry (2012) 12 pp.

YUE, S., MOCCIA, R.D., DUNCAN, I.J.H., Investigating fear in domestic rainbow trout, Oncorhynchus mykiss, using an avoidance learning task. Appl. Anim. Behav. Sci. 87 (2004) 343-354.

Referencias jurídicas

Unión Europea:

Consolidated Version of the Treaty on the Functioning of the European Union (2016/C 202/1). Online accessible: https://eur-lex.europa.eu/legal-content/EN/TXT/?uri=OJ:C:2016:202:TOC

Treaty of Amsterdam amending the Treaty on European Union, the Treaties Establishing the European Communities and Certain Related Acts (1997/C340/1). Online accessible: https://eur-lex.europa.eu/legal-content/EN/ALL/?uri=OJ%3AC%3A1997%3A340%3ATOC

Treaty on European Union (Maastricht text), July 29, 1992 (1992/C191/1). Online accessible: https://eur-lex.europa.eu/legal-content/EN/TXT/?uri=OJ%3AC%3A1992%3A191%3ATOC

COUNCIL REGULATION (EC) No 1/2005 of 22 December 2004 on the protection of animals during transport and related operations and amending Directives 64/432/EEC and 93/119/EC and Regualtion (EC) No 1255/97. Online accessible: http://eur-lex.europa.eu/legal-content/en/ALL/?uri=CELEX:32005R0001

COUNCIL REGULATION (EC) No 1099/2009 of 24 September 2009 on the protection of animals at the time of killing. Online accessible: http://eur-lex.europa.eu/legal-content/EN/ALL/?uri=CELEX:32009R1099

COUNCIL DIRECTIVE 98/58/EC of 20 July 1998 concerning the protection of animals kept for farming purposes. Online accessible: http://eur-lex.europa.eu/legal-content/EN/TXT/?uri=celex:31998L0058

COMMISSION REGULATION (EC) No 710/2009 of 5 August 2009 amending Regulation (EC) No 889/2008 laying down detailed rules for the implementation of Council Regulation (EC) No 834/2007, as regards laying down detailed rules on organic aquaculture animal and seaweed production. Online accessible: https://eur-lex.europa.eu/legal-content/EN/ALL/?uri=celex:32009R0710

REGULATION (EC) No 178/2002 of the European Parliament and of the Council of 28 January 2002 laying down the general principles and requirements of food law, establishing the European Food Safety Authority and laying down procedures in matters of food safety. Online accessible: https://eur-lex.europa.eu/legal-content/EN/TXT/?uri=CELEX%3A32002R0178

REGULATION (EU) No 1380/2013 of the European Parliament and of the Council of 11 December 2013 on the Common Fisheries Policy, amending Council Regulation (EC) No 1954/2003 and (EC) No 1224/2009 and repealing Council Regulations (EC) No 2371/2002 and (EC) No 639/2004 and Council Decision 2004/585/EC. Online accessible: http://eur-lex.europa.eu/LexUriServ/LexUriServ.do?uri=OJ:L:2013:354:0022:0061:EN:PDF

REGULATION (EU) No 508/2014 of the European Parliament and of the Council of 15 May 2014 on the European Maritime and Fisheries Fund and repealing Council Regulations (EC) No 2328/2003, (EC) No 861/2006, (EC) No 1198/2006 and (EC) No 791/2007 and Regulation (EU) No 1255/2011 of the European Parliament and of the Council. Online accessible: https://eur-lex.europa.eu/legal-content/EN/TXT/?uri=uriserv:OJ.L_.2014.149.01.0001.01.ENG

COUNCIL DIRECTIVE 93/119/EC of 22 December 1993 on the protection of animals at the time of slaughter or killing (end of validity: 31 December 2012). Online accessible: https://eur-lex.europa.eu/legal-content/EN/ALL/?uri=celex:31993L0119

DIRECTIVE 91/628/EEC of 19 November 1991 on the protection of animals during transport (end of validity: 04 January 2007). Online accessible: https://eur-lex.europa.eu/legal-content/EN/TXT/?uri=celex%3A31991L0628

COUNCIL DECISION 78/923/EEC of 19 June 1978 concerning the conclusion of the European Convention for the protection of animals kept for farming purposes. Online accessible: https://eur-lex.europa.eu/legal-content/EN/ALL/?uri=CELEX%3A31978D0923

Consejo de Europa:

EUROPEAN CONVENTION FOR THE PROTECTION OF ANIMALS DURING INTERNATIONAL TRANSPORT, adopted by Council of Europe on 13 December 1968. CETS No. 065. Revised on 6 November 2003. CETS No. 193. Online accessible: https://www.coe.int/en/web/conventions/full-list/-/conventions/treaty/065

EUROPEAN CONVENTION FOR THE PROTECTION OF ANIMALS KEPT FOR FARMING PURPOSES, adopted by the Council of Europe on 10 March 1976. CETS No. 087. Online accessible: https://www.coe.int/en/web/conventions/full-list/-/conventions/treaty/087

RECOMMENDATION CONCERNING FARMED FISH, adopted by the Standing Committee of the European Convention for the Protection of Animals kept for Farming Purposes on 5 December 2005. Online accessible: https://www.coe.int/t/e/legal_affairs/legal_co-operation/biological_safety_and_use_of_animals/Farming/Rec%20fish%20E.asp

Recomendaciones de la OIE:

WORLD ORGANISATION FOR ANIMAL HEALTH (OIE) Aquatic Animal Health Code. 20th edition, 2017. Online accessible: http://www.oie.int/standard-setting/aquatic-code/

WORLD ORGANISATION FOR ANIMAL HEALTH (OIE) Terrestrial Animal Health Code. 26th edition, 2017. Online accessible: http://www.oie.int/standard-setting/terrestrial-code/

National Animal Welfare Legislation:

TIERSCHUTZGESETZ (TierSchG)-German Animal Welfare Act, in the version published on 18 May 2006 and latest revised on 29 March 2017 (BGBI. I S. 1206, 1313).

VERORDNUNG ZUM SCHUTZ LANDWIRTSCHAFTLICHER NUTZTIERE UND ANDERER ZUR ERZEUGUNG TIERISCHER PRODUKTE GEHALTENER TIERE BEI IHRER HALTUNG (Tierschutz-Nutztierhaltungsverordnung-TierSchNutztV)-German Ordinance for the protection of 'production' animals used for farming purposes and other animals kept for the production of animal products, in the version published on 22 August 2006 and latest revised on 30 June 2017.

Documentos

ANIMALS' ANGELS (2016) The Myth of Enforcement of Regulation (EC) No 1/2005 on the protection of animals during transport. A documentation. Animals' Angels Press, Frankfurt a. M. 200 pp.

DEUTSCHE BUNDESREGIERUNG (2017) Antwort der Bundesregierung auf die Kleine Anfrage der Fraktion BÜNDNIS 90/DIE GRÜNEN. Drucksache 18/12194 (02.05.2017). Online accessible: http://dipbt.bundestag.de/extrakt/ba/WP18/809/80961.html

EFSA (2004a) Opinion of the Scientific Panel on Animal Health and Welfare on a request from the Commission related to the welfare of animals during transport. The EFSA Journal 44, 36 pp.

EFSA (2004b) Scientific Report of the Scientific Panel on Animal Health and Welfare on a request from the Commission related to the welfare of animals during transport. The EFSA Journal 44, 181 pp.

EFSA (2008a) Scientific Opinion of the Panel on Animal Health and Welfare on a request from the European Commission on Animal welfare aspects of husbandry systems for farmed Atlantic salmon. The EFSA Journal 736, 172 pp.

EFSA (2008b) Scientific Opinion of the Panel on Animal Health and Welfare on a request from the European Commission on animal welfare aspects of husbandry systems for farmed fish: carp. The EFSA Journal 843, 128 pp.

EFSA (2008c) Scientific Opinion of the Panel on Animal Health and Welfare on a request from the European Commission on animal welfare aspects of husbandry systems for farmed European seabass and Gilthead seabream. The EFSA Journal 844. 129 pp.

EFSA (2008d) Scientific Opinion of the Panel on Animal Health and Animal Welfare on a request from the European Commission on the Animal welfare aspects of husbandry systems for farmed trout. The EFSA Journal 796, 138 pp.

EFSA (2008e) Scientific Opinion of the Panel on Animal Health and Welfare on a request from the European Commission on Animal Welfare Aspects of Husbandry Systems for Farmed European Eel. The EFSA Journal 809, 84 pp.

EFSA (2009) Scientific Opinion on general approach to fish welfare and to the concept of sentience in fish. The EFSA Journal 954, 27 pp.

EFSA (2009a) Scientific Opinion of the Panel on Animal Health and Welfare on a request from the European Commission on Species-specific welfare aspects of the main systems of stunning and killing of farmed rainbow trout. The EFSA Journal 1013. 55 pp.

EFSA (2009b) Scientific Opinion of the Panel on Animal Health and Welfare on a request from the European Commission on Species-specific welfare aspects of the main systems of stunning and killing of farmed carp. The EFSA Journal 1013. 37 pp.

EFSA (2009c) Scientific Opinion of the Panel on Animal Health and Welfare on a request from the European Commission on welfare aspect of the main systems of stunning and killing of farmed Atlantic salmon. The EFSA Journal 2012, 77 pp.

EFSA (2009d) Scientific Opinion of the Panel on Animal Health and Welfare on a request from the European Commission on welfare aspect of the main systems of stunning and killing of farmed seabass and seabream. The EFSA Journal 1010, 52 pp.

EFSA (2009e) Scientific Opinion of the Panel on Animal Health and Welfare on a request from the European Commission on Species-specific welfare aspects of the main systems of stunning and killing of farmed tuna. The EFSA Journal 1072. 53 pp.

EFSA (2009h) Statement of EFSA prepared by the AHAW Panel on: knowledge gaps and research needs for the welfare of farmed fish. The EFSA Journal 1145. 9 pp.

EU COMMISSION (2009a) Regulatory and legal constraints for European Aquaculture. Study report IP/B/PECH/NT/2008_176, 102 pp.

EU COMMISSION (2011) Study on the impact of Regulation (EC) No 1/2005 on the protection of animals during transport. Draft Final Report. SANCO/2010/D5/S12.574298

EU Commission (2013) Strategic guidelines for sustainable development of EU aquaculture. COM (2013) 229 final. 2.

EU COMMISSION (2015) Implementation of the rules on finfish aquaculture. Overview report. 43 pp.

EU COMMISSION (2016) Aquaculture High Level Event Report "Tapping into blue growth: the way forward for European aquaculture". DG Maritime Affairs and Fisheries, Unit A.2-Common Fisheries Policy and Aquaculture. 17 pp.

EU COMMISSION (2017a) The ABC of EU law. By Klaus-Dietrich Borchardt. DG for Communication. 152 pp.

EU COMMISSION (2017b) Animal Welfare in the European Union. Study PE 583.114.

EU COMMISSION (2017c) Welfare of farmed fish: Common practices during transport and at slaughter. Final report. 78 pp.

EU COMMISSION (2018) Report from the Commission to the European Parliament and the Council on the possibility of introducing certain requirements regarding the protection of fish at the time of killing. 15 pp.

EUROGROUP FOR ANIMALS (undated) Fish Welfare. Building a Europe that cares for all animals. Position paper. Available online:

http://www.eurogroupforanimals.org/wp-content/uploads/Fish-Welfare-Eurogroup-for-Animals.pdf [accessed on 12.06.2018]

FAO (2016) The State of World Fisheries and Aquaculture 2016. Contributing to food security and nutrition for all. Rome. 200 pp.

GREENPEACE (2008) Challenging the Aquaculture Industry on Sustainability. Amsterdam. 24 pp.

Bienestar y derecho de los cefalópodos en la acuicultura industrial y la irrelevancia de los proyectos de cría de pulpos

Cephalopod Welfare and Laws in Industrial Aquaculture and the Irrelevance of Octopus Farming Projects

MEGANNE NATALI

Doctora en derecho, Université Côte d'Azur. Abogada.
Affiliation: Visiting Fellow at the Faculty of Law, University of Portsmouth (UK)
Email: megannenatali@gmail.com
ORCID identification: 0009-0004-3436-3448
She is also a Case Manager at the Doctoral Clinic of International Law and Human Rights of Aix-en-Provence (France) and collaborates with various environmental and animal organisations in order to enhance the legal framework dedicated to animal and environmental protection. Her research interests include environmental and biodiversity conservation, climate change and Human rights.

LAURE GISIE

Doctoranda en derecho animal (UAB)
Affiliation: Universidad Autónoma de Barcelona, ESPAÑA.
Email: laure.gisie@hotmail.fr
ORCID identification: 0009-0006-3509-1530
Her research focuses on Spanish greyhound legal protection. Laure obtained an MA in Environmental Law-University of Strasbourg, an MA in Private Law-University of Toulouse, an MA in Animal Law-University Autonomous of Barcelona. She holds a bachelor's degree in international Law-University of Lyon and University of Alcalá de Henares.

Resumen: Según los expertos, los pulpos son seres muy inteligentes y sensibles, capaces de experimentar una amplia gama de emociones como el placer, el dolor y la angustia. Originalmente consumido en el Mediterráneo y el sudeste asiático, el pulpo es ahora cada vez más buscado en nuevas partes del mundo. Estos animales con extraordinarias habilidades cognitivas son ahora el tema de proyectos de acuicultura a gran escala, como el apoyado por la empresa española Nueva Pescanova. Dadas las numerosas cuestiones éticas, económicas y legales planteadas por estos proyectos, un estudio pragmático de su relevancia parece crucial. En particular, la falta de disposiciones legales que regulen la cría de estos invertebrados plantea una amenaza real al respeto de su bienestar por parte de la industria. De hecho, la ausencia de disposiciones legales o pautas de buenas prácticas que regulen la cría de estos invertebrados es una amenaza real para el respeto de su bienestar. Dicho esto, un análisis de las regulaciones existentes sobre acuicultura sugiere que, en cualquier caso, las granjas de pulpos no podrán respetar las complejas necesidades fisiológicas de estos animales. Además, el desarrollo de tales granjas constituye un peligro para el medio marino y un serio obstáculo para la implementación de normas de protección ambiental. Finalmente, los modelos comerciales basados en la acuicultura intensiva de pulpos tienden a no ser económicamente viables y inevitablemente no cumplirán con los requisitos legales de bienestar animal y protección ambiental.

Ideas clave: pulpo; invertebrados; acuicultura; sensibilidad; medio ambiente marino; protección; bienestar animal; cría insostenible.

Abstract: *According to experts, octopuses are highly intelligent and sensitive beings, capable of experiencing a wide range of emotions such as pleasure, pain and distress. Originally consumed in the Mediterranean and Southeast Asia, octopus is now increasingly sought after in new parts of the world. These animals with extraordinary cognitive abilities re now the subject of large-scale aquaculture projects, such as the one supported by the Spanish company Nueva Pescanova. Given the numerous ethical, economic, and legal issues raised by these projects, a pragmatic study of their relevance seems crucial. Particularly, the lack of legal provisions regulating the breeding of these invertebrates poses a real threat to industry's respect for their welfare. Indeed, the absence of legal provisions or best practice guidelines regulating the farming of these invertebrates is a real threat to the respect of their well-being. That being said, an analysis of existing regulations on aquaculture suggests that, in any given case, octopus farms will not be able to respect the complex physiological needs of these animals. Moreover, the development of such farms constitutes a danger to the marine environment and a serious obstacle to the implementation of environmental protection norms. Finally, commercial models based on intensive octopus farming tend to be not economically viable and will inevitably fail to comply with animal welfare and environmental protection legal requirements.*

Keywords: *octopus; invertebrates; aquaculture; sentience; marine environment; protection; animal welfare; unsustainable farming.*

1. INTRODUCCIÓN

Si bien los animales acuáticos se pasaron por alto en gran medida en la investigación, a partir de la década de 1990 comenzó a aumentar el número de artículos científicos sobre ellos[1]. A partir de entonces, descubrimos en particular que los pulpos son seres muy inteligentes, sensibles y capaces de experimentar una amplia gama de emociones como el placer, la excitación, el dolor y la angustia.

Originalmente comido en el Mediterráneo y el sudeste asiático, el pulpo ahora es cada vez más buscado en nuevas partes del mundo. Así, estos animales con capacidades cognitivas extraordinarias son ahora objeto de proyectos de cría a gran escala. En 2018, el Instituto Español de Oceanografía (IEO), adscrito al Ministerio de Ciencia, consiguió por primera vez criar pulpos en cautividad. Este descubrimiento abrió la puerta a una nueva actividad: la explotación comercial de la especie Octopus vulgaris en granjas acuáticas. La organización llegó a un acuerdo con la empresa gallega Nueva Pescanova, que le otorgaba una opción de licencia preferente sobre la patente obtenida por el IEO, para que pudiera aplicar la investigación a sus futuras actividades comerciales.

En junio de 2021, la pesquera anunció una inversión de 65 millones de euros para construir unas instalaciones en el puerto de Las Palmas de Gran Canaria para la cría de pulpo en cautividad[2]. Un proyecto que ha recibido el visto bueno de la autoridad portuaria y que podría suponer, en términos de mercado, la producción de 3.000 toneladas de pulpo al año. España está a la cabeza y parece ser el país más avanzado en la cría del animal, pero también se están realizando investigaciones y ensayos en Italia, Australia, Chile, Portugal y Grecia, donde la empresa

---

1 ASHLEY, P.J., "Fish welfare: Current issues in aquaculture", *Applied Animal Behaviour* Science, Volume 104, Issues 3-4, (2007) 199-235.

2 FERNÁNDEZ, S., "La granja de pulpos de La Luz da un paso más en su tramitación pese a los 'peros' de los animalistas", *Canarias7*, 2022. Web: https://www.canarias7.es/economia/granja-pulpos-paso-20220823192404-nt.html [Última fecha de consulta: 16 de octubre de 2022]; FILGUEIRAS, E., "La BBC lo tiene claro: clamor entre los científicos contra la cría de pulpos de Nueva Pescanova", *Economia digital*, 2021. Web: https://www.economiadigital.es/galicia/empresas/cientificos-de-todo-el-mundo-piden-paralizar-la-cria-de-pulpos-en-acuicultura-de-nueva-pescanova.html [Última fecha de consulta: 16 de octubre de 2022]

mediterránea Nireus Aquaculture también ha financiado investigaciones sobre la cría del pulpo. En Japón, la empresa de productos del mar Nissui informó sobre la incubación de huevos de pulpo en cautiverio en 2017 y predijo un pulpo completamente cultivado y listo para el mercado para 2020. Según se informa, una granja en la Península de Yucatán en México también cultivó con éxito otra especie, Octopus maya. En China, actualmente se están cultivando experimentalmente hasta ocho especies diferentes de pulpo[3].

Teniendo en cuenta las muchas cuestiones planteadas por estos proyectos, en términos éticos, económicos y legales, parece crucial examinar la viabilidad de estos proyectos. Este capitulo discutirá varios aspectos relacionados con los pulpos y su cría en cautiverio. En primer lugar, se analizará la sensibilidad e inteligencia de los pulpos. Luego, se abordarán los desafíos y problemas de bienestar animal asociados con la cría de pulpos. A continuación, se examinarán los impactos ambientales de las granjas industriales de acuicultura de pulpos. También se evaluará la fiabilidad de la cría de pulpos a gran escala. Finalmente, se discutirá la falta de regulaciones legales en la cría de estos invertebrados y las implicaciones para su bienestar y la protección del medio ambiente.

2. OCTÓPODOS: SERES SINTIENTES

Los pulpos son seres solitarios que viven en hábitats marinos. Son animales carnívoros que también pueden ser presa de ciertos mamíferos[4]. La capacidad de los cefalópodos para experimentar una amplia gama de emociones ahora se ha demostrado científicamente[5]. Del dolor al sufrimiento, pasando por la ansiedad, la curiosidad, la

---

3 NYU. Center for Environmental & Animal Protection. The case against octopus farming, in: https://wp.nyu.edu/ceap/research/the-case-against-octopus-farming-2

4 GUERRA. A., ALLCOCK, L., PEREIRAC, J. "Cephalopod life history, ecology and fisheries: An introduction", *Fish. Res.*, 106., 2010, pp. 117-124.

5 Directiva europea 2010/63/UE, de 22/09/2010, relativa a la protección de los animales utilizados con fines científicos, Web: https://www.boe.es/doue/2010/276/L00033-00079.pdf

emoción y la alegría, los pulpos son animales complejos susceptibles de expresar un amplio abanico de emociones[6]. Además, el pulpo es un ser sintiente con un nivel de inteligencia muy alto, comparable al nuestro. Incluso se encuentra entre los invertebrados más inteligentes y de comportamiento más diverso. El cerebro del pulpo contiene así alrededor de 170 millones de células nerviosas[78] y sus brazos con 300 millones de neuronas[9] les permiten incluso saborear, tocar y controlar movimientos básicos sin la intervención del cerebro centrtal[10].

Los pulpos son así capaces de resolver problemas, de adaptarse a su entorno utilizando cambios de color en unos segundos[11], de inventar estratagemas para protegerse de los depredadores. Durante sus experimentos, PAPINI y BITTERMAN incluso encontraron que los pulpos muestran una gran capacidad de aprendizaje asociativo, es decir, establecen un vínculo o una asociación entre dos estímulos. Los investigadores buscaron asociar un estímulo neutral con una recompensa de comida y encontraron que los sujetos que recibieron recompensas más altas adquirieron la asociación más rápidamente que los sujetos que recibieron recompensas más bajas[12].

---

6 CARLS-DIAMANTE, S., "The octopus and the unity of consciousness, en Biology and Philosophy", 32/6, 2017, 1269-1287 DOI: 10.1007/s10539-017-9604-0; BORRELLI, L., FIORITO, G., "Behavioural analysis of learning and memory in cephalopods", en BYRNE, JH (ed) *Learning and memory: a comprehensive reference,* Elsevier, UK, 2008, pp. 605-627.

7 JACQUET, J., and *al.*, "The Case Against Octopus Farming", *Issues in Science and Technology* 35, no. 2, 2019, pp. 37-44.

8 BIRCH, J., and *al.*," Review of the Evidence of Sentience in Cephalopod Molluscs and Decapod Crustaceans", London School of Economics and Political Science, 2021.

9 YOUNG, J.Z.,"The number and sizes of nerve cells in octopus", *Proc. Zool. Soc.*, London, 1963, pp. 229-254.

10 GODFREY, SMITH. P., "The Mind of an Octopus", *Sci. Am. Mind*, 28, 2016, pp. 62-69.

11 MATHER., and *al.*, *Octopus: The Ocean's Intelligent Invertebrate,* Timber Press, 2010; MEIJER, KUIPER, W., "Skin patterning in Octopus vulgaris and its importance for camouflage", Biology, 1993.

12 PAPINI, M.R., BITTERMAN, M.E., "Appetitive conditioning in Octopus cyanea", *Journal of Comparative Psychology,* 105(2), 1991, pp.107-114. https://doi.org/10.1037/0735-7036.105.2.107.

A la luz de estos elementos, no hay duda de que los pulpos son sintientes[13]. Esta característica, además, ha sido formalmente reconocida en la Directiva 2010/63/UE[14], que tiene como objetivo proporcionar protección a los cefalópodos en el campo de la experimentación[15]. En 2012, la Declaración de Cambridge, escrita por neurocientíficos, ya señalaba a los pulpos como el único invertebrado capaz de tener una experiencia consciente (aunque sigue siendo muy posible que otros invertebrados también sean sensibles)[16]. Finalmente, en 2021, la Escuela de Economía y Ciencias Políticas de Londres vino a corroborar este reconocimiento y, como tal, cuestionó el cultivo masivo de cefalópodos[17].

Por lo tanto, es urgente e importante garantizar la protección de estos animales tan especiales, y en particular en el contexto actual de desarrollo de proyectos de granjas de pulpo.

---

13 Donald Broom, profesor de bienestar animal en el Center for Animal Welfare and Anthrozoology de Cambridge, intervino en el Coloquio de la UNESCO "Le bien-être animal de la science au droit ", organizado en diciembre de 2015 por la LFDA, y explicó que un ser "Sintiente" es capaz de: evaluar las acciones de los demás en relación con las suyas propias y las de otros; recordar sus acciones y sus consecuencias; evaluar los riesgos y los beneficios; experimentar sentimientos; y tener un grado variable de conciencia. Web: https://www.fondation-droit-animal.org/documents/SymposiumLFDA2015_Abstracts_EN.pdf [Última fecha de consulta: 16 de octubre de 2022]

14 Directive 2010/63/EU of the European Parliament and of the Council of 22 September 2010 on the protection of animals used for scientific purposesDirective 2010/63/EU of the European Parliament and of the Council of 22 September 2010 on the protection of animals used for scientific purposes: https://eur-lex.europa.eu/legal-content/ES/TXT/HTML/?uri=CELEX:32010L0063&from=EN

15 GIMÉNEZ-CANDELA, M., JIMÉNEZ LÓPEZ, I., "La Directiva 2010/63/UE y los cefalópodos. A propósito del Real Decreto 1386/2018", *dA. Derecho Animal* (Forum of Animal Law Studies), 10/3, 2019-DOI https://doi.org/10.5565/rev/da.451.

16 The Cambridge Declaration on Consciousness. Web: https://fcmconference.org/img/CambridgeDeclarationOnConsciousness.pdf [Última fecha de consulta: 16 de octubre de 2022]

17 Ver el anexo 1.

3. UN MÉTODO DE CRÍA INCOMPATIBLE CON EL BIENESTAR DE LOS PULPOS

Ante el aumento exponencial de su consumo, los pulpos se presentan hoy como interesantes candidatos para la acuicultura comercial a gran escala debido a la creciente demanda de consumo de pulpos, su alto valor, su rápido crecimiento[18]. Sin embargo, parece que la acuicultura convencional no puede garantizar el bienestar animal porque se basa en el principio de una forma de cría industrial, encerrando a los animales en un ambiente fuera de su hábitat natural, en espacios cerrados y hacinados con pocos estímulos para ocuparlos.

En 2018, un equipo de investigadores del Centro Biomarino Pescanova comenzó a trabajar con 50 pulpos (*Octopus vulgaris*) nacidos en acuicultura[19]. Esta investigación fue iniciada por el Centro Oceanográfico Español (IEO) y tras firmar un acuerdo de patente en exclusiva, Pescanova continuó investigando en sus instalaciones[20]. Este centro es uno de los mayores centros de investigación en acuicultura del mundo y promueve el desarrollo de nuevas tecnologías para respetar el bienestar animal[21]. Pero en realidad, ¿es este el caso?

En esta sección, veremos la capacidad de los centros de acuicultura para responder de manera efectiva a las necesidades del animal a la luz de las capacidades cognitivas de los mencionados anteriormente.

---

18 BIRCH, J., and *al., op. cit.*

19 Comunicado del Grupo Nueva Pescanova: Investigadores de Pescanova cierran con éxito el ciclo de reproducción del pulpo en acuicultura. Web: https://www.nuevapescanova.com/fr/2019/07/18/des-chercheurs-de-pescanova-reussissent-fermer-du-cycle-de-reproduction-du-poulpe-en-aquaculture/ [Última fecha de consulta: 16 de octubre de 2022]

20 *Ibid.*

21 Nova News. Newsletter No 3., 2022, Web: https://www.nuevapescanova.com/nuevapescanova/wp-content/uploads/2022/02/NovaNews-3-PBC-FR.pdf [Última fecha de consulta: 16 de octubre de 2022]

3.1. El Cautiverio

El cautiverio y los animales no se mezclan, como demuestran muchos científicos. MARINO, neurocientífica y experta en comportamiento animal, fundadora y directora ejecutiva del Kimmela Center for Animal Advocacy, así como fundadora y presidente del Whale Sanctuary Project, señala en particular que el cautiverio daña gravemente el cerebro de los mamíferos inteligentes[22]. El mismo veredicto podría caer para los pulpos, que son animales dotados de una gran inteligencia y que suelen ser solitarios, incluso a menudo agresivos en espacios reducidos. En sus hábitats naturales, residen en madrigueras ubicadas en áreas bien espaciadas, muy probablemente influenciadas por una relación entre el área de alimentación y la tasa de repoblación[23]. La falta de aislamiento y proximidad a los humanos también puede transmitir un estrés significativo a los pulpos[24].

Estos animales también necesitan nadar por propulsión a chorro, o incluso caminar sobre el fondo del mar utilizando sus tentáculos[25]. La producción intensiva de pulpos solo será posible en ambientes estériles, controlados y áridos y, como resultado, los pulpos carecerán de información sensorial. Sin embargo, ya hemos señalado cómo los pulpos son sensibles a su entorno y propensos a la ansiedad. Las observaciones realizadas en cefalópodos en cautiverio han demostrado que presentan muchos signos de estrés[26], como síntomas de

---

[22] CASAL, P., "Entrevista a Lori Marino", Metode, 2022, Web: https://metode.es/revistas-metode/entrevista-es/entrevista-a-lori-marino.html [Última fecha de consulta: 16 de octubre de 2022]

[23] MATHER, J.A., SCHEEL, D., "Behaviour. In Cephalopod Culture", IGLESIAS, J;, FUENTES, L., VILLANUEVA, R. (eds.), Springer, Netherlands, 2014, pp. 17-39. Doi:10.1007/978-94-017-8648-5: https://link.springer.com/content/pdf/10.1007/978-94-017-8648-5.pdf [Última fecha de consulta: 16 de octubre de 2022]

[24] WENISCH, E., "Les stéréotypies des animaux élevés en captivité: étude bibliographique", Thèse d'exercice, Ecole Nationale Vétérinaire de Toulouse, 2012, 136.

[25] SAUR, WH., and *al.*, "World Octopus Fisheries", *Reviews in Fisheries Science and Aquaculture*, 2019. Doi:10.1080/ 23308249.2019.1680603.

[26] MCDONALD, K., "Husbandry guidelines for mourning cuttlefish", 2011. Web: https://aszk.org.au/wp-content/uploads/2020/03/Invertebrates.-Mourning-Cuttlefish-2012KM.pdf [Última fecha de consulta: 16 de octubre de 2022]

agitación, depresión e incluso anorexia, y en los casos más graves, los animales pueden presentar signos de autofagia[27]. Además de su sufrimiento psicológico, también se debe considerar su sufrimiento físico. En efecto, estos animales de piel muy frágil carecen de un esqueleto interno o externo que pudiera protegerlos, lo que significa que en un ambiente de cautiverio, los pulpos son altamente susceptibles de sufrir lesiones graves, ya sea por el manejo humano o por sus interacciones con sus congéneres, o incluso su exposición a las paredes de las jaulas. También se debe tener en cuenta que estas lesiones a menudo cicatrizan mal, se infectan y pueden causar daños permanentes o incluso la muerte del animal si la infección se propaga[28].

La calidad del agua también es un criterio clave para garantizar la buena salud de los pulpos. Por lo tanto, esta agua debe estar constantemente sujeta a un control estricto de los niveles de oxígeno, pH, CO2, nitratos y salinidad[29]. La mala calidad del agua puede provocar problemas de salud, infecciones, problemas respiratorios, inquietud, mayor incidencia de entintado y entintado y chorros, e incluso la

---

27 HAYTER, J., "Blue ringed octopus husbandry manual", 2005. Web: http://nswfmpa.org/Husbandry%20Manuals/Published%20Manuals/Invertebrata/Blue%20Ringed%20Octopus.pdf [Última fecha de consulta: 16 de octubre de 2022]

28 COOKE, G.M., TONKINS, B.M., "Behavioural indicators of welfare exhibited by the common European cuttlefish. Sepia officinalis", *Journal of Zoo and Aquarium Research,* 2015, pp. 157-162; HANLEY, J.S., and *al.*, "Modified laboratory culture techniques for the European cuttlefish Sepia officinalis", *The Biological Bulletin,* 195(2), 1998, pp. 223-225; SHERRILL, J., and *al.*, "Common cuttlefish (Sepia officinalis) mortality at the National Zoological Park: implications for clinical management", *Journal of Zoo & Wildlife Medicine,* 31, 2000, pp. 523-531.

29 COOKE, G. M., and *al.*, "Care and Enrichment for Captive Cephalopods", *In*: CARERE C. & MATHER J., (eds), *The Welfare of Invertebrate Animals,* 2019, pp. 179-208; FIORITO, G., and *al.*, "Guidelines for the Care and Welfare of Cephalopods in Research-A consensus based on an initiative by CephRes, FELASA and the Boyd Group", *Laboratory Animals,* 49 (S2), 2015, pp. 1-90: https://doi.org/10.1177/0023677215580006 [Última fecha de consulta: 16 de octubre de 2022]; HAYTER, J., *op. cit.*; MCDONALD, K., *op. cit.*; VAZ-PIRES, P., and *al.*, "Aquaculture potential of the common octopus (Octopus vulgaris Cuvier 1797. A review", *Aquaculture,* 238(1-4), 2004, pp.221-238; SYKES, A. V., and *al.*, "Directive 2010/63/EU on animal welfare: a review on the existing scientific knowledge and implications in cephalopod aquaculture research", *Reviews in Aquaculture,* 4(3), 2012, pp. 142-162.

muerte[30]. Sin embargo, hoy en día existe una verdadera dificultad para mantener la calidad del agua en las cuencas de pulpo y, como resultado, se ha observado una alta tasa de mortalidad en las eclosiones[31].

Por lo tanto, los pulpos mantenidos en cautiverio tenderán a ser más agresivos, experimentarán más estrés, correrán el riesgo de sufrir lesiones crónicas y contraerán más enfermedades[32]. Incapaces de vivir en cautiverio, los pulpos vivirían por tanto un verdadero calvario en los estanques, siendo las granjas acuícolas incapaces de ofrecerles unas condiciones de vida adecuadas a sus necesidades fisiológicas.

3.2. Captura y Transporte

Ningún estudio publicado hasta la fecha evalúa explícitamente los diferentes métodos de captura y transporte de pulpos, en términos de impacto en el bienestar[33]. Para evaluar los posibles riesgos de maltrato o daño animal, es necesario basarse en datos de captura y manejo de estudios que han capturado pulpos con fines científicos. Sin embargo, se ha demostrado que los cefalópodos capturados en la naturaleza generalmente mueren poco después de ser retirados del agua, en particular, sufren traumatismos físicos, como la asfixia. Así se ha comprobado que muchos pulpos pueden tener un sistema inmunológico debilitado después de haber sido sometidos a un gran estrés relacionado con la captura[34].

---

30 HANLEY, J.S., and *al.*, *op. cit.;* HAYTER, J., *op. cit.*; FIORITO, G., *op. cit.*

31 VAZ-PIRES, P., and *al.*, "Aquaculture potential of the common octopus (Octopus vulgaris Cuvier, 1797): A review", *Aquaculture*, 238(1-4), 2004, pp. 221-238.

32 JACQUET J., and *al.*, "The Case Against Octopus Farming", *Science and technology*, vol. XXXV; n°2, 2019. Web: https://issues.org/the-case-against-octopus-farming/ [Última fecha de consulta: 16 de octubre de 2022]

33 Aunque actualmente existe la FELASA (Federation of European Laboratory Animal Science Associations) que pretende elaborar un conjunto de buenas prácticas de captura y transporte de cefalópodos.

34 BARRAGÁN-MÉNDEZ, C., and *al.*, "Acute-stress biomarkers in three octopodidae species after bottom trawling", *Frontiers in Physiology*, 10, 2019, 784. Web: https://doi.org/10.3389/fphys.2019.00784 [Última fecha de consulta: 16 de octubre de 2022]

Además, muchas técnicas de transporte también pueden parecer peligrosas para los pulpos. Necesitan constantemente agua muy oxigenada, y un transporte prolongado puede provocar una caída de oxígeno y un aumento de nitratos[35]. Además, si los animales entintan en el agua y el agua no se limpia, la tinta puede cubrir las branquias y causar asfixia[36].

Todas estas observaciones ponen de manifiesto que las condiciones de cría no son óptimas, en particular en lo que se refiere a los principios de las cinco libertades resultantes de garantizar un bienestar animal satisfactorio: ausencia de hambre, sed y desnutrición, ausencia de molestias y dolores, ausencia de lesiones y enfermedades, libertad del miedo y la angustia, libertad para expresar el comportamiento normal de la especie[37]. Debido a esto, el transporte no es adecuado para los pulpos.

3.3. La Dieta del Pulpo

Los pulpos son animales carnívoros que necesitan grandes cantidades de presas vivas[38]. En la naturaleza, la búsqueda de alimento es una actividad central para las especies marinas, y los pulpos destacan en este ámbito gracias a su inteligencia. Por lo tanto, evitan visitar las

---

35 FIORITO, G., and *al., op. cit.*; IGLESIAS, J., and *al.*, "Rearing of Octopus vulgaris paralarvae: Present status, bottlenecks and trends", *Aquaculture*, 266(1-4), 2007, pp. 1-15.; MCDONALD, K., *op. cit.*

36 MCDONALD, K., *op. cit.*; HAYTER, J., *op. cit.*

37 A partir de los años 70, un comité de expertos propuso cinco grandes principios —las cinco libertades— que a pesar de no definir el bienestar, establecen los puntos de atención que deben prestarse para que los animales gocen de un bienestar satisfactorio. Estos principios se encuentran recogidos en el Código Sanitario para los Animales Terrestres en el artículo 7.1.1: https://www.woah.org/fileadmin/Home/esp/Health_standards/tahc/2011/es_chapitre_1.7.1.pdf [Última fecha de consulta: 16 de octubre de 2022]

38 IGLESIAS, J., and *al., op. cit.*; NAVARRO, J. C., and *al.*, "Nutrition as a key factor for cephalopod aquaculture", *In* Eds. IGLESIAS, J., FUENTES, L., VILLANUEVA, R. (eds.), Netherlands, 2014, pp. 77-95.; PIERCE, G. J., and *al.*, "Cephalopod biology and fisheries in Europe", ICES Cooperative Research Report No. 303, 2010; BOYLE, P. R., "Cephalopods", *In* HUBRECHT, R.C.; KIRKWOOD, J.(eds) *The UFAW handbook on the Care and Management of Laboratory and Other Research Animals*, 8th edition, Dinamarca, 2010, pp. 787-793.

áreas de alimentación donde han agotado los recursos cuando saben que no queda nada en base a sus visitas anteriores[39].

Hay que tener en cuenta que la vida en un estanque, desprovista de toda estimulación cognitiva[40], impediría a los pulpos llevar a cabo sus comportamientos naturales y, en particular, sus asombrosas habilidades de caza.

Sin embargo, en el estado actual de la ciencia, no contamos con elementos suficientes para desarrollar alimentos sustitutivos[41]. Como bien señalan los investigadores O'Brien, Roumbedakis y Winkelmann en un artículo publicado en 2018, la falta de estudios científicos sobre las necesidades nutricionales de los pulpos no permite, en el estado actual, definir una dieta "óptima"[42]. Por lo tanto, no es posible saber con precisión si los derivados alimentarios que las empresas no dejarán de dar a los pulpos en tanques o las cantidades de alimentos disponibles realmente cubren sus necesidades nutricionales. Además, hasta el momento, los experimentos tendientes a sustituir presas vivas por dietas elaboradas no han resultado concluyentes[43].

Esta ausencia de expresión del comportamiento natural, esta privación de presas vivas, esta imposibilidad de proporcionar derivados satisfactorios y esta dificultad de proporcionar cantidades favorables al desarrollo del animal no dejarán por tanto de provocar desnutrición y enfermedades nutricionales y metabólicas en las granjas acuícolas.

---

39 FORSYTHE, J.W., HANLON, R.T., "Foraging and associated behavior by Octopus cyanea Gray, 1849 on a coralatoll, French Polynesia.", *J. Exp. Mar. Bio. Ecol.*, 209, 1997, pp. 15-31; MATHER, J.A., O'DOR, R.K., "Foraging Strategies and Predation Risk Shape the Natural History of Juvenile Octopus Vulgaris", *Bulletin of Marine Science*, 49, 1-2,1991.

40 COOKE, G.M., TONKINS, B.M., "Behavioural indicators of welfare exhibited by the common European cuttlefish. Sepia officinalis", *Journal of Zoo and Aquarium Research*, 2015, pp. 157-162; JACQUET, J., and al.,"The Case Against Octopus Farming", *Science and Technology*, 35, no. 2, 2019, pp. 37-44.

41 O'BRIEN, C. E., ROUMBEDAKIS, K., WINKELMANN, I. E., "The current state of cephalopod science and perspectives on the most critical challenges ahead from three early-career researchers", *Frontiers in Physiology*, 9, 2018.

42 *"(…) a lack of knowledge regarding optimal nutritional requirements"* in O'BRIEN C., and *al.*, *op. cit.*; FIORITO G., and *al.*, *op. cit.*

43 PIERCE, GJ., and *al.*, *op. cit.*

3.4. Métodos de Matanza

Actualmente, el único método disponible para matar cefalópodos sin dolor sería una sobredosis de anestésico, que suele ir seguida de descerebración[44]. Sin embargo, este método no sería apropiado para pulpos sacrificados para consumo humano porque la carne se vería afectada.

Otro tipo de sacrificio existente es el sacrificio mecánico que consiste en una técnica para cortar o perforar el cerebro del animal[45]. Podemos tener dudas sobre la viabilidad de la tala mecánica a gran escala. Además, este método no puede ser completamente indoloro.

El mismo problema también surge con los pulpos capturados en sus hábitats naturales. De hecho, actualmente se utilizan diferentes métodos de matanza en los barcos pesqueros en aguas europeas, como el apaleamiento, la incisión cerebral, el volteo de la piel y la asfixia en una bolsa[46].

Está claro que queda mucho por hacer en cuanto a las técnicas de sacrificio de los pulpos, siendo estos objeto de medidas impactantes que en modo alguno impiden que eviten el estrés y el dolor en el momento de su sacrificio.

Desde 2001, a petición de sus Estados miembros, la Organización Mundial de Sanidad Animal (OIE) se ha posicionado como un contribuyente mundial único en la reflexión sobre el bienestar animal. La OIE define el bienestar animal como el estado físico y mental de

---

44 ANDREWS, P. L., and *al.*, "The identification and management of pain, suffering and distress in cephalopods, including anaesthesia, analgesia and human killing", *Journal of Experimental Marine Biology & Ecology*, 447, 2013, pp. 46-64. Web: https://doi.org/10.1016/j.jembe.2013.02.010; BOYLE, P. R., *op. cit*; FIORITO, G., *op. cit.*

45 ANDREWS, P. L., and *al.*, "The identification and management of pain, suffering and distress in cephalopods, including anaesthesia, analgesia and human killing", *Journal of Experimental Marine Biology & Ecology*, 447. 2013, pp. 46-64. Web: https://doi.org/10.1016/j.jembe.2013.02.010; BOYLE, P. R., *op. cit.*; FIORITO, G., and *al.*, *op. cit.*

46 CIWF. "Cría intensiva de pulpos: Una receta para el desastre", 2021. Web: https://www.ciwf.org/media/7447177/160889_ciwf_octopus_es_pdr-el_aw_lr2.pdf [Última fecha de consulta: 16 de octubre de 2022]

un animal en relación con las condiciones en las que vive y muere. Así, la comparación aquí realizada entre los datos científicos relativos a las necesidades fisiológicas de los pulpos y los criterios de bienestar definidos a escala global permite sin dificultad determinar que los proyectos de acuicultura del pulpo no pueden asegurar concretamente un final de vida libre de sufrimiento ya que según el estado actual del conocimiento, no existe un método libre de crueldad para sacrificar cefalópodos.

4. PROBLEMAS MEDIOAMBIENTALES RELACIONADOS CON LA CRÍA DE PULPOS

La acuicultura daña inevitablemente el entorno natural. Por lo tanto, nos centraremos aquí en los problemas relacionados con la contaminación marina, así como en las consecuencias destructivas para la biodiversidad marina que plantea la cuestión del alimento para los pulpos.

4.1. Cuestiones Relacionadas con la Contaminación Marina: Vertido de Desechos: la Causa Principal de la Contaminación

Entre las fuentes potenciales de contaminación ambiental de los centros de acuicultura, el vertido de residuos es una de las más importantes. Según DOSDAT, cuatro tipos de residuos de la acuicultura contaminan el medio ambiente marino, a saber, los piensos no consumidos por las especies cultivadas, los piensos no digeridos, los compuestos no digeribles y los excrementos[47].

Dado que el pulpo es un animal que necesita grandes cantidades de alimento para sobrevivir y además es heterótrofo, es decir, que obtiene su energía vital alimentándose de moléculas complejas[48], los pulpos en cautividad podrían contribuir a la propagación de patóge-

---

47 DOSDAT, A. Environmental impact of aquaculture in the Mediterranean: nutritional and feeding aspects, in Cahier Options Mediterranéennes, no. 55 (2001) 23-36.

48 *Ibid.*

nos y enfermedades en el ecosistema marino salvaje. A este respecto, es interesante señalar que Nueva Pescanova ha indicado que no desea utilizar antibióticos en el tratamiento de los pulpos. Se trata de una afirmación especialmente sorprendente si se tiene en cuenta hasta qué punto pueden propagarse las enfermedades entre los individuos cautivos que se encuentran en estrecha proximidad. Sin embargo, incluso en el improbable caso de que la empresa se atenga a sus afirmaciones, todavía no se ha evaluado el impacto de las alternativas a los medicamentos en el medio ambiente marino ni sus efectos tóxicos en la biodiversidad[49]. Por lo tanto, la cría de pulpos, ya sea por el vertido de piensos o antibióticos —u otros medicamentos—, contaminaría gravemente el medio marino en el que se encuentra.

Por otra parte, el hecho de que todos los residuos, solubles o no, se viertan en el agua hace muy difícil su eliminación[50]. Por lo cual, la degradación de la calidad del agua debido a la acuicultura tiene un gran impacto en los animales que viven en el océano y la cría de pulpos añadiría más contaminación a un medio ambiente que no necesita más contaminación.

La granja de acuicultura estará ubicada en zona portuaria. La descarga en el mar consistirá exclusivamente en agua de mar procedente de la operación de acuicultura. Como lo atesta el Consejo insular de aguas de Gran Canarias , las aguas de origen industrial, pluvial y fecal serán recogidas por el sistema de saneamiento municipal/portuario, previamente tratadas si es necesario. Sin embargo, la zona de descarga se encuentra a una distancia física de menos de 2 km del Área Marina . El volumen anual de descarga de agua de operación será aproximadamente de 171,000,000 m^3.

Dado que este proyecto de acuicultura por parte de Nueva Pescanova podría representar riesgos para el medio ambiente y el agua, se deben obtener aprobaciones del gobierno de las Islas Canarias.

Después de haber estudiado el dossier, los informes técnicos, los intercambios entre el Gobierno de Canarias y la empresa, y las evalua-

49 Información facilitada por el PACMA a raíz de las alegaciones que enviaron con la ayuda de un bufete de abogados externo al partido político.

50 PETIT, J., “L’aquaculture: un problème pour l’environnement?”, INRA Productions Animales, INRA, 1991, pp. 67-80.

ciones, consideramos que la Evaluación de Impacto Ambiental (EIA) realizada por la empresa no realizó un análisis adecuado para examinar las interacciones biológicas industriales que podrían ocurrir como resultado de las prácticas de producción a gran escala. Además, no estableció mecanismos de seguridad para proteger a las comunidades ecológicas locales ni la salud pública de la comunidad canaria. Por lo tanto, es crucial que el Ayuntamiento Canario adopte una perspectiva más ecológica y sostenible sobre las actividades económicas en su territorio. De lo contrario, sus decisiones estarán siempre susceptibles a desafíos legales debido a las numerosas irregularidades del proyecto y sus particularmente dañinas consecuencias ambientales.

Conviene recordar que la granja de Nueva Pescanova estaba a la espera de las autorizaciones definitivas para comenzar a operar en 2023. Sin embargo, la empresa aún no ha recibido las autorizaciones necesarias para iniciar sus operaciones.

4.2. Problemas relacionados con la Alimentación de los Pulpos: Un Desastre Ecológico

Al igual que otros sistemas acuícolas carnívoros, los pulpos necesitan alimentarse de peces silvestres. Como resultado, la cría de pulpos aumentaría la presión sobre los animales acuáticos salvajes, ya que los pulpos requieren una dieta carnívora que se basa en prácticas de pesca insostenibles, creando una presión adicional sobre los recursos marinos que ya son escasos.

Sin embargo, uno de los principales argumentos a favor del desarrollo de la acuicultura fue el relacionado con su potencial para reducir la presión ejercida sobre las especies de peces silvestres. Sin embargo, numerosos estudios han demostrado la incompatibilidad del cultivo de especies marinas, particularmente carnívoras, con este objetivo de sostenibilidad[51].

---

51 Sobre este tema, véase en particular, ALLSOPP M., and *al.*, "Challenging the aquaculture Industry on Sustainability", Greenpeace Research Laboratories, University of Exeter, UK, 2008. Web: https://planet4-canada-stateless.storage.googleapis.com/2018/06/challenging-aquaculture.pdf [Última fecha de consulta: 16 de octubre de 2022]

De hecho, la acuicultura de especies marinas depende en gran medida del uso de alimentos procesados producidos a partir de peces silvestres[52]. Por ejemplo, se estima que “se pueden necesitar hasta 250 peces salvajes para criar un solo salmón de piscifactoría.”[53]

Por lo tanto, una gran parte de la acuicultura desarrollada en todo el mundo depende de la explotación continua de los recursos pesqueros silvestres a gran escala[54], incluso cuando las poblaciones continúan disminuyendo a nivel mundial[55].

Sin embargo, el agotamiento de las especies marinas tiene muchas consecuencias, tanto ecológicas como socioeconómicas[56]. Así, debido a la interdependencia entre especies, la escasez de algunas de ellas tiene consecuencias negativas directas sobre el equilibrio de los ecosistemas marinos[57]. El desarrollo de la explotación de determinados peces destinados a la alimentación de las especies criadas en acuicultura ha supuesto un incremento de su coste de tal forma que determinadas comunidades ya no pueden obtenerlos[58].

---

52 Se ha observado en algunas empresas una tendencia a alimentar especies marinas no carnívoras con aceites y harinas de pescado, con el fin de “acelerar las tasas de crecimiento”, “Los peces pequeños no crecerán, cómo la acuicultura industrial está saqueando los océanos”, CIWF: https://www.ciwf.fr/media/7436270/french-web-ex-summary-until-the-seas-dry.pdf [Última fecha de consulta: 16 de octubre de 2022]; KONAR M., and *al.*, “Illustrating the hidden economic, social and ecological values of global forage fish resources”, *Resources, Conservation and Recycling*, vol. 151, 2019.

53 “Les principaux enjeux de l’élevage de poissons”, CIWF https://www.ciwf.fr/nos-mobilisations/poissons-les-grands-oublies/les-principaux-enjeux-de-lelevage-de-poissons/ [Última fecha de consulta: 16 de octubre de 2022]

54 TACON AGJ, METIAN M., “Feed matters: satisfying the feed demand of aquaculture”, *Rev. Fish. Sci. Aquac.*, 23, 2015, pp. 1-10.

55 Se considera que el 34,2% de las poblaciones de peces del mundo se explotan a un nivel insostenible, FAO, “La situation mondiale des pêches et de l’agriculture”, FAO Fisheries and Aquaculture Department, 2020.

56 *Idem.*

57 HUNTINGTON T., HASAN, MR., “Fish as feed inputs for aquaculture-practices, sustainability and implications: a global synthesis”, FAO, 2009; PAULY D., and *al.*, “Fishing Down Marine Food Webs”, *Sciences*, 279, 1998, pp. 860-863.

58 TACON AGJ, and *al.*, “Use of fishery resources as feed inputs for aquaculture development: trends and policy implications”, FAO Fisheries Circular. N°1018, 2006; WIJKSTROM U.N., “The use of wild fish as aquaculture feed and its effets on income and food for the poor and the undernurished”, *In* HASAN MR, HA-

Además de sus implicaciones ecológicas, el agotamiento de los recursos marinos genera una verdadera inseguridad económica y alimentaria[59]. El cultivo de pulpo podría participar en este esquema.

De hecho, estos animales carnívoros se alimentan exclusivamente de presas vivas en la naturaleza[60]. También se acepta comúnmente que los pulpos deben alimentarse dos veces al día[61] y requieren un alimento equivalente a tres veces su peso[62]. Por lo tanto, los pulpos dependen de grandes cantidades de recursos marinos para crecer y mantenerse saludables. Cabe señalar de paso que se ha observado, en lo que se refiere a una relación "fish-in/fish-out", que las especies marinas carnívoras requieren un suministro de alimentos que no producen[63]. Esta situación hace que el sistema de cría de pulpos sea muy parecido a un "barril de las Danaides", que se enfretara a desafíos de sostenibilidad importantes.

Lejos de representar "la mejor esperanza para mantener las poblaciones salvajes"[64], la acuicultura de pulpo representa, por tanto, una amenaza adicional, en la medida en que obliga a las especies a recurrir a un suministro masivo de recursos pesqueros y, en cualquier

---

LWART M. (eds.), "Fish as feed inputs for aquaculture: practices, sustainability and implications", FAO Technical Paper n°518, FAO, 2009, pp. 371-407.

59 ALLSOPP M., and *al., op. cit.*

60 PIERCE GJ, and *al., op. cit.*; NAVARRO JC, and *al.*, "Nutrition as a key factor for cephalopod aquaculture", *In* IGLESIAS J., and *al.*, (eds.), Cephalopod Culture, 2014, pp. 77-95.

61 KOLKOVSKI S. and *al.*, "Development of octopus aquaculture. Final Report", Fisheries Research Division Report N°262, Project No. 2009/206. Department of Fisheries, Western Australia, 2015, 144. Web: http://www.fish.wa.gov.au/Documents/research_reports/frr262.pdf [Última fecha de consulta: 16 de octubre de 2022]

62 BRYCE, E., "Should we farm octopus?", anthropocenemagazine.org, 2019. Web: https://www.anthropocenemagazine.org/2019/02/should-we-farm-octopus/ [Última fecha de consulta: 16 de octubre de 2022]

63 HUNTINGTON, T., HASAN, M.R., "Fish as feed inputs for aquaculture-practices, sustainability and implications: a global synthesis", FAO, 2009; ALLSOPP, M., and *al., op. cit.*

64 Traducción propia de "The best hope for sustaining wild stocks" que se puede leer en: FLETCHER R., A visit to the octopus farming pionners, The Fish Site. 2022. Web: https://thefishsite.com/articles/a-visit-to-the-octopus-farming-pioneers-nueva-pescanova.[Última fecha de consulta: 25 de abril de 2023]

caso, no sustituye la demanda de productos silvestres, sino que crea una demanda adicional[65].

Finalmente, todos estos datos implican que, para cubrir las necesidades nutricionales de los pulpos en acuicultura, los fabricantes incrementarán la ya insostenible presión que ejercen sobre las especies marinas salvajes y, de hecho, acentuarán las deplorables consecuencias por el agotamiento de los recursos.

5. LA CRÍA DE PULPOS: UN NEGOCIO INSOSTENIBLE

La cría de pulpos nos sumerge en un laberinto de consideraciones complejas. El destino de estos animales revela una red de desafíos, ya que hasta ahora los pulpos no se han producido en granjas acuícolas y, por lo tanto, sus necesidades no se conocen bien cómo son individuos que nunca han sido criados en cautiverio[66]. Hay muy poca documentación que detalle los estándares para el cultivo de cefalópodos y pulpos[67].

Si bien este sector puede parecer prometedor inicialmente, sugiriendo que podrían satisfacer un nuevo mercado y potencialmente ayudar en los esfuerzos de conservación, reducir los costos de las proteínas, abastecer los mercados gourmet, etc. En realidad, la dura realidad de mantener la rentabilidad en la acuicultura del pulpo emerge rápidamente como una barrera. Dos observaciones fundamentales apoyan esta afirmación.

El primer problema de la cría de pulpos en tanques es su nutrición. Como carnívoros, necesitan una gran cantidad de presas vivas,

---

65 LONGO S. B. and al., Aquaculture and the displacement of fhisheries captures, Conservation Biology, vol. 33, issue 4, 2019. Web: https://conbio.onlinelibrary.wiley.com/doi/abs/10.1111/cobi.13295.[Última fecha de consulta: 25 de abril de 2023]

66 CANCINO, RODEZNO, M., VILLELA CORTÉS, F. Por qué rechazar las granjas de pulpos. Cuestionamientos y reflexiones éticos sobre la conservación, bienestar animal y las éticas centradas en el sufrimiento, in Revista Aurora, vol 16, no. 2 (2023).

67 BROWING, H., VEIT, W. Improving invertebrate welfare. Animal sentience, vol 5, no.29 (2020).

que deben ser suministradas dos veces al día y en un volumen equivalente a tres veces su peso corporal. Esta dependencia de recursos pesqueros plantea preocupaciones ecológicas significativas y genera altos costos para las empresas de acuicultura.

A pesar de los posibles intentos de mitigar estos desafíos mediante la sustitución de presas vivas por harina de pescado, los costos resultantes persisten en niveles elevados, mientras persisten las dudas sobre la suficiencia nutricional de tales alternativas dietéticas. Además, la obtención de presas vivas sigue siendo un aspecto indispensable de la cría de pulpos, especialmente durante las primeras etapas del desarrollo juvenil. Incluso en escenarios en los que se contempla una transición para alejarse de las dietas basadas en presas vivas para los especímenes adultos, la utilización de harina de pescado implica desembolsos financieros considerables y puede no respaldar de manera óptima el desarrollo fisiológico de los pulpos[68].

La segunda observación se refiere a la astronómica tasa de mortalidad observada en los pulpos criados en acuicultura. De hecho, muchos estudios han señalado que los pulpos no se adaptan bien a la vida en una jaula. Una de las mayores dificultades hasta la fecha ha sido la posibilidad de que las paralarvas alcancen la edad juvenil y luego la adulta. En la actualidad, no hay estudios ni proyectos que hayan aportado una solución viable a las colosales tasas de mortalidad observadas en los pulpos como paralarvas[69].

Además, estos animales, que son solitarios por naturaleza, pueden ser violentos con otros individuos del grupo[70]. Los animales atacados de esta manera pueden no sobrevivir a sus heridas. Peor aún, el estrés de la proximidad y los juegos de poder que implica la protección de

---

68 GARCÍA, J. *et al.*, Cost analysis of Octopus ongrowing installation in Galicia, in Spanish Journal of Agriculture Research, vol 2, no.4 (2004))531-537.

69 SCIGLIOANO, E., "The World wants to eat more octopus. Is farming them ethical?", National Geographic, 2020. Web: https://www.nationalgeographic.com/animals/article/octopus-aquaculture-debate [Última fecha de consulta: 16 de octubre de 2022]; KOLKOVSKI, S, and *al.*, *op. cit.*; IGLESIAS, J., and *al.*, "Rearing of Octopus vulgaris paralarvae: Present status, bottlenecks and trends", *Aquaculture*, (2007). 1-15.

70 PHAM, C. K., "Growth and Mortality of Common octopus (Octopus Vulgaris) Fed a Monospecific Fish Diet", *Journal of Shellfish Research*, 2009.

sus territorios o el acceso a la comida pueden llevar a algunos individuos a practicar el canibalismo[71].

Por último, estos animales también pueden morir si no se satisfacen adecuadamente sus necesidades fisiológicas específicas. En particular, la captura de estos animales y su transporte deben estar pensados en función de las características y las necesidades de los pulpos, que tienen una piel sensible y requieren agua muy oxigenada[72]. También hay que prestar especial atención al estanque. Debe limpiarse con regularidad para eliminar los residuos de su comida, la tinta[73], o llevarse a una temperatura no superior a 23 grados[74]. Por último, hay que determinar rigurosamente su alimentación y la cantidad de la misma.

Cualquier fallo en el cuidado de los pulpos destinados a la cría en acuicultura conlleva el riesgo de que su tasa de supervivencia disminuya drásticamente. En general, se estima que la tasa de pérdida de pulpos criados en acuicultura se sitúa entre el 20% y el 50%[75].

Con un índice de pérdidas tan elevado, ninguna empresa digna de ese nombre se atrevería a dedicarse a ese modelo de negocio y esperar obtener un beneficio lo suficientemente ventajoso como para reducir al nivel de consideraciones menores todas las medidas que necesariamente se ponen en marcha aguas arriba. El rendimiento de la inversión es claramente deficiente. De hecho, un estudio de 2004 basado en la relación entre la dificultad de adquisición de los juveniles, el suministro de alimentos y los beneficios obtenidos, ya señalaba que la acuicultura del pulpo es un negocio arriesgado y con bajos beneficios, debido a la variabilidad de los costes y a la gran dependencia del sistema[76].

A la vista de los puntos planteados en este apartado, se puede establecer una conclusión: la demanda de productos procedentes de la cría de pulpo no se satisfará fácilmente y el beneficio de la actividad

---

71 KOLKOVSKI, S., and *al.*, *op. cit.*

72 FIORITO, G., and *al.*, *op. cit.*

73 BIRCH, J., and *al.*, *op. cit.*

74 KOLKOVSKI S. and *al.*, *op. cit.*

75 LARA, E., *op. cit.*

76 GARCIA, J. and *al.*, *op. cit.*

será probablemente inferior al coste. En cualquier caso, incluso una empresa que intente reducir los costes de la cría no tomando medidas para garantizar el bienestar de los pulpos se verá atrapada en un círculo vicioso en el que la falta de recursos para las necesidades fisiológicas de estos animales provocará una pérdida de beneficios debido al incremento de su mortalidad.

En este contexto, resulta evidente que satisfacer la demanda de productos derivados del pulpo sin comprometer el bienestar animal plantea un reto importante. Los esfuerzos por reducir costes conducen a menudo a un ciclo inquietante en el que descuidar las necesidades fisiológicas de los pulpos acaba por disminuir la rentabilidad. La búsqueda de beneficios, a expensas de estos animales sintientes, refleja una tendencia preocupante en el sector.

6. UN VACÍO LEGAL CIERTAMENTE PELIGROSO PARA EL FUTURO DE LOS PULPOS

Existe un verdadero vacío legal en cuanto a las normas que deben aplicarse a las estructuras destinadas a la cría de pulpos. Sin embargo, mientras que estos invertebrados no están cubiertos por la legislación europea sobre el bienestar de los animales de granja, anticipamos en este apartado una futura evolución (si procede) de las normas que regulan la cría de pulpos. Sin embargo, también queremos señalar que tales criterios legales, aunque se formalicen en un texto legislativo, difícilmente serán cumplidos por las granjas de pulpos, ya que las necesidades fisiológicas del animal son contradictorias con la vida en cautividad en un tanque. Por lo tanto, en lugar de establecer normas para el bienestar de los pulpos, sería deseable prohibir simplemente estas granjas, siguiendo el modelo del Estado de Washington. De hecho, el proyecto de ley 1153 de la Cámara de Representantes de Washington , que prohíbe la cría de pulpos en el Estado, ha sido promulgado oficialmente y es la primera ley de este tipo en el mundo[77].

77 To see the House bill 1153, in: https://perma.cc/PZY3-ANCF)

6.1. Sobre el desarrollo de la legislación específica

A medida que la práctica de la cría de pulpos sigue cobrando impulso, las cuestiones relativas al bienestar y el trato ético de estos animales sensibles pasan a primer plano. Los pulpos plantean retos únicos debido a su compleja biología y comportamiento. Sin embargo, la ausencia de una legislación específica o de directrices adaptadas a sus necesidades pone de manifiesto la fase emergente en la que se encuentra la cría de pulpos. En vista de ello, resulta esencial explorar las normas y reglamentos existentes que rigen el bienestar de los animales acuáticos, en particular los peces, como base para garantizar el trato adecuado de los pulpos en cautividad.

En particular, es necesario recurrir a la Directiva 95/58/CE del Consejo, de 20 de julio de 1998, relativa a la protección de los animales en las explotaciones, incluidos los peces, que contiene varios puntos importantes que pueden ser relevantes para la cría de pulpos. Entre ellas, la necesidad de que los animales reciban una alimentación adecuada a su edad y especie (...) suministrada en cantidad suficiente para mantenerlos en buen estado de salud y satisfacer sus necesidades nutricionales[78]. A su vez, el artículo 20 de la Directiva establece que no se practicarán métodos de cría naturales o artificiales que causen o puedan causar sufrimientos o daños a los animales afectados[79].

Estas disposiciones fueron recogidas en 2005 por el Consejo de Europa en sus recomendaciones sobre piscicultura en los artículos 11 y 17 respectivamente[80]. Además, las recomendaciones establecen

---

[78] Punto 14 del anexo de la Directiva 95/58/CE del Consejo, de 20 de julio de 1998, relativa a la protección de los animales en las explotaciones ganaderas: https://eur-lex.europa.eu/legal-content/ES/TXT/HTML/?uri=CELEX:31998L0058&from=FR [Última fecha de consulta: 16 de octubre de 2022]

[79] Punto 20 del anexo de la Directiva 95/58/CE del Consejo, de 20 de julio de 1998, relativa a la protección de los animales en las explotaciones ganaderas: https://eur-lex.europa.eu/legal-content/ES/TXT/HTML/?uri=CELEX:31998L0058&from=FR [Última fecha de consulta: 16 de octubre de 2022]

[80] Decisión del Consejo relativa a la posición de la Comunidad sobre una propuesta de recomendación relativa a los peces de piscifactoría que se adoptará en la 47ª reunión del Comité Permanente del Convenio Europeo sobre la protección de los animales en las explotaciones, Estrasburgo, noviembre de 2005.

que toda persona encargada de la cría de peces debe garantizar que se toman medidas razonables para salvaguardar el bienestar de los peces, incluida su salud[81]. Del mismo modo, los peces de piscifactoría deben ser controlados diariamente para detectar factores que afecten a su bienestar[82] y ser atendidos por personal competente capaz de evaluar su estado de salud, un cambio en su comportamiento y la relevancia de su entorno para su bienestar y salud[83]. El Consejo de Europa, en sus recomendaciones, también hace referencia a la necesidad de tomar todas las medidas apropiadas para reducir el estrés, la agresión y el canibalismo[84] y de construir recintos que permitan satisfacer las necesidades biológicas esenciales de los peces y mantener su bienestar, incluida la salud[85].

Las directrices de la OIE de 2008 sobre el bienestar de los peces señalan la importancia de garantizar un entorno que permita satisfacer sus necesidades[86].

Por último, la Comunicación de la Comisión Europea de 12 de mayo de 2021 titulada "Directrices estratégicas para una acuicultura de la UE más sostenible y competitiva para el período 2021-2030" menciona el criterio de "bienestar" de los peces criados en granjas acuícolas. En particular, la Comisión se refiere a la necesidad de definir "indicadores comunes, validados, auditables y específicos para cada especie sobre el bienestar de los peces a lo largo de toda la cadena de producción" y de proseguir la investigación y la innovación sobre "parámetros de bienestar específicos de cada especie, concretamente en lo que respecta a las necesidades nutricionales en los distintos sistemas de cría"[87].

---

81 Artículo 3(1) de la Decisión del Consejo de 2005.

82 Artículo 5(2) de la Decisión del Consejo de 2005.

83 Artículo 3(4) de la Decisión del Consejo de 2005.

84 Artículo 9 de la Decisión del Consejo de 2005.

85 Artículo 8 de la Decisión del Consejo de 2005.

86 Artículo 7.1.2 de las Directrices de la OIE sobre el bienestar de los peces. (2008): https://www.woah.org/es/que-hacemos/normas/codigos-y-manuales/acceso-en-linea-al-codigo-acuatico/ [Última fecha de consulta: 16 de octubre de 2022]

87 Comunicación de la Comisión al Parlamento Europeo, al Consejo, al Comité Económico y Social Europeo y al Comité de las Regiones, "Directrices estratégicas para una acuicultura más sostenible y competitiva en la Unión Europea para

A la luz de sus disposiciones, es imperativo retomar y perfeccionar las normas existentes sobre las condiciones de la piscicultura en caso de desarrollo de las explotaciones animales y/o de creación de una legislación específica para su funcionamiento.

6.2. Sobre el Incumplimiento de los Requisitos Legales

Hay que tener en cuenta que incluso si las disposiciones anteriores se extendieran a la cría de pulpos, y si un texto estableciera formalmente los criterios esperados, la cría de estos animales tendría dificultades para cumplir las normas establecidas.

De hecho, las necesidades fisiológicas de estos animales son difíciles de conciliar con la vida en un tanque. No volveremos sobre estos aspectos, que ya han sido desarrollados, sino que nos limitaremos a destacar algunas realidades.

Entre ellos, cabe destacar que los requisitos de bienestar, incluida la necesidad de garantizar que los animales estén sanos, expresen su comportamiento natural y reduzcan el estrés y el canibalismo, se ven seriamente comprometidos. No cabe duda de que la mayoría de las capacidades y necesidades de los pulpos se verán atrofiadas en cualquier caso por la acuicultura. A falta de indicadores de bienestar y de datos sobre la dieta preferida de los pulpos de piscifactoría, confirmados y avalados por múltiples estudios, el desarrollo de las piscifactorías no cumple, por tanto, los requisitos actuales de la Comisión Europea. Además, como señala acertadamente la asociación Compassion in World Farming, la creación de granjas de pulpo, debido a las elevadas necesidades nutricionales del animal, comprometería seriamente los objetivos europeos definidos en 2021 para reducir el uso de harinas y aceites de pescado salvaje[88].

---

el período 2021-2030". (2021): https://eur-lex.europa.eu/legal-content/ES/TXT/HTML/?uri=CELEX:52021DC0236&from=ES [Última fecha de consulta: 16 de octubre de 2022]

88 UNA, M., FERNÁNDEZ-VAZQUES, S., CASTELAO, E.T., FERNÁNDEZ, Á.A. A blockchain-based approach to the challenges of EU's environmental policy compliance in aquaculture: From traceability to fraud prevention, in Marine Policy, vol 159 (2024).

Por último, de forma más general, la Unión Europea reconoció muy pronto que los animales son "seres sensibles"[89], lo que indica que las actividades en las que intervienen deben tener en cuenta su bienestar. Esto ha sido recogido, desde el punto de vista nacional, por la legislación de algunos Estados como Francia en 2015[90] o España en 2021[91].

Mejor aún, Inglaterra reconoció específicamente a los pulpos como sintientes en su enmienda a la Ley de Bienestar Animal (Animal Welfare Bill)[92], al igual que la Unión Europea en su Directiva 2010/63/UE del Parlamento Europeo y del Consejo, de 22 de septiembre de 2010, relativa a la protección de los animales utilizados para fines científicos.

Además de los animales vertebrados, los cefalópodos también deben incluirse en el ámbito de aplicación de la presente Directiva, ya que su capacidad de experimentar dolor, sufrimiento, angustia y daño duradero está científicamente demostrada. Por lo tanto, está claro que los proyectos de granjas de pulpo europeas, incluido el que planea la empresa Nueva Pescanova, no cumplirán los requisitos legales determinados a nivel regional y nacional.

---

89 Article 13 du Traité sur le Fonctionnement de l'Union Européenne, entré en vigueur en 2009, <https://eur-lex.europa.eu/LexUriServ/LexUriServ.do?uri=CELEX:12012E/TXT:fr:PDF>.

90 Article 2 de la loi du 16 février 2015 relative à la modernisation et à la simplification du droit et des procédures dans les domaines de la justice et des affaires intérieures: https://www.legifrance.gouv.fr/jorf/article_jo/JORFARTI000030248589 [Última fecha de consulta: 16 de octubre de 2022]

91 Articulo 333 bis del Codigo Civil, Boletìn Oficial Del Estado, 16 de diciembre de 2021, num 300: https://www.boe.es/boe/dias/2021/12/16/pdfs/BOE-A-2021-20727.pdf. [Última fecha de consulta: 16 de octubre de 2022]

92 Gov.Uk. Lobsters, octopus and crabs recognize as sentient beings, Department for Environment, Food & Rural Affairs, The Rt Hon Lord Benyon and The Rt Hon Lord Goldsmith, (2021): https://www.gov.uk/government/news/lobsters-octopus-and-crabs-recognised-as-sentient-beings [Última fecha de consulta: 16 de octubre de 2022]

7. CONCLUSIÓN

El discurso que rodea a la cría de pulpos encierra una miríada de complejidades éticas, medioambientales y jurídicas, todas las cuales convergen para poner en duda la viabilidad de tales empresas. Aunque la floreciente industria de la acuicultura promete seguridad alimentaria y crecimiento económico, la cría de pulpos plantea retos únicos que no pueden pasarse por alto.

El análisis que aquí se propone pretende demostrar, a través de aspectos fisiológicos, económicos y legales, que las granjas de pulpo no son proyectos viables, ni para los animales, ni para el medio ambiente, ni para los propios fabricantes.

Así, recordamos que la acuicultura constituye en sí misma una verdadera amenaza para el medio marino y su biodiversidad, generando una contaminación que perjudica los equilibrios de los ecosistemas y acentúa una presión ya insostenible sobre los recursos pesqueros. Además, hemos señalado que la acuicultura, cuando se trata de pulpos, también es completamente inadecuada para la compleja inteligencia y las necesidades fisiológicas de la especie.

Además, abandonando el marco ético y biológico, nos situamos en el otro lado del prisma, el empresarial y financiero, para determinar si, como mínimo, los beneficios económicos derivados de la explotación de las granjas de pulpo eran tales que garantizaban la viabilidad de los proyectos. Descubrimos que, a menos que desprecien y pisoteen las necesidades básicas del animal, y que no respeten las normas de bienestar animal, empresas como Nueva Pescanova no podrían obtener suficientes beneficios para garantizar su sostenibilidad económica.

Además, la ausencia de marcos jurídicos sólidos que regulen la cría de pulpos es un descuido flagrante que exige atención inmediata. Sin directrices claras y normas estrictas que garanticen la protección del bienestar de los pulpos, la continuación de estos proyectos equivale a una negligencia normativa y una falta de responsabilidad.

A la luz de estas preocupaciones multifacéticas, la propuesta de una prohibición preventiva de la cría de pulpos surge como un curso de acción prudente y responsable. La cría de pulpo parece ser un proyecto que debería cortarse de raíz antes de que se instalen granjas y surja un nuevo mercado, que no es viable en todos los sentidos. Paralelamente, también se podrían considerar prohibiciones preventivas a todos los niveles, internacional, regional o nacional, de la cría de pulpo, o incluso de la comercialización de su carne cuando proceda de granjas de acuicultura.

Estas medidas legales enviarían un mensaje contundente de que es necesario, e incluso imperativo, detener el desarrollo de operaciones comerciales perjudiciales para el medio ambiente y los animales. Dado el estado de los recursos naturales del mundo, no es necesario añadir más presión a un modelo de destrucción carente de toda compasión por los animales y, además, de dudoso beneficio económico.

Anexo 1

La London School of Economics and Political Science reconoce sin reservas la gran sensibilidad de estos animales[93].

Se estudiaron ocho criterios:

1) la posesión de nociceptores;

2) la posesión de regiones cerebrales integradoras;

3) las conexiones entre los nociceptores y las regiones cerebrales integradoras

4) respuestas afectadas por posibles anestésicos o analgésicos locales;

5) las compensaciones motivacionales que muestran un equilibrio entre la amenaza y la oportunidad de recompensa;

6) los comportamientos flexibles de autoprotección en respuesta a lesiones y amenazas

7) el aprendizaje asociativo que va más allá de la habituación y la conciencia;

8) un comportamiento que demuestre que el animal aprecia los anestésicos o analgésicos locales cuando está herido.

Resumen de los niveles de confianza respecto a las pruebas de sintiencia en los octópodos:

93 BIRCH, J., BURN, C., SCHNELL, A., BROWNING, H., CRUMP, A. Review of the Evidence of Sentience in Cephalopod Molluscs and Decapod Crustaceans. (London School of Economics and Political Science. 2021).

Criterio 1	Criterio 2	Criterio 3	Criterio 4	Criterio 5	Criterio 6	Criterio 7	Criterio 8
Nivel de confianza muy elevado	Nivel de confianza muy elevado	Nivel de confianza elevado	Nivel de confianza elevado	Nivel de confianza medio	Nivel de confianza muy elevado	Nivel de confianza muy elevado	Nivel de confianza elevado

8. BIBLIOGRAFÍA

ALDER, J., CAMPBEL, B., KARPOUZI, V., KASCHNER, K., PAULY, D. Forage Fish: From Ecosystems to Markets. Annual Reviews. (2008) doi:10.1146/annurev.environ.33.020807.143204.

ALLSOPP M., et al., Challenging the aquaculture Industry on Sustainability, Greenpeace Research Laboratories, University of Exeter, UK, (2008): https://planet4-canada-stateless.storage.googleapis.com/2018/06/challenging-aquaculture.pdf

ANDREWS, PLR., et al. The identification and management of pain, suffering and distress in cephalopods, including anaesthesia, analgesia and humane killing. J. Exp. Mar. Bio. Ecol. 447, (2013) 46-464.

ANDREWS, PLR., Laboratory invertebrates: only spineless, or spineless and painless?, en ILAR J 52/2 (2011) 121-125.

ARECHAVALA, LOPEZ, P., Octopus vulgaris (Summary of Short Profile, Version 0.71). FishEthoBase http://fishethobase.net/db/28/ (2020).

ASHLEY, P.J., Fish welfare: Current issues in aquaculture, Applied Animal Behaviour Science, 104(3-4), (2007) 199-235.

BALTAZAR, P., RODRIGUEZ, P., RIVERA, W., VALDIVIESO, V., Cultivo experimental de Octopus mimus, Gould 1852 en el Per. Rev. Peru. Biol. 7, (2000) 151-160.

BARRAGÁN-MÉNDEZ, C., SOBRINO, I., MARÍN-RINCÓN, A., FERNÁNDEZ-BOO, S., COSTAS, B., MANCERA, J. M., RUIZ-JARABO, I. Acute-stress biomarkers in three octopodidae species after bottom trawling. Frontiers in Physiology, 10, (2019) 784. https://doi.org/10.3389/fphys.2019.00784

BIRCH, J., BURN, C., SCHNELL, A., BROWNING, H., CRUMP, A. Review of the Evidence of Sentience in Cephalopod Molluscs and Decapod Crustaceans. (London School of Economics and Political Science, 2021).

BOAL, JG., DUNHAM, AW., WILLIAMS, KT., HANLON, RT., Experimental evidence for spatial learning in octopuses (Octopus bimaculoides). J. Comp. Psychol. 114, 246-252 (2000).

BORRELLI, L., FIORITO G., Behavioural analysis of learning and memory in cephalopods, en BYRNE, JH., (ed.) Learning and memory: a comprehensive reference (Elsevier, UK 2008) 605-627.

BOYLE, PR., Cephalopods. In: HUBRECHT, R.C.; KIRKWOOD, J., The UFAW handbook on the Care and Management of Laboratory and Other Research Animals. 8th edition, (Dinamarca, 2010).

BOYLE, PR., RODHOUSE, P., Cephalopods: ecology and fisheries. (Blackwell Pub, 2005).

BROOM, DM., Sentience and Animal Welfare. Anim. Sentience 57, 22-107 (2016).

BROOM, DM., The welfare of invertebrates animals such as insects, spiders, snails and worms, en VAN DER KEMP, TA, LACHANCE, M. (eds) Animal Suffering: From science to Law, International Symposium. Yvon Blais (Paris 2013)

BROWNING, H., What is good for an octopus? Anim. Sentience 2014-2016 (2019) doi:10.1024/1662-9647/a000120.

CAMPANARO, C., Los crustáceos como seres sintientes y su maltrato. Sentencia nº 30177/2017 de la Sección Penal Tercera de la Corte Suprema italiana", dA. Derecho Animal (Forum of Animal Law Studies) 8/3 (2017): https://doi.org/10.5565/rev/da.56

CARERE, C., MATHER, J., The Welfare of Invertebrate Animals. (Springer International Publishing, 2019). doi:10.1007/978-3-030-13947-6.

CARLS-DIAMANTE, S., The octopus and the unity of consciousness, en Biology and Philosophy 32/6 (2017) 1269-1287 DOI: 10.1007/s10539-017-9604-0.

CASAL, P., Entrevista a Lori Marino. Metode. (2022) https://metode.es/revistas-metode/entrevista-es/entrevista-a-lori-marino.html [Última fecha de consulta: 16 de octubre de 2022].

CASHION, T., LE MANACH, F., ZELLER, D., PAULY, D., Most fish destined for fishmeal production are food-grade fish. Fish. 18, 837-844 (2017).

CIWF. Cría intensiva de pulpos: Una receta para el desastre (2021): https://www.ciwf.org/media/7447177/160889_ciwf_octopus_es_pdr-el_aw_lr2.pdf

Comunicación de la Comisión al Parlamento Europeo, al Consejo, al Comité Económico y Social Europeo y al Comité de las Regiones, "Directrices estratégicas para una acuicultura más sostenible y competitiva en la Unión Europea para el período 2021-2030". (2021): https://eur-lex.europa.eu/legal-content/ES/TXT/HTML/?uri=CELEX:52021DC0236&from=ES

Comunicado del Grupo Nueva Pescanova: Investigadores de Pescanova cierran con éxito el ciclo de reproducción del pulpo en acuicultura: https://www.nuevapescanova.com/fr/2019/07/18/des-chercheurs-de-pescanova-reussissent-fermer-du-cycle-de-reproduction-du-poulpe-en-aquaculture/

COOKE, G. M., TONKINS, B.M., MATHER, J.A., Care and Enrichment for Captive Cephalopods. In: Claudio Carere & Jennifer Mather (eds), The Welfare of Invertebrate Animals. (2019) 179-208.

COOKE, G.M., TONKINS, B.M., Behavioural indicators of welfare exhibited by the common European cuttlefish. Sepia officinalis. Journal of Zoo and Aquarium Research, (2015), 157-162.

COOKE, GM., TONKINS, BM., MATHER, JA., Care and Enrichment for Captive Cephalopods. In book: The Welfare of Invertebrate Animals (2019) doi:10.1007/978-3-030-13947-6_8.

CROOK, RJ., Behavioral and neurophysiological evidence suggests affective pain experience in octopus. iScience 24, (2021).

DARMAILLACQ, AS., DICKEL, L., MATHER, J., Cephalopod cognition. (Cambridge University Press, 2014). doi:10.1017/CBO9781139058964.

DICKEL, L., BOAL, J., The effect of early experience on learning and memory in cuttlefish. Dev Psychobiol 36, 101-110 (2000).

DOSDAT, A., Environmental impact of aquaculture in the Mediterranean: nutritional and feeding aspects. Environmental Impact Assessment of Mediterranean Aquaculture Farms. (Francia, 2000).

DOUBLEDAY, ZA., et al. Global proliferation of cephalopods. Curr. Biol. 26, R406-R407 (2016). 50. EUMOFA. Octopus in the EU. Price structure in the supply chain. (2020). doi:10.2771/633791.

EFSA. Opinion of the Scientific Panel on Animal Health and Welfare on a request from the Commission related to welfare aspects of the main systems of stunning and killing the main commercial species of animals. Assessment 1-25 (2004) doi:10.2903/j.efsa.2004.122.

ELWOOD, RW., ADAMS L., Electric shock causes physiological stress responses in shore crabs, consistent with prediction of pain, en Biology Letters (2015) DOI: 10.1098/rsbl.2015.0800.

EUROGROUP FOR ANIMALS; Ethically and environmentally disastrous plans to farm octopus in Spain advance", (February 2022): https://www.eurogroupforanimals.org/news/ethically-and-environmentally-disastrous-plans-farm-octopus-spain-advance.

FAO. The State of World Fisheries and Aquaculture 2020: Sustainability in action. https://doi.org/10.4060/ca9229en (2020) doi:10.4060/ca9229en.

FERNÁNDEZ, S., La granja de pulpos de La Luz da un paso más en su tramitación pese a los 'peros' de los animalistas. Canarias7 (2022). Página Web: https://www.canarias7.es/economia/granja-pulpos-paso-20220823192404-nt.html

FILGUEIRAS, E., La BBC lo tiene claro: clamor entre los científicos contra la cría de pulpos de Nueva Pescanova. Economia digital. (2021). Página Web: https://www.economiadigital.es/galicia/empresas/cientificos-de-todo-el-mundo-piden-paralizar-la-cria-de-pulpos-en-acuicultura-de-nueva-pescanova.html

FINN, JK., TREGENZA, T., NORMAN, MD., Defensive tool use in a coconut-carrying octopus. Curr. Biol. 19, R1069-R1070 (2009).

FIORITO, G., AFFUSO, A., BASIL, J., COLE, A., DE GIROLAMO, P., D'ANGELO, L., DICKEL, L., GESTAL, C., GRASSO, F., KUBA, M., MARK, F., MELILLO, D., OSORIO, D., PERKINS, K., PONTE, G., SHASHAR, N., SMITH, D., SMITH, J., MARK, F., Guidelines for the Care and Welfare of Cephalopods in Research-A consensus based on an initiative by CephRes, FELASA and the Boyd Group. Laboratory Animals, 49 (S2), (2015). 1-90: https://doi.org/10.1177/0023677215580006

FIORITO, G., et al. Guidelines for the Care and Welfare of Cephalopods in Research-A consensus based on an initiative by CephRes, FELASA and the Boyd Group. Lab. Anim. 49, 1-90 (2015).

FIORITO, G., Is there pain in invertebrates?, en Behavioural Processes 12/4 (1986) 383-388 https://doi.org/10.1016/0376-6357(86)90006-9

FIORITO, G., SCOTTO, P., Observational learning in Octopus vulgaris. Science (80—.). 256, 545-547 (1992).

FORSYTHE, J.W., HANLON, R.T., Foraging and associated behavior by Octopus cyanea Gray, 1849 on a coralatoll, French Polynesia. J. Exp. Mar. Bio. Ecol. 209, (1997).15-31.

FRANKS, B., EWELL, C., JACQUET, J., Animal welfare risks of global aquaculture. Sci. Adv. 7, eabg0677 (2021).

FUENTES, L., IGLESIAS, J., SANCHEZ, FJ., OTERO, JJ., MOXICA, C., Métodos de transporte de paralarvas y adultos de pulpo Octopus vulgaris Cuvier, 1797. Bol Inst Esp Ocean. 21, 155-162 (2005).

GARCIA, BG., VALVERDE, JC., AGUADO GIMENEZ, F., GARCIA, JG., HERNANDEZ, MD., Growth and mortality of common octopus Octopus vulgaris reared at different stocking densities in Mediterranean offshore cages. Aquac. Res. 40, 1202-1212 (2009).

GARCIA, GARCIA, J., LUACES, M., VEIGA, C., REY MENDEZ, M., Farming Costs and Benefits, Marketing Details, Investment Risks: The Case of

Octopus vulgaris in Spain. in Cephalopod Culture 149-161 (Springer Netherlands, 2014). doi:10.1007/978-94-017-8648-5.

GEARY BOAL, J., HYLTON, RA., GONZALES, SA., HANLON, RT., Effects of Crowding on the Social Behavior of Cuttlefish (Sepia officinalis). Contemp Top Lab Anim Sci. 38(1):49-55 (1999).

GESTAL, C., PASCUAL, S., GUERRA, Á., FIORITO, G. VIEITESS, JM., Handbook of Pathogens and Diseases in Cephalopods. (Springer Nature Switzerland AG, 2019). doi:10.1007/978-3-030-11330-8.

GIMÉNEZ-CANDELA, M., Animales en el Código civil español: una reforma interrumpida, en dA. Derecho Animal (Forum of Animal Law Studies) 10/2 (2019) DOI: https://doi.org/10.5565/rev/da.438

GIMÉNEZ-CANDELA, M., Dignidad, Sentiencia, Personalidad: relación jurídica humano-animal, en dA. Derecho Animal (Forum of Animal Law Studies) 9/2 (2018) DOI: https://doi.org/10.5565/rev/da.346

GIMÉNEZ-CANDELA, M., JIMÉNEZ LÓPEZ, I., La Directiva 2010/63/UE y los cefalópodos. A propósito del Real Decreto 1386/2018, dA. Derecho Animal (Forum of Animal Law Studies) 10/3 (2019)-DOI https://doi.org/10.5565/rev/da.451

GIMENEZ-CANDELA, M., Persona y Animal: una aproximación sin prejuicios, en dA. Derecho Animal (Forum of Animal Law Studies) 10/1 (2019) DOI: https://doi.org/10.5565/rev/da.417

GIMÉNEZ-CANDELA, T., La aguja y la pica, en dA. Derecho Animal (Forum of Animal Law Studies) 3/4 (2012): https://doi.org/10.5565/rev/da.292

GIMÉNEZ-CANDELA, T., La Descosificación de los animales (I), en dA. Derecho Animal (Forum of Animal Law Studies) 8/2 (2017) DOI: https://doi.org/10.5565/rev/da.318

GIMÉNEZ-CANDELA, T., La Descosificación de los animales (II), en dA. Derecho Animal (Forum of Animal Law Studies) 8/3 (2017) DOI: https://doi.org/10.5565/rev/da.250

GIMÉNEZ-CANDELA, T., Sentiencia y bienestar en animales de experimentación, en dA. Derecho Animal (Forum of Animal Law Studies) 9/4 (2018) https://doi.org/10.5565/rev/da.385

GIMENEZ, FA., GARCIA, BG., Growth and food intake models in Octopus vulgaris Cuvier (1797): influence of body weight, temperature, sex and diet. Aquac. Int. 2002 105 10, 361-377 (2002).

GODFREY-SMITH, P., The Mind of an Octopus. Sci. Am. Mind 28, 62-69 (2016).

GODFREY, SMITH. P., 'Octopus experience'. Animal Sentience. 270 (2019) ttps://animalstudiesrepository.org/animsent/vol4/iss26/18/(2019).

GODFREY, SMITH. P., The Mind of an Octopus. Sci. Am. Mind 28. (2016). 62-69.

Gov.Uk. Lobsters, octopus and crabs recognize as sentient beings, Department for Environment, Food & Rural Affairs, The Rt Hon Lord Benyon and The Rt Hon Lord Goldsmith, (2021): https://www.gov.uk/government/news/lobsters-octopus-and-crabs-recognised-as-sentient-beings

GUERRA. A., ALLCOCK, L., PEREIRAC, J., Cephalopod life history, ecology and fisheries: An introduction. Fish. Res. 106. (2010).

HALINA, M., Other Minds: The Octopus and the Evolution of Intelligent Life. Essay Review: Octopuses as conscious exotica. Stud. Hist. Philos. Sci. Part C Stud. Hist. Philos. Biol. Biomed. Sci. 67, 28-31 (2018).

HANLEY, J.S., SHASHAR, N., SMOLOWITZ, R., BULLIS, R.A., MEBANE, W.N., GABR, H.R., HANLON, R.T., Modified laboratory culture techniques for the European cuttlefish Sepia officinalis. The Biological Bulletin, 195(2), (1998). 223-225.

HANLON, R.T., Cephalopod dynamic camouflage. Curr. Biol. 17, (2007).

HANLON, R.T., CONROY, LA., FORSYTHE, JW., Mimicry and foraging behaviour of two tropical sand-flat octopus species off North Sulawesi, Indonesia. Biol. J. Linn. Soc. 93, 23-38 (2008).

HANLON, R.T., FORSYTHE, JW., JONESCILD, DE., Crypsis, conspicuousness, mimicry and polyphenism as antipredator defences of foraging octopuses on Indo-Pacific coral reefs, with a method of quantifying crypsis from video tapes. Biol. J. Linn. Soc. 66, 1-22 (1999).

HANLON, R.T., MESSENGER, JB., Cephalopod Behaviour. (Cambridge University Press, 2018). doi:10.1017/9780511843600.

HANLON, R.T., The amazing brains and morphing skin of octopuses and other cephalopods. TED Conferences https://www.ted.com/talks/roger_hanlon_the_amazing_brains_and_morphing_skin_of_octopuses_and_other_ cephalopods?language=en#t-797994 (2019).

HAYTER, J., Blue ringed octopus husbandry manual. (2005): http://nswfmpa.org/Husbandry%20Manuals/Published%20Manuals/Invertebrata/Blue%20Ringed%20Octopus.pdf

HUNTINGTON T., HASAN M.R., Fish as feed inputs for aquaculture-practices, sustainability and implications: a global synthesis, FAO, 2009; PAULY D., et al., "Fishing Down Marine Food Webs", Sciences, 279, 1998, pp. 860-863.

IGLESIAS, J., FUENTES, L., Octopus vulgaris. Paralarval Culture. in Cephalopod Culture 427-450 (Springer Netherlands, 2014). doi:10.1007/978-94-017-8648-5_23.

IGLESIAS, J., SÁNCHEZ, F. J., BERSANO, J. G. F., CARRASCO, J. F., DHONT, J., FUENTES, L., LINARES, F., MUNOZ, J. L, OKUMURA, S., ROO, J., VAN DER MEEREN, T., VIDAL, E.A.G. & VILLANUEVA, R. Rearing of Octopus vulgaris paralarvae: Present status, bottlenecks and trends. Aquaculture, 266(1-4), (2007) 1-15.

IGLESIAS, J., VILLANUEVA, R. FUENTES L., Cephalopod Culture. (Springer Science and Business Media, 2014). doi:10.1007/978-94-017-8648-5.

IGLESIAS, J., et al. Rearing of Octopus vulgaris paralarvae: Present status, bottlenecks and trends. Aquaculture 266, 1-15 (2007).

JACQUET, J., FRANKS, B., GODFREY SMITH, P., SANCHEZ SUAREZ, P., The Case Against Octopus Farming. Issues in Science and Technology 35 (2), (2019) 37-44.

JACQUET, J., FRANKS, B., GODFREY SMITH, P., The octopus mind and the argument against farming it: Commentary on Mather on Octopus Mind. Anim. Sentience 271, (2019).

JOAO L., SARAIVA, MF., CASTANHEIRA, P., ARECHAVALA LOPEZ, JV., echavala-Lopez, and BHS Domestication and Welfare in Farmed Fish. in vol. 2 64 (2018).

KOLKOVSKI S. and al., Development of octopus aquaculture. Final Report. Fisheries Research Division Report N°262, Project No. 2009/206. Department of Fisheries, Western (Australia, 2015).

KONAR M., et al., Illustrating the hidden economic, social and ecological values of global forage fish resources, Resources, Conservation and Recycling, 151, (2019).

KUBA, MJ., BYRNE, RA., MEISEL, DV., MATHER, JA., When do octopuses play? Effects of repeated testing, object type, age, and food deprivation on object play in Octopus vulgaris. J. Comp. Psychol. 120, 184-190 (2006).

LARA E., Octopus factory farming: a recipe for disaster, Compassion for World Farming Organization. (2021): https://www.ciwf.org.uk/research/species-aquatic-animals/octopus-factory-farming-a-recipe-for-disaster/

MATHER, J.A., SCHEEL, D., Behaviour. In Cephalopod Culture. Eds. IGLESIAS, J;, FUENTES, L., VILLANUEVA, R. (Netherlands, 2014). 17-39. Doi:10.1007/978-94-017-8648-5: https://link.springer.com/content/pdf/10.1007/978-94-017-8648-5.pdf

MATHER, J., Social organization and use of space by Octopus joubini in a semi-natural situation. Bull. Mar. Sci. 30, 848-857 (1980).

MATHER, J.A., O'DOR, R.K. Foraging Strategies and Predation Risk Shape the Natural History of Juvenile Octopus Vulgaris. Bulletin of Marine Science. 49, 1-2 (1991).

MATHER, J.A., O'DOR, R.K., Foraging Strategies and Predation Risk Shape the Natural History of Juvenile Octopus Vulgaris. Bulletin of Marine Science.

MATHER, JA., ALUPAY, JS., An ethogram for benthic octopods (Cephalopoda: Octopodidae). J. Comp. Psychol. 130, 109-127 (2016).

MATHER, JA., ANDERSON, RC., Personalities of octopuses (Octopus rubescens). J. Comp. Psychol. 107, 336-340 (1993).

MATHER, JA., ANDERSON, RC., WOOD, JB., Octopus: The Ocean's Intelligent Invertebrate. Portland, Or: Timber Press (2010).

MATHER, JA., SCHEEL, D., Behaviour. In Cephalopod Culture. (Springer Netherlands, 2014). doi:10.1007/978-94-017-8648-5.

MATHER., ANDERSON, RC., WOOD, JB., Octopus: The Ocean's Intelligent Invertebrate. (Portland, 2010).

MCDONALD, K., Husbandry guidelines for mourning cuttlefish. (2011): https://aszk.org.au/wp-content/uploads/2020/03/Invertebrates.-Mourning-Cuttlefish-2012KM.pdf

MEIJER, KUIPER, W., Skin patterning in Octopus vulgaris and its importance for camouflage. Wells, MJ Octopus: Physiology and Behaviour of an Advanced Invertebrate. Octopus (Springer, 1993)

MELLOR, DJ., Enhancing animal welfare by creating opportunities for positive affective engagement. NZ Vet. J. 63, 3-8 (2015).

MOLTSCHANIWSKYJ, NA., et al. Ethical and welfare considerations when using cephalopods as experimental animals. Reviews in Fish Biology and Fisheries vol. 17 (2007).

NAKANISHI, Y., Mechanisms to Protect Human Rights in the EU's External Relations, en Contemporary Issues in Human Rights (Springer 2018) 13 y n.44 y 45.

NÄSLUND, J., JOHSSON, JI., Environmental enrichment for fish in captive environments: effects of physical structures and substrates. Fish Fish, 17: 1-30. https://doi.org/10.1111/faf.12088 (2016).

NAVARRO, JC., MONROIG, Ó. SYKES, AV., Nutrition as a key factor for cephalopod aquaculture. in Cephalopod Culture 77-95 (Springer Netherlands, 2014). doi:10.1007/978-94-017-8648-5_5.

NEWBERRY, RC Environmental enrichment: Increasing the biological relevance of captive environments. Appl. Anim. Behav. Sci. 44, 229-243 (1995).

NIXON, M., JONH Z YOUNG. The Brains and Lives of Cephalopods. Oxford and New York: Oxford University Press. ISBN: 0-19-852761-6. 2003. https://doi.org/10.1086/428207 (The University of Chicago Press, 2003). doi:10.1086/428207.

NORMAN, MD., FINN, J., TREGENZA, T., Dynamic mimicry in an Indo-Malayan octopus. Proc. R. Soc. B Biol. Sci. 268, 1755 (2001).

NOSENGO, N., European Directive gets its tentacles into octopus research. Nature (2011) doi:10.1038/news.2011.229.

Nova News. Newsletter No 3. (2022): https://www.nuevapescanova.com/nuevapescanova/wp-content/uploads/2022/02/NovaNews-3-PBC-FR.pdf [Última fecha de consulta: 16 de octubre de 2022].

O'BRIEN, C. E., ROUMBEDAKIS, K., WINKELMANN, I. E., The current state of cephalopod science and perspectives on the most critical challenges ahead from three early-career researchers. Frontiers in Physiology, 9. (2018). 700.

OKUMURA, S., KURIHARA, A., IWAMOTO, A., TAKEUCHI, T., Improved survival and growth in Octopus vulgaris paralarvae by feeding large type Artemia and Pacific sandeel, Ammodytes personatus. Aquaculture 244, 147-157 (2005).

PACKARD, A., Cephalopods and fish: the limits of convergence. Biol. Rev. 47, 241-307 (1972).

PANETTA, D., BURESH, K., HANLON, R, T., Dynamic masquerade with morphing three-dimensional skin in cuttlefish. Biol. Lett. 13, (2017).

PAPINI, M.R., BITTERMAN, M.E., Appetitive conditioning in Octopus cyanea. Journal of Comparative Psychology, 105(2), (1991). 107-114. https://doi.org/10.1037/0735-7036.105.2.107

PASCUAL, S., GESTAL, C., GUERRA, Á., FIORTO, G, VIETEIS, JM Introduction. in Handbook of Pathogens and Diseases in Cephalopods (Springer International Publishing, 2019). doi:10.1007/978-3-030-11330-8.

PEREIRA, J., LOURENÇO, S., What we do to kill an octopus (Octopus vulgaris)-Anecdotal information on octopus suffering in fisheries and what can be done about understanding the processes and minimizing consequences. Oral presentation (2014).

PETIT, J., L'aquaculture: un problème pour l'environnement? INRA Productions Animales. (INRA, 1991).67-80.

PHAM, C. K., Growth and Mortality of Common octopus (Octopus Vulgaris) Fed a Monospecific Fish Diet. Journal of Shellfish Research. (2009).

PIERCE, G. J., ALLCOCK, L., BRUNO, I., BUSTAMANTE, P., GONZÁLEZ, Á., GUERRA, Á., JEREB, P., et al. Cephalopod biology and fisheries in Europe. ICES Cooperative Research Report No. 303. (2010).

PIERCE, GJ., PORTELA, J., Fisheries Production and Market Demand. In Cephalopod Culture 41-58 (Springer Science and Business Media, (2014). doi:10.1007/978-94-017-8648-5.

PROCTOR, H., Animal Sentience: Where Are We and Where Are We Heading?, en Animals (2012) doi: 10.3390/ani2040628

PUMAROLA BATLLE, M., Utilización de animales en la docencia del Grado de Veterinaria, en dA. Derecho Animal (Forum of Animal Law Studies) 10/3 (2019) https://doi.org/10.5565/rev/da.450

RAFAEL OLTRA, F., ALEMANY, M., ROIG, FMJ., Engorde de pulpo Octopus vulgaris Cuvier, 1797 en jaula flotante en la costa mediterránea de Levante. Boletín. Inst. Español Oceanogr. 21, 187-194 (2005).

RODRIGUEZ, C., CARRASCO, JF., ARRONTE, JC., RODRIGUEZ, M., Common octopus (Octopus vulgaris Cuvier, 1797) juvenile ongrowing in floating cages. Aquaculture 254, 293-300 (2006).

ROPER, CFE., SWEENEY, MJ., NAUEN, CE., FAO species catalogue Vol.3. Cephalopods of the world: An annotated and illustrated catalogue of species of interest to fisheries. (1984).

ROSAS, C., et al. Energy balance of Octopus maya fed crab or an artificial diet. Mar. Biol. 152, 371-381 (2007). 53.

SANCHEZ, FJ., VALVERDE, JC., GARCIA, B., Octopus vulgaris: Ongrowing. in Cephalopod Culture 451-466 (Springer Netherlands, 2014). doi:10.1007/978-94-017-8648-5_24.

SAUER, WH., et al. World Octopus Fisheries. Reviews in Fisheries Science and Aquaculture (2019) doi:10.1080/23308249.2019.1680603.

SAUR, WH., & al. World Octopus Fisheries. Reviews in Fisheries Science and Aquaculture (2019) Doi:10.1080/23308249.2019.1680603.

SCHNELL, AK., AMODIO, P., BOECKLE, M., CLAYTON, NS., How intelligent is a cephalopod? Lessons from comparative cognition. Biol. Rev. (2020) doi:10.1111/brv.12651.

SCIGLIOANO, E., The World wants to eat more octopus. Is farming them ethical? (s.f.)

SEGAWA, S., NOMOTO, A., Laboratory growth, feeding, oxygen consumption and ammonia excretion of Octopus ocellatus. Bulletin of Marine Science 71 801-813 (2002).

SHERRILL, J., SPELMAN, L.H., REIDEL, C.L., MONTALI, R.J., Common cuttlefish (Sepia officinalis) mortality at the National Zoological Park: implications for clinical management. Journal of Zoo & Wildlife Medicine, 31. (2000). 523-531.

SOCORRO, J., et al. Engorde de pulpo ('Octopus vulgaris') alimentado exclusivamente con boga ('Boops boops') de descarte de la acuicultura. Bol. Inst. Esp. Ocean. 21, 189-194 (2008).

SOLORZANO, Y., et al. Response of newly hatched Octopus bimaculoides fed enriched Artemia salina: growth performance, ontogeny of the digestive enzyme and tissue amino acid content. Aquaculture 289, 84-90 (2009).

SYKES, A. V., BAPTISTA, F. D., GONÇALVES, R. A., ANDRAD, J. P. Directive 2010/63/EU on animal welfare: a review on the existing scientific knowledge and implications in cephalopod aquaculture research. Reviews in Aquaculture, 4(3), (2012). 142-162.

SYKES, AV., GESTAL, C., Welfare and diseases under culture conditions. In Cephalopod Culture 97-112 (Springer Netherlands, 2014). doi:10.1007/978-94-017-8648-5_6.

SYKES, AV., KOUETA, N., ROSAS, C., Historical Review of Cephalopods Culture. in Cephalopod Culture (eds. IGLESIAS, J., FUENTES, L., VILLANUEVA, R.) 59-75 (Springer Netherlands, 2014). doi:10.1007/978-94-017-8648-5.

TACON A.G.J, METIAN M., "Feed matters: satisfying the feed demand of aquaculture", Rev. Fish. Sci. Aquac., 23, 2015.

TACON A.G.J., et al., "Use of fishery resources as feed inputs for aquaculture development: trends and policy implications", FAO Fisheries Circular. N°1018, Food and Agricultural Organization of the United Nations, 2006, 99 pp.; WIJKSTROM U. N., In HASAN M.R, HALWART M. (eds.), Fish as feed inputs for aquaculture: practices, sustainability and implications. FAO Technical Paper n°518, FAO, 2009, pp. 371-407.

TONKINS, BM., Why are cephalopods protected in scientific research in Europe?, (Working Paper 2016): https://www.researchgate.net/publication/305815545_Why_are_cephalopods_protected_in_scientific_research_in_Europe

TRICARICO, E., AMODIO, P., PONTE, G., FIORITO, G. Cognition and recognition in the cephalopod mollusc Octopus vulgaris: Coordinating interaction with environment and conspecifics. in Biocommunication of Animals vol. 9789400774 337-349 (Springer Netherlands, 2014).

TRICARICO, E., BPRRELLI, L., GHERARDI, F., FIORITO, G. I know my neighbour: Individual recognition in Octopus vulgaris. PLoS One 6, e18710 (2011).

VAZ-PIRES, P., SEIXAS, P., BARBOSA, A., Aquaculture potential of the common octopus (Octopus vulgaris Cuvier, 1797): A review.Aquaculture, 238(1-4), (2004). 221-238.

VIDAL, EAG Preface. In Handbook of Pathogens and Diseases in Cephalopods (eds. GESTAL, C., PASCUAL, S., GUERRA, Á., FIORITO, G. & VIEITES, JM) Springer International Publishing (2019). doi:10.1007/978-3-030-11330-8.

VILLANUEVA, R., et al. Current status and future challenges in cephalopod culture. In Cephalopod Culture 479-489 (Springer Netherlands, 2014). doi:10.1007/978-94-017-8648-5_26.

WENISCH, E., Les stéréotypies des animaux élevés en captivité: étude bibliographique. Thèse d'exercice, Ecole Nationale Vétérinaire de Toulouse (2012), 136.

XAVIER, JC., et al. Future challenges in cephalopod research. Journal of the Marine Biological Association of the United Kingdom vol. 95 999-1015 (2015).

YOUNG, J.Z., The number and sizes of nerve cells in octopus. Proc. Zool. Soc. (London, 1963).

YOUNG, RE., Paralarva and subadult in cephalopod terminology. Malacologia. (1988).

ZARRELLA, I., PONTE, G., BALDASCINO, E., FIORRITO, G., Learning and memory in Octopus vulgaris: A case of biological plasticity. Current Opinion in Neurobiology vol. 35 74-79 (2015).

Legislación

Article 2 de la loi du 16 février 2015 relative à la modernisation et à la simplification du droit et des procédures dans les domaines de la justice et des affaires intérieures: https://www.legifrance.gouv.fr/jorf/article_jo/JORFARTI000030248589

Artículo 333 bis del Codigo Civil, Boletìn Oficial Del Estado, 16 de diciembre de 2021, num 300: https://www.boe.es/boe/dias/2021/12/16/pdfs/BOE-A-2021-20727.pdf

Boletín Oficial de Canarias núm. 69. Dirección General de Lucha contra el Cambio Climático y Medio Ambiente.- Anuncio por el que se hace pública la Resolución de 19 de febrero de 2022, que somete a información pública el expediente relativo a la autorización de vertido desde tierra al mar del proyecto nueva granja de cultivos marinos en Las Palmas de Gran Canaria, promovido por Nueva Pescanova, S.L. (Grupo Nueva Pescanova), ubicada en la Dársena de la Esfinge, Puerto de Las Palmas de Gran Canaria. VM-251-LP.-Expte. 2021/29093.

Directiva 2010/63/UE, del Parlamento Europeo y del Consejo, de 22 de septiembre de 2010, relativa a la protección de los animales utilizados para fines científicos: https://eur-lex.europa.eu/eli/dir/2010/63/oj

Directiva 95/58/CE del Consejo, de 20 de julio de 1998, relativa a la protección de los animales en las explotaciones ganaderas: https://eur-lex.europa.eu/legal-content/ES/TXT/HTML/?uri=CELEX:31998L0058&from=FR ç

Directiva europea 2010/63/UE, de 22/09/2010, relativa a la protección de los animales utilizados con fines científicos: https://www.boe.es/doue/2010/276/L00033-00079.pdf

Ley 32/2007, de 7 de noviembre, para el cuidado de los animales, en su explotación, transporte, experimentación y sacrificio: https://www.boe.es/eli/es/l/2007/11/07/32/con

Real Decreto 1386/2018, de 19 de noviembre, por el que se modifica el Real Decreto 53/2013, de 1 de febrero, por el que se establecen las normas básicas aplicables para la protección de los animales utilizados en experimentación y otros fines científicos, incluyendo la docencia: https://www.boe.es/eli/es/rd/2018/11/19/1386

Reglamento (CE) nº 1099/2009 del Consejo, de 24 de septiembre de 2009, relativo a la protección de los animales en el momento de la matanza: https://eur-lex.europa.eu/eli/reg/2009/1099/oj

Los crustáceos en el panorama jurídico europeo: ¿alimentos o animales? Estado del arte y perspectivas futuras

Crustaceans in the european legal landscape: food or animals? State of the art and future perspectives

SILVIA ZANINI
Investigadora postdoctoral (Proyecto Lumen)
Entidad de afiliación: Universidad de Trieste, Departamento de Ciencias Políticas y Sociales (Italia)
ORCID ID: 0000-0002-5253-7382
Correo: silvia.zanini.87@gmail.com-Tlfno. +34633136862

All animals are equal, but some animals are more equal than others.
—G. Orwell, Animal Farm—

Resumen: Según la legislación europea, los crustáceos son productos de la pesca vivos y, por tanto, "alimentos", por lo que hasta ahora no existe ninguna normativa europea que garantice el bienestar de estos animales, que siempre se han considerado "sin capacidad de sufrimiento", siendo invertebrados.

Sin embargo, recientes investigaciones científicas han demostrado que los crustáceos decápodos son capaces de sufrir y tienen una capacidad cognitiva relativamente compleja.

Esta contribución, por tanto, analiza la legislación europea existente en la materia a la luz de las situaciones de protección ya presentes en algunos países europeos, de la creciente sensibilidad colectiva hacia el bienestar animal y, sobre todo, de los recientes descubrimientos científicos sobre el punto, reflexionando sobre la oportunidad de que la Unión Europea revise su legislación sobre el bienestar animal, incluyendo a los crustáceos en calidad de seres sintientes.

Palabras clave: bienestar animal-crustáceos-decápodos-legislación europea-sintiencia

Abstract: *According to the European legislation, crustaceans are living fishery products. They are therefore animals that are already considered foodstuffs by law and to which the food hygiene rules apply.*

There is currently no section in the European legislation guaranteeing the welfare of these animals, that have always been considered as "not capable of suffering", as they are invertebrates.

Against this consideration, recent scientific studies have shown that decapod crustaceans are capable of suffering and have a relatively complex cognitive capacity.
The present essay analyses the existing European legislation on the matter in view of the protection policies already present in some European countries, of the growing collective sensitivity towards animal welfare and, above all, of the recent scientific discoveries on this topic, reflecting on the opportunity for the European Union to review its legislation on animal welfare and include crustaceans as sentient beings.

Keywords: *animal welfare-crustaceans-decapods-European legislation-sentience.*

1. LOS CRUSTÁCEOS EN LA INDUSTRIA ALIMENTARIA EUROPEA

El mercado de los productos de la pesca y la acuicultura es un sector en constante expansión en Europa y en todo el mundo. Según los últimos datos del EUMOFA[1], a los que nos remitimos, en 2020 el gasto de las familias europeas en este sector alcanzó los 59.700 millones de euros, con un crecimiento del 17% respecto al año anterior[2], y los flujos comerciales de la UE de estos productos, entendidos como la suma de importaciones y exportaciones, fueron los más altos del mundo, con un total de 31.170 millones de euros y 8,72 millones de toneladas. La producción acuícola, dedicada en gran parte a la cría de crustáceos y moluscos (>45%) —seguida de los mariscos (>30%) y los peces de lago (>20%)— es un sector estable en la UE, pero sólo representa el 20% del suministro total de pescado y moluscos.

De hecho, la UE satisface la demanda interna de productos pesqueros principalmente a través de las importaciones, que cubren la mayor parte del suministro total. En concreto, la tasa de autosuficiencia de la UE en la producción de crustáceos, cuyo consumo per

---

1 EUROPEAN COMMISSION, Overview of EU aquaculture (fish farming), en https://ec.europa.eu/oceans-and-fisheries/ocean/blue-economy/aquaculture/ overview-eu-aquaculture-fish-farming_en

2 En términos absolutos, fue España la que registró el aumento más significativo del gasto total, pasando de 9.800 millones de euros a 13.600 millones (+39%), registrando el mayor nivel de gasto total en productos de la pesca y la acuicultura en la UE.

cápita es de casi 2 kg al año[3], es muy baja, en torno al 20% (bajando hasta el 11% en el caso de las gambas, que, al ser el crustáceo más consumido, suponen más del 90% del volumen y valor total de las importaciones de crustáceos en la UE).

Las importaciones de crustáceos en 2020 alcanzaron las 598.310 toneladas y totalizaron 4.030 millones de euros en valor, con un descenso respecto a años anteriores debido a la pandemia y a las consiguientes restricciones en el sector de la restauración[4]. Por tanto, estamos hablando de un sector importante, muy dependiente de las importaciones, que implica a millones de animales que se comercializan, transportan y sacrifican cada día.

En tiempos más recientes, este sector, que siempre había permanecido un poco en segundo plano en comparación con otras realidades productivas, ha empezado a emerger y ha aumentado la atención pública con respecto al bienestar de los crustáceos (y de los productos de la pesca en general), que siempre han tenido una consideración menor (por no decir nula) en términos de protección, sobre todo en comparación con otros animales destinados al consumo alimentario.

El "descubrimiento" tardío de la posibilidad de asociar el concepto de bienestar[5] también a estos animales ha suscitado la preocupación y el interés de los consumidores por el tema, haciéndoles empa-

---

3 Procesamiento por parte del EUMOFA de los datos de Eurostat (códigos de conjuntos de datos: fish_aq2a, fish_ca_main y DS-575274) y FAO 2021.

4 En 2019, las importaciones de la UE se situaron en 632.875 toneladas, por un valor de 4.740 millones de euros.

5 Cabe recordar que, a nivel jurídico, el concepto de *bienestar animal* se originó en 1965 con la definición de Brambell de las famosas *Five Freedoms* (Cinco Libertades): libertad de sed y hambre, libertad de incomodidad ambiental, libertad de dolor, lesiones y enfermedad, libertad de manifestar características comportamentales y libertad de miedo. En la actualidad, este modelo ha sido parcialmente sustituido por el más elaborado y moderno modelo de los *Five Domains* (Cinco Dominios), que prevé la evaluación del bienestar animal a través de tres dominios relacionados con la supervivencia ("nutrición", "entorno físico" y "salud"), un dominio relacionado con el contexto en el que se encuentran los animales ("interacciones conductuales") y un último dominio, el quinto, que se basa en las evaluaciones de los cuatro anteriores y se denomina "estado mental". No obstante, las cinco libertades de Brambell siguen siendo la base de todas las normas de bienestar animal.

tizar con unos organismos que siempre han estado sometidos a unos hábitos alimentarios absolutamente cuestionables.

De hecho, las prácticas que implican la compra de productos pesqueros vivos y, a menudo, su cocción en vida, así como su mantenimiento y manipulación en condiciones y métodos discutibles, siguen estando muy extendidas, aunque con distinta incidencia según los países y las zonas geográficas.

Precisamente por ello, la preocupación de los consumidores se centra principalmente en los problemas más evidentes y "conocidos", es decir, los métodos de cocción (principalmente hervir el animal vivo), la exposición en hielo y el atado de las pinzas.

Sin embargo, los problemas que afectan al bienestar de estos animales son, si se examinan con minuciosidad, muchos más y afectan a todas las fases de la cadena de suministro, desde la captura/crianza, el transporte, la manipulación, la estabulación hasta el sacrificio.

2. LAS PRINCIPALES CUESTIONES CRÍTICAS EN MATERIA DE BIENESTAR ANIMAL

La actual cadena alimentaria de crustáceos vivos destinados al consumo humano conlleva una larga serie de condiciones —relacionadas con la captura, la manipulación, los cambios de temperatura, la exposición a la luz y al ruido, el embalaje, el transporte, la conservación y el sacrificio— que pueden generar sufrimiento y estrés en los animales.

En concreto, las principales cuestiones críticas que surgen en materia de bienestar animal son las siguientes[6].

---

[6] La mayoría de los datos de este apartado proceden de los siguientes estudios, a los que se remite para más detalles: CRUSTACEAN COMPASSION, The case for the legal protection of decapod crustaceans (2021), https://www.crustaceancompassion.org/ reports, e BIRCH, J., BURN, C., SCHNELL, A., BROWNING, H., CRUMP, A., Review of the Evidence of Sentience in Cephalopod Molluscs and Decapod Crustaceans, Affiliation: The London School of Economics and Political Science (London 2021), en https://www.lse.ac.uk/business/consulting/reports/review-of-the-evidence-of-sentiences-in-cephalopod-molluscs-and-decapod-crustaceans.

Conservación

En cuanto al almacenamiento en tanques, las principales preocupaciones relacionadas con el bienestar de estos animales se refieren al hacinamiento, la falta de refugios y la mala calidad del agua, así como la iluminación excesiva y antinatural y la privación de oxígeno (los crustáceos, de hecho, son animales solitarios que en la naturaleza prefieren la iluminación tenue y los refugios con rendijas).

El almacenamiento de los animales vivos en hielo, por muy extendido que esté, es una práctica que provoca asimetría en la refrigeración, cambios bruscos de temperatura, choque hipoosmótico por el agua de deshielo o la condensación, hipoxia y estrés anaeróbico[7].

A ello se suma el atado prolongado de las pinzas, práctica a la que se recurre para evitar los episodios de agresividad típicos de estos animales cuando se ven obligados a compartir espacios reducidos con otros individuos, y que conduce a la atrofia muscular.

Por lo tanto, el bienestar de los animales y la capacidad de expresar su comportamiento específico no están en absoluto garantizados por las prácticas de conservación actuales.

Captura

Muchos crustáceos se capturan con nasas o trampas diseñadas para atraer al animal al interior con cebo, atrapándolo hasta que se izan en los barcos, incluso días después de la captura. En cambio, algunas especies se capturan con redes de arrastre, una técnica muy controvertida que causa graves daños al fondo marino y a la fauna y flora piscícola, así como el riesgo de capturar especies no objetivo, ya que se trata de un método de captura no selectivo. Las langostas también se pueden capturar con un arpón o a mano[8].

---

7 CONDOTTI, P., para el Centro di Referenza nazionale per il benessere animale del Ministero della Salute, Italia, dictamen médico-científico "Sofferenza di aragoste e astici vivi con chele legate e su letto di ghiaccio durante la fase di commercializzazione", 29.07.07, en https://www.ceirsa.org/fd.php?path=201701/Parere_crostacei_esposti_su_ghiaccio_ 20.01.17.pdf.

8 Para profundizar más: CARLETTI, C., Il regime giuridico della pesca e dell'acquacoltura alla luce del diritto internazionale del mare e dell'Unione

El grado en que el bienestar de los animales se ve comprometido durante la fase de captura, como es evidente, depende significativamente del método utilizado, pero siempre puede incluir el riesgo de lesiones, aplastamiento, asfixia, miedo y muerte. En esta fase, los crustáceos también pueden ser sometidos a mutilaciones in vivo, como la eliminación de las garras y el corte de los tendones.

Mutilaciones

Existen prácticas muy extendidas aunque poco conocidas que consisten en mutilar crustáceos vivos.

En concreto, nos referimos a:

- Ablación del pedúnculo ocular. Esta práctica consiste en extirpar uno o los dos pedúnculos oculares de las gambas reproductoras hembras y sirve para garantizar un ciclo reproductivo constante y una mayor producción de huevos, ya que las condiciones de cautividad provocan muy a menudo problemas de fertilidad en estos animales. Los estudios han demostrado la aparición de comportamientos asociados al dolor durante y después de esta operación (que se reducen tras la aplicación de una crema anestésica, lo que demuestra que los animales sienten dolor)[9].
- Extracción de las garras (*declawing*). Práctica por la que se retiran manualmente una o ambas pinzas del crustáceo antes de arrojar el animal vivo al mar. Además de para el comercio de alimentos, este procedimiento se utiliza para facilitar el manejo de los animales por parte de los manipuladores y para reducir los daños causados por el canibalismo. Los estudios demuestran que la calidad de vida y las tasas de supervivencia

---

Europea. Profili normativi, strutturali e operativi nella dimensione multilivello, Editoriale scientifica (Naples 2016).

9 DIARTE-PLATA, G., SAINZ-HERNÁNDEZ J., C., AGUIÑAGA-CRUZ J., A., FIERRO-CORONADO J., A., POLANCO-TORRES, A., PUENTE-PALAZUELOS, C., Eyestalk ablation procedures to minimize pain in the freshwater prawn Macrobrachium Americanum, Applied Animal Behaviour Science, 140(3-4), (2012) 172-178, https://doi.org/10.1016/j.applanim.2012.06.002

de los crustáceos sometidos a esta práctica se ven seriamente comprometidas[10].

- Corte de garras (*nicking*). Esta práctica consiste en cortar los tendones de las garras para impedir que funcionen y normalmente se realiza con vistas al transporte y almacenamiento del animal (de nuevo, para minimizar el riesgo de daños por peleas y canibalismo). Se trata, pues, de una medida que, aunque muy invasiva, tiene un carácter puramente preventivo[11].

Transporte

Cada año, millones de crustáceos vivos son sometidos, con fines comerciales, a viajes de distinta duración y condiciones ambientales dentro y fuera de la UE.

Las prácticas habituales de transporte exponen a estos animales a múltiples factores de estrés, como las fluctuaciones de temperatura y/o las temperaturas inadecuadas, la baja calidad del agua, el embalaje inadecuado, el hacinamiento, la exposición al aire, las vibraciones, el ruido, la iluminación inadecuada y la manipulación. El confinamiento forzado con otros ejemplares de la misma especie o a veces de especies diferentes —algo muy frecuente— plantea problemas adicionales derivados de las peleas o el canibalismo.

En esta fase, los animales sufren muchos daños físicos, fisiológicos (como la producción de la hormona del estrés), inmunológicos (como enfermedades o infecciones) y de comportamiento (in primis, la agresividad). Esto provoca inevitablemente malestar y sufrimiento en el animal, así como un aumento de los niveles de mortalidad, durante el transporte como después.

---

10 PATTERSON, L., T.A., DICK, J., ELWOOD, R.W., Claw removal and feeding ability in the edible crab, Cancer pagurus: Implications for fishery practice (2009), Applied Animal Behaviour Science, 116(2), 302-305, DOI:10.1016/j.applanim.2008.08.007

11 WELSH, J.E., KING, P.A., MACCARTHY, E., Pathological and physiological effects of nicking on brown crab (Cancer pagurus) in the Irish crustacean fishery, Journal of invertebrate pathology, 112(1), (2013), 49-56, https://doi.org/10.1016/j.jip.2012.08.006

A esto se añade el hecho de que los datos sobre el transporte de crustáceos son totalmente inadecuados para evaluar su bienestar medio, ya que no distinguen entre animales cargados vivos o muertos, sólo se refieren a los viajes transfronterizos y están intercalados con muchas exenciones de notificación[12].

Sacrificio

El sacrificio es la fase más crítica en términos de bienestar animal, ya que incluye el uso de una serie de prácticas, muy extendidas tanto a nivel de restaurantes como a nivel doméstico, que no tienen en cuenta en absoluto el bienestar animal y que no incluyen el aturdimiento previo[13].

En concreto, las prácticas más preocupantes desde este punto de vista son: el hervido en vivo, que hace que el animal agonice hasta tres minutos antes de perder el conocimiento; el enfriamiento previo al hervido, que se utiliza con la creencia errónea de que va a aturdir al animal, mientras que, por el contrario, prolonga el tiempo necesario para inducir su muerte; el ahogamiento en agua dulce, que provoca un grave choque osmótico y la muerte del animal al cabo de horas. A esto hay que añadir la práctica de la incisión/desmembramiento en vivo.

La crueldad de estos métodos de sacrificio, que distan mucho de acercarse a las precauciones utilizadas para los vertebrados, ha llevado a varios estudios científicos a evaluar su grado de “aceptación”, concluyendo que son técnicas inhumanas que conllevan (con certeza o alta probabilidad) estrés y/o sufrimiento para los crustáceos y que es preferible optar por soluciones más éticas que impliquen el aturdimiento previo del animal[14].

---

12 EUROGROUP FOR ANIMALS, Decapod Crustaceans and Cephalopod Molluscs in EU Animal Welfare Legislation, *op. cit.*, 5.

13 El término aturdimiento previo se refiere al proceso técnico por el que se induce un estado de inconsciencia e insensibilidad en el animal antes de matarlo, precisamente para evitarle sufrimiento y estrés innecesarios (se trata de un paso operativo previsto por la legislación europea sobre la protección de los animales durante el sacrificio —que, se anticipa, no se aplica a los crustáceos—).

14 Además de los estudios ya mencionados, EFSA AHAW Panel, Opinion of the Scientific Panel on Animal Health and Welfare on a request from the Com-

A pesar de las evidencias y recomendaciones en este sentido procedentes de diversas fuentes, estas prácticas siguen siendo legales y están muy extendidas en la actualidad.

La razón por la que históricamente se ha permitido aplicar estos usos a esta categoría de animales es tan sencilla como inoportuna hoy en día: los crustáceos, y los invertebrados en general, siempre se han considerado animales "no capaces de sufrir"[15].

Esto está relacionado principalmente con la evolución de los conocimientos científicos, ya que durante siglos todas las especies de invertebrados fueron definidas y consideradas "inferiores"[16]. No hace falta aclarar que esta representación se ha reflejado también en la consideración social de estos animales y en otros ámbitos, incluido, como comentaremos, el jurídico-normativo[17].

Sin embargo, con el progreso de la ciencia y la investigación, cada vez está más claro que los que parecían simples automatismos impulsados por meros procesos instintivos, son en cambio comportamientos que a menudo son el resultado de razonamientos y conciencias,

---

mission related to "Aspects of the biology and welfare of animals used for experimental and other scientific purposes" (2005), The EFSA Journal 292, 1-46, https://doi.org/10.2903/j.efsa.2005.292. Per un approfondimento sul tema, CONTE, F., VOSLAROVA, E., VECEREK, V., ELWOOD, R.W., COLUCCIO, P., PUGLIESE, M., PASSANTINO, A., Humane Slaughter of Edible Decapod Crustaceans, Animals (2021), 11(4), 1089, https://doi.org/10.3390/ani11041089

15 La detección de un estímulo nocivo por parte de estos animales siempre se ha relacionado con un mecanismo conocido como "nocicepción". En efecto, las terminaciones nerviosas denominadas nociceptores, cuando se activan, desencadenan una reacción refleja que lleva al animal a retirar su cuerpo o parte de él para evitar nuevos estímulos perjudiciales, sin llegar por ello a experimentar la vivencia emocional consciente del dolor. De ahí la creencia de que algunos animales no pueden sentir dolor, ya que no hay pruebas científicas de que la respuesta refleja vaya acompañada de dolor, malestar o sufrimiento.

16 Basta decir que, aunque los invertebrados constituyen casi el 97% de todo el reino animal , el término "invertebrado" sólo fue acuñado a finales del siglo XVIII al XIX por el francés Jean Baptiste de Lamarck. Hasta entonces, la propia ciencia consideraba a estos animales indignos de estudio e investigación.

17 Para una reflexión sobre el diferente tratamiento de los vertebrados y los invertebrados en el ámbito de la investigación científica de laboratorio, ANDREWS, P.L.R., Laboratory Invertebrates: Only Spineless, or Spineless and Painless?, ILAR Journal, 52/2 (2011), 121-125, DOI:10.1093/ilar.52.2.121

aunque respondan a mecanismos muy diferentes de los que caracterizan a los organismos dotados de un sistema nervioso central[18].

3. LA EVIDENCIA CIENTÍFICA: LOS CRUSTÁCEOS SON SERES SINTIENTES

Los avances científicos de las últimas décadas han socavado, hasta hacerla insostenible, la idea de la sintiencia como una prerrogativa exclusivamente humana, reconociendo gradualmente la capacidad de sentir emociones también en mamíferos y aves y, más recientemente, en moluscos cefalópodos (como el pulpo, la sepia y el calamar) y crustáceos decápodos[19].

En 2012, un grupo de científicos internacionales firmó un documento oficial decisivo en este sentido, la Declaración de Cambridge sobre la Conciencia[20], en la que se expresaba el acuerdo unánime de que los seres humanos no son los únicos seres *conscientes*[21] capaces de exhibir un comportamiento intencional y tener estados afectivos,

---

18 Sobre el hecho de que los crustáceos no sólo perciben las experiencias a través de la nocicepción, MAGEE, B., ELWOOD, R.W., Shock avoidance by discrimination learning in the shore crab (Carcinus maenas) is consistent with a key criterion for pain, Journal of Experimental Biology (2013), 216 (3), 353-358, https://doi.org/10.1242/jeb.072041

19 Se señala que, a partir de ahora, también se hará referencia a los crustáceos decápodos en aquellas partes en las que se utilice el término más genérico de "crustáceos". Los decápodos son un orden de crustáceos caracterizados por la presencia de diez patas que incluye a los cangrejos, cigalas, langostas, camarones y langostinos. Este grupo engloba a casi todos los crustáceos que se crían y pescan con fines alimentarios (son excluidos, por ejemplo, las galeras).

20 En https://philiplow.foundation/consciousness/

21 Aunque esta declaración se expresa en términos de conciencia y no de sintiencia, la capacidad de tener experiencias conscientes y la capacidad de ser sintiente están estrechamente relacionadas, ya que los sentimientos son experiencias conscientes. El término sintiencia es relativamente nuevo, y en su aparición a menudo se prefirió utilizar términos más comunes. Esto lo confirma el hecho de que el término inglés sentient beings (que también aparece en el TFUE, art. 13) se ha traducido casi siempre en otras lenguas como "seres sensibles". Esto no quita que haya que asumir que se está refiriendo al mismo concepto, es decir, a la capacidad de un ser vivo de sentir, percibir, experimentar estados afectivos y tener experiencias subjetivas conscientes.

añadiendo que "los animales no humanos, incluidos todos los mamíferos y las aves, y muchas otras criaturas, entre ellas los pulpos", poseen sustratos neurológicos suficientemente complejos para sustentar experiencias conscientes[22].

En esta línea, la muy reciente Declaración de Nueva York sobre la Conciencia de los Animales, firmada el 19 de abril de 2024 por 39 científicos de renombre mundial, reafirmó que existe "una posibilidad realista" de experiencia consciente no sólo en todos los vertebrados (incluidos reptiles, anfibios y peces), sino también en muchos invertebrados (incluidos, como mínimo, moluscos cefalópodos, crustáceos decápodos e insectos). Este proceso de reconocimiento ha afectado en primer lugar a los mamíferos, con respecto a los cuales se ha producido de forma bastante fluida debido a la similitud de sus organizaciones y funciones cerebrales y cognitivas con las de los humanos. En concreto, la presencia del neocórtex ha sido siempre el elemento decisivo para el consenso científico sobre el reconocimiento de los mamíferos como seres sintientes.

Este método de verificación, consistente en la búsqueda de mecanismos y estructuras neuronales similares a las de los humanos, también se ha utilizado, aunque con alguna dificultad añadida, con las aves. Se ha demostrado que estos animales tienen modelos de conectividad similares a los nuestros y una estructura tan parecida al neocórtex de los mamíferos[23] que se puede legitimar un consenso generalizado de que también deben ser considerados seres sintientes.

---

22 Específicamente, se afirma lo siguiente: "La ausencia de un neocórtex no parece impedir que un organismo experimente estados afectivos. Cada vez hay más pruebas que indican que los animales no humanos poseen los sustratos neuroanatómicos, neuroquímicos y neurofisiológicos de los estados de conciencia, junto con la capacidad de mostrar un comportamiento intencional. En consecuencia, el peso de las pruebas indica que los humanos no son los únicos que poseen los sustratos que generan la conciencia. Los animales no humanos, incluidos todos los mamíferos y las aves, y muchas otras criaturas, entre ellas los pulpos, también poseen estos sustratos neurológicos" (traducción de la autora).

23 El neocórtex, de hecho, sólo está presente en los mamíferos y es responsable del procesamiento de los procesos cognitivos de nivel superior. Sin embargo, a lo largo de los años, estudios relevantes basados en el análisis de marcadores moleculares han identificado en las aves una región perfectamente homóloga al neocórtex, aunque con una estructura completamente diferente, denominada palio. DUGAS-

Sin embargo, el uso de los mismos parámetros resulta problemático cuando se aplica a vertebrados "más alejados del hombre", como los peces.

El hecho de que el cerebro de los peces difiera completamente del cerebro humano y no tenga ninguna estructura o región asimilable al neocórtex(lo que no permite utilizar el método descrito anteriormente), ha hecho que durante años prevalezca un fuerte escepticismo respecto al reconocimiento de su sintiencia[24] (un escepticismo que, bien mirado, sigue permaneciendo hoy en día).

Si dirigimos nuestra mirada a los invertebrados, la situación se complica aún más, ya que su organización cerebral está aún más alejada de la de los humanos, lo que hace imposible optar por criterios analógicos o de afinidad entre los dos.

Con respecto a este tipo de animales, por lo tanto, es apropiado adoptar un enfoque diferente, asumiendo que existe una variación interespecífica en los estados de conciencia. Es decir, no existe una escala única a lo largo de la cual las especies puedan ser clasificadas como más o menos conscientes, sino que, por el contrario, cada especie debe ser reconocida como poseedora de un perfil distintivo específico de conciencia[25].

Para comprender estas diferentes dimensiones de la conciencia, es necesario basarse en la observación de los aspectos conductuales y cognitivos de estos animales, así como de sus respuestas fisiológicas, identificando cuáles implican una clara señal de dolor, angustia o

---

FORD, J, ROWELL, J.J, RAGSDALE, C.W, Cell-type homologies and the origins of the neocortex, Proc Natl Acad Sci USA, 109(42), (2012 Oct 16), 16974-9. Para referencias más recientes, STACHO, M., HEROLD, C., ROOK, N., WAGNER, H., AXER, M., AMUNTS, K., & GÜNTÜRKÜN, O., A cortex-like canonical circuit in the avian forebrain, Science (2020) 369, 6511, DOI: 10.1126/science.abc5534

24 Sobre la capacidad de los peces de sentir dolor, *ex multis*, SNEDDON, L.U, Evolution of nociception and pain: evidence from fish models, 374, 1785, Phil. Trans. R. Soc. B. (2019), https://doi.org/10.1098/rstb.2019.0290; JONES, R. C., Fish sentience and the precautionary principle, Animal Sentience 3/10 (2016), DOI: 10.51291/2377-7478.1032; BRAITHWAITE, V., Do fish feel pain?, Oxford University Press (UK 2010).

25 BIRCH, J., SCHNELL, A.K., CLAYTON, N.S., Dimensions of animal consciousness, Trends in Cognitive Sciences (2020) 24(10), 789-801.

estrés, e integrando estos datos con los conocimientos disponibles sobre su sistema nervioso.

Se destaca, en este punto, cómo la referencia explícita a los "pulpos" en la citada Declaración de Cambridge adquiere especial relevancia precisamente porque reconoce la conciencia también respecto a un animal perteneciente a la categoría de los invertebrados.

En esta línea se ha desarrollado la consideración y el análisis de la sintiencia de los crustáceos (así como de otros invertebrados, como las abejas)[26].

Ya en 2005, la Autoridad Europea de Seguridad Alimentaria (EFSA)[27], en un dictamen científico sobre la biología y el bienestar de los animales de laboratorio, había comentado positivamente la sintiencia de la mayoría de los crustáceos decápodos basándose en su comportamiento complejo, su conciencia y percepción del dolor[28].

Estos animales, se afirma, poseen un sistema nociceptivo y una notable capacidad de aprendizaje, hasta el punto de que deberían situarse en lo que el dictamen identifica como "categoría 1"[29], ya que

---

26 Para más información sobre el tema, GÜNTER, E., RAYMOND, R., Awareness and consciousness in humans and animals-neural and behavioral correlates in an evolutionary perspective, Frontiers in Systems Neuroscience, 16/2022, DOI:10.3389/fnsys.2022.941534

27 EFSA AHAW Panel (2005), Aspects of the biology and welfare of animals used for experimental and other scientific purposes, *op. cit.*

28 Algunos extractos del documento: "There is evidence that cephalopods have adrenal and pain systems, a relatively complex brain similar to many vertebrates, significant cognitive ability including good learning ability and memory retention especially in octopuses, individual temperaments, elaborate signalling and communication systems, especially in cuttlefish and squid that can show rapid emotional colour changes, may live in social groups and have complex social relationships. Nautiloids have many characters similar to those of other cephalopods, they can track other individuals, live for a long time and are active pelagic animals. The largest of decapod crustaceans are complex in behaviour and appear to have some degree of awareness. They have a pain system and considerable learning ability. As a consequence of this evidence, it is concluded that cyclostomes, all Cephalopoda and decapod crustaceans fall into the same category of animals as those that are at present protected".

29 El estudio, para considerar si los animales analizados deben o no considerarse "dignos de protección", identifica 3 categorías: —Categoría 1— "Las pruebas científicas indican claramente, ya sea directamente o por analogía con animales de los mismos grupos taxonómicos, que los animales de estos grupos son

"las pruebas científicas indican claramente, directamente o por analogía con los animales de los mismos grupos taxonómicos, que los animales pertenecientes a este grupo son capaces de experimentar dolor y estrés"[30].

Precisamente sobre la base de estas pruebas científicas, la EFSA recomendó la inclusión de estos invertebrados en la Directiva sobre la protección de los animales utilizados con fines experimentales o científicos[31]. Inclusión que, de hecho, como se dirá, nunca ocurrió.

Desde ese momento, sin embargo, han surgido pruebas científicas cada vez más convincentes y significativas de la sintiencia de los crustáceos decápodos, que culminaron con el estudio británico "*Review of the Evidence of Sentience in Cephalopod Molluscs and Decapod Crustaceans*" de 2021, que, al confirmar la sintiencia, marca un importante punto de inflexión a nivel europeo en el ámbito de la protección de estos animales.

---

capaces de experimentar dolor y angustia." —Categoría 2— "Las pruebas científicas indican claramente, directamente o por analogía con los animales de los mismos grupos taxonómicos, que los animales de estos grupos no son capaces de experimentar dolor y angustia". —Categoría 3— "Existen algunas pruebas científicas de que estos grupos de animales son capaces de experimentar dolor y angustia , ya sea directamente o por analogía con los animales del mismo grupo taxonómico, pero no son suficientes para realizar una evaluación razonable del riesgo de su sensibilidad para incluirlos en las categorías 1 o 2". Además, se añade que cualquier categorización de los animales deberá actualizarse a medida que evolucionen los conocimientos científicos (p. 20).
Con respecto a los crustáceos se dice, específicamente: "2.3.11. Decapod crustaceans (lobsters, crabs, prawns etc.) Conclusion: The largest of these animals are complex in behaviour and appear to have some degree of awareness. They have a pain system and considerable learning ability. Little evidence is available for many decapods, especially small species. However, where sub-groups of the decapods, such as the prawns, have large species which have been studied in detail they seem to have a similar level of complexity to those described for crabs and lobsters. Recommendation: All decapods should be in Category 1 (see Section 2.5) and so receive protection".

30 Cabe señalar que el estudio ha evaluado explícitamente muchas de las prácticas descritas en la sección 1.1 (mutilación, ebullición in vivo, ahogamiento en agua dulce, enfriamiento) como idóneas para causar dolor y sufrimiento a los crustáceos.

31 Que, al tiempo, era la Directiva 86/609/CEE relativa a la protección de los animales utilizados para experimentación y otros fines científicos (posteriormente derogada por la Directiva 2010/63/UE, actualmente en vigor).

4. ESTUDIO DE LA LONDON SCHOOL OF ECONOMICS AND POLITICAL SCIENCE "*REVIEW OF THE EVIDENCE OF SENTIENCE IN CEPHALOPOD MOLLUSCS AND DECAPOD CRUSTACEANS*"

Por pedido del gobierno británico (a su vez impulsado por la movilización organizada por la asociación Crustacean Compassion), la London School of Economics and Political Science (LSE) puso en marcha en 2021 un estudio independiente para determinar si los crustáceos decápodos y los moluscos cefalópodos pueden considerarse seres sensibles y, por tanto, sentir dolor y angustia.

El trabajo se ha basado en el análisis de trescientos informes científicos: de hecho, el equipo del estudio ha recuperado todos los estudios y pruebas científicas sobre la sintiencia en los decápodos[32] publicados desde 2001, analizándolos y revisando todas las pruebas utilizadas.

Se identificaron a continuación seis categorías de decápodos[33], cada una de las cuales se analizó mediante un método científico de clasificación basado en criterios estrictos capaces de revelar la sintiencia de un animal (o, al menos, su grado de probabilidad)[34].

---

32 En este apartado se hace referencia intencionadamente sólo a los crustáceos decápodos, en aras de la claridad. No obstante, cabe recordar que el estudio también abarcó, con los mismos resultados, la sintiencia de los cefalópodos. Para más detalles, se remite directamente al Reporte.

33 *Brachyura* (cangrejos de mar), *Anomura* (cangrejos anomuros, incluidos los cangrejos ermitaños), *Astacidea* (langostas y camarones astácidos), *Achelata* (langostas espinosas), *Caridea* (camarones carideos) y los *Penaeidae* del suborden *Dendrobrachiata*, que incluye a los camarones peneidos.

34 En concreto, se utilizaron ocho criterios basados en pruebas tanto neurobiológicas como cognitivo-conductuales, partiendo de la base de que ningún criterio por sí solo puede proporcionar pruebas suficientes para concluir que un animal es sintiente, pero cuantos más criterios cumpla un animal, más probable es que lo sea.
Los cuatro primeros criterios, basados en la neurobiología, evalúan la capacidad del sistema nervioso para generar experiencias subjetivas (el animal posee nociceptores; el animal posee regiones cerebrales integradoras capaces de interpretar información sensorial de distinta naturaleza; el animal posee vías neuronales que conectan los nociceptores con las regiones cerebrales integrativas; la respuesta conductual del animal a un estímulo nocivo está vinculada al sistema

El informe de la LSE llegó así a unas conclusiones absolutamente incisivas para el camino hacia el reconocimiento de la protección de estos animales: existen sólidas pruebas científicas sobre la sintiencia de los crustáceos decápodos y su capacidad de sentir dolor.

De hecho, estos animales tienen un sistema nervioso complejo, que es uno de los rasgos distintivos clave de los seres sintientes, y por lo tanto son capaces de experimentar "sensaciones como el dolor, el placer, el hambre, la sed, el calor, el bienestar y la excitación" (prueba de ello es el hecho de que los decápodos tienen receptores opioides y son capaces de responder a los analgésicos de forma similar a los vertebrados).

El informe concluye con una recomendación lapidaria: que todos los moluscos cefalópodos y los crustáceos decápodos se consideren animales sintientes a efectos de la ley de bienestar animal[35] (del Reino Unido, en este caso).

Para ello, se formulan recomendaciones específicas para los crustáceos, que se resumen a continuación.

Según el estudio, se recomienda prohibir las prácticas consistentes en la mutilación, como el declawing, el nicking y la ablación del pedúnculo ocular (véase el apartado 1.1), o buscar alternativas válidas y éticas.

En cuanto a la conservación y el transporte de decápodos vivos, se recomienda limitar la densidad de los individuos para reducir el estrés y las agresiones, y proporcionar refugios oscuros y bajas temperaturas, desaconsejando el transporte fuera del agua. También se

---

nervioso), mientras que las 4 últimas se centran en el comportamiento animal (el animal realiza procesos flexibles de toma de decisiones; el animal muestra un comportamiento de autoprotección; el animal muestra un aprendizaje asociativo con respecto a los estímulos nocivos; el animal , cuando está herido, muestra aprecio por los analgésicos o los anestésicos).
Finalmente, se establece un sistema de clasificación basado en el número de criterios que el animal cumple con una confianza alta o muy alta para demostrar su sintiencia.

35 "We recommend that all cephalopod molluscs and decapod crustaceans be regarded as sentient animals for the purposes of UK animal welfare law. They should be counted as "animals" for the purposes of the Animal Welfare Act 2006 and included in the scope of any future legislation relating to animal sentience." BIRCH, J., BURN C., SCHNELL, A., BROWNING, H, CRUMP, A., Review of the Evidence of Sentience in Cephalopod Molluscs and Decapod Crustaceans, op cit., p. 8.

sugiere que se prohíba la venta de decápodos vivos a comerciantes o consumidores sin experiencia en su manejo, ya que podría causar ulterior sufrimiento a los animales.

En cuanto a la delicada fase de sacrificio, se considera necesario dejar inconscientes a los decápodos antes de matarlos, prefiriendo, entre los diversos métodos de aturdimiento conocidos, el aturdimiento eléctrico.

Por último, el hervido en vivo, junto con el refrigeramiento y la inmersión en agua dulce, se consideran métodos inhumanos, ya que implican una muerte lenta y dolorosa para el animal. Por lo tanto, se recomienda prohibirlos (o hacer obligatorio el aturdimiento previo).

Este estudio es relevante no sólo desde el punto de vista ético y moral, sino también desde el punto de vista jurídico, ya que la sintiencia de un animal es el criterio esencial necesario para legislar la protección de su bienestar.

5. LA INADECUACIÓN DE LA LEGISLACIÓN EUROPEA EN ESTE PUNTO

Atendiendo a todo lo anterior, la Unión Europea responde con una legislación totalmente inadecuada, ya que los crustáceos están excluidos de las disposiciones sobre bienestar animal.

Se trata de una deficiencia que, bien mirado, debería sorprender al lector si se tiene en cuenta que las normas de bienestar animal en la UE se encuentran entre las más elevadas del mundo y se pueden sintetizar de la siguiente manera:

1. *Ganadería*: reglamentación que se divide en normativa horizontal[36], que dicta las normas aplicables a todas las especies de animales de granja a excepción de los invertebrados (Art. 1, párrafo 1, Dir. 98/58/CE), y normativa vertical, que se refiere específicamente a determinadas especies animales que pueden ser objeto de diversas

---

[36] Directiva 98/58/CE del Consejo, de 20 de julio de 1998, relativa a la protección de los animales en las explotaciones ganaderas.

categorías productivas (cerdos, bovinos, gallinas ponedoras, pollos de engorde)[37].

2. *Transporte*: legislación horizontal que abarca todos los transportes y traslados, incluidos los internacionales, y todos los medios de transporte, así como cuestiones específicas como las paradas, la duración, la documentación, la temperatura, los controles y las modalidades de transporte. El Reglamento de referencia[38] sólo se aplica al transporte de animales vertebrados vivos (Art. 1, párr. 1).

3. *Matanza*: normativa horizontal destinada a minimizar la angustia y el sufrimiento de los animales durante el proceso de sacrificio. Exige específicamente la aplicación de técnicas de aturdimiento y la competencia específica de los operadores implicados (con excepciones específicas, como el sacrificio ritual). El Reglamento de referencia[39] sólo se aplica a los animales vertebrados, excluyendo a los reptiles y anfibios (Art. 2, letra c)[40].

---

[37] Directiva 2008/120/CE del Consejo, de 18 de diciembre de 2008, relativa a las normas mínimas para la protección de cerdos; Directiva 2008/119/CE del Consejo, de 18 de diciembre de 2008, relativa a las normas mínimas para la protección de terneros; Directiva 1999/74/CE del Consejo de 19 de julio de 1999 por la que se establecen las normas mínimas de protección de las gallinas ponedoras; Directiva 2002/4/CE de la Comisión, de 30 de enero de 2002, relativa al registro de establecimientos de gallinas ponedoras, cubiertos por la Directiva 1999/74/CE del Consejo; Directiva 2007/43/CE del Consejo, de 28 de junio de 2007, por la que se establecen las disposiciones mínimas para la protección de los pollos destinados a la producción de carne.

[38] Reglamento (CE) nº 1/2005 del Consejo, de 22 de diciembre de 2004, relativo a la protección de los animales durante el transporte y las operaciones conexas; Reglamento (CE) nº 169/2009 del Consejo, de 26 de febrero de 2009, por el que se aplican las normas de la competencia a los sectores de los transportes por ferrocarril, por carretera y por vía navegable.

[39] Reglamento (CE) nº 1099/2009 del Consejo, de 24 de septiembre de 2009, relativo a la protección de los animales en el momento de la matanza.

[40] Sin embargo, el Reglamento estipula que los peces, a pesar de ser vertebrados, sólo están cubiertos por el artículo 3 ("Requisitos generales para la matanza y las operaciones conexas"), según el cual "se evitará a los animales dolor, angustia o sufrimiento evitables durante la matanza y las operaciones conexas". Esta falta de protección se debe a que, como se explica en el considerando 11, "los peces tienen diferencias fisiológicas sustanciales respecto a los animales terrestres y los peces de cultivo se sacrifican y matan en un contexto muy diferente, especialmente en lo que respecta al proceso de inspección. Además, la investigación

Por lo tanto, como puede constatarse fácilmente, ninguna de estas normativas se aplica a los crustáceos. Los crustáceos vivos, a nivel reglamentario, se consideran de hecho "alimentos" en el sentido de la letra b) del artículo 2 del Reglamento CE nº 178/2002[41]. Esta circunstancia hace que deban someterse a la legislación europea sobre higiene y seguridad alimentaria.

A este respecto, es pertinente el Reglamento CE 853/2004 relativo a la higiene de los alimentos de origen animal, que incluye los crustáceos en la definición de "productos de la pesca"[42], estableciendo que, durante el almacenamiento y el transporte, "los productos de la pesca mantenidos vivos deberán mantenerse a una temperatura y en unas condiciones que no afecten negativamente a la seguridad alimentaria ni a su viabilidad" (Anexo. III, Secc. VIII, Cap. VII, párr. 3)[43].

---

sobre el aturdimiento de los peces está mucho menos avanzada que la de otras especies animales de granja. Deben establecerse normas independientes sobre la protección de los peces durante el sacrificio. Por lo tanto, las disposiciones aplicables a los peces deben limitarse por el momento a los principios básicos. Deberían adoptarse nuevas iniciativas a nivel comunitario sobre la base de la evaluación científica del riesgo realizada por la EFSA sobre el sacrificio y la matanza de peces, teniendo también en cuenta las implicaciones sociales, económicas y administrativas".

41 Reglamento (CE) nº 178/2002 del Parlamento Europeo y del Consejo, de 28 de enero de 2002, por el que se establecen los principios y los requisitos generales de la legislación alimentaria, se crea la Autoridad Europea de Seguridad Alimentaria y se fijan procedimientos relativos a la seguridad alimentaria, Artículo 2, Definición de "alimento": "A efectos del presente Reglamento, se entenderá por "alimento" (o "producto alimenticio") cualquier sustancia o producto destinados a ser ingeridos por los seres humanos o con probabilidad razonable de serlo, tanto si han sido transformados entera o parcialmente como si no. "Alimento" no incluye: […] (b) los animales vivos, salvo que estén preparados para ser comercializados para consumo humano […]".

42 "Anexo l-3. Productos de la pesca, 3.1. "todos los animales marinos o de agua dulce (salvo los moluscos bivalvos vivos, los equinodermos vivos, los tunicados vivos y los gasterópodos marinos vivos, así como todos los mamíferos, reptiles y ranas), ya sean salvajes o de cría, incluidas todas las formas, partes y productos comestibles de dichos animales". Como es evidente, los crustáceos no están excluidos de la definición, a diferencia de los demás animales que figuran entre paréntesis.

43 Lo confirma el hecho de que el Reglamento (UE) nº 1379/2013, por el que se establece la organización común de mercados en el sector de los productos de la pesca y de la acuicultura, y el Reglamento (CE) nº 2406/96, relativo a la comercialización de ciertos productos de la pesca, clasifican a los crustáceos como

Queda claro, por lo tanto, que el interés que se protege es el de la seguridad alimentaria, a la que sigue el necesario y correcto mantenimiento del producto, y no el del bienestar animal (a pesar de que ambas fuentes normativas lo mencionan[44] como un objetivo que persigue la legislación alimentaria en general).

Otra referencia normativa inherente se encuentra en el Reglamento (UE) 2019/1241 relativo a la conservación de los recursos pesqueros y la protección de los ecosistemas marinos[45] donde, al limitarlas cuantitativamente, se legitiman las mutilaciones de las garras, entendidas como la retirada y devolución del animal mutilado al mar[46].

Solo una referencia puede acogerse como aportación positiva, que sugiere una percepción alternativa del legislador europeo hacia estos animales. Se trata del Reglamento (UE) 2018/848 sobre producción ecológica. Como es sabido (y como se afirma ya en el Considerando 1 del reglamento), este sector pretende ser un sistema de producción basado, entre otras cosas, en la aplicación de estrictos criterios de bienestar animal. Esto se refleja tanto a nivel de alimen-

---

productos de la pesca con el código NC 0306, incluyendo a los crustáceos vivos (además de los descascarados, frescos, refrigerados, congelados, secos, salados o en salmuera, cocidos, etc.).

44 Reglamento (CE) nº 178/2002-Artículo 5 Objetivos generales 1. La legislación alimentaria perseguirá uno o varios de los objetivos generales de un nivel elevado de protección de la vida y la salud de las personas, la protección de los intereses de los consumidores, incluidas las prácticas leales en el comercio de alimentos, teniendo en cuenta, cuando proceda, la protección de la salud y el bienestar de los animales, la sanidad vegetal y el medio ambiente.
Reglamento (CE) nº 853/2004, Art.1, párrafo 6, 6. El presente Reglamento se aplicará sin perjuicio de: [...] b) los requisitos de bienestar animal.

45 Reglamento (UE) 2019/1241 del Parlamento Europeo y del Consejo, de 20 de junio de 2019, sobre la conservación de los recursos pesqueros y la protección de los ecosistemas marinos con medidas técnicas.

46 Anexo V Mar del Norte-Tallas mínimas de referencia a efectos de conservación; Anexo VI Aguas Noroccidentales-Tallas mínimas de referencia para la conservación; Anexo VII Aguas Suroccidentales-Tallas mínimas de referencia a efectos de conservación: “En el caso de los bueyes capturados en nasas, un máximo del 1 % en peso de la captura total de bueyes podrá consistir en pinzas sueltas. En cuanto a los bueyes capturados con cualquier otro arte de pesca, podrá desembarcarse un máximo de 75 kg de pinzas sueltas de esta especie”.

tación (de hecho, los animales deben ser alimentados con piensos ecológicos y se deben tener en cuenta sus necesidades fisiológicas), como a nivel de estabulación, prohibiendo, entre otras cosas, prácticas zootécnicas que no se consideran adecuadas para evitar o minimizar el sufrimiento, el dolor o la angustia de los animales (en primer lugar, mutilaciones como el recorte del pico de las gallinas o el corte de la cola de los cerdos).

Y precisamente en referencia a estos perfiles, cabe destacar los siguientes puntos, en los que la normativa menciona específicamente el bienestar de los crustáceos:

> "3. Requisitos para los animales de acuicultura"
> – "3.1.3. Alimentación. [...]
> 3.1.3.1. En lo relativo a los piensos para peces, crustáceos y equinodermos, se aplicarán las normas siguientes: [...]
> (b) los regímenes de alimentación se concebirán teniendo en cuenta las siguientes prioridades: [...]
> (i) salud y bienestar de los animales";
> – "3.1.6. Bienestar de los animales. [...]
> 3.1.6.8. Está prohibida la ablación peduncular simple, incluidas todas las prácticas similares como la ligadura, la incisión y el aplastamiento".

Por tanto, según esta normativa, el crustáceo, al estar protegido en términos de bienestar animal, se considera a todos los efectos un animal sintiente.

Una señal casi imperceptible que ciertamente sólo puede tener una lectura positiva, pues muestra cómo el legislador europeo es consciente de que los crustáceos son animales a todos los efectos, pero que no es en absoluto suficiente para poder afirmar que nos encontramos ante un marco normativo satisfactorio en cuanto a la protección de estos invertebrados.

Por lo tanto, a la luz de lo expuesto, se puede afirmar que actualmente no existe una legislación comunitaria que regule y garantice el bienestar de los crustáceos destinados al consumo alimentario.

6. LOS CRUSTÁCEOS Y LA LEGISLACIÓN SOBRE LA PROTECCIÓN DE LOS ANIMALES DE EXPERIMENTACIÓN: HISTORIA DE UNA OPORTUNIDAD PERDIDA

La Directiva 2010/63/UE "relativa a la protección de los animales utilizados para fines científicos" se aplica, según el artículo 1, apartado 3, letra b), a:

> *(a) animales vertebrados no humanos vivos, incluidos:*
> *(i) las larvas autónomas para su alimentación, y*
> *(ii) los fetos de mamíferos a partir del último tercio de su desarrollo normal;*
> *(b) cefalópodos vivos*

Como se especifica en el Considerando 8, el legislador europeo ha considerado oportuno incluir también a los cefalópodos (ej. pulpos) en el ámbito de aplicación de la Directiva sobre la base de la existencia de pruebas científicas de la capacidad de estos animales para experimentar emociones como el dolor y la angustia:

> *"además de los animales vertebrados, que comprenden a los ciclóstomos, debe incluirse también a los cefalópodos en el ámbito de aplicación de la presente Directiva, ya que existen pruebas científicas de su capacidad de experimentar dolor, sufrimiento, angustia y daño duradero".*

Es claro, por tanto, que la inclusión de estos animales en la Directiva depende del reconocimiento de su sintiencia, requisito previo para considerar al animal digno de protección.

Si se examina con detenimiento, incluso esta Directiva —aunque marcó un punto de inflexión en la legislación de la UE sobre el bienestar de los animales porque protegió, por primera vez, una clase de invertebrados al reconocerlos como seres sensibles[47]— nada dice respecto a los crustáceos.

---

[47] Para un análisis más específico sobre el tema, GIMÉNEZ-CANDELA, M., JIMÉNEZ LÓPEZ, I., La Directiva 2010/63/UE y los cefalópodos. A propósito del Real Decreto 1386/2018, dA. Derecho Animal (Forum of Animal Law Studies) 10/3 (2019), https://doi.org/10.5565/rev/da.451

Sin embargo, un pasaje del proceso de redacción de la Directiva parece interesante a los efectos de esta exposición.

Como ya hemos señalado, en 2005, la EFSA, con ocasión de la publicación de su dictamen "*Aspects of the biology and welfare of animals used for experimental and other scientific purposes*", recomendó incluir en la Directiva sobre la experimentación animal (que en aquel momento era la 86/609/CEE) a los crustáceos decápodos, precisamente por su "comportamiento complejo y su conciencia, percepción del dolor y capacidad de aprendizaje"[48].

La inclusión sugerida nunca se concretó.

No obstante, el dictamen de la EFSA no pasó desapercibido ya que, unos años más tarde, en el borrador inicial de la nueva Directiva sobre la experimentación con animales (la —ahora vigente— 2010/63/UE, que posteriormente derogò la Directiva 86/609/CEE) también se incluyeron los crustáceos decápodos (Art. 2, paf. 2-Anexo1[49]).

Esta previsión no se confirmó entonces por falta de pruebas científicas que la respaldaran[50], y cualquier referencia a los crustáceos desapareció en el texto final de la Directiva, como ya se ha comentado.

Se trata sin duda de una oportunidad de protección perdida, pero nos permite hacer dos observaciones importantes:

– el legislador europeo ya se enfrentó a la cuestión de la sentiecia de los crustáceos, y en aquella ocasión no se descartó categóricamente desde el principio la posibilidad de su reconocimiento en términos de protección del bienestar animal. Aunque el texto final de la

---

48 Remítase al apartado 2.

49 "Artículo 2, Ámbito de aplicación: 2. La presente Directiva se aplicará a los siguientes animales: [...] b) los animales invertebrados vivos, incluidas las formas larvarias que se alimentan de forma independiente de las especies enumeradas en el anexo I". "Anexo I: Especies de invertebrados contempladas en el apartado 2 del artículo 2-Ciclóstomos;-Cefalópodos;-Crustáceos decápodos"
En https://eur-lex.europa.eu/legal-content/EN/TXT/?uri=COM%3A2008%3A0543%3AFIN

50 En concreto, se señaló que "there has never been any scientific proof of the sensitivity of invertebrates other than cephalopods" (Enmienda n. 75, en https://www.europarl.europa.eu/doceo/document/A-6-2009-0240_EN.html?redirect).

Directiva de 2010 no mantuvo la referencia propuesta en el proyecto inicial, al menos se consideró la cuestión.

– doce años para la ciencia y la investigación es mucho tiempo, y las pruebas científicas más recientes sobre el tema, que son cada vez más numerosas, detalladas y sólidas, lo demuestran[51]. Si en 2010 la cuestión se resolvió en los términos ilustrados (recordemos, por falta de evidencia científica suficiente que lo sustentara), se puede creer razonablemente que la misma cuestión, abordada hoy con una visión científica ciertamente más sustanciosa y sólida, tendría muchas posibilidades de resolverse para el reconocimiento de la protección del bienestar de los crustáceos. La ilustrada legislación sobre producción ecológica puede ser un buen augurio en este sentido.

7. LAS INICIATIVAS PROTECCIONISTAS ESTATALES

Frente a la inadecuada legislación europea, algunos signos positivos provienen de la legislación de algunos Estados miembros:

– *Austria.* Austria, además de ser el primer Estado europeo que, en 1986, modificó el estatuto jurídico de los animales, distinguiéndolos de las cosas, presume de una legislación avanzada en materia de protección del bienestar animal, que en algunas cuestiones supera las normas establecidas por la UE (nos referimos, por ejemplo, a la prohibición del uso de animales salvajes en los circos, la prohibición de la producción de foie gras, la prohibición de la publicidad online para la venta de animales de compañía y la eliminación de las jaulas enriquecidas para las gallinas ponedoras). Esta tendencia proteccionista también se da en el caso de los crustáceos.

La ley austriaca de bienestar animal de 2004, actualizada en 2017, define a los animales como "criaturas similares" a los humanos, y prohíbe infligirles dolor, sufrimiento o lesiones injustificadas o exponer-

---

51 Sobre este punto, *ex multis*, ROWE, A., Should Scientific Research Involving Decapod Crustaceans Require Ethical Review?, Journal of Agricultural and Environmental Ethics, 5 (2018), 625-634, https://doi.org/10.1007/s10806-018-9750-7

los a "ansiedad extrema", protegiendo así no solo su bienestar físico sino también el psicológico.

Se reconoce que el animal tiene libertad de movimiento, por lo que se le proporciona un espacio suficiente en función de sus necesidades psicológicas y etológicas, con la prohibición de mantenerlo permanentemente atado. La muerte de un animal, que nunca puede ser injustificada, debe ser infligida de forma que se evite el dolor, el sufrimiento, las lesiones o la ansiedad innecesarios y debe ir precedida del aturdimiento del animal, además de ser realizada por personas competentes.

Como se desprende del artículo 3[52], la ley austriaca de protección de los animales se aplica a todos los animales, incluidos los crustáceos.

– *Italia*. En Italia, aunque no existe una legislación nacional relativa al bienestar de los crustáceos, se observan signos positivos a nivel de jurisprudencia y de normativas locales que, en general, se centran sobre todo en la cuestión de la exposición para la venta de crustáceos vivos en hielo y/o con las pinzas atadas y en la práctica del hervido en vivo[53].

En cuanto al plano jurisprudencial, se ha convertido en algo histórico y ha tenido resonancia supranacional la sentencia del Tribunal Supremo en 2017 que impide mantener a los crustáceos en hielo porque esta práctica les provoca un sufrimiento inaceptable, confirmando la condena por maltrato animal a un restaurador que mantenía a los crustáceos en hielo y con las pinzas atadas[54].

---

52 "Geltungsbereich-§ 3. (1) Dieses Bundesgesetz gilt für alle Tiere. (2) Die §§ 7 bis 11 und das 2. Hauptstück, mit Ausnahme des § 32, gelten nur für Wirbeltiere, Kopffüßer und Zehnfußkrebse". Traducción de la autora: Ámbito de aplicación-§ 3. (1) La presente Ley Federal se aplicará a todos los animales. (2) Los § 7 a § 11 y el Capítulo 2, con excepción del § 32, se aplicarán únicamente a los vertebrados, cefalópodos y decápodos.

53 También cabe mencionar el proyecto "Dalla parte dei crostacei" de Animal Law Italia (ALI) —asociación sin ánimo de lucro a la vanguardia en Italia para el avance del marco normativo sobre la protección del bienestar animal— centrado precisamente en el bienestar animal de los crustáceos decápodos, con el objetivo de inducir al legislador a promulgar una legislación nacional de protección en la materia.

54 Tribunal de Casación Penal, sección III, sentencia 16/06/2017, nº 30177. No obstante, cabe destacar un caso similar en el que, en octubre de 2024, el Tri-

Según dictaminan los jueces, la existencia de procedimientos más respetuosos con el bienestar de los crustáceos que el uso de hielo, implantados por los operadores comerciales y restauradores del sector, no permite considerar esta práctica como una costumbre socialmente aceptada como para discriminar la conducta, que por tanto es penalmente relevante[55].

En otras palabras, dado que existen métodos de conservación menos crueles —aunque más costosos— que el hielo (como el uso de acuarios), quien conserva los crustáceos con este método comete el delito de maltrato (ex art. 727 del código penal italiano), complementado, precisamente, por mantener a los animales de forma que les cause un sufrimiento grave, incompatible con su naturaleza.

Esta sentencia se basa en un dictamen de 2007, emitido a petición del Ayuntamiento de Roma por el Centro di Referenza Nazionale per il Benessere Animale (CReNBA) del Istituto Zooprofilattico della Lombardia e dell'Emilia Romagna, relativo al sufrimiento de las langostas vivas y de las langostas conservadas en hielo con las pinzas atadas.

Este dictamen se pronuncia positivamente sobre el sufrimiento que tales prácticas de conservación infligen a los crustáceos[56], y con-

---

bunal de Roma absolvió a un restaurador acusado de un delito de maltrato de animales (artículo 544 ter del Código Penal italiano) por haber expuesto en hielo, con las pinzas atadas, ocho cangrejos y dos langostas vivos destinados al consumo en su restaurante.

El principal argumento esgrimido por el Tribunal de Primera Instancia se centró en la consideración de los crustáceos expuestos sobre hielo como productos alimenticios y no ya como animales en el sentido del artículo 2, letra b), del Reglamento (CE) nº 178/2002, en cuanto animales vivos preparados para ser comercializados para el consumo humano.

55 "No puede considerarse una costumbre socialmente valorada" (a diferencia del hervido en vida, que sí se considera lícito) mantener a esta especie animal "a temperaturas tan rígidas que provocan seguramente sufrimiento" (traducción de la autora).

56 "Colocar a los animales en hielo, aunque estén envueltos en bolsas a prueba de fugas, es absolutamente inapropiado tanto como anestesia como método de almacenamiento, ya que el contacto directo con el hielo provoca asimetría de perfrigeración, cambios bruscos de temperatura, choque hipoosmótico por el agua de deshielo o la condensación, hipoxia y estrés anaeróbico" (traducción de la autora. CONDOTTI P., dictamen de 29.07.07, Sofferenza di aragoste e astici vivi con le chele legate e su letto di ghiaccio durante la fase di commercializzazione, *op. cit.*

cluye refiriéndose indirectamente al principio fundamental de precaución, al afirmar que "aunque se discute si los crustáceos sienten dolor, a la espera de los resultados de estudios profundos y específicos, sería conveniente actuar sobre la base de una duda razonable de que lo sienten"[57].

También hay que tener en cuenta, como ya se ha mencionado, que existen normativas municipales y provinciales italianas que establecen medidas explícitas para proteger el bienestar de los crustáceos (como Roma, Ferrara, Turín, Alessandria, Benevento, etc.).

Estas normativas contienen, en general, disposiciones relativas a la gestión y las características de los acuarios (tamaño, volumen y forma), el sacrificio y la cocción de los crustáceos y el atado de las garras[58].

---

57 A título informativo, cabe señalar que este dictamen suscitó reacciones contrapuestas por parte de las autoridades competentes. En concreto, el CeIRSA, Centro de Seguridad Alimentaria de la Región del Piamonte, considera que el dictamen del Instituto no puede "aplicarse automáticamente de forma extensiva". La protección del bienestar de los crustáceos, por muy importante que sea, no puede ir en detrimento de la seguridad alimentaria (el almacenamiento a temperaturas superiores a la de congelación podría provocar, de hecho, un aumento de la carga bacteriana y un riesgo para los consumidores). En cuanto al atado de garras, CeIRSA recuerda que se considera una buena práctica a nivel internacional porque limita los daños causados por el comportamiento agresivo de los animales (canibalismo, heridas y mutilaciones). Ce.I.R.S.A., Esposizione di crostacei vivi per la vendita o la somministrazione, (2017), https://www.ceirsa.org/fd.php?path=201701/Parere_crostacei_esposti_su_ghiaccio_ 20.01.17.pdf

58 A título de ejemplo, el Reglamento para el Bienestar y la Protección de los Animales del Municipio de Milán, aprobado por la Resolución del Consejo Municipal nº 4 de 3 de febrero de 2020, establece que: Capítulo VIII-Art. 33-Gestión de los crustáceos vivos destinados al consumo humano: 1. [...] el Ayuntamiento de Milán se esforzará por adoptar técnicas de gestión de los crustáceos decápodos vivos destinados al consumo humano que minimicen el sufrimiento de estos animales [...] 3. El almacenamiento de crustáceos vivos para su alimentación puede realizarse en contenedores isotérmicos a baja temperatura o en acuarios. 4. Los animales dentro de los contenedores isotérmicos pueden tener las garras atadas. 5. Los crustáceos vivos destinados a la alimentación mantenidos fuera de los acuarios no pueden ser expuestos al público. 6. En los acuarios, las diferentes especies deben mantenerse separadas. La densidad de los animales no debe superar los 10 kg por metro cuadrado. La temperatura del agua , según las distintas especies (aguas templadas, aguas tropicales), puede variar entre 5 y 16 grados. La densidad del agua de mar debe estar entre 33,5 y 35,5 g/l. El agua

Sin embargo, como ha sido observado[59], no puede decirse que estas disposiciones sean satisfactorias en cuanto a la eficacia de la protección, ya que, aunque son importantes motores para el avance de la protección del bienestar animal de los crustáceos, son en su mayoría vagas, carentes de uniformidad y de consideración de las especificidades de las diferentes especies, y sin directrices científicamente orientadas.

En cuanto a los demás Países miembros, llegan tímidas señales de Francia, donde en 2012 el Ministerio de Agricultura emitió una "nota de servicio" para garantizar la correcta manipulación de crustáceos y pescados vivos antes de su venta y consumo[60] (se trata, por tanto, de soft law, es decir, de disposiciones sin efecto vinculante directo), y por el Consejo de Bienestar Animal de Bruselas, que declaró en 2021[61] que es necesario legislar sobre el sacrificio de crustáceos decápodos también en la Región de Bruselas-Capital (se trata de una declaración de intenciones que aún no se ha traducido en una reforma legal concreta).

Si consideramos la Europa continental, podemos encontrar la Ley noruega de bienestar animal de 2010, que ofrece protección legal a

---

debe estar bien oxigenada y no turbia, y la concentración de amoníaco debe ser inferior a 1 mg/l. Los animales dentro de los acuarios deben tener las garras atadas. 7. Los crustáceos vivos sólo pueden venderse en el comercio al por mayor. 8. En el comercio minorista, los crustáceos deben ser sacrificados por el vendedor antes de su entrega al consumidor. 9. En cualquier caso, los crustáceos deben matarse antes de ser cocinados. Los crustáceos deben matarse con una descarga eléctrica. Alternativamente, los animales pueden ser sacrificados por destrucción mecánica del ganglio cerebral, realizada en el sujeto anestesiado por enfriamiento. En el caso de los animales mantenidos en contenedores isotérmicos, es posible utilizar también el enfriamiento rápido por aire (enfriamiento rápido a una temperatura de 4°C o inferior).

59 LIUZZO, G, ROSSI, R, GIACOMETTI, F, MESCOLINI, G, PIVA, S, SERRAINO, A., Analysis of Provincial and Municipal Regulations Governing Crustacean Welfare in Italy, Italian Jordan of Food Safety 6(1) (2017 Mar 28), 6228, doi: 10.4081/ijfs.2017.6228.

60 Ministerio francés de Agricultura, Agroalimentación y Bosques. Nota de servicio DGAL/SDSSA/N2012-8219, de 20 de noviembre de 2012. Authorisation and Health Inspection of Storage Tanks for Crustaceans and Seawater and Freshwater Fish, (París 2012), en https://www.vetofish.com/sites/ vetofish.com/files/legislation/dgal-sdssa-n-2012-8219.pdf

61 Department Animal Welfare of Brussels Environment, Advice of the Brussels Animal Welfare Council (24/06/2021) on stunning when killing decapod crustaceans.

los decápodos en las fases de sacrificio, confinamiento y transporte, y Suiza, donde los decápodos están protegidos desde 2008 con la Ordenanza de bienestar animal de 23 de abril (sección 4: peces y decápodos). Desde marzo de 2018, las normas de bienestar se han elevado y existen medidas de protección durante la fase de transporte y conservación, con la obligación de mantener a los animales en un entorno "natural" mientras estén vivos (es decir, en agua salada). En cuanto a la fase de sacrificio, se estipula que sólo debe ser realizada por personas con los conocimientos y la experiencia práctica necesarios, y con aturdimiento previo (eléctrico o por "destrucción mecánica" del cerebro). Está prohibido hervir en vida.

Por último, hay que hacer una mención especial al Reino Unido, país que desde hace unos meses está a la vanguardia de la cuestión de la protección de los crustáceos, tras la publicación en 2021 del mencionado estudio "*Review of the Evidence of Sentience in Cephalopod Molluscs and Decapod Crustaceans*", que, como se ha comentado, dio un impulso fundamental para replantear el modelo de protección legal de los crustáceos.

Precisamente sobre la base de las conclusiones y recomendaciones[62] de este informe, se redactó un proyecto de ley (el *Animal Welfare Sentience Bill*) para ampliar la definición de animal[63], de modo que los crustáceos decápodos y los moluscos cefalópodos también se incluyeran en la normativa sectorial[64].

---

62 "Recomendamos que todos los moluscos cefalópodos y los crustáceos decápodos sean considerados animales sintientes a efectos de la Ley de Bienestar Animal del Reino Unido. Deberían contarse como "animales" a efectos de la Ley de Bienestar Animal de 2006 e incluirse en el ámbito de cualquier legislación futura relativa a la sensibilidad animal" (Informe de la LSE, 2021, *op. cit.*, traducción de la autora).

63 Aunque los Animal Welfare Acts del Reino Unido definen un "animal" como "un vertebrado distinto del ser humano", se establece que las autoridades nacionales competentes pueden ampliar la definición de "animal" para incluir a los invertebrados "si las [autoridades] están convencidas, basándose en pruebas científicas, de que los animales del tipo en cuestión son capaces de experimentar dolor y sufrimiento".

64 El proyecto de ley establece que, a efectos de la ley, por "animales" se entiende, además de los vertebrados, los moluscos cefalópodos y los crustáceos decápodos (punto 5).

El 25 de mayo de 2023, con el anuncio por parte del gobierno del Reino Unido de la composición del Comité de Sentiencia Animal, entró en vigor el *Animal Sentience Act*.

8. CONCLUSIONES

Recopilando lo que se ha dicho, cabe destacar algunas conclusiones decisivas:

– El bienestar de los animales es un concepto que ya ha penetrado en el mundo del derecho, hasta el punto de que ha sido reconocido como principio general por el Tribunal de Justicia de la Unión Europea[65].

  La Unión Europea vincula y condiciona la protección del bienestar de los animales al reconocimiento de su sintiencia[66].

  Ya en 1999, con la entrada en vigor del Tratado de Ámsterdam, los animales fueron reconocidos oficialmente por la Unión Europea como seres sintientes[67]. En 2007, este concepto se cris-

---

65 En concreto, se hace referencia a la sentencia del Tribunal de Justicia de 17 de diciembre de 2020 sobre el sacrificio ritual (asunto C 336/19) en la que el Tribunal, interpretando el art. 13 TFUE, establece por primera vez: " Cuando están en juego varios derechos fundamentales y principios consagrados por los Tratados, como son, en este caso, el derecho garantizado en el artículo 10 de la Carta y el bienestar de los animales consagrado en el artículo 13 TFUE, la valoración de la observancia del principio de proporcionalidad debe llevarse a cabo respetando la necesaria conciliación de las exigencias relacionadas con la protección de los distintos derechos y el justo equilibrio entre ellos" (punto 65).

66 GIMÉNEZ-CANDELA, M., Sentiencia y bienestar en animales de experimentación, dA. Derecho Animal (Forum of Animal Law Studies), 9/4 (2018), 10, https://doi.org/10.5565/rev/da.385

67 Tratado de Amsterdam, Protocolo nº. 33/1997 sobre la protección y el bienestar de los animales: "Las Altas Partes Contratantes, deseando garantizar una mayor protección y respeto del bienestar de los animales como seres sensibles , han convenido en la disposiciön siguiente, que se incorporarà como anexo al Tratado constitutivo de la Comunidad Europea: Al formular y aplicar las politicas comunitarias en materia de agricultura , transporte, mercado interior e investigaciön, la Comunidad y los Estados miembros tendrän plenamente en cuenta las exigencias en materia de bienestar de los animales, respetando al mismo tiempo las disposiciones legales o administrativas y las costumbres de los

talizó en el artículo 13 del Tratado de Funcionamiento de la UE , aún en vigor, según el cual las exigencias de bienestar de los animales *como seres sintientes* deben tenerse plenamente en cuenta en la formulación o aplicación de determinadas políticas europeas[68].

Es sobre esta base que se desarrolla toda la legislación europea relativa a la protección del bienestar animal.

– La sintiencia de los crustáceos decápodos y, por tanto, su capacidad de sentir dolor y angustia, puede decirse ahora reconocida a nivel científico. La cuestión se viene planteando desde hace décadas y poco a poco ha ido ganando más y más terreno en los últimos años, culminando con el reciente estudio británico de la LSE que, revisando toda la documentación científica sobre el punto, deja poco lugar a dudas: los crustáceos son seres sintientes[69].

Estados miembros relativas, en particular, a ritos religiosos, tradiciones culturales y patrimonio regional". Tratado de Amsterdam-Protocolos anejos al Tratado constitutivo de la Comunidad Europea-Protocolo sobre la protección y el bienestar de los animales (Diario Oficial n° C 340 de 10/11/1997, p. 0110).

68 Art. 13 TFUE: "Al formular y aplicar las políticas de la Unión en materia de agricultura, pesca, transporte, mercado interior, investigación y desarrollo tecnológico y espacio, la Unión y los Estados miembros tendrán plenamente en cuenta las exigencias en materia de bienestar de los animales como seres sensibles, respetando al mismo tiempo las disposiciones legales o administrativas y las costumbres de los Estados miembros relativas, en particular, a ritos religiosos, tradiciones culturales y patrimonio regional."

69 El hecho de que el Informe no hable de certeza sino de fuerte probabilidad no debe frenar al legislador: la imposibilidad de expresarse en términos absolutos, de hecho, como subraya el propio Informe, deriva de la falta de pruebas positivas suficientes sobre la sintiencia de estos animales, y no de la existencia de pruebas negativas de la misma. Por lo tanto, esto debe estimular el crecimiento y el fortalecimiento de la investigación científica sobre el punto, y la aplicación del principio fundamental de precaución. De hecho, este último puede invocarse (ex artículo 191 del TFUE) cuando sea necesario actuar ante un posible peligro para la salud humana, animal o vegetal, o para la protección del medio ambiente cuando los datos científicos disponibles no permitan una evaluación completa del riesgo. Por lo tanto, el recurso a este principio se inscribe en el marco general del análisis y la gestión de riesgos ante un riesgo potencial, no cierto. Según el mismo, hay que adoptar medidas de prudencia cuando hay suficientes pruebas científicas (pero no necesariamente pruebas absolutas) de que la inacción puede provocar daños, y cuando las medidas pueden justificarse en términos de costes-eficacia.

- A pesar de estas evidencias científicas, los crustáceos siguen excluidos de la normativa europea sobre bienestar animal, con la consecuencia de que la industria alimentaria relacionada con el consumo de estos animales se desarrolla en ausencia total de normas de protección, con los consiguientes problemas críticos en materia de bienestar animal, ilustrados anteriormente.
- La débil señal positiva derivada de la legislación ecológica europea (ver par. 5) no es suficiente para poder considerar a los crustáceos adecuadamente protegidos, y, por el contrario, pone de manifiesto una incoherencia del sistema que no encuentra justificación razonable, y que debería conducir cuanto antes a una adecuación normativa que, también en aplicación del principio de precaución, tenga como objetivo elevar la consideración jurídica de estos seres vivientes.
- Europa se autodefine como una "sociedad basada en el conocimiento" (knowledge-based society)[70], es decir, que inspira sus políticas y medidas legislativas en los mejores conocimientos science-based y evidence-based.

  Alinearse con las mejores pruebas científicas disponibles (con la colaboración de múltiples organismos de investigación, como la EFSA) es, de hecho, un factor clave para la UE a la hora de mejorar y reforzar el desarrollo y la aplicación de sus políticas.

  El ámbito relativo al bienestar animal tiene un carácter fuertemente científico, hasta el punto de que está vinculado a los mecanismos de funcionamiento de las instituciones europeas a través de una relación recíproca, ya que conocimientos y valores tienden a generarse y legitimarse mutuamente, en una especie de proceso de coproducción[71].

---

70 El año 2000 puede identificarse como una fecha simbólica, en la que la Cumbre de Lisboa destacó la necesidad de que Europa acelerara su tránsito hacia la "sociedad del conocimiento". Consejo Europeo de Lisboa, 23 y 24 de marzo de 2000-Conclusiones sobre la residencia.

71 TALLACCHINI M., Il sentire animale tra scienze, valori e policies europee, Rivista di diritto alimentare, 3/XV (Luglio-Settembre 2021), p. 27, http://www.rivistadirittoalimentare.it/rivista/2021-03/TALLACCHINI.pdf

- A esto podemos añadir un elemento ulterior: el consumidor. De hecho, es esencial considerar la circunstancia de que el consumidor europeo se ha vuelto cada vez más sensible a la cuestión del bienestar animal en las últimas décadas, especialmente en lo que respecta a los animales de producción[72].

  En este contexto de aumento general de la concientización social sobre el tema, también se ha prestado atención a los animales tradicionalmente considerados "inferiores", como los peces y los crustáceos. De hecho, la pesca es un sector que históricamente ha tenido muy poca consideración desde el punto de vista del "bienestar" de los animales implicados, pero que en tiempos más recientes ha despertado el interés y la preocupación de un número siempre creciente de consumidores[73].

Por todo lo anterior, parece claro que la ausencia de disposiciones europeas relativas a la protección del bienestar animal de los crustáceos es una circunstancia totalmente inadecuada y anacrónica, y que es necesario intervenir para alinear las políticas de la UE con las necesidades de los consumidores y con las mejores y más recientes pruebas científicas disponibles, que apoyan la sintiencia de estos animales.

A este respecto, cabe señalar que la UE había anunciado una importante revisión normativa —estimada para el segundo semestre de 2023[74]— de toda su legislación europea en materia de bienestar animal, con el fin de adaptarla a las últimas evidencias científicas,

---

72 Los datos del Eurobarómetro de 2016 muestran que casi todos los ciudadanos europeos (94%) consideran importante el bienestar de los animales de granja. El 82% cree que los animales de granja deberían estar mejor protegidos que ahora y el 64% de los ciudadanos europeos desearía tener más información sobre el trato que reciben estos animales en su país. La mitad de los ciudadanos se fijan en las etiquetas para identificar los productos con normas de bienestar animal más estrictas y el 59% está dispuesto a pagar más por productos respetuosos con el bienestar animal. EU DG Health and Food Safety, Special Eurobarometer 442 Attitudes of Europeans towards Animal Welfare, (European Commission 2016), https://europa.eu/eurobarometer/surveys/detail/2096

73 Para profundizar en el tema de la falta de protección de los peces, LEVENDA, K., Legislation to Protect the Welfare of Fish, Animal Law, Vol. 20 (2013), 119.

74 Calendario estimado en el Programa de Trabajo 2023 publicado el 18 de octubre de 2022 por la Comisión Europea, https://ec.europa.eu/info/strategy-documents/commission-work-programme/commission-work-programme-2023_it

ampliar su ámbito de aplicación, facilitar su cumplimiento y, en definitiva, garantizar un mayor nivel de bienestar animal. Lamentablemente, esta ambiciosa y fundamental reforma aún no se ha concretado.

Sin embargo, se considera que la cuestión debe entenderse no tanto como eliminada cuanto como meramente pospuesta, no sólo por los compromisos ya ineludibles asumidos por la Comisión Europea a este respecto (que, de incumplirse, socavarían la propia alma democrática de la UE), sino, sobre todo, por su irrefrenable urgencia.

Por otra parte, la propia Comisión Europea ha declarado recientemente[75]: "Las actuales normas de la UE —sobre el bienestar de los animales (ed.)— deben ser actualizadas a la luz de los nuevos avances y datos científicos y tecnológicos, así como de las necesidades en evolución de la sociedad".

Por lo tanto, podemos concluir diciendo que nos encontramos en un momento especialmente delicado y de transición en lo que respecta a la posibilidad de elevar los estándares europeos de bienestar animal.

Por ello, es de esperar que el legislador europeo proceda cuanto antes a actualizar la legislación en este sentido, incluyendo, entre otras cosas, a los crustáceos decápodos en el acquis comunitario sobre bienestar animal, reconociéndolos por fin como animales y no (sólo) como alimentos, desarrollando la —aunque tímida— apertura ofrecida por la mencionada normativa comunitaria sobre producción ecológica.

---

75 El 4 de octubre de 2022, la Comisión publicó uno de los primeros resultados de esta revisión, identificando entre las cuestiones críticas específicas que surgieron del análisis de la legislación precisamente la falta de adaptación a las últimas pruebas científicas y a las expectativas y preocupaciones éticas de los consumidores, así como la falta de requisitos de protección específicos para los peces, ahora reconocidos por la ciencia como seres sintientes. También se afirma que es necesario actualizar las disposiciones reglamentarias existentes para colmar las lagunas normativas en relación con determinadas especies. Commission staff working document fitness check of the EU Animal Welfare legislation, 4.10.2022, en https://ec.europa.eu/transparency/documents-register/detail?ref=SWD(2022)328&lang=en

9. BIBLIOGRAFÍA

ANDREWS, P.L.R., Laboratory Invertebrates: Only Spineless, or Spineless and Painless?, ILAR Journal, 52/2 (2011), 121-125, DOI:10.1093/ilar.52.2.121.

BIRCH, J., BURN, C., SCHNELL, A., BROWNING, H., CRUMP, A., Review of the Evidence of Sentience in Cephalopod Molluscs and Decapod Crustaceans, Affiliation: The London School of Economics and Political Science (London 2021).

BIRCH, J., SCHNELL, A.K., CLAYTON, N.S., Dimensions of animal consciousness, Trends in Cognitive Sciences (2020) 24(10), 789-801.

BRAITHWAITE, V., Do fish feel pain?, Oxford University Press (UK 2010).

CARLETTI, C., Il regime giuridico della pesca e dell'acquacoltura alla luce del diritto internazionale del mare e dell'Unione Europea. Profili normativi, strutturali e operativi nella dimensione multilivello, Editoriale scientifica (Naples 2016).

Ce.I.R.S.A.-Centro Interdipartimentale di Ricerca e Documentazione sulla Sicurezza Alimentare, Esposizione di crostacei vivi ai fini della vendita o della somministrazione, (2017), https://www.ceirsa.org/fd.php?path=201701/Parere_crostacei_esposti_su_ghiaccio_ 20.01.17.pdf

CONDOTTI, P., Sofferenza di aragoste e astici vivi con chele legate e su letto di ghiaccio durante la fase di commercializzazione, 29.07.07, https://www.ceirsa.org/fd.php?path= 201701/Parere_crostacei_esposti_su_ghiaccio_20.01.17.pdf

CONTE, F., VOSLAROVA, E., VECEREK, V., ELWOOD, R.W., COLUCCIO, P., PUGLIESE, M., PASSANTINO, A., Humane Slaughter of Edible Decapod Crustaceans, Animals (2021), 11(4), 1089, https://doi.org/10.3390/ani11041089.

CRUSTACEAN COMPASSION, The case for the legal protection of decapod crustaceans (2021), https://www.crustaceancompassion.org/reports.

DIARTE-PLATA, G., SAINZ-HERNÁNDEZ J., C., AGUIÑAGA-CRUZ J., A., FIERRO-CORONADO J., A., POLANCO-TORRES, A., PUENTE-PALAZUELOS, C., Eyestalk ablation procedures to minimize pain in the freshwater prawn Macrobrachium Americanum, Applied Animal Behaviour Science, 140(3-4), (2012) 172-178, https://doi.org/10.1016/j.applanim.2012.06.002

DUGAS-FORD, J, ROWELL, J.J, RAGSDALE, C.W, Cell-type homologies and the origins of the neocortex, Proc Natl Acad Sci USA, 109(42), (2012 Oct 16), 16974-9.

EFSA AHAW Panel, Opinion of the Scientific Panel on Animal Health and Welfare on a request from the Commission related to "Aspects of the biology and welfare of animals used for experimental and other scientific purposes" (2005), The EFSA Journal 292, 1-46, https://doi.org/10.2903/j.efsa.2005.292

EU DG Health and Food Safety, Special Eurobarometer 442 Attitudes of Europeans towards Animal Welfare, (European Commission 2016), https://europa.eu/eurobarometer/surveys/detail/2096

EUROGROUP FOR ANIMALS, Decapod Crustaceans and Cephalopod Molluscs in EU Animal Welfare Legislation (2021), https://www.eurogroupforanimals.org/library/decapod-crustaceans-and-cephalopod-molluscs-eu-animal-welfare-legislation

EUROPEAN COMMISSION, Overview of EU aquaculture (fish farming), https://ec.europa.eu/oceans-and-fisheries/ocean/blue-economy/aquaculture/overview-eu-aquaculture-fish-farming_en

FRENCH MINISTRY OF AGRICULTURE, AGRIFOOD AND FORESTRY, Service Note DGAL/SDSSA/N2012-8219, Authorisation and Health Inspection of Storage Tanks for Crustaceans and Seawater and Freshwater Fish (Paris 20 November 2012), https://www.vetofish.com/sites/vetofish.com/files/legislation/dgal-sdssa-n-2012-8219.pdf

GIMÉNEZ-CANDELA, M., Sentiencia y bienestar en animales de experimentación, dA. Derecho Animal (Forum of Animal Law Studies), 9/4 (2018), 10-18, https://doi.org/10.5565/rev/da.385

GIMÉNEZ-CANDELA, M., JIMÉNEZ LÓPEZ, I., La Directiva 2010/63/UE y los cefalópodos. A propósito del Real Decreto 1386/2018, dA. Derecho Animal (Forum of Animal Law Studies), 10/3 (2019), https://doi.org/10.5565/rev/da.451.

GÜNTER, E., RAYMOND, R., Awareness and consciousness in humans and animals-neural and behavioral correlates in an evolutionary perspective, Frontiers in Systems Neuroscience, 16/2022, DOI:10.3389/fnsys.2022.941534.

JONES, R. C., Fish sentience and the precautionary principle, Animal Sentience 3/10 (2016), DOI: 10.51291/2377-7478.1032.

LEVENDA, K., Legislation to Protect the Welfare of Fish, Animal Law, Vol. 20 (2013), 119.

LIUZZO, G, ROSSI, R, GIACOMETTI, F, MESCOLINI, G, PIVA, S, SERRAINO, A., Analysis of Provincial and Municipal Regulations Governing Crustacean Welfare in Italy, Italian Jordan of Food Safety 6(1) (2017 Mar 28), 6228, doi: 10.4081/ijfs.2017.6228.

MAGEE, B., ELWOOD, R.W., Shock avoidance by discrimination learning in the shore crab (*Carcinus maenas*) is consistent with a key criterion for pain, Journal of Experimental Biology (2013), 216 (3), 353-358, https://doi.org/10.1242/jeb.072041

PATTERSON, L., T.A., DICK, J., ELWOOD, R.W., Claw removal and feeding ability in the edible crab, Cancer pagurus: Implications for fishery practice (2009), Applied Animal Behaviour Science, 116(2), 302-305, DOI:10.1016/j.applanim.2008.08.007

ROWE, A., Should Scientific Research Involving Decapod Crustaceans Require Ethical Review?, Journal of Agricultural and Environmental Ethics, 5 (2018), 625-634, https://doi.org/10.1007/s10806-018-9750-7

SNEDDON, L.U, Evolution of nociception and pain: evidence from fish models, 374, 1785, Phil. Trans. R. Soc. B. (2019), https://doi.org/10.1098/rstb.2019.0290

STACHO, M., HEROLD, C., ROOK, N., WAGNER, H., AXER, M., AMUNTS, K., & GÜNTÜRKÜN, O., A cortex-like canonical circuit in the avian forebrain, Science (2020) 369, 6511, DOI: 10.1126/science.abc5534

TALLACCHINI M., Il sentire animale tra scienze, valori e policies europee, Rivista di diritto alimentare, 3/XV (Luglio-Settembre 2021), http://www.rivistadirittoalimentare.it/rivista/2021-03/TALLACCHINI.pdf

WELSH, J.E., KING, P.A., MACCARTHY, E., Pathological and physiological effects of nicking on brown crab (Cancer pagurus) in the Irish crustacean fishery, Journal of invertebrate pathology, 112(1), (2013), 49-56, https://doi.org/10.1016/j.jip.2012.08.006

Fuentes normativas y jurisprudenciales

Comisión Europea, Programa de trabajo 2023 publicado el 18 de octubre de 2022.

Commission staff working document fitness check of the EU Animal Welfare legislation, 4.10.2022.

Consejo Europeo de Lisboa, 23 y 24 de marzo de 2000-Conclusiones sobre la residencia.

Declaración de Cambridge sobre la Conciencia (2012).

Directiva 86/609/CEE del Consejo de 24 de noviembre de 1986 relativa a la aproximación de las disposiciones legales, reglamentarias y administrativas de los Estados Miembros respecto a la protección de los animales utilizados para experimentación y otros fines científicos (derogada).

Directiva 98/58/CE del Consejo, de 20 de julio de 1998, relativa a la protección de los animales en las explotaciones ganadera.

Directiva 1999/74/CE del Consejo de 19 de julio de 1999 por la que se establecen las normas mínimas de protección de las gallinas ponedoras.

Directiva 2002/4/CE de la Comisión, de 30 de enero de 2002, relativa al registro de establecimientos de gallinas ponedoras, cubiertos por la Directiva 1999/74/CE del Consejo.

Directiva 2007/43/CE del Consejo, de 28 de junio de 2007, por la que se establecen las disposiciones mínimas para la protección de los pollos destinados a la producción de carne.

Directiva 2008/120/CE del Consejo, de 18 de diciembre de 2008, relativa a las normas mínimas para la protección de cerdos.

Directiva 2008/119/CE del Consejo, de 18 de diciembre de 2008, relativa a las normas mínimas para la protección de terneros.

Directiva 2010/63/UE del Parlamento Europeo y del Consejo, de 22 de septiembre de 2010, relativa a la protección de los animales utilizados para fines científicos (vigente).

Parlamento europeo, Report on the proposal for a directive of the European Parliament and of the Council on the protection of animals used for scientific purposes.

Proposal for a Directive of the European Parliament and of the Council on the protection of animals used for scientific purposes {SEC(2008) 2410} {SEC(2008) 2411}.

Reglamento (CE) nº 2406/96 del Consejo de 26 de noviembre de 1996 por el que se establecen normas comunes de comercialización para determinados productos pesqueros.

Reglamento (CE) nº 178/2002 del Parlamento Europeo y del Consejo, de 28 de enero de 2002, por el que se establecen los principios y los requisitos generales de la legislación alimentaria, se crea la Autoridad Europea de Seguridad Alimentaria y se fijan procedimientos relativos a la seguridad alimentaria.

Reglamento (CE) n° 853/2004 del Parlamento Europeo y del Consejo, de 29 de abril de 2004, por el que se establecen normas específicas de higiene de los alimentos de origen animal.

Reglamento (CE) nº 1/2005 del Consejo, de 22 de diciembre de 2004, relativo a la protección de los animales durante el transporte y las operaciones conexas.

Reglamento (CE) nº 169/2009 del Consejo, de 26 de febrero de 2009, por el que se aplican las normas de la competencia a los sectores de los transportes por ferrocarril, por carretera y por vía navegable.

Reglamento (CE) nº 1099/2009 del Consejo, de 24 de septiembre de 2009, relativo a la protección de los animales en el momento de la matanza.

Reglamento (UE) nº 1379/2013 del Parlamento Europeo y del Consejo de 11 de diciembre de 2013 por el que se establece la organización común de mercados en el sector de los productos de la pescay de la acuicultura.

Reglamento (UE) 2019/1241 del Parlamento Europeo y del Consejo, de 20 de junio de 2019, sobre la conservación de los recursos pesqueros y la protección de los ecosistemas marinos con medidas técnicas.

Tratado de Amsterdam-Protocolos anejos al Tratado constitutivo de la Comunidad Europea-Protocolo sobre la protección y el bienestar de los animales (Diario Oficial n° C 340 de 10/11/1997 p. 0110).

Tratado de Funcionamiento de la Unión Europea.

Animal Welfare Act (Reino Unido 2006).

Animal Welfare (Sentience) Bill (Reino Unido 2021).

Animal Welfare Act (Austria 2004).

Animal Welfare Act (Noruega 2010).

Animal Welfare Ordinance (Suiza 2008).

Código Penal Italiano.

Department Animal Welfare of Brussels Environment, Advice of the Brussels Animal Welfare Council (24/06/2021) on stunning when killing decapod crustaceans.

Ministerio francés de Agricultura, Agroalimentación y Bosques, Service Note DGAL/SDSSA/N2012-8219, 20 Nov 2012, Authorisation and Health Inspection of Storage Tanks for Crustaceans and Seawater and Freshwater Fish; Paris, France, 2012.

Reglamento para el Bienestar y la Protección de los Animales del Municipio de Milán, aprobado por la Resolución del Consejo Municipal nº 4 de 3 de febrero de 2020.

Tribunal de Casación Penal, Sección III, Sentencia 16/06/2017, nº 30177.

Tribunal de Justicia (Gran Sala), sentencia de 17 de diciembre de 2020-Centraal Israëlitisch Consistorie van België y otros (Asunto C-336/19).

Intervención de la Administración estatal española en la conservación de recursos pesqueros

Intervention of the spanish state Administration in the conservation of fishery resources

ELENA-ISABEL CARA FUENTES
Prof. Ayte. Dr. (ANECA)
Universidad Internacional de La Rioja (UNIR)
elena.cara@unir.net; elena@elenacara.es

Resumen: La Administración interviene en todos los sectores de la economía, abordando sus distintas facetas. Este trabajo pretende poner de manifiesto las incidencias que conlleva la publicación de órdenes ministeriales en materia de conservación y de protección de recursos pesqueros. Ya sea por cuestiones jurídicas genuinas, ya sea por intereses económicos también respetables, se suscitan discrepancias en torno a qué Administración es competente para regular una de las vertientes de los recursos pesqueros. Igualmente, hay posiciones encontradas respecto a hasta qué punto las normas jurídicas que crea la Administración (reglamentos) pueden limitarse a concretar o bien a desarrollar las prescripciones legales, innovando el ordenamiento jurídico en mayor o menor grado. En cada caso, ha de seguirse un procedimiento distinto.

Palabras clave: Reglamento, Administración pública, Pesquería, Medio ambiente marino, Proceso judicial.

***Abstract**: The Administration intervenes in all sectors of the economy, addressing its different facets. The aim of this paper is to highlight the effects of the publication of ministerial orders on the conservation and protection of fishery resources. Whether due to genuine legal issues or to respectable economic interests, discrepancies arise as to which Administration is competent to regulate one of the aspects of fishery resources. Likewise, there are conflicting positions as to the extent to which the legal norms created by the Administration (regulations) can be limited to specifying or developing the legal prescriptions, innovating the legal system to a greater or lesser degree. In each case, a different procedure must be followed.*

***Keywords:** Statutes, Public administration, Sea fishing, Marine environment, Trial.*

1. PRESENTACIÓN

El milagro de la multiplicación del pan y de los peces recogido en los Evangelios[1] es conocido en general y, más allá de connotaciones religiosas, simboliza la importancia universal de estos alimentos para el conjunto de la población, en el devenir de la Historia y en las diferentes civilizaciones.

La pesca puede conservar reminiscencias de atavismo[2], pese al manejo cotidiano de toda la tecnología aplicable a este sector de la economía. No faltan estudios sobre cómo a lo largo de los diferentes siglos se ha tenido acceso a la pesca[3], o incluso respecto del tratamiento jurídico de los peces[4], si bien en este trabajo el foco de interés radica en qué hace la Administración para proteger la biodiversidad marina, a través de la regulación de la pesca. Sabido es que las leyes dimanan de los Parlamentos, en el supuesto de España, el estatal y los autonómicos, mientras que la Administración como tal tiene en su mano la generación de las normas jurídicas denominadas reglamentos, amén de tener que respetar las leyes en general.

El ejercicio profesional de la pesca[5] ha venido condicionado, de una parte, por la evolución técnica de las naves y de las artes de pesca en sí y, de otra, por la normativa aplicable. En esta materia hay normas internacionales y estatales; en países como España, que cuenta con regiones erigidas en Comunidades Autónomas con asamblea legislativa propia, también existe normativa autonómica de rango legal, que aborda las facetas que le permite la Constitución. Cada una de las administraciones con alguna competencia directa o indirecta

---

1 Marcos 6,34-44; Mateo 14:13-21; Lucas 9:16.

2 SOROLLA, J. ¡Aún dicen que el pescado es caro!, 1894, óleo sobre lienzo.

3 ASTORGA BELTRÁN, M. Análisis histórico del régimen de acceso a los recursos pesqueros en el Derecho Español (siglos V-XIX). dA. Derecho Animal ("Forum of Animal Law Studies"). (Vol. 10, nº 2, marzo de 2019), en: https://raco.cat/index.php/da/article/view/v10-n2-astorga-beltran [última consulta: 24 de septiembre de 2022]

4 GIMÉNEZ-CANDELA, T. Tratamiento jurídico de los peces en la UE y en España, en dA.Derecho Animal (Forum of Animal Law Studies). (Vol. 10, nº 4, 2019) en: https://revistes.uab.cat/da/article/view/v10-n4-gimenez-candela-2 [última consulta: 24 de septiembre de 2022].

5 No se trata aquí de la deportiva.

sobre la pesca, actúa (o no[6]) a diario, a la vez que genera distintos reglamentos.

Como en toda actividad humana, especialmente en las de tipo económico, hay quienes actúan al margen o bien abiertamente en contra de lo establecido por las normas jurídicas. Más allá de la cuestión jurídica de lo que significa infringir la ley, aparece el hecho de que la pesca ilegal, o bien no declarada, o bien no reglamentada, constituye, sobre todo el ámbito internacional, un problema importante para la economía y también en términos de Derecho ambiental.

Ahora bien, dado que la Administración va creando cada año diferentes reglamentos, cuya legalidad se cuestiona en ocasiones por medio de procesos judiciales, hasta el momento que existe una sentencia firme al respecto hay una duda de si finalmente la postura del recurrente en sede judicial, o bien la de la Administración será la que configure esa frontera o límite entre la pesca legal, o ilegal, reglamentada, o no.

En términos de URBINA, la pesca que no respeta la normativa aplicable, dada su entidad, "constituye en la actualidad la mayor amenaza global a la gestión sostenible de los recursos marinos"[7] de modo que, ante la falta de eficacia de los controles del estado del pabellón, las organizaciones regionales de ordenación pesquera son quienes

---

6 CARA FUENTES, E. I., Incuria administrativa en Dserecho Español: curas jurisdiccionales, en Revista de la Facultad de Derecho de México, Vol. 72, n.° 282, México, 2022), DOI: http://10.22201/fder.24488933e.2022.282.80323 [última consulta: 24 de septiembre de 2022].

7 URBINA, J. J. La cooperación internacional en la aplicación de medidas comerciales para luchar contra la pesca ilegal, no declarada y no reglamentada, en Revista Electrónica de Estudios Internacionales. (n.° 33, junio 2017), en http://www.reei.org/index.php/revista/num33/articulos/cooperacion-internacional-aplicacion-medidas-comerciales-para-luchar-contra-pesca-ilegal-declarada-reglamentada [última consulta: 24 de septiembre de 2022]. DOI: 10.17103/reei.33.04.
V. también ROIS MADARRO, L. El control por el Estado de sus nacionales como medio para combatir las actividades pesqueras ilícitas, en Revista Electrónica de Estudios Internacionales. (n° 06, junio, 2003), en https://ruc.udc.es/dspace/bitstream/handle/2183/2247/AD-7-40.pdf?sequence=1&isAllowed=y [última consulta: 24 de septiembre de 2022].

vienen adoptando medidas para impedir que ese pescado tenga cabida en los mercados.

La intervención de los legisladores y la actuación de las Administraciones públicas en esta materia, en diferentes países, ha cambiado desde una óptica inicial circunscrita a "conservar la belleza" de la Naturaleza, hasta la actual conservación de la producción natural, donde se incluyen instituciones como las vedas y las reservas de pesca[8].

2. SUCINTA REFERENCIA AL REPARTO DE COMPETENCIAS Y ORDENACIÓN ESTATAL COMÚN[9] DE LA PESCA EN ESPAÑA

Suscita disquisiciones y un cierto grado de litigiosidad la ubicación de los límites de las competencias referidas a la pesca entre el Estado, las Comunidades autónomas (e incluso, a veces, respecto del Municipio).

La CE, en su artículo 132, establece que entran en la categoría jurídica de bienes de dominio público estatal aquellos que determine la ley "... y, en todo caso, la zona marítimo-terrestre, las playas, el mar territorial y los recursos naturales de la zona económica y la plataforma continental". La pesca constituye uno de los usos del dominio público marítimo-terrestre, tal como reconoce el art. 31.1 de la Ley 22/1988, de Costas. Al decir de GONZÁLEZ GARCÍA y de ZAMBONINO PULITO[10], es una "buena norma ... [aunque] ha resultado un fracaso en su objetivo primordial, cual era la protección del demanio y su área colindante".

---

8 LÓPEZ RAMÓN, F. Formas de conservar la naturaleza, en Revista española de Derecho Administrativo n.º 170/2015, Editorial Civitas, SA y en "Westlaw", BIB 2015\2373 [última consulta: 22 de septiembre de 2022].

9 En aquellos casos en que existe una zona ambientalmente protegida o algún tipo de parque, hay que estar a la normativa correspondiente.

10 GONZÁLEZ GARCÍA, J. V.; ZAMBONINO PULITO, M. El derecho de costas y la distribución constitucional de competencias entre el estado y las comunidades autónomas. Cuestiones recurrentes y controversias nuevas, en El derecho de costas en España, edición nº 1, Editorial LA LEY, Madrid, julio, 2010 y en Smarteca (LA LEY 14755/2010).

Pertenece al Estado la competencia sobre pesca marítima (art. 149.1.19.ª CE, actividad pesquera extractiva en aguas marítimas no interiores), así como las bases y coordinación de la planificación general de la actividad económica (149.1.13.ª CE). Se adjudica a las Comunidades autónomas el poder asumir la competencia sobre "pesca en aguas interiores, el marisqueo y la acuicultura, la caza y la pesca fluvial" (art. 148.1.11.ª CE). Además, los poderes públicos deben contribuir al desarrollo y modernización de la pesca, como vehículo de equiparación del nivel de vida de los españoles (art. 130.1 CE).

En cuanto a referencias específicas a Derecho ambiental, la CE que reconoce el derecho al disfrute y el deber de "todos" en orden a conservarlo (art. 45 CE), y atribuye competencia exclusiva al Estado en relación con la legislación básica sobre protección del medio ambiente, permitiendo que las Comunidades autónomas creen normas adicionales de carácter protector (art. 149.1.23.ª CE). A las Comunidades autónomas se les reconoce de forma expresa la gestión en materia de protección del medio ambiente (art. 148.1.9.ª CE).

MANTECA VALDELANDE[11] en su día llamó la atención respecto de la bifurcación de funciones administrativas en materia de pesca dentro de la Administración estatal, con especial consideración a la potestad disciplinaria, tanto en su vertiente de inspección, como en

---

11 MANTECA VALDELANDE, V. El control de la pesca marítima en España (1), en Actualidad Administrativa, Sección Doctrina, ref. XXVII, 2001, pág. 749, tomo 2, Editorial LA LEY, LA LEY 2279/2001, Smarteca [última consulta: 3 de septiembre de 2022]:
En 1981, tras ubicarse la competencia sobre Pesca Marítima en el Ministerio de Agricultura y Pesca se integrarían las actividades de inspección y sanción en un mismo Departamento.
Quizá en esta dicotomía se encuentre la explicación de que en la Administración pesquera española se establezca la separación orgánica entre la Inspección de pesca marítima que con rango de Subdirección General pertenece a la Dirección General de Recursos Pesqueros, la instrucción de expedientes corresponde por un lado a las Delegaciones periféricas de pesca dependientes del Ministerio de Administraciones Públicas y por otro en casos en los que la Resolución compete a las Autoridades centrales, la instrucción se encuentra atribuida actualmente a la Subdirección General de Ordenación Sectorial que depende directamente de la Secretaría General de Pesca Marítima.
Cuando la competencia sobre pesca marítima se atribuyó al Ministerio de Agricultura y Pesca, las funciones de inspección también pasaron a ser suyas,...

cuanto al procedimiento sancionador y a los tipos de infracciones establecidas.

Incide LOZANO CUTANDA[12] en que las Comunidades autónomas ejercen competencias exclusivas en sus aguas costeras (acuicultura o la pesca marítima y recreativa en aguas interiores), si bien de forma coetánea se ven afectadas por lo que se resuelva en el desempeño de las competencias estatales, tal como sucede con: autorizaciones de parques eólicos marinos o las facultades sobre bienes integrantes del patrimonio histórico español adscritos a servicios públicos gestionados por la Administración General del Estado o que formen parte del patrimonio nacional.

Hay quien considera que, al haber quedado la ordenación del territorio (art. 148.1.3.ª CE) como competencia exclusiva de las Comunidades autónomas, se resiente el orden constitucional hasta el punto en que el Estado se vería compelido a trabajar sobre la prevalencia del interés general, a fin de poder ejercer sus competencias sectoriales[13].

El vademécum de normativa estatal vendría dado, en lo esencial, por estos hitos[14], indicados por orden cronológico:

- Ley 10/1977, de 4 de enero, sobre mar territorial.
- Ley 15/1978, de 20 de febrero, sobre zona económica.

---

12 LOZANO CUTANDA, B. Real Decreto 363/2017, de 8 de abril: la ordenación de los distintos usos y de las actividades económicas en el espacio marítimo, en Diario La Ley, nº 8999, Sección Tribuna, 13 de junio de 2017, Wolters Kluwer y Smateca, LA LEY 5979/2017.

13 Citado de VAQUER CABALLERÍA, M., en SANZ LARRUGA, F. J. La nueva ordenación del espacio marítimo: análisis del Real Decreto 363/2017, de 8 de abril, en Práctica Urbanística nº 150, enero-febrero, nº 150, 1 de ene. de 2018, Editorial Wolters Kluwer.

14 Se adjunta enlace a su versión consolidada: https://www.boe.es/eli/es/l/1977/01/04/10/con; https://www.boe.es/eli/es/l/1978/02/20/15/con; https://www.boe.es/eli/es/l/1988/07/28/22/con; https://www.boe.es/eli/es/l/2001/03/26/3/con; https://www.boe.es/eli/es/rdlg/2001/07/20/1/con; https://www.boe.es/eli/es/l/2007/12/13/42/con; https://www.boe.es/eli/es/l/2010/12/29/41/con; https://www.boe.es/eli/es/rdlg/2011/09/05/2/con; https://www.boe.es/eli/es/l/2013/05/29/2/con; https://www.boe.es/eli/es/l/2014/07/24/14/con.

- Ley 22/1988, de 28 de julio, de costas.
- Ley 3/2001, de 26 de marzo, de pesca marítima del Estado.
- RD Legislativo 1/2001, de 20 de julio, por el que se aprueba el TR de la Ley de aguas.
- Ley 42/2007, de 13 de diciembre, de Patrimonio natural y de la biodiversidad.
- Ley 41/2010, de 29 de diciembre, de protección del medio marino.
- RD Legislativo 2/2011, de 5 de septiembre, por el que se aprueba el TR de la Ley de puertos del Estado y de la Marina mercante.
- Ley 2/2013, de 29 de mayo, de protección y uso sostenible del litoral y de modificación de la Ley 22/1988, de 28 de julio, de Costas.
- Ley 14/2014, de 24 de julio, de Navegación marítima

A raíz de la Ley 41/2010, se dictó el RD 363/2017, estableciendo un marco para la ordenación del espacio marítimo. En relación con la Ley 3/2001, de pesca marítima del Estado, se fueron generando los siguientes reglamentos[15], que se citan por su importancia, y sin ánimo de exhaustividad:

- RD 1134/2002, de 31 de octubre: aplicación de sanciones en materia de pesca marítima a españoles enrolados en buques con abanderamiento de conveniencia.
- RD 176/2003, de 14 de febrero: ejercicio de las funciones de control e inspección de las actividades de pesca marítima.
- RD 347/2011, de 11 de marzo: pesca marítima de recreo en aguas exteriores.

---

15 https://www.boe.es/eli/es/rd/2002/10/31/1134/con; https://www.boe.es/eli/es/rd/2003/02/14/176/con; https://www.boe.es/eli/es/rd/2011/03/11/347/con; https://www.boe.es/eli/es/rd/2013/02/15/114/con; https://www.boe.es/eli/es/rd/2015/03/13/182/con; https://www.boe.es/eli/es/rd/2022/06/27/502.

- RD 114/2013, de 15 de febrero: crea y regula el registro nacional de infracciones graves a la política pesquera común, establece las normas de aplicación del sistema de puntos y actualiza los importes de las sanciones previstas en la Ley 3/2001, de 26 de marzo, de pesca marítima del Estado.
- RD 182/2015, de 13 de marzo: procedimiento del régimen sancionador en materia de pesca marítima en aguas exteriores.
- RD 502/2022, de 27 de junio: ejercicio de la pesca en los caladeros nacionales.

Queda patente que, tanto el legislador, como la Administración pública, vienen ordenando las distintas facetas de todo lo que se refiere a la pesca marítima. Todo ello es sin perjuicio de la regulación de la pesca que se lleva a cabo mediante otras ramas del Derecho[16].

Desde el punto de vista de la organización de la Administración estatal, la actual configuración del Ministerio de Agricultura, Pesca y Alimentación, incluye en su estructura[17] una Dirección General deno-

---

16 ARROYO, I. Compendio de Derecho Marítimo (Ley 14/2014, de Navegación Marítima). Sexta edición (2.). Madrid: Tecnos 2017. Biblioteca digital de la abogacía [última consulta: 10 de septiembre de 2022]. Indica este autor, en el capítulo 19, que:
"Para el Derecho mercantil y el Derecho marítimo, la pesca nunca ha sido objeto de preocupación. Considerada un sector especial de la economía, se ha venido equiparando a la agricultura, justificando un planteamiento ajeno a las necesidades de la actividad mercantil. Esta mentalidad ha llegado hasta nuestros días, siendo su reflejo más patente la propia organización administrativa, al confiar al Ministerio de Agricultura, Alimentación y Medio Ambiente el cuadro de competencias de la actividad pesquera. Correlativamente, la influencia del Código de Comercio en la concepción estricta del Derecho marítimo explica que ningún precepto mercantil se refiera a la pesca y, en consecuencia, que los tratadistas hayan omitido toda referencia su régimen jurídico."

17 https://www.mapa.gob.es/es/ministerio/funciones-estructura/organigrama/default.aspx [última consulta: 24 de septiembre de 2022]:
Secretaría General de Pesca
– Subdirección General de Gestión
– Subdirección General de Asuntos Jurídicos y Gobernanza Pesquera Internacional
– Dirección General de Pesca Sostenible
o Subdirección General de Caladero Nacional y Aguas de la Unión Europea
o Subdirección General de Acuerdos y Organizaciones Regionales de Pesca

minada de "pesca sostenible", con independencia de que las denominaciones de otros órganos evidencien la transversalidad que implica la conservación de la biodiversidad de los recursos pesqueros. Así, hay una Subdirección General que contiene en su título una expresión tan relevante en este aspecto como "Lucha contra la Pesca Ilegal".

En relación con los datos de carácter ambiental a que se puede tener acceso, en virtud de la Ley 27/2006, de 18 de julio, por la que se regulan los derechos de acceso a la información, de participación pública y de acceso a la justicia en materia de medio ambiente, se ha resuelto[18] que:

> ...la información solicitada (datos cartográficos) no puede considerarse ambiental por mucho que la actividad pesquera de arrastre tenga incidencia en el medio ambiente marino, cual ya significó la Administración.
> Los datos de seguimiento de determinados buques no se refieren ni al estado de los elementos del medio ambiente ni a liberaciones o inmisiones ni a medidas que puedan afectar al medio ambiente, siendo así que la política de conservación de los recursos pesqueros tiene por objeto la sostenibilidad del sector pesquero y no propiamente la política de medio ambiente.

3. INSTRUMENTOS ADMINISTRATIVOS PARA LA CONSERVACIÓN Y PROTECCIÓN DE LOS RECURSOS PESQUEROS

La pesca ilegal, no declarada y no reglamentada puede suponer un serio obstáculo para conservar y proteger los recursos pesqueros; en aquellos casos en que no es delito, puede dar lugar a un procedimiento administrativo, si se incurre en algún tipo de infracción[19].

---

o Subdirección General de Investigación Científica y Reservas Marinas
– Dirección General de Ordenación Pesquera y Acuicultura
o Subdirección General de Sostenibilidad Económica y Asuntos Sociales
o Subdirección General de Acuicultura, Comercialización Pesquera y Acciones Estructurales
o Subdirección General de Vigilancia Pesquera y Lucha contra la Pesca Ilegal

18 Sección 6ª, STSJ Madrid, de 16-06-2016, ECLI:ES:TSJM:2016:7193; FD 2º.

19 Alguna bibliografía significativa sobre este punto, es la siguiente: Urbina, J. J. La cooperación internacional en la aplicación de medidas comerciales para luchar

Dentro de lo que la Ley estatal 3/2001 denomina "medidas de conservación de los recursos pesqueros", se puede intuir una disección, respecto de las medidas que puede adoptar la Administración estatal, en "directas" e "indirectas". Si bien en puridad jurídica la taxonomía puede ser susceptible de una elaboración más pulida, se tomará ese planteamiento como punto de partida. Todo ello tiene como origen los conocimientos científicos actuales[20].

Hoy por hoy, el Ministerio competente, incluido en lo que denomina "protección de recursos pesqueros", cuenta con el "Programa nacional de datos básicos del sector pesquero español", para recopilar y gestionar información. También gestiona acciones de sostenibilidad pesquera que se centran en facetas específicas[21] y dispone de una serie de recursos para la vigilancia pesquera y de lucha contra la pesca ilegal[22].

---

contra la pesca ilegal, no declarada y no reglamentada, en Revista Electrónica de Estudios Internacionales. (nº 33, junio 2017); Morelle Hungría, E. La pesca ilegal como actividad delictiva: Una aproximación a la problemática española, en Actualidad Jurídica Ambiental. (nº 74, diciembre 2017); Barco Perianes, F. D. Delitos contra la ordenación del territorio, patrimonio histórico y medio ambiente, en Revista General de Derecho Penal (2011); Rois Madarro, L. El control por el Estado de sus nacionales como medio para combatir las actividades pesqueras ilícitas, en Revista Electrónica de Estudios Internacionales (nº 06, junio, 2003).

20 KAPLAN, M. (coord.). Revolución tecnológica, estado y derecho (t. IV), https://biblio.juridicas.unam.mx/bjv y https://goo.gl./tzxts4, pág. 211.
"…Ciencia y nuevas tecnologías generan o refuerzan necesidades, problemas y exigencias; crean limitaciones externas e internas a la supremacía del Estado; de diversas maneras afectan la relación de aquél con la sociedad y el pueblo, la naturaleza y el modo de funcionamiento del sistema político…contribuyen a la transformación del derecho público en general…"

21 Pesca de inmaduros, descartes y pescas accidentales. Cooperación para proteger especies emblemáticas. Daños en los fondos. https://www.mapa.gob.es/es/pesca/temas/planes-de-gestion-y-recuperacion-de-especies/ [última consulta: 24 de septiembre de 2022].

22 En este punto, tiene gran importancia el Sistema informático integrado de gestión para el control de la pesca. En este sentido, conviene reseñar que la Organización de las Naciones Unidas para la Alimentación y la Agricultura ha publicado, a modo de guía para las autoridades nacionales, dentro de la Serie denominada "FAO. Orientaciones técnicas para la pesca responsable", la monografía "Entender y aplicar los sistemas de documentación de las capturas",

Dentro de las herramientas jurídico-administrativas usadas para, entre otros objetivos, el desarrollo sostenible de la pesca[23], se encuentra la figura del Plan de ordenación del espacio marítimo, que debe superar previamente una evaluación ambiental estratégica[24]. De forma expresa, este tipo de planes debe incluir, entre otros elementos, la distribución espacial y temporal, existente y futura, de las zonas de pesca. Terminado su procedimiento de elaboración, debe presentarse todo ello al Consejo de Ministros para, en su caso, aprobarse mediante real decreto[25]. Deben ser objeto de revisión, como mínimo, cada diez años.

Sin ánimo de exhaustividad, algunas de las herramientas más significativas de que dispone la Administración en esta materia son:

- Autorizaciones administrativas para la pesca profesional (es un régimen distinto al de la recreativa), con una web de verificación: https://servicio.pesca.mapama.es/licencias/ConsultaCSV
- Registro general de la flota pesquera (Censo de buques): https://servicio.pesca.mapama.es/censo/ConsultaBuqueRegistro/Buques/Search
- Fijación de criterios de reparto según el Instituto Español de Oceanografía (http://www.ieo.es/es/ y https://servicio.pesca.mapama.es/gestcuotas/resumenstocksv2)

---

disponible en: https://www.fao.org/documents/card/es/c/cb8243es [última consulta: 24 de septiembre de 2022]. https://doi.org/10.4060/cb8243es
Desde el actual Ministerio de transportes, movilidad y agenda urbana, se dispone de la herramienta informática llamada "Infomar" [http://infomar.cedex.es/, última consulta: 24 de septiembre de 2022], que posibilita cumplimentar formularios, consultar conjuntos de datos e, incluso, de megadatos.

23 Art. 5 c), *ex* RD 363/2017, como objetivo de la ordenación del espacio marítimo.

24 SANZ LARRUGA, F. J. La nueva ordenación del espacio marítimo: análisis del Real Decreto 363/2017..., *op. cit. V.* arts. 6 y concordantes de la Ley 21/2013, de 9 de diciembre, de evaluación ambiental.

25 *Ibídem*, p. 13, entiende que con esta regulación se "...atribuye un excesivo protagonismo a la Administración General del Estado". Considera que "dado el gran alcance de la pretensión ordenadora que ... persigue el RMOEM, ...otro aspecto criticable ...es el simple rango de norma reglamentaria..." (p. 3).

- Sistema Integrado de Gestión para el Control de la Pesca INDNR Web: atiende diferentes tipos de solicitudes (acceso a puerto, importación, etc): https://servicio.pesca.mapama.es/sigcpi/sigcpioper
- Diario electrónico de pesca: https://www.mapa.gob.es/es/pesca/temas/vigilancia-pesquera/informacion-sobre-actividad-pesquera/diario_electronico_pesca.aspx
- Buscador de tallas mínimas: https://www.mapa.gob.es/es/pesca/temas/vigilancia-pesquera/informacion-sobre-actividad-pesquera/buscador_especies.aspx

4. CÓMO LA JURISPRUDENCIA APLICA LA LEY A LOS REGLAMENTOS SOBRE RECURSOS PESQUEROS

Todas las normas jurídicas, en cualquier momento de la Historia y en cualquier lugar geográfico, indican con qué bondad se elaboran y cuántos problemas van a solucionar. La realidad práctica evidencia que, pese a esa benignidad en el discurso, a veces el Parlamento o bien la Administración pública vulnera alguna normativa; en otras ocasiones, los ciudadanos recurren judicialmente por ver (o prever) perjuicios propios, pese a que un tribunal finalmente pueda resolver la conformidad a derecho de aquello que se ha recurrido.

En el ámbito de la intervención administrativa en la conservación de los recursos pesqueros, se han sucedido una serie de disposiciones reglamentarias, cuya legalidad ha sido cuestionada ante el orden jurisdiccional contencioso-administrativo[26].

Lo más inmediato que se puede pedir y, en su caso, obtener de un tribunal de justicia es una medida cautelar, en las distintas modalida-

---

[26] La legislación española permite la impugnación directa (art. 25.1 de la Ley 29/1998), o bien indirecta de los reglamentos (art. 26.2 de la Ley 29/1998), además de la existencia de la figura procesal de la cuestión de ilegalidad (art. 27 de la Ley 29/1998). El recurrente puede pedir que se declare la nulidad del reglamento, si acredita que el mismo incurre en los vicios señalados en el art. 47 de la Ley 39/2015.

des que prevé la Ley 29/1998. Ahora bien, ha de sopesarse muy bien según cada caso, si realmente tendrán la virtualidad práctica que se pretende, o no. En este sentido, GONZÁLEZ-VARAS IBÁÑEZ[27] alerta de las limitaciones que pueden suponer.

Con anclaje en la Ley 3/2001, se dictó en su día la Orden APA/2137/2005[28], ordenando la actividad pesquera de la flota española en una concreta zona. Fue recurrida[29] alegando existir unos "derechos adquiridos" respecto a la pesca del bacalao, con exclusividad, según la legislación precedente.

Consideró la AN que no se puede hablar en este contexto de derechos subjetivos, en contra de lo determinado por el órgano competente. En el mismo sentido, resultaría inadmisible que una norma anterior no pudiera ser modificada dentro de las facultades propias del Ministro correspondiente. En el mismo sentido resolvió la AN, en 2008, en otro recurso contra la misma orden ministerial. Reiteró que, ante una orden como esa, que innova el ordenamiento jurídico, no cabe alegar preexistencia de derechos adquiridos en exclusividad. La posibilidad de que un concreto buque pesque en un caladero deriva de su inclusión en un censo administrativo, lo cual no genera exclusividad en orden a aprovechar los recursos. Ilustró la cuestión explicando que, si el Estado español no puede limitar capturas a las piezas de menos de 41 cm., sí que puede, por el contrario, generar medidas más exigentes, tales como las de la orden ministerial recurrida.

---

27 GONZÁLEZ-VARAS IBÁÑEZ, S. Las limitaciones de las cautelares ante problemas esenciales del contencioso-administrativo. Y esbozo de posibles vías de solución, en Revista española de Derecho Administrativo n.º 196/2019. Editorial Civitas, SA y en Westlaw, BIB 2019\1139 [última consulta, 22 de septiembre de 2022].

28 Orden de 23 de junio, por la que se modifica la Orden de 21 de diciembre de 1999, que ordena la actividad pesquera de la flota española que faena en la zona de regulación de la Organización de Pesca del Atlántico Noroccidental (NAFO).

29 Interpuso el recurso una asociación de empresas de pesca y en el proceso judicial concurrieron, como codemandadas, asociaciones de armadores y una organización de productores. Asunto resuelto por la Sección 4ª, SAN de 20-06-2007, rec. 483/2005.

Legítimamente, con el objetivo de proteger una especie en peligro, puede una orden ministerial regular la pesca de especies altamente migratorias[30]. En concreto, puede limitar la captura de especies en peligro (como el pez espada y ciertos tiburones), de forma que puede restringir la pesca de palangre de superficie a los buques de un censo unificado. Puede prohibir tanto la captura y tenencia a bordo, como la comercialización de estas especies a otro tipo de pesca.

También puede la Administración, mediante orden ministerial[31], hacer una clasificación de las artes de cerco, a tenor de lo dispuesto en la Ley 3/2001, para lograr una explotación equilibrada. Así, entre otros extremos, y con fundamento en informes del Instituto Español de Oceanografía, la AN desestimó anular la previsión administrativa de las nasas para peces, en el sentido de no poder usar engodo (cebo) en este tipo de pesca.

Resolvió en ese sentido por venir señalado este tipo de pesca como un arte a extinguir ya en otra normativa anterior y por el hecho de que su uso había dado lugar a sobreexplotación en diversas zonas. Además, entendió ser conforme a la referida Ley lo previsto respecto a limitar la potencia motriz de las embarcaciones. Avaló esta Sala que la luz de malla de los artes de cerco haya de tener los 10 mm. que reguló el Ministerio, toda vez que ello está previsto por normativa comunitaria y porque, a fin de las inspecciones sean válidas, los aparatos homologados de medición han de atenerse a tales dimensiones. Es decir, la regulación de la orden impugnada era conforme a la Ley, y procuraba conseguir los fines señalados en ésta.

En relación con lo dispuesto en el art. 12 de la Ley 3/2001, en el sentido de lo que puede establecer el Ministro del ramo para proteger, conservar y recuperar los recursos pesqueros, algunas de las con-

---

30 Es el caso de la hoy derogada ARM/1647/2009, de 15 de junio de 2009, según resolvió la AN en sentencia con ECLI: ES:AN:2010:5318.

31 ECLI: ES:AN:2018:1022. Resolvió la impugnación contra la orden AAA/2536/2015, de 30 de noviembre, por la que se regulan las artes y modalidades de pesca marítima y se establece un plan de gestión para los buques de los censos del Caladero Nacional Canario, que hoy por hoy sigue vigente.

troversias suscitadas en su aplicación, han tenido también respuesta por parte de los tribunales.

Es el caso del litigio[32] iniciado por una empresa mercantil contra la orden[33] que estableció una zona protegida de pesca en el área del Canal de Menorca, argumentando que su naturaleza verdadera era la de reglamento ejecutivo, con lo cual, era preceptivo el dictamen del Consejo de Estado. Para desestimar el recurso, la AN explicó que la finalidad de esa orden era establecer una zona protegida de pesca en el área del Canal de Menorca con el objetivo, a su vez, de preservar hábitats de especial interés coralígeno y mantos de rodolitos, así como prohibir las modalidades de pesca del art. 4.2 del Reglamento (CE) 1967/2006 en ese lugar.

Tomando ese punto de partida, la Sala razonó basándose en normativa comunitaria. Así, consideró lo siguiente: 1) el Canal de Menorca se integra en lista de lugares de importancia comunitaria (Red natura 2000), y 2) se aplica el Reglamento comunitario antedicho, cuyo art. 4.2[34], prohíbe pescar en ese tipo de lugares. En consecuencia, esa orden no se puede concebir como un reglamento que desarrolle o complete una ley, sino que, dentro del ámbito de la Ley, el reglamento simplemente se circunscribe a identificar o concretar una zona protegida de pesca para proteger hábitats de especial interés. Es decir, ese reglamento es conforme a la Ley.

La misma orden suscitó dudas de su legalidad, por parte otra recurrente[35], aludiendo a la incompetencia del Ministro, al tratarse (a

---

32 ECLI: ES:AN:2018:4799. La recurrente pidió a la AN su declaración de nulidad, por vulnerar normas de rango superior y también el reconocimiento de una situación jurídica individualizada, a los efectos de solicitar un resarcimiento por daños y perjuicios generados por la disposición recurrida.

33 Orden AAA/1479/2016 que, a su vez, modifica la orden AAA/1504/2014, por la que se establecen zonas protegidas de pesca sobre determinados fondos montañosos del Canal de Mallorca y al este del Parque Nacional Marítimo-Terrestre del Archipiélago de Cabrera.

34 Denominado "Hábitats protegidos", indica expresamente: "Queda prohibida la pesca con redes de arrastre, dragas, jábegas o redes similares por encima de hábitats de coralígeno y de mantos de rodolitos."

35 ECLI:ES:AN:2019:2120. La misma Orden AAA/1479/2016 fue objeto de recurso, en este caso, por parte de una Cofradía de pescadores. También pidió un resarcimiento económico por daños. De hecho, fue objeto de diversos recursos,

su parecer) de una norma de contenido jurídico sustantivo y de naturaleza ejecutiva, y al haber omitido un previo dictamen del Consejo de Estado. Consideró la Sala ser ese reglamento acorde a Derecho, entre otros extremos porque, al zonificar esa orden la zona restringida, se basaba en los parámetros del Reglamento (CE) 1967/2006, es decir, no innovaba. La Sala acudió a sentencias del TS para afirmar que la jurisprudencia solo ve necesidad del dictamen del Consejo de Estado en aquellos supuestos en que un reglamento es de carácter "ejecutivo", pero no así si se trata de otro del tipo "organizativo", como estima ser el caso. Explica la Sala que una orden como la enjuiciada es simplemente interpretativa o aclarativa respecto de la Ley y que no innova su contenido, cosa contraria a lo que sucede con otras órdenes en materia de recursos pesqueros. Considera que, en otro caso, la ausencia de ese dictamen sí sería un vicio procedimental que conllevaría nulidad de pleno derecho.

Desde la óptica del recurso de casación, las cuestiones suscitadas respecto a lo que se puede legítimamente disponer mediante una orden, se aprecia en igual sentido.

Resolvió el TS que no es preciso el informe del Consejo de Estado para una orden que estableció un plan para conservar la pesquería del pulpo en el Caladero Nacional del Golfo de Cádiz[36], tras una sentencia de la AN en sentido contrario, hasta el punto de que anuló la orden recurrida. Entendió el TS que esa orden recurrida simplemente había regulado un plan de pesca para conservar y gestionar de forma sostenible la pesquería de pulpo en ese Caladero. Ello viene a ser así por indicación de los arts. 7, 12 y 31 de la Ley 3/2001, de modo que el Ministerio sí tiene habilitación para emitir una orden con semejante contenido.

---

que no se acumularon; su FD 4º indica: "Al ser las mismas razones las utilizadas por los demandantes en los recursos anteriores, procede remitir, por razones de seguridad jurídica y unidad de doctrina, a lo resuelto en las sentencias mencionadas…"

36 ECLI:ES:TS:2009:4465: Recurso de casación 2867/2007, contra Sentencia de la AN, de 14-03-2007, dimanante del proceso 643/2005. Comenzó el pleito en primera instancia la Asociación de Naseros de Cádiz. No se establece condena en costas.

En el mismo sentido se resolvió el recurso de casación derivado de la impugnación de una orden que estableció un plan de pesca de arrastre de fondo en varias zonas del litoral sur-mediterráneo[37]. El TS llegó a esa conclusión al razonar que esa orden ministerial, cuyo expediente administrativo incluía un informe del Instituto Español de Oceanografía, no se dicta en ejecución del art. 31 de la Ley 3/2001. Contenido destacado de su regulación material daba lugar a reconocer, solo a determinados barcos, el derecho a pescar tres horas más que a los demás. A criterio del recurrente, ello redundaba en un mayor esfuerzo pesquero, contrario a la debida conservación. Desde otro punto de vista, limitaba la cantidad de buques autorizados a faenar simultáneamente en la zona regulada. Concluye el TS indicando que esa orden ministerial lo que realmente viene a desarrollar no es ninguna ley, sino un real decreto[38], regulador de la pesca con artes de arrastre de fondo en el Caladero nacional del Mediterráneo, de forma que la orden venía a diseñar una excepción justificada. Ese real decreto del que derivó la orden ministerial ya había sido, en su momento, objeto de un informe del Consejo de Estado.

En un caso diferente, una vez planteado recurso de casación por la Administración del Estado[39], respecto al punto de la necesidad, o no, del informe del Consejo de Estado, estima el TS que la orden ministerial AAA/642/2013, sobre la pesquería de atún rojo regula extensamente esa pesquería específica, de forma que es, en sí, un auténtico desarrollo normativo de la Ley de pesca marítima[40] y no,

---

37 ECLI:ES:TS:2010:3500. Recurso de casación 4862/2010, contra Sentencia de la AN, de 02-07-2008, dimanante del proceso 368/2006. Impone las costas del recurso de casación a la Federación andaluza de cofradías de pescadores.

38 Real Decreto 1440/1999, de 10 de septiembre, por el que se regula el ejercicio de la pesca con artes de arrastre de fondo en el caladero nacional del Mediterráneo. Actualmente derogado.

39 ECLI:ES:TS:2019:1227. Recurso de casación 1807/2016, contra Sentencia de la AN, de 29-01-2016, dimanante del proceso 228/2013. El litigio dio comienzo a raíz del recurso interpuesto por una organización de productores pesqueros de almadraba frente a la Orden AAA/642/2013, de 18 de abril, por la que se regula la pesquería de atún rojo en el Atlántico Oriental y Mediterráneo. Impuso las costas procesales a la Administración.

40 Reglamento (UE) 500/2012, del Parlamento Europeo y del Consejo, de 13 de junio de 2012, que modifica el Reglamento (CE) n ° 302/2009 del Consejo por el que se establece un plan de recuperación plurianual para el atún rojo del

según argumentó la Administración, una mera norma de tipo organizativo: el Ministerio no se limitó en este caso a ejecutar sus facultades de distribuir las posibilidades de pesca en aplicación de la Ley 3/2001. En consecuencia, haber omitido el dictamen del Consejo de Estado se torna aquí en vicio irresoluble[41], que determina la nulidad de la orden. Recalca el TS que ese reglamento es de naturaleza ejecutiva, por cuanto, en lugar de contener normas internas o de tipo organizativo respecto a la estructura de la Administración, comprende normas de carácter general, que significan un desarrollo de lo dispuesto en la Ley de pesca marítima, con lo cual supone un conjunto de novedoso de derechos y obligaciones, en este caso, para los armadores[42].

En otro supuesto, el TS vino a ratificar la nulidad de una orden ministerial, detectada previamente por la AN, y referida a la pesca de especies demersales y especies profundas con artes de palangre de fondo en aguas de otros Estados de la UE[43]. En este caso, el argumento usado por la recurrente en casación, la Administración, consistió en distinguir los tipos de reglamentos que precisan (o no) de informe del Consejo de Estado, no en función del órgano que los dicta, sino en atención a su contenido material. Entendió el TS que hay que considerar tanto la técnica normativa seguida, como el contenido material de lo regulado por la Administración, para poder discernir su conformidad a Derecho. Respecto de la técnica seguida, ve con claridad el TS que la disposición final 2ª de la Ley 3/2001 habilita

---

Atlántico oriental y el Mediterráneo y de los artículos 27 y 31 de la Ley 3/2001, de 26 de marzo, de Pesca Marítima del Estado.

41 Art. 47, Ley 39/2015.

42 FERNÁNDEZ VALVERDE, R. El Consejo de Estado debe informar sobre el atún rojo, en Diario LA LEY, nº 9405, 29 de abril de 2019, Editorial Wolters Kluwer, Smarteca [última consulta: 03 de septiembre de 2022].

43 ECLI:ES:TS:2017:393. Recurso de casación 1381/2015, interpuesto por la Administración estatal, siendo partes recurridas la Organización de productores pesqueros de Lugo y la Asociación de Armadores de Palangre del Cantábrico. Impuso las costas a la Administración. El objeto del pleito en primera instancia fue la Orden AAA/2653/2012, del Ministerio de Agricultura, Alimentación y Medio Ambiente, de 11 de diciembre, por la que se modifica la Orden de 25de marzo de 1998, por la que se regula la pesca especializada de especies demersales y especie profundas con artes de palangre de fondo en aguas de otros Estados miembros de la Unión Europea.

al Gobierno de España y, en su caso, al Ministro competente, para dictar disposiciones que desarrollen y apliquen esa propia ley. De hecho, con fundamento en la Ley de pesca marítima, se han dictado diversos reglamentos. En cuanto se refiere al contenido, resuelve la Sala[44] que la Ley estatal regula la gestión de la pesca marítima, dejando a los reglamentos ciertos contenidos específicos y, en aquella parte que tenga ese reglamento de desarrollo y ejecución de la Ley, se requerirá informe del Consejo de Estado, con motivo del contenido y función que desempeña esa norma reglamentaria.

Otra posterior normativa administrativa referida también al Cantábrico, en concreto, el reglamento que instituye el Plan de gestión para los buques del Caladero nacional del Cantábrico y Noroeste, también llega a ser estudiado en casación[45], instada por una armadora. El punto procesal de partida para esa casación está en una Sentencia de la AN que anula la D. F. 3ª de la orden recurrida, por entender que no es conforme a Derecho.

En el ámbito del recurso de casación entablado, se plantea la cuestión de interés casacional de si los criterios de reparto de las posibilidades de pesca entre buques o grupos de buques habituales (del art.

---

44 FD 11º:
"…se deja al reglamento de desarrollo y ejecución la concreción de tales materias según el tipo de flota, modalidad de pesca, artes empleadas, zonas o caladeros, etc.
3º Para esos ámbitos temáticos propios de la legislación de pesca se opta por desarrollos reglamentarios parciales, de detalle, con rebaja del rango reglamentario al hacerse a base de órdenes, es decir y respecto de la ley: un desarrollo *per saltum…*
4º La materia que regula la ley propicia así un sistema de fuentes caracterizado por una pulverización reglamentaria a golpe de disposiciones de mínimo rango en las que la naturaleza de lo regulado va cambiando sin un criterio claro.
5º Esa rebaja del rango de la norma lleva a que se dicten órdenes en las que lo que es objetivamente una regulación puntual o coyuntural se entremezcle con normas que son verdaderos reglamentos ejecutivos y de desarrollo de la ley y con un contenido identificable con actos de destinatario plural."

45 ECLI:ES:TS:2021:1660. Como codemandados, Asociación de Armadores de Buques de Pesca de Marín, la Asociación Provincial de Armadores de Buques de Pesca del Litoral Español y Sur de Portugal (ARPOSUR) y las mercantiles Pesquerías Riveirenses, S.L., Unión Marina, S.L. y Pesqueras Santander, S.L. No impone costas procesales.

27.3 de la Ley 3/2001) son de obligada y equivalente aplicación, o bien son compatibles con una asignación lineal (en todo, o en parte) de las posibilidades de pesca. El Alto Tribunal resuelve explicando que los criterios del art. 27.3 de la Ley 3/2001 no resultan exclusivos y excluyentes al asignar cuotas, sino que deben confluir conjuntamente con otros que sean idóneos para llegar al mismo objetivo.

Es decir, para asignar cuotas, se debe considerar todos los criterios aplicables. Por tanto, a la hora de aplicar la ley a un reglamento, en orden a ponderar el cumplimiento de aquella, ha de estudiarse cómo se ha motivado y razonado la aplicación de tales criterios, obviamente teniendo en cuenta también el respeto de las correspondientes normas procedimentales para la creación del reglamento administrativo. En el caso enjuiciado en la Sentencia de referencia, el TS entendió claramente que la Administración puede modular o variar el reparto aplicando el criterio lineal.

5. CONCLUSIONES

Repasando los datos antedichos, se puede llegar a las siguientes consideraciones finales:

- Se precisa un reforzamiento de los sistemas de protección, en el sentido de la Administración se dote a sí misma de los medios óptimos para el fin que quiere lograr con la propia normativa que ella emite, para proteger los recursos pesqueros.
- Para una comprensión real de lo que significan y conllevan los litigios judiciales, consideramos que procede mantener una visión panorámica de los pleitos:
  - o El nivel de litigiosidad frente a la normativa reglamentaria puede verse como un signo, o una consecuencia, de la falta de diálogo efectivo entre Administración pública y empresa privada.
  - o No "solo" hay un afán económico por encima de todo, en cada juicio entablado. Hay que conocer *in situ* y evaluar fríamente las condiciones de los profesionales y empresas de la pesca y considerar que, si los recursos pesqueros mermaran significativamente, ellos serían perjudicados de primer or-

den. Se supone que ellos no quieren "esquilmar" los océanos, porque su medio de vida dejaría de ser tal.

- o En muchas sentencias, se desestima las pretensiones de indemnización pero no porque los daños no sean reales y efectivos, sino porque la norma que (en todo o en parte los genera) es conforme a Derecho.
- o También genera litigiosidad "innecesaria" la Administración. Repárese en casos en que la propia AN ha estimado la nulidad de una orden ministerial y, ante tal situación, la Administración elige llevar el asunto al TS. Bien es cierto que sirve para establecer jurisprudencia, pero coetáneamente genera nuevos gastos al Estado y demora en el tiempo la firmeza de la resolución judicial que ponga "paz jurídica" en este sector económico.
- o Obsérvese que no todos los pescadores, o empresarios diversos de este sector de la economía, recurren siempre, o por sistema, los reglamentos administrativos. Basta atender a que, en diversos procesos judiciales, aparecen armadores o pescadores como codemandados, es decir, que necesariamente han de oponerse a las pretensiones del recurrente, así como argumentar de forma que vengan a pedir lo mismo que la Administración; en este caso, pedir que la disposición normativa es conforme a Derecho.

– Habría que ponderar si, con el ánimo de proteger y conservar los recursos pesqueros, la Administración puede hacer algo más respecto al fomento de la acuicultura. Aunque no se puede implantar piscifactorías en cualquier sitio, ni tampoco son idóneas para todas las especies que más se consumen, sí parece cierto que su fomento racional ayudaría a garantizar el suministro de este alimento, a la par que conservaría los recursos pesqueros naturales. Especialmente significativo puede esto ser en España, que destaca frente a otros países en cuanto al consumo promedio de pescado por habitante, siendo su demanda muy sensible al alza de precios.

– Una legislación inadecuada y una intervención errónea de la Administración (mediante la aplicación de las leyes y a través de la generación de reglamentos administrativos), en caso de ser continuada en el tiempo, conduce necesariamente a una distopía para los ciudadanos. Evolucionar a mejor es tarea de más de una generación de vidas humanas.

– La responsabilidad de la Administración es proporcional al poder que las leyes le han conferido. Algo tendrá que ver en los resultados y en la situación actual.

En el ámbito jurídico, se viene produciendo normativa ambiental expresa desde hace más de cuarenta años. Da para hacer un balance. Hay que considerar que a lo largo de los siglos se ha pasado de querer preservar la belleza de la Naturaleza, casi como regalo divino, a hiper-reglamentar todas las facetas de la realidad cotidiana, con base en el conocimiento científico. En este punto procede una digresión. La Administración recauda tributos, con los que financia, entre otros extremos, la investigación científica en Universidades y otros centros públicos, de forma que solo se produce la "ciencia" o "investigación" que la Administración (una faceta del poder ejecutivo) quiere que se financie y que se publique. Con base en ese conocimiento científico[46] (que no siempre cuenta con la libertad precisa), la Administración impone normas jurídicas, entre ellas las de carácter ambiental y, en nuestro caso, protector y conservador de los recursos pesqueros. La ciencia (en una parte notable) se nutre de una fuente proveedora, cuyo grifo está regulado por los gobiernos y administraciones.

Todo el sistema empresarial en general, y alimentario en particular, actualmente está tan intervenido y regulado que, de haber algún desajuste, o un planteamiento de base inadecuado, tendría serias repercusiones en cadena. Cualquier normativa o gestión inadecuada puede hacer que los ciudadanos vivan una de las distintas distopías que ya conocemos por la literatura o el cine. Repárese en que en ellas hay tópicos: una minoría tiene el poder político y económico;

---

46 La cuestión no se circunscribe a la temática de este pequeño artículo. V. el planteamiento del Catedrático de Geografía de la Universidad Autónoma de Madrid, D. Eduardo Martínez de Pisón, respecto de la relación entre Ciencia y Derecho, en su discurso, en concreto la relación entre la Geografía y el Derecho Internacional Público: https://www.march.es/videos/?p0=4743 Conferencia "Exploración, ciencia y cultura", 25 de noviembre de 2014, Fundación Juan March.

una mayoría vive en la pobreza, sin acceso real a alimentos frescos, llevando una existencia miserable, en el sentido más amplio del término. Así sucede en "Cuando el destino nos alcance"[47], en la que las personas comunes superviven alienadas e hiper-controladas por el gobierno y solo pueden comer "soylen green".

6. BIBLIOGRAFÍA

ARROYO, I. Compendio de Derecho Marítimo (Ley 14/2014, de Navegación Marítima) Sexta edición (2). Madrid: Tecnos 2017. Biblioteca digital de la abogacía [última consulta: 10 de septiembre de 2022].

ASTORGA BELTRÁN, M. Análisis histórico del régimen de acceso a los recursos pesqueros en el Derecho Español (siglos V-XIX), en dA. Derecho Animal ("Forum of Animal Law Studies"). (vol. 10, nº 2, 2019), en: https://raco.cat/index.php/da/article/view/v10-n2-astorga-beltran [última consulta: 24 de septiembre de 2022].

CARA FUENTES, E. I., Incuria administrativa en Derecho Español: curas jurisdiccionales, en Revista de la Facultad de Derecho de México, vol. 72, n.º 282, 2022), DOI: http://10.22201/fder.24488933e.2022.282.80323 [última consulta: 24 de septiembre de 2022].

F.A.O.: "FAO. Orientaciones técnicas para la pesca responsable", la monografía "Entender y aplicar los sistemas de documentación de las capturas", disponible en: https://www.fao.org/documents/card/es/c/cb8243es [última consulta: 24 de septiembre de 2022]. https://doi.org/10.4060/cb8243es

FERNÁNDEZ VALVERDE, R. El Consejo de Estado debe informar sobre el atún rojo, en Diario LA LEY, nº 9405, de 29 de abril 2019, Editorial Wolters Kluwer, Smarteca [última consulta: 03 de septiembre de 2022].

GIMÉNEZ-CANDELA, T. Tratamiento jurídico de los peces en la UE y en España, en dA.Derecho Animal (Forum of Animal Law Studies). (vol. 10, nº 4, 2019) en: https://revistes.uab.cat/da/article/view/v10-n4-gimenez-candela-2 [última consulta: 24 de septiembre de 2022].

GONZÁLEZ GARCÍA, J. V.; ZAMBONINO PULITO, M. El derecho de costas y la distribución constitucional de competencias entre el estado y las comunidades autónomas. Cuestiones recurrentes y controversias nuevas, en "El derecho de costas en España", edición nº 1, Editorial LA LEY, Madrid, julio 2010 y en Smarteca (LA LEY 14755/2010).

---

[47] Película de 1973, con Charlton Heston y Edward G. Robinson como protagonistas. Se basa en la novela "¡Hagan sitio!, ¡hagan sitio!", de Harry Harrison.

GONZÁLEZ-VARAS IBÁÑEZ, S. Las limitaciones de las cautelares ante problemas esenciales del contencioso-administrativo. Y esbozo de posibles vías de solución. Revista española de Derecho Administrativo n.º 196/2019. Editorial Civitas, SA y en Westlaw, BIB 2019\1139 [última consulta, 22 de septiembre de 2022].

LÓPEZ RAMÓN, F. Formas de conservar la naturaleza, en Revista española de Derecho Administrativo n.º 170/2015, Editorial Civitas, SA y en "Westlaw", BIB 2015\2373 [última consulta: 22 de septiembre de 2022].

LOZANO CUTANDA, B. Real Decreto 363/2017, de 8 de abril: la ordenación de los distintos usos y de las actividades económicas en el espacio marítimo. Diario La Ley, nº 8999, Sección Tribuna, 13 de junio de 2017, Wolters Kluwer y Smarteca, LA LEY 5979/2017.

KAPLAN, M. (coord.). Revolución tecnológica, estado y derecho (t. IV), https://biblio.juridicas.unam.mx/bjv y https://goo.gl./tzxts4

MANTECA VALDELANDE, V. El control de la pesca marítima en España (1), en Actualidad Administrativa, Sección Doctrina, ref. XXVII, pág. 749, tomo 2, Editorial LA LEY, LA LEY 2279/2001, Smarteca [última consulta: 3 de septiembre de 2022].

M.A.P.A.M.A.: Pesca de inmaduros, descartes y pescas accidentales. Cooperación para proteger especies emblemáticas. Daños en los fondos. https://www.mapa.gob.es/es/pesca/temas/planes-de-gestion-y-recuperacion-de-especies/ [última consulta: 24 de septiembre de 2022].

MARTÍNEZ DE PISÓN, E.: "Exploración, ciencia y cultura", 25 de noviembre de 2014, Fundación Juan March. https://www.march.es/videos/?p0=4743 [última consulta: 02 de octubre de 2022].

ROIS MADARRO, L. El control por el Estado de sus nacionales como medio para combatir las actividades pesqueras ilícitas, en Revista Electrónica de Estudios Internacionales (nº 06, junio 2003), en https://ruc.udc.es/dspace/bitstream/handle/2183/2247/AD-7-40.pdf?sequence=1&isAllowed=y [última consulta: 24 de septiembre de 2022].

SANZ LARRUGA, F. J. La nueva ordenación del espacio marítimo: análisis del Real Decreto 363/2017, de 8 de abril, en Práctica Urbanística nº 150, enero-febrero, 1 de ene. de 2018, Editorial Wolters Kluwer.

URBINA, J. J. La cooperación internacional en la aplicación de medidas comerciales para luchar contra la pesca ilegal, no declarada y no reglamentada, en Revista Electrónica de Estudios Internacionales (n.º 33, junio 2017), en http://www.reei.org/index.php/revista/num33/articulos/cooperacion-internacional-aplicacion-medidas-comerciales-para-luchar-contra-pesca-ilegal-declarada-reglamentada [última consulta: 24 de septiembre de 2022]. DOI: 10.17103/reei.33.04.

La Conservación de la Biodiversidad Marina y la correcta aplicación del Enfoque por Ecosistema: el caso del Mar de l'Empordà y la eólica marina flotante[1]

Marine Biodiversity Conservation and the correct application of the Ecosystem Approach: the case of the Empordà Sea and the floating offshore wind

RAFAEL SARDÁ

Centro de Estudios Avanzados de Blanes del Consejo Superior de Investigaciones Científicas (CEAB-CSIC). Carrer d'accès a la Cala S. Francesc, 14. Blanes, Girona. ORCID: 0000-0003-2059-9017. sarda@ceab.csic.es

ALBERTO OLIVARES

Universidad Internacional de La Rioja, Grupo de Investigación Derecho, Sostenibilidad y Nuevas Tecnologías (DESONT). Av. Paz 137, Logroño, La Rioja. ORCID: 0000-0003-3294-4658. albertopatricio.olivares@unir.net

Resumen: La protección, mantenimiento y restauración de la biodiversidad marina para asegurar la provisión adecuada de bienes y servicios del ecosistema al ser humano, es el principal objetivo del Convenio de Naciones Unidas sobre la Diversidad Biológica para esta década. Para ello se han desarrollado toda una serie de políticas y herramientas. La mayoría descansan en la estrategia de Naciones Unidas conocida como "*Ecosystem Approach*" (enfoque por ecosistema). No obstante, a pesar de haberse aprobado la estrategia hace casi 25 años, todavía es confusa y existen muchísimos problemas para su correcta aplicación. El caso concreto del Mar de l'Empordà y el desarrollo de la energía eólica marina constituye un buen ejemplo. Existiendo un marco normativo que incorpora al enfoque por ecosistema como criterio de planificación del espacio marino —la Ley 41/2010—, en

1 Estudio realizado en el marco del Proyecto de Investigación BLUE ENERGY, referencia B0036, de la Convocatoria Programa de financiación de proyectos de Investigación UNIR 2022.

la práctica no se aplica correctamente y ello impacta en la protección de la biodiversidad. Esta idea será desarrollada en este estudio, a través del caso de estudio mencionado.

Palabras clave: Conservación de la Biodiversidad. Enfoque por Ecosistema. Principio de Precaución. Evidencia Científica. Eólica marina flotante. Mar de l'Empordà.

Abstract: *The protection, maintenance, and restoration of marine biodiversity to ensure an adequate provision of ecosystem goods and services to humans is the main objective of the UN Convention on Biological Diversity for this decade. To this end, a range of policies and tools have been developed. Most of them are based on the UN strategy known as the "Ecosystem Approach". However, despite having been approved almost 25 years ago, it still needs to be clarified, and there are many problems with its correct application. The specific case of the Empordà Sea and offshore wind energy development could be a good example. Although there is a regulatory framework incorporating the ecosystem approach as a criterion for marine spatial planning —act 41/2010— in practice, it is not applied correctly, and this impacts the protection of biodiversity. This idea will be developed in this study through the above-mentioned case study.*

Key Words*: Biodiversity Conservation. Ecosystem Approach. Precautionary Principle. Scientific Evidence. Offshore floating Wind Farms. Mar de l'Empordà.*

1. INTRODUCCIÓN

A medida que los seres humanos incrementamos nuestra huella ecológica sobre la naturaleza, los beneficios que recibimos de esta disminuyen. Dichos beneficios, la prestación continuada de un sinfín de bienes y servicios de los ecosistemas, son el fruto del llamado capital natural[2]. La degradación del capital natural es un hecho hoy ampliamente documentado; la ciencia ha generado suficiente información para demostrar que el buen funcionamiento de los ecosistemas del planeta depende del buen estado de su biodiversidad, y garantizar su protección es vital[3].

---

2 DAILY G.C. Nature's Services (Washington 1997); MILENNIUM ECOSYSTEM ASSESSMENT (MEA). Ecosystems and Human Well-being Synthesis (Washington DC 2005).

3 INTERGOVERNMENTAL PLATFORM ON BIODIVERSITY AND ECOSYSTEM SERVICES (IPBES). Global Assessment Report on Biodiversity and Ecosystem Services (Bonn 2012); DUARTE, C.M., et al. Rebuilding marine life. Nature 580 (2020) 39-61; LOCKE, H., *et al.* A nature-positive world: The global goal for nature. Wildlife Conservation Society (2020).

Desde la década de los setenta el mundo científico nos viene advirtiendo de que la relación entre el ser humano y la naturaleza no es la adecuada y que ello nos perjudica en gran manera. Somos absolutamente dependientes de los bienes y servicios ambientales que recibimos de los ecosistemas que funcionan de manera adecuada[4] y, por tanto, degradar el capital natural significa poner en peligro nuestra estabilidad y bienestar como humanidad.

Aplicando una visión economicista, se puede considerar al capital natural como el conjunto de activos naturales que proporcionan determinados insumos en forma de recursos naturales y servicios ambientales para la economía, entendida esta última como la forma de administrar los recursos disponibles para satisfacer las necesidades humanas[5]. En la recientemente descrita época geológica del antropoceno[6] —con importantes incrementos de población y actividades, en un mundo en constante aceleración, de elevada conectividad, con una débil resiliencia socio-ambiental y con unos reconocidos límites biofísicos planetarios—, detener dicha degradación para volver a tener un capital natural estable y permanente debiera ser uno de los grandes objetivos de la humanidad[7].

La conservación de la biodiversidad, proteger ese Capital natural, es el primer objetivo del Convenio sobre la Diversidad Biológica de Naciones Unidas ("*Convention of Biological Diversity-CBD*"), al que siguen el uso sostenible de dicha biodiversidad, y la distribución justa y equitativa de los beneficios derivados del uso de sus recursos genéticos. Para alcanzar estos objetivos, Naciones Unidas desarrolló la estrategia conocida como el Enfoque por Ecosistema "*Ecosystem*

---

4 MEADOWS, D.H., RANDERS, D.L., BEHRENS III, J. Y WILLIAMS, W. The Limits to Growth; A Report for the Club of Rome's Project on the Predicament of Mankind (New York 1972); NATURE POSITIVE. A Global Goal for Nature. Nature positive by 2030 (2020).

5 UNITED NATIONS (UN). Handbook of National Accounting: Integrated Environmental and Economic Accounting, Studies in Methods, Series F, No.61, Rev.1, Glossary, United Nations. (New York, 2003).

6 CRUTZEN, P.J. Geology of mankind. Nature 415 (2002) 23;LEWIS, S.L. Y MASLIN M.A. Defining the Anthropocene. Nature, 519 (2015) 171.

7 SARDÁ, R. Y POGUTZ, S. Corporate Sustainability in the 21st Century: increasing the resilience of social-ecological systems (London, 2019).

Approach"[8] (CBD, 1998), pensada para mejorar esa relación ser humano-naturaleza que no atraviesa por un buen momento.

El enfoque por ecosistema (en adelante EpE) aparece en el preámbulo de diversas normas jurídicas internacionales y nacionales como criterio o estándar para su aplicación; sin embargo, esta estrategia todavía está lejos de ser adaptada y utilizada correctamente en las prácticas cotidianas, en el despliegue de las políticas públicas o en la implementación de los marcos normativos de protección y gestión del medio ambiente[9]. Para aplicar el EpE ha sido propuesta la gestión basada en el ecosistema —"Ecosystem-Based Management"—. Desde entonces, la gran mayoría de las políticas internacionales sobre la gestión del medio natural reconocen la necesidad de desarrollar estrategias de sostenibilidad que recojan los principios del enfoque por ecosistema, los llamados principios de Malawi.

Han pasado casi 25 años desde su presentación y aún se observa una desconexión evidente entre la teoría que mueve la nueva regulación medioambiental y su uso práctico en la gestión del día a día. EpE es considerado como un instrumento para lograr la buena gestión del Capital Natural, reconociendo al ser humano y su diversidad cultural como un componente integral del ecosistema (o del llamado sistema socio-ecológico, "*social-ecological system*").

Dada su importancia, la protección, el mantenimiento y la restauración de este Capital Natural aparecen hoy como objetivos de los acuerdos obtenidos por el CBD, así como de multitud de otras organizaciones conservacionistas, no gubernamentales y empresariales. Amparándose en todo ello, en 2020, un amplio grupo de estas organizaciones emitieron un llamamiento a la acción con el objetivo de conseguir un planeta que presentara una tendencia a mejorar su biodiversidad (un planeta "*Nature-positive*").

---

8 CONVENTION BIOLOGICAL DIVERSITY (CBD). Report of the Workshop on the EcosystemApproach, Malawi, 26-28 January 1998. UNEP/CBD/COP/4/Inf.9 (1998), p. 15.

9 SARDÁ, R., O'HIGGINS, T., CORMIER, R., DIEDRICH, A. Y TINTORÉ, J. Proposal of a Marine Ecosystem-Based Management System (EBMS): linking the theory of environmental policy and practice of environmental management. Ecology and Society, 19(4) (2014).

Este llamamiento "*Global Goal for Nature*"[10], podría integrase dentro de una visión aún más amplia, con la intención de crear un mundo equitativo, neutro en carbono y positivo en biodiversidad "*Equitable, Nature-Positive, Carbon-Neutral World*", para el año 2050; una visión articulada por vez primera por el Post-2020 Pavilion Partnership[11]. La idea clave de este movimiento es convertir la presente década en una década de cambio en nuestra relación con la naturaleza, visualizando un planeta que presente una tendencia positiva en biodiversidad, para así revertir la actual trayectoria negativa.

El planeta Tierra pudo haber sido llamado planeta Océano. El 70% de su superficie está cubierta de agua y de ésta, el 97% se encuentra en el océano. El océano es el principal soporte para la vida y alberga más del 80% de la biomasa animal[12]. Funcionalmente, las corrientes océanicas, a través de la llamada circulación termohalina, gobiernan el clima del planeta y con ello sus biomas terrestres. El océano atempera el calentamiento global al absorber el 30% de nuestras emisiones de gases de efecto invernadero. Esta función clave para la vida en el planeta le ha hecho elevar su acidificación, reducir su oxígeno en determinadas zonas y elevar su temperatura, lo que ha supuesto una presión negativa sobre la vida que alberga. Al ser la humanidad una especie terrestre, el océano ha sido menos alterado que la superficie terrestre[13].

Sin embargo, la posibilidad de repetir los patrones de degradación terrestre en los océanos, debido al incremento de la demanda humana en este medio de alimentos, materiales y espacio para actividades humanas, aparece hoy en día como un hecho más que probable si no aplicamos importantes medidas precautorias o paliativas[14]. Entre estas medidas aparece la necesidad del incremento en la protección

---

10 LOCKE, H., *et al.* A nature-positive world: The global goal for nature. Wildlife Conservation Society (2020).

11 NATURE POSITIVE. A Global Goal for Nature. Nature positive by 2030 (2020).

12 VISUAL CAPITALIST. All the biomass of Earth, in One Graphic (2021).

13 McCAULEY, D.J., PINSKY, M.L., PALUMBI, S.R., ESTES, J.A., JOYCE, F.H. Y WAME, R.R. Marine defaunation: Animal loss in the global ocean. Science. 347 (2015) 6219.

14 JOUFFRAY, J.B., *et al.* The Blue Acceleration: The Trajectory of Human Expansion into the Ocean. One Earth perspective, 2 (2020) 43-54.

del océano a través de la creación de un mayor número o extensión de áreas marinas protegidas, incorporar los principios del EpE en la planificación y gestión de las actividades humanas, y, finalmente, allí donde tengamos dudas, aplicar el principio de precaución.

El objetivo de este trabajo es analizar a diferentes escalas espaciales la aplicación del concepto del EpE y otras medidas de protección, como herramientas básicas para alcanzar los objetivos de la convención sobre diversidad biológica de Naciones Unidas en mares y océanos. Con esta finalidad, realizaremos un recorrido que empezará por su definición a escala global, seguirá en su utilización a escala europea y española, para acabar en el análisis de su aplicación a un caso particular, el del Mar de l'Empordà (Cataluña, España) y el desarrollo de la energía eólica flotante marina. Nuestra hipótesis de partida es la de que, aún disponiendo de políticas públicas y un marco normativo básico para desarrollar el enfoque por ecosistema, a medida que bajamos su escala de aplicación y nos acercamos más a la realidad del día a día, su utilización se diluye, se vuelve menos tangible y, finalmente, el EpE no acaba siendo correctamente usado.

2. ESCALAS DE APLICACIÓN EN LA CONSERVACIÓN DE LA BIODIVERSIDAD MARINA

2.1. Naciones Unidas

2.1.1. El tratado UNCLOS y la protección de la biodiversidad

La Secretaría de la Convención de Naciones Unidas sobre la Diversidad Biológica (CDB), ha publicado recientemente un nuevo marco global para la biodiversidad, el llamado "*Post-2020 Global Biodiversity Framework*". Uno de los objetivos más importantes de este documento es asegurar que al menos el 30 por ciento del planeta sean áreas protegidas por su particular importancia para la biodiversidad, y que: a) se conserven de forma justa y equitativa, aplicando buenos sistemas de gestión; b) sean ecológicamente representativas, y; c) estén bien conectadas para asegurar su funcionalidad y su contribución al bienestar humano. Proteger el 30 por ciento del planeta para el año 2030 asegurando que dicha protección no perjudica a aquellas poblaciones humanas que pueden habitar estos entornos, es la ambiciosa propuesta que se ha discutido en las últimas conferencias de la Convención de Biodiversidad y que, recientemente, ha sido aprobada.

En relación al océano, sus usos se encuentran globalmente regulados por la "*United Nations Convention on the Law of the Sea (UNCLOS)*"- la llamada constitución de los océanos—, tratado internacional adoptado en 1982, que entró en vigor en 1994 reemplazando cuatro convenciones anteriores. UNCLOS es un tratado sobre los recursos, bióticos y abióticos del océano. Reestructura la soberanía de las naciones costeras (aguas territoriales —primeras 12 millas naúticas (mn)—, zona contigua —hasta 20mn, y la zona económica exclusiva —hasta las 200 mn); da derechos a participar en la exploración y la explotación de recursos a países sin costa mediante la formalización de acuerdos; posibilita acuerdos justos que beneficien a terceros países con pocos recursos económicos y tecnológicos y; desarrolla un tribunal internacional para la solución de conflictos. En lo que se refiere a la protección de la biodiversidad, los países costeros gestionan sus primeras 200mn.

Más allá de las 200 mn de zona económica exclusiva de los países con costa, se sitúa un espacio internacional conocido como "*High Seas*". Reconociendo la importancia de determinados recursos en estas aguas, un país tan importante como Estados Unidos no firmó inicialmente UNCLOS hasta poder tener normas más claras sobre cómo utilizar los recursos que estas zonas albergan.

2.1.2. El nuevo Tratado Global de los Océanos

Desde 2017, Naciones Unidas ha trabajado en un tratado específico para este gran dominio oceánico, los "High Seas", el "UNCLOS implementing agreement on biodiversity beyond national jurisdiction- "BBNJ" recientemente firmado. Una de las propuestas principales es proteger un 30% de altamar antes de desarrollar regulación más específica que posibilite (si en un futuro es posible) la extracción de nuevos recursos. El tratado BBNJ, además de discurrir muy en la línea del Convenio sobre la Diversidad Biológica y los acuerdos en mares regionales, podría posibilitar por vez primera que Estados Unidos pudiera también finalmente firmar estos acuerdos. En marzo de 2023, tras casi dos décadas de negociaciones, Naciones Unidas anunció la adopción del Tratado Global de los Océanos (Tratado de Alta Mar o Biodiversidad más allá de la Jurisdicción Nacional —BBNJ—), que finalmente fue adoptado en junio de 2023, en la quinta sesión de la Conferencia Intergubernamental sobre un instrumentos internacional jurídicamente vinculante en el marco de la Convención de las Naciones Unidas sobre el Derecho del Mar relativo a la conservación y el uso sostenible de la diversidad biológica de las zonas situadas fuera de la jurisdicción nacional, y que está siendo actualmente ratificado por los países. Este acuerdo internacional significa un importante respaldo al objetivo de protección del 30% de los océanos para el año 2030.

A través de este Tratado, las partes se comprometen a la conservación de la Alta mar, una zona que hasta ahora no estaba regulada en ningún acuerdo internacional y que, como consecuencia, apenas tiene áreas marinas protegidas las que no superan el 1% de su extensión, que en su mayor parte están ubicadas en el Mar de Ross en la Antártida[15]. En concreto, se configura un marco jurídico para implementar áreas marinas protegidas en Alta mar, proteger su biodiversidad y establecer un régimen de reparto equitativo de los beneficios obtenidos de los recursos genéticos ubicados en esta amplia franja marina que no es parte del territorio de los estados.

De acuerdo con el art. 2 del documento aprobado, el objetivo del acuerdo es garantizar la conservación y la utilización sostenible de la biodiversidad marina de las zonas situadas fuera de la jurisdicción nacional, en el presente y a largo plazo, a través de la aplicación de las disposiciones del propio Tratado, así como de la colaboración y coordinación internacionales.

Si bien, se trata de un acuerdo internacional pendiente de ratificación de los estados, existe un fuerte optimismo por el impulso que ha significado en el impulso de los últimos acuerdos en materia de protección de la biodiversidad marina.

---

15 OLIVARES, A. Evolución en la protección del medio marino. Hacia un Tratado Global de los Océanos. En Nuevo Derecho de los Océanos. La protección del medio marino ante el cambio global (Valencia, 2022), 45; BRIEF, I. ¿Cómo las áreas marinas protegidas resguardan altamar? PEW, 2019.

2.1.3. La CBD y el Enfoque por Ecosistema

La Convención de Diversidad Biológica (CDB), con anterioridad al "*Post-2020 Global Biodiversity Framework*" formuló, a finales del siglo pasado, una estrategia para la gestión de los recursos bióticos y abióticos del planeta, el Enfoque por Ecosistema (EpE). El EpE es una estrategia para la gestión de la tierra, el agua y los recursos vivos que promueve su conservación y uso sostenible de una manera equitativa[16]. Fue adoptado como un principio fundamental de la aplicación del CDB en la 2ª Conferencia de las Partes (COP), celebrada en Yakarta, Indonesia[17].

Las sucesivas Conferencias de las Partes de la CBD que siguieron a dicha definición desarrollaron la estrategia para la implementación del EpE. En 2002, la COP5 desarrolló los 12 principios operativos del EpE, los llamados principios de Malawi (Tabla 1) y en 2004 la COP7 adoptó directrices de aplicación para cada uno de ellos. Desde entonces, prácticamente todas las regulaciones internacionales sobre la gestión de bienes públicos naturales reconocen en sus preámbulos al EpE como la base de partida para su gestión. El EpE reconoce como instrumental la estructura y las funciones de los ecosistemas, su Capital Natural, así como los procesos que en ellos se dan reconociendo al ser humano y su diversidad cultural como un componente integral del ecosistema a gestionar.

Tabla 1. Los doce principios de Malawi del Enfoque por Ecosistema

1.	La elección de los objetivos de gestión de los recursos de tierras, hídricos, y vivos debe quedar en manos de la sociedad
2.	La gestión debe estar descentralizada al nivel apropiado más bajo posible
3.	Los gestores deben tener en cuenta los efectos (reales o posibles) de sus actividades en los ecosistemas adyacentes

16 CONVENTION BIOLOGICAL DIVERSITY (CBD). Report of the Workshop on the EcosystemApproach, Malawi, 26-28 January 1998. UNEP/CBD/COP/4/Inf.9 (1998); FARMER, A., *et al.* The Ecosystem Approach in Marine Management. EU FP7 KNOWSEAS Project (2012).

17 SECRETARÍA DEL CONVENIO SOBRE LA DIVERSIDAD BIOLÓGICA. Enfoque por ecosistemas. Directrices del CDB (Montreal, 2004), 3.

4.	Dados los posibles beneficios derivados de su gestión, es necesario comprender y gestionar los ecosistemas en un contexto económico para: a) disminuir las distorsiones del mercado que repercuten negativamente en la diversidad biológica; b) orientar los incentivos para promover la conservación y la utilización sostenible de la diversidad biológica; y c) realizar valoraciones económicas de los servicios del ecosistema, promoviendo la incorporación de los costos ambientales así como la distribución equitativa de los beneficios
5.	A los fines de mantener los servicios de los ecosistemas, la conservación de la estructura y el funcionamiento del Capital Natural, debería ser un objetivo prioritario del enfoque por ecosistema
6.	Los ecosistemas se deben gestionar dentro de los límites de su funcionamiento
7.	El enfoque por ecosistema debe aplicarse a las escalas espaciales y temporales apropiadas
8.	Habida cuenta de las diversas escalas temporales y los efectos retardados que caracterizan a los procesos de los ecosistemas, se deberían establecer objetivos a largo plazo en la gestión de estos ecosistemas
9.	En la gestión debe reconocerse que el cambio es inevitable
10.	En el enfoque por ecosistema se debe procurar el equilibrio apropiado entre la conservación y la utilización de la diversidad biológica, así como la integración de ambos conceptos
11.	En el enfoque por ecosistema debe tenerse en cuenta todas las formas de información pertinente, incluidos los conocimientos, las innovaciones y las prácticas de las comunidades científicas, indígenas y locales
12.	En el enfoque por ecosistema deben intervenir todos los sectores de la sociedad y las disciplinas científicas pertinentes

Fuente: CDB, 1998.

Desde la perspectiva del enfoque por ecosistema, la comunidad internacional no solo ha adquirido el compromiso de dotar de algún instrumento de protección al 30% del océano, sino que además reconoce la necesidad de gestionar sus recursos de forma adecuada mediante la utilización del EpE. Este enfoque ha sido identificado como la herramienta más valiosa para elaborar un marco jurídico global que permita una integración de las actividades humanas y sus interacciones con el medio marino, aunque su funcionamiento aún dista bastante de quedar claro y ser aplicado.

2.2. La Unión Europea

2.2.1. La Directiva Hábitats y la Directiva de Aves

La Directiva 92/43/CEE, de 21 de mayo de 1992, relativa a la conservación de los hábitats naturales y de la fauna y flora silvestres, constituye una de las primeras normas de protección de la biodiversidad, a través de la conservación de los hábitats naturales y de la flora y fauna silvestres en la UE (art. 2). Esta directiva, que sienta las bases en la materia, promueve un cambio de paradigma, promoviendo la necesidad de conservar los hábitats naturales por su importancia como tales y no solo como medio en el que crecen y se desarrollan las diversas especies.

Entre sus diversas propuestas, debe destacarse la creación de la red Natura 2000, como una "red ecológica europea coherente de zonas especiales de conservación" integrada por un conjunto de lugares que alberguen diversos tipos de hábitats naturales (anexo I) y de especies (anexo II). La red Natura 2000 debe garantizar el mantenimiento o el restablecimiento, cuando sea necesario, de un estado de conservación favorable de los hábitats naturales y especies en su área de distribución natural[18].

Por su parte, la Directiva 2009/147/CE, de 30 de noviembre de 2009, relativa a la conservación de las aves silvestres, obliga a los Estados miembros a adoptar las medidas necesarias para mantener o adaptar las poblaciones de todas las especies de aves que viven normalmente en estado salvaje en el territorio de los Estados miembros en un nivel que corresponda en particular a las exigencias ecológicas, científicas y culturales, habida cuenta de las exigencias económicas y recreativas (arts. 1 y 2).

Ambas Directivas están coordinadas en la protección de la biodiversidad. En este sentido, la Red Natura 2000 está integrada por los lugares de importancia comunitaria (LIC), las zonas especiales de conservación (ZEC) y las zonas de especial protección para las aves (ZEPA). Estos tres tipos de zonas constituyen los espacios protegidos

---

[18] Directiva Hábitats, art. 3.

por la Red Natura 2000 y constituyen uno de los instrumentos de protección del medio ambiente y la biodiversidad más potentes de la UE.

Si bien, no contemplan expresamente el enfoque por ecosistema en sus diversas disposiciones (la Directiva Habitats es anterior a la estrategia del EpE), las normas nacionales que transponen en España dichas Directivas sí incluyen esta estrategia de gestión en el desarrollo de la norma. Constituyen normas de referencia en el modelo de protección del medio ambiente y conservación de la biodiversidad en la la UE, por lo que deben ser tenidas en consideración cuando se analiza la estrategia de conservación de la biodiversidad marina.

2.2.2. La Política Marítima Integrada de la Unión Europea y la Estrategia de la UE sobre la biodiversidad de aquí a 2030

Como respuesta europea a las emergencias climática y de biodiversidad —los dos límites biofísicos planetarios centrales que han operado globalmente y coevolucionado por cerca de 4 billones de años[19]—, la Unión Europea ha desarrollado recientemente el llamado Pacto Verde Europeo ("*European Green Deal*" EU COM/2019, 640 final). En el marco de dicho Pacto Verde, la Comisión Europea publicó la Estrategia de Biodiversidad 2030, donde se reconoce que "*la pérdida de biodiversidad y el colapso de los ecosistemas son una de las mayores amenazas que enfrenta la humanidad en la próxima década. También amenazan los cimientos de nuestra economía y se debe reconocer que los costos de inacción pueden ser elevados y al alza*"[20]. La Estrategia de Biodiversidad 2030 toma en consideración todas las propuestas de las directivas europeas anteriores sobre protección y conservación de la naturaleza.

Los dos pilares principales de la Estrategia de biodiversidad para 2030 (continuación de la anterior estrategia de biodiversidad 2020 de la UE) son mejorar y ampliar la red de áreas protegidas y desa-

---

19 STEFFEN W. *et al.* Planetary boundaries: Guiding human development on a changing planet. Science, 347 (2015) 6223.

20 COMISIÓN EUROPEA. Estrategia de la UE sobre la biodiversidad de aquí a 2030. Reintegrar la naturaleza en nuestras vidas. COM (2020) 280 final, de 20 de mayo de 2020.

rrollar un ambicioso plan de restauración de sus sistemas naturales. En este sentido, la estrategia 2030 presenta cuatro grandes objetivos:

- Construir una red transeuropea coherente y conectada de su naturaleza.
- Proteger jurídicamente un mínimo del 30 % de las superficies terrestres y marinas e integrar en ella corredores ecológicos. (significa, comparado con 2020, un extra del 4% de las áreas terrestres y del 19% para las áreas marinas).
- Proteger de forma estricta, bien gestionada, el 10% de la tierra y del mar (hoy, solo el 3% de la tierra y menos del 1% de las áreas marinas están bajo protección estricta).
- Reconocer la necesidad de protección de los llamados bosques primarios.

La estrategia de biodiversidad para 2030 también es aplicable al entorno marino europeo debiendo coordinarse con las anteriores herramientas de protección de la biodiversidad. Entre ellas, por su importancia, destacan la interacción de esta estrategia con la Directiva Hábitats (92/43/CEE) y la Política Marítima Integrada (PMI) de la Unión (COM(2007)0575). En relación a esta última, la PMI tiene por objetivo fortalecer un enfoque más coherente e integrado de las actividades marítimas mediante una mayor coordinación entre los diferentes sectores implicados. En este sentido, la PMI recoge también el enfoque por ecosistema y lo aplica en el marco jurídico de los océanos[21].

La PMI se implementa principalmente a través de dos instrumentos legislativos básicos de la UE: la Directiva 2008/56/CE —llamada Directiva marco sobre la estrategia marina (*Marine Strategy Framework Directive*)— y la Directiva 2014/89/UE por la que se establece un marco para la ordenación del espacio marítimo (*Maritime Spatial Planning Directive*). Ambas directivas deben trabajar de forma integrada para coordinar y establecer decisiones coherentes que maximicen

---

21 OLIVARES, A. Evolución en la protección del medio marino. Hacia un Tratado Global de los Océanos. En Nuevo Derecho de los Océanos. La protección del medio marino ante el cambio global (Valencia, 2022), 56.

los resultados de un desarrollo sostenible, el crecimiento económico y la cohesión social de los estados miembros, en lo que se refiere al ambiente marino.

La Directiva 2008/56/UE tenía como objetivo último establecer un marco para que los estados miembros adopten medidas que les permitan alcanzar o mantener un buen estado medioambiental de las aguas marinas para 2020 ("*Good Environmental State*"-GES), que aún está pendiente de lograr. Para ello, obliga a los estados miembros a elaborar unas "estrategias marinas" con la finalidad de proteger y presentar el medio marino, evitar su deterioro o, recuperar ecosistemas marinos.

En virtud de este deber, cada estado miembro elaboró las estrategias marinas (primer ciclo), que contenían una evaluación inicial del estado ambiental de las aguas marinas; definió el buen estado ambiental (GES) en base a once descriptores biofísicos del medio marino; estableció unos objetivos ambientales y unos programas de seguimiento diseñados para evaluar si se está alcanzando ese GES; y finalmente formalizó unos programas de medidas orientadas a lograrlo (o mantenerlo). A partir de su inicio, los estados miembros deben revisar de manera coordinada los elementos de sus estrategias marinas periódicamente, cada seis años. En la actualidad, estamos en el segundo ciclo de estrategias marinas (2018-2024) y está en proceso de aprobación la tercera fase.

Las estrategias marinas abogan por aplicar un enfoque ecosistémico en la gestión de las actividades humanas, para: i) que la presión ejercida de dichas actividades se mantenga en niveles compatibles con la consecución de un buen estado medioambiental y; ii) que no se comprometa la capacidad de los ecosistemas marinos de responder a los cambios inducidos por el ser humano[22].

Por su parte, la Directiva 2014/89/UE se estructura para ordenar y planificar todas las actividades marítimas de los estados en sus

---

22 Art. 1.3 de la Directiva 2008/56/UE, de 17 de junio de 2008, por la que se establece un marco de acción comunitaria para la política del medio marino (Directiva marco sobre la estrategia marina), DOUE núm. 164, de 24 de junio de 2008.

espacios marinos, asegurando que estas no comprometan el buen estado medioambiental de sus aguas[23]. Además, esta Directiva señala determinados aspectos que son relevantes para la forma en que debe aplicarse la legislación: tener en cuenta las interacciones tierra-mar, ser coherente con los procesos de gestión integrada de costas, la participación de los agentes sociales, el uso de los mejores datos e información disponible; la cooperación transfronteriza y con terceros países y la aplicación del enfoque por ecosistema. Precisamente, este último punto es el que centra el interés de nuestro estudio.

Finalmente, debe indicarse que los estados miembros tendrán que revisar sus los planes de ordenación marítima cada diez años, de acuerdo con lo establecido en la propia Directiva 2014/89/UE, art. 6.3. No obstante, el "RD 150/2023, de 28 de febrero, por el que se aprueban los planes de ordenación del espacio marítimo de las cinco demarcaciones marinas españolas", al final del Bloque I expresa que: "debido a que esta herramienta de planificación está estrechamente ligada con otros planes, como las estrategias marinas, y en menor medida, los planes hidrológicos, y que ambas herramientas se revisan periódicamente cada 6 años, se ve más apropiado que la revisión de los POEM se realice a más tardar en 2027".

2.2.3. El enfoque por ecosistema en la legislación de la Unión Europea

Todo este marco normativo de implementación de la PMI de la UE, tanto de conservación de la biodiversidad marina como de ordenación del espacio marino, establece las bases para la mejora del medio ambiente marino europeo y el desarrollo ordenado de las actividades humanas marinas, pero aún está en su infancia en el desarrollo que necesita para convertirse en una contribución importante para el objetivo de alcanzar ecosistemas sanos y regenerar la vida marina.

Estos regímenes jurídicos, teóricamente, están obligados a utilizar el EpE en su implantación con relación al objetivo general de alcan-

23 Directiva 2014/89/UE, de 23 de julio de 2014, por la que se establece un marco para la ordenación del espacio marítimo.

zar la integridad funcional del ecosistema mientras se permite un uso sostenible de éste. Una característica clave del enfoque por ecosistema es que el ser humano está incluido como parte del ecosistema natural y que las actividades humanas deben gestionarse para que sean sostenibles a largo plazo y no comprometan el buen estado ambiental del medio marino[24]. No obstante, la implantación de dicho enfoque de gestión es complicada, ya que el ecosistema debe gestionarse de manera integral, considerando todos los aspectos (biológicos, ambientales y humanos) de forma simultánea.

El EpE pretende implementar las reglas que mueven los principios de la ecología al derecho y, para ello, utiliza cuatro conceptos interrelacionados: integridad, integración, información e iteración[25]. Estas cuatro nociones encuentran en los principios de Malawi la traslación del principio a la norma y la forma en que debieran ser utilizados:

- La integridad ecológica tiene por objeto mantener las funciones clave y la estructura de los ecosistemas para proteger y preservar los propios ecosistemas y conservar su diversidad biológica.
- La integración considera las interdependencias ecológicas, poniendo en un marco conceptual único las dimensiones sociales y ecológicas, las dimensiones espaciales y temporales relevantes, así como el análisis de todas aquellas presiones que se vayan acumulando.
- La información tiene por base facilitar que las decisiones que se tomen estén bien informadas, utilizando el conocimiento detallado de los procesos que tienen lugar en los ecosistemas y las condiciones de referencia para asegurar que se vaya por el buen camino.
- La iteración debe introducir una gestión adaptativa en el proceso pues también se deberá responder a la variabilidad de condiciones y al cambio ambiental.

---

24 CONVENTION BIOLOGICAL DIVERSITY (CBD). Report of the Workshop on the EcosystemApproach, Malawi, 26-28 January 1998. UNEP/CBD/COP/4/Inf.9 (1998).

25 DE LUCIA, V. Towards ecosystem-based governance of the high seas. International Institute for Environment and Development, IIED Briefing (July 2020).

En este sentido, la gestión basada en el ecosistema que se desarrolle en la práctica y aplique el EpE debería estar bien informada, entender el funcionamiento del ecosistema, conocer los servicios del ecosistema que este presta y facilitar la participación social[26].

2.3. El Estado Español

2.3.1. La conservación de la biodiversidad y la Ley de protección del medio marino

El marco de protección del medio marino y su biodiversidad en la UE, que incluye a las normas revisadas en el apartado anterior, es integrado por España a través de diversas normas jurídicas. La conservación del medio marino, en línea con los acuerdos internacionales y sus distintas figuras de protección, es reconocida por el estado español como fundamental para conseguir los diversos objetivos europeos de protección y conservación del medio marino, entre las que destaca el de mantener un buen estado ambiental para el medio marino, incluido en la Directiva marco sobre la estrategia marina. El sistema español de protección del medio marino es complejo e incluye numerosos esquemas de protección, incorporadas por tratados internacionales o por normas internas.

En este sentido, la Ley 42/2007, de 13 de diciembre, del Patrimonio Natural y de la Biodiversidad, incorpora un catálogo de clasificación de los espacios naturales protegidos en España, sean terrestres o marinos. En este sentido, el artículo 30 de la Ley expresa que existen al menos las siguientes categorías de espacios naturales protegidos[27]:

---

26 SARDÁ, R., *et al.* Proposal of a Marine Ecosystem-Based Management System (EBMS): linking the theory of environmental policy and practice of environmental management. Ecology and Society, 19(4) (2014). SARDA, R., REQUENA, S, DOMINGUEZ-CARRIÓ, C. Y GILI, J.M.Ecosystem-Based Management for Marine Protected Areas: A Systematic Approach. En: Management of Marine Protected Areas (Hoboken, 2017).

27 Los literales a) a e) están referidos en el art. 30 de la Ley 43/2007; el literal f) en el art. 43 y los literales g) a m) en el art. 50, y; las n) a o) están recogidos en instrumentos jurídicos especiales.

a) parques;

b) reservas naturales;

c) áreas marinas protegidas;

d) monumentos naturales;

e) paisajes protegidos;

f) la red Natura 2000 creada por la Directiva Hábitats (Directiva 92/43/CEE), que es una red ecológica de ámbito comunitario integrada por los Lugares de Importancia Comunitaria (LIC), que luego se transforman en Zonas Especiales de Conservación (ZEC), y las Zonas de Especial Protección para las Aves (ZEPA);

g) los humedales de Importancia Internacional, del Convenio relativo a los Humedales de Importancia Internacional especialmente como Hábitat de Aves Acuáticas (RAMSAR);

h) los sitios naturales de la Lista del Patrimonio Mundial, de la Convención sobre la Protección del Patrimonio Mundial, Cultural y Natural;

i) las áreas protegidas, del Convenio para la protección del medio ambiente marino del Atlántico del nordeste (OSPAR);

j) las Zonas Especialmente Protegidas de Importancia para el Mediterráneo (ZEPIM), del Convenio para la protección del medio marino y de la región costera del Mediterráneo;

k) los Geoparques, declarados por la UNESCO;

l) Las Reservas de la Biosfera, declaradas por la UNESCO;

m) Las Reservas biogenéticas del Consejo de Europa;

n) las reservas marinas;

o) las áreas marinas protegidas especiales creadas por diferentes agentes sociales y;

p) los espacios naturales protegidos de ámbito marino o marítimo-terrestre con otras figuras de protección.

Para todas las áreas marinas protegidas con estos diversos instrumentos de protección, la Ley 41/2010, de 29 de diciembre, de protección del medio marino, creó formalmente la red de áreas marinas protegidas del estado (RAMPE) estableciendo sus objetivos, los espacios naturales que la conforman, así como los mecanismos para su designación y gestión (art. 4.1.e). Asimismo, las estrategias marinas describen la llamada infraestructura verde marina del país.

Por otra parte, la Ley 41/2010 divide el espacio marino español, en cinco demarcaciones marinas (DM), para efectos de la protección del medio marino. Estas son: a) DM noratlántica; b) DM sudatlántica; c) DM del Estrecho y Alborán; DM levantino-balear y DM canaria. Para cada una de las demarcaciones marinas se deben elaborar las estrategias marinas, instrumentos de planificación de cada DM, que contienen los programas de medidas para cumplir con los objetivos ambientales que permiten conseguir y mantener el buen estado ambiental de las aguas marinas.

Figuras 1. (a) Espacios protegidos de la demarcación levantino-balear y; (b) Áreas valiosas o de interés para hábitats y especies de interés comunitario (IC) en la referida demarcación.

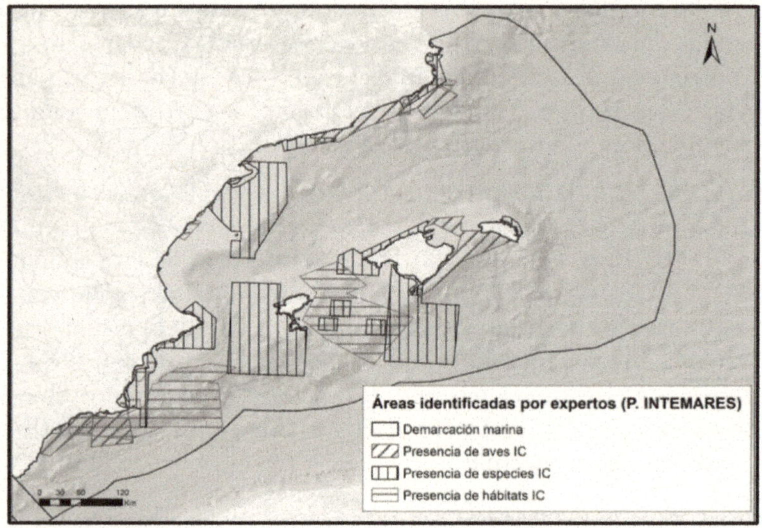

Fuente: MITECO, 2020.

La conservación de la biodiversidad marina descansa en el estado y en las comunidades autónomas que, asimismo, pueden catalogar áreas marinas protegidas. En términos globales, aproximadamente un 20,9% de las aguas territoriales españolas están protegidas, pero muy pocas de ellas tienen planes de gestión que estén en funcionamiento y, por tanto, su protección es más bien formal. Por tanto, en la práctica, no están adecuadamente protegidas.

En lo relativo a la concreción de las estrategias marinas, la DM Levantino Balear —objeto de nuestro estudio— abarca las áreas marinas ubicadas frente a las costas de Catalunya, Comunitat Valenciana, Illes Balears, Región de Murcia y una parte de Andalucía. La figura 1 nos muestra la estructura actual de conservación de la biodiversidad para esta demarcación. La demarcación levantino-balear cubre 23.296.085,46 hectáreas. En 2023, el 30,02% de su superficie (6.993.558,25 ha) estaba protegida a través de las diferentes figuras de protección mencionadas en los apartados anteriores (de competencia estatal y autonómica) siendo el corredor marítimo de cetáceos la mayor área incluida en esta protección. Excluido el corredor de cetáceos, cuya protección es muy vaga, un 11,29% de la superficie de esta demarcación corresponde a espacios de la Red Natura 2000[28]. Asimismo, en diciembre de 2023 (Orden TED/1416/2023) se declararon nuevos espacios marinos protegidos que serán propuestos a la Comisión Europea como Lugares de Interés Comunitario (LIC), algunos de ellos en la DM levantino-balear-Cañones de Alicante y el Canal de Ibiza, y se ha realizado una pequeña ampliación de la ZEPA del Baix Llobregat-Garraf.

A partir de este marco general de conservación, España transpuso las dos directivas básicas de la política marítima europea aplicando en ellas un rango normativo diferente. La Directiva marco sobre la estrategia marina ha sido transpuesta mediante la Ley 41/2010, de 29 de diciembre, de protección del medio marino; por su parte, la Directiva marco de ordenación del espacio marítimo, fue implementada en nuestro ordenamiento a través del Real Decreto 363/2017, de 8 de abril, por el que se establece un marco para la ordenación del espacio marítimo.

Uno de los aspectos más relevantes de la Ley 41/2010 es el establecimiento de objetivos ambientales y la implementación de las estrategias marinas para lograr o mantener buen estado ambiental del medio marino, que deben ser actualizados cada seis años (art. 20 de la Ley 41/2010). El primer ciclo de las estrategias marinas en España se extendió entre los años 2012 y 2018. Como hemos señalado, actualmente estamos en el segundo ciclo de aplicación de estas herramientas que concluirá en 2024, y está en aprobación el tercer ciclo, 2024-2030. Asimismo, la ley estableció (Anexo II) once descriptores para determinar el buen estado ambiental del medio marino que debe ser perseguido en las cinco demarcaciones seleccionadas en nuestro país. En cada estrategia marina se seleccionan los indicadores que determinarán el buen estado ambiental, de entre los descriptores cualitativos del Anexo II, atendiendo las características de cada demarcación marítima.

La ley 41/2010 tiene un marcado carácter proteccionista y también se constituye como el marco general orientador de la planificación de las actividades humanas en el medio marino, siempre con el

---

28 MINISTERIO PARA LA TRANSICIÓN ECOLÓGICA (MITECO). Estrategia Marina de la demarcación levantino-balear, Parte 1. Marco General. Características de la demarcación levantino-balear. 17 pp. (2019)

objetivo de lograr su buen estado ambiental. El artículo 4 de esta ley recoge los criterios de planificación del medio marino, base para la ordenación de las actividades humanas en sus aguas (Tabla 2).

Tabla 2. Criterios de planificación en el medio marino (art. 4 Ley de protección del medio marino

a	Se aplicará una gestión adaptativa de las actividades humanas siguiendo el principio de precaución y el enfoque ecosistémico y teniendo en cuenta el conocimiento científico, para garantizar que la presión conjunta de dichas actividades se mantenga en niveles compatibles con la consecución de un buen estado ambiental
b	No se comprometerá la capacidad de los ecosistemas marinos de responder a los cambios inducidos por la actividad humana
c	Se propiciará el aprovechamiento sostenible de los bienes y servicios marinos por las actuales y futuras generaciones
d	Se garantizará la coherencia de todas las estrategias marinas de cada región marina, a través de la necesaria coordinación a nivel autonómico, nacional e internacional
e	Se promoverá la conservación de la biodiversidad y los procesos ecológicos del medio marino a través de la Red de Áreas Marinas Protegidas de España y otros instrumentos de protección
f	Se mantendrá como objetivo la minimización de la contaminación del medio marino
g	Se garantizará que la investigación marina orientada al aprovechamiento racional de los recursos y potencialidades del medio marino sea compatible con el logro del buen estado ambiental
h	Las políticas sectoriales que se lleven a cabo o puedan afectar al medio marino serán compatibles y se adaptarán a los objetivos de las estrategias marinas
i	Se realizarán estudios sobre la capacidad de carga de estos espacios en relación con las actividades humanas que se desarrollen en ellos

Fuente: elaboración propia.

Por su parte, el Real Decreto 363/2017 constituye una pieza muy importante del programa de medidas de la Ley 41/2010 ya que establece la puesta en marcha de los planes de ordenación del espacio marino por demarcaciones (POEM's). Los POEMs son los encargados de planificar qué actividades, dónde, y con qué intensidad se pueden hacer en el medio marino sin perjudicar el buen estado medioambiental de éste. Estos planes fueron aprobados, en su primer ciclo, por el Real Decreto 150/2023, de 28 de febrero. Se elaboró un POEM para cada demarcación marítima (noratlántica, sudatlántica, del Estrecho y Alborán, levantino-balear y canaria).

El RD 150/2023, incorpora expresamente el enfoque ecosistémico en el Bloque I, apartado "1.4 Vínculos con las Estrategias Marinas de España: el enfoque ecosistémico", que desarrolla la idea de que en la ordenación del espacio marino debe aplicarse el enfoque ecosistémico contemplado en la Directiva Marco sobre la Estrategia Marina. Asimismo, en el apartado 1.1 del mismo Bloque I, expresa que: "La ordenación del espacio marítimo se configura por tanto como un instrumento estratégico transversal que permite a las autoridades públicas y a los grupos de interés aplicar un planteamiento coordinado, integrado y transfronterizo, que permita un aprovechamiento del espacio marítimo óptimo, reduciendo conflictos, así como potenciando coexistencias y sinergias. Todo ello debe hacerse mediante la adopción de un enfoque ecosistémico, el cual contribuirá a fomentar el desarrollo y crecimiento sostenible de las economías marítima y costera y el aprovechamiento sostenible de los recursos marinos y costeros, asegurando la integridad y resiliencia de los procesos ecológicos que los sostienen".

Estos planes deben servir para garantizar la sostenibilidad de las actividades humanas en el mar y, al mismo tiempo, facilitar el desarrollo de los sectores marítimos y la consecución de los objetivos que dichos sectores se han fijado, con especial atención a aquellos objetivos establecidos para cumplir los compromisos del Pacto Verde Europeo, el Acuerdo de París, y la Estrategia de la Unión Europea sobre la biodiversidad de aquí a 2030. En ningún caso, estos planes deben ir en contra de la protección de la biodiversidad y el objetivo de alcanzar el buen estado medioambiental de la aguas marinas.

Con relación al seguimiento de estos instrumentos, la mayor parte de los programas de seguimiento relativos a los descriptores del buen estado ambiental, están a cargo del Instituto Español de Oceanografía, mientras que los programas de seguimiento de presiones y actividades humanas han sido desarrollados mayoritariamente por el Centro de Estudios de Puertos y Costas del Centro de Estudios y Experimentación de Obras Públicas (CEPYC-CEDEX).

2.3.2. Aplicación del enfoque por ecosistema (EpE)

Los diversos instrumentos normativos de ámbito estatal, relevantes en la ordenación de nuestro espacio marítimo, contemplan el enfoque por ecosistema como criterio orientador de esta planificación. Nos centraremos en los principales de ellos, atendido el objeto de estudio.

En primer lugar, la Ley 41/2010, en el artículo 4 ya mencionado, expresamente se establece como criterio de planificación en el medio marino:

> "1. La actuación de los poderes públicos en materia de planificación del medio marino se regirá por los siguientes criterios:
> a) Se aplicará una gestión adaptativa de las actividades humanas siguiendo el principio de precaución y el enfoque ecosistémico y teniendo en cuenta el conocimiento científico, para garantizar que la presión conjunta de dichas actividades se mantenga en niveles compatibles con la consecución de un buen estado ambiental".

Tanto este criterio, como los otros contemplados en el art. 4.1. de la Ley 41/2010 constituyen verdaderos principios orientadores que dan coherencia a toda la estrategia española sobre el espacio marino. Así lo reconoce el propio Real Decreto 150/2023, por el que se aprueban los POEM, que en el Bloque II, apartado 1., señala que los criterios de planificación del espacio marino —del art. 4 de la Ley de protección del espacio marino—, suponen: "un paraguas que condicionan las diferentes herramientas de planificación sobre el medio marino: no sólo los presentes planes de ordenación, sino también las estrategias marinas, los planes de conservación y protección de la biodiversidad, de reducción de la contaminación, así como las diferentes políticas sectoriales".

Por otra parte, el artículo 1 del Real Decreto 363/2017, establece el objetivo general de la ordenación del espacio marítimo del Estado: "*fomentar el crecimiento sostenible de las economías marítimas, el desarrollo sostenible de los espacios marinos y el aprovechamiento sostenible de los recursos marinos*". En el mismo sentido, el artículo 5 de dicho RD, expresa que dichos objetivos se materializarán a través de los planes de ordenación del espacio marítimo, los cuales, entre otros elementos, "tendrán en cuenta aspectos económicos, sociales y medioambientales para apoyar el desarrollo y el crecimiento sostenibles en los sectores marítimos, aplicando un enfoque ecosistémico, que promoverá la coexistencia de las actividades y usos pertinentes y el reparto socialmente equitativo del acceso a los usos" (art. 5.b).

Para alcanzar este objetivo contemplado en el art. 1 del RD 363/2017, antes referido, se marcan unos principios orientadores básicos que están recogidos en el Real Decreto 150/2023[29], que señalamos en la Tabla 3.

Tabla 3. Principios orientadores de la planificación marítima del estado Español

a	Desarrollo sostenible
b	Aplicación del enfoque por ecosistema (EpE), considerando la biodiversidad, la diversidad geológica e hidrológica de los ecosistemas marinos, incluido el paisaje, las interacciones entre éstos, así como el aprovechamiento de los servicios ecosistémicos por parte de la sociedad
c	Mejora de la competitividad de los sectores marítimos
d	Mejora en el aprovechamiento del espacio marino
e	Participación activa de los agentes públicos y privados incluyendo las comunidades costeras locales
f	Gestión adaptativa
g	Transición ecológica hacia una economía baja en carbono y eficiente en el uso de los recursos, y ligado a la anterior, transición justa en materia de empleo
h	Consideración de la perspectiva de género en el proceso de planificación.
i	Diversificación económica, entendiéndola clave para la sostenibilidad económica de los sectores marítimos
j	Economía circular
k	Facilitar el acceso a la información y datos marinos garantizando su actualización
l	Preponderancia de los objetivos de interés general
m	Uso de la mejor información científica disponible, y de la escala de análisis más adecuada

Fuente: MITERD (s.f.).

Una buena parte de los principios recogidos en la Tabla 3, subyacen implícitos en la aplicación del EpE. Los POEMs hacen una especial alusión a la preponderancia de determinados objetivos de

---

29 Real Decreto 150/2023, de 28 de febrero, por el que se aprueba los planes de ordenación del espacio marítimo de las cinco demarcaciones marinas españolas. Anexo, Bloque II: "Principios orientadores y objetivos de ordenación".

interés general que deben ser tenidos en cuenta en su aplicación. Estos objetivos de interés general están señalados en el Real Decreto 150/2023 y son los siguientes[30]:

a) protección del medio ambiente marino, incluidos los espacios marinos protegidos, medio ambiente costero, y mitigación y adaptación a los efectos del cambio climático,

b) garantía del suministro de agua dulce y abastecimiento de aguas, incluida su desalación,

c) saneamiento, depuración y calidad de las aguas, incluidas las aguas de baño,

d) defensa nacional,

e) vigilancia y control,

f) Investigación científica, innovación y desarrollo,

g) patrimonio cultural subacuático.

La planificación y ordenación del espacio marítimo, que se fundamenta en los criterios expuestos en la Tabla 3, se concreta en "disposiciones de ordenación y principios aplicables a todos los usos, actividades y procesos, o a un subconjunto de los mismos, así como a la integración de las interacciones tierra-mar, y se identifican un conjunto de zonas de usos, actividades y procesos prioritario, y de zonas de alto potencial para diferentes usos, actividades y procesos"[31].

En cuanto a las zonas de uso prioritario, el Real Decreto 150/2023 ha establecido seis categorías distintas:

– para la protección de la biodiversidad;

– para la extracción de áridos destinados a la protección costera;

– para la protección del patrimonio cultural;

– para investigación, desarrollo e innovación (I+D+i);

---

30 Los objetivos de ordenación de interés general están contenidos en el Bloque II, apartado 3.2, Tabla 15 del Real Decreto 150/2023.

31 Real Decreto 150/2023, de 28 de febrero, por el que se aprueban los planes de ordenación del espacio marítimo de las cinco demarcaciones españolas.

- para la defensa nacional, y;
- para la seguridad en la navegación.

Para cada una de dichas zonas, se plantean disposiciones de ordenación, así como criterios para facilitar la coexistencia del uso prioritario con otros usos y actividades, y medidas para su desarrollo.

Por otra parte, las zonas de alto potencial también se han clasificado en seis categorías:

- para la conservación de la biodiversidad;
- para la extracción de áridos destinados a la protección costera;
- para la investigación, desarrollo e innovación (I+D+i);
- para la actividad portuaria;
- para el desarrollo de la energía eólica marina, y;
- para la acuicultura marina.

De la misma forma que en las de uso prioritario, en las zonas de alto potencial los POEM establecen disposiciones y criterios de ordenación, así como medidas de diversa índole para mejorar la ordenación del espacio marítimo. Dada su relevancia, puertos, eólica marina y acuicultura, aparecen como tres actividades que los POEMs fortalecen en su primer ciclo que se inicia con el Real Decreto 150/2023.

Por tanto, estamos iniciando el primer ciclo de aplicación de los POEM, que ordenan el espacio marino de cada uno por demarcación marina. Todos los criterios que se han comentado anteriormente, se han debido utilizar en la planificación de las actividades marinas (cuáles, dónde y con qué intensidad). Actualmente se están comenzando a implementar los POEM en las diversas demarcaciones marinas.

2.4. Catalunya y la protección de la biodiversidad marina: el caso particular de la Mar de l'Empordà

2.4.1. Catalunya

Catalunya es una de las 17 Comunidades Autónomas del Estado (CCAA). La costa catalana está compuesta por una amplia variedad de ecosistemas litorales desde playas de arena fina a acantilados abruptos y escarpados, desde zonas infra- y circa-litorales de elevada biodiversidad a cañones submarinos con una muy alta productividad. Con una extensión de casi 700 km., los 70 municipios costeros catalanes concentran casi la mitad de la población de esta comunidad autónoma, destacando el área metropolitana de Barcelona que alberga una elevada densidad poblacional, de las más altas a nivel europeo, y que ejerce una indudable presión sobre su medio marino adyacente.

En paralelo al marco de la UE y estatal de protección del medio marino y de ordenación del espacio marítimo, el *Govern de Catalunya* presentó en 2018 la *Estratègia Marítima Catalunya* 2030. Plan estratégico 2018-2021 (EMC)[32]. La EMC apuesta por el desarrollo potencial de la economía azul[33], garantizando un equilibrio social y territorial sobre la base de unos ecosistemas resilientes, de alta biodiversidad, y plenamente funcionales, capaces de generar unos servicios del ecosistema a la sociedad de máxima calidad[34].

Posteriormente, en 2023 presentó el "Pla 2023-2026 de l'Estratègia marítima de Catalunya", en forma de Anexo que se integra a la EMC, y que fundamentalmente actualiza los objetivos y ámbitos de actuación del primer Plan. Esta propone cuatro ámbitos de actuación: 1. Una economía azul sostenible en el marco de una política marítima integrada respetuosa hacia el conjunto de los usos del mar; 2. Explorar oportunidades de Cooperación Internacional relacionadas con proyectos de energías renovables marinas en Cataluña; 3. Fomentar las nuevas tecnologías relacionadas con energías renovables marinas, y; 4. Una gobernanza marítima innovadora en manos de la ciudadanía. Asimismo, establece objetivos estratégicos, líneas de actuación y medidas para cada ámbito de actuación.

---

32 GENERALITAT DE CATALUNYA. Estratègia Marítima de Catalunya 2030 (2019).

33 Entendiendo economía azul, en el despliegue de esta estrategia autonómica, como el conjunto de actividades humanas que se realizan de forma sostenible en el mar.

34 GENERALITAT DE CATALUNYA. Estratègia Marítima de Catalunya 2030 (2019).

El desarrollo de la EMC está basado en ochos sectores marítimos prioritarios. Seis de ellos responden a sectores establecidos (turismo marítimo, pesca profesional, acuicultura, pesca recreativa, actividades marítimas recreativas y deportivas, y construcción naval); mientras que otros dos (biotecnología marina y energía eólica marina) son sectores nuevos.

Los dos sectores nuevos, pero especialmente en el caso de la eólica marina, están condicionados a la concesión de áreas marinas y autorizaciones administrativas radicadas en el ámbito competencial del Estado. Por tanto, su desarrollo requiere una implementación a partir de las diversas normas estatales —incluido el POEM—, y de la coordinación con el estado español. Dada la participación de la administración de la comunidad autónoma de *Catalunya* en el desarrollo del POEM levantino-balear, este instrumento tiene presente el desarrollo de la EMC allí donde las competencias autonómicas no llegan, como sería en la mayor parte de las acciones de implementación de la eólica marina, dejando al margen las interacciones tierra-mar de esta actividad.

En el caso particular de la protección de la biodiversidad, vemos en la siguiente figura 2 algunos aspectos incluidos en el POEM de la demarcación marítima levantino-balear. En la figura se muestra qué áreas son prioritarias y potenciales para la protección y conservación de la biodiversidad marina en *Catalunya* que, en principio, debieran basarse en criterios internacionales aceptados (diversidad funcional, resiliencia, extensión, conectividad…).

Figura 2. La demarcación marítima levantino-balear de acuerdo al POEM.

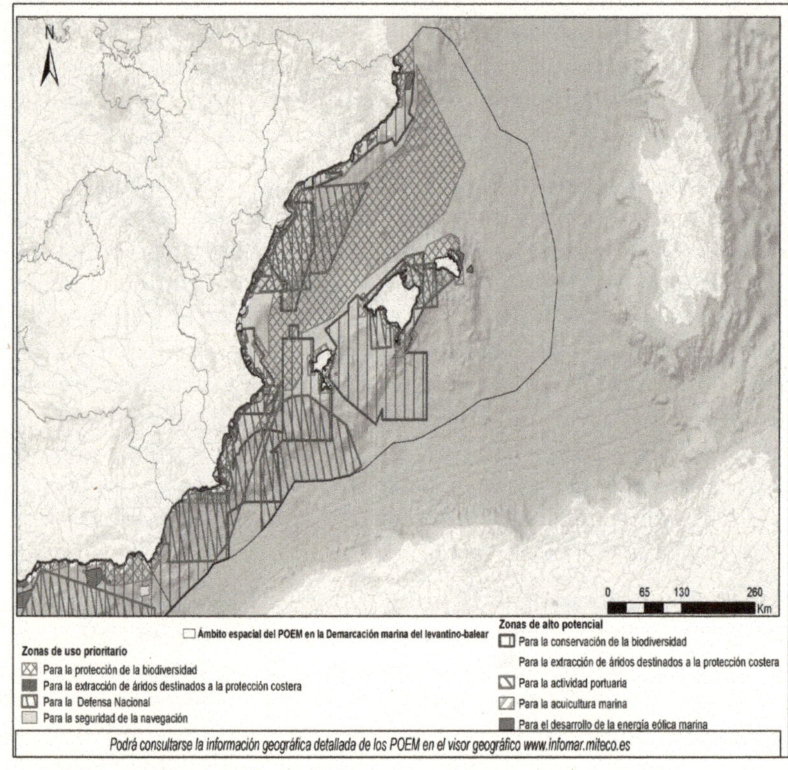

Fuente: Real Decreto 150/2023, POEM DM Levatino-Balear.

2.4.2. El caso particular del Mar de l'Empordà

El sistema socio-ecológico del Mar de l'Empordà podría describirse como el bañado por las aguas marinas de la plataforma continental situada enfrente de dos comarcas de la CCAA de *Catalunya* (*Alt y Baix Empordà*). Una gran extensión de toda esta zona se encuentra protegida por diversas figuras de conservación[35], por lo que es cla-

---

[35] LLORET, J., *et al.* Unravelling the ecological impacts of large-scale offshore wind farms in the Mediterranean Sea. Science of The Total Environment, 824 (2022) 153803.

sificada como área de alto valor en biodiversidad —en inglés "*Key Biodiversity Area*"—[36]. Su zona norte, la plataforma continental y el cañón submarino del "*Cap de Creus*", ha sido recientemente declarada lugar de importancia comunitaria ("*Site of Community Importance*", SCI) como parte de la red Natura 2000 de áreas protegidas por su excepcionalidad y presencia de especies y hábitat de interés comunitario. En el nuevo POEM de la región levantino-balear incluye la zona sur de dicha plataforma continental y el Cañón de Palamós como un espacio potencial para su protección en el futuro.

Figura 3. Mapa de la región del Mar de l'Empordà y sus diversos instrumentos de protección.

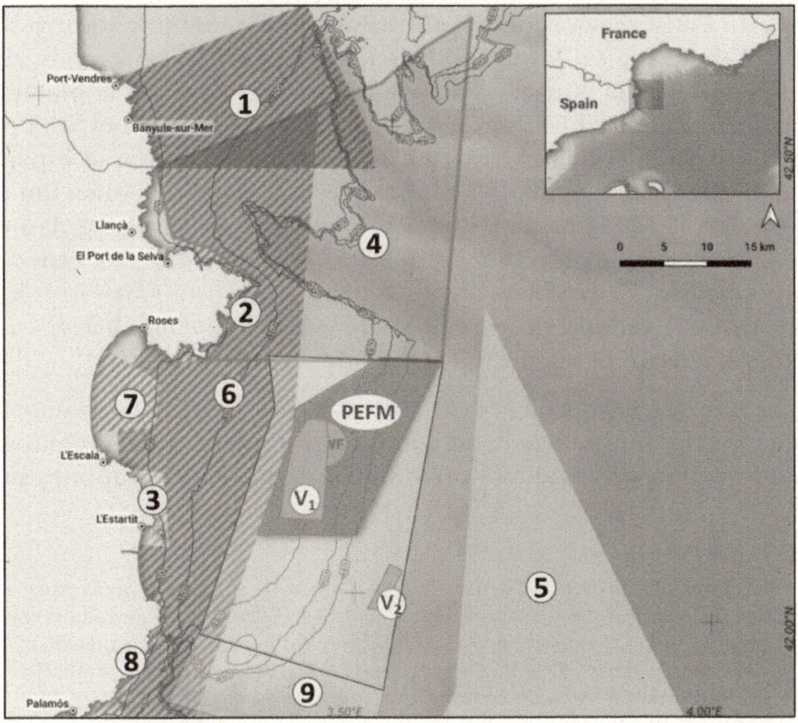

Fuente: Adaptado de Lloret et al. (2022)

[36] KEYBIODIVERSITY AREAS ORGANIZATION. Key Biodiversity Areas: keep nature thriving (2023).

En la figura 3 podemos observar las diversas áreas marinas protegidas (AMP) ubicadas en la región del Mar de l'Empordà, en territorio de soberanía española. Se incluye una área protegida francesa (1) que presenta solapamiento de sus aguas por un conflicto jurisdiccional de dicha soberanía: (1) SPA del Cap Béar Cerbère, (2) SPAMI, SCI, SAC, y SPA de Cap de Creus, (3) SPAMI, SCI, SAC y SPA de Montgrí-Medes-Baix Ter, (4) SCI "Sistema de los cañones submarinos occidentales del Golfo de León", (5) "Corredor de Migración de Cetáceos del Mediterráneo", (6) SPA del "Espacio Marino del Empordà", (7) parte marítima del SCI, SAC y SPA de Aiguamolls de l'Empordà; y (8) SCI, SPA y SAC "Litoral del Baix Empordà". A estas AMP debemos incluir la zona prioritaria de conservación del Cañón de Palamós incluida dentro del POEM de la región levantino-balear (9), así como la zona de alto potencial para la conservación de la biodiversidad de la plataforma continental del Empordà, que ahora se solapa con el área potencial para la eólica marina. El mapa recoge también el espacio que puede estar destinado a un parque industrial de eólica flotante marina (PEFM) así como tres vedados de pesca que se dan en sus aguas para protección del hábitat de determinadas especies comerciales: (V1) vedado de pesca para la merluza (*Merlucius merlucius*), (V2) vedado de pesca para la cigala (*Nephrops norvegicus*), (V3) vedado de pesca de "La Somera"[37].

El Mar de l'Empordà es un área compleja en términos geomorfológicos[38], oceanográficos[39], así como de transporte de sedimentos[40], debido principalmente a la proximidad de un par de cañones sub-

---

37 Las figuras de protección se corresponden a: SAC: Natura 2000 Áreas especiales de conservación "*Special Conservation Areas*"; SCI.- Lugares de importancia comunitaria "*Sites of Community Importance*"; SPA: Áreas especiales de protección "*Special Protection Areas*"; SPAMI: Áreas de especial importancia para la protección en el Mediterráneo "*Specially Protected Areas of Mediterranean Importance*".

38 LO IACONO, C., *et al.* Habitats of the Cap de Creus Continental Shelf and Cap de Creus Canyon, Northwestern Mediterranean. Seafloor geomorphology as benthic habitat (2012) 457-469.

39 CANALS, M., *et al.* Flushing submarine canyons. Nature 444 (2006) 354-357.

40 DEGEEST, A., *et al.* Sediment accumulation in the western Gulf of Lions, France: The role of Cap de Creus Canyon in linking shelf and slope sediment dispersal systems. Continental Shelf Research 28 (2008) 2031-1047.

marinos a la línea litoral y a una plataforma continental estrecha. El encauzamiento de grandes cantidades de aguas de plataforma, a través de estos cañones, favorece la exportación de sedimentos en suspensión y material orgánico desde la plataforma hacia las profundidades[41]. Ello promueve altas tasas de productividad secundaria; abundancia de especies bentónicas, especialmente suspensívoros, lo que indica una elevada vida a sus alrededor[42]; así como la presencia de un buen número de mamíferos marinos. Todo ello permite entender que en esta zona existan hábitats y especies de interés comunitario y protegidas.

De esta forma, estamos ante un área de muy elevada biodiversidad, que alberga un tercio de las especies conocidas en el Mediterráneo Occidental y el 70% de los hábitats marinos listados en la Red Natura 2000[43]. Dada la importancia de su Capital Natural, su estructura y funcionalidad, el Mar de l'Empordà es especialmente relevante en términos de conservación marina, presenta valores oceanográficos que le hacen ser considerado como una de las zonas más productivas del Mediterráneo, siendo la última frontera de la biodiversidad marina al nordeste de la Península Ibérica[44].

Dado el importante número y extensión de las figuras de protección que se concentran en el Mar de l'Empordà, resulta difícil de entender que el POEM de la demarcación levantino-balear haya catalogado una zona de alto potencial para el desarrollo de la energía eólica marina en un espacio rodeado de espacios marinos protegidos y, menos explicable aun, dentro de una zona que ha designado

---

41 PALANQUES, A., et al. Suspended sediment fluyes and transport processes in the Gulf of Lions submarine canyons. The role of storms and dense water cascading. Marine Geology 234 (2006) 43-61

42 GORI, A., et al. Spatial distribution patterns of the gorgonians *Eunicella singularis,* Paramuricea clavata, and Leptogorgia sarmentosa (Cape of Creus, Northwestern Mediterranean Sea). Marine Biology 158 (2011)143-157.

43 DOMINGUEZ-CARRIÓ, C., REQUENA, S. Y GILI, JM. Sistema de Cañones Submarinos Occidentales del Golfo de León. Proyecto LIFE+INDEMARES. Fundación Biodiversidad del Ministerio de Agricultura, Alimentación y Medio Ambiente (2014).

44 DOMINGUEZ-CARRIÓ, C., et al. Seafloor litter sorting in different domains of Cap de Creus continental shelf and submarine canyon (NW Mediterranean Sea). Marine Pollution Bulletin 161 (2021) 111744.

como de alto potencial para la conservación de la biodiversidad, tal como se muestra en las figuras 3 y 4. De esta forma, parece haber una apuesta del POEM por la compatibilidad entre conservación e industrialización.

Desde 2007, la plataforma continental del Mar de l'Empordà estaba, en una buena parte de su extensión, excluida de su utilización para generación de energía, en base a la evaluación estratégica del Real Decreto 1028/2007, de 20 de julio, por el que se establece el procedimiento administrativo para la tramitación de las solicitudes de autorización de instalaciones de generación eléctrica en el mar territorial. Este reglamento establecía el procedimiento administrativo para la tramitación de las solicitudes de autorización de instalaciones de generación eléctrica en el mar de soberanía española.

Asimismo, como parte de la primera estrategia fallida de España por desplegar la eólica marina en su espacio marino, el gobierno aprobó en 2009 el mapa eólico marino que establecía una zonificación para el desarrollo de la eólica marina, en zonas de exclusión, zonas con condicionantes y zonas aptas (Figura 4). Pues bien, la zona que hoy aparece como de alto potencial para la eólica marina en el POEM DM levantino-balear (ZAPER LEBA-1), en dicho mapa era en una parte zona excluida y en otra zona con condicionantes.

Figura 4. Mapa eólico marino de 2009 según la evaluación estratégica ambiental para las energías marinas del estado español.

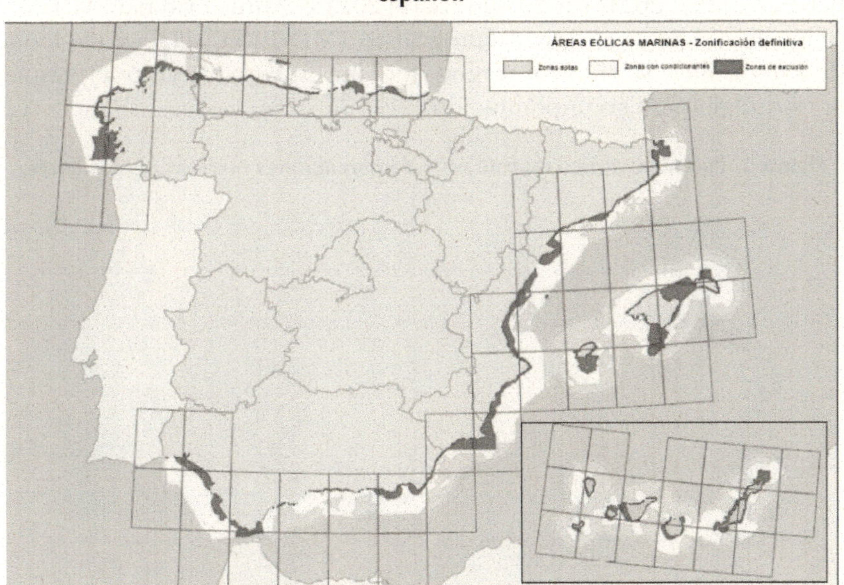

En junio de 2021, la disposición adicional tercera del Real Decreto-ley 12/2021, paralizaba el procedimiento previsto en el Real Decreto 1028/2007 hasta la aprobación por el Gobierno de ese nuevo marco en relación a los POEMs. De esta forma, el gobierno iniciaba el diseño de una nueva estrategia de impulso de la eólica marina en el país. La Unión Europea lleva algunos años impulsando el desarrollo de la eólica marina, como una tecnología clave para alcanzar el objetivo de neutralidad climática en 2050. En este contexto, los avances en el conocimiento y tecnología de la eólica marina y el incipiente desarrollo de la tecnología flotante, han llevado a un creciente interés de los promotores de estas tecnologías a desarrollar proyectos en toda Europa y el mundo, incluidas las costas españolas.

Formalmente, el Plan Nacional Integrado de Energía y Clima 2021-2030 (PNIEC), de 2020, significó el punto de partida de una nueva estrategia de implantación de la eólica marina en el espacio marino español. El PNIEC incluyó a esta tecnología como prioridad dentro del objetivo de 42% de renovables sobre el uso final de la energía, fijando como objetivo 3,1 GW de capacidad instalada en eólica marina en 2021. En diciembre de 2021 el Ministerio para la Transición Ecológica y el Reto Demográfico (MINERD), elaboró la Hoja de Ruta Eólica Marina y Energías del Mar en España, en que plasma la estrategia para su implantación.

Figura 5. Potencial eólico marino en 4 demarcaciones marinas peninsulares.

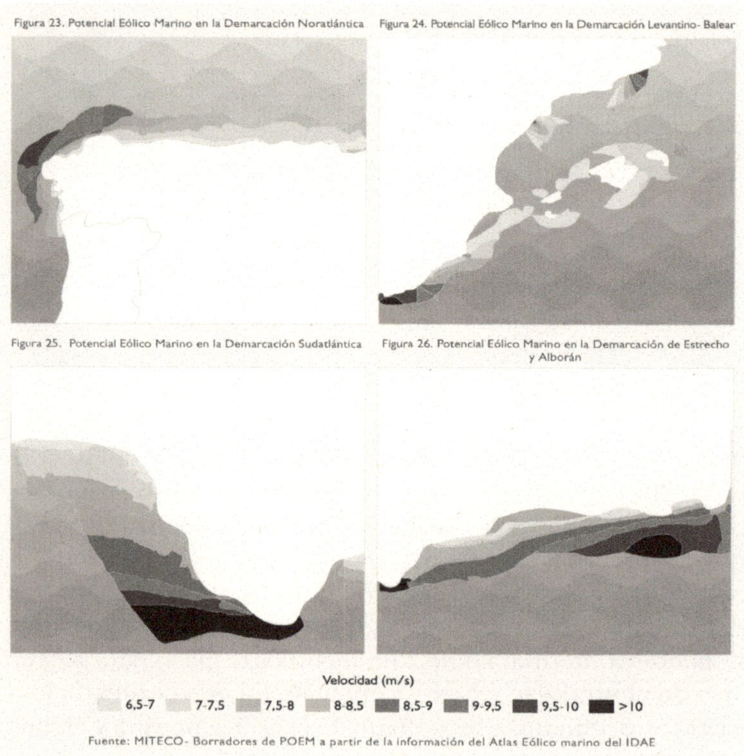

Fuente: RD 150/2023 y MITECO, 2021.

Si observamos la figura 5, podemos ver que la Hoja de Ruta de la Eólica Marina establece el potencial eólico marino para cada una de las demarcaciones. En ella se aprecia que en la DM levantino-balear hay 2 zonas con una velocidad media del viento mayor a 10 m/s, una de ellas esta ubicada, precisamente, en el Mar de l'Empordà.

De acuerdo con el RD 150/2023: "el recurso eólico es idóneo para explotación comercial, al alcanzar valores superiores 7,5 m/s de velocidad de viento, a 100 m de altura para las cuatro demarcaciones marinas peninsulares, y a 140 m. de altura en la DM canaria"[45]. De esta forma, el RD 150/2023 ha designado como zona de alto potencial para el desarrollo de la energía eólica marina a dicho espacio situado dentro del Mar de l'Empordà, ZAPER LEBA-1, con 249,99 km2, ubicada a 12 km. de la costa[46].

Si bien, los Planes de Ordenación del Espacio Marino fueron aprobados el 28 de febrero de 2023, el primer borrador presentado por el MITECO inició el trámite de evaluación ambiental estratégica en 2020. La creación de las "zonas de uso prioritario para la eólica marina", en el primer borrador, generó un inmediato interés, por parte de las empresas energéticas, por presentar proyectos a los diversas áreas identificadas como zonas de uso prioritario. El área designada por el RD 150/2023 como como zona de alto potencial para el desarrollo de la eólica marina LEBA-1, correspondía a una zona de uso prioritario (LEBA-2) para dicha tecnología en el primer borrador del POEM de la región levantino-balear, de 2020[47].

Hasta el presente, seis proyectos han presentado solicitudes de determinación de alcance del estudio de impacto ambiental para desarrollarse en esta zona. Cinco de estos proyectos abogan por colocar un parque industrial de transformación energética de entre 500MW a 1,2 GW. Finalmente, en febrero de 2023, la *Generalitat de Catalunya* presentó, unos días antes de que se aprobase la versión final del POEM, su proyecto de Plataforma de I+D+i en energía eólica marina flotante (PLEMCAT), que se instalaría también en la zona LEBA-1; en este proyecto se incluían todos los documentos necesarios del proyecto y evaluación de impacto ambiental de su plataforma.

---

45 Real Decreto 150/2023, Bloque IV, apartado 4.5.1.

46 Real Decreto 15072023, Tabla 27

47 La resolución de 2 de diciembre de 2022, de la Dirección General de calidad y Evaluación, por la que se formula declaración ambiental estratégica de los "Planes de ordenación del espacio marítimo", eliminó las zonas de uso prioritario de la energía eólica marina, dejando únicamente categoría de zona de alto interés para la eólica marina. Ello fue ratificado por el RD 150/2023.

3. DISCUSIÓN

En el apartado anterior, hemos analizado a diferentes escalas, los objetivos y herramientas normativas que se disponen para la conservación de la biodiversidad marina, acabando en un caso concreto, el del Mar de l'Empordà, la planificación marítima del estado español y la eólica marina. Analizando todo lo anterior, y centrándonos en el caso presentado: la zona de alto interés para la eólica marina LEBA-1, ello plantea una primera pregunta. Reconocido el excepcional valor ambiental de una zona como el Mar de l'Empordà y teniendo en consideración el marco jurídico aplicable ¿cómo es posible que se realice una planificación marítima que permita realizar actividades industriales intensivas justo en su interior?; ¿son compatibles ambos desarrollos, conservación e industrialización?; ¿es ello compatible con el buen estado medioambiental de las aguas marinas?

El objetivo final de la política marítima integrada —que concilia la protección del medio marino con la planificación de las actividades humanas en el espacio marítimo—, es lograr y mantener el buen estado ambiental de sus aguas marinas. Desde esta perspectiva, la Ley 41/2010, establece un conjunto de criterios que deben orientar la actuación de los poderes públicos en materia de actuación. Entre ellos, destacamos el contenido en el art. 4.1. que obliga a la Administración a aplicar una gestión adaptativa de las actividades humanas siguiendo el principio de precaución y el enfoque ecosistémico y teniendo en cuenta el conocimiento científico.

Teniendo en cuenta lo anterior ¿cómo puede entenderse que entre múltiples áreas marinas protegidas pueda planificarse una zona de alto potencial para el desarrollo de la eólica marina? Y más aún cuando la misma área ha sido designada como zona de alto potencial para la conservación de la biodiversidad. Las explicaciones más sencillas podrían ir en la línea de que, dado el contexto climático actual y su relación con la energía, las normas de conservación del medio marino y su biodiversidad se han flexibilizado para que pueda coexistir con la emergente industria de energías marinas. Además en el caso estudiado, las industria y la Administración catalana no esperaron a tener la versión final del POEM para presentar sus proyecto; a tenor de los cambios introducidos en la versión final de dicho

POEM, todos aquellos proyectos debieran ser ahora modificados. Por otra parte, también puede suceder que ha habido un mal uso de las políticas y herramientas de planificación del medio marino; o bien, que se ha tenido una interpretación inicial, muy subjetiva e infravalorada, sobre determinadas presiones derivadas de las nuevas energías marinas renovables, que dan por hecho inicialmente dicha compatibilidad al no intuir impactos importantes y no aplicar el principio de precaución. Lo pasamos a discutir.

El recurso natural básico para el desarrollo de la eólica flotante marina es el viento. En la zona del Mar de l'Empordà el viento sopla con mucha intensidad (en algunos sectores a más de 10 metros por segundo), una de las mayores del estado haciendo de esta zona, una área potencial muy apetecida para la industria. Sin embargo, el viento es, asimismo, el recurso fundamental que asegura en la zona la mezcla de unas aguas ricas en nutrientes por las corrientes dominantes, que favorecen la productividad, la diversidad de hábitats bentónicos, y el llamado efecto de "cascading" a través de los cañones submarinos de la región[48]. Además, el viento es utilizado por muchas especies en su movilidad.

El viento ha sido el factor determinante para la generación de unas condiciones oceanográficas muy especiales, que han hecho del Mar de l'Empordà una de las mejores zonas de biodiversidad de todo el Mediterráneo; un espacio que debiera ser prioritaria para su conservación[49]. Una perturbación importante sobre el patrón del viento, podría modificar los patrones oceanográficos y sedimentológicos en esta zona y comprometer el buen estado ambiental de sus aguas, así como de las aguas adyacentes en lo referente a sus objetivos de conservación. Una primera revisión de posibles presiones sobre el medio en relación al desarrollo de la eólica marina en la zona puede observarse en Lloret *et al.* (2022)[50], un trabajo cuya conclusión

---

48 DOMINGUEZ-CARRIÓ, C., et al. Seafloor litter sorting in different domains of Cap de Creus continental shelf and submarine canyon (NW Mediterranean Sea). Marine Pollution Bulletin 161 (2021) 111744.

49 DOMINGUEZ-CARRIÓ, C., et al. Diversity, structure and spatial distribution of megabenthic communities in Cap de Creus continental shelf and submarine canyon (NW Mediterranean). Progress in Oceanography 208 (2022) 102877.

50 LLORET, J., *et al.* Unravelling the ecological impacts of large-scale offshore wind farms in the Mediterranean Sea. Science of The Total Environment, 824 (2022) 153803.

inicial propugna la necesidad de aplicar el principio de precaución para la eólica marina, en espera de un estudio científico objetivo que determine la no alteración de su funcionalidad y de los principios de conservación que en el pasado se han aplicado.

Nos hemos rodeado de una legislación garantista con la finalidad de mantener el correcto funcionamiento del medio marino, una legislación cuyo objetivo final es el de tener un buen estado ambiental de sus aguas, de su medio natural y proteger su biodiversidad. Sin embargo, parece claro que, a medida que bajamos la escala de aplicación de todos estos conceptos, su aplicación es menos clara, se diluye, quizás porque la protección de la biodiversidad hay que buscarla muy abajo en la lista de prioridades de las oficinas administrativas en las comunidades autónomas.

3.1. Áreas Marinas Protegidas y Economía Azul

Las estrategias globales ("*Post 2020 Global Biodiversity Framework*") o europeas (Estrategia de Biodiversidad 2030) determinan que, en el horizonte del año 2030, cualquier actividad humana no debiera incrementar la presión y consecuente degradación sobre el medio natural; más aún, si hablamos de espacios protegidos o espacios cercanos a éstos. Además, como se ha reconocido en las últimas conferencias de las partes del Convenio Marco de Naciones Unidas sobre el cambio climático (CMNUCC), en el caso de invocar "soluciones climáticas" estas no pueden ir en contra de la protección de la biodiversidad, prefiriéndose en su lugar, acudir a soluciones basadas en la naturaleza "*nature-based solutions*".

Por su parte, la Estrategia Marítima de Cataluña 2030 (EMC) apuesta por la eólica marina como una actividad industrial de la llamada economía azul. De esta forma, la EMC incluye a la eólica marina como parte de la industria que puede implementarse en el mar. Sin embargo, la EMC no distingue entre aquellas actividades que se realizan simplemente en el mar —la economía de mares y océanos ("*ocean-based economy*")—, de aquellas actividades que desean formar parte de la economía azul ("*blue economy*") y, por tanto, buscan realizar sus procesos operativos de manera sostenible.

La Economía Azul es una economía con carácter marcadamente aspiracional[51], para la cual The Economist (2015) propuso la siguiente definición: "*A sustainable ocean economy emerges when economic activity is in balance with the long-term capacity of ocean ecosystems to support this activity and remain resilient and healthy*". En línea con este concepto, si se desea una economía azul como referente para las actividades marinas, estas deben permitir un estado saludable de las aguas y de las áreas marinas protegidas a su alrededor[52]. Por tanto, estas actividades debieran tener ese impacto positivo en las sociedades humanas —incrementar el bienestar humano y la prosperidad económica— pero manteniendo, asimismo, la resiliencia de los sistemas socio-ecológicos en los que operen, siguiendo la aplicación del concepto "Business In Nature"[53].

La estructura de protección que muestran las figuras 1.a y 1.b en el Mar de l'Empordà, conforma un patrón de conservación que constituye un muy buen ejemplo de una red de áreas marinas protegidas. En la búsqueda de esa protección global del 30%, aún no se tiene claro si sería mejor apostar por un incremento del tamaño de las áreas marinas protegidas —por ejemplo, en el caso que nos ocupa—, apostar por un gran parque nacional marino al proteger definitivamente lo que el POEM describe como espacio potencial para la conservación de la biodiversidad, —un posible "Parque Nacional de la Mar y los Cañones de l'Empordà"— o apostar por aumentar el número de estas áreas añadiendo otras piezas al esquema de conservación —por ejemplo, en el caso de estudio, el área del Cañón de Palamós y los vedados de pesca—. Ello forma parte del famoso debate "*single large or several small*-SLOSS[54].

Lo que sí es seguro es que, en ambos casos, debiera asegurarse la funcionalidad de lo que ya está protegido y en el caso de ir a solu-

---

51 SARDA, R. Y POGUTZ. S. La Economía Azul: lo que parece ser y lo que debiera ser. en: Nuevo derecho de los Océanos: la protección del medio marino ante el cambio global. 243-264. (Valencia, 2022).

52 SARDA, R. Y POGUTZ. S. La Economía Azul: lo que parece ser y lo que debiera ser. en: Nuevo derecho de los Océanos: la protección del medio marino ante el cambio global. 243-264. (Valencia, 2022).

53 SARDÁ, R. Y POGUTZ, S. Corporate Sustainability in the 21st Century: increasing the resilience of social-ecological systems (London, 2019).

54 OLSEN, E.M., *et al.* Achieving Ecologically Coherent MPA Networks in Europe: Science Needs and Priorities. Marine Board Position Paper 18. Ostend: European Marine Board. (2013).

ciones tipo red, como sucede con las áreas Natura 2000. asegurar la conectividad de éstas. En el caso de una solución tipo red, los objetivos por los que estas áreas han sido seleccionadas y los criterios de hábitats y especies que en ellas se dieron para su protección, debieran prevalecer dada la relevancia de su biodiversidad[55].

A la hora de tomar una decisión sobre una posible instalación industrial que utiliza determinadas tecnologías en el medio, sin conocer adecuadamente las presiones a las que se va a someter a dicho medio, debiera invocarse el principio de precaución y los diferentes criterios del artículo 4 de la Ley de protección del medio marino (entre ellos, el enfoque por ecosistema, y el mejor conocimiento científico) para demostrar primero una compatibilidad absoluta de esta actividad con la protección de la biodiversidad, no comprometer su funcionamiento y asegurar, por supuesto, que no llevará consigo una degradación de la zona. Solo de esta forma podríamos tomar una decisión correcta e informada.

3.2. La aplicación de la Ley 41/2010, la planificación marítima y el caso del Mar de l'Empordà

3.2.1. El Enfoque por Ecosistema (EpE)

Como hemos visto, el Enfoque por Ecosistema es de obligada utilización en los trabajos de planificación y gestión, y por tanto, aplicable en la elaboración de los Planes de Ordenación del Espacio Marítimo, y también en su despliegue, por ejemplo, en las concesiones de espacio marítimo cuando se sitúan próximas a áreas marinas protegidas o puedan alterar el buen estado ambiental de sus aguas. Aplicar el EpE implica la necesidad de trabajar con los principios de Malawi que la desarrollan. La Tabla 4 recoge de forma sintética una evaluación de la utilización de este concepto y de los principios que lo determinan en la delimitación del espacio de concesión para el desarrollo de la eólica marina flotante en la zona de la plataforma continental del Mar de l'Empordà, ZAPER LEBA-1.

---

55 BOERO, F. From Marine Protected areas to MPA Networks. In: Management of Marine Protected areas; a network perspective (Hoboken, 2017) 1-20.

Tabla-4. Los 12 principios de Malawi del enfoque por ecosistema aplicados al caso de estudio del Mar de l'Empordà y el desarrollo del POEM para la eólica marina.

1.	Elección social. No se ha tenido en consideración. En el caso de estudio analizado, solo se ha consultado la industria y la administración competente de la CCAA (Generalitat de Cataluña)
2.	Gestión descentralizada. Sólo se ha aplicado hasta la administración autonómica (Generalitat de Cataluña)
3.	Efectos en ecosistemas adyacentes. No se ha realizado ningún estudio al respecto. No se ha realizado el estudio de afectación que obliga el artículo 6 de la Directiva Hábitats.
4.	Promover uso Sostenible. Hay conflictos entre diferentes actores y este nuevo uso en la zona. No existe ahora una coexistencia de usos pactada.
5.	Preservar los servicios del ecosistema. No se ha hecho estudio alguno.
6.	Considerar los límites. Los límites de funcionamiento de las áreas preservadas, básicos para su funcionalidad y conectividad, no han sido tenidos en consideración.
7.	Escala espacial. La escala espacial analizada para el estudio de impacto del parque, no parece ser la adecuada.
8.	Escala temporal, No se ha hecho. Industrializar la zona generará más actividades industriales en un futuro y tendrá otras repercusiones tanto en la zona marina como en la zona terrestre de referencia.
9.	Aceptar que el cambio es inevitable. Sí, es cierto, pero la protección de la biodiversidad es ahora una de las grandes políticas reconocidas internacionalmente, aceptar que dado el cambio global observado todo es aceptable, es un error. Las soluciones climáticas han de proteger la biodiversidad.
10.	Balance entre conservación y uso. Evaluado de forma muy sutil. Mejor sería optar por alejar estos parques industriales de las zona de protección de la biodiversidad.
11.	Utilizar la mejor información posible. No ha sido utilizada.
12.	Participación social. Solo de mínimos en los períodos de alegación de los POEMs. No creemos esto sea suficiente para garantizar el primero de los principios considerados.

Fuente: elaboración propia.

La implementación del enfoque por ecosistema a partir de la utilización de una gestión basada en ecosistemas ("*Ecosystem-Based Management*") ha venido siendo tema de discusión en la última década. Hace años, propusimos la utilización de una herramienta estándar para la gestión por ecosistema, el "*Ecosystem-Based Management System-*

EBMS" para facilitar dicha implantación[56], y se evaluó su posible aplicación en el caso concreto de las áreas marinas protegidas[57].

El EBMS se presentaba como una metodología estándar de gestión adaptativa como ayuda a los gestores en la planificación y gestión del medio marino, introduciendo un conjunto común de herramientas y procedimientos y un lenguaje común, útil para facilitar la transferencia de conocimientos y el desarrollo de capacidades al respecto. La herramienta del EBMS está basada en tres pilares fundamentales que funcionan de forma integrada. El pilar de gestión se desarrolla en base a sistemas clásicos de gestión ambiental y de riesgos, que incorporan consideraciones y objetivos ambientales dentro de un ciclo de mejora continua de gestión adaptativa; el pilar de información que asegura que los datos y el asesoramiento científico se basen en el conocimiento actual y; un pilar de participación que reúne los requisitos de coordinación institucional, comunicación y consulta como lo indican los principios del enfoque por ecosistema[58]. Nada de esto ha sido aplicado en el caso que nos ocupa.

3.2.2. El conocimiento científico

Tanto en la planificación como en la gestión del medio marino, la utilización del enfoque por ecosistema requiere de una detallada descripción del ecosistema que se pretende gestionar, para conocer de la mejor manera posible su estructura y su funcionamiento, su Capital Natural. Ello nos lleva a la utilización del mejor conocimiento científico, tal como se expresa en la Ley 41/2010. En la actualidad, y para poder cumplir con el objetivo legal del buen estado ambiental de las aguas marinas, es necesario disponer de una buena información con

---

56 SARDÁ, R., *et al.* Proposal of a Marine Ecosystem-Based Management System (EBMS): linking the theory of environmental policy and practice of environmental management. Ecology and Society, 19(4) (2014).

57 SARDA, R., REQUENA, S, DOMINGUEZ-CARRIÓ, C. Y GILI, J.M. Ecosystem-Based Management for Marine Protected Areas: A Systematic Approach. en: Management of Marine Protected Areas: A Network Perspective (Hoboken, 2017).

58 SARDÁ, R., *et al.* Proposal of a Marine Ecosystem-Based Management System (EBMS): linking the theory of environmental policy and practice of environmental management. Ecology and Society, 19(4) (2014).

indicadores claros para los once descriptores contemplados en el Anexo II de la Ley antes mencionada, y que se reproducen en la Tabla 5.

Tabla 5. Descriptores cualitativos para determinar el buen estado ambiental del medio marino

1.	Se mantiene la biodiversidad. La calidad y la frecuencia de los hábitat y la distribución y abundancia de especies están en consonancia con las condiciones fisiográficas, geográficas y climáticas reinantes.
2.	Las especies alóctonas introducidas por la actividad humana se encuentran presentes en niveles que no afectan de forma adversa a los ecosistemas.
3.	Las poblaciones de todas las especies marinas explotadas comercialmente se encuentran dentro de los límites biológicos seguros, presentando una distribución de la población por edades y tallas que demuestra la buena salud de las reservas.
4.	Todos los elementos de las redes tróficas marinas, en la medida en que son conocidos, se presentan en abundancia y diversidad normales y en niveles que pueden garantizar la abundancia de las especies a largo plazo y el mantenimiento pleno de sus capacidades reproductivas.
5.	La eutrofización inducida por el ser humano se minimiza, especialmente los efectos adversos como pueden ser las pérdidas en biodiversidad, la degradación de los ecosistemas, las proliferaciones de algas nocivas y el déficit de oxígeno en las aguas profundas.
6.	La integridad de los fondos marinos se encuentra en un nivel que garantiza que la estructura y las funciones de los ecosistemas están resguardadas y que los ecosistemas bénticos, en particular, no sufren efectos adversos.
7.	La alteración permanente de las condiciones hidrográficas no afecta de manera adversa a los ecosistemas marinos.
8.	Las concentraciones de contaminantes se encuentran en niveles que no dan lugar a efectos de contaminación.
9.	Los contaminantes presentes en el pescado y otros productos de la pesca destinados al consumo humano no superan los niveles establecidos por la normativa comunitaria o por otras normas pertinentes.
10.	Las propiedades y las cantidades de basuras en el mar no resultan nocivas para el medio litoral y el medio marino.
11.	La introducción de energía, incluido el ruido subacuático, se sitúa en niveles que no afectan de manera adversa al medio marino.

Fuente: Ley 41/2010.

La zona del Mar de l'Empordà ha sido bastante estudiada científicamente en el pasado, como antesala de todas sus figuras de protección. Solo una parte de su plataforma continental podría estar pendiente de un mejor conocimiento, que corresponde a la zona seleccionada como apta para el desarrollo de energía eólica marina. No obstante, determinadas herramientas de predicción permiten hacer extrapolaciones de las comunidades que se encuentran en ese lugar[59]. A partir del conocimiento científico que se tiene de esta zona y de las actividades que en ella se realizan, se podría estructurar un decálogo de razones fundamentales que apoyarían la decisión de no desarrollar actividades industriales en una zona rodeada completamente por áreas marinas protegidas y con un excepcional valor ambiental y, más aún, cuando en el documento final del POEM se reconoce la presencia de hábitats y especies de interés comunitario en su interior (Tabla 6).

Tabla 6. Diez razones para proteger totalmente el Mar de l'Empordà desde el punto de científico.

1.	El Mar de l'Empordà esta catalogado como una "Key Biodiversity Area" (KeyBiodiversityAreas.org), uno de los lugares mundiales más importantes en relación a hábitats y especies, presentando un buen número de especies y habitats de interés comunitario
2.	Es una de las zonas más productivas y con mayor biodiversidad de todo el Mediterráneo, necesaria para mitigar los efectos del cambio climático. Su correcto funcionamiento tiene implicaciones funcionales sobre una buena parte del medio marino en Cataluña
3.	Agrupa una decena de espacios marinos protegidos y una zona de alto potencial para la conservación de la biodiversidad, según lo contemplado en el Real Decreto 150/2023 POEM, los cuales necesitan de una buena conectividad funcional.
4.	Debiera ser una pieza clave para alcanzar el 30% de espacio protegido por el estado español siguiendo los compromisos asumidos desde la Unión Europea; posiblemente se podría apostar por delimitar esta zona como una gran parque nacional marino.
5.	Incorpora unos vedados de pesca para la protección de alevines de diferentes especiales comerciales, gracias a acuerdos históricos con el sector que han llevado mucho tiempo para su implementación.
6.	Incorpora en la actualidad un programa de restauración LIFE de la Comunidad Europea (el proyecto ECOREST) para la regeneración de habitats bentónicos de plataforma.
7.	Presenta un corredor de cetáceos que se estrecha en la zona confluyente con el parque proyectado; así como amplias zonas de protección para la aves marinas.

59 DOMINGUEZ-CARRIÓ, C., et al. Diversity, structure and spatial distribution of megabenthic communities in Cap de Creus continental shelf and submarine canyon (NW Mediterranean). Progress in Oceanography 208 (2022) 102877.

8.	Presta un sinfín de servicios del ecosistema a la sociedad (aprovisionamiento, regulación y culturales), generando un gran valor compartido en el territorio. La salud del Mar de l'Empordà es un valor primordial a mantener para garantizar el bienestar y salud de las personas que viven allí o que la visitan
9.	El propio POEM reconoce la presencia de habitats y especies de interés comunitario en su interior.
10.	El Mar de l'Empordá debiera salvaguardarse de una ulterior industrialización. Una zona para el desarrollo de la eólica marina, industrializará también el espacio terrestre adyacente en la cual también existen tres parques terrestres de excepcional valor ecológico.

Fuente: Elaboración propia.

3.2.3. El principio de precaución

El principio de precaución es uno de los principios fundamentales en la política medioambiental de la Unión Europea. Es definido como "un enfoque de la gestión del riesgo, según el cual, en caso de que una determinada política o acción pudiera causar daños a las personas o al medio ambiente y no existiera consenso científico al respecto, la política o acción en cuestión debería abandonarse. Sin embargo, dicha política o acción podrá revisarse cuando se disponga de nueva información científica"[60]. De esta forma, cuando una actividad, producto o proceso puede tener efectos potencialmente peligrosos para el medio ambiente, y no se ha realizado una evaluación científica y objetiva que permita determinar el riesgo con suficiente certeza, se debe aplicar dicho principio. El principio de precaución está integrado expresamente a la protección, gestión y planificación del medio marino en España, a través de la Ley 41/2010, así como diversa normativa de la UE. En esta perspectiva, es recogido también por el Real Decreto 150/2023.

La tecnología eólica marina flotante es aun incipiente. Solo existen cuatro parques con esta tecnología en el mundo: a) Hywind Scotland, en Aberdeenshire (Escocia), con 5 aerogeneradores y una capacidad instalada de 30 MW; b) Windfloat Atlantic, ubicada a 18 km. De la costa de Viana do Castelo (Portugal), con 3 aerogeneradores

---

60 EUR-Lex. El acceso al Derecho de la Unión Europea. Principio de precaución. (s.f.).

instalados y 12MW de capacidad instalada; c) Kincardine, en Escocia, con 6 aerogeneradores y una potencia nominal de 50MW, y; d) Hywind Tampen (Noruega), ubicado a 140 km. de la costa, consta de 11 aerogeneradores, para una capacidad instalada de 88MW. Como vemos, solo uno de ellos —el último— posee las características de un parque eólico marino flotante comercial, y los otros tres se encuentran en etapa experimental, aunque se prevé su desarrollo en los próximos años.

Ninguno de ellos está instalado en una zona de alta biodiversidad, o cerca de un área marina protegida y menos de la Red Natura 2000. Desde esta perspectiva, no existe información científica suficiente para adoptar decisiones de esta envergadura, como la de ubicar a zona de alto potencial para el desarrollo de la eólica marina, LEBA-1 en el Mar de l'Empordà. Por tanto, el principio de precaución debiera ser usado en este asunto[61].

En relación con el caso de estudio analizado, resulta además importante recordar que, si un plan o un proyecto individual de carácter económico, que va a ubicarse entre diversas zonas de la Red Natura 2000 —el área LEBA-1 está cerca de 2 espacios de la Red Natura 2000— pudiendo tener un efecto significativo en estos lugares, individualmente o en combinación con otras actividades enumeradas en planes o proyectos, o en la coherencia de dicha Red, dicho plan o proyecto debe estar sujeto a una evaluación adecuada de sus implicaciones para dichos espacios teniendo en cuenta sus objetivos de conservación, conforme a art. 6 de la Directiva Hábitats. En el mismo sentido, se necesitaría de una evaluación ambiental para descatalogar un espacio que ya había tenido una evaluación previa excluyente, que prohibía la eólica marina, como sucede con la mayor parte de la plataforma continental que recoge el caso analizado al estar previamente descrita como zona de exclusión para la eólica marina en el Mapa eólico marino de 2009, recogido en la figura 8 *supra.* Esto tampoco se ha hecho en el caso que nos ocupa.

---

61 LLORET, J., *et al.* Unravelling the ecological impacts of large-scale offshore wind farms in the Mediterranean Sea. Science of The Total Environment, 824 (2022) 153803.

4. CONCLUSIÓN

Cuarenta y tres conferencias globales de cambio climático (UNFCCC28) y biodiversidad (UNCBD-15) nos han llevado a reconocer dos grandes metas para la humanidad. Por un lado (Paris Agreement-2015), mantener el aumento de la temperatura media mundial muy por debajo de 2 °C con respecto a los niveles preindustriales y proseguir los esfuerzos para limitar ese aumento de la temperatura a 1,5 °C con respecto a dichos niveles[62]. Por otro lado (Global Biodiversity Framework-2022), proteger el 30% de la superficie del planeta, tanto terrestre como marina, para conservar su biodiversidad[63]. Las dos conferencias, además, coinciden en el hecho de que debemos asegurar que las soluciones climáticas propuestas no vayan en detrimento ni degraden la biodiversidad, pues es esta biodiversidad quién también se reconoce como parte de la solución del problema. Estos objetivos se trasladan ahora a las políticas nacionales. En esta línea, España se ha comprometido para 2030 a proteger el 30% de su medio marino y también a albergar 3GW de generación de energía marina renovable.

Para cuando este trabajo haya sido publicado, los POEMs estarán comenzando a implementarse, y entre ellos, la eólica marina flotante en España, posiblemente y en particular en el área LEBA-1. Si esto se produce, a nuestro entender, no se habrán tenido en consideración un buen número de principios y criterios recogidos en el marco normativo de protección, conservación y planificación de nuestro espacio marino, entre ellos, el principio de precaución. Tampoco se habrá aplicado correctamente el enfoque por ecosistema ni el mejor conocimiento científico. El corolario final del recorrido efectuado desde las estrategias y políticas internacionales en materia de protección de la biodiversidad hasta el caso concreto de la Mar de l'Empordà nos lleva a validar nuestra hipótesis de partida. Con mucha incerteza, sin aplicar el principio de precaución y sin utilizar correctamente ni el enfoque por ecosistema ni el conocimiento científico, se puede llegar a validar un área industrial en uno de los

---

62 Objetivo establecido en el Acuerdo de París de 2015.

63 Objetivo reconocido en la 15ª Conferencia de las Partes del CBD, "*Post-2020 Global Biodiversity Framework*", de 2022.

mejores lugares de biodiversidad del Mediterráneo; en este caso en el nombre de la sostenibilidad, la emergencia climática y la seguridad energética. ¿Estamos combatiendo el cambio climático a costa de la biodiversidad? Si esto fuera así, creemos que sería un error, no siguiendo las recomendaciones internacionales, ni las propias políticas nacionales.

En la presente década de la ciencia para los océanos; la ciencia no solo debe contribuir a mejorar el conocimiento sino que también debe de constituirse como el principal valedor para aplicar correctamente un tipo de gestión necesario para su protección, mantenimiento y restauración, ayudando al cumplimiento de la regulación mediante la evidencia científica. No podemos esperar más. Sin un cambio de prioridades que permita aplicar correctamente la regulación actual y, con ello, el concepto del EpE, no frenaremos la pérdida observada de Capital Natural, ni revertiremos su degradación.

REFERENCIAS

BOERO, F. From Marine Protected areas to MPA Networks. In: Management of Marine Protected areas; a network perspective (Hoboken, 2017) 1-20.

BRIEF, I. ¿Cómo las áreas marinas protegidas resguardan altamar? PEW (2019) 1-8. https://www.pewtrusts.org/es/research-and-analysis/issue-briefs/2019/08/how-mpas-safeguard-the-high-seas

CANALS, M., *et al.* Flushing submarine canyons. Nature 444 (2006) 354-357

COMISIÓN EUROPEA. Estrategia de la UE sobre la biodiversidad de aquí a 2030. Reintegrar la naturaleza en nuestras vidas. COM (2020) 280 final, de 20 de mayo de 2020.

CONVENTION BIOLOGICAL DIVERSITY (CBD). Report of the Workshop on the EcosystemApproach, Malawi, 26-28 January 1998. UNEP/CBD/COP/4/Inf.9 (1998).

CONVENTION ON BIOLOGICAL DIVERSITY (CBD). Global Biodiversity Outlook 5. Convention on Biological Diversity (Montreal, 2022). https://www.cbd.int/gbo5

CRUTZEN, P.J. Geology of mankind. Nature 415 (2002) 23.

DAILY G.C. Nature's Services (Washington 1997).

DEGEEST, A., *et al.* Sediment accumulation in the western Gulf of Lions, France: The role of Cap de Creus Canyon in linking shelf and slope sediment dispersal systems. Continental Shelf Research, 28 (2008) 2031-1047.

DE LUCIA, V. Towards ecosystem-based governance of the high seas. International Institute for Environment and Development, IIED Briefing (July 2020).

Directiva 2008/56/UE, de 17 de junio de 2008, por la que se establece un marco de acción comunitaria para la política del medio marino (Directiva marco sobre la estrategia marina), DOUE núm. 164, de 24 de junio de 2008.

DOMINGUEZ-CARRIÓ, C., et al. Diversity, structure and spatial distribution of megabenthic communities in Cap de Creus continental shelf and submarine canyon (NW Mediterranean). Progress in Oceanography 208 (2022) 102877.

DOMINGUEZ-CARRIÓ, C., et al. Seafloor litter sorting in different domains of Cap de Creus continental shelf and submarine canyon (NW Mediterranean Sea). Marine Pollution Bulletin 161 (2021) 111744.

DOMINGUEZ-CARRIÓ, C., REQUENA, S. Y GILI, JM. Sistema de Cañones Submarinos Occidentales del Golfo de León. Proyecto LIFE+INDEMARES. Fundación Biodiversidad del Ministerio de Agricultura, Alimentación y Medio Ambiente (2014).

DUARTE, C.M., *et al.* Rebuilding marine life. Nature 580 (2020) 39-61.

EUR-Lex. El acceso al Derecho de la Unión Europea. Principio de precaución. (s.f.). https://eur-lex.europa.eu/legal-content/ES/TXT/?uri=LEGISSUM:precautionary_principle#:~:text=El%20principio%20de%20precauci%C3%B3n%20es,acci%C3%B3n%20en%20cuesti%C3%B3n%20deber%C3%ADa%20abandonarse.

FARMER, A., *et al.* The Ecosystem Approach in Marine Management. EU FP7 KNOWSEAS Project (2012). https://www.msfd.eu/knowseas/library/PB2.pdf

GENERALITAT DE CATALUNYA. Estratègia Marítima de Cataluña 2030 (2019).

GORI, A., et al. Spatial distribution patterns of the gorgonians *Eunicella singularis*, Paramuricea clavata, and Leptogorgia sarmentosa (Cape of Creus, Northwestern Mediterranean Sea). Marine Biology 158 (2011) 143-157.

INTERGOVERNMENTAL PLATFORM ON BIODIVERSITY AND ECOSYSTEM SERVICES (IPBES). Global Assessment Report on Biodiversity and Ecosystem Services (Bonn 2012).

JOUFFRAY, J.B., *et al.* The Blue Acceleration: The Trajectory of Human Expansion into the Ocean. One Earth perspective 2 (2020) 43-54.

KEYBIODIVERSITY AREAS ORGANIZATION. Key Biodiversity Areas: keep nature thriving (2023). https://www.keybiodiversityareas.org/

LEWIS, S.L. Y MASLIN M.A. Defining the Anthropocene. Nature, 519 (2015) 171.

LOCKE, H., *et al.* A nature-positive world: The global goal for nature. Wildlife Conservation Society (2020). https://www.wbcsd.org/download/file/11960

LO IACONO, C., *et al.* Habitats of the Cap de Creus Continental Shelf and Cap de Creus Canyon, Northwestern Mediterranean. Seafloor geomorphology as benthic habitat (2012) 457-469.

LLORET, J., *et al.* Unravelling the ecological impacts of large-scale offshore wind farms in the Mediterranean Sea. Science of The Total Environment, 824 (2022) 153803.

McCAULEY, D.J., PINSKY, M.L., PALUMBI, S.R., ESTES, J.A., JOYCE, F.H. Y WAME, R.R. Marine defaunation: Animal loss in the global ocean. Science. 347 (2015) 6219.

MEADOWS, D.H., RANDERS, D.L., BEHRENS III, J. Y WILLIAMS, W. The Limits to Growth; A Report for the Club of Rome's Project on the Predicament of Mankind. (New York 1972).

MILENNIUM ECOSYSTEM ASSESSMENT (MEA). Ecosystems and Human Well-being Synthesis (Washington DC 2005).

MINISTERIO PARA LA TRANSICIÓN ECOLÓGICA (MITECO). Estrategia Marina de la demarcación levantino-balear, Parte 1. Marco General. Características de la demarcación levantino-balear. 17 pp. (2019).

MINISTERIO PARA LA TRANSICIÓN ECOLÓGICA Y EL RETO DEMOGRÁFICO (MITERD). Estrategia Marinas (s.f). https://www.miteco.gob.es/es/costas/temas/proteccion-medio-marino/estrategias-marinas/

NATURE EDITORIAL Limits to growth? It's time to end a 50-year argument. Nature, 603. (17th March, 2022)

NATURE POSITIVE. A Global Goal for Nature. Nature positive by 2030 (2020). https://www.naturepositive.org/

OLIVARES, A. Evolución en la protección del medio marino. Hacia un Tratado Global de los Océanos. En Nuevo Derecho de los Océanos. La protección del medio marino ante el cambio global (Valencia, 2022) 31-66.

OLSEN, E.M., *et al.* Achieving Ecologically Coherent MPA Networks in Europe: Science Needs and Priorities. Marine Board Position Paper 18. Ostend: European Marine Board. (2013).

OREJAS, C., GORI, A., Lo IACONO, C., PUIG, P., GILI, J.M., DALE, M.R.T. Cold-water corals in the Cap de Creus canyon, northwestern Mediterranean: spatial distribution, density and anthropogenic impact. Marine Ecology Progress Series 397 (2009) 37-51.

PALANQUES, A., et al. Suspended sediment fluyes and transport processes in the Gulf of Lions submarine canyons. The role of storms and dense water cascading. Marine Geology 234 (2006) 43-61.

SARDA, R. Y POGUTZ. S. La Economía Azul: lo que parece ser y lo que debiera ser. en: Nuevo derecho de los Océanos: la protección del medio marino ante el cambio global. 243-264. (Valencia, 2022).

SARDÁ, R. Y POGUTZ, S. Corporate Sustainability in the 21st Century: increasing the resilience of social-ecological systems (London, 2019).

SARDA, R., REQUENA, S, DOMINGUEZ-CARRIÓ, C. Y GILI, J.M. Ecosystem-Based Management for Marine Protected Areas: A Systematic Approach. en: Management of Marine Protected Areas: A Network Perspective (Hoboken, 2017).

SARDÁ, R., *et al.* Proposal of a Marine Ecosystem-Based Management System (EBMS): linking the theory of environmental policy and practice of environmental management. Ecology and Society, 19(4) (2014).

SECRETARÍA DEL CONVENIO SOBRE LA DIVERSIDAD BIOLÓGICA. Enfoque por ecosistemas. Directrices del CDB (Montreal, 2004). https://www.cbd.int/doc/publications/ea-text-es.pdf

STEFFEN W. *et al.* Planetary boundaries: Guiding human development on a changing planet. Science, 347 (2015) 6223.

UNITED NATIONS (UN). Handbook of National Accounting: Integrated Environmental and Economic Accounting, Studies in Methods, Series F, No.61, Rev.1, Glossary, United Nations. (New York, 2003).

THE ECONOMIST. The blue economy Growth, opportunity, and a sustainable ocean economy. Economist Intelligence Unit briefing paper for the World Ocean Summit 2015. 18pp. (2015).

VISUAL CAPITALIST. All the biomass of Earth, in One Graphic (2021). https://www.visualcapitalist.com/all-the-biomass-of-earth-in-one-graphic/

Protección de la fauna marina frente a la contaminación acústica submarina generada por parques eólicos marinos

Protection of marine wildlife against underwater noise pollution generated by offshore wind farms

RENATO JULIÁN HORACIO MASSARI-NOLAN
Universidad Internacional de La Rioja, Grupo de Investigación Derecho, Sostenibilidad y Nuevas Tecnologías (DESONT). Av. Paz 137, Logroño. La Rioja.
ORCID: 0000-0002-4367-2996.
Correo electrónico: renatojulianhoracio.massari-externo@unir.net

Resumen: El crecimiento exponencial de las energías renovables y en especial de los parques eólicos marinos conllevaban indefectiblemente un uso de los mares el cual podría generar graves perjuicios a la fauna marina. En la actualidad, mientras se intenta cada día generar más electricidad de origen renovable a fin de llegar a la tan ansiada neutralidad climática, se podrían estar impulsando técnicas que no observan el principio de precaución ambiental y que a largo plazo generarían más perjuicios que ventajas. Con el objeto de analizar la viabilidad ambiental de los parques eólicos marinos es necesario llevar adelante amplios y profundos estudios sobre el sonido, su propagación en el medio acuático, y más importante aún sus efectos sobre cada una de las especies marinas que deban convivir con él. Asimismo, resulta imprescindible verificar que los conjuntos normativos que confluyen a fin de brindar protección a las especies marinas sean competentes y capaces de tutelar a las mismas, respetando el principio de precaución y el más avanzado estado de la ciencia y las técnicas.

Palabras clave: Contaminación acústica submarina; parques eólicos marinos, protección de océanos y mares; protección de la fauna marina, economía azul.

Abstract: *The exponential growth of renewable energies and especially of offshore wind farms inevitably entailed a use of the seas which could cause serious damage to marine wildlife. Currently, while trying to generate more electricity from renewable sources every day, in order to reach the long-awaited climate neutrality, techniques that do not observe the principle of environmental precaution, unfortunately in the long term would generate more harm than good. In order to analyze the environmental viability of offshore wind farms, it is necessary to carry out extensive and in-depth studies on sound, its propagation* *in the aquatic environment, and more importantly its effects on each of the marine species that must coexist with it. Likewise, It is essential to verify that the regulations adopted to protect marine species are adequate and capable of protecting them; and also to respect the principle of environmental guarantee and the most advanced state of science.*

Key words: *Underwater noise pollution; offshore wind farms, protection of oceans and seas; protection of marine wildlife, blue economy.*

1. INTRODUCCIÓN

El rápido crecimiento de la población mundial (7.8 mil millones de personas en la actualidad), la necesidad de energía por parte de nuestra sociedad junto al objetivo de reducir las emisiones de carbono han proyectado con vigor el progreso y desarrollo de las energías renovables, las cuales, sin lugar a dudas, resultan indispensables frente a un cambio climático cada vez más severo y acuciante, es decir, que la transición energética se constituye como la respuesta más adecuada frente al urgente reto del cambio climático y las necesidades energéticas de las poblaciones.

En este sentido, se ha de tener en consideración que el Acuerdo de Paris, adoptado el 12 de diciembre de 2015, establece en su artículo 2 el propósito de conservar el aumento de la temperatura media mundial muy por debajo de 2 °C con respecto a los niveles preindustriales, y proseguir los esfuerzos para limitar ese aumento de la temperatura a 1,5 °C en referencia a los niveles preindustriales[1]. A tal fin propone aumentar la capacidad de adaptación a los efectos adversos del cambio climático y promover la resiliencia al clima; así como también un desarrollo con bajas emisiones de gases de efecto invernadero, de un modo que no comprometa la producción de alimentos.

En el ámbito de la Unión Europea se debe tener en cuenta que, con fecha 11 de diciembre de 2019, la Comisión dio a conocer el Pacto Verde Europeo, el cual se constituye como la solución propuesta por la Unión Europea (UE) a los desafíos del clima y el medio ambiente, el menoscabo de las especies naturales, la destrucción de

---

1 Acuerdo de París, de 12 de diciembre de 2015.

los bosques y los océanos, y cuya finalidad es transformar la UE en una sociedad equitativa y floreciente, con una economía moderna, eficiente en el uso de los recursos y competitiva, en la que no existan emisiones netas de gases de efecto invernadero en 2050 y en que el desarrollo económico estará disociado del uso de los recursos[2].

Por su parte, y en idéntico sentido, el Reglamento 2021/1119, de 30 de junio de 2021 por el que se establece el marco para lograr la neutralidad climática dispone en su artículo 2, apartado 1° que las emisiones y absorciones de gases de efecto invernadero reguladas en el Derecho de la Unión estarán equilibradas dentro del ámbito de la misma, a más tardar en 2050, por lo que en esa fecha las emisiones netas deben haberse reducido a cero y, a partir de entonces, se tendrá como objetivo lograr unas emisiones negativas. Asimismo, establece también unas ambiciosas metas intermedias, así, de manera vinculante dispone para el año 2030 una reducción interna de las emisiones netas de gases de efecto invernadero, una vez descontadas las absorciones, de, al menos, un 55 % con respecto a los niveles de 1990 (artículo 4).

Ubicados en el contexto nacional, la Ley 7/2021, de 20 de mayo, de cambio climático y transición energética, la cual tiene por objeto asegurar el cumplimiento, por parte de España, de los objetivos del Acuerdo de París, adoptado el 12 de diciembre de 2015, también presenta profundos objetivos, así, en su artículo 3 constan las metas mínimas dispuestas para el año 2030 son las siguientes:

a) Reducir en el año 2030 las emisiones de gases de efecto invernadero del conjunto de la economía española en, al menos, un 23 % respecto del año 1990.

b) Alcanzar en el año 2030 una penetración de energías de origen renovable en el consumo de energía final de, al menos, un 42 %.

c) Alcanzar en el año 2030 un sistema eléctrico con, al menos, un 74 % de generación a partir de energías de origen renovables.

Atento a lo expuesto resulta obvio que se han de explorar e implantar el mayor número de energías renovables disponibles a fin de

---

2 Comunicación COM (2019) 640 final, de la Comisión, de 11 de diciembre de 2019, El Pacto Verde Europeo.

alcanzar estos objetivos. En la actualidad las que se encuentran en un estado de madurez superior son la eólica y la solar fotovoltaica. En este sentido, el pasado 10 de diciembre de 2.021, el Consejo de Ministros del Gobierno español, a propuesta del Ministerio para la Transición Ecológica y el Reto Demográfico, aprobó la Hoja de ruta para el Desarrollo de la Eólica marina y de las energías del mar en España, una estrategia para fomentar el liderazgo español en el desarrollo tecnológico y de la I+D de las distintas fuentes limpias que aprovechan los recursos naturales marinos, con especial atención a la eólica.

No obstante lo expuesto, la cautela, y en especial el principio de precaución, el cual se constituye como la base del planteamiento de la Unión Europea (en adelante UE) en el ámbito de la conservación deben ser observados. En este orden de ideas, entre los entornos más afectados por la contaminación se encuentra el marino, el cual cubre aproximadamente un 71% de la superficie del planeta albergando un gran número de valiosos y delicados ecosistemas, lo cual significa que, cualquier tipo de contaminación de los cuerpos de agua a nivel mundial resulta peligrosa para el ser humano, pues cuenta con ellos a fines alimenticios, de transporte y recreación[3].

Existe una gran variedad de fuentes de contaminación producida por el hombre, con el poder de menoscabar inmensas cantidades de agua, por ejemplo, construcción, minería, agricultura, etc. Sin embargo, y durante los últimos años se ha incrementado notablemente debido al auge de la industrialización una clase diferente de contaminación, la denominada como acústica submarina comprensiva de todos los todos los ruidos de origen humano generados dentro de ambientes marinos como producto de diversas actividades industriales en estas zonas y con importantes efectos sobre la vida marina[4].

---

3 HÄDER, D.P., BANASZAK, A., VILLAFAÑE, V., NARVARTE, M., GONZÁLEZ, R., HELBLING, E. (2020). Anthropogenic pollution of aquatic ecosystems: Emerging problems with global implications, en Science of The Total Environment. 713 (2020), pág. 2.

4 KUŞKU, H., YIĞİT, M., ERGÜN, S., YIĞİT, Ü., TAYLOR, N. (2018). Acoustic Noise Pollution from Marine Industrial Activities: Exposure and Impacts, en Aquatic Research. 1(4) (2018), pág. 149-150.

El sonido es un elemento importante para la fauna marina toda vez que constituye la forma de comunicación más eficiente para muchas de estas especies. Así, y mientras que la visión y demás sentidos se ven muy limitados bajo el agua, las ondas sonoras son capaces de viajar miles de kilómetros en este medio. De esta manera, y mediante la emisión de sonidos, muchos animales son capaces de comunicarse a grandes distancias, regular su navegación, su lugar de residencia y sus actividades diarias tales como alimentación, socialización y reproducción[5]. Por ende, al introducir sonidos de origen humano y ajenos al entorno, se corre un gran peligro de entorpecer la capacidad de las especies marinas para detectar sonidos, provocando así, notorias consecuencias negativas en su desarrollo y supervivencia.

Tal y como mencionamos al principio de esta introducción, la imperiosa necesidad de generar energías limpias está impulsando la alternativa de instalación de parques eólicos marinos en el mar Mediterráneo. Italia ha puesto en funcionamiento durante el mes de abril de 2022 el primer parque eólico marino de Italia, que es también el primero de su tipo en aguas del Mediterráneo. Situado frente a las costas de Puglia y cerca del puerto de Tarento, alberga diez turbinas eólicas de cimentación fija, con una capacidad de 30 megavatios (MW) y una producción estimada de 58.000 MWh al año.

No obstante aún no es una cuestión pacífica si estos mega parques eólicos marinos pueden comportar graves riesgos ambientales para el fondo oceánico y la biodiversidad de muchas zonas del Mediterráneo, principalmente debido a las particulares características ecológicas y socioeconómicas; así como también a consecuencia de la vulnerabilidad de este mar semicerrado, ni tampoco queda claro si resulta factible importar directamente modelos como los implantados en el mar del Norte, donde si llevan largo tiempo funcionando este tipo de estructuras. Atento a ello resulta indispensable un estudio profundo de la validez de la solución que plantean los mismos, de los riesgos que entrañan, así como de la normativa vigente, sobre la cual se debería fundar la protección de las especies marinas en peligro.

---

5 STANLEY, J., VAN PARIJS, S., HATCH, L. Underwater sound from vessel traffic reduces the effective communication range in Atlantic cod and haddock, en Scientific Reports. 7(1) (2017), pág. 1-2.

2. EL SONIDO. GENERALIDADES

A fin de examinar los posibles efectos sobre la fauna marina de una contaminación acústica submarina debido a la instalación, operación y desmantelamiento de parques eólicos marino resulta apropiado esbozar algunas características básicas sobre el sonido y su método de medición.

El sonido es conceptualizado como una propagación de energía que se produce mediante la vibración de las partículas del medio por donde se propaga. El movimiento vibratorio conjunto de estas partículas constituye lo que se denomina bajo el término de onda sonora. Atento a ello, resulta importante diferenciarlo de otros dos términos relacionados, señales y ruido. Así, mientras el anterior abarca a todo tipo de energía acústica, el ruido es un subconjunto de sonido no deseado por la entidad que lo oye, razón por la cual, un sonido específico podría constituir una señal para algunos, mientras que un ruido para otros[6].

Por su parte, la sonoridad es la intensidad con la cual un sonido es percibido en una escala que va desde el más débil hasta el más fuerte. Esta no solo obedece a la intensidad del mismo, sino también, a la frecuencia, amplitud, y a la sensibilidad propia del oído del receptor en relación con los umbrales de audición. El término decibelio (dB) y la escala de dB se utilizan universalmente para medir los niveles de sonido. La escala de decibelios es una escala logarítmica en la que el doble de la presión de sonido corresponde a un aumento del nivel de 6 dB. Por lo tanto constituye una unidad que se utiliza para expresar la relación entre dos valores de presión sonora, o tensión y potencia eléctrica.

Es necesario destacar además que, no es posible transformar directamente los niveles de sonido en el mar y en el aire debido a las variaciones de densidad y velocidad propias de cada medio, así como también a los diferentes niveles de referencia utilizados para calcular

---

6 ACAIMM/Advisory Committee on Acoustic Impacts on Marine Mammals 2006: Report to the Marine Mammal Commission (2006). Página Web: http://mmc.gov/sound/committee/pdf/soundFACAreport.pdf [Última consulta: 10 de octubre de 2020] Pág. D3-D4.

el nivel de las señales en ambos medios. De esta manera, las variaciones de densidad y velocidad del sonido en el aire y mar desencadenan cambios en la transmisión de la presión acústica. Por ende, resulta necesario adicionar 36 dB al nivel del aire para subsanar estos efectos.

Tal y como adelantáramos en el párrafo anterior, se emplean distintos niveles de referencia para calcular el nivel de las señales en agua (re. 1 μPa) y en aire (re. 20 μPa), lo que significa que al pasar del aire al mar, el cambio de presión de referencia de 20 μPa a 1 μPa corresponde a 26 dB. Atento a ello, para reflejar un nivel medido en aire a su equivalente matemático en el medio acuático deben sumarse 62 dB. No obstante lo expuesto, y debido a la gran falta de conocimiento existente sobre las adaptaciones de la fisiología acústica de la fauna marina para recibir el sonido, cualquier afirmación exige máxima cautela y por tanto conviene no efectuar ningún tipo de extrapolación sobre los impactos que los mismos niveles de sonido podrían tener en ambos medios[7].

Otro término asociado y que es necesario distinguir es la frecuencia. Esta consiste en el número de veces que una onda completa un ciclo en un segundo. Usualmente es medida en Hertzios (Hz), unidad que indica o corresponde a una onda por segundo. Acorde a si es una frecuencia alta o baja, la especie humana describe los sonidos como graves o agudos respectivamente. La audición humana se encuentra en el rango comprendido entre las frecuencias de 20 Hz y 20 kHz (kilohertzios). Las frecuencias más graves o bajas son designadas como infrasonidos; mientras que las más altas o agudas consideradas ultrasónicas.

Muchas especies marinas, contrariamente a lo que ocurre con los humanos, resultan sensibles a un rango de frecuencias más amplio, desde las infrasónicas, como en el caso de los peces hasta las ultrasónicas percibidas por los cetáceos. En este sentido, es importante dejar en claro que, el umbral de sensibilidad a diversas frecuencias variará de acuerdo con la fisiología auditiva de cada especie marina.

---

7 REDONDO, L., RUÍZ MATEO, A. Ruido subacuático fundamentos, fuentes, cálculo y umbrales de contaminación ambiental, en Ingeniería civil. 186 (2017), pág. 76.

La medida en metros de cada ciclo de onda (longitud de onda, λ) dependerá de la velocidad de la onda en el medio, y de su frecuencia. Asimismo, una fuente de ondas sonoras puede estar formada de una superposición de frecuencias diferentes. Cada una de estas diferentes frecuencias superpuestas estimulará una parte distinta de la cóclea. Los sonidos que abarcan un rango pequeño de frecuencias se conocen como de banda estrecha (*narrow band*), mientras que los de banda ancha se corresponden con otras fuentes acústicas, como podrían ser los impactos o una gran porción de los ruidos ambientales, compuestas de muchas frecuencias y que tienen la capacidad de estimular muchos o todos los receptores de la cóclea.

Ahora bien, y en referencia a la transmisión del sonido en los mares, se ha de tener en cuenta que la señal se mitiga al transmitirse debido a la pérdida que se produce por absorción y por divergencia. El grado de absorción de la energía acústica obedece a la longitud de onda de la señal. Así, las ondas de alta frecuencia, con muy pequeña longitud de onda, colisionan con las moléculas de agua, las hacen vibrar y de esta manera pierden energía que es absorbida por la citada vibración. A menor frecuencia, y por ende más largas las ondas, estas tienden a no chocar sino balancear las moléculas de agua y, atento a ello merman la pérdida de energía por absorción. De esta manera se ha calculado que las vocalizaciones del rorcual común (*balaenoptera physalus*), que presentan una frecuencia de 20 Hz, podrían detectarse a cientos, incluso miles de kilómetros a falta de ruido que las enmascararan[8].

Señalamos además que, también se pierde señal por divergencia. Pues si bien la pérdida de energía por absorción resulta prácticamente despreciable para las frecuencias bajas, no ocurre lo mismo con la divergencia, la cual afecta a todos los sonidos. Esta ocurre porque la energía que se concentraba en un punto de emisión, al expandirse, se distribuye en un espacio considerablemente más grande y, por ende, la intensidad en cada punto de recepción se reduce. El sonido en el mar sigue normalmente una propagación esférica, lo

---

8 PAYNE, R., WEBB, D. Orientation by Means of Long-Range Acoustic Signaling in Baleen Whales, en Annals of the New York Academy of Sciences. 188 (1971), pág. 110.

cual conlleva una disminución de la intensidad de 6 dB cada vez que se dobla la distancia desde la fuente emisora. No obstante ello, no existe homogeneidad en los medios, por ejemplo, en las aguas poco profundas, a diferencia de lo descripto, la señal experimenta una propagación cilíndrica, dado que las ondas se ven reflejadas por la superficie y por el fondo marino. Lo anterior supone una pérdida de intensidad inferior, concretamente de 3 dB cada vez que se duplica la distancia.

3. CONTAMINACIÓN ACÚSTICA GENERADA POR PARQUES EÓLICOS MARINOS

A fin de analizar el sonido producido por un parque eólico marino se deberían tomar en cuenta tres momentos diferenciados de la vida del mismo, su construcción, la de operación o funcionamiento y su eventual desmantelamiento. Cada una de estas tres etapas presentará unas características propias y diferentes de las demás, generando sonidos también diversos, tanto en su intensidad como en su tipo, aunque resulta lógico que la fase de construcción y la correspondiente al desmantelamiento mantengan unos niveles sonoros similares.

Así, en un primer momento, es decir, durante su construcción se han de llevar a cabo diversas operaciones tales como instalación de pilotes, dragados, perforaciones, entre otras. Durante la instalación o hincado de pilotes fundamentalmente se producen sonidos de bajas frecuencias. Son practicadas a tal fin técnicas de impacto, mediante martillos mecánicos de grandes dimensiones, aunque también se pueden efectuar por medio de vibración de los pilotes o perforación del fondo marino para poder de esta manera dejarlos enterrados en su parte basal. En este sentido se ha de tener presente que las detalladas técnicas de percusión se deben además a las vibraciones radiales inducidas en los pilotes, las cuales generan ondas de presión sobre el agua y ondas de compresión y corte sobre el suelo marino[9].

---

[9] TSOUVALAS, A. Underwater Noise Emission Due to Offshore Pile Installation: A Review, en Energies. 13(12) (2020), pág. 14.

Los sonidos ocasionados durante las operaciones del hincado mecánico se producen de forma omnidireccional y los niveles se encuentran con frecuencia en el rango de los 185-195 dBRMS re 1 µPa a 1 m/195-215 dBmax re 1 µPa a 1 m, mientras que los niveles máximos pueden alcanzar hasta 260 dB re 1 µPa a 1 m en ausencia de medidas de reducción de ruido. La mayor parte de la energía se encuentra en el rango de baja frecuencia 40-1000 (hasta 2000) Hz[10].

En caso de ser necesarias operaciones de dragado, estas emiten durante el procedimiento sonidos continuos de banda ancha y primordialmente de baja frecuencia. Han sido verificados niveles de emisión de banda ancha de 185 y 172 dB re 1 µPa a 1 m (WDCS, 2003) y se registraron niveles de fuente de casi 180 dB re 1 µPa a 1 m para las bandas de tercio de octava alrededor de los 100 Hz[11]. De acuerdo con el "Estudio Estratégico Ambiental del Litoral Español (EEALE) para la Instalación de parques eólicos marinos", aprobado por la Resolución conjunta del 16 de abril de 2009 de la Secretaría General de Energía y de la Secretaría General del Mar, la emisión de ruido es un aspecto significativo durante la etapa de construcción de los aerogeneradores, así como también del tendido de los cables submarinos[12].

En idéntico sentido, la Comisión Europea en su documento "Orientaciones sobre los proyectos de energía eólica y la legislación de la UE sobre protección de la naturaleza." afirma que "los niveles de ruido submarino son elevados en relación con el hincado de monopilotes y cimientos de pilotes tipo *jacket-pin*. (...). Las instalaciones de apoyo por gravedad, cajones o cimientos flotantes no están exentas de emisiones de ruido submarino. Esto se debe a que puede ser

---

10 NEDWELL, J., HOWELL, D. A review of offshore windfarm related underwater noise sources. Report No. 544 R 0308, en Subacoustech Ltd. Report for The Crown Estate. (2004) 1-63.

11 RICHARDSON, W.J.; MALME, C.I.; GREEN, C.R.jr., THOMSON, D.H. Marine Mammals and Noise (San Diego 1995) 576.

12 España. Resolución de 30 de abril de 2009, de la Subsecretaría, por la que se dispone la publicación de la Resolución conjunta de la Secretaría General de Energía y de la Secretaría General del Mar, por la que se aprueba el estudio estratégico ambiental del litoral español para la instalación de parques eólicos marinos. (BOE, núm. 112, 08-05-2009, pág. 39839-39841).

necesario preparar el lecho marino con actividades de dragado, y el ruido asociado de los barcos es inevitable. Sin embargo, el ruido impulsivo está ausente en estos métodos (a menos que esté asociado a la remoción de artefactos sin explota), y se entiende que los niveles de ruido son muy bajos (en términos relativos) para todos estos diseños alternativos de cimentación. No cabe duda de que la reducción del ruido conseguida mediante el uso de asentamientos sin pilotes es ventajosa para los mamíferos marinos. Sin embargo, en los proyectos que utilicen cimentaciones sin pilotes habrá consideraciones prácticas y comerciales, y también es necesario tener en cuenta las consecuencias inadvertidas de la decisión de utilizarlas."[13]

Una vez ya implantado y durante su funcionamiento, los parques eólicos marinos producirán otro tipo de sonido. Desde la óptica estructural constituyen una fuente de sonido constante de baja frecuencia en el agua. El ruido que se produce al girar las aspas de los aerogeneradores no se introduce en el agua debido a la reflexión que se origina por el cambio de medio. No obstante ello, las vibraciones se transmiten al pilote que soporta a las aspas, y desde este, al agua en el que está sumergida la base. Asimismo, y como fuente de ruido, los niveles de fuente operacionales de los aerogeneradores son menores que durante la construcción y obedecen a múltiples factores tales como la clase de construcción, dimensiones, las condiciones ambientales en las que se ubica, como por ejemplo, profundidad y estructura sedimentaria, la velocidad del viento, el tamaño del parque eólico, entre otras.

En la actualidad, y a pesar de la gran expansión de los parques eólicos marinos, sobre todo en el mar del Norte, aún se cuenta con pocos datos sobre las emisiones de sonido hacia el mar a consecuencia del funcionamiento de las turbinas, así como también de los correspondientes efectos sobre la vida marina. Generalmente se tienen a disposición mediciones efectuadas sobre aerogeneradores que albergan una potencia de salida de entre 0,2 y 2,0 MW. Por su parte, las mediciones realizadas sobre un modelo de turbina eólica marina de 0,5 MW, arrojaron como resultado que el sonido bajo el agua operati-

---

13 Comisión Europea (2021) Orientaciones sobre los proyectos de energía eólica y la legislación de la UE sobre protección de la naturaleza, pág. 116-117.

vo que procede de una turbina tan pequeña está sólo por encima del sonido ambiental en un rango de frecuencias por debajo de aproximadamente 1-2 kHz[14].

Asimismo se afirma que el ruido submarino producido por aerogeneradores individuales es bajo en comparación con el ruido radiado por los buques de carga, incluso aún con turbinas más grandes, por ello, el nivel de fuente sonora combinado de un gran parque eólico es menor o comparable con el de un gran buque de carga. Sin embargo, la contribución acumulada al paisaje sonoro subacuático de múltiples turbinas dentro de un parque eólico (en algunos casos, muchos cientos) y el hecho de que los mismos ocupen fracciones cada vez mayores de las aguas costeras y de plataforma significa que su contribución combinada de ruido no puede ser ignorada ni tomada a la ligera[15]. La contribución de los aerogeneradores puede ser significativa en áreas con bajo ruido ambiental y escaso nivel de tráfico marítimo, donde podría alcanzar cotas suficientes para generar efectos negativos sobre las especies de peces y mamíferos marinos. Por ello y frente a tales peligros e incertidumbre, tal acumulación a gran escala de efectos deben abordarse desde la perspectiva del punto de cautela y dentro del ámbito de las evaluaciones de impacto estratégicas en relación con la ordenación del espacio marítimo y en evaluaciones de impacto ambiental de proyectos individuales.

4. POSIBLES EFECTOS SOBRE LA VIDA MARINA

Una vez analizados los niveles de sonido que se pueden generar, es el momento de estudiar los posibles efectos negativos del ruido oceánico que se identificaron por primera vez en la séptima Conferencia de las Partes de la Convención sobre Especies Migratorias, la cual, en su Resolución 7.5 (Turbinas de viento y especies migratorias) manifestó la creciente preocupación por el posible impacto de la energía eólica marina en la evolución de las especies migratorias

---

[14] TOUGAARD, J., HERMANNSEN. L., MADSEN, P. How loud is the underwater noise from operating offshore wind turbines? en The Journal of the Acoustical Society of America. 148 (2020) 2885-2993.

[15] *Ibídem* pág. 2890-2992.

de mamíferos y aves, incluyendo entre otras cosas, la emisión de ruidos y vibraciones en el agua[16].

Durante la octava Conferencia de las Partes, se indicaron una serie de amenazas para las especies de cetáceos, señalándose explícitamente en la Resolución 8.22 (Impactos adversos producidos por humanos sobre los cetáceos), el ruido del mar, como uno de los impactos negativos, e invitándose a las Partes a evitarlo siempre que ello fuera posible. Así, los efectos sinérgicos negativos del ruido submarino se pusieron de manifiesto en la Resolución 9.9, adoptada en la octava conferencia de las Partes de 2008 (efectos adversos del ruido marino/oceánico en los cetáceos y en la biota)[17].

Actualmente aún no se disponen de estudios definitivos sobre los potenciales efectos que pudiera generar un parque eólico marino durante toda su vida en la fauna marina. Sin embargo, se ha podido constatar que las fuentes de ruido antropogénicas tienen el potencial de desplazar y lesionar físicamente y/o afectar la capacidad de muchos organismos marinos para comunicarse, desplazarse en búsqueda de alimentos, y la propia forma interactuar con su entorno[18].

Piénsese que, los mamíferos de grandes profundidades pueden estar sumergidos por espacios de tiempo de hasta dos horas. De esta forma, los cachalotes cuentan con reservas de energía equilibradas y exclusivamente se ubican por lapsos limitados en la superficie con el objetivo de descansar y recuperarse. Una perturbación durante estos descansos podría significar la pérdida de alguna condición física a

---

16 Resolución 7.5 del Convenio para la Conservación de las Especies Migratorias de Animales Silvestres Aprobada por la Conferencia de las Partes en su 7ª reunión (Bonn, 18 a 24 de septiembre de 2002). Página Web: https://www.cms.int/sites/default/files/document/Res_7_05_TURBINAS_EOLICAS_sp_0_0.pdf [Última consulta: 1 de octubre de 2022]

17 Resolución 8.22 del Convenio para la Conservación de las Especies Migratorias de Animales Silvestres Aprobada por la Conferencia de las Partes en su 8ª reunión (Bergen, del 20 al 25 de noviembre de 2011). Página Web: https://www.cms.int/sites/default/files/document/doc_35_implementing_res_8_22_s_0.pdf [Última consulta: 1 de octubre de 2022]

18 GÖTZ, T., HASTIE, G., HATCH, L.T., RAUSTEIN, O., SOUTHALL, B.L., TASKER, M., THOMSEN, F. Overview of the Impacts of Anthropogenic Underwater Sound in the Marine Environment (Londres 2009) pág. 28-29.

largo plazo o incluso la aptitud reproductiva. También afecta a las tortugas marinas, peces e invertebrados[19].

El abandono permanente o incluso temporal de un área ruidosa también puede perjudicar la supervivencia de un grupo de individuos o de una especie vulnerable. Los océanos no constituyen un hábitat homogéneo, sino que, por el contrario, la salinidad del agua, profundidad, temperatura y otras condiciones ambientales varían. Las especies tienen sus propios requisitos en relación con el hábitat y el abandono de un área de importancia para reproducción, como vivero o incluso como fuente de alimento es potencialmente dañino para la supervivencia de una especie.

Durante la etapa de operación o funcionamiento, el ruido de los parques eólicos marinos de fondo fijo generalmente se producen dentro del margen establecido por los umbrales regulatorios, siendo bajos en frecuencia y nivel, y se especula que por ello, el riesgo que presentarían sería escaso. No obstante, incluso en esta, el sonido y la vibración son aún emitidos al agua y dificultan, tal y como se afirmó anteriormente, la comunicación, pudiendo ocasionar también una modificación del comportamiento de los animales.

Por su parte, la construcción de cimientos y el tendido de cables han sido demostrado que produce ruido de hasta 260 dB re 1 m µPa y 178 dB re 1 m µPa, respectivamente, por lo que podrían causar daño a los sistemas acústicos de las especies dentro 100 m de la fuente, y se espera que provoquen organismos para evitar el área[20]. A un nivel de ruido comparable al ruido de hincado de pilotes a una distancia de 750 m (con reducción de ruido ≤ 160 db) especies de calamar mostraron respuestas de estrés al tratar de escapar de la fuente de ruido, respuestas de alarma y expulsión de tinta[21].

---

19 MERCHANT, N. Underwater noise abatement: Economic factors and policy options, en Environmental Science & Policy. 92 (2019), 116-117.

20 NEDWELL, J., HOWELL, D. A review of offshore windfarm related underwater noise sources. *Op. cit.*, pág. 1-63.

21 WEILGART, L. The Impact of Ocean Noise Pollution on Fish and Invertebrates. Report by OceanCare (2018). Página Web: https://www.oceancare.org/wp-content/uploads/2017/10/OceanNoise_FishInvertebrates_May2018.pdf [Última consulta: 30 de septiembre de 2022] pág. 15-16.

Por otra parte, durante la fase de funcionamiento, algunas investigaciones indican que mientras el ruido operativo de OWF, el cual es de carácter continuo, puede ser detectable por algunos mamíferos marinos y peces, es poco probable que estos niveles de ruido pudieran ocasionar un daño fisiológico[22]. Sin embargo, los sonidos de las turbinas también generan movimiento de partículas (movimiento de ida y vuelta del medio), que es el principal estímulo acústico de todos los peces. El impacto del aumento del movimiento de partículas en la audición de la fauna marina ha recibido hasta el momento poca atención en las investigaciones y por ende, su importancia sigue siendo incierta[23].

De esta manera, conviene repasar que el sentido del oído está bien desarrollado en los peces, pero a diferencia de los mamíferos marinos, los primeros pueden registrar y responder al movimiento de las partículas. Las especies sin vejiga natatoria (por ejemplo, muchas especies de peces planos, tiburones y rayos) solo son sensibles al movimiento de las partículas, mientras que otros se ven afectados por el movimiento de las partículas, así como por la presión del sonido (por ejemplo, el bacalao, gadus morhua). Algunas especies se conocen como "especialistas en audición" (por ejemplo, el arenque, clupea harengus) y son muy sensibles al ruido en un rango de frecuencia relativamente amplio[24].

Hasta la fecha, solo en 100 de más de 29 000 especies de peces se han realizado estudios amplios, por lo que, las declaraciones generalizadas deben tomarse con cautela. Sin embargo, el umbral temporal de cambio se ha demostrado en algunos peces, determinándose además que las alternancias en los umbrales de audición pueden im-

---

22 WAHLBERG, M., WESTERBERG, H. Hearing in fish and their reactions to sounds from offshore wind farms, en Marine Ecology Progress Series. 288 (2005) 295-309

23 POPPER, A., HAWKINS, A. & THOMSEN, F. Taking the Animals' Perspective Regarding Anthropogenic Underwater Sound. Trends, en Ecology & Evolution. 35(9) (2019) 787-794.

24 HUDDLESTON, J. Understanding the environmental impacts of offshore windfarms, en. Understanding the Environmental Impacts of Offshore Windfarms (Londres 2010) 138.

pedir que los peces lleguen a las zonas de desove, se comuniquen acústicamente o busquen alimentos[25].

Las especies con vejiga natatoria pueden resultar directamente dañadas por la presión del sonido (sonido de conducción). El llamado barotrauma puede hacer que la vejiga natatoria se expanda y se contraiga rápidamente, causando daño tisular o daño severo de la propia vejiga natatoria, causando la muerte del animal[26]. Si el bacalao está cerca de un evento de hincado de pilotes (400 m), el estudio mostró que el 40% de los peces exhibieron una ruptura de la vejiga natatoria. Además los individuos hasta 100 m de distancia del evento de apilamiento mostraron un comportamiento de natación anormal[27]. También experimentos basados en laboratorio han estudiado el impacto de pilotes conducción de sonido en el comportamiento de los peces[28]. El bacalao y el lenguado (solea solea) fueron expuestos a baja presión sonora niveles (rango: 140-161 dB re 1 μPa (pico)). Ambas especies intentaron alejarse de la fuente de sonido. Como consecuencia de esto, se alteró el comportamiento de natación del lenguado. La velocidad de natación aumentó hasta que la producción de ruido terminó. El bacalao mostró una reacción similar, pero más débil. Como la reacción fue menor pronunciado después de varias exposiciones al sonido, esto puede indicar un cierto tipo de habituación.

No obstante, si bien las respuestas de comportamiento de las especies marinas al ruido producido por la turbina eólica operativa

---

25 POPPER, A. N., HAWKINS, A. D., FAY, R. R., MANN, D. A., BARTOL, S., CARLSON, T. J., COOMBS, S., ELLISON, W. T., GENTRY, R. L., HALVORSEN, M. B., LØKKEBORG, S., ROGERS, P. H., SOUTHALL, B. L., ZEDDIES, D. G. & TAVOLGA, W. N. ASA S3/SC1.4 TR-2014 Sound exposure guidelines for fishes and sea turtles: A Technical Report prepared by ANSI-Accredited Standards Committee S3/SC1 and registered with ANSI. (Cham 2014), 92.

26 *Ibídem.*

27 DE BACKER, A., DEBUSSCHERE, E., RANSON, J. & HOSTENS, K. Extremely loud and incredibly close: in situ exposure of Atlantic cod to pile driving, en Book of abstracts-VLIZ Marine Science Day (Brujas 2017.) 16.

28 MUELLER-BLENKLE, C., MCGREGOR, P. K., GILL, A. B., ANDERSSON, M. H., METCALFE, J., BENDALL, V., SIGRAY, P., WOOD, D. T. & THOMSEN, F. Effects of pile-driving noise on the behavior of marine fish, (Report No. Fish 06-08). Report by Centre for Environment Fisheries and Aquaculture Science (Londres 2010) 62.

parecería ser mínimo, los escenarios planteados en investigaciones posteriores predijeron que solo una pequeña proporción, concretamente menor al 10%, de las ballenas minke (*balaenoptera acutorostrata*) y marsopas comunes (*phocoena phocoena*) exhibiría respuestas de comportamiento hasta ~18 km de distancia de un parque eólico marino, mientras que la mayoría de los animales estudiados no demostraban una respuesta de comportamiento, lo que sería indicativo de un mínimo potencial de desplazamiento[29].

También ha de ser tenido en consideración que, los estudios realizados para investigar el impacto del ruido relacionado con los parques eólicos marinos ahora se limitan a las especies de aguas que habitan el norte de Europa, donde los mismos tiene una historia más larga que en cualquier otro lugar más. Sin embargo, los resultados obtenidos hasta ahora en estudios en el mar del Norte, si bien no completamente, se podrían transferir hasta cierto punto al Mediterráneo, ya que por ejemplo los peces se pueden clasificar en diferentes grupos según sus características anatómicas.

El monitoreo en el parque eólico marino de Horns Rev en el mar del Norte reveló que el ruido operativo no tuvo un efecto detectable en la abundancia de marsopas comunes[30]. Además, el análisis de las mediciones de ruido de otros dos parques eólicos daneses, concretamente Middelgrunden y Vindeby; así como el sueco Bockstigen-Valar, de fondo fijo, concluyeron que el ruido operativo es poco probable que los niveles perjudiquen o enmascaren la comunicación acústica en el puerto focas (phoca vitulina) y marsopas comunes[31].

Sin embargo, las mediciones de campo y los esfuerzos de modelado para estimar los niveles de ruido operacional se han centrado pre-

---

29 MARMO, B., ROBERTS, I., BUCKINGHAM, M.P., KING, S., BOOTH, C. Modelling of Noise Effects of Operational Offshore Wind Turbines Including Noise Transmission through Various Foundation Type (Edinburg 2013) 108.

30 TOUGAARD, J., CARSTENSEN, J., WISZ, M.S., JESPERSEN, M., TEILMANN, J., ILSTED BECH, N., SKOV, H. Harbour Porpoises on Horns Reef-Effects of the Horns Reef Wind Farm. Final Report to Vattenfall A/S (Roskilde 2006) 106.

31 TOUGAARD, J., HENRIKSEN, O., MILLER, L Underwater noise from three types of offshore wind turbines: estimation of impact zones for harbor porpoises and harbor seals, en The Journal of the Acoustical Society of America. 125 6 (2009) 3766-3773.

dominantemente en aerogeneradores de fondo fijo de los parques eólicos marinos, ubicados además en ambientes poco profundos cerca de la costa (<100 m de profundidad)[32].

Aunque las mediciones y la investigación sobre el ruido operativo de los parques eólicos marinos siguen siendo bajas en cuanto a prioridad frente a las del ruido de la construcción, un examen en profundidad de las características de propagación acústica de las subestructuras flotantes y su amarres asociados, así como los niveles generales de ruido de funcionamiento de los mismos en aguas profundas mejorarían la comprensión actual de las interacciones de estas instalaciones y los organismos marinos. Asimismo, y debido a que la sensibilidad a las a las frecuencias acústicas difiere entre especies, una investigación exhaustiva del tema deberá cubrir una amplia gama de diversidad taxonómica de especies marinas y organismos[33].

Además, es indispensable tener en consideración que, a medida que se implementan turbinas más grandes, la evaluación de los niveles de ruido de estas turbinas serán necesarios para evaluar su potencial efectos. Sin embargo, el paisaje sonoro del océano es complejo y discernir los efectos de la variabilidad natural en los niveles de ruido ambiental, incluidos los del tráfico de buques comerciales, puede resultar difícil sin más estudios a largo plazo.

Asimismo, cualquier efecto del ruido operacional en las aves aún no ha sido investigado, aunque el ruido de la actividad humana en tierra ha se ha demostrado que reduce la abundancia local de aves[34]. En este sentido, es un hecho acreditado que las aves marinas repro-

---

32 THOMSEN, F., GILL, A., KOSECKA, M., ANDERSSON, M., ANDRE, M., DEGRAER, S., FOLEGOT, T., GABRIEL, J., JUDD, A., NEUMANN, T., NORRO, A., RISCH, D., SIGRAY, P., WOOD, D., WILSON, B. MaRVEN-Environmental Impacts of Noise, Vibrations and Electromagnetic Emissions from Marine Renewable Energy (Bruselas 2015) 73.

33 POPPER, A., HAWKINS, A., THOMSEN, F. Taking the Animals' Perspective Regarding Anthropogenic Underwater Sound. Trends, en Ecology & Evolution. 35(9) (2019) 787-794.

34 FORMAN, R.T.T., DEBLINGER, R.D. The ecological road-effect zone of a Massachusetts (USA) suburban highway, en Conservation Biology. 14 (2000), 36-46.

ductoras son perturbadas por humanos actividad recreativa[35] y se ha utilizado ruido submarino para reducir la presión de depredación sobre los moluscos por parte de las aves acuáticas[36]. Atento a lo expuesto, si bien durante los últimos años se han llevado a cabo numerosos estudios, la mayoría de ellos se han realizados en ambientes muy diferentes al Mediterráneo, por lo que, se necesita de más información en referencia a los posibles efectos sobre las especies marina de este último, y en consecuencia, una actuación que observe fielmente el principio de cautela.

5. NORMATIVA PROTECTORA

El régimen normativo ha de ser analizado desde tres ámbitos completamente diferenciados, el marco internacional, la regulación aprobada por la Unión Europea y la estatal. En este sentido, la esfera de protección del derecho internacional tiene una relevancia considerable debido a la propia naturaleza y ubicación de las actividades que generan ruido submarino, así como también a las especies afectadas por el mismo. Así, muchas de estas actividades productoras de ruido en el entorno marino son transfronterizas e internacionales, como, por ejemplo, el transporte marítimo. Debido a ello, la competencia de un estado para adoptar medidas proteger a las especies marinas del ruido causado por tales actividades está circunscrito por el derecho internacional.

Este marco normativo internacional sirve de base al desarrollo de la propia legislación europea en materia de contaminación acústica subacuática, la cual, es adoptada y en algunos casos incrementada la protección por la normativa sectorial nacional de los Estados parte de la UE. A continuación, se desarrollan los principales instrumentos reguladores distinguidos por ámbito.

---

35 BEALE, C.M., MONAGHAN, P. Human disturbance: people as predation-free predators? en Journal of Applied Ecology. 41 (2004) 335-343.

36 ROSS, B.P., LIEN, J., FURNESS, R.W. Use of underwater playback to reduce the impact of eiders on mussel farms, en ICES Journal of Marine Science. 58 (2001) 517-524.

El principal es la Convención sobre el Derecho del Mar, ratificada en 1997 por España dispone la adopción de medidas contra la contaminación del medio marino. Se ha de recordar que la misma establece un equilibrio entre los derechos y los deberes de los habitantes de la costa, bandera, y otros estados basados en la división de los océanos en zonas jurisdiccionales. Asimismo, esta incluye el ruido submarino dentro del concepto de "contaminación del medio marino" (artículo 1.1.4) y lo caracteriza como la "introducción por el hombre, directa o indirectamente, de sustancias o de energía que puedan producir efectos nocivos en el medio marino."

En este punto conviene aclarar que la definición original estudiada no incorporaba el término "energía", sino que, fue incluido posteriormente a fin de incluir la contaminación térmica, ya que había evidencia disponible para demostrar que el calor en el agua de mar fomentó el desarrollo de ciertos organismos indeseables e interfirió con la migración de peces en ciertas áreas. Por lo tanto, el concepto no fue redactado teniendo en cuenta la contaminación acústica, sin embargo, la inclusión de la "energía" implica que el ruido puede ser una forma de contaminación marina bajo los términos de la Convención[37].

De hecho, la inclusión del término "energía", podría leerse para cubrir todas las formas de la misma, incluido el ruido, la electricidad, vibraciones, calor, y radiación. Esta interpretación se encontraría en plena conformidad con las normas generales de interpretación contenida en la Convención de Viena de 1969 sobre el Derecho de los Tratados que "un tratado deberá interpretarse de buena fe conforme al sentido corriente que haya de atribuirse a los términos del tratado en el contexto de estos y teniendo en cuenta su objeto y fin" (artículo 31).

La protección y conservación del medio marino es abordada por el capítulo XII del Convenio, el cual, genera un haz de obligaciones hacia los Estados en la lucha contra todo tipo de contaminación en el medio marino (artículo 194), incorporando que dichas acciones

---

37 DOTINGA, H. OUDE ELFERINK, A. Acoustic Pollution in the Oceans: The Search for Legal Standards., en Ocean Development & International Law. 31 (2000) 151-182.

deben incluir medidas especiales para la protección y conservación de ecosistemas frágiles o raros, así como los hábitats de aquellas especies amenazadas. Por su parte, el artículo 236 concede cierta libertad en referencia a las obligaciones citadas a las actividades militares de los Estados.

En el marco de las previsiones de esta Convención, la Asamblea General de Naciones Unidas ha manifestado en los últimos años que, el ruido antropogénico es una de las amenazas emergentes a la biodiversidad marina, motivo por el cual ha intentado fomentar mayores estudios, cautela y consideración en relación con este tema. Así lo reflejan, entre otras, el punto 107 de la Resolución 61/222 (2006), el punto 120 de la Resolución A/62/215 (2007), el punto 141 de la Resolución A/63/L.42 (2008) y los puntos 107 a 113 de la Resolución A/66/70 (2011), ordenando además llevar a cabo actividades de compilación de información y estudios en la materia.

Se ha incorporado la definición de contaminación marina prevista por la Convención literalmente en muchos otros instrumentos internacionales que se ocupan de la protección del medioambiente marino. Estos incluyen la Convención de 1992 para la Protección de los Medio ambiente marino del Atlántico nororiental (Convenio OSPAR), el de 1974 (y su sucesora de 1992) Convención sobre la protección del medio ambiente marino de la Área del mar Báltico (Convención de Helsinki); y la mayoría de los tratados marco adoptados en el marco del Programa de Medio Ambiente de las Naciones Unidas (PNUMA) Programa Marítimo Regional y algunos de sus Protocolos que se ocupan de fuentes específicas de contaminación marina. La estrategia ambiental del Ártico de 1991 ejemplifica un instrumento internacional que explícitamente menciona el ruido como un problema de contaminación que requiere atención.

Además del desarrollo y seguimiento genérico que le da la Asamblea General de Naciones Unidas a este Convenio, la verdadera implementación del mismo se lleva a cabo a través de los llamados Convenios de mares regionales, tales como el Convenio para la protección del Medio Ambiente Marino del Atlántico del Nordeste, el Convenio de Barcelona para la protección del medio marino y de la región costera del Mediterráneo, el Convenio de Bonn sobre Especies Migratorias de Animales Silvestres y el Acuerdo para la Conservación de los Cetáceos del mar Negro, el mar Mediterráneo y el Área Atlántica Vecina.

En el ámbito de la Unión Europea, y con base en la normativa internacional, también se ha desarrollado un marco legal importante, el cual se erige como una pieza fundamental de la tutela de las especies y ecosistemas marinos, y que se encuentra principalmente constituido por la Directiva marco sobre la estrategia marina, y la Directiva relativa a la conservación de los hábitats naturales y de la fauna y flora silvestres.

Por medio de la Directiva marco sobre la estrategia marina, los Estados Miembros han quedado obligados a adoptar las medidas necesarias para lograr o mantener un buen estado ambiental del medio marino a más tardar en el año 2020 (artículo 1). El buen estado medioambiental se identifica con la utilización del medio marino en un nivel sostenible y exige que los vertidos antropogénicos de sustancias y de energía, incluidos los ruidos, en el medio marino no generen efectos de contaminación (artículo 3).

A fin de alcanzar las metas predispuestas prevé la elaboración de estrategias marinas con la definición de las autoridades competentes, los objetivos medioambientales concretos y los programas de medidas específicas a implantar. La cuestión del impacto del ruido en el medio marino tendrá que ser objeto de las medidas oportunas, especialmente de cara a los programas de medidas.

Asimismo, la Decisión 2017/848, de 17 de mayo, siguiendo los lineamientos de la derogada Decisión 2010/477/UE de 1 de septiembre, sobre los criterios y normas metodológicas aplicables al buen estado medioambiental de las aguas marinas, definió para este descriptor dos indicadores que permitieran evaluar el estado actual. Estos indicadores son:

1. Distribución temporal y espacial de los ruidos impulsivos de alta, baja y media frecuencia: proporción de días y su distribución a lo largo de un año natural en zonas de una determinada superficie, así como su distribución espacial, en los que las fuentes sonoras antropogénicas superen niveles que puedan producir en los animales marinos un significativo impacto, medidos en la banda de frecuencias de 10 Hz a 10 kHz como nivel de exposición sonora (en dB re

1μPa 2.s) o como nivel de presión acústica de pico (en dB re 1μPa peak) a un metro.

2. Ruido continuo de baja frecuencia: evolución del nivel de ruido ambiental en las bandas de 1/3 de octava 63 y 125 Hz (frecuencia central) (re 1μPa RMS; nivel de ruido medio en estas bandas de octavas a lo largo de un año), medido por estaciones de observación o, si procediere, haciendo uso de algún modelo.

En relación con la Directiva relativa a la conservación de los hábitats naturales y de la fauna y flora silvestres, se ha de tener en cuenta que la Red Natura 2000, establecida por la misma es el instrumento de conservación de la biodiversidad más ambicioso que se ha propuesto. La Directiva obliga a los Estados miembros, dentro de su territorio o en las aguas marítimas bajo su soberanía o jurisdicción nacional, a la creación de Zonas Especiales de Conservación para aquellos hábitats y especies recogidos en los anexos de la Directiva, (entre los que se incluyen tanto hábitats como especies marinas) para asegurar la conservación de estos y así prevenir su menoscabo.

A fin de garantizar la conservación, las Zonas Especiales de Conservación deben de contar con adecuados planes o instrumentos de gestión con las medidas adecuadas. En el caso de las Zonas Especiales de Conservación establecidas en el medio marino, las anteriores medidas deben incorporar las correspondientes limitaciones con respecto al ruido si existen razones que así lo justifiquen. Además de la obligación general de no deterioro, el instrumento también incorpora un mecanismo reforzado de protección al establecer que cualquier plan, programa o proyecto que pudiera afectar de forma apreciable a dichas Zonas Especiales de Conservación han de someterse a una adecuada evaluación ambiental de sus repercusiones en el lugar.

Ahora bien, y si a pesar de las conclusiones negativas de la evaluación y sin soluciones alternativas que se pudieran implantar, un plan o proyecto por razones imperiosas de interés público de primer orden, incluidas razones de índole social o económica debidamente justificadas, el Estado miembro tomará cuantas medidas compensatorias sean necesarias para garantizar que la coherencia global de la red Natura 2000 queda resguardada.

Asimismo, y en caso de que el lugar considerado albergue un tipo de hábitat natural y/o una especie prioritarios, únicamente se podrán alegar consideraciones relacionadas con la salud humana y la seguridad pública, o relativas a consecuencias positivas de primordial importancia para el medio ambiente, o bien, previa consulta a la Comisión, otras razones imperiosas de interés público de primer orden (artículos 6.2 y 6.4).

Por último y ya en el ámbito nacional sectorial, se han de citar como normas primordiales en la tutela de la generación de ruido subacuático, la Ley 41/2010, de 29 de diciembre, de Protección del Medio Marino; y en relación ya con el ruido como fenómeno la Ley 21/2013, de 9 de diciembre, de evaluación ambiental y la normativa sobre ruido propiamente dicha, es decir, la Ley 37/2003, de 17 de noviembre, del Ruido.

Ley 41/2010, de 29 de diciembre, de Protección del Medio Marino transpone el contenido de la Directiva marco sobre la estrategia marina, y así, introduce la obligación de desarrollar estrategias marinas como elementos holísticos y horizontales de planificación. En ellas, ha de quedar incluida la problemática del ruido submarino de forma completa y sistemática. En este orden de ideas, el artículo 4.2 de este texto legal faculta al Gobierno para aprobar directrices comunes a todas las estrategias marinas con el fin de garantizar la coherencia de sus objetivos y políticas en aspectos tales como:

a) La Red de Áreas Marinas Protegidas de España.

b) Los vertidos en el mar.

c) Los aprovechamientos energéticos situados en el medio marino.

d) La investigación marina y el acceso a los datos marinos.

e) La evaluación y el seguimiento de la calidad ambiental del medio marino.

f) La ordenación de las actividades que se llevan a cabo o pueden afectar al medio marino.

g) La mitigación de los efectos y la adaptación al cambio climático.

Por su parte, la Ley 21/2013, de 9 de diciembre, de evaluación ambiental es una de las herramientas más consolidadas de protección del medio ambiente, al someter a ciertos planes, programas, proyectos o actividades a un procedimiento administrativo en el cual se evalúa el impacto ambiental de los mismos antes de que estos se lleven a cabo, con la idea de eliminar, corregir o minimizar los impactos negativos que los mismos puedan tener sobre el medio. Este procedimiento se aplica a las actividades recogidas en los anexos de las respectivas normativas, los cuales en muchos casos recogen ya actividades con potencial de producir ruido en el medio marino (explotación de depósitos marinos, dragados marinos, extracciones petrolíferas, etc.), por lo que sus impactos ya deberían ser tenidos en cuenta en dichos procedimientos. Nada impide que nuevas actividades o proyectos sean introducidos en los anexos mediante la modificación de los mismos. Para realizar la evaluación ambiental de las actividades emisoras de ruido en el mar hay que considerar parámetros técnicos y biológicos, especialmente por medio de un estudio de la fisiología de las distintas especies.

En relación con la Ley 37/2003, de 17 de noviembre, del Ruido, es imprescindible destacar que el contenido de la normativa española sobrepasa el ámbito de aplicación y el objeto de la normativa europea constituido por la Directiva 2002/49/CE del Parlamento Europeo y del Consejo, de 25 de junio de 2002, sobre evaluación y gestión del ruido ambiental-Declaración de la Comisión ante el Comité de Conciliación de la Directiva sobre evaluación y gestión del ruido ambiental, el cual se reduce al impacto del ruido ambiental sobre los seres humanos. Al igual que en la normativa europea, la Ley 37/2003 excluye de su aplicación a las actividades militares.

En su articulado destaca en importancia el artículo 7.1 que establece que los límites de inmisión (nivel de ruido incidente en el espacio y que procede de una fuente de ruido) se regulan por el Real Decreto 1367/2007 en los espacios naturales que necesiten una especial protección contra la contaminación acústica. Así, el art. 14.3 de dicho Real Decreto establece que los objetivos de calidad acústica para ruido, aplicables a estos espacios naturales, se decretarán para cada caso en particular, atendiendo a aquellas necesidades específicas que requieran.

Por ello, la administración pública deberá determinar la exigencia de esos límites en el medio marino cuando esta exigencia esté justificada, por ejemplo, por la presencia de especies protegidas suficientemente cerca de la fuente de ruido, o en las cercanías de zonas protegidas marinas. Con respecto al control del ruido en el mar, debe recordarse que no son comparables los niveles en decibelios en agua y aire, debido a las distintas propiedades del medio de transmisión y a que se utilizan niveles de referencia distintos.

6. VALORACIÓN

Del análisis efectuado se ha podido comprobar que el sonido se propaga de manera diferente en el medio acuático, generando también, por ende, valores de referencia diversos. En este sentido, también se ha podido constatar que cada especie marina tolera y responde de forma diferente a los umbrales de sonidos, de acuerdo a su fisiología propia. Dentro de estas respuestas también se ha comprobado que pueden incluir confusión frente a los mismos, desorientación, abandono de la búsqueda de alimentos, estrés, abandono del ecosistema donde viven, perdida de fertilidad, y en los casos más graves, la muerte.

En relación con los sonidos, y más concretamente con la contaminación acústica generada por los parques eólicos marinos ha quedado claro que la misma existe, es un hecho tangible e innegable y que también variará de acuerdo a la etapa en que el parque se encuentre, es decir, nos encontraremos frente a sonidos y potencias diversas de acuerdo a si estamos en la fase de construcción, la propia de operación o la de su eventual desmantelamiento aunque, tal y como se refirió, la de construcción y desmantelamiento deberían producir sonidos y niveles muy semejantes. Asimismo, tanto en relación con la contaminación acústica submarina generada por los parques, así como también en relación a los efectos sobre las especies marinas ha quedado acreditado que aún estamos frente a un panorama de escasez de estudios, siendo además que, la mayoría de los que se han llevado a cabo, se han efectuado en el mar del Norte, frente a unas condiciones muy diferentes a las del Mediterráneo, por lo que, cualquier intento de transpolar conclusiones debe llevarse a cabo con la máxima cautela, y bajo ningún caso debería sustituir los estudios que se deberían realizar en el mar Mediterráneo. Lo contrario significaría actuar inobservando el principio de cautela ambiental.

Además, también se carecen de estudios más detallados sobre los efectos de la contaminación acústica submarina de acuerdo a la fisiología de cada especie, no obstante que en estos casos una extrapolación limitada podría llevarse realizarse respecto a las especies marinas que habitaran tanto el mar del Norte como el Mediterráneo.

En referencia a la legislación, se ha podido observar como a partir de la normativa internacional, y principalmente de la Convención de las Naciones Unidas sobre Derecho del Mar, se ha ido construyendo a través de otras convenciones y acuerdos que se basan en la misma, una protección frente a la contaminación acústica submarina, no solo frente a los parques eólicos marinos, la cual es más moderna, sino también frente a otras actividades nocivas para la fauna marina, como la navegación marítima, la utilización de radares, los ejercicios militares, etc.

También con fundamento en la normativa internacional, la Unión Europea construyó y sistematizó unos preceptos propios que buscan ubicarla como pionera en la protección de los mares, ecosistemas y economía azul. Por medio de estos se adoptaron estrategias y políticas que resultan adecuadas y beneficiosas, sin embargo, y dada la necesidad y urgencias para desarrollar nuevas tecnologías de generación de electricidad renovable, y especialmente la multiplicidad de proyectos que se están proponiendo, es necesario no solo una normativa más restrictiva, sino además, que se base en la estricta observancia del principio de cautela y en el estado más avanzado de la ciencia, para lo cual, indefectiblemente se precisarán más estudios en referencia a la contaminación acústica submarina y sus consecuencias en la especies que pueblan los mares.

Por último, y en referencia a la normativa española, partiendo de la base de que principalmente responde a transposición de directivas comunitarias, por lo que, prácticamente se inspira en su totalidad en los preceptos de la Unión Europea, la misma es adecuada. En este sentido, no se ha de olvidar que la ley de ruido española es incluso más tuitiva que la legislación comunitaria, aunque aún y con el objeto de incrementar la protección de las especies marinas, se han de fijar valores límites de emisión en el medio marino, en referencia a los parques; y se ha de buscar una mayor protección fundamentada la misma en la cautela ambiental y en unos estudios de la biología marina del Mediterráneo, sin las cuales, no se deberían aprobar parques eólicos marinos, toda vez que la solución para generar una electricidad de origen renovable, podría generar consecuencias perjudiciales en la fauna marina y los ecosistemas con su correspondientes daños a las economías nacionales.

7. BIBLIOGRAFÍA

Instrumentos legales

Acuerdo de París, hecho en París el 12 de diciembre de 2015. (BOE núm. 28, 2-02-2017, pág. 7703-7727).

Acuerdo sobre la Conservación de los Cetáceos del Mar Negro, el Mar Mediterráneo y la Zona Atlántica Contigua, hecho en Mónaco el 24 de noviembre de 1996. (BOE núm. 150, 23-06-2001, pág. 22410-22418).

Comisión Europea (2021) Orientaciones sobre los proyectos de energía eólica y la legislación de la UE sobre protección de la naturaleza. Página Web: https://op.europa.eu/en/publication-detail/-/publication/2b08de80-5ad4-11eb-b59f-01aa75ed71a1 [Última consulta: 30 de septiembre de 2022].

Comunicación COM (2019) 640 final, de la Comisión, de 11 de diciembre de 2019, El Pacto Verde Europeo. Página Web: https://eur-lex.europa.eu/resource.html?uri=cellar:b828d165-1c22-11ea-8c1f-01aa75ed71a1.0004.02/DOC_1&format=PDF [Última consulta: 30 de septiembre de 2022].

Comunicación COM (2011) 244 final, de la Comisión al Parlamento Europeo, al Consejo, al Comité Económico y Social Europeo y al Comité de las Regiones, de 3 de mayo de 2011, Estrategia de la UE sobre la biodiversidad hasta 2020: nuestro seguro de vida y capital natural. Página Web: https://eur-lex.europa.eu/legal-content/ES/TXT/PDF/?uri=CELEX:52011DC0244&from=ES [Última consulta: 1 de octubre de 2022].

Comunicación COM (2002) 539 final, de la Comisión al Consejo y al Parlamento Europeo, de 2 de octubre de 2002, Hacia una estrategia de protección y conservación del medio ambiente marino. Página Web: https://www.miteco.gob.es/es/costas/temas/proteccion-medio-marino/COM2002-539_tcm30-130839.pdf [Última consulta: 1 de octubre de 2022].

Comunicación COM (2021) 240 final, de la Comisión al Parlamento Europeo, al Consejo, al Comité Económico y Social Europeo y al Comité de las Regiones, de 17 de mayo de 2021, sobre un nuevo enfoque de la economía azul sostenible de la UE. Transformar la economía azul de la UE para un futuro sostenible. Página Web: https://eur-lex.europa.eu/legal-content/ES/TXT/PDF/?uri=CELEX:52021DC0240&from=EN [Última consulta: 1 de octubre de 2022].

Convención de las Naciones Unidas sobre el Derecho del Mar, hecho en Montego Bay el 10 de diciembre de 1982 (BOE núm. 39, 14-02-1997, pág. 4966-5055).

Convención sobre la Conservación de las Especies Migratorias de Animales Silvestres, hecho en Bonn el 23 de junio de 1979. (BOE núm. 259, de 29-10-85, pág. 34071-34076).

Convenio para la Protección del Medio Ambiente Marino del Atlántico del Nordeste, hecho en París, 22 de septiembre de 1992 (BOE núm. 150, 24-06-1998, pág. 20663-20675).

Convenio sobre protección del medio marino de la zona del mar Báltico, 1992 (DOCE L núm. 73, 16-03-1994, pág. 1-45).

Convenio para la protección del mar Mediterráneo contra la contaminación y de los Protocolos anejos, hechos en Barcelona el 16 de febrero de 1976 (BOE núm. 44, 16-02-1978, pág. 4107-4115).

Decisión (UE) 2017/848 de la Comisión, de 17 de mayo de 2017, por la que se establecen los criterios y las normas metodológicas aplicables al buen estado medioambiental de las aguas marinas, así como especificaciones y métodos normalizados de seguimiento y evaluación, y por la que se deroga la Decisión 2010/477/UE. (DOUE L, núm. 125, 18-05-2017, pág. 43-74).

Directiva 2008/56/CE del Parlamento Europeo y del Consejo, de 17 de junio de 2008, por la que se establece un marco de acción comunitaria para la política del medio marino (Directiva marco sobre la estrategia marina). (DOUE L, núm. 164, 25-06-2008, pág. 19-40).

Directiva 92/43/CEE del Consejo, de 21 de mayo de 1992, relativa a la conservación de los hábitats naturales y de la fauna y flora silvestres. (DOCE L, núm. 206, 22-07-1992, pág. 7-50).

España. Hoja de ruta eólica marina y energías del mar en España. Ministerio para la transición ecológica y el reto demográfico, diciembre de 2021. Página Web: https://www.miteco.gob.es/es/ministerio/planes-estrategias/desarrollo-eolica-marina-energias/default.aspx [Última consulta: 1 de octubre de 2022].

España. Resolución de 30 de abril de 2009, de la Subsecretaría, por la que se dispone la publicación de la Resolución conjunta de la Secretaría General de Energía y de la Secretaría General del Mar, por la que se aprueba el estudio estratégico ambiental del litoral español para la instalación de parques eólicos marinos. (BOE, núm. 112, 08-05-2009, pág. 39839-39841).

España. Ley 7/2021, de 20 de mayo, de cambio climático y transición energética. (BOE, núm. 121, 21-05-2021, pág. 62009 a 62052).

Ley 42/2007, de 13 de diciembre, del Patrimonio Natural y de la Biodiversidad.

Reglamento (UE) 2021/1119 del Parlamento Europeo y del Consejo de 30 de junio de 2021 por el que se establece el marco para lograr la neutralidad climática y se modifican los Reglamentos (CE) n.o 401/2009 y (UE) 2018/1999 ("Legislación europea sobre el clima"). (DOUE L, núm. 243, 09-07-2021, pág. 1-17).

Resolución 7.5 del Convenio para la Conservación de las Especies Migratorias de Animales Silvestres Aprobada por la Conferencia de las Partes en su 7ª reunión (Bonn, 18 a 24 de septiembre de 2002). Página Web: https://www.cms.int/sites/default/files/document/Res_7_05_TURBINAS_EOLICAS_sp_0_0.pdf [Última consulta: 1 de octubre de 2022].

Resolución 8.22 del Convenio para la Conservación de las Especies Migratorias de Animales Silvestres Aprobada por la Conferencia de las Partes en su 8ª reunión (Bergen, del 20 al 25 de noviembre de 2011). Página Web: https://www.cms.int/sites/default/files/document/doc_35_implementing_res_8_22_s_0.pdf [Última consulta: 1 de octubre de 2022].

Obras de autor

ACAIMM/Advisory Committee on Acoustic Impacts on Marine Mammals: Report to the Marine Mammal Commission (2006). Página Web: http://mmc.gov/sound/committee/pdf/soundFACAreport.pdf [Última consulta: 10 de octubre de 2020].

ANDERSSON, M. H., ANDERSSON, S., AHLSÉN, J., ANDERSSON, B. L., HAMMAR, J., PERSSON, L. K., PIHL, J., SIGRAY, P., WIKSTRÖM, A. A framework for regulating underwater noise during pile driving, A technical Vindval report. Nr. Report 6775, Swedish Environmental Protection Agency/Stockholm (Stockholm 2017) 107.

BEALE, C.M., MONAGHAN, P. Human disturbance: people as predation-free predators? en Journal of Applied Ecology. 41 (2004) 335-343.

DE BACKER, A., DEBUSSCHERE, E., RANSON, J. HOSTENS, K. Extremely loud and incredibly close: in situ exposure of Atlantic cod to pile driving, en Book of abstracts-VLIZ Marine Science Day (Brujas 2017.) 16.

DOTINGA, H. OUDE ELFERINK, A. Acoustic Pollution in the Oceans: The Search for Legal Standards., en Ocean Development & International Law. 31 (2000) 151-182.

DUNNET, G.M., FURNESS, R.W., TASKER, M.L. & BECKER, P.H. Seabird ecology in the North Sea, en Netherlands Journal of Sea Research. 26 (1990) 387-425.

FORMAN, R.T.T., DEBLINGER, R.D. The ecological road-effect zone of a Massachusetts (USA) suburban highway, en Conservation Biology. 14 (2000) 36-46.

GÖTZ, T., HASTIE, G., HATCH, L.T., RAUSTEIN, O., SOUTHALL, B.L., TASKER, M., THOMSEN, F. Overview of the Impacts of Anthropogenic Underwater Sound in the Marine Environment (Londres 2009) 134.

HÄDER, D.P., BANASZAK, A., VILLAFAÑE, V., NARVARTE, M., GONZÁLEZ, R., HELBLING, E. Anthropogenic pollution of aquatic ecosystems: Emerging problems with global implications, en Science of The Total Environment. 713 (2020) 1-8.

HUDDLESTON, J. Understanding the environmental impacts of offshore windfarms, en. Understanding the Environmental Impacts of Offshore Windfarms (Londres 2010) 138.

KUŞKU, H., YIĞIT, M., ERGÜN, S., YIĞIT, Ü., TAYLOR, N. Acoustic Noise Pollution from Marine Industrial Activities: Exposure and Impacts, en Aquatic Research. 1(4) (2018) 148-161.

MARMO, B., ROBERTS, I., BUCKINGHAM, M.P., KING, S., BOOTH, C. Modelling of Noise Effects of Operational Offshore Wind Turbines Including Noise Transmission through Various Foundation Types (Edinburg 2013) 108.

MERCHANT, N. Underwater noise abatement: Economic factors and policy options, en Environmental Science & Policy. 92 (2019) 116-123.

MUELLER-BLENKLE, C., MCGREGOR, P. K., GILL, A. B., ANDERSSON, M. H., METCALFE, J., BENDALL, V., SIGRAY, P., WOOD, D. T. & THOMSEN, F. (2010): Effects of pile-driving noise on the behaviour of marine fish, (Report No. Fish 06-08). Report by Centre for Environment Fisheries and Aquaculture Science (Londres 2010) 62.

NABI, G., MCLAUGHLIN, R., HAO, Y., WANG, K., ZENG, X., KHAN, S. & WANG, D. The possible effects of anthropogenic acoustic pollution on marine mammals' reproduction: An emerging threat to animal extinction, en Environmental Science and Pollution Research, 25(20) (2018) 19338-19345.

NEDWELL, J., HOWELL, D. A review of offshore windfarm related underwater noise sources. Report No. 544 R 0308, en Subacoustech Ltd. Report for The Crown Estate. (2004) 1-63.

PAYNE, R., WEBB, D. Orientation by Means of Long-Range Acoustic Signaling in Baleen Whales, en Annals of the New York Academy of Sciences. 188 (1971) 110-141.

POPPER, A. N., HAWKINS, A. D., FAY, R. R., MANN, D. A., BARTOL, S., CARLSON, T. J., COOMBS, S., ELLISON, W. T., GENTRY, R. L., HALVORSEN, M. B., LØKKEBORG, S., ROGERS, P. H., SOUTHALL, B. L., ZEDDIES, D. G. & TAVOLGA, W. N. ASA S3/SC1.4 TR-2014 Sound exposure guidelines for fishes and sea turtles: A Technical Report prepared by ANSI-Accredited Standards Committee S3/SC1 and registered with ANSI (Cham 2014), 92.

POPPER, A.N., HAWKINS, A.D. An overview of fish bioacoustics and the impacts of anthropogenic sounds on fishes, en Journal of Fish. Biology. 94 (2019) 692-713.

POPPER, A., HAWKINS, A. & THOMSEN, F. Taking the Animals' Perspective Regarding Anthropogenic Underwater Sound. Trends, en Ecology & Evolution. 35(9) (2019) 787-794.

REDONDO, L., RUÍZ MATEO, A. Ruido subacuático fundamentos, fuentes, cálculo y umbrales de contaminación ambiental, en Ingeniería civil. 186 (2017) 73-94.

RICHARDSON, W.J.; MALME, C.I.; GREEN, C.R. jr., THOMSON, D.H. Marine Mammals and Noise (San Diego 1995) 576.

RODKIN, R.B., REYFF, J.A. (2004) Underwater sound pressures from marine pile driving, en The Journal of the Acoustical Society of America, 17 (2004), 138-140.

ROSS, B.P., LIEN, J. & FURNESS, R.W. Use of underwater playback to reduce the impact of eiders on mussel farms, en ICES Journal of Marine Science. 58 (2001) 517-524.

STANLEY, J., VAN PARIJS, S., HATCH, L. Underwater sound from vessel traffic reduces the effective communication range in Atlantic cod and haddock, en Scientific Reports. 7(1) (2017) 1-12.

THOMSEN, F., GILL, A., KOSECKA, M., ANDERSSON, M., ANDRE, M., DEGRAER, S., FOLEGOT, T., GABRIEL, J., JUDD, A., NEUMANN, T., NORRO, A., RISCH, D., SIGRAY, P., WOOD, D., WILSON, B. MaRVEN-Environmental Impacts of Noise, Vibrations and Electromagnetic Emissions from Marine Renewable Energy (Bruselas 2015) 73.

TOUGAARD, J., CARSTENSEN, J., WISZ, M.S., JESPERSEN, M., TEILMANN, J., ILSTED BECH, N., SKOV, H. Harbour Porpoises on Horns Reef-Effects of the Horns Reef Wind Farm. Final Report to Vattenfall A/S (Roskilde 2006) 106.

TOUGAARD, J., HENRIKSEN, O., MILLER, L., Underwater noise from three types of offshore wind turbines: estimation of impact zones for harbor porpoises and harbor seals, en The Journal of the Acoustical Society of America.125 6 (2009) 3766-3773.

TOUGAARD, J., HERMANNSEN. L., MADSEN, P. How loud is the underwater noise from operating offshore wind turbines? en The Journal of the Acoustical Society of America.148 (2020) 2885-2993.

TSOUVALAS, A. Underwater Noise Emission Due to Offshore Pile Installation: A Review, en Energies. 13(12) (2020) 1-41.

WAHLBERG, M., WESTERBERG, H. Hearing in fish and their reactions to sounds from offshore wind farms, en Marine Ecology Progress Series. 288 (2005) 295-309.

WEILGART, L. The Impact of Ocean Noise Pollution on Fish and Invertebrates. Report by OceanCare (2018). Página Web: https://www.oceancare.org/wp-content/uploads/2017/10/OceanNoise_FishInvertebrates_May2018.pdf [Última consulta: 30 de septiembre de 2022].

ZAMORA ROSELLÓ, M. Política marítima comunitaria: la economía azul de la Unión Europea y la seguridad marítima, en Actualidad Jurídica Ambiental. 34. (2014) 8-28.

La Biodiversidad marina en la nueva Ley Marco de Cambio Climático en Chile (Ley N° 21.455 de 2022)

Marine Biodiversity in the new Climate Change Framework Law in Chile (Law No. 21.455 of 2022)

VERÓNICA PÍA DELGADO SCHNEIDER[1]

Abogada. Doctora en Derecho, Università Tor Vergata, Roma, Italia. Profesora de Derecho Ambiental y Aguas, Facultad de Ciencias Jurídicas y Sociales, Universidad de Concepción, Chile. Directora del Centro de Derecho, Ambiente y Cambio Climático (DACC) de la misma casa de estudios. vedelgado@udec.cl y vdelgadosch@gmail.com. Tlfno, 56977595156.

Resumen: Chile ha dado un paso importante en materia de biodiversidad con ocasión de la discusión en el país de cómo enfrentar los efectos del cambio climático, al cual somos especialmente vulnerables. Este trabajo tiene por objeto analizar cómo se ha regulado la biodiversidad marina en la Ley Marco de Cambio Climático aprobada por el Congreso Nacional el 16 de marzo de 2022. Se concluye que, pese a ser una ley "marco", considera normas generales y especiales, innovadoras y adecuadas para la protección de la biodiversidad marina en un contexto de crisis climática y ecológica.

Palabras claves: Biodiversidad marina, Soluciones basadas en la naturaleza, Refugio climático, Cambio climático, Protección de la biodiversidad, Ley Marco de Cambio Climático.

Abstract: *Chile still needs to have adequate regulations on biodiversity, as the draft law creating the Biodiversity and Protected Areas Service and the National System of Protected Areas has been in the National Congress for years, but its final text has yet to be approved. However, an important step has recently been taken in the field of biodiversity with the discussion in the country on how to deal with the effects of climate change, to which we are particularly vulnerable. This paper aims to analyse how marine biodiversity has been*

---

[1] Se agradece al abogado Juan Francisco Zapata Hassi por sus valiosas correcciones. Este trabajo fue financiado por la Vicerrectoría de Investigación y Desarrollo de la Universidad de Concepción, Proyecto VRID Investigación N°2021000239INV.

regulated in the Framework Law on Climate Change approved by the National Congress on 16 March 2022. It is concluded that, despite being a "framework" law, it considers general, particular, innovative and adequate rules for protecting marine biodiversity in the context of climate and ecological crises.

***Keywords**: Marine biodiversity, Nature-based solutions, Climate change refugia, Climate change, Biodiversity protection, Climate Change Framework Act.*

1. INTRODUCCIÓN

Existe una gran preocupación a nivel mundial por la que se ha llamado una verdadera crisis causada por la pérdida y deterioro de la biodiversidad. Los instrumentos hasta ahora existentes no han sido exitosos por lo que resulta urgente explorar nuevas perspectivas y estrategias. Es en este contexto que surge, como una forma de abordar el problema, la vinculación de la crisis de biodiversidad con la crisis climática, pues sin duda esta última está profundizando la primera.

La mayoría de las proyecciones científicas indican que el incremento en la concentración de gases de efecto de invernadero en la atmósfera y el aumento de la temperatura media global provocará severos cambios en los ecosistemas marinos y en sus servicios ecosistémicos, en respuesta al aumento a la acidificación, la desoxigenación y el aumento en el nivel del mar, afectando con ello la biodiversidad que alberga. Esto sitúa a los océanos como un ecosistema particularmente vulnerable al cambio climático, pero además, resulta a la vez un elemento vital para el combate de sus efectos.

El océano es actualmente responsable de capturar cerca de un tercio del dióxido de carbono (CO2) antropogénico emitido a la atmósfera y de absorber alrededor del 90% del calor resultante de estas emisiones. Por ello, por ejemplo, la evidencia científica hoy no sólo reconoce la importancia de las áreas marinas protegidas y su aporte al resguardo de la biodiversidad y recuperación de especies, ecosistemas y hábitat degradados, sino también su potencial como herramientas para aportar a los esfuerzos de mitigación y adaptación contra el cambio climático, relevando la necesidad urgente de realizar cambios en las políticas públicas para reconocer y fortalecer este vínculo, especialmente por su contribución ante efectos como: el alza en la concentración de dióxido de carbono en la atmósfera, el aumento de tormentas y otros eventos meteorológicos extremos, la disminución de la productividad oceánica, los cambios en las condiciones ambientales, los cambios en las distribuciones de las especies y la acidificación y desoxigenación del océano[2].

Este trabajo abordará específicamente la relación entre las estrategias para proteger directamente la biodiversidad marina con las nuevas de cambio climático, con ocasión de la dictación en Chile de la Ley Marco de Cambio Climático (en adelante, LMCC).

El panorama de la biodiversidad marina en Chile no es muy alentador y menos aún, siendo uno de los países más vulnerables al cambio climático. De hecho, en el segundo informe de desempeño ambiental de Chile, elaborado por la OCDE-CEPAL se realizan 54 recomendaciones "con el objeto de ayudar al país a lograr una economía más verde, y a mejorar la gestión y la gobernanza ambientales, con especial hincapié en las políticas relativas al cambio climático y la diversidad biológica"[3]. En particular, en materia de biodiversidad marina se señaló que:

1) Muchas de las áreas protegidas marinas en el país carecen de suficientes recursos financieros y humanos, y sus planes de gestión solo se ejecutan en forma parcial, o están incompletos o desactualizados. Es probable que Chile no cuente con planes de administración y gestión operacionales en todas las áreas protegidas hasta 2050[4].

2) El extenso frente marítimo chileno, que se extiende más de 6.000 km, comprende uno de los ecosistemas marinos más ricos del mundo. Las islas oceánicas de Chile también albergan diversas especies marinas, muchas de las cuales son endémicas. La isla de Pascua y la isla Salas y Gómez se consideran zonas críticas para los peces

---

2 FARÍAS, L. et al., Nueve medidas basadas en el océano para las Contribuciones Determinadas a nivel Nacional de Chile. Mesa Océanos, Comité científico COP 25 (Santiago 2019).

3 OCDE-CEPAL, Evaluaciones del desempeño ambiental: Chile (Santiago 2016), 3 y ss.

4 OCDE-CEPAL, Evaluaciones del desempeño ambiental: Chile (Santiago 2016), 20.

coralinos y las poblaciones de coral. Chile ocupó el puesto 74 en el ranking del Ocean Health Index 2015, que evalúa los ecosistemas marinos de 221 zonas económicas exclusivas del mundo. Esta es la mejor ubicación entre los países sudamericanos. Además, Chile obtuvo un puntaje relativamente alto en materia de diversidad biológica marina y agua limpia, aspectos que mejoraron en comparación con 2014 (Ocean Health Index, 2015)[5].

3) Chile es el hogar de casi 31.000 especies, una cuarta parte de las cuales son endémicas. De las aproximadamente 1.000 especies clasificadas de Chile, el 62% se consideran amenazadas. Los grupos más amenazados son los peces marinos, las plantas vasculares y las aves. En líneas generales, además, se ha clasificado menos del 3,5% de las especies conocidas de Chile (más del 90% de los anfibios, pero menos del 4% de las especies de peces). Es preciso lograr avances significativos para clasificar las especies chilenas descritas a fin de comprender plenamente la situación en que se encuentran[6].

4) Recursos pesqueros: Los ecosistemas marinos de Chile se encuentran entre los más productivos del mundo gracias a la presencia de la corriente de Humboldt. Sin embargo, los recursos pesqueros sufren una presión creciente de parte de la explotación pesquera, las especies invasoras, la descarga en el mar de residuos sólidos y aguas servidas, los eventos de proliferación de algas y la fragmentación del hábitat causada por el desarrollo. En algunas áreas, el fondo marino sufrió daños a causa de la pesca de arrastre y otras prácticas de pesca perjudiciales[7].

5) Especies exóticas invasoras: Chile tiene casi 2.000 especies exóticas naturalizadas (especies no nativas que se propagaron en el ámbito silvestre y se reprodujeron lo suficiente como para mantener su población), incluyendo 26 de las especies entre las 100 más invasoras del mundo, y con pocos programas de control.

---

5 OCDE-CEPAL, Evaluaciones del desempeño ambiental: Chile (Santiago 2016), 232.

6 OCDE-CEPAL, Evaluaciones del desempeño ambiental: Chile (Santiago 2016), 235.

7 OCDE-CEPAL, Evaluaciones del desempeño ambiental: Chile (Santiago 2016), 236.

6) La nueva Estrategia Nacional de Biodiversidad, (en esa época no regía) que permanecerá vigente al 2030, se alinea con el Plan Estratégico del Convenio de Diversidad Biológica 2011-2020 e incorpora las metas de Aichi. Incluirá una Estrategia Nacional de Conservación Marina y Costera y de Islas Oceánicas, y un vínculo con el Plan Nacional de Adaptación al Cambio Climático[8].

7) El cambio climático puede dañar la diversidad biológica, pues el ritmo de cambio excede la capacidad de adaptación de las especies[9].

En este panorama, se dicta en Chile una Ley "marco" de cambio climático, es decir, una que fija las bases fundamentales en la materia y que no aborda las cuestiones o problemas en detalle, pues ello se logrará mediante normativa posterior (sea legal, reglamentaria, etc.), o bien, medidas de gestión o de políticas públicas.

El foco de la investigación estará en los aportes que esta ley puede significar para la protección de la biodiversidad en Chile y qué desafíos plantea. Para ello se revisará la legislación actual, políticas, estrategias y planes relacionados a la biodiversidad; y cómo se ha tratado de vincularlos a las de cambio climático, por el Ministerio del Medio Ambiente, los expertos en la academia, los informes internacionales, entre otros actores.

La hipótesis de este trabajo es que la LMCC, pese a ser una ley "marco" sí contiene algunas importantes y novedosas normas de protección para la biodiversidad, mediante categorías o principios nuevos, en lo científico y en lo jurídico.

2. REGULACIÓN ACTUAL DE LA BIODIVERSIDAD MARINA EN CHILE

Chile acaba de dictar la Ley N°21.600 (publicada el 6 de septiembre del año 2023 en el Diario Oficial) que crea el Servicio Nacional de Biodiversidad y Áreas Protegidas (SBAP). Ley que, después de

---

8 OCDE-CEPAL, Evaluaciones del desempeño ambiental: Chile (Santiago 2016), 241.

9 OCDE-CEPAL, Evaluaciones del desempeño ambiental: Chile (Santiago 2016), 266.

casi 10 años de tramitación en el Congreso Nacional, termina con la fragmentación institucional, instrumental y de fiscalización en esta materia, y moderniza la actual normativa a estándares y categorías internacionales. Así, por ejemplo, los antiguos Parques y Reservas Marinas pasan ahora a ser Parques Nacionales y Reservas Nacionales respectivamente.

La Ley estará en régimen en varios años más. Las funciones y atribuciones del nuevo Servicio entrarán en vigencia desde la "entrada en funcionamiento" de éste, para lo cual se otorga la facultad al Presidente de la República para que, dentro de un año, dicte las normas necesarias para ello. Pero sus funciones y atribuciones respecto a la gestión del Sistema Nacional de Áreas Protegidas, administración de las áreas protegidas del Estado y la supervisión de la administración de las áreas protegidas privadas, entrarán en vigencia al tercer año, desde la entrada en funcionamiento del SBAP, cuando recaigan en áreas protegidas del Estado de las categorías Parque Nacional, Reserva Nacional y Monumento Natural. Además, los reglamentos referidos en esta Ley deberán dictarse dentro del plazo de dos años desde la publicación de la misma.

El proceso deliberativo en el Congreso Nacional fue largo y complejo. De hecho, fue objeto de indicaciones sustitutivas de todo su texto en los gobiernos de Michelle Bachelet y Sebastián Piñera. Uno de los puntos álgidos de esta discusión fue la permanencia (o no) de actividades productivas en ciertas áreas protegidas. Finalmente, la Ley prohíbe estas actividades en las áreas de protección más estrictas (como los Parques Nacionales, tal cual determina la Convención de Washington de 1940). Aunque sólo lo hace para el futuro, pues las actividades ya autorizadas, como la salmonicultura en áreas protegidas marinas, podrá seguir desarrollándose hasta que caduquen sus concesiones o autorizaciones ambientales.

Para los efectos de este trabajo, lo novedoso es que, a diferencia de los tiempos y los grandes dilemas discutidos con ocasión de la Ley N°21.600, un año antes y con una tramitación que sólo duró dos años y medio, la protección de la biodiversidad sí fue considerada y de manera sustantiva en la nueva Ley Marco de Cambio Climático, según se verá más adelante. En este sentido, la estrategia climática tuvo más éxito y urgencia que la de la biodiversidad en general.

Antes de pasar al análisis de la LMCC, corresponde hacer una breve síntesis, basada en SOTO (2019)[10], de la normativa vigente aplicable a la biodiversidad marina. Cabe precisar que esta tabla no considera la reciente dictación de la Ley N°21.600, la cual en todo caso entrará a regir recién en el año 2025.

Tabla N° 1 Resumen de la regulación relacionada a la biodiversidad vigente en Chile

Regulación internacional
Convención de Washington para la Protección de la Naturaleza de 1940: prohíbe la explotación de especies dentro de las áreas protegidas que este instrumento establece.
La Convención Ramsar sobre Humedales de Importancia Internacional de 1971: establece la protección de humedales importantes para la fauna y flora acuática; existe una Estrategia Nacional de Conservación y Uso Racional de Humedales.
Convención sobre la Diversidad Biológica de1992: establece estrategias, planes y programas para conservación y uso sostenible de biodiversidad, restaurar ecosistemas dañados y amenazados, control y erradicación de especies exóticas.
Convención Marco de las Naciones Unidas sobre el Cambio Climático de 1994: su objetivo es la adaptación de los ecosistemas al cambio climático a través de la reducción de gases efecto invernadero.
Convención sobre la Conservación de los Recursos Vivos Marinos Antárticos de 1980: Su objetivo es salvaguardar el medio ambiente y proteger la integridad del ecosistema de los mares que rodean a la Antártica y conservar sus recursos marinos vivos.
Convención para la Protección del Medio Marino y la Zona Costera del Pacífico Sudeste de 1981: Proteger y preservar el medio marino y la zona costera del Pacífico Sudeste contra todos los tipos y fuentes de contaminación, cooperando a nivel regional para proteger y preservar el medio marino y la zona costera.
Convención sobre el Comercio Internacional de Especies Amenazadas de Fauna y Flora Silvestres (CITES) de 1973: Las Partes adoptarán medidas para cumplir el Convenio y prohibir el comercio de especímenes que esté en violación de éste (se prohíbe el comercio de las especies señaladas en los Apéndices del Convenio).
Convención para la Protección del Patrimonio Mundial, Cultural y Natural de 1972: crea las reservas de la biósfera.
Convención de las Naciones Unidas sobre el Derecho del Mar de 1982: establece la protección de recursos hidrobiológicos vivos.

10 SOTO., L, Derecho de la Biodiversidad y los recursos naturales (Valencia 2019). Y se agregó la Ley de Humedales Urbanos y su reglamento, vigentes después de la publicación del libro.

Convención sobre la conservación de las especies migratorias de animales silvestres (Convenio de Bonn) de 1979: establece que las Partes deberán adoptar medidas de protección de las especies enumeradas en el Anexo I de la Convención y celebrar acuerdos sobre conservación y gestión de las especies del Anexo II.
Regulación interna
Ley General de Pesca y Acuicultura, cuyo texto refundido, coordinado y sistematizado es establecido por el Decreto Supremo N°430 de 1991, del Ministerio de Economía, Fomento y Reconstrucción: que reconoce la aplicación del principio precautorio y el enfoque ecosistémico; considera medidas de administración pesquera y de protección, como vedas, prohibiciones de captura o fijación de cuotas, porcentajes de desembarque de fauna acompañante, etc. Regula la acuicultura, la importación de organismos genéticamente modificados y crea los Parques y Reservas Marinas.
Ley N°20.256, establece normas sobre Pesca Recreativa, de 2008: establece medidas de conservación para la actividad, como límites diarios de captura por pescador, talla o peso máximo de captura, método de pesca con devolución, regulación de dimensión y características de aparejos de pesca.
Decreto Supremo N°320/2001 del Ministerio de Economía, Fomento y Reconstrucción que establece el Reglamento ambiental para acuicultura: establece distancia mínima de áreas protegidas.
Ley N°19.300 de Bases generales del Medio Ambiente, de 1994: define biodiversidad, y regula los principales instrumentos de gestión del país: el sistema de evaluación de impacto ambiental (SEIA); las normas de emisión y calidad (primarias y secundarias para cada bahía); los planes de prevención y descontaminación; los derechos a la información y participación; y la clasificación de especies según estado de conservación.
Decreto Supremo N° 40/2013 del Ministerio del Medio Ambiente: Reglamento del Sistema de Evaluación de Impacto Ambiental
Decreto Supremo N° 38/2013 del Ministerio del Medio Ambiente: Reglamento para dictación de normas de calidad y emisión.
Decreto Supremo N° 29/2011 del Ministerio del Medio Ambiente: Reglamento para clasificación de especies.
Decreto Supremo N°1/2014 del Ministerio del Medio Ambiente: Reglamento para la elaboración de planes de recuperación, conservación y gestión de las especies.
Ley N°20.249, crea el Espacio Costero Marino de los Pueblos Originarios, de 2008.
Decreto Supremo N°238 de 2004, del Ministerio de Economía, Fomento y Reconstrucción, Reglamento sobre Parques Marinos y Reservas Marinas de la Ley General de Pesca y Acuicultura.
Ley N°17.288 de Monumentos Nacionales: que prohíbe pescar en los Santuarios de la Naturaleza.
Decreto Supremo N°82/2011 del Ministerio Agricultura: Reglamento de suelos, aguas y humedales. En el marco de la Ley N°20.283 se establece la prohibición de talar, y explotar su vegetación hidrófila nativa en humedales declarados Sitios Ramsar o Sitios Prioritarios (artículo 10).
Decreto Supremo N°1/1992 del Ministerio de Defensa: Reglamento para el Control de la contaminación acuática.

Ley N° 21.202, que modifica diversos cuerpos legales con el objetivo de proteger los humedales urbanos.
Decreto Supremo N°15/2020 del Ministerio del Medio Ambiente, que establece el Reglamento de la Ley N° 21.202, que modifica diversos cuerpos legales con el objetivo de proteger los humedales urbanos.

Fuente: elaboración propia

Como ya adelantamos, el Informe del desempeño ambiental de Chile fue bastante crítico sobre la operatoria de la normativa vigente y sugirió completar la regulación faltante —la que finalmente se logró en el 2023—, aplicar mejor la normativa y, además, en una de las brechas importantes a nivel científico, entender más cabalmente cómo el cambio climático afecta la diversidad biológica.

Por ello, en 2014 Chile comenzó a forjar una red de monitoreo de la diversidad biológica en el contexto del cambio climático. Dicho año, el Consejo de Ministros para la Sustentabilidad aprobó un Plan de Adaptació*n al Cambio Clim*ático en Biodiversidad como parte de la Estrategia Nacional de Adaptación que incluye 50 medidas enfocadas en la investigación y el desarrollo de capacidades de gestión de los ecosistemas, información y conciencia ambientales, la integración de los objetivos de diversidad biológica en la planificación territorial y el fortalecimiento del Sistema Nacional de áreas Protegidas. Los aspectos relativos a la biodiversidad también se incorporaron al Plan sectorial de adaptación *al cambio clim*ático para la pesca y la acuicultura[11].

Sin embargo, fue la COP 25 del año 2019, que a Chile le correspondió organizar, lo que detonó un proceso inédito de reunir a los científicos nacionales para mejorar los compromisos internacionales que Chile debía anunciar durante el evento y luego, la dictación de una ley de cambio climático que a su vez, fue sometida a una consulta pública en calidad de anteproyecto y además, contó en su tramitación en el Congreso Nacional, con invitados expertos de diversas áreas con una asistencia permanente a la Comisión del Senado encargada de su tramitación.

---

11 OCDE-CEPAL, Evaluaciones del desempeño ambiental: Chile (Santiago 2016), 266

3. RECOMENDACIONES EN MATERIA DE BIODIVERSIDAD MARINA Y CAMBIO CLIMÁTICO

La inclusión de la biodiversidad en la Ley N°19.300 de 1994 (tras la ratificación del Convenio de Biodiversidad de 1992) fue un hito importante. Sin embargo, más aparente que real. El concepto de biodiversidad fue definido en la ley[12] y se consideró en otras normas, incluyendo la reforma que se le hizo el año 2010, como en el art. 31 de acceso a la información, en el art. 38 sobre inventarios de especies y en el art. 34 sobre el Sistema Nacional de áreas silvestres protegidas. Pero la operatoria en estos casi treinta años, no ha sido la esperada, como ya se advirtió con las innumerables brechas y recomendaciones realizadas desde la OCDE.

Con este diagnóstico negativo de la OCDE y con ocasión de la COP 25 de la Convención de Cambio Climático, el Ministerio de Ciencia, Tecnología, Conocimiento e Innovación en Chile convocó a más de 600 científicos nacionales para que hicieran recomendaciones en seis mesas temáticas, para tener insumos para presentar los nuevos compromisos internacionales de Chile, mediante la redacción de la nueva Contribución Determinada a Nivel Nacional (en adelante, NDC).

La biodiversidad marina fue abordada específicamente en dos mesas: la de biodiversidad y la de océanos. En síntesis, las recomendaciones más importantes para la biodiversidad fueron[13]:

1) Crear un Observatorio Nacional de la Biodiversidad o red de sitios donde monitorear y entender mejor la dinámica de los ecosistemas naturales, el impacto del cambio climático sobre ellos y el ciclo del carbono. Esto permitirá potenciar de mejor manera las soluciones al cambio climático basadas en la biodiversidad.

---

12 Art. 2° de la Ley N°19.300: "Para todos los efectos legales, se le define como a) Biodiversidad o Diversidad Biológica: la variabilidad de los organismos vivos, que forman parte de todos los ecosistemas terrestres y acuáticos. Incluye la diversidad dentro de una misma especie, entre especies y entre ecosistemas".

13 ROJAS, M. et al., Evidencia científica y cambio climático en Chile: Resumen para tomadores de decisiones (Santiago 2019), 33.

2) Extender la actual red de áreas protegidas terrestres y marinas, con el objetivo de proteger los ecosistemas costeros, humedales, y otros deficientemente representados, incluidos aquellos ecosistemas prístinos que poseen grandes cantidades de carbono acumulado en su biomasa y en sus suelos, stock de carbono que representa un patrimonio natural. Chile cuenta a la fecha con 39 áreas marinas protegidas, las cuales representan, en cobertura, un 42% de la superficie de la Zona Económica Exclusiva, cuadruplicando la meta solicitada por las Naciones Unidas al 2020 en el marco de las metas Aichi de la Convención de Diversidad Biológica.

3) Organizar una gestión de los recursos y servicios que provee la biodiversidad, como los alimentos y el agua, de una manera integral con una visión ecosistémica y socioecológica que considere a las comunidades.

4) Elaborar un plan nacional de restauración que permita iniciar la restauración de ecosistemas degradados, y generar el conocimiento científico que permita hacerlo de manera eficiente y eficaz.

5) Instaurar en Chile una política de acceso abierto a los datos de biodiversidad, definir estándares, modernizar protocolos y enfatizar en toda la comunidad (científicos, tomadores de decisiones y la ciudadanía en general) la necesidad e importancia del acceso universal a los datos.

6) Además, en relación a las áreas de manejo y explotación de recursos bentónicos[14], se recomendó fortalecer la implementación correcta del modelo para potenciar los múltiples servicios ecosistémicos que entregan. La evidencia científica señala que las áreas de manejo tienen el potencial de sustentar la biodiversidad marina y todas las diferentes tipologías de servicios de los ecosistemas cuando se aplican de manera adecuada. Sin embargo, la sola existencia de la política de área de manejo no garantiza la prestación sustentable de servicios ecosistémicos. Esto dependerá de la forma en que la política continúe siendo implementada, operacionalizada, aplicada y adaptada a los nuevos desafíos planteados por los mercados y los distintos forzantes del cambio global como es el cambio climático y la acidificación del océano.

---

14 ROJAS, M. et al., Evidencia científica y cambio climático en Chile: Resumen para tomadores de decisiones (Santiago 2019), 34 y 35.

7) Respecto a la acuicultura, especialmente la salmonicultura, se advierte que ella genera importantes impactos ambientales locales sobre la biodiversidad, por ejemplo, debajo de las instalaciones de producción. Pero que los efectos a mayor escala espacial y la acumulación de efectos en el tiempo no han sido debidamente documentados, recomendando instalar un sistema de monitoreo biológico, ambiental y productivo, con bases de datos abiertas y transparentes para generar un sistema de alertas tempranas.

8) En cuanto a las áreas protegidas, se recomienda analizar cómo el sistema de áreas protegidas puede expandirse a aquellas áreas del territorio terrestre y marino que no cuentan con protección adecuada o que sean importantes para proveer conectividad a ellas. Es importante mejorar la protección de humedales y las zonas costeras dentro de las primeras 30 millas náuticas. Y abordar la variable climática con acciones específicas en los planes de manejo[15]. Se necesita catastrar y cuantificar los servicios ecosistémicos dentro de cada área protegida y su contribución a la mitigación y adaptación al cambio climático. Y, por lo mismo, se considera como una acción clave establecer para cada área protegida sistemas de monitoreo de la biodiversidad, y de variables físicas y químicas del ambiente[16].

9) En suma y como también lo sugirió el Banco Mundial (2020)[17], se recomienda promover la protección de ecosistemas costeros, oceánicos y terrestres tanto como medida de adaptación como de mitigación al cambio climático en los compromisos nacionales del país. Para ello sería un paso inicial identificar posibles áreas de protección con características de "refugios" para la biodiversidad marina, valorando la función ecosistémica de las marismas, humedales costeros, bosques de macroalgas (carbón azul) y vertebrados marinos (carbón de peces) y su rol como sumideros de carbono del océano. Para lue-

---

15 ROJAS, M. et al., Evidencia científica y cambio climático en Chile: Resumen para tomadores de decisiones (Santiago 2019), 37.

16 ROJAS, M. et al., Evidencia científica y cambio climático en Chile: Resumen para tomadores de decisiones (Santiago 2019), 38.

17 REHBEIN J., ENCALADA G., Y BARBOSA J., (2020) Propuesta de hoja de ruta para el carbono azul en Chile. Washington, DC: World Bank. Este estudio recomendó "Proteger el secuestro y los sumideros de carbono" (página 7).

go avanzar, con el adecuado financiamiento, en la gestión integrada y restauración de ecosistemas especialmente dulceacuícolas y humedales, no sólo por ser fundamentales en la provisión de agua, sino que además son importantes sumideros de carbono y juegan un rol muy importante en la adaptación de las especies ante el cambio en el clima.

10) Específicamente en mitigación, se sugiere preservar el stock y favorecer el secuestro de carbono, por medio de: i) la protección al subsuelo marino dado su importante rol en el enterramiento de carbono en la zona económica exclusiva, ante amenazas como la minería submarina; ii) la protección y restauración de humedales costeros y otras acciones asociadas con carbono azul; iii) asegurar un manejo sustentable de bosques submarinos; y iv) la promoción de la creación de refugios climáticos marinos[18].

11) Finalmente, se sugiere actualizar el Plan de Adaptación en Pesca y Acuicultura, promoviendo la implementación efectiva del enfoque precautorio y ecosistémico en la pesca y acuicultura como una forma de mejorar la resiliencia de los ecosistemas marinos y de las comunidades costeras, promover el desarrollo de la Planificación Espacial Marina (MSP, por sus siglas en inglés) como una herramienta de gestión para el uso de los recursos y ecosistemas marinos, y avanzar en una red nacional de monitoreo y análisis de biodiversidad marina y de aguas continentales. De hecho, no existe monitoreo en ninguna área protegida marina chilena. Además, se recomienda tomar mayores resguardos en el programa de prevención, control y/o erradicación de especies exóticas invasoras (EEI) y realizar estudios ecológicos si las especies nuevas a cultivar también son especies no endémicas que pueden convertirse en invasoras a largo plazo. También se requieren mayores estudios en el impacto del cambio climático en la distribución de mamíferos marinos, pingüinos y tortugas marinas y el impacto del cambio climático sobre recursos marinos en la Antártica Chilena.

---

18 ROJAS, M. et al., Evidencia científica y cambio climático en Chile: Resumen para tomadores de decisiones (Santiago 2019), 61.

4. LA BIODIVERSIDAD EN LA NDC DE CHILE PRESENTADA EL AÑO 2020

Como se podrá apreciar a continuación, y citando especialmente las Evaluaciones Globales de la Plataforma Intergubernamental Científico Política sobre Biodiversidad y Servicios Ecosistémicos (IPBES, por sus siglas en inglés) y del Panel Intergubernamental de expertos sobre el Cambio Climático (IPCC), la biodiversidad pasó a ser parte de la NDC que Chile presentó el año 2020 para cumplir con sus compromisos internacionales en materia de cambio climático. Las partes en que ella fue considerada y el cómo, también refleja que se han seguido algunas de las recomendaciones realizadas por los científicos en Chile y que, a mi juicio, son una clara manifestación de un cambio en la manera de abordar la protección de la biodiversidad por un lado y la gestión del cambio climático, por el otro.

Así, me parece relevante destacar la novedad que implica que la nueva NDC de Chile, haya incluido el llamado "pilar social de transición justa y desarrollo sostenible" y que para su adecuada implementación, obligue a considerar en el diseño, implementación y seguimiento de cada compromiso, varios criterios, como la sinergia con los Objetivos de desarrollo sostenible, transición justa, seguridad hídrica, equidad e igualdad de género, costo eficiencia, conocimiento, participación y las "Soluciones basadas en la naturaleza". De hecho, se impone que los instrumentos y medidas que deriven de la implementación de esta NDC "favorecerán" la aplicación de Soluciones Basadas en la Naturaleza y se las define (siguiendo a UICN, 2016) como "las acciones que busquen proteger, gestionar de manera sostenible y restaurar ecosistemas naturales o modificados, que aborden los desafíos sociales de manera efectiva y adaptativa, proporcionando simultáneamente beneficios para el bienestar humano y la biodiversidad"[19].

Otra novedad bienvenida en la NDC del año 2020 es que, como meta transversal, y enfatizando que se trata de un proceso de largo plazo con el objetivo de restituir la funcionalidad ecológica y la ca-

---

19 GOBIERNO DE CHILE, Contribución Determinada a Nivel Nacional (NDC) de Chile: Actualización 2020 (Santiago 2020), 25.

lidad de vida de las comunidades, se propone un plan nacional de restauración del paisaje, para una mayor sustentabilidad y resiliencia del territorio frente al cambio climático, recuperando biodiversidad y aumentando la provisión de bienes y servicios ecosistémicos en las áreas protegidas, corredores ecológicos, franjas ribereñas, humedales, zonas marino-costeras, bosques nativos, etc. y especialmente las labores de conservación y protección de áreas naturales o de valor ecológico, entre otros.

Por otra parte, y en materia de adaptación, se compromete a trabajar en el Plan de Adaptación en Biodiversidad (con actualizaciones este 2022 y el año 2027); el Plan de Adaptación de Pesca y Acuicultura (con actualizaciones este 2022 y el año 2027) y de Borde Costero (con su actualización al 2027)[20].

Además, en materia de mitigación, específicamente las capturas de carbono, se asume que el país aprobará instrumentos de gestión que permitan proteger, mantener e incrementar los sumideros naturales de carbono, considerando además los múltiples servicios ecosistémicos que proveen (conservación y protección de la biodiversidad, de recursos hídricos, de ecosistemas, disminución de impactos por desastres naturales, entre otros). Se reconoce que una de las estrategias más prácticas y costo-efectivas utilizadas para la protección del océano es la creación de áreas marinas protegidas (en adelante, AMP), las cuales, bien implementadas y siendo manejadas adecuadamente, pueden contribuir significativamente a proteger la biodiversidad y recuperar especies, ecosistemas y hábitat degradados. La evidencia científica reconoce la importancia de las AMP y su aporte a los objetivos globales de conservación marina, pero recientemente también ha comenzado a destacar su potencial como herramientas para aportar a los esfuerzos de mitigación y adaptación contra el cambio climático, y de la necesidad urgente de realizar cambios en políticas públicas para reconocer y fortalecer este vínculo[21].

---

20 GOBIERNO DE CHILE, Contribución Determinada a Nivel Nacional (NDC) de Chile: Actualización 2020 (Santiago 2020), 40.

21 GOBIERNO DE CHILE, Contribución Determinada a Nivel Nacional (NDC) de Chile: Actualización 2020 (Santiago 2020), 32.

Respecto de la inclusión del cambio climático en la gestión de las áreas marinas protegidas, Chile se comprometió internacionalmente a avanzar en dos niveles: primero, evaluar los riesgos y vulnerabilidades del área marina protegida por efectos del cambio climático y adaptar su manejo para proteger el área ante estos impactos; y segundo, evaluar los co-beneficios que el área brinda en adaptación y mitigación del cambio climático y adaptar su manejo para potenciar estos co-beneficios. Los compromisos que se asumen son los siguientes:

Tabla Nº 2 Resumen de los compromisos de la NDC de Chile 2020 en áreas protegidas marinas

1.- Se crearán nuevas áreas protegidas en ecorregiones marinas sub-representadas, tomando en cuenta para la identificación de tales áreas, entre otros, criterios relativos a los efectos del cambio climático y a la construcción de una red de áreas marinas protegidas. Además, se crearán áreas protegidas en ecosistemas costeros sobre humedales, terrenos fiscales y bienes nacionales de uso público que complementen la red marina. En particular, se desarrollarán las siguientes acciones climáticas: a) Al 2030 proteger al menos el 10% de las ecorregiones marinas sub-representadas (Humboldtiana, Chile Central, Araucana y Chiloense), en el marco de una planificación basada en la ciencia y que considere criterios para hacer frente a los efectos del cambio climático. b) Al 2025 proteger al menos 20 humedales costeros como nuevas áreas protegidas. c) Al 2030 proteger al menos 10 humedales costeros adicionales como áreas protegidas.
2) Todas las áreas marinas protegidas de Chile creadas hasta antes de 2020 contarán con su plan de manejo o administración y se encontrarán bajo implementación efectiva, contemplando en ello acciones de adaptación a los efectos del cambio climático. En particular, se desarrollarán las siguientes acciones climáticas: a) Al 2025: el 100% de las áreas marinas protegidas creadas hasta antes de 2020 contarán con planes de manejo o de administración que incluyan acciones para la adaptación al cambio climático. b) Al 2025: Los planes de manejo o de administración de al menos el 40% de las áreas marinas protegidas creadas hasta antes de 2020 serán implementados a través de, al menos, programas de monitoreo, fiscalización, vinculación comunitaria y control de amenazas. c) Al 2030: el 100% de las áreas marinas protegidas creadas entre 2020 y 2025 contarán con planes de manejo o de administración que incluyan acciones para la adaptación al cambio climático. d) Al 2030: Los planes de manejo o de administración del 100% de las áreas marinas protegidas creadas hasta antes de 2020 serán implementados, a través de programas de monitoreo, fiscalización, vinculación comunitaria y control de amenazas. e) Al 2030: Se habrá desarrollado y comenzado la implementación de una metodología para la evaluación de efectividad del manejo del 100% de los planes de manejo o de administración de áreas marinas protegidas que permita conocer el avance de las metas propuestas en dichos planes en materia de mitigación y adaptación al cambio climático.

3) Se evaluarán los co-beneficios que los distintos ecosistemas marinos en áreas marinas protegidas brindan en cuanto a mitigar o adaptarse al cambio climático y se implementarán acciones para potenciar estos co-beneficios. En particular, se desarrollarán las siguientes acciones climáticas: a) Al 2025: Se desarrollarán, para 3 áreas marinas protegidas de Chile, métricas estandarizadas para la evaluación de sus capacidades de adaptación o mitigación al cambio climático. b) Al 2030: Se implementarán las métricas desarrolladas para permitir el monitoreo y verificación de capacidades de adaptación o mitigación en al menos 5 áreas marinas protegidas integrando el fortalecimiento de los co-beneficios en sus planes de manejo.

Fuente: elaboración propia.

Si bien el avance es importante, no es difícil concluir que la propuesta no fue muy ambiciosa. Anteriormente ya hemos criticado[22] el hecho que el compromiso de establecer nuevas áreas protegidas es demasiado genérico, sin establecer una meta concreta en cuanto al área a proteger, ni respecto a los plazos. Además, la creación de planes de manejo se limita solo para aquellas áreas protegidas antes de 2020, y se otorga un extenso plazo para hacerlo. Por otro lado, se compromete el desarrollo de métricas estandarizadas para la evaluación de la capacidad de adaptación o mitigación de estas áreas, pero sólo respecto de 3 áreas protegidas para el año 2025, aumentando luego escuetamente la meta a un total de 5 áreas protegidas, pero al año 2030.

5. LA BIODIVERSIDAD EN LA LEY MARCO DE CAMBIO CLIMÁTICO EN CHILE

5.1. Antecedentes de la Ley: participación del público y de la ciencia. Una fórmula a seguir

La Ley N°21.455, Ley Marco de Cambio Climático, publicada en el Diario Oficial el 13 de junio de 2022, tiene por objeto "hacer frente a los desafíos que presenta el cambio climático, transitar hacia

---

22 FARÍAS, L., UBILLA, K., AGUIRRE, C., BEDRIÑANA, L., CIENFUEGOS, R., DELGADO, V. et al., Nueve medidas basadas en el océano para las Contribuciones Determinadas a nivel Nacional de Chile. Informe de la Mesa Océanos, Comité Científico COP 25 (Santiago 2019), 31.

un desarrollo bajo en emisiones de gases de efecto invernadero y otros forzantes climáticos, hasta alcanzar y mantener la neutralidad de emisiones de gases de efecto invernadero al año 2050, adaptarse al cambio climático, reduciendo la vulnerabilidad y aumentando la resiliencia a los efectos adversos del cambio climático, y dar cumplimiento a los compromisos internacionales asumidos por el Estado de Chile en la materia" (art. 1°).

Esta ley marco tuvo una tramitación relativamente corta en el Congreso Nacional, considerando que el Presidente Sebastián Piñera lo presentó el día 13 de enero de 2020. Sin embargo, no pudo ser aprobada antes de la COP 26, ni antes del término de su mandato, siendo finalmente promulgada por el Presidente Gabriel Boric, con la actual Ministra del Medio Ambiente, Maisa Rojas.

5.2. Definiciones y principios rectores

Como es costumbre en la práctica legislativa desde hace varios años, las leyes ambientales de Chile en su primer apartado entregan definiciones para los conceptos claves de la ley. En el último tiempo, además, explicitan los principios que deben aplicarse en la materia que regulan. La LMCC contiene ambas categorías. Si ella se revisa detenidamente, vemos que hay definiciones y principios muy importantes en materia de biodiversidad, que desde el mundo científico han sido impulsados a nivel internacional (IPBES e IPCC) y local (informes para la COP 25).

Así, en cuanto a las definiciones (que se aplican para los efectos de la ley de cambio climático) quiero detenerme en las siguientes:

En primer lugar, se advierte que se definen de manera amplia tanto la adaptación como la mitigación al cambio climático, considerando expresamente a los sistemas naturales y sumideros. Es decir, se deben tomar "acciones, medidas o procesos" para que tanto los "sistemas humanos como los naturales", ambos vulnerables, se puedan ajustar al clima actual y proyectado y evitar los efectos adversos del cambio climático. De manera coherente, se definen éstos como "los cambios en el medio ambiente, provocados por el cambio climático, que tienen consecuencias nocivas en la composición, la capacidad de recuperación o la productividad de los ecosistemas, en la salud y el bienestar humano, o en los sistemas socioeconómicos"[23]. En materia de riesgos, en un contexto de cambio climático, se reconoce que pueden surgir riesgos de los impactos potenciales del cambio climático, así como de las respuestas humanas al mismo, para los sistemas humanos y ecológicos[24]. Y que la vulnerabilidad implica la falta de capacidad de respuesta y adaptación, tanto de los ecosistemas, como las comunidades, territorios o sectores económicos[25]. Es decir, desde todas las ópticas, la gestión debe incluir acciones y medidas en los sistemas humanos (incluyendo los sectores productivos) y los naturales.

Pero se da, además, otro paso importante, que si bien se comparte en el mundo científico desde hace un tiempo, no siempre se comprende desde las políticas públicas climáticas enfocadas más bien en mitigar la emisión de los gases de efecto invernadero y hacerlo centrándose en el uso de tecnologías. Acá, notoriamente, se pone el acento también en la adaptación y en la mitigación a través de la valoración de los ecosistemas. En consecuencia, junto con reconocer que la naturaleza es vulnerable y la necesidad de protegerla para que nos siga prestando servicios ecosistémicos, permitiendo nuestra adaptación a vivir en otra realidad, se valoran especialmente aquellos eco-

---

23 Art. 3 letra a) de la LMCC. Adaptación al cambio climático: acción, medida o proceso de ajuste al clima actual o proyectado o a sus efectos en sistemas humanos o naturales, con el fin de moderar o evitar los daños, reducir la vulnerabilidad, aumentar la resiliencia o aprovechar las oportunidades beneficiosas.
Mitigación: acción, medida o proceso orientado a reducir las emisiones de gases de efecto invernadero y otros forzantes climáticos, o restringir el uso de dichos gases como refrigerantes, aislantes o en procesos industriales, entre otros, o a incrementar, evitar el deterioro o mejorar el estado de los sumideros de dichos gases, con el fin de limitar los efectos adversos del cambio climático.

24 Art. 3 letra r) de la LMCC.Riesgos vinculados al cambio climático: aquellas consecuencias potencialmente adversas para sistemas humanos o ecológicos, reconociendo la diversidad de valores y objetivos asociados con tales sistemas. En el contexto del cambio climático, pueden surgir riesgos de los impactos potenciales del cambio climático, así como de las respuestas humanas al mismo.

25 Art. 3 letra v) de la LMCC.Vulnerabilidad al cambio climático: propensión o predisposición a ser afectado negativamente por los efectos adversos del cambio climático. La vulnerabilidad comprende una variedad de conceptos que incluyen la sensibilidad o susceptibilidad al daño y la falta de capacidad de respuesta y adaptación de los ecosistemas, comunidades, territorios o sectores.

sistemas que son "sumideros"[26] de gases de efecto invernadero, como por ejemplo, los océanos (incluyendo su fondo marino y los bosques de algas), por el rol que pueden prestar en la mitigación. De hecho, respecto a los ecosistemas marino-costeros expresamente se reconoce que ellos "almacenan carbono azul" y que, en consecuencia, deben ser objeto de "protección, regeneración o recuperación"[27]. Y avanzar en regenerar y recuperar ecosistemas, es decir, "restaurarlos", es un importante logro de la ley, que se ambiciona y promueve a nivel internacional[28], y que en esta ley se repite, a mayor abundamiento, en varias otras normas innovadoras.

En efecto, a nivel internacional, Olivares (2020) destaca cómo el rol de los océanos en la política climática ha tenido relevancia para un "nuevo impulso" en la protección de los ecosistemas marinos que operan como reservorios de carbono azul y con fórmulas novedosas. Señala: "…el régimen jurídico de conservación de los océanos está fuertemente influenciado por la función climática de los ecosistemas marinos. Ello obliga a los países a conciliar el marco de protección de los océanos con el impulso de las actividades económicas marinas y marítimas, como vía para la transición hacia un nuevo modelo de desarrollo climáticamente sostenible."[29]

---

[26] Art. 3 letra u) de la LMCC.Sumidero: reservorio de origen natural o producto de la actividad humana, en suelos, océanos o plantas, que absorbe una mayor cantidad de gas de efecto invernadero, un aerosol o un precursor de un gas de efecto invernadero que la cantidad que emite, lo que debe ser contabilizado considerando todos los insumos del proceso.

[27] Art. 3 letra d) de la LMCC. Carbono azul: es el carbono que se almacena naturalmente en los ecosistemas marinos y costeros que juegan un importante papel en el secuestro de carbono y que a través de su protección, regeneración o recuperación puede constituir aportes a la mitigación del cambio climático, en tanto que su degradación puede convertirse en fuente de emisiones.

[28] Una visión actualizada de la restauración en Europa, véase en LÓPEZ DE LA OSA, P., La Agenda 2030 ante la contaminación del medio marino, en Nuevo derecho de los océanos. La protección del medio marino ante el cambio global, Olivares Alberto (coordinador), Tirant Lo Blanch, 2022, 340 y ss., 67 a 94.

[29] OLIVARES, A., Océanos y carbono azul. Una estrategia de mitigación y adaptación a través de la protección de los ecosistemas marinos y costeros, en Nuevo derecho de los océanos. La protección del medio marino ante el cambio global, Olivares Alberto (coordinador), Tirant Lo Blanch, 2022, 340 y ss.

Pues bien, en esta misma línea, está la ley de cambio climático, ofreciendo incluso categorías nuevas para incluir en los esquemas de protección, conservación y restauración de los ecosistemas costero-marinos y, con ello, de su biodiversidad. Así, se crean —como se había sugerido por informes COP— la categoría de los "refugios climáticos" como áreas que por sus particulares características (por ejemplo, "oceanográficas") y/o una condición poco alterada de sus ecosistemas, "podrían tener capacidad de amortiguar los efectos negativos del cambio climático, permitiendo la viabilidad de sus ecosistemas y especies, o de mantener o recuperar el rol de sumidero de carbono y regulador del clima"[30].

Finalmente, la biodiversidad es objeto especial y directo de consideración, en otra categoría nueva en nuestra legislación, cuando se define a las soluciones basadas en la naturaleza, como las acciones para proteger, gestionar de manera sostenible y restaurar ecosistemas, para tributar al desarrollo sustentable "y la biodiversidad"[31].

En cuanto a los principios, también la ley avanza en algunos principios modernos que permitirán cumplir el objeto de la LMCC y, en especial, mejorar la situación de la biodiversidad en el país. Destaco especialmente los principios preventivo y precautorio (sólo reconocido en materia de pesca y residuos)[32] y los de progresividad y no regre-

---

30 Art. 3 letra p) de la LMCC. Refugios Climáticos: aquellas áreas geográficas que, por sus particulares características geoclimáticas, hidrológicas, oceanográficas y/o una condición poco alterada de sus ecosistemas podrían tener capacidad de amortiguar los efectos negativos del cambio climático, permitiendo la viabilidad de sus ecosistemas y especies, o de mantener o recuperar el rol de sumidero de carbono y regulador del clima. En ningún caso las actividades de monocultivo de especies serán consideradas refugio climático.

31 Art. 3 letra t) de la LMCC.Soluciones basadas en la naturaleza: acciones para proteger, gestionar de manera sostenible y restaurar ecosistemas naturales o modificados que abordan desafíos de la sociedad como el cambio climático, la seguridad alimentaria e hídrica o el riesgo de desastres, de manera eficaz y adaptativa, al mismo tiempo que proporcionan beneficios para el desarrollo sustentable y la biodiversidad.

32 Aunque tengo reparos en cómo se redactó el principio precautorio. Ver DELGADO, V., Proyecto de Ley Marco de Cambio Climático y principio precautorio. Una formulación débil respecto del marco legal actual, Policy Brief 21 (2020). Disponible en https://leycambioclimatico.cl/wp-content/uploads/2020/06/Policy-brief-OLCC-21-Principio-precautorio.pdf

sión[33], éste último también reconocido en el Acuerdo de Escazú[34], y que a mi juicio determina que la falta, por ejemplo, de planes de manejo de las áreas protegidas son actos regresivos. Muy importante también es el principio científico (para tomar decisiones en base a la mejor evidencia científica disponible) y especialmente el llamado "enfoque ecosistémico" que tuve oportunidad de sugerir durante la tramitación del proyecto en el Congreso Nacional[35] y que se define como "aquel que considera la conservación de la estructura y función del sistema ecológico, la naturaleza jerárquica de la diversidad biológica y los ciclos de materia y flujos de energía entre los componentes vivos y no vivos interdependientes de los sistemas ecológicos" (art. 2 letra c).

De hecho, respecto a la biodiversidad marina y el enfoque ecosistémico en Chile, conocidas son las críticas de cómo se consideró limitadamente este enfoque en la ley de pesca, error que por cierto la LMCC supera[36]. Este enfoque, ahora bien concebido, se aplicará también a los instrumentos de gestión climáticos asociados a los océanos, por ejemplo en el Plan de Adaptación de Pesca y Acuicultura.

5.3. Instrumentos en materia de biodiversidad

A continuación detallaremos los principales instrumentos que considero pueden tener un rol relevante en la protección de la biodiversidad en general y la marina en particular, objeto de nuestro análisis.

1) El instrumento de gestión climática a nivel nacional más importante, es la Estrategia Climática de Largo Plazo (art. 5), instru-

---

33 DELGADO, V., El principio de no regresión en el derecho ambiental chileno: Reconocimiento, contenido, alcances, versiones y límites, en Revista de Derecho Ambiental 16 (2021).

34 Artículo 3 letra c), Acuerdo Regional sobre el Acceso a la Información, la Participación Pública y el Acceso a la Justicia en Asuntos Ambientales en América Latina y el Caribe.

35 BIBLIOTECA DEL CONGRESO NACIONAL, Historia de la Ley N° 21.455 Ley Marco de Cambio Climático (Santiago, 2022), 140.

36 FARÍAS, L., Propuestas para la actualización del Plan de Adaptación en Pesca y Acuicultura. Mesa Océanos-Comité Científico COP25 (Santiago 2019), 19.

mento reconocido en el Acuerdo de París, en el que se definen los lineamientos generales de largo plazo que seguirá el país de manera transversal e integrada, considerando un horizonte a 30 años para el cumplimiento del objeto de la ley. En ella encontramos varios puntos relevantes relacionados con la biodiversidad.

Así, en primer lugar, se indica que la Estrategia contendrá los niveles de absorción y almacenamiento de gases de efecto invernadero para alcanzar y mantener la meta de carbono neutralidad al 2050, estableciendo lineamientos relativos a "conservación de ecosistemas", "restauración ecológica", forestación y reforestación con especies nativas, tecnologías y prácticas "para la captura y almacenamiento de carbono", incluyendo consideraciones sobre las "opciones de reducción de riesgos basadas en los océanos y sus efectos de mitigación".

En segundo lugar, considerará lineamientos para las acciones transversales de adaptación que se implementarán en el país, estableciendo objetivos, metas e indicadores de vulnerabilidad y adaptación a nivel nacional, que contendrá obras y acciones mínimas para la adaptación al cambio climático de manera de proteger a la población, sus derechos fundamentales y a los ecosistemas a mediano y largo plazo, con mecanismos de integración entre las políticas nacionales, sectoriales y regionales, considerando las sinergias entre adaptación y mitigación, que permitan hacer seguimiento de los avances en la materia y establecer prioridades que orienten las medidas sectoriales y regionales. Dichos lineamientos deberán resguardar el uso del agua para consumo humano de subsistencia y saneamiento y "para la conservación de la biodiversidad". Estas directrices corresponderán al Plan Nacional de Adaptación.

En tercer lugar, contendrá los lineamientos para que las medidas de mitigación y adaptación consideren "soluciones basadas en la naturaleza" y la consideración de "refugios climáticos".

2) Otro instrumento importante es la Contribución Determinada a Nivel Nacional (art. 7), la que contendrá, como ya lo hace la del año 2020, un componente de integración que considere aspectos de mitigación y adaptación de manera conjunta, promoviendo la generación de sinergias, tales como soluciones basadas en la naturaleza.

3) Se consideran los Planes Sectoriales de Adaptación al Cambio Climático (art. 9) que establecerán el conjunto de acciones y medidas para lograr adaptar al cambio climático aquellos sectores con mayor vulnerabilidad y aumentar su resiliencia climática, de conformidad con los objetivos y las metas de adaptación definidas en la Estrategia Climática de Largo Plazo. Se consideran, en lo que nos interesa, el "Plan de Biodiversidad, incluyendo ecosistemas terrestres y marinos", cuya elaboración corresponderá al Ministerio del Medio Ambiente; el de Pesca y Acuicultura, cuya elaboración corresponderá al Ministerio de Economía, Fomento y Turismo; el Plan de Adaptación de Turismo, cuya elaboración corresponderá al Ministerio de Economía, Fomento y Turismo, y el Plan de Adaptación de la Zona costera[37] (y no, el limitado borde costero[38]), cuya elaboración corresponderá al Ministerio de Defensa Nacional. También se hará uno en Transportes, pero esperemos que incluya transporte marítimo (a diferencia del Plan de Acción Nacional de Cambio Climático 2017-2022 que sólo incluyó transporte urbano).

4) Las medidas de los planes de mitigación y adaptación deberán ser consideradas en los instrumentos regionales (Planes de Acción Regional de Cambio Climático) y locales (comunales y planes estratégicos de recursos hídricos en cuenca) de gestión de cambio climático. En estos últimos, aplicables a las aguas terrestres, se considera

---

37 Art. 3 letra z) LMCC.- Zona costera: espacio o interfase dinámica de anchura variable dependiendo de las características geográficas donde interactúan los ecosistemas terrestres con los acuáticos, ya sean marinos o continentales.

38 Críticas al uso de la expresión "borde costero" en nuestra legislación y la sugerencia de mejor referirse a "zona marina costera" en: MARTÍNEZ, I., PAREDES, C., Bases para una Propuesta de Ley Marco sobre Protección y Gestión Costera en Chile. Documento de Trabajo (2022),4 y 5. Se señala: "En el plano normativo, la ordenación y gestión costera se ha construido en nuestro país sobre del limitado concepto jurídico-administrativo del borde costero del litoral, careciendo de una visión más ecosistémica y funcional.El documento continúa con la formulación de una propuesta de las distintas áreas que jurídicamente habrán de conformar la zona costera, distinguiendo entre Borde Costero del Litoral (BCL), Zona de Protección Costera (ZPC) y Zona de Influencia Costera (ZIC), para lo cual ha resultado especialmente relevante la observancia de legislación extranjera y modelos comparados de configuración costera."Disponible en: https://www.terram.cl/descargar/politica_y_sociedad/Bases-para-una-propuesta-de-Ley-Marco-sobre-Proteccion-y-Gestion-Costera-en-Chile-Julio-2022.pdf

un plan para hacer frente a las necesidades presentes y futuras de recursos hídricos con preferencia en el consumo humano y la conservación y preservación de la naturaleza, incluyendo buscar nuevas fuentes de agua, con énfasis en "soluciones basadas en la naturaleza", tales como la "restauración o conservación de humedales", riberas, así como las mejores técnicas disponibles para la desalinización de agua de mar, la reutilización de aguas grises y servidas, entre otras.

5) Otro instrumento considerado en la ley, en el art. 36, es el Fondo de protección ambiental que creó la Ley N°19.300 del año 1994, al cual también desde ahora corresponderá financiar proyectos y acciones concretas de mitigación y adaptación, que contribuyan a enfrentar las causas y los efectos adversos del cambio climático, considerando el principio de territorialidad. Entre ellos podrán considerarse: a) acciones de adaptación al cambio climático, priorizando aquellas que favorezcan a la población y/o zonas más vulnerables al cambio climático, conforme a las prioridades de la Estrategia Climática de Largo Plazo, la Contribución Determinada a Nivel Nacional u otros instrumentos de gestión del cambio climático; y, b) proyectos que contribuyan simultáneamente a la mitigación y adaptación al cambio climático, como sabemos implican los proyectos asociados a protección y restauración de humedales costeros, por ejemplo.

6) Otro cambio importante es que la LMCC obliga a considerar el cambio climático en el Sistema de Evaluación de Impacto Ambiental (art. 40) y en los instrumentos de ordenamiento y planificación territorial que se someten a evaluación ambiental estratégica, por ejemplo, la zonificación del llamado "borde costero" (art. 43). Si bien estos instrumentos hasta ahora no han permitido, en sinergia con otros instrumentos de protección más directos (como las áreas protegidas), proteger adecuadamente la biodiversidad, al menos desde la gestión del cambio climático, estas nuevas normas podrían contribuir a mejorar los resultados. Por otro lado, todavía no existen planes regionales de ordenamiento territorial (que abarcan zona rural) y los instrumentos de planificación territorial comunal o intercomunal no pueden "crear" nuevas áreas protegidas sino sólo prohibir construir sobre las áreas protegidas ya existentes y declaradas como tales por el Ministerio del Medio Ambiente u otras autoridades competentes (y que pueden estar en una zona costera por ejemplo).

6. DISCUSIÓN DE LOS RESULTADOS

Esta ley tiene tres particularidades que vale la pena destacar: en primer lugar, el proyecto de ley fue sometido a una etapa de consulta pública; en segundo lugar, durante su tramitación, fueron llamados expertos de la academia, sectores productivos y de la sociedad civil; y en tercer lugar, el Congreso Nacional estuvo permanentemente asesorado por una comisión técnica, integrada por investigadores del Centro Fondap Centro de Ciencia del Clima y la Resiliencia (CR2), liderados por la doctora Maisa Rojas, la entonces directora del referido Centro.

Son varios los conceptos, principios o normas introducidos tras el proceso de consulta pública y la consideración de los expertos, que reiteraron lo contenido en los informes realizados con ocasión de la COP 25.

En lo que nos interesa, destacaremos en primer lugar, en materia de principios, que ni el anteproyecto ni en el proyecto de ley se consideró el llamado "enfoque ecosistémico". Fue incluído producto de la discusión en el Congreso Nacional, tras las exposiciones de expertos.

Por otra parte, el anteproyecto de ley tampoco consideraba, por ejemplo:

1) Alusiones directas al océano ni tampoco a los ecosistemas terrestres o marinos.

2) Alusiones a la biodiversidad, salvo al mencionar el Plan de Adaptación.

3) La referencia explícita a que el Plan de adaptación de Biodiversidad, incluye los "ecosistemas terrestres y marinos".

4) Las "soluciones basadas en la naturaleza".

5) Los "refugios climáticos".

6) La "restauración" de los ecosistemas.

La categoría de las soluciones basadas en la naturaleza fue incluída en el proyecto de ley tras la consulta pública (aunque en el contexto de esta investigación, no me fue posible verificar si existieron observaciones en este sentido o su incorporación fue de oficio por el Ministerio del Medio Ambiente). En cambio, el resto de los cambios introducidos, fueron logrados durante la tramitación, oyendo a expertos especialmente invitados o de manera permanente a las investigadoras del CR2, muchos de las cuales trabajaron anteriormente en las Mesas COP25, de donde sabemos se recomendó especialmente avanzar en soluciones basadas en la naturaleza, los refugios climáticos y en que debían protegerse, conservarse y restaurarse todos los ecosistemas, especialmente los marino costeros y el fondo del mar, por contribuir sustancialmente a la mitigación y secuestro de gases de efecto invernadero.

En el anteproyecto de ley y el proyecto presentado en el Congreso Nacional, siempre se aludió a los sumideros, pero sólo en la LMCC se logró dar una dirección clara a esta capacidad de ciertos ecosistemas. Así, desde la Estrategia, en materia de adaptación, se señala que se deben considerar mecanismos de integración entre las políticas nacionales, sectoriales y regionales, considerando las sinergias entre adaptación y mitigación. Estas mismas sinergias podrán ser elegidas en los proyectos que se presenten al Fondo de Protección Ambiental. Además, tanto en la Estrategia como en la NDC, se promoverán estas sinergias, ejemplificando que se logra adaptación y mitigación mediante medidas que consideren soluciones basadas en la naturaleza (como, por ejemplo, la restauración o conservación de humedales, que ya se ha demostrado es una tendencia en varias leyes de cambio climático en el mundo, con distintas fórmulas de redacción)[39] y la consideración de refugios climáticos.

Por otra parte, sólo en la ley se logró que el Plan de Adaptación en Biodiversidad considerara expresa alusión a los ecosistemas terrestres y marinos; lo que va en consonancia con la intención de cambiar el Plan de Adaptación del Borde Costero por uno de "Zona Costera", definiendo ésta como un espacio donde interactúan los ecosistemas terrestres con los acuáticos, ya sean marinos o continentales.

---

39 DELGADO, V., FARÍAS, L.M y MORAGA, P., La apuesta de las leyes de cambio climático por las Soluciones Basadas en la Naturaleza: El caso de la protección, gestión sustentable y restauración de los ecosistemas marinos y costeros como instrumentos de adaptación y mitigación. En, Nuevo derecho de los océanos. La protección del medio marino ante el cambio global (Valencia 2022), 201-222.

7. CONCLUSIONES

En el presente trabajo analizamos la LMCC, con énfasis en las normas específicas relativas a la biodiversidad marina y, además, los principios e instrumentos que se hayan considerado para su protección y gestión.

Se concluye que la nueva Ley Marco de Cambio Climático considera principios (especialmente el "enfoque ecosistémico") y categorías nuevas (como los refugios climáticos y las soluciones basadas en la naturaleza) adecuados para la protección de la biodiversidad, reconociendo el vínculo importante entre los efectos adversos del cambio climático en ella y cómo la protección de los ecosistemas (y la biodiversidad que contienen) incluyendo incluso su "restauración", puede tributar tanto a la adaptación como a las acciones de mitigación de los gases de efecto invernadero. Con ello, se sigue la sugerencia que desde hace años se hiciera sobre cómo las soluciones basadas en la naturaleza pueden contribuir en las políticas climáticas (Cohen-Shacham et al., 2016) y que, por lo mismo, en el área específica de la mitigación, se han empezado a denominar "soluciones naturales climáticas", las que podrían representar un tercio de la mitigación climática eficiente de aquí al 2030 (GRISCOM et al, 2017).

Existen además, y pese a que se trata de una ley marco, varios instrumentos o cambios específicos a la legislación ambiental y de ordenamiento territorial, que serán también útiles para la conservación de la diversidad biológica del país.

Es importante destacar que estas normas, a favor de la biodiversidad, fueron cambiando o aparecieron por varios factores importantes en el proceso previo y durante la tramitación de esta ley. En efecto, ella responde a un proceso deliberativo democrático destacable, pues fue sometida a un inédito proceso de consulta pública antes de presentarse al Congreso Nacional, y luego contó con la participación de expertos invitados especialmente a las sesiones del Congreso, y con el asesoramiento de un grupo permanente de investigadoras del CR2 durante toda su tramitación, resultando evidente además, el aporte e influencia que significaron los informes realizados en Chile con ocasión de la COP 25, el año 2019, pues varias de sus recomendaciones fueron consideradas en la LMCC. Pareciera ser entonces, que es una buena fórmula, el oír al público y a la ciencia.

Se esperan avances sustantivos con los compromisos internacionales adquiridos en la NDC que Chile presentó oficialmente el año 2020 y especialmente con esta nueva ley, que asumió con mayor fuerza y expresamente como objeto de protección, a la biodiversidad. Resultará muy importante determinar si existirá sinergia con la reciente Ley del SBAP, dictada un año después, lo que esperamos analizar en un próximo trabajo.

8. BIBLIOGRAFÍA

BIBLIOTECA DEL CONGRESO NACIONAL, Historia de la Ley N° 21.455 Ley Marco de Cambio Climático (Santiago, 2022), 140.

Cohen-Shacham, E., Walters, G., Janzen, C. y Maginnis, S. (2016), Naturebased, Solutions to address global societal challenges. Gland, Suiza: UICN.

DELGADO, V., El principio de no regresión en el derecho ambiental chileno: Reconocimiento, contenido, alcances, versiones y límites, en Revista de Derecho Ambiental 16 (2021). DOI:10.5354/0719-4633.2021.61826.

DELGADO, V., FARÍAS, L. y MORAGA P., La apuesta de las leyes de cambio climático por las Soluciones Basadas en la Naturaleza: El caso de la protección, gestión sustentable y restauración de los ecosistemas marinos y costeros como instrumentos de adaptación y mitigación. En, Nuevo derecho de los océanos. La protección del medio marino ante el cambio global, Tirant Lo Blanch (2022).

DELGADO, V., Proyecto de Ley Marco de Cambio Climático y principio precautorio. Una formulación débil respecto del marco legal actual, Policy Brief 21 (2020). Disponible en https://leycambioclimatico.cl/wp-content/uploads/2020/06/Policy-brief-OLCC-21-Principio-precautorio.pdf

FARÍAS, L. et al., Nueve medidas basadas en el océano para las Contribuciones Determinadas a nivel Nacional de Chile. Mesa Océanos, Comité científico COP 25 (Santiago 2019). Disponible en: http://www.minciencia.gob.cl/comitecientifico/documentos/mesa-oceanos/16.Oceanos-Nueve-soluciones-para-las-NDC.pdf

FARÍAS, L. et al., Propuestas para la actualización del Plan de Adaptación en Pesca y Acuicultura. Mesa Océanos-Comité Científico COP25 (Santiago 2019).

FARÍAS, L., UBILLA, K., AGUIRRE, C., BEDRIÑANA, L., CIENFUEGOS, R., DELGADO, V. et al., Nueve medidas basadas en el océano para las Contribuciones Determinadas a nivel Nacional de Chile. Informe de la Mesa Océanos, Comité Científico COP 25 (Santiago 2019).

GRISCOM, B.W et al. (2017). Natural climate solutions. Proceedings of the National Academy of Sciences, 114 (44), 11645-11650. Disponible en https://doi.org/10.1073/pnas.1710465114

GOBIERNO DE CHILE, Contribución Determinada a Nivel Nacional (NDC) de Chile: Actualización 2020 (Santiago 2020).

LÓPEZ DE LA OSA, P., La Agenda 2030 ante la contaminación del medio marino, en Nuevo derecho de los océanos. La protección del medio marino ante el cambio global, Olivares Alberto (coordinador), (Valencia 2022), 67-94.

MARTÍNEZ, I., PAREDES, C., Bases para una Propuesta de Ley Marco sobre Protección y Gestión Costera en Chile. Documento de Trabajo (2022). Disponible en:

https://www.terram.cl/descargar/politica_y_sociedad/Bases-para-una-propuesta-de-Ley-Marco-sobre-Proteccion-y-Gestion-Costera-en-Chile-Julio-2022.pdf

OCDE-CEPAL, Evaluaciones del desempeño ambiental: Chile (Santiago 2016), 3 y ss.

OLIVARES A., Océanos y carbono azul. Una estrategia de mitigación y adaptación a través de la protección de los ecosistemas marinos y costeros. En, Nuevo derecho de los océanos. La protección del medio marino ante el cambio global (Valencia 2022) 330-361.

REHBEIN J., ENCALADA G., y BARBOSA J. Propuesta de hoja de ruta para el carbono azul en Chile. Washington, DC: World Bank (2020).

ROJAS, M. et al., Evidencia científica y cambio climático en Chile: Resumen para tomadores de decisiones (Santiago 2019). Disponible en: http://www.minciencia.gob.cl/comitecientifico/documentos/Evidencia-cientifica-y-cambio-climatico-en-Chile-Resumen.pdf

SOTO, L., Derecho de la Biodiversidad y los recursos naturales, (Valencia 2019).

Normativa internacional

Convención de las Naciones Unidas sobre el Derecho del Mar de 1982.

Convención de Washington para la Protección de la Naturaleza de 1940.

Convención Marco de las Naciones Unidas sobre el Cambio Climático de 1994.

Convención para la Protección del Medio Marino y la Zona Costera del Pacífico Sudeste de 1981.

Convención para la Protección del Patrimonio Mundial, Cultural y Natural de 1972.

Convención sobre el Comercio Internacional de Especies Amenazadas de Fauna y Flora Silvestres (CITES) de 1973.

Convención sobre la conservación de las especies migratorias de animales silvestres (Convenio de Bonn) de 1979.

Convención sobre la Conservación de los Recursos Vivos Marinos Antárticos de 1980.

Convención sobre la Diversidad Biológica de 1992.

Convención Ramsar sobre Humedales de Importancia Internacional de 1971.

Normativa interna

Ley General de Pesca y Acuicultura, cuyo texto refundido, coordinado y sistematizado es establecido por el Decreto Supremo N°430 de 1991, del Ministerio de Economía, Fomento y Reconstrucción.

Ley N° 21.202, que modifica diversos cuerpos legales con el objetivo de proteger los humedales urbanos, de 2020.

Ley N°17.288 de Monumentos Nacionales.

Ley N°19.300 de Bases Generales del Medio Ambiente, de 1994.

Ley N°20.249, crea el Espacio Costero Marino de los Pueblos Originarios, de 2008.

Ley N°20.256, establece normas sobre Pesca Recreativa, de 2008.

Ley N°20.283, sobre Recuperación del Bosque Nativo y Fomento Forestal, de 2008.

Ley N°20.417, que crea el Ministerio, el Servicio de Evaluación Ambiental y la Superintendencia del Medio Ambiente, 2010.

Ley N°21.455, Ley Marco de Cambio Climático, 2022.

Decreto Supremo N° 29 de 2011 del Ministerio del Medio Ambiente, Reglamento para clasificación de especies.

Decreto Supremo N° 38 de 2013 del Ministerio del Medio Ambiente, Reglamento para dictación de normas de calidad y emisión.

Decreto Supremo N° 40 de 2013 del Ministerio del Medio Ambiente, Reglamento del Sistema de Evaluación de Impacto Ambiental.

Decreto Supremo N°1 de 1992 del Ministerio de Defensa, Reglamento para el Control de la contaminación acuática.

Decreto Supremo N°1 de 2014 del Ministerio del Medio Ambiente, Reglamento para la elaboración de planes de recuperación, conservación y gestión de las especies.

Decreto Supremo N°15 de 2020 del Ministerio del Medio Ambiente, que establece el Reglamento de la Ley N° 21.202, que modifica diversos cuerpos legales con el objetivo de proteger los humedales urbanos.

Decreto Supremo N°238 de 2004, del Ministerio de Economía, Fomento y Reconstrucción, Reglamento sobre Parques Marinos y Reservas Marinas de la Ley General de Pesca y Acuicultura.

Decreto Supremo N°320 de 2001 del Ministerio de Economía, Fomento y Reconstrucción que establece el Reglamento ambiental para la acuicultura.

Decreto Supremo N°82/2011 del Ministerio Agricultura.

La aplicación de la Ley de Protección de Mamíferos Marinos de Estados Unidos a la industria chilena del salmón: Avances y desafíos nacionales en materia normativa y fiscalización pública

The application of the United States Marine Mammal Protection Law to the Chilean salmon industry: Advances and national challenges in normative regulation and public control

CLAUDIA ARANCIBIA CORTÉS
Abogada, Universidad Diego Portales, Chile
Coordinadora de Litigio Estratégico en Fundación Justicia Interespecie, Chile
Correo electrónico: arancibiac.claudia@gmail.com

Resumen: Chile cuenta con una abundante biodiversidad marina, pudiendo apreciarse variadas especies de ballenas, delfines, lobos marinos, entre otras. Sin embargo, el desarrollo acelerado de la industria salmonera ha puesto en riesgo su supervivencia y conservación. En 2016 se aprobó la aplicación de la Ley de Protección de Mamíferos Marinos de Estados Unidos para aquellos Estados exportadores de productos pesqueros al país americano, lo cual es muy trascendental para Chile, porque Estados Unidos es el primer importador de salmón nacional, y el incumplimiento a esta ley puede acarrear para el infractor la suspensión de las importaciones.

En consecuencia, en Chile se han realizado modificaciones legales para mejorar las interacciones de la industria salmonera con los mamíferos marinos, manteniéndose pendientes algunos desafíos. La aplicación correcta de esta ley es vital para la recuperación y conservación de estas especies y mantener la buena salud del océano, pieza clave en la lucha contra el cambio climático.

Palabras clave: Industria salmonera, mamíferos marinos, Ley de Protección de Mamíferos Marinos, salud del océano, estándares de protección y conservación, transparencia, área protegida.

Abstract: *Chile has an abundant marine biodiversity, being able to appreciate various species of whales, dolphins, sea lions, among others. However, the rapid development of the salmon industry has put its survival and conservation at risk.*
The United States Marine Mammal Protection Law recently came into force for those States that export fishery products to the American country, which is very important for Chile, because the United States is the first importer of national salmon, and the violation of this law may lead to the suspension of imports.
Consequently, legal modifications have been made in Chile to improve the interactions of the salmon industry with marine mammals, with some challenges still pending. The correct application of this law is vital for the recovery and conservation of these species and to maintain the good health of the ocean, a key piece in the fight against climate change.

Keywords: *Salmon industry, marine mammals, Marine Mammal Protection Act, ocean health, protection and conservation standards, transparency, protected area.*

1. EL DESARROLLO DE LA INDUSTRIA DEL SALMÓN EN CHILE

Desde sus inicios, la industria del salmón en Chile ha tenido un crecimiento particularmente acelerado, llegando a constituirse como el segundo productor mundial después de Noruega, y a la vez, el salmón es el segundo producto más exportado del país después del cobre[1]. Esta industria se encuentra sometida a la regulación y fiscalización de dos organismos públicos nacionales, que son específicamente la Subsecretaría de Pesca y Acuicultura (Subpesca)[2], y el Servicio Nacional de Pesca y Acuicultura (Sernapesca)[3].

---

1 CARRERE, M. Salmones en Chile. Historia de una industria polémica y millonaria. Salmones en Chile: historias de una industria polémica y millonaria (mongabay.com) [Última consulta: 30 de agosto de 2022]

2 La Subsecretaría de Pesca y Acuicultura, Subpesca, es un organismo de Estado dependiente del Ministerio de Economía, Fomento y Turismo, encargada de regular y administrar la actividad pesquera y de acuicultura, a través de políticas, normas y medidas de administración. Información disponible en: https://www.subpesca.cl/portal/616/w3-propertyvalue-538.html

3 El Servicio Nacional de Pesca y Acuicultura Sernapesca), es una entidad dependiente del Ministerio de Economía, Fomento y Turismo, cuya misión es "contri-

Un factor importante que ha favorecido el crecimiento de esta industria son las condiciones climáticas extremas, principalmente en las tres regiones más australes del país (Los Lagos, Aysén y la Magallanes), las cuales concentran el 99,7% de la producción nacional total[4], y donde se ubican un total de 1.387 concesiones acuícolas para cultivo de salmones[5].

En 2021, las exportaciones de salmones y truchas alcanzaron la suma de 5.180 millones de dólares[6]. Respecto a los principales mercados de destino de las producciones chilenas de salmón y trucha, en 2021 se encuentra en primer lugar Estados Unidos con 239.576 toneladas, equivalentes a un monto de 2.281 millones de dólares, seguido de Japón, Brasil, Rusia y México, abarcando entre los cinco aproximadamente el 85% del total de las exportaciones anuales de salmón[7].

En el primer trimestre de 2022 se realizaron exportaciones a 53 países, donde las primeras posiciones las ocupan los mismos países que en 2021, y China ocupa el sexto lugar reflejando un importante crecimiento en comparación al año 2021, y los niveles de exportaciones totales llegaron a 1.677 millones de dólares, verificándose un crecimiento de 27,5% respecto del mismo periodo de 2021, donde la especie Salmón del Atlántico como la principal especie exportada, seguida del Salmón Coho y finalmente la Trucha Arcoíris, como se muestra a continuación[8]:

---

buir a la sustentabilidad del sector y a la protección de los recursos hidrobiológicos y su medio ambiente, a través de una fiscalización integral y gestión sanitaria que influye en el comportamiento sectorial promoviendo el cumplimiento de las normas. http://www.sernapesca.cl/que-es-sernapesca

4 Consejo del Salmón, Principales datos de la industria, en: https://www.consejodelsalmon.cl/informacion-de-la-industria/principales-datos-de-la-industria/ Última consulta: 26 de agosto de 2022]

5 Subsecretaría de Pesca y Acuicultura, sitio web: http://mapas.subpesca.cl/ideviewer/

6 Banco Central. Base de datos estadísticos, en: Base de Datos Estadísticos (bcentral.cl) [Última consulta: 14 de septiembre de 2022].

7 Consejo del Salmón. Informe anual de exportaciones de salmón, en: IInforme-Anual-2021-Exportaciones-vf.pdf (consejodelsalmon.cl) [Última consulta: 26 de agosto de 2022].

8 Consejo del Salmón, Informe trimestral de exportaciones de salmón primer trimestre de 2022, en: https://www.consejodelsalmon.cl/wp-content/

Figura 1: Informe trimestral de exportaciones de salmón, primer trimestre de 2022.

	Millones de dólares			Toneladas		
Mercados de destino	**2021**	**2022**	**Variación Anual**	**2021**	**2022**	**Variación Anual**
Estados Unidos	498	700	40,50%	60.671	63.064	3,90%
Japón	387	363	-6%	66.063	5531600%	-16,30%
Brasil	135	206	53,10%	34.316	31.064	-9,50%
Rusia	65	54	-17,40%	15.119	8.214	-45,70%
México	37	48	28,60%	4.669	4.679	0,20%
China	7	38	411,90%	1.614	5.465	238,70%
Otros	185	267	44,60%	51.222	37.717	-26,40%
Total	1.315	1.617	25,70%	222.999	205.518	-7,80%

Fuente: Consejo del Salmón (2022).

2. LAS INTERACCIONES DE LA INDUSTRIA CHILENA DEL SALMÓN CON LOS MAMÍFEROS MARINOS

2.1. Impactos negativos de la Industria Salmonera sobre las poblaciones de Mamíferos Marinos

Entre las diversas especies amenazadas y constantemente afectadas por la actividad salmonera, se encuentran los mamíferos marinos. De acuerdo con los datos señalados en la plataforma del Instituto Nacional del Salmón, entre junio de 2019 y julio de 2020, 7 empresas del rubro salmonicultor reportaron 7.157 interacciones con mamíferos marinos, de las cuales 7.148 son avistamientos en el área circundante, 3 enmalles y 6 ingresos al sistema de cultivo[9].

uploads/2022/04/080422-Reporte-exportaciones-salmon-I-trim-22-vf.pdf [Última consulta: 25 de julio de 2022].

9 GARCÉS, J. Subpesca llama a la salmonicultura a mejorar prácticas con mamíferos marinos, en: Subpesca llama a la salmonicultura a mejorar prácticas con mamíferos marinos-SalmonExpert.cl [Última consulta: 15 de septiembre de 2022].

2.1.1. Impactos adversos sobre ballenas y delfines

Respecto de las ballenas, los principales impactos negativos de la industria se refieren a las colisiones con barcos, esto debido al excesivo tráfico marítimo acuicultor presente en las rutas donde estas se desplazan, tal como ocurre con especies como la ballena azul en las zonas de la Patagonia norte (región de Los Lagos), donde se encuentran sus principales fuentes de alimentación, debiendo enfrentar hasta 900 embarcaciones al día, de las cuales el 83% de estas pertenecen a la industria acuícola[10], y solo en abril de 2022, se reportó la muerte de una ballena azul por colisión con una embarcación en esta zona, resultado que arrojó la necropsia realizada al cuerpo del cetáceo[11].

Además de las colisiones, el tráfico marítimo también provoca la contaminación acústica, la cual afecta a diferentes animales marinos que utilizan el sonido como señal sensorial, para interpretar y explorar el medio marino e interactuar entre especies. El ruido producido por las embarcaciones puede interferir con estas señales, interrumpiendo sus desplazamientos, la búsqueda de alimento, la socialización, la comunicación, el descanso y otros comportamientos en los mamíferos marinos[12]. Se ha determinado que el sonar naval tiene un impacto muy perjudicial en la vida marina, ya que los mamíferos marinos, en un intento por huir del ruido, se sumergen en grandes profundidades, y otros varan masivamente, como ocurre con las ballenas, donde su nivel de angustia provocada por el excesivo ruido les

---

10 BEDRIÑANA-ROMANO, L., HUCKE-GAETE, R., VIDDI, F., JOHNSON, D., ZERBINI, A., MORALES, J., MATE, B., y PALACIOS, D. Defining priority areas for blue whale conservation and investigating overlap with vessel traffic in Chilean Patagonia, using a fast-fitting movement model. Defining priority areas for blue whale conservation and investigating overlap with vessel traffic in Chilean Patagonia, using a fast-fitting movement model | Scientific Reports (nature.com) (2021).

11 ROSAS, J. Confirman que ballena azul varada en Chaitén murió por choque con embarcación. Diario Acuícola, en: Confirman que ballena azul varada en Chaitén murió por choque con embarcación-Diario Acuícola (diarioacuicola.cl) [Última consulta: 26 de septiembre de 2022].

12 CARRERE, M. *Chile:* Científicos demuestran cómo las ballenas son asediadas por cientos de barcos en la Patagonia. Chile: científicos demuestran cómo las ballenas son asediadas por cientos de barcos en la Patagonia (mongabay.com) [Última consulta: 30 de agosto de 2022].

genera burbujas de nitrógeno en la sangre, lo cual conlleva a hemorragias y daños en sus órganos vitales[13].

Además de los impactos señalados anteriormente, existe otro derivado del desarrollo de la industria salmonera, y que afecta gravemente tanto a ballenas como delfines, y que son los enmallamientos en las redes peceras de los centros de cultivo. En 2020 se encontró una ballena Sei muerta en el costado de una balsa jaula en un centro de cultivo ubicado en la Reserva Nacional Las Guaitecas, región de Aysén[14]. Una investigación científica que se encuentra en curso, a cargo del Centro de Estudios para la Conservación de Ecosistemas Marinos CECEM-YaquPacha Chile y WWF Chile, reportó que el endémico delfín chileno también se encuentra amenazado por la creciente industria acuícola, al encontrarse en constante peligro por las redes de enmalle de las balsas jaulas[15].

2.1.2. Impactos adversos sobre lobos marinos

Los lobos marinos se han visto seriamente afectados por el desarrollo de esta industria, quienes en su búsqueda de comida recurren a las jaulas balsas de los centros de cultivo para alimentarse de los salmones, por lo que las empresas, a fin de proteger sus producciones, recurren a prácticas como el maltrato y matanza cruel de esta especie.

En 2014 se informó de un cruel asesinato de un lobo marino por parte de dos trabajadores de la empresa Cultivos Yadrán, en la región de Aysén, quienes le propiciaron fuertes golpes con fierros, y el 2018, ambos agresores fueron condenados con multa por el delito de maltrato animal[16]. En 2019, la Brigada Investigadora de Delitos contra el

---

13 BAXTER, R. We now know why naval sonar leads to mass whale strandings. We Now Know Why Naval Sonar Leads To Mass Whale Strandings | IFLScience (2019).

14 VERDEJO, J. Sernapesca denunció muerte de ballena en centro de cultivo de salmones, en: Sernapesca denunció muerte de ballena en centro de cultivo de salmones-Cooperativa.cl [Última consulta: 26 de septiembre de 2022].

15 Fondo Mundial para la Naturaleza. Estudio pionero estima las amenazas y el estado de salud del delfín chileno en la Patagonia Norte, en: Estudio pionero estima las amenazas y el estado de salud del delfín chileno en la Patagonia Norte | WWF [Última consulta: 28 de agosto de 2022]

16 BETARCE, C. (28 de agosto de 2018). Condenan a trabajadores que mataron a golpes a lobo marino. Condenan a trabajadores que mataron a golpes a lobo marino-La Tercera [Última consulta: 21 de septiembre de 2022].

Medioambiente recibió 5 denuncias por maltrato hacia lobos marinos en centros de cultivo de salmones, y un trabajador perteneciente a la empresa Nova Austral S.A., señaló que la eliminación de ejemplares de lobos marinos es una práctica habitual en la industria, llegando a asesinar en 18 meses un promedio de entre 10 y 15 lobos[17].

2.2. Las especies afectadas y su rol trascendental en la buena salud del océano y la lucha contra el cambio climático

Los océanos se constituyen como el principal aliado en la lucha contra el cambio climático, ello al contar con la capacidad de almacenar y secuestrar grandes cantidades de dióxido de carbono de la atmósfera[18], y científicamente se ha demostrado que especies como los mamíferos marinos, colaboran activamente en la mantención de la biodiversidad, la buena salud del océano, y también luchan constantemente contra la crisis climática.

Ejemplo de lo anterior son las ballenas, las cuales son capaces de almacenar en sus cuerpos un promedio de 33 toneladas de dióxido de carbono, y al morir de forma natural, sus cuerpos caen al fondo del mar, manteniendo en el suelo marino las toneladas capturadas. Además, estos cetáceos fertilizan el océano con sus fecas y orina, contribuyendo a la generación de fitoplancton, siendo este último vital para la producción del 50% del oxígeno en la atmósfera, y aportando también en la absorción de dióxido de carbono[19].

Por su parte, los delfines son considerados como buenos indicadores naturales de la salud ambiental, ya que al ser depredadores que consumen varias especies de peces y calamares, concentran en sus

---

17 Fundación Terram. Autoridades reciben quinta denuncia por matanza de lobos marinos en salmoneras, en Autoridades reciben quinta denuncia por matanza de lobos marinos en salmoneras-Fundación Terram [Última consulta: 1 de septiembre de 2022].

18 AGUIRRE, C., et al. (2019). Nueve Medidas Basadas en el Océano para las Contribuciones Determinadas a Nivel Nacional de Chile, en Nueve-soluciones-para-NDC.pdf (cr2.cl) (2019)[Última consulta: 30 de septiembre de 2022].

19 MARIANI., G., et al. Let more big fish sink: Fisheries prevent blue carbon sequestration-half in unprofitable areas, en: https://www.science.org/doi/10.1126/sciadv.abb4848 [Última consulta: 12 de septiembre de 2022]

cuerpos los contaminantes del agua, y además se alimentan de peces viejos o enfermos, lo que ayuda a disminuir las enfermedades infecciosas entre los peces, asegurando la salud y reproducción de la vida marina[20]. Tanto la ballena como el Delfín Chileno son especies que de acuerdo a la lista roja de la Unión Internacional para la Conservación de la Naturaleza (UICN), se encuentran en peligro de extinción[21].

En cuanto a la conservación de la biodiversidad, investigaciones científicas han señalado que el lobo marino juega un rol clave en la regulación de las poblaciones de peces, ya que, al alimentarse de una gran diversidad de estos, logra que no se dispare la población de una especie por sobre otra, manteniendo así la diversidad de especies en los ecosistemas marinos[22].

3. LA LEY DE PROTECCIÓN DE MAMÍFEROS MARINOS DE ESTADOS UNIDOS: ORIGEN, OBJETIVOS, Y SU APLICACIÓN EN ESTADOS EXPORTADORES DE PESCADO Y PRODUCTOS PESQUEROS

3.1. Origen y objetivos de la Ley

La Ley de Protección de Mamíferos Marinos de Estados Unidos, Marine Mammal Protection Act (MMPA por su sigla en inglés) nació en 1972 y es ejecutada por la Oficina de Administración Oceánica y Atmosférica de Estados Unidos, como una medida para responder a la creciente preocupación por la disminución significativa de algunas especies de mamíferos marinos a consecuencia de actividades humanas. De esta manera, los dos objetivos fundamentales de esta

---

20 SALGADO, M. Las ballenas y los delfines cumplen una extraordinaria función, no solo en sus ecosistemas, también en la vida del planeta, en: La importancia de los ballenas y delfines en el ecosistema-Paco Zea [Última consulta: 26 de septiembre de 2022]

21 Unión Internacional para la Conservación de la Naturaleza. Lista roja de especies amenazadas de la UICN, en: https://www.iucnredlist.org/es/ [Última consulta: 28 de septiembre de 2022]

22 GARCÍA, R. Lobos marinos favorecen mayor diversidad de peces en el mar, en EyN: Lobos marinos favorecen mayor diversidad de peces en el mar (economiaynegocios.cl) [Última consulta: 7 de septiembre de 2022]

ley atienden a mantener la vida de las poblaciones de mamíferos marinos de Estados Unidos en condiciones sostenible óptimas, y mantener su papel ecológico en la salud del océano[23].

El principio precautorio es un rector de esta ley, lo cual fue expresado en 1971, durante el debate legislativo para su aprobación, al considerar que este cuerpo normativo debe exigir que ante un peligro del que puedan generarse efectos adversos o irreversibles para los mamíferos marinos y sin el conocimiento o certeza suficiente, se debe actuar de forma conservadora, adoptando las medidas necesarias para la conservación de las especies objeto de su protección[24]. Lo anterior quedó plasmado en el texto final aprobado y promulgado del MMPA, el cual ordena la adopción de medidas inmediatas para reponer cualquier especie o poblaciones de estas que hayan disminuido, quedando por debajo de su población óptima sostenible, aun cuando se haya determinado la existencia de un conocimiento inadecuado sobre la ecología y las dinámicas poblacionales de los mamíferos marinos, así como de los factores que inciden en su capacidad de reproducirse exitosamente[25].

3.2. Implementación del MMPA en Estados exportadores de pescado y productos pesqueros

En 2016 emergió una regulación específica denominada Marine Mammal Protection Act Import Rule, en virtud de la cual, las obligaciones que emanan de este cuerpo legal son aplicables también a las importaciones de pescado y productos pesqueros que ingresan a Estados Unidos, con los objetivos de reducir las capturas incidentales

---

23 ROMAN, J., ALTMAN, I., DUNPHY-DALY, M., CAMPBELL, C., MICHAEL, J., y READ, A. The Marine Mammal Protection Act at 40: status, recovery, and future of U.S. marine mammals, 29-49, en: https://doi.org/10.1111/nyas.12040 [Última consulta: 11 de agosto de 2022].

24 RIZZARDI, K. Marine Mammal Protection Act Implementation in an Era of Climate Change, 193-214, en: Marine Mammal Protection Act Implementation in an Era of Climate Change by Keith W. Rizzardi:: SSRN [Última consulta: 11 de agosto de 2022].

25 National Oceanic and Atmospheric Administration. Marine Mammal Protection Act. The Full Text of the Marine Mammal Protection Act of 1972 as Amended, en: Marine Mammal Protection Act | NOAA Fisheries [Última consulta: 11 de agosto de 2022].

de mamíferos marinos asociadas con las operaciones de pesca comercial internacional, exigiendo que se mantengan bajo los mismos estándares que las operaciones de pesca comercial de este país, además de establecer criterios para evaluar el programa regulador de los países, para reducir la captura incidental de mamíferos marinos, así como los procedimientos que cada país debe seguir para recibir la autorización para importar pescado y productos pesqueros[26].

La nueva regla de importación aplica también para el cultivo de salmones, ya que la definición reglamentaria de una operación de pesca comercial incluye a la acuicultura en categoría III, y ante la preocupación por las interacciones de esta industria con mamíferos marinos, que muchas veces culmina en eventos de mortalidades intencionales, incidentales o lesiones graves, el Servicio Nacional de Pesca Marina de Estados Unidos clasificará las operaciones de acuicultura extranjera considerando estos eventos, y evaluará medidas para reducir las interacciones, prohibir intencionalmente y reducir la mortalidad incidental y las lesiones graves de mamíferos marinos en operaciones acuícolas extranjeras de acuerdo a los estándares de Estados Unidos para instalaciones acuícolas, como por ejemplo, el uso de redes de depredadores y la prohibición de la matanza intencional[27].

La situación descrita tiene grandes implicancias para la industria salmonera de Chile, ya que es justamente el país norteamericano el primer importador de salmón nacional, destacando un aspecto muy relevante en esta normativa, que es el establecimiento de una prohibición de importaciones pesqueras que resulte de la muerte incidental o lesiones graves incidentales en mamíferos marinos que excedan los estándares de protección de Estados Unidos[28].

---

26 National Oceanic and Atmospheric Administration. (s.f.4). Regla de Importación de la Ley de Protección de Mamíferos Marinos, en: PowerPoint Presentation (cpps.dyndns.info) [Última consulta: 12 de agosto de 2022].

27 Registro Federal de Estados Unidos, Disposiciones de importación de pescado y productos pesqueros de la Ley de Protección de Mamíferos Marinos, en: Federal Register:: Fish and Fish Product Import Provisions of the Marine Mammal Protection Act [Última consulta: 10 de agosto de 2022].

28 Aqua. Explicaron implicancias de la normativa sobre mamíferos marinos impuesta por Estados Unidos. Explicaron implicancias de la normativa sobre mamíferos marinos impuesta por Estados Unidos-Aqua (2019).

Esta nueva regla de importación destacado por el siguiente: "comenzará a regir en Chile en enero de 2026, luego de dos periodos de prórroga autorizado y establece como requisito que todo país que exporta productos pesqueros a Estados Unidos, previamente debe haber solicitado y recibido un Dictamen de Comparabilidad, para lo cual debe demostrar que ha realizado las acciones necesarias para prohibir actos de muerte y lesiones graves de mamíferos marinos en el curso de las operaciones pesqueras y acuícolas, a menos que estos actos sean inminentemente necesarios por defensa propia o para salvar la vida de una persona, o bien, el país cuenta con procedimientos para certificar de manera confiable que las exportaciones de productos pesqueros no ocurrieron mediante actos de muerte o lesiones graves a mamíferos marinos, a menos que la ocurrencia de estos sea inminentemente necesaria por defensa propia o para salvar la vida de una persona en peligro[29].

Además, el país exportador debe demostrar que ha adoptado e implementado un programa regulatorio que rige la mortalidad incidental y lesiones graves de mamíferos marinos en el curso de operaciones de pesca comercial, ello bajo estándares comparables en efectividad al programa regulatorio establecido en Estados Unidos[30].

4. IMPLEMENTACIÓN DEL MMPA EN CHILE: AVANCES Y DESAFÍOS A NIVEL NORMATIVO Y FISCALIZACIÓN PÚBLICA PARA LA PROTECCIÓN Y CONSERVACIÓN DE MAMÍFEROS MARINOS

Debido a la trascendencia que el MMPA tiene para la industria acuícola, como es la salmonicultura, las autoridades gubernamentales dieron curso a una serie de modificaciones legales, así como el establecimiento de nuevas normas orientadas en la protección y conservación de mamíferos marinos. Cabe señalar que no todos los

29 Registro Federal de Estados Unidos, Disposiciones de importación de pescado y productos pesqueros de la Ley de Protección de Mamíferos Marinos, en: Federal Register:: Fish and Fish Product Import Provisions of the Marine Mammal Protection Act [Última consulta: 10 de agosto de 2022].

30 IDEM.

avances legislativos para la protección y conservación de estas especies se encuentran vinculados directamente a la implementación del MMPA, sino que más bien, la concreción de algunos de estos obedece a la presión ciudadana representada por organizaciones ambientales, que durante muchos años han velado fervientemente por una mayor protección y conservación de la biodiversidad marina.

A continuación, se explicarán los avances legislativos nacionales que se han desarrollado para la protección y conservación de mamíferos marinos, y posteriormente, se expondrán los principales desafíos pendientes para garantizar la efectiva y oportuna protección de estas especies.

4.1. Avances normativos que contribuyen a la implementación del MMPA en la protección y conservación de mamíferos marinos

En los últimos años, y a propósito de la aplicación del MMPA para Chile, organismos sectoriales, es decir aquellos que establecen planes, programas y regulan el desarrollo de las actividades de pesca y acuicultura nacional, han implementado medidas legales específicas enfocadas en la industria chilena del salmón y su interacción con mamíferos marinos, y de esta forma, dar cumplimiento a los estándares de protección impuestos por la regla de importación de la ley estadounidense. De forma paralela, organismos públicos con competencia ambiental han llevado a cabo importantes regulaciones en materia de protección de mamíferos marinos, y a pesar de no encontrarse directamente vinculadas a la implementación del MMPA, esto es, no fueron creadas para dar cumplimiento a los estándares de protección establecidos en este cuerpo legal, los objetivos finales que persiguen apuntan a la misma dirección: Consagrar la protección y conservación de las poblaciones de mamíferos marinos.

4.1.1. Normativa establecida por organismos públicos sectoriales

Luego de tomar conocimiento acerca de la aplicación del MMPA en Chile, organismos públicos como Subpesca, han realizado llamados a la industria del salmón a mejorar las interacciones con mamíferos marinos en el ejercicio de sus operaciones, y como medidas para dar cumplimiento a los estándares de protección y conservación impuestos por Estados Unidos, se han ejecutado modificaciones normativas, en lo relativo a las interacciones de la industria del salmón y los avistamientos de estas especies[31].

En cuanto estos avances normativos, se encuentra el Decreto Supremo N°125 de 2019, del Ministerio de Economía, Fomento y Turismo, mediante el cual se modificó el Reglamento Ambiental para la Acuicultura (RAMA), ordenando la adopción de medidas para evitar las posibles interacciones de mamíferos marinos con las actividades acuícolas, principalmente aquellas situaciones con resultado de muerte, y la creación de un registro oficial con información sobre aquellas interacciones, a fin de diseñar las medidas necesarias que permitan mitigar sus efectos[32].

Entre las medidas establecidas, se encuentra la creación del artículo 4° B del RAMA, el cual obliga a todos los centros de cultivo de salmónidos, a instalar alrededor de las redes peceras una red lo suficientemente resistente para evitar o minimizar los enmalles de mamíferos marinos en las redes peceras, y también evitar los eventos de escapes de salmones. También se incluyó una nueva oración en el inciso 11° del artículo 5, el cual instruye a Subpesca la dictación de una resolución que determine el tipo y alcance de las interacciones de mamíferos marinos con la infraestructura de los centros de cultivo, las especies de mamíferos marinos respecto de las cuales se aplicarán los planes de contingencia, además del formato y medio de entrega del informe sobre dichos planes[33].

Mediante la Resolución Exenta N°2811 de 2021, Subpesca definió el tipo y alcance de las interacciones con mamíferos marinos, respecto

---

31 GARCÉS, J. Subpesca llama a la salmonicultura a mejorar prácticas con mamíferos marinos, en: Subpesca llama a la salmonicultura a mejorar prácticas con mamíferos marinos-SalmonExpert.cl [Última consulta: 15 de septiembre de 2022].

32 Biblioteca del Congreso Nacional, Decreto Supremo N°125/2019, Modifica Reglamento Ambiental para la Acuicultura, en Decreto-125 16-NOV-2020 MINISTERIO DE ECONOMÍA, FOMENTO Y TURISMO, SUBSECRETARÍA DE PESCA Y ACUICULTURA-Ley Chile-Biblioteca del Congreso Nacional (bcn.cl) [Última consulta: 5 de septiembre de 2022].

33 IDEM.

de los cuales se aplicarán planes de contingencia en cumplimiento con el artículo 5 del RAMA, además de especificar las especies de mamíferos marinos a las que les es aplicable y la realización de reportes de avistamientos de estos[34]. Si bien la resolución contiene una tabla donde especifica las especies de mamíferos marinos respecto de las cuales aplican los planes de contingencia y/o reportes de avistamientos, en la misma se señala que en caso de interacción o avistamientos sobre especies que no se encuentran contenidas en este listado, igualmente aplicarán los planes de contingencia y reportes de avistamientos[35].

Respecto a las interacciones de mamíferos marinos con infraestructura de los centros de cultivo, con o sin resultado de muerte, la resolución establece dos tipos específicos, a saber:

a) Interacción por enmalle, que corresponde a la situación en la cual uno o más ejemplares quedan atrapados en las artes de cultivo de un centro.

b) Interacción asociada a la operación, circunstancia en la cual uno o más ejemplares ingresan a un centro de cultivo, siempre que se mantengan peces en cultivo dentro del centro[36].

4.1.2. Normativa establecida por Organismos Públicos de carácter ambiental

Dos avances muy relevantes en materia de protección de fauna marina fueron llevados a cabo recientemente por el Ministerio del Medio Ambiente[37] y el Servicio de Evaluación Ambiental[38].

---

34 Subsecretaría de Pesca y Acuicultura. Resolución Exenta N°2811-2021. Define el Tipo y Alcance de las Interacciones con Mamíferos Marinos Respecto de los Cuales se Deberá Aplicar Planes de Contingencia a los que se Refiere el Artículo 5° del D.S. N° 320 de 2001, del Ministerio de Economía, Fomento y Turismo, en: Res. Ex. N° 2811-2021 Define el Tipo y Alcance de las Interacciones con Mamíferos Marinos Respecto de los Cuales se Deberá Aplicar Planes de Contingencia a los que se Refiere el Artículo 5° del D.S. N° 320 de 2001, del Ministerio de Economía, Fomento y Turismo. (Publicado en Página Web 20-10-2021) (F.D.O. 28-10-2021)-SUBPESCA Normativa [Última consulta: 23 de septiembre de 2022].

35 IDEM.

36 IDEM.

37 El Ministerio del Medio Ambiente es el órgano del Estado encargado de colaborar con el presidente de la República en el diseño y aplicación de políticas,

El pasado 7 de julio, se publicó en el Diario Oficial el Decreto N°20, mediante el cual el Ministerio del Medio Ambiente oficializó la creación del Parque Marino Tictoc-Golfo Concorvado, el cual posee una superficie de aproximada de 1.019,16 km^2, emplazado en la comuna de Chaitén, Región de Los Lagos, zona que fue identificada como una de las ecorregiones más frágiles en Latino América y el Caribe, y se encuentra dentro de los 35 sitios prioritarios a nivel mundial de interés para la conservación, correspondiendo a una de las principales zonas de alimentación de la ballena azul, con una alta presencia de krill, que es su base alimentaria[39].

El objetivo de protección que justificó la creación del Parque Marino Tictoc-Golfo Concorvado, se orienta al ecosistema marino y la biodiversidad asociada, los hábitats y los procesos y funciones ecológicas que se desarrollan en esta zona, como una forma de contribuir a la sustentabilidad de la biodiversidad marina nacional y mundial, cuyos objetos de conservación son el grupo de los cetáceos compuesto principalmente por la ballena azul, ballena jorobada, ballenas Sei, el delfín chileno, entre otros[40].

Como se expuso anteriormente, esta zona se encuentra intervenida por un fuerte tráfico marítimo acuicultor, lo que dificulta el desplazamiento de estos cetáceos y afecta negativamente sus sistemas de vida. El Decreto de creación del Parque Marino no se hace cargo directamente de esta amenaza, ya que el artículo 6 del mismo autoriza expresamente la libre navegación dentro de sus aguas. Ante esta

---

planes y programas en materia ambiental, la protección y conservación de la diversidad biológica y de los recursos naturales renovables e hídricos, promoviendo el desarrollo sustentable. https://mma.gob.cl/estructura-organizacional/

38 El Servicio de Evaluación Ambiental (SEA), es una entidad dependiente del Ministerio del Medio Ambiente, que tiene como función principal administrar el Sistema de Evaluación de Impacto Ambiental (SEIA), que es un instrumento de gestión ambiental de carácter preventivo que permite a la autoridad determinar antes de la ejecución de un proyecto si cumple con la legislación ambiental vigente, y se hace cargo de los potenciales impactos ambientales significativos. Disponible en: https://www.sea.gob.cl/sea/que-es-seia

39 Biblioteca del Congreso Nacional. Decreto N°20, Crea el Parque Marino Tictoc-Golfo Concorvado, en: https://www.bcn.cl/leychile/navegar?i=1178301 [Última consulta: 5 de agosto de 2022].

40 IDEM.

problemática, la Fundación Melimoyu, impulsora de la creación de esta área protegida, se encuentra firmando un convenio de colaboración con Subpesca para la creación de un plan de manejo de este nuevo Parque, enfocado en la implementación de medidas para mitigar amenazas, como es el tráfico marino, a través del establecimiento de límites al tránsito en el área[41].

El segundo avance normativo se llevó a cabo en agosto de 2022, donde el Servicio de Evaluación Ambiental publicó en su sitio web el documento denominado "Criterio de evaluación en el SEIA: Predicción y Evaluación de Impactos por Ruido Submarino", el cual entrega lineamientos técnicos para la evaluación ambiental de proyectos, detallando la información que deben proporcionar los titulares de estos para la predicción y evaluación de impactos por ruido submarino[42].

Este documento reconoce la importancia de la evaluación ambiental de los niveles de ruido que genera un proyecto o actividad, consagrando así lo dispuesto en el artículo 6 letra e) del Decreto Supremo N°40, Reglamento del Sistema de Evaluación de Impacto Ambiental, el cual establece que para objeto de determinar si un proyecto genera un efecto adverso significativo sobre la cantidad y calidad de los recursos naturales renovables, incluidos el suelo, agua y aire, deberá considerarse "la diferencia entre los niveles estimados de ruido con proyecto o actividad y el nivel de ruido de fondo representativo y característico del entorno donde se concentre fauna nativa asociada a hábitats de relevancia para su nidificación, reproducción o alimentación"[43].

---

41 CARRERE, M. Nace Tic Toc-Golfo Corcovado, el parque marino que protege a las ballenas azules en Chile, en: https://es.mongabay.com/2022/08/el-parque-marino-tic-toc-golfo-corcovado-protege-a-ballenas-azules-en-chile/ [Última consulta: 12 de agosto de 2022].

42 Servicio de Evaluación Ambiental. Criterio de evaluación en el SEIA: Predicción y evaluación de impactos por ruido submarino, en: https://www.sea.gob.cl/noticias/sea-presenta-nuevo-documento-tecnico-sobre-la-prediccion-y-evaluacion-de-impactos-por-ruido [Última consulta: 9 de septiembre de 2022].

43 Biblioteca del Congreso Nacional. Decreto Supremo N°40, Aprueba Reglamento del Sistema de Evaluación de Impacto Ambiental, en: https://www.bcn.cl/leychile/navegar?idNorma=1053563&idParte=936991 [Última consulta: 10 de septiembre de 2022].

En cuanto a la información requerida a los titulares que ingresan sus proyectos al Sistema de Evaluación de Impacto Ambiental, se debe contar con una descripción de emisiones de ruido submarino en cualquiera de las fases de desarrollo del proyecto o actividad. Los titulares también deben determinar el área de influencia del proyecto, para lo cual se debe establecer en primera instancia el área geográfica de propagación de las emisiones, luego deberá acotarse a la existencia de receptores de fauna marina, cuya exposición a niveles de ruido por sobre el ruido de fondo característico del área pudiera generar efectos adversos significativos, y se considerarán como receptores "aquellas áreas en donde se concentre fauna marina o que puedan asociarse a sitios de relevancia para su nidificación, reproducción o alimentación, así como áreas marinas protegidas (AMP) cuyos objetos de conservación sean susceptibles de verse afectados por las emisiones de ruido submarino"[44].

Finalmente, el documento recomienda la adopción de medidas para el control y gestión de los impactos por ruido submarino, tales como la planificación temporal y espacial del proyecto o actividad, prefiriendo aquellas épocas de menor sensibilidad para los receptores identificados y asimismo, aumentar al máximo la distancia existente entre la fuente y el receptor, la disminución de la emisión de ruido en la fuente, incorporando soluciones de diseño y mejoras técnicas al proyecto, el uso de pantallas acústicas como medidas de control que se aplican generalmente para ruidos localizados, y la observación de fauna marina, especialmente mamíferos marinos de forma previa, durante y posterior a la ejecución de actividades generadoras de ruido, resguardando el ingreso y presencia de receptores a zonas de exclusión previamente definidas[45].

---

44 Servicio de Evaluación Ambiental. Criterio de evaluación en el SEIA: Predicción y evaluación de impactos por ruido submarino, en: https://www.sea.gob.cl/noticias/sea-presenta-nuevo-documento-tecnico-sobre-la-prediccion-y-evaluacion-de-impactos-por-ruido [Última consulta: 9 de septiembre de 2022].

45 IDEM

4.2. Desafíos pendientes

Como se ha podido apreciar, a través del trabajo multidisciplinario de diferentes organismos públicos, se han realizado una serie de creaciones y modificaciones normativas tendientes a garantizar la protección de los mamíferos marinos ante las amenazas de la industria salmonera, lo que a su vez ha contribuido a mejorar a nivel país los estándares de protección de estas especies, alineándose con los objetivos del MMPA de Estados Unidos, de reciente aplicación y muy relevante para la industria nacional del salmón. Sin embargo, aún se presentan varios desafíos pendientes de resolución y que se refieren a los siguientes.

4.2.1. Colisiones de ballenas con barcos: Necesidad de protección de las rutas migratorias

Tal como se expuso anteriormente, las colisiones de ballenas con barcos se vinculan mucho a las operaciones acuícolas, debido a la gran cantidad de embarcaciones de este rubro que circulan en zonas de alimentación de este mamífero, como es la Patagonia norte.

Si bien la creación del Parque Marino Tictoc-Golfo Concorvado viene a ser una respuesta para la salvaguarda de las zonas de desplazamiento y alimentación de especies como ballenas, delfines y otras, lo cierto es que la porción marina que forma parte de esta área protegida no es la única zona en la que las ballenas se desplazan, siendo necesario continuar trabajando para lograr proteger una mayor extensión del territorio. Actualmente este parque marino cuenta con 100.000 hectáreas, y especies tan grandes como las ballenas, evidentemente requieren de mucho más espacio para desarrollarse y desplazarse. En razón de ello, la Fundación Melimoyu presentó un proyecto que consiste en proteger 1 millón de hectáreas, mediante la creación de seis áreas protegidas marinas y terrestres, de las cuales 4 se encuentran aprobadas, y hay dos aun pendientes, y la meta es contar con la aprobación de las 6 áreas para el año 2025[46].

---

[46] Aquellas áreas protegidas que ya fueron aprobadas son el reciente parque marino Tic Toc-Golfo Corcovado y el Área Marina protegida de Múltiples Usos

Una segunda medida adoptada en estas zonas con el objetivo de disminuir los eventos de colisiones de ballenas con barcos es la normativa de carácter voluntaria elaborada por la Dirección General del Territorio Marítimo y de Marina Mercante (Directemar), a través de la Gobernación Marítima de Castro, y en alianza con la Fundación Mery, la cual busca también educar en el reconocimiento de especies de ballenas que se avistan, cantidad de ejemplares, si son crías o adultos[47]. Esta normativa, correspondiente al Ordinario N°12.600/339/VRS, recomienda, entre otras medidas, la disminución de la velocidad de navegación igual o menor a 10 nudos de día, e igual o menor a 8 nudos en la noche, sin interrumpir la trayectoria de la ballena o manada, así como evitar o desviar el rumbo de navegación de un sector donde se observen ballenas en actividades de alimentación, crianza o interacción grupal[48].

Lamentablemente, la normativa precedente aún conserva su carácter voluntario, ello a pesar de la gravedad del impacto que se pretende evitar. Solo en los últimos 10 años, se han registrado 40 casos de muertes o heridas a ballenas asociadas a la interacción con embarcaciones, donde las grandes velocidades de navegación tienen una correlación directa con el riesgo de colisión, determinándose que a más de 33,5 km/h, la mayoría de las colisiones son fatales, ya que el mamífero no cuenta con el tiempo y espacio suficiente para esquivarlas[49]. Este impacto negativo es tan grave, que coloca en serio riesgo

---

Pitipalena Añihué, creada en 2014. Mientras que en tierra existen el Parque Nacional Melimoyu y el Parque Nacional Corcovado. Las dos áreas protegidas faltantes para completar el proyecto de conservación son el Espacio Costero Marino de Pueblo Originarios (ECMPO) Islas Desertores y Costa de Chaitén, y una Reserva Marina que colindaría con el parque Tic Toc-Golfo Corcovado.

47 Vigía. Unidos para proteger a las ballenas en la Patagonia norte, en: Revista Vigía-Armada de Chile-Unidos para proteger a las ballenas en la Patagonia norte (revistavigia.cl) [Última consulta: 28 de septiembre de 2022].

48 Gobernación Marítima de Castro. Informa las Medidas Necesarias para la Disminución de los Riesgos de Colisión entre Naves y Grandes Cetáceos, e instruye acerca del registro de sus avistamientos, en: https://www.directemar.cl/directemar/site/docs/20181212/20181212170127/12600_339_26_11_18_cas.pdf [Última consulta: 21 de septiembre de 2022].

49 JACKE, J. Científicos y el mundo ambiental en estado de alerta por colisiones de embarcaciones con ballenas, en: Científicos y el mundo ambiental en estado de alerta por colisiones de embarcaciones con ballenas-Ladera Sur [Última consulta: 8 de septiembre de 2022]

la conservación de algunas especies como la ballena azul, ya que en los sectores de la Patagonia norte, donde hay gran presencia de tráfico marítimo acuicultor, se estima una población de esta especie de entre 200 y 700 individuos, por lo que cualquier situación de colisión con resultado de muerte, afecta inevitablemente su conservación[50].

En consecuencia, se hace necesaria una urgente protección de las rutas migratorias de mamíferos marinos. Chile es catalogado como un país de ballenas, donde 9 de las 14 especies que existen en el mundo llegan a las costas nacionales, y las cifras de varamientos son muy lamentables, considerando que solo en el pasado mes de abril se reportaron 3 eventos de varamientos en diferentes zonas del país[51]. Un estudio científico reciente, que analizó 1.920 proyectos de inversión ingresados al Sistema de Evaluación de Impacto Ambiental, constató que solamente 345 de ellos (18% del total), incorporó en sus líneas de base información sobre mamíferos marinos, por lo cual destaca la necesidad de proteger las rutas de migración de estos[52].

4.2.2. Aumento de presupuesto público para una efectiva fiscalización de áreas protegidas

Un segundo punto muy vinculado a lo anteriormente expuesto, es la necesidad de velar por la protección y seguridad de todas las especies marinas que se desplazan y se desarrollan dentro de áreas protegidas, cumpliendo así con los objetivos que dieron origen a la creación de estas, para lo cual se debe contar con planes de manejo robustos y eficientes que sean capaces de contener medidas que mitiguen este impacto, además de organizar e implementar expeditos y oportunos procedimientos de fiscalización al interior de áreas protegidas.

---

50 IDEM.

51 GARRIDO, P. Tres varamientos de ballenas en una semana en Chile ¿maritorio en alerta?, en: Tres varamientos de ballenas en una semana en Chile: ¿maritorio en alerta?-Ladera Sur [Última consulta: 7 de septiembre de 2022].

52 Fundación Terram. Estudio llama a proteger las rutas de los mamíferos marinos y mejorar la legislación, en Estudio llama a proteger la ruta de los mamíferos marinos y mejorar la legislación-Fundación Terram [Última consulta: 1 de septiembre de 2022].

Por ejemplo, en el caso del Parque Marino Tictoc-Golfo Concorvado, la Fundación Melimoyu se encuentra firmando un convenio de colaboración con Subpesca para la elaboración del Plan de Manejo del área, donde una de las medidas más destacadas que pretenden abordar es la limitación del tránsito marino proveniente de industrias como la acuicultura, y de esta manera, garantizar la protección y conservación de especies como las ballenas.

Gracias a la política nacional de protección de océanos, actualmente el 43% de la Zona Económica Exclusiva se encuentra dentro de alguna categoría de protección, es decir, 146.942.292 de hectáreas[53]. Sin embargo, actualmente existe un gran déficit de recursos económicos para su adecuada administración, fiscalización y control, poniendo en riesgo la efectiva consagración de los objetos de protección que les dieron origen.

En un informe de auditoría realizado por la Contraloría General de la República[54], se verificó que del total de 13 áreas marinas protegidas analizadas, solamente 3 de ellas contaban con Planes Generales de Administración, y los servicios públicos auditados argumentaron, entre otras causas, a la escasez de recursos económicos para elaborar e implementar estos planes[55]. Es más, de acuerdo con la Ley de Presupuesto de Chile correspondiente al año 2022, para áreas marinas protegidas solo se otorgaron US$416.454,63[56], tal como se observa a continuación[57]:

---

53 Fundación Terram, ¿Cuáles son los desafíos pendientes en conservación marina?, en: https://www.terram.cl/2020/06/cuales-son-los-desafios-pendientes-en-conservacion-marina/ [Última consulta: 2 de septiembre de 2022].

54 La Contraloría General de la república es un órgano superior de fiscalización de la Administración del Estado y es autónomo respecto del Poder Ejecutivo y de los demás órganos públicos. Controla la legalidad de los actos administrativos y resguarda el correcto uso de los fondos públicos. Su labor es eminentemente fiscalizadora de carácter jurídico, tutelando que la actividad de la Administración del Estado se ajuste al ordenamiento jurídico, la Constitución, las leyes y los tratados internacionales. Información disponible en: https://www.contraloria.cl/web/cgr/que-hacemos

55 Contraloría General de la República. Informe final N°825/2018, en: https://www.contraloria.cl/web/cgr/informes-de-auditorias [Última consulta: 13 de septiembre de 2022].

56 Valor del dólar americano calculado sobre el peso chileno, al 29 de septiembre de 2022.

57 Dirección de Presupuesto, en: https://www.dipres.gob.cl/597/w3-multipropertyvalues-15145-34905.html#ley_programa [Última consulta: 13 de septiembre

Figura 2. Presupuesto 2022 para áreas marinas protegidas

Tipo de área protegida	Total de hectáreas	Organismo público que financia	Presupuesto total asignado (valor en peso chileno)
Áreas Marinas Protegidas (AMP)	146.942.281,8 ha.	Ministerio del Medio Ambiente	US$225.391,15
		Instituto Chileno Antártico	US$168.679,18
		Servicio Nacional de Pesca y Acuicultura	US$1.114,34
TOTAL			US$416.454,63

Fuente. Dirección de Presupuesto, Gobierno de Chile (2022).

El entusiasmo en la protección de especies como los mamíferos marinos no acaba en la simple dictación de un decreto que crea un área protegida, ya sea parque marino, reserva marina, u otra categoría. Para lograr una protección y conservación efectiva, es fundamental que la afectación de estas áreas vaya acompañada del presupuesto necesario para la creación e implementación de los correspondientes planes de manejo, planes generales de administración y la realización de procedimientos de fiscalización al interior de estas áreas[58].

4.2.3. Mejoramiento de los estándares de transparencia en la entrega de información por parte de las empresas

Otro desafío pendiente tiene que ver con mejorar los estándares de transparencia que deben cumplir las empresas, en relación con la

de 2022].

58 A propósito de las brechas existentes para consagrar la protección de la biodiversidad nacional, el Ministerio del Medio Ambiente ha reconocido la necesidad de incrementar y optimizar los recursos financieros asociados a los planes y el cumplimiento de sus objetivos, ya que los presupuestos en materia de biodiversidad son insuficientes para el conjunto de desafíos que el país se ha propuesto en estas materias y están muy por debajo de economías similares en términos de crecimiento y expansión. Ministerio del Medio Ambiente. Sexto Informe Nacional de Biodiversidad de Chile, en: https://mma.gob.cl/wp-content/uploads/2020/01/6NR_FINAL_ALTA-web.pdf [Última consulta: 16 de septiembre de 2022].

información que proporcionan a los organismos estatales respecto al cumplimiento legal en materia de respeto y conservación de especies, como por ejemplo, la entrega de antecedentes veraces en sus informes sobre interacciones con mamíferos marinos y los reportes de avistamiento de estos.

En este sentido, es preciso señalar que la industria salmonera se ha visto involucrada en polémicas situaciones de falta de transparencia en la entrega de información, como es el caso de Nova Austral, beneficiaria de las subvenciones de la Ley Navarino, la cual entre los años 2016 a 2018, entregó información no fidedigna a Sernapesca respecto a los registros de mortalidades de peces, lo que les permitió alterar los volúmenes de venta y beneficiarse ilegalmente con subvenciones estatales, hecho gravísimo por el cual en 2020, la Corte de Apelaciones de Punta Arenas sancionó a la empresa con multa y la suspensión de un ciclo productivo[59], y actualmente la misma empresa enfrenta una querella criminal por fraude de subvenciones interpuesta por el Consejo de Defensa del Estado[60].

Cabe recordar que el MMPA faculta a Estados Unidos a suspender las importaciones de pescado y productos pesqueros provenientes de empresas productoras que no cumplen con los estándares de protección de mamíferos marinos, y considerando que este país es el principal mercado de destino de las exportaciones de salmón chileno, el temor a sufrir cuantiosas pérdidas económicas derivadas de esta sanción, puede dar lugar a situaciones de ocultamiento y negativas injustificadas de informar sobre las reales interacciones con mamíferos marinos que experimenta la industria.

En este sentido, es crucial que se adopten medidas que incentiven a todas las compañías al cumplimiento en la entrega de información, de tal manera que esta sea oportuna, veraz y específica, sin omisión alguna, sobre la relación de sus operaciones con los mamíferos marinos, lo cual contribuirá positivamente en la elaboración de los futu-

---

59 Servicio Nacional de Pesca y Acuicultura vs Nova Austral S.A., Sentencia Recurso de Apelación Causa Rol N°C-170-2020 (Corte de Apelaciones de Punta Arenas 2020).

60 Consejo de Defensa del Estado vs Nova Austral S.A. Querella criminal Causa RIT N°150/2020 (Juzgado de Letras y Garantías de Porvenir 2020).

ros planes, programas y normativas, enfocados en una protección y conservación más efectiva de estas especies.

5. COMENTARIOS FINALES

La aplicación del MMPA en Chile, constituye un avance que permite saldar una gran deuda en la protección de mamíferos marinos y la conservación de sus poblaciones, que por muchos años se han visto gravemente expuestos a los impactos adversos provocados por industrias que se han desarrollado de forma tan acelerada, como es la salmonicultura.

Como se ha podido apreciar, en Chile se han implementado medidas desde el punto de vista normativo sectorial y ambiental, enfocadas en mitigar los efectos negativos del desarrollo industrial sobre los mamíferos marinos, elevando así los estándares nacionales en materia de protección y conservación de poblaciones de estas especies. Algunas de estas modificaciones normativas (especialmente aquellas de carácter sectorial) fueron establecidas con el objetivo específico de dar cumplimiento a la regla de importación del MMPA, y aquellas de carácter ambiental, en cambio, fueron establecidas como respuesta a la creciente demanda ciudadana para la protección y conservación de la biodiversidad marina.

Respecto a las interacciones de la industria del salmón con los mamíferos marinos, las modificaciones normativas sectoriales abordaron impactos como los enmallamientos de especies en las redes, y el ingreso de ejemplares a los centros de cultivo, donde Subpesca como organismo sectorial, ha tenido un rol fundamental.

En cuanto a los avances normativos en materia ambiental, el Ministerio del Medio creó el parque marino Tictoc-Golfo Concorvado en una zona de la Patagonia norte, donde existe una gran biodiversidad marina reconocida a nivel mundial, y amenazada por el fuerte tráfico marítimo acuicultor. Por su parte, el Sea dictó el documento "Criterio de evaluación en el SEIA: Predicción y Evaluación de Impactos por Ruido Submarino", mediante el cual establece y especifica la información que deben entregar los titulares que ingresan sus proyectos a evaluación ambiental.

Aún queda trabajo por realizar para hacer frente a otros desafíos relacionados con los impactos negativos derivados del tráfico marítimo, tales como las colisiones de ballenas con barcos, priorizando la protección de las rutas migratorias de estas. También se observa un déficit de presupuesto público para realizar labores de fiscalización por parte de los organismos del Estado, y para garantizar la efectiva protección y conservación dentro de las áreas marinas protegidas, a través de la formulación de los correspondientes planes de manejo. Finalmente, continúa pendiente establecer un plan de mejoramiento de los estándares de transparencia en la entrega de información que deben proporcionar las empresas a los Servicios sobre sus interacciones con mamíferos marinos, para que tal información sea proporcionada de forma oportuna, verídica y completa.

Sin lugar a dudas, avanzar en la implementación del MMPA, aumentando los estándares nacionales de protección y conservación de mamíferos marinos, aparte de contribuir al cumplimiento de los requerimientos ambientales impuestos por el principal mercado de destino de salmón nacional, también se constituye como una contribución mundial a mejorar la salud del océano, pieza clave en la lucha contra el cambio climático, ya que las diferentes especies de mamíferos marinos, al igual que el resto de la biodiversidad marina, cumplen funciones específicas que favorecen una buena salud oceánica, lo que hace posible la vida en la tierra.

6. BIBLIOGRAFÍA

AGUIRRE, C., et al. Nueve Medidas Basadas en el Océano para las Contribuciones Determinadas a Nivel Nacional de Chile. Nueve-soluciones-para-NDC.pdf (cr2.cl) [Última consulta: 30 de septiembre de 2022].

Aqua. Explicaron implicancias de la normativa sobre mamíferos marinos impuesta por Estados Unidos, en: Explicaron implicancias de la normativa sobre mamíferos marinos impuesta por Estados Unidos-Aqua [Última consulta: 11 de agosto de 2022].

Banco Central. Base de datos estadísticos. Base de Datos Estadísticos (bcentral.cl) [Última consulta: 14 de septiembre de 2022].

BAXTER, R. We now know why naval sonar leads to mass whale strandings, en: We Now Know Why Naval Sonar Leads To Mass Whale Strandings | IFLScience (2019).

BEDRIÑANA-ROMANO, L.-HUCKE-GAETE, R.-VIDDI, F.-JOHNSON, D.-ZERBINI, A.-MORALES, J.-MATE, B.-PALACIOS, D. Defining priority areas for blue whale conservation and investigating overlap with vessel traffic in Chilean Patagonia, using a fast-fitting movement model, en: Defining priority areas for blue whale conservation and investigating overlap with vessel traffic in Chilean Patagonia, using a fast-fitting movement model | Scientific Reports (nature.com) [Última consulta: 10 de septiembre de 2022].

BETARCE, C. Condenan a trabajadores que mataron a golpes a lobo marino, en: Condenan a trabajadores que mataron a golpes a lobo marino-La Tercera [Última consulta: 21 de septiembre de 2022].

Biblioteca del Congreso Nacional. Decreto Supremo N°125, Modifica Reglamento Ambiental para la Acuicultura, en Decreto-125 16-NOV-2020 MINISTERIO DE ECONOMÍA, FOMENTO Y TURISMO, SUBSECRETARÍA DE PESCA Y ACUICULTURA-Ley Chile-Biblioteca del Congreso Nacional (bcn.cl) [Última consulta: 5 de septiembre de 2022].

Biblioteca del Congreso Nacional. Decreto N°20, Crea el Parque Marino Tictoc-Golfo Concorvado, en: https://www.bcn.cl/leychile/navegar?i=1178301 [Última consulta: 5 de agosto de 2022].

Biblioteca del Congreso Nacional. Decreto Supremo N°40, Aprueba Reglamento del Sistema de Evaluación de Impacto Ambiental, en: https://www.bcn.cl/leychile/navegar?idNorma=1053563&idParte=936991 [Última consulta: 10 de septiembre de 2022].

CARRERE, M. Salmones en Chile. Historia de una industria polémica y millonaria, en: Salmones en Chile: historias de una industria polémica y millonaria (mongabay.com) [Última consulta: 30 de agosto de 2022].

CARRERE, M. Chile: Científicos demuestran cómo las ballenas son asediadas por cientos de barcos en la Patagonia, en: Chile: científicos demuestran cómo las ballenas son asediadas por cientos de barcos en la Patagonia (mongabay.com) [Última consulta: 30 de agosto de 2022].

CARRERE, M. Nace Tic Toc-Golfo Corcovado, el parque marino que protege a las ballenas azules en Chile, en: https://es.mongabay.com/2022/08/el-parque-marino-tic-toc-golfo-corcovado-protege-a-ballenas-azules-en-chile/ [Última consulta: 12 de agosto de 2022].

Consejo de Defensa del Estado vs Nova Austral S.A. Querella criminal Causa RIT N°150/2020 (Juzgado de Letras y Garantías de Porvenir 2020).

Consejo del Salmón, Principales datos de la industria, en: https://www.consejodelsalmon.cl/informacion-de-la-industria/principales-datos-de-la-industria/ Última consulta: 26 de agosto de 2022].

Consejo del Salmón. Informe anual de exportaciones de salmón, en IInforme-Anual-2021-Exportaciones-vf.pdf (consejodelsalmon.cl) [Última consulta: 26 de agosto de 2022].

Consejo del Salmón, Informe trimestral de exportaciones de salmón primer trimestre de 2021, en https://www.consejodelsalmon.cl/wp-content/uploads/2022/04/080422-Reporte-exportaciones-salmon-I-trim-22-vf.pdf [Última consulta: 25 de julio de 2022].

Contraloría General de la República. Informe final N°825/2018, en: https://www.contraloria.cl/web/cgr/informes-de-auditorias [Última consulta: 13 de septiembre de 2022].

Dirección de Presupuesto, en: https://www.dipres.gob.cl/597/w3-multipropertyvalues-15145-34905.html#ley_programa [Última consulta: 13 de septiembre de 2022].

Fondo Mundial para la Naturaleza, Estudio pionero estima las amenazas y el estado de salud del delfín chileno en la Patagonia Norte, en: Estudio pionero estima las amenazas y el estado de salud del delfín chileno en la Patagonia Norte | WWF [Última consulta: 28 de agosto de 2022].

Fundación Terram, ¿Cuáles son los desafíos pendientes en conservación marina?, en: https://www.terram.cl/2020/06/cuales-son-los-desafios-pendientes-en-conservacion-marina/ [Última consulta: 2 de septiembre de 2022].

Fundación Terram. Autoridades reciben quinta denuncia por matanza de lobos marinos en salmoneras, en Autoridades reciben quinta denuncia por matanza de lobos marinos en salmoneras-Fundación Terram [Última consulta: 1 de septiembre de 2022].

Fundación Terram. Estudio llama a proteger las rutas de los mamíferos marinos y mejorar la legislación, en Estudio llama a proteger la ruta de los mamíferos marinos y mejorar la legislación-Fundación Terram [Última consulta: 1 de septiembre de 2022].

GARCÉS, J. Subpesca llama a la salmonicultura a mejorar prácticas con mamíferos marinos, en: Subpesca llama a la salmonicultura a mejorar prácticas con mamíferos marinos-SalmonExpert.cl [Última consulta: 15 de septiembre de 2022].

GARCÍA, R. Lobos marinos favorecen mayor diversidad de peces en el mar, en EyN: Lobos marinos favorecen mayor diversidad de peces en el mar (economiaynegocios.cl) [Última consulta: 7 de septiembre de 2022].

GARRIDO, P. Tres varamientos de ballenas en una semana en Chile ¿maritorio en alerta?, en: Tres varamientos de ballenas en una semana en Chile: ¿maritorio en alerta?-Ladera Sur [Última consulta: 7 de septiembre de 2022].

Gobernación Marítima de Castro. Informa las Medidas Necesarias para la Disminución de los Riesgos de Colisión entre Naves y Grandes Cetáceos, e instruye acerca del registro de sus avistamientos, en: https://www.directemar.cl/directemar/site/docs/20181212/20181212170127/12600_339_26_11_18_cas.pdf [Última consulta: 21 de septiembre de 2022].

JACKE, J. Científicos y el mundo ambiental en estado de alerta por colisiones de embarcaciones con ballenas, en: Científicos y el mundo ambiental en estado de alerta por colisiones de embarcaciones con ballenas-Ladera Sur [Última consulta: 8 de septiembre de 2022].

MARIANI., G., et al. Let more big fish sink: Fisheries prevent blue carbon sequestration-half in unprofitable areas, en: https://www.science.org/doi/10.1126/sciadv.abb4848 [Última consulta: 12 de septiembre de 2022].

Ministerio del Medio Ambiente. Sexto Informe Nacional de Biodiversidad de Chile, en: https://mma.gob.cl/wp-content/uploads/2020/01/6NR_FINAL_ALTA-web.pdf [Última consulta: 16 de septiembre de 2022].

National Oceanic and Atmospheric Administration. Marine Mammal Protection Act. The Full Text of the Marine Mammal Protection Act of 1972 as Amended, en: Marine Mammal Protection Act | NOAA Fisheries [Última consulta: 11 de agosto de 2022].

National Oceanic and Atmospheric Administration. (s.f.4). *Regla de Importación de la Ley de Protección de Mamíferos Marinos* [Archivo Power Point]. PowerPoint Presentation (cpps.dyndns.info) [Última consulta: 12 de agosto de 2022].

Registro Federal de Estados Unidos, Disposiciones de importación de pescado y productos pesqueros de la Ley de Protección de Mamíferos Marinos, en: Federal Register:: Fish and Fish Product Import Provisions of the Marine Mammal Protection Act [Última consulta: 10 de agosto de 2022].

RIZZARDI, K. Marine Mammal Protection Act Implementation in an Era of Climate Change, 193-214, en: Marine Mammal Protection Act Implementation in an Era of Climate Change by Keith W. Rizzardi:: SSRN [Última consulta: 11 de agosto de 2022].

ROMAN, J., ALTMAN, I., DUNPHY-DALY, M., CAMPBELL, C., MICHAEL, J., y READ, A. The Marine Mammal Protection Act at 40: status, recovery, and future of U.S. marine mammals, 29-49, en: https://doi.org/10.1111/nyas.12040 [Última consulta: 11 de agosto de 2022].

ROSAS, J. Confirman que ballena azul varada en Chaitén murió por choque con embarcación. Diario Acuícola, en: Confirman que ballena azul varada en Chaitén murió por choque con embarcación-Diario Acuícola (diarioacuicola.cl) [Última consulta: 26 de septiembre de 2022].

SALGADO, M. Las ballenas y los delfines cumplen una extraordinaria función, no solo en sus ecosistemas, también en la vida del planeta, en: La importancia de los ballenas y delfines en el ecosistema-Paco Zea [Última consulta: 26 de septiembre de 2022].

Servicio de Evaluación Ambiental, Criterio de evaluación en el SEIA: Predicción y evaluación de impactos por ruido submarino, en: https://www.sea.gob.cl/noticias/sea-presenta-nuevo-documento-tecnico-sobre-la-prediccion-y-evaluacion-de-impactos-por-ruido [Última consulta: 9 de septiembre de 2022].

Servicio Nacional de Pesca y Acuicultura. Oficio Ordinario N°196/2022, 1. [Última consulta: 13 de septiembre de 2022].

Servicio Nacional de Pesca y Acuicultura vs Nova Austral S.A., Sentencia Recurso de Apelación Causa Rol N°C-170-2020 (Corte de Apelaciones de Punta Arenas 2020).

Subsecretaría de Pesca y Acuicultura. Resolución Exenta N°2811-2021. Define el Tipo y Alcance de las Interacciones con Mamíferos Marinos Respecto de los Cuales se Deberá Aplicar Planes de Contingencia a los que se Refiere el Artículo 5° del D.S. N° 320 de 2001, del Ministerio de Economía, Fomento y Turismo, en: Res. Ex. N° 2811-2021 Define el Tipo y Alcance de las Interacciones con Mamíferos Marinos Respecto de los Cuales se Deberá Aplicar Planes de Contingencia a los que se Refiere el Artículo 5° del D.S. N° 320 de 2001, del Ministerio de Economía, Fomento y Turismo. (Publicado en Página Web 20-10-2021) (F.D.O. 28-10-2021)-SUBPESCA Normativa [Última consulta: 23 de septiembre de 2022].

Unión Internacional para la Conservación de la Naturaleza. Lista roja de especies amenazadas de la UICN, en: https://www.iucnredlist.org/es/ [Última consulta: 28 de septiembre de 2022].

VERDEJO, J. Sernapesca denunció muerte de ballena en centro de cultivo de salmones, en: Sernapesca denunció muerte de ballena en centro de cultivo de salmones-Cooperativa.cl [Última consulta: 26 de septiembre de 2022].

Vigía. Unidos para proteger a las ballenas en la Patagonia norte, en: Revista Vigía-Armada de Chile-Unidos para proteger a las ballenas en la Patagonia norte (revistavigia.cl) [Última consulta: 28 de septiembre de 2022].

Índice tópico

A

B

C

D

E

F

G

H

I

J

L

M

N

O

P

Q

R

S

T

U

V

W

Z